内 容 简 介

本书是由首都科技发展战略研究院、北京师范大学创新发展研究院、西华大学创新创业学院联合支持开展的年度系列报告。本书在研究和总结国内外科技创新发展战略的基础上，构建城市科技创新发展指数的理论框架和指标体系，对中国城市科技创新发展的进展情况进行动态评估，分析影响中国城市科技创新发展的主要因素，总结中国城市迈向创新驱动发展过程中的经验和不足，提出重大战略性问题的解决思路和政策建议。

本书可供政府工作人员、高等院校和科研机构中的研究人员，以及关心创新政策的广大读者参考阅读。

图书在版编目（CIP）数据

中国城市科技创新发展报告.2017 / 关成华等著. —北京：科学出版社，2017.9
　ISBN 978-7-03-054446-9

　Ⅰ. ①中… Ⅱ. ①关… Ⅲ. ①城市建设—技术革新—研究报告—中国—2017 Ⅳ. ①F124.3

中国版本图书馆 CIP 数据核字（2017）第 220312 号

责任编辑：马　跃 / 责任校对：彭　涛
责任印制：霍　兵 / 封面设计：无极书装

科　学　出　版　社 出版
北京东黄城根北街 16 号
邮政编码：100717
http://www.sciencep.com

北京天宇星印刷厂 印刷
科学出版社发行　各地新华书店经销

*

2017 年 9 月第　一　版　开本：787×1092　1/16
2017 年 9 月第一次印刷　印张：31
字数：735 000

定价：186.00元
（如有印装质量问题，我社负责调换）

中国城市科技创新发展报告2(

关成华 赵 峥 等/著

首都科技发展战略研究院
北京师范大学创新发展研究院   联合支
西华大学创新创业学院

科学出版社

北 京

课 题 组

课题组组长

关成华

课题组成员

赵 峥 袁祥飞 胡天石 张亮亮 汪国颂 雷添杰
魏 杨 于晓龙 刘偲扬 刘 杨 白 英 郭虹程
李 粉 张婧琳

目　录

总 论

中国全面建成小康社会和建设创新型国家已进入决胜阶段。在这一阶段，城市作为科技创新活动的主阵地，面临探索适合市情的创新发展路径。建设创新型城市，是为实现2020年全面建成小康社会、进入创新型国家行列目标提供有力支撑的战略任务。本报告依托多部门、多学科的专家团队，立足首都，服务全国，在研究和总结国内外科技创新发展战略的基础上，针对中国城市的实际情况，开展了中国城市科技创新发展研究，评估中国城市科技创新发展水平，分析影响城市科技创新发展的主要因素，总结中国城市迈向创新驱动发展过程中的经验和不足，提出重大问题的解决思路和政策建议，为中央政府和各级地方政府的决策提供支持。

一、中国城市科技创新发展研究的背景及意义

"十三五"时期是以科技创新引领全面创新、构筑国家竞争新优势的重要战略机遇期，是工业化与信息化深度融合、科技与经济紧密结合、促进新旧动能充分释放的协同迸发期，城市作为科技与经济发展的重要载体，面临新的发展机遇。这突出表现在以下三个方面。

首先，新一轮科技革命和产业变革正在孕育兴起，为城市参与新一轮全球经济竞争提供了重大机遇。当今世界，随着科技革命和产业革命要素的加快积累与成熟，全球新一轮科技革命和产业变革正在孕育兴起，一些重要科学问题和关键技术的重大突破与应用极有可能重塑全球经济结构及竞争格局。面对科技发展新形势，发达国家纷纷制定战略规划加快推动科技创新，发展新兴产业，力图抢占全球经济竞争制高点，各个新兴经济体也争相加大科技投入，谋求实现跨越发展。城市之间的竞争从根本上来说是创新的竞争，人才、资本和技术等生产要素的可流动性，城市创新能力的差异导致要素报酬的显著差异，所以，城市之间既存在分工合作，也会因为争夺创新要素的空间配置产生激烈竞争。与发达国家相比，中国的科技创新水平还存在明显差距，而在经济全球化的背景下，城市对创新要素的争夺当然不仅仅限于一国之内。在新的历史起点，牢牢把握科技进步大方向和产业革命大趋势，紧紧抓住和用好新一轮科技革命与产业变革的重大机遇，力争在全球经济竞争中抢占先机，成为中国城市科技创新发展的必然选择。

其次，我国进入建设创新型国家的决胜期和深入实施创新驱动发展战略的关键期，对城市的科技创新发展提出新的要求。近年来，我国高度重视科技创新，并于2016年先后颁

布《国家创新驱动发展战略纲要》和《"十三五"国家科技创新规划》,对深入实施创新驱动发展战略做出重大决策部署,提出到2020年进入创新型国家行列、到2030年跻身创新型国家前列以及到2050年建成世界科技创新强国的战略目标。当前,我国科技创新已步入以跟跑为主转向跟跑和并跑、领跑并存的新阶段,迈入建设创新型国家的关键时期。我国在推动科技创新发展中已取得举世瞩目的成就,但我国与发达国家之间、国内区域之间、城市和城乡之间的差异仍然非常显著,制约科技创新发展的深层次体制机制障碍依然存在,科技创新能力离新一轮科技革命的要求还有很大差距。要解决上述问题,科技创新是根本保证。"十三五"时期,城市作为推动科技创新活动的主阵地,要充分依靠科技创新转换发展动力,积极提升城市创新体系整体效能,建设创新型城市,充分发挥创新示范引领作用,缩小城乡间、城市间和区域间的创新鸿沟,开创国家创新发展的新局面。

最后,城市化进入以质量提升为主的深度城市化阶段,迫切要求进一步提高城市科技创新能力和城市政府的治理能力。当前,我国城市化发展的外部条件和内在动力都在发生深刻变化,城市化由规模扩张向质量提升转型发展,开始从快速城市化阶段进入深度城市化阶段。同时,随着城市化的推进,城市进一步向大型化、集群化发展,城市间的竞争不再仅仅局限于城市个体,同时表现为以中心城市为核心的城市群之间的竞争。为发挥各地在创新发展中的积极性和主动性,尊重科技创新的区域集聚规律,建设若干具有强大带动力的创新型城市和区域创新中心,科学技术部、国家发展和改革委员会于2016年12月发布《建设创新型城市工作指引》,作为我国未来发展主体区的城市群19大分支规划也将在2017年全部完成,建设创新型城市和城市群成为当前城市发展的聚焦点。科技创新既是城市突出的功能需求,也是城市和城市群发展的动力源泉。面对新时期城市化的新特点,城市政府需进一步提高城市治理能力,遵循城市建设发展的客观规律,以改善城市创新环境和创新服务、提升城市科技创新能力与绩效为重点,加强创新合作机制建设,构建开放高效的创新资源共享网络,推动城市向创新型城市转变。

国际、国内的经济竞争新形势以及城市化所处的新阶段对我国城市的科技创新发展提出了更高的要求。在新的历史起点,迫切需要进一步聚集各类创新要素资源,大力改善创新硬环境和软环境,强化创新服务水平,推动以科技创新为核心的全面创新发展,不断提升城市创新发展能力,建设创新型城市,为迈向建设世界科技强国新征程提供战略支撑。为贯彻实施这一战略部署,首都科技发展战略研究院采取"小核心、大网络"的组织方式,实施"开放、协作"的运行机制,立足首都,服务全国,开展中国城市科技发展战略研究。本报告即为首都科技发展战略研究院依托多部门、多学科的专家团队和公开的权威数据,历时半年完成的首个中国城市科技发展战略研究成果。

二、中国城市科技创新发展指数的指标体系与测算结果

在明确中国城市科技创新发展理论框架的基础上,课题组针对城市科技创新发展需要优先关注和解决的问题,开展中国城市科技创新发展指数研究,旨在通过横向研究比较城

市创新发展水平的差异，并在后期连续、动态地跟踪和度量中国城市科技创新发展的进展情况，分析影响城市科技创新发展的主要因素，科学、客观、公正地评价中国城市科技创新发展的成效，进而探索并建立一套具有中国特色的城市科技创新发展指数指标体系。

（一）中国城市科技创新发展指数指标体系

　　课题组在比较分析各类评价方法及相关研究报告的基础上，结合中国实际情况，同时充分参考诸位专家的意见，构建了由三个层次指标构成的中国城市科技创新发展指数指标体系（表0-1）。

表0-1　中国城市科技创新发展指数指标体系

一级指标	权重/%	二级指标	权重/%	序号	三级指标	正逆	权重/%
创新资源	14.3	创新人才	8.6	1	每万人在校大学生数	正	2.86
				2	城市化水平	正	2.86
				3	万名从业人口中科学技术人员数	正	2.86
		研发经费	5.7	4	地方财政科技投入占地方财政支出比重	正	2.86
				5	地方财政教育投入占地方财政支出比重	正	2.86
创新环境	20.0	政策环境	5.7	6	每万人吸引外商投资额	正	2.86
				7	企业税收负担	逆	2.86
		人文环境	5.7	8	每百人公共图书馆藏书拥有量	正	2.86
				9	每百名学生拥有专任教师人数	正	2.86
		生活环境	8.6	10	每千人口拥有医院床位数	正	2.86
				11	城市人均公园绿地面积	正	2.86
				12	每万人拥有公共汽车数	正	2.86
创新服务	14.3	科技条件	5.7	13	每万人移动电话用户数	正	2.86
				14	每万人互联网宽带接入用户数	正	2.86
		金融服务	8.6	15	新三板上市企业数	正	2.86
				16	年末金融机构贷款余额增长率	正	2.86
				17	创业板上市企业数	正	2.86
创新绩效	51.4	科技成果	5.7	18	每万人 SCI/SSCI/A&HCI 论文数	正	2.86
				19	每万人发明专利授权量	正	2.86
		经济产出	11.4	20	城镇居民人均可支配收入	正	2.86
				21	地均 GDP	正	2.86
				22	第二产业劳动生产率	正	2.86
				23	第三产业劳动生产率	正	2.86
		结构优化	5.7	24	第三产业增加值占地区 GDP 的比重	正	2.86
				25	高科技产品进出口总额占地区 GDP 的比重	正	2.86
		绿色发展	14.3	26	万元地区生产总值水耗	逆	2.86
				27	万元地区生产总值能耗	逆	2.86
				28	城市污水处理率	正	2.86

续表

一级指标	权重/%	二级指标	权重/%	序号	三级指标	正逆	权重/%
创新绩效	51.4	绿色发展	14.3	29	生活垃圾无害化处理率	正	2.86
				30	城市空气质量等级	正	2.86
		辐射引领	14.3	31	全市在校普通高校学生数占全省比重	正	2.86
				32	全市科学技术从业人员数占全省比重	正	2.86
				33	国家技术转移示范机构数	正	2.86
				34	ESI学科进入全球前1%个数	正	2.86
				35	财富世界500强与中国500强企业数	正	2.86

（二）中国城市科技创新发展指数测算结果

课题组根据2017年中国城市科技创新发展指数指标体系[①]，测算出287个地级及以上城市的科技创新发展指数（表0-2），量化展示各城市科技创新发展程度，揭示各城市的优势与不足，力求为各城市推进以科技创新为核心的全面创新发展提供有价值的参考。

表0-2　我国287个城市科技创新发展指数及排名

指标 城市	科技创新发展指数		创新资源		创新环境		创新服务		创新绩效	
	指数	排名	指数	排名	指数	排名	指数	排名	指数	排名
北京	0.587	1	0.603	2	0.344	10	0.546	2	0.689	1
深圳	0.587	2	0.414	25	0.698	1	0.621	1	0.582	3
上海	0.499	3	0.466	17	0.338	11	0.313	4	0.623	2
广州	0.464	4	0.602	3	0.390	5	0.263	6	0.511	4
东莞	0.452	5	0.465	18	0.611	2	0.416	3	0.396	24
天津	0.416	6	0.469	15	0.316	23	0.253	10	0.486	5
武汉	0.405	7	0.508	9	0.315	24	0.207	18	0.466	6
杭州	0.391	8	0.488	11	0.322	18	0.175	31	0.450	8
南京	0.390	9	0.609	1	0.277	49	0.144	59	0.441	10
苏州	0.384	10	0.315	55	0.359	8	0.255	8	0.448	9
厦门	0.378	11	0.485	12	0.271	56	0.256	7	0.423	13
海口	0.376	12	0.547	6	0.222	153	0.134	71	0.455	7
珠海	0.376	13	0.574	4	0.387	6	0.230	12	0.357	39
长沙	0.367	14	0.432	22	0.305	28	0.144	60	0.436	11
西安	0.364	15	0.534	8	0.234	122	0.183	26	0.418	16
呼和浩特	0.362	16	0.457	20	0.294	34	0.148	52	0.421	15

[①] 本报告的指标设计原则、评价方法等详见第一章。

指标	科技创新发展指数		一级指标							
			创新资源		创新环境		创新服务		创新绩效	
城市	指数	排名	指数	排名	指数	排名	指数	排名	指数	排名
成都	0.358	17	0.352	38	0.317	22	0.149	49	0.434	12
中山	0.356	18	0.481	13	0.282	43	0.253	9	0.380	30
乌鲁木齐	0.351	19	0.498	10	0.237	115	0.191	23	0.399	22
青岛	0.347	20	0.324	53	0.281	44	0.226	14	0.413	18
太原	0.340	21	0.558	5	0.307	27	0.134	72	0.350	44
沈阳	0.339	22	0.427	23	0.285	41	0.122	114	0.397	23
大连	0.339	23	0.314	57	0.421	4	0.116	129	0.376	32
昆明	0.337	24	0.411	26	0.250	83	0.111	151	0.413	19
长春	0.336	25	0.339	45	0.326	17	0.095	213	0.407	21
鄂尔多斯	0.336	26	0.126	286	0.472	3	0.092	220	0.409	20
无锡	0.336	27	0.300	68	0.303	30	0.133	79	0.414	17
贵阳	0.333	28	0.476	14	0.203	190	0.221	15	0.375	33
济南	0.329	29	0.456	21	0.261	65	0.102	183	0.384	28
佛山	0.324	30	0.388	29	0.286	40	0.212	17	0.353	41
哈尔滨	0.324	31	0.346	42	0.290	36	0.112	148	0.391	26
常州	0.324	32	0.349	41	0.269	60	0.129	90	0.393	25
福州	0.320	33	0.338	48	0.245	95	0.162	36	0.388	27
合肥	0.319	34	0.366	33	0.247	87	0.146	55	0.382	29
三亚	0.318	35	0.468	16	0.142	279	0.271	5	0.357	38
兰州	0.318	36	0.546	7	0.230	136	0.186	24	0.325	59
南昌	0.317	37	0.420	24	0.251	81	0.123	110	0.367	34
大庆	0.315	38	0.458	19	0.338	12	0.151	46	0.313	73
银川	0.315	39	0.325	52	0.257	73	0.158	41	0.378	31
郑州	0.314	40	0.373	31	0.271	55	0.174	32	0.352	43
克拉玛依	0.310	41	0.403	27	0.334	14	0.228	13	0.298	104
包头	0.309	42	0.303	65	0.318	21	0.122	113	0.360	37
威海	0.308	43	0.360	36	0.320	19	0.092	223	0.349	45
镇江	0.306	44	0.310	61	0.295	33	0.109	157	0.364	35
西宁	0.305	45	0.337	49	0.271	57	0.154	44	0.352	42
重庆	0.305	46	0.265	89	0.159	264	0.128	97	0.422	14
惠州	0.299	47	0.296	70	0.248	84	0.179	28	0.354	40
烟台	0.298	48	0.282	75	0.286	39	0.106	170	0.361	36
嘉兴	0.293	49	0.281	76	0.288	38	0.132	80	0.344	48
宁波	0.292	50	0.277	78	0.261	64	0.159	40	0.346	46
东营	0.292	51	0.283	74	0.299	31	0.175	30	0.325	60
舟山	0.284	52	0.312	60	0.253	77	0.240	11	0.301	91

指标	科技创新发展指数		一级指标							
			创新资源		创新环境		创新服务		创新绩效	
城市	指数	排名	指数	排名	指数	排名	指数	排名	指数	排名
淄博	0.282	53	0.340	44	0.244	100	0.087	235	0.335	53
南宁	0.281	54	0.352	37	0.210	180	0.107	168	0.337	50
石家庄	0.276	55	0.351	40	0.242	104	0.096	209	0.318	63
扬州	0.276	56	0.300	69	0.231	132	0.112	146	0.332	55
温州	0.275	57	0.252	109	0.246	90	0.088	231	0.345	47
芜湖	0.275	58	0.344	43	0.225	148	0.135	70	0.314	69
铜陵	0.274	59	0.365	35	0.270	58	0.096	211	0.300	93
金华	0.274	60	0.256	101	0.195	211	0.174	33	0.338	49
潍坊	0.274	61	0.280	77	0.270	59	0.182	27	0.299	99
南通	0.274	62	0.258	100	0.237	113	0.114	137	0.337	52
乌兰察布	0.272	63	0.133	285	0.374	7	0.115	134	0.315	68
绍兴	0.272	64	0.328	50	0.216	167	0.115	132	0.322	61
泉州	0.270	65	0.212	169	0.247	89	0.129	89	0.335	54
莆田	0.269	66	0.366	34	0.183	229	0.191	22	0.298	102
洛阳	0.269	67	0.304	64	0.224	150	0.144	58	0.311	74
吉林	0.266	68	0.259	99	0.292	35	0.114	138	0.300	96
秦皇岛	0.266	69	0.288	73	0.276	51	0.100	198	0.302	89
辽源	0.265	70	0.200	204	0.320	20	0.106	172	0.305	84
新余	0.263	71	0.305	62	0.184	228	0.090	226	0.331	56
宝鸡	0.263	72	0.262	96	0.266	62	0.124	106	0.300	94
江门	0.262	73	0.264	92	0.223	152	0.162	37	0.304	86
湖州	0.261	74	0.273	83	0.233	125	0.124	109	0.307	80
绵阳	0.261	75	0.370	32	0.234	119	0.071	269	0.293	111
泰安	0.260	76	0.237	129	0.221	155	0.097	204	0.326	58
白城	0.259	77	0.264	94	0.275	52	0.147	53	0.284	138
松原	0.259	78	0.162	272	0.278	46	0.123	111	0.316	65
台州	0.259	79	0.241	121	0.177	243	0.111	149	0.337	51
呼伦贝尔	0.258	80	0.142	281	0.331	16	0.095	214	0.307	81
乌海	0.257	81	0.312	58	0.238	110	0.134	78	0.284	135
株洲	0.257	82	0.214	164	0.252	80	0.118	123	0.310	76
丽水	0.257	83	0.230	140	0.205	186	0.100	196	0.329	57
鄂州	0.257	84	0.339	46	0.247	88	0.136	69	0.271	185
沧州	0.256	85	0.173	256	0.255	75	0.123	112	0.317	64
唐山	0.256	86	0.267	87	0.259	70	0.083	246	0.300	98
酒泉	0.256	87	0.238	126	0.252	79	0.159	39	0.289	120
武威	0.254	88	0.245	116	0.229	139	0.214	16	0.277	160

续表

指标	科技创新发展指数		一级指标							
			创新资源		创新环境		创新服务		创新绩效	
城市	指数	排名	指数	排名	指数	排名	指数	排名	指数	排名
日照	0.253	89	0.253	104	0.212	172	0.084	242	0.316	66
盘锦	0.253	90	0.175	253	0.248	86	0.112	145	0.316	67
常德	0.253	91	0.209	180	0.233	124	0.108	166	0.313	70
安康	0.253	92	0.268	84	0.222	154	0.134	73	0.293	110
茂名	0.253	93	0.277	79	0.183	231	0.109	161	0.313	72
龙岩	0.252	94	0.217	159	0.246	93	0.106	171	0.305	83
三明	0.252	95	0.202	197	0.278	47	0.095	215	0.300	97
遵义	0.251	96	0.217	157	0.244	99	0.155	42	0.289	119
晋中	0.250	97	0.252	108	0.217	165	0.138	67	0.294	108
营口	0.250	98	0.169	262	0.244	101	0.114	140	0.313	71
泰州	0.250	99	0.202	198	0.231	133	0.111	150	0.309	77
北海	0.250	100	0.276	82	0.197	204	0.115	135	0.301	92
湘潭	0.250	101	0.240	122	0.226	145	0.119	119	0.298	101
马鞍山	0.249	102	0.266	88	0.233	123	0.132	84	0.283	144
巴彦淖尔	0.249	103	0.170	260	0.248	85	0.105	175	0.311	75
辽阳	0.248	104	0.211	170	0.236	116	0.117	127	0.300	95
衢州	0.248	105	0.238	124	0.194	212	0.117	124	0.308	79
漳州	0.247	106	0.191	223	0.231	130	0.115	131	0.306	82
张掖	0.247	107	0.292	72	0.226	146	0.199	20	0.256	231
汉中	0.246	108	0.226	144	0.273	54	0.094	217	0.283	139
自贡	0.245	109	0.252	105	0.220	158	0.117	126	0.288	122
运城	0.245	110	0.196	214	0.280	45	0.092	222	0.287	126
固原	0.245	111	0.222	149	0.182	237	0.192	21	0.291	114
广安	0.245	112	0.209	179	0.173	247	0.103	181	0.322	62
桂林	0.245	113	0.243	118	0.209	181	0.088	232	0.302	88
通辽	0.244	114	0.188	231	0.245	98	0.084	243	0.305	85
佳木斯	0.244	115	0.209	176	0.277	50	0.148	50	0.268	202
淮北	0.244	116	0.236	130	0.237	112	0.137	68	0.278	157
石嘴山	0.243	117	0.264	93	0.259	69	0.074	263	0.278	155
抚顺	0.243	118	0.246	113	0.238	109	0.102	184	0.283	143
湛江	0.242	119	0.251	110	0.204	188	0.105	176	0.293	113
岳阳	0.242	120	0.209	177	0.234	120	0.088	233	0.298	103
莱芜	0.242	121	0.386	30	0.211	178	0.042	283	0.270	192
保定	0.242	122	0.254	103	0.220	157	0.114	139	0.282	147
阳泉	0.241	123	0.294	71	0.246	91	0.111	153	0.261	219
咸阳	0.241	124	0.242	119	0.269	61	0.113	144	0.266	208

指标	科技创新发展指数		一级指标							
			创新资源		创新环境		创新服务		创新绩效	
城市	指数	排名	指数	排名	指数	排名	指数	排名	指数	排名
汕头	0.241	125	0.395	28	0.154	268	0.103	182	0.270	189
榆林	0.241	126	0.215	162	0.304	29	0.134	74	0.253	238
徐州	0.241	127	0.254	102	0.198	202	0.109	160	0.290	116
鞍山	0.241	128	0.261	98	0.261	63	0.082	251	0.271	183
本溪	0.240	129	0.246	115	0.334	13	0.072	266	0.249	247
毕节	0.240	130	0.302	67	0.139	281	0.129	92	0.294	109
大同	0.239	131	0.252	107	0.218	162	0.096	212	0.284	137
滨州	0.239	132	0.217	158	0.225	149	0.101	190	0.289	121
韶关	0.239	133	0.226	145	0.207	184	0.163	35	0.276	163
许昌	0.239	134	0.208	182	0.234	121	0.117	125	0.283	140
廊坊	0.238	135	0.238	125	0.191	218	0.125	103	0.288	124
防城港	0.238	136	0.233	134	0.164	259	0.134	77	0.297	105
临沂	0.237	137	0.234	133	0.210	179	0.108	162	0.285	131
潮州	0.237	138	0.304	63	0.176	245	0.097	205	0.281	149
邯郸	0.237	139	0.219	155	0.237	114	0.090	228	0.283	141
赤峰	0.237	140	0.222	150	0.251	82	0.132	81	0.265	212
朔州	0.237	141	0.207	186	0.196	209	0.065	276	0.308	78
襄阳	0.236	142	0.268	86	0.205	187	0.132	82	0.269	199
郴州	0.236	143	0.195	215	0.193	215	0.119	122	0.296	106
十堰	0.236	144	0.194	218	0.261	67	0.144	57	0.263	216
三门峡	0.236	145	0.193	220	0.282	42	0.145	56	0.254	234
宜昌	0.235	146	0.216	160	0.245	97	0.055	279	0.286	129
锦州	0.235	147	0.231	138	0.230	137	0.116	130	0.271	186
南平	0.235	148	0.203	195	0.230	138	0.086	238	0.287	127
淮安	0.234	149	0.263	95	0.173	250	0.102	188	0.287	125
肇庆	0.234	150	0.220	152	0.231	134	0.176	29	0.256	232
怀化	0.234	151	0.164	270	0.246	94	0.099	199	0.286	128
济宁	0.234	152	0.207	183	0.221	156	0.096	207	0.285	132
晋城	0.234	153	0.180	240	0.227	143	0.100	191	0.288	123
萍乡	0.233	154	0.225	146	0.181	238	0.111	154	0.290	118
遂宁	0.233	155	0.202	199	0.239	107	0.128	95	0.268	200
阳江	0.233	156	0.200	203	0.201	197	0.155	43	0.276	161
德阳	0.233	157	0.187	233	0.225	147	0.104	180	0.284	133
铜川	0.233	158	0.352	39	0.238	111	0.074	262	0.242	260
来宾	0.233	159	0.276	81	0.202	195	0.083	248	0.274	173
黄山	0.232	160	0.182	239	0.178	240	0.104	179	0.303	87

续表

指标	科技创新发展指数		一级指标							
			创新资源		创新环境		创新服务		创新绩效	
城市	指数	排名	指数	排名	指数	排名	指数	排名	指数	排名
贺州	0.232	161	0.302	66	0.149	272	0.100	194	0.281	150
绥化	0.232	162	0.142	282	0.239	108	0.129	94	0.282	145
丹东	0.232	163	0.237	128	0.233	127	0.121	115	0.261	222
钦州	0.231	164	0.268	85	0.215	170	0.058	277	0.276	167
四平	0.231	165	0.212	168	0.261	66	0.115	136	0.256	230
蚌埠	0.230	166	0.276	80	0.202	193	0.079	259	0.270	188
云浮	0.230	167	0.223	147	0.231	131	0.125	102	0.261	221
安庆	0.230	168	0.199	206	0.200	199	0.139	66	0.276	165
益阳	0.230	169	0.187	232	0.228	141	0.080	255	0.284	136
池州	0.230	170	0.231	136	0.146	274	0.096	208	0.299	100
双鸭山	0.230	171	0.207	184	0.332	15	0.142	62	0.220	278
玉林	0.229	172	0.236	131	0.159	263	0.092	224	0.293	112
淮南	0.229	173	0.322	54	0.176	246	0.046	282	0.275	169
张家界	0.229	174	0.185	236	0.173	249	0.092	221	0.301	90
咸宁	0.229	175	0.191	222	0.190	221	0.151	47	0.276	162
新乡	0.229	176	0.246	114	0.192	216	0.084	244	0.278	158
承德	0.229	177	0.207	187	0.240	105	0.079	260	0.271	180
商洛	0.228	178	0.244	117	0.201	196	0.085	241	0.274	171
宁德	0.228	179	0.171	258	0.219	160	0.106	174	0.282	148
荆门	0.228	180	0.173	257	0.257	74	0.116	128	0.264	213
宣城	0.228	181	0.194	217	0.153	270	0.129	91	0.295	107
聊城	0.228	182	0.179	242	0.228	140	0.099	201	0.278	156
焦作	0.228	183	0.238	127	0.235	117	0.102	186	0.258	228
天水	0.228	184	0.312	59	0.191	219	0.130	87	0.246	251
随州	0.227	185	0.168	264	0.244	102	0.148	51	0.260	225
嘉峪关	0.227	186	0.315	56	0.274	53	0.163	34	0.202	284
德州	0.227	187	0.210	174	0.227	142	0.070	271	0.274	170
景德镇	0.227	188	0.191	224	0.197	206	0.102	185	0.283	142
中卫	0.227	189	0.241	120	0.199	200	0.129	93	0.260	223
枣庄	0.226	190	0.265	90	0.189	224	0.047	281	0.280	153
内江	0.226	191	0.205	193	0.218	163	0.131	86	0.261	217
广元	0.226	192	0.198	209	0.220	159	0.113	143	0.267	203
盐城	0.226	193	0.205	189	0.196	208	0.106	173	0.276	164
邢台	0.226	194	0.175	254	0.246	92	0.100	193	0.267	207
宿迁	0.225	195	0.234	132	0.162	261	0.146	54	0.269	195
普洱	0.225	196	0.169	263	0.189	223	0.131	85	0.280	151

指标	科技创新发展指数		一级指标							
			创新资源		创新环境		创新服务		创新绩效	
城市	指数	排名	指数	排名	指数	排名	指数	排名	指数	排名
曲靖	0.225	197	0.182	238	0.190	222	0.083	250	0.290	117
九江	0.225	198	0.205	192	0.182	236	0.104	178	0.280	152
白山	0.224	199	0.209	175	0.346	9	0.078	261	0.222	277
亳州	0.224	200	0.177	245	0.138	282	0.153	45	0.290	115
通化	0.224	201	0.176	248	0.299	32	0.089	230	0.246	252
葫芦岛	0.224	202	0.210	173	0.217	164	0.073	265	0.272	177
眉山	0.223	203	0.185	235	0.212	176	0.132	83	0.264	214
滁州	0.223	204	0.190	227	0.168	256	0.130	88	0.280	154
濮阳	0.223	205	0.195	216	0.212	175	0.108	163	0.267	204
连云港	0.223	206	0.261	97	0.151	271	0.073	264	0.282	146
贵港	0.223	207	0.339	47	0.154	267	0.093	219	0.253	235
清远	0.223	208	0.232	135	0.182	234	0.091	225	0.272	176
阜新	0.222	209	0.213	166	0.206	185	0.119	121	0.260	224
乐山	0.222	210	0.226	142	0.197	207	0.100	192	0.265	210
张家口	0.222	211	0.190	226	0.231	129	0.070	272	0.270	193
吉安	0.222	212	0.205	190	0.169	255	0.140	64	0.270	191
丽江	0.222	213	0.211	171	0.182	235	0.109	159	0.271	181
金昌	0.222	214	0.188	229	0.258	72	0.079	258	0.257	229
梅州	0.222	215	0.196	213	0.193	214	0.100	195	0.274	174
漯河	0.221	216	0.246	112	0.214	171	0.039	285	0.267	206
铁岭	0.220	217	0.165	268	0.240	106	0.067	274	0.271	184
信阳	0.220	218	0.231	137	0.186	227	0.090	227	0.267	205
黄石	0.220	219	0.209	178	0.253	78	0.098	202	0.245	255
资阳	0.220	220	0.175	250	0.178	241	0.124	107	0.276	166
玉溪	0.220	221	0.176	247	0.204	189	0.080	256	0.277	159
宜宾	0.220	222	0.201	202	0.183	233	0.105	177	0.272	178
崇左	0.220	223	0.252	106	0.165	258	0.108	164	0.263	215
南充	0.219	224	0.197	211	0.207	183	0.142	61	0.251	241
长治	0.219	225	0.178	243	0.216	166	0.081	253	0.269	194
朝阳	0.219	226	0.157	276	0.224	151	0.102	187	0.266	209
庆阳	0.218	227	0.171	259	0.203	191	0.206	19	0.240	263
保山	0.218	228	0.215	161	0.160	262	0.099	200	0.274	172
梧州	0.218	229	0.208	181	0.171	251	0.094	216	0.273	175
抚州	0.217	230	0.207	185	0.144	278	0.141	63	0.270	190
宿州	0.217	231	0.219	156	0.159	265	0.140	65	0.261	218
六安	0.217	232	0.198	208	0.144	277	0.093	218	0.285	130

指标	科技创新发展指数		一级指标							
			创新资源		创新环境		创新服务		创新绩效	
城市	指数	排名	指数	排名	指数	排名	指数	排名	指数	排名
伊春	0.217	233	0.193	219	0.315	26	0.039	284	0.234	269
临汾	0.216	234	0.162	274	0.212	173	0.089	229	0.269	196
定西	0.216	235	0.165	267	0.212	177	0.184	25	0.241	262
鹰潭	0.216	236	0.162	273	0.170	253	0.086	237	0.284	134
攀枝花	0.215	237	0.327	51	0.278	48	0.107	167	0.190	285
衡阳	0.215	238	0.164	269	0.208	182	0.084	245	0.269	197
汕尾	0.215	239	0.198	210	0.166	257	0.108	165	0.268	201
渭南	0.214	240	0.213	167	0.235	118	0.083	247	0.243	257
南阳	0.214	241	0.220	151	0.198	203	0.086	236	0.255	233
齐齐哈尔	0.214	242	0.189	228	0.233	128	0.124	105	0.239	266
柳州	0.214	243	0.265	91	0.230	135	0.096	206	0.226	275
巴中	0.214	244	0.197	212	0.171	252	0.161	38	0.250	243
鹤壁	0.213	245	0.238	123	0.215	169	0.082	252	0.242	261
黄冈	0.212	246	0.182	237	0.253	76	0.112	147	0.231	270
孝感	0.212	247	0.176	249	0.212	174	0.110	156	0.249	246
雅安	0.211	248	0.159	275	0.242	103	0.119	120	0.239	265
衡水	0.211	249	0.139	284	0.153	269	0.150	48	0.271	182
上饶	0.210	250	0.165	266	0.145	276	0.111	152	0.275	168
牡丹江	0.210	251	0.202	200	0.289	37	0.109	158	0.210	283
宜春	0.210	252	0.192	221	0.128	285	0.124	108	0.271	187
延安	0.210	253	0.201	201	0.180	239	0.107	169	0.252	239
鸡西	0.210	254	0.223	148	0.260	68	0.120	116	0.211	281
百色	0.209	255	0.188	230	0.164	260	0.072	267	0.272	179
达州	0.209	256	0.210	172	0.183	232	0.120	118	0.243	259
河池	0.208	257	0.198	207	0.187	225	0.069	273	0.258	227
安顺	0.207	258	0.229	141	0.132	284	0.127	99	0.253	237
菏泽	0.207	259	0.187	234	0.170	254	0.086	240	0.261	220
河源	0.207	260	0.154	278	0.202	192	0.113	141	0.250	244
永州	0.207	261	0.175	252	0.176	244	0.071	268	0.265	211
六盘水	0.207	262	0.175	251	0.146	275	0.100	197	0.269	198
揭阳	0.206	263	0.251	111	0.173	248	0.128	98	0.229	273
驻马店	0.206	264	0.179	241	0.193	213	0.086	239	0.252	240
忻州	0.206	265	0.170	261	0.200	198	0.096	210	0.249	248
商丘	0.206	266	0.204	194	0.186	226	0.066	275	0.253	236
安阳	0.206	267	0.220	153	0.195	210	0.053	280	0.248	250
娄底	0.205	268	0.155	277	0.216	168	0.080	257	0.249	245

续表

指标	科技创新发展指数		一级指标							
			创新资源		创新环境		创新服务		创新绩效	
城市	指数	排名	指数	排名	指数	排名	指数	排名	指数	排名
平顶山	0.205	269	0.206	188	0.197	205	0.087	234	0.240	264
临沧	0.204	270	0.146	280	0.198	201	0.126	100	0.244	256
吕梁	0.204	271	0.150	279	0.177	242	0.126	101	0.251	242
开封	0.203	272	0.205	191	0.233	126	0.125	104	0.212	280
七台河	0.202	273	0.226	143	0.227	144	0.025	287	0.235	268
铜仁	0.201	274	0.220	154	0.155	266	0.097	203	0.243	258
吴忠	0.201	275	0.163	271	0.191	217	0.083	249	0.249	249
邵阳	0.201	276	0.141	283	0.190	220	0.115	133	0.246	253
阜阳	0.200	277	0.178	244	0.127	286	0.113	142	0.258	226
黑河	0.198	278	0.116	287	0.245	96	0.101	189	0.229	272
泸州	0.198	279	0.214	163	0.147	273	0.134	76	0.231	271
赣州	0.197	280	0.200	205	0.135	283	0.134	75	0.239	267
平凉	0.197	281	0.214	165	0.219	161	0.055	278	0.224	276
白银	0.195	282	0.202	196	0.259	71	0.128	96	0.186	286
荆州	0.193	283	0.190	225	0.202	194	0.120	117	0.210	282
周口	0.192	284	0.173	255	0.183	230	0.033	286	0.246	254
鹤岗	0.179	285	0.230	139	0.315	25	0.071	270	0.142	287
昭通	0.174	286	0.177	246	0.140	280	0.081	254	0.213	279
陇南	0.173	287	0.168	265	0.082	287	0.110	155	0.226	274

注：①本表主要利用各指标2014年的数据测算得出；②数据主要来源于《中国城市统计年鉴2015》《中国区域经济统计年鉴2014》；③由于部分指标数据暂不全，本次测算不包含香港、澳门、西藏及台湾地区的城市；④表中指数值均保留小数点后三位数，表中城市指数值相同但排名不同主要是因为小数点后第四位数存在差异

中国的城市具有严格的行政等级体系，政府制度安排的高行政等级偏向使城市在创新发展中事实上不平等，不同行政等级的城市在权限等级和资源配置、政策支持等各个方面都有显著差别，而市场力量又与行政等级造就的这种不平等产生循环累积的交叉强化效应，因此，我们除了遵循国际惯例对287个城市的科技创新发展指数进行总体排名以外，还对副省级及以上城市（表0-3）、地级城市（表0-4）分别进行排名，以方便各城市进行定位和对标。科技创新发展指数综合排名结果显示，北京在287个城市中排名居首；15个副省级市中，深圳排名第一；252个地级市（除省会、副省级、直辖市外）中，东莞排名第一。

表0-3　省会及副省级以上城市科技创新发展指数排名

指标	科技创新发展指数		一级指标							
			创新资源		创新环境		创新服务		创新绩效	
城市	指数	排名	指数	排名	指数	排名	指数	排名	指数	排名
北京	0.587	1	0.603	2	0.344	4	0.546	2	0.689	1
深圳	0.587	2	0.414	20	0.698	1	0.621	1	0.582	3
上海	0.499	3	0.466	14	0.338	5	0.313	3	0.623	2
广州	0.464	4	0.602	3	0.390	3	0.263	4	0.511	4
天津	0.416	5	0.469	13	0.316	9	0.253	6	0.486	5
武汉	0.405	6	0.508	8	0.315	10	0.207	9	0.466	6
杭州	0.391	7	0.488	10	0.322	7	0.175	13	0.450	8
南京	0.390	8	0.609	1	0.277	17	0.144	22	0.441	9
厦门	0.378	9	0.485	11	0.271	19	0.256	5	0.423	12
海口	0.376	10	0.547	5	0.222	32	0.134	24	0.455	7
长沙	0.367	11	0.432	17	0.305	12	0.144	23	0.436	10
西安	0.364	12	0.534	7	0.234	30	0.183	12	0.418	15
呼和浩特	0.362	13	0.457	15	0.294	13	0.148	20	0.421	14
成都	0.358	14	0.352	25	0.317	8	0.149	19	0.434	11
乌鲁木齐	0.351	15	0.498	9	0.237	29	0.191	10	0.399	19
青岛	0.347	16	0.324	32	0.281	16	0.226	7	0.413	16
太原	0.340	17	0.558	4	0.307	11	0.134	25	0.350	31
沈阳	0.339	18	0.427	18	0.285	15	0.122	28	0.397	20
大连	0.339	19	0.314	33	0.421	2	0.116	29	0.376	26
昆明	0.337	20	0.411	21	0.250	25	0.111	31	0.413	17
长春	0.336	21	0.339	28	0.326	6	0.095	35	0.407	18
贵阳	0.333	22	0.476	12	0.203	34	0.221	8	0.375	27
济南	0.329	23	0.456	16	0.261	22	0.102	33	0.384	23
哈尔滨	0.324	24	0.346	27	0.290	14	0.112	30	0.391	21
福州	0.320	25	0.338	29	0.245	27	0.162	15	0.388	22
合肥	0.319	26	0.366	23	0.247	26	0.146	21	0.382	24
兰州	0.318	27	0.546	6	0.230	31	0.186	11	0.325	34
南昌	0.317	28	0.420	19	0.251	24	0.123	27	0.367	28
银川	0.315	29	0.325	31	0.257	23	0.158	17	0.378	25
郑州	0.314	30	0.373	22	0.271	18	0.174	14	0.352	30
西宁	0.305	31	0.337	30	0.271	20	0.154	18	0.352	29
重庆	0.305	32	0.265	35	0.159	35	0.128	26	0.422	13
宁波	0.292	33	0.277	34	0.261	21	0.159	16	0.346	32
南宁	0.281	34	0.352	24	0.210	33	0.107	32	0.337	33
石家庄	0.276	35	0.351	26	0.242	28	0.096	34	0.318	35

注：①本表主要利用各指标2014年的数据测算得出；②数据主要来源于《中国城市统计年鉴2015》《中国区域经济统计年鉴2014》；③由于部分指标数据暂不全，本次测算不包含香港、澳门、西藏及台湾地区的城市；④表中指数值均保留小数点后三位数，表中城市指数值相同但排名不同主要是因为小数点后第四位数存在差异

表0-4　地级市科技创新发展指数及排名（省会、副省级、直辖市除外）

指标	科技创新发展指数		一级指标							
			创新资源		创新环境		创新服务		创新绩效	
城市	指数	排名	指数	排名	指数	排名	指数	排名	指数	排名
东莞	0.452	1	0.465	4	0.611	1	0.416	1	0.396	4
苏州	0.384	2	0.315	23	0.359	5	0.255	3	0.448	1
珠海	0.376	3	0.574	1	0.387	3	0.230	6	0.357	11
中山	0.356	4	0.481	2	0.282	28	0.253	4	0.380	6
鄂尔多斯	0.336	5	0.126	251	0.472	2	0.092	185	0.409	3
无锡	0.336	6	0.300	35	0.303	18	0.133	54	0.414	2
佛山	0.324	7	0.388	8	0.286	26	0.212	9	0.353	13
常州	0.324	8	0.349	15	0.269	40	0.129	65	0.393	5
三亚	0.318	9	0.468	3	0.142	244	0.271	2	0.357	10
大庆	0.315	10	0.458	5	0.338	7	0.151	28	0.313	38
克拉玛依	0.310	11	0.403	6	0.334	9	0.228	7	0.298	69
包头	0.309	12	0.303	32	0.318	14	0.122	86	0.360	9
威海	0.308	13	0.360	13	0.320	12	0.092	188	0.349	14
镇江	0.306	14	0.310	28	0.295	21	0.109	126	0.364	7
惠州	0.299	15	0.296	37	0.248	59	0.179	16	0.354	12
烟台	0.298	16	0.282	42	0.286	25	0.106	138	0.361	8
嘉兴	0.293	17	0.281	43	0.288	24	0.132	55	0.344	16
东营	0.292	18	0.283	41	0.299	19	0.175	18	0.325	26
舟山	0.284	19	0.312	27	0.253	54	0.240	5	0.301	56
淄博	0.282	20	0.340	17	0.244	73	0.087	200	0.335	20
扬州	0.276	21	0.300	36	0.231	102	0.112	117	0.332	22
温州	0.275	22	0.252	74	0.246	64	0.088	196	0.345	15
芜湖	0.275	23	0.344	16	0.225	117	0.135	47	0.314	34
铜陵	0.274	24	0.365	12	0.270	38	0.096	177	0.300	58
金华	0.274	25	0.256	66	0.195	177	0.174	19	0.338	17
潍坊	0.274	26	0.280	44	0.270	39	0.182	15	0.299	64
南通	0.274	27	0.258	65	0.237	85	0.114	108	0.337	19
乌兰察布	0.272	28	0.133	250	0.374	4	0.115	105	0.315	33
绍兴	0.272	29	0.328	20	0.216	135	0.115	103	0.322	27
泉州	0.270	30	0.212	134	0.247	63	0.129	64	0.335	21
莆田	0.269	31	0.366	11	0.183	195	0.191	13	0.298	67
洛阳	0.269	32	0.304	31	0.224	119	0.144	37	0.311	39
吉林	0.266	33	0.259	64	0.292	22	0.114	109	0.300	61
秦皇岛	0.266	34	0.288	40	0.276	34	0.100	165	0.302	54
辽源	0.265	35	0.200	169	0.320	13	0.106	140	0.305	49
新余	0.263	36	0.305	29	0.184	194	0.090	191	0.331	23

指标	科技创新发展指数		一级指标							
			创新资源		创新环境		创新服务		创新绩效	
城市	指数	排名	指数	排名	指数	排名	指数	排名	指数	排名
宝鸡	0.263	37	0.262	61	0.266	42	0.124	80	0.300	59
江门	0.262	38	0.264	57	0.223	121	0.162	22	0.304	51
湖州	0.261	39	0.273	49	0.233	95	0.124	83	0.307	45
绵阳	0.261	40	0.370	10	0.234	90	0.071	234	0.293	76
泰安	0.260	41	0.237	94	0.221	123	0.097	171	0.326	25
白城	0.259	42	0.264	59	0.275	35	0.147	33	0.284	103
松原	0.259	43	0.162	237	0.278	30	0.123	84	0.316	30
台州	0.259	44	0.241	86	0.177	209	0.111	119	0.337	18
呼伦贝尔	0.258	45	0.142	246	0.331	11	0.095	179	0.307	46
乌海	0.257	46	0.312	25	0.238	82	0.134	53	0.284	100
株洲	0.257	47	0.214	129	0.252	57	0.118	95	0.310	41
丽水	0.257	48	0.230	105	0.205	153	0.100	163	0.329	24
鄂州	0.257	49	0.339	18	0.247	62	0.136	46	0.271	150
沧州	0.256	50	0.173	221	0.255	52	0.123	85	0.317	29
唐山	0.256	51	0.267	53	0.259	48	0.083	211	0.300	63
酒泉	0.256	52	0.238	91	0.252	56	0.159	24	0.289	85
武威	0.254	53	0.245	81	0.229	108	0.214	8	0.277	125
日照	0.253	54	0.253	69	0.212	140	0.084	207	0.316	31
盘锦	0.253	55	0.175	218	0.248	61	0.112	116	0.316	32
常德	0.253	56	0.209	145	0.233	94	0.108	135	0.313	35
安康	0.253	57	0.268	50	0.222	122	0.134	48	0.293	75
茂名	0.253	58	0.277	45	0.183	197	0.109	130	0.313	37
龙岩	0.252	59	0.217	124	0.246	67	0.106	139	0.305	48
三明	0.252	60	0.202	162	0.278	31	0.095	180	0.300	62
遵义	0.251	61	0.217	122	0.244	72	0.155	25	0.289	84
晋中	0.250	62	0.252	73	0.217	133	0.138	44	0.294	73
营口	0.250	63	0.169	227	0.244	74	0.114	111	0.313	36
泰州	0.250	64	0.202	163	0.231	103	0.111	120	0.309	42
北海	0.250	65	0.276	48	0.197	170	0.115	106	0.301	57
湘潭	0.250	66	0.240	87	0.226	114	0.119	91	0.298	66
马鞍山	0.249	67	0.266	54	0.233	93	0.132	59	0.283	109
巴彦淖尔	0.249	68	0.170	225	0.248	60	0.105	143	0.311	40
辽阳	0.248	69	0.211	135	0.236	87	0.117	99	0.300	60
衢州	0.248	70	0.238	89	0.194	178	0.117	96	0.308	44
漳州	0.247	71	0.191	188	0.231	100	0.115	102	0.306	47
张掖	0.247	72	0.292	39	0.226	115	0.199	11	0.256	196

指标	科技创新发展指数		一级指标							
			创新资源		创新环境		创新服务		创新绩效	
城市	指数	排名	指数	排名	指数	排名	指数	排名	指数	排名
汉中	0.246	73	0.226	109	0.273	37	0.094	182	0.283	104
自贡	0.245	74	0.252	70	0.220	126	0.117	98	0.288	87
运城	0.245	75	0.196	179	0.280	29	0.092	187	0.287	91
固原	0.245	76	0.222	114	0.182	203	0.192	12	0.291	79
广安	0.245	77	0.209	144	0.173	213	0.103	149	0.322	28
桂林	0.245	78	0.243	83	0.209	148	0.088	197	0.302	53
通辽	0.244	79	0.188	196	0.245	71	0.084	208	0.305	50
佳木斯	0.244	80	0.209	141	0.277	33	0.148	31	0.268	167
淮北	0.244	81	0.236	95	0.237	84	0.137	45	0.278	122
石嘴山	0.243	82	0.264	58	0.259	47	0.074	228	0.278	120
抚顺	0.243	83	0.246	78	0.238	81	0.102	151	0.283	108
湛江	0.242	84	0.251	75	0.204	155	0.105	144	0.293	78
岳阳	0.242	85	0.209	142	0.234	91	0.088	198	0.298	68
莱芜	0.242	86	0.386	9	0.211	146	0.042	248	0.270	157
保定	0.242	87	0.254	68	0.220	125	0.114	110	0.282	112
阳泉	0.241	88	0.294	38	0.246	65	0.111	122	0.261	184
咸阳	0.241	89	0.242	84	0.269	41	0.113	115	0.266	173
汕头	0.241	90	0.395	7	0.154	233	0.103	150	0.270	154
榆林	0.241	91	0.215	127	0.304	17	0.134	49	0.253	203
徐州	0.241	92	0.254	67	0.198	168	0.109	129	0.290	81
鞍山	0.241	93	0.261	63	0.261	43	0.082	216	0.271	148
本溪	0.240	94	0.246	80	0.334	8	0.072	231	0.249	212
毕节	0.240	95	0.302	34	0.139	246	0.129	67	0.294	74
大同	0.239	96	0.252	72	0.218	130	0.096	178	0.284	102
滨州	0.239	97	0.217	123	0.225	118	0.101	157	0.289	86
韶关	0.239	98	0.226	110	0.207	151	0.163	21	0.276	128
许昌	0.239	99	0.208	147	0.234	92	0.117	97	0.283	105
廊坊	0.238	100	0.238	90	0.191	184	0.125	77	0.288	89
防城港	0.238	101	0.233	99	0.164	225	0.134	52	0.297	70
临沂	0.237	102	0.234	98	0.210	147	0.108	131	0.285	96
潮州	0.237	103	0.304	30	0.176	211	0.097	172	0.281	114
邯郸	0.237	104	0.219	120	0.237	86	0.090	193	0.283	106
赤峰	0.237	105	0.222	115	0.251	58	0.132	56	0.265	177
朔州	0.237	106	0.207	151	0.196	175	0.065	241	0.308	43
襄阳	0.236	107	0.268	52	0.205	154	0.132	57	0.269	164
郴州	0.236	108	0.195	180	0.193	181	0.119	94	0.296	71

续表

指标	科技创新发展指数		一级指标							
			创新资源		创新环境		创新服务		创新绩效	
城市	指数	排名	指数	排名	指数	排名	指数	排名	指数	排名
十堰	0.236	109	0.194	183	0.261	45	0.144	36	0.263	181
三门峡	0.236	110	0.193	185	0.282	27	0.145	35	0.254	199
宜昌	0.235	111	0.216	125	0.245	70	0.055	244	0.286	94
锦州	0.235	112	0.231	103	0.230	106	0.116	101	0.271	151
南平	0.235	113	0.203	160	0.230	107	0.086	203	0.287	92
淮安	0.234	114	0.263	60	0.173	216	0.102	155	0.287	90
肇庆	0.234	115	0.220	117	0.231	104	0.176	17	0.256	197
怀化	0.234	116	0.164	235	0.246	68	0.099	166	0.286	93
济宁	0.234	117	0.207	148	0.221	124	0.096	174	0.285	97
晋城	0.234	118	0.180	205	0.227	112	0.100	158	0.288	88
萍乡	0.233	119	0.225	111	0.181	204	0.111	123	0.290	83
遂宁	0.233	120	0.202	164	0.239	79	0.128	70	0.268	165
阳江	0.233	121	0.200	168	0.201	163	0.155	26	0.276	126
德阳	0.233	122	0.187	198	0.225	116	0.104	148	0.284	98
铜川	0.233	123	0.352	14	0.238	83	0.074	227	0.242	225
来宾	0.233	124	0.276	47	0.202	161	0.083	213	0.274	138
黄山	0.232	125	0.182	204	0.178	206	0.104	147	0.303	52
贺州	0.232	126	0.302	33	0.149	237	0.100	161	0.281	115
绥化	0.232	127	0.142	247	0.239	80	0.129	69	0.282	110
丹东	0.232	128	0.237	93	0.233	97	0.121	87	0.261	187
钦州	0.231	129	0.268	51	0.215	138	0.058	242	0.276	132
四平	0.231	130	0.212	133	0.261	44	0.115	107	0.256	195
蚌埠	0.230	131	0.276	46	0.202	159	0.079	224	0.270	153
云浮	0.230	132	0.223	112	0.231	101	0.125	76	0.261	186
安庆	0.230	133	0.199	171	0.200	165	0.139	43	0.276	130
益阳	0.230	134	0.187	197	0.228	110	0.080	220	0.284	101
池州	0.230	135	0.231	101	0.146	239	0.096	175	0.299	65
双鸭山	0.230	136	0.207	149	0.332	10	0.142	39	0.220	243
玉林	0.229	137	0.236	96	0.159	229	0.092	189	0.293	77
淮南	0.229	138	0.322	22	0.176	212	0.046	247	0.275	134
张家界	0.229	139	0.185	201	0.173	215	0.092	186	0.301	55
咸宁	0.229	140	0.191	187	0.190	187	0.151	29	0.276	127
新乡	0.229	141	0.246	79	0.192	182	0.084	209	0.278	123
承德	0.229	142	0.207	152	0.240	77	0.079	225	0.271	145
商洛	0.228	143	0.244	82	0.201	162	0.085	206	0.274	136
宁德	0.228	144	0.171	223	0.219	128	0.106	142	0.282	113

续表

指标	科技创新发展指数		一级指标							
			创新资源		创新环境		创新服务		创新绩效	
城市	指数	排名	指数	排名	指数	排名	指数	排名	指数	排名
荆门	0.228	145	0.173	222	0.257	51	0.116	100	0.264	178
宣城	0.228	146	0.194	182	0.153	235	0.129	66	0.295	72
聊城	0.228	147	0.179	207	0.228	109	0.099	168	0.278	121
焦作	0.228	148	0.238	92	0.235	88	0.102	153	0.258	193
天水	0.228	149	0.312	26	0.191	185	0.130	62	0.246	216
随州	0.227	150	0.168	229	0.244	75	0.148	32	0.260	190
嘉峪关	0.227	151	0.315	24	0.274	36	0.163	20	0.202	249
德州	0.227	152	0.210	139	0.227	111	0.070	236	0.274	135
景德镇	0.227	153	0.191	189	0.197	172	0.102	152	0.283	107
中卫	0.227	154	0.241	85	0.199	166	0.129	68	0.260	188
枣庄	0.226	155	0.265	55	0.189	190	0.047	246	0.280	118
内江	0.226	156	0.205	158	0.218	131	0.131	61	0.261	182
广元	0.226	157	0.198	174	0.220	127	0.113	114	0.267	168
盐城	0.226	158	0.205	154	0.196	174	0.106	141	0.276	129
邢台	0.226	159	0.175	219	0.246	66	0.100	160	0.267	172
宿迁	0.225	160	0.234	97	0.162	227	0.146	34	0.269	160
普洱	0.225	161	0.169	228	0.189	189	0.131	60	0.280	116
曲靖	0.225	162	0.182	203	0.190	188	0.083	215	0.290	82
九江	0.225	163	0.205	157	0.182	202	0.104	146	0.280	117
白山	0.224	164	0.209	140	0.346	6	0.078	226	0.222	242
亳州	0.224	165	0.177	210	0.138	247	0.153	27	0.290	80
通化	0.224	166	0.176	213	0.299	20	0.089	195	0.246	217
葫芦岛	0.224	167	0.210	138	0.217	132	0.073	230	0.272	142
眉山	0.223	168	0.185	200	0.212	144	0.132	58	0.264	179
滁州	0.223	169	0.190	192	0.168	222	0.130	63	0.280	119
濮阳	0.223	170	0.195	181	0.212	143	0.108	132	0.267	169
连云港	0.223	171	0.261	62	0.151	236	0.073	229	0.282	111
贵港	0.223	172	0.339	19	0.154	232	0.093	184	0.253	200
清远	0.223	173	0.232	100	0.182	200	0.091	190	0.272	141
阜新	0.222	174	0.213	131	0.206	152	0.119	93	0.260	189
乐山	0.222	175	0.226	107	0.197	173	0.100	159	0.265	175
张家口	0.222	176	0.190	191	0.231	99	0.070	237	0.270	158
吉安	0.222	177	0.205	155	0.169	221	0.140	41	0.270	156
丽江	0.222	178	0.211	136	0.182	201	0.109	128	0.271	146
金昌	0.222	179	0.188	194	0.258	50	0.079	223	0.257	194
梅州	0.222	180	0.196	178	0.193	180	0.100	162	0.274	139

续表

指标	科技创新 发展指数		一级指标							
			创新资源		创新环境		创新服务		创新绩效	
城市	指数	排名	指数	排名	指数	排名	指数	排名	指数	排名
漯河	0.221	181	0.246	77	0.214	139	0.039	250	0.267	171
铁岭	0.220	182	0.165	233	0.240	78	0.067	239	0.271	149
信阳	0.220	183	0.231	102	0.186	193	0.090	192	0.267	170
黄石	0.220	184	0.209	143	0.253	55	0.098	169	0.245	220
资阳	0.220	185	0.175	215	0.178	207	0.124	81	0.276	131
玉溪	0.220	186	0.176	212	0.204	156	0.080	221	0.277	124
宜宾	0.220	187	0.201	167	0.183	199	0.105	145	0.272	143
崇左	0.220	188	0.252	71	0.165	224	0.108	133	0.263	180
南充	0.219	189	0.197	176	0.207	150	0.142	38	0.251	206
长治	0.219	190	0.178	208	0.216	134	0.081	218	0.269	159
朝阳	0.219	191	0.157	241	0.224	120	0.102	154	0.266	174
庆阳	0.218	192	0.171	224	0.203	157	0.206	10	0.240	228
保山	0.218	193	0.215	126	0.160	228	0.099	167	0.274	137
梧州	0.218	194	0.208	146	0.171	217	0.094	181	0.273	140
抚州	0.217	195	0.207	150	0.144	243	0.141	40	0.270	155
宿州	0.217	196	0.219	121	0.159	230	0.140	42	0.261	183
六安	0.217	197	0.198	173	0.144	242	0.093	183	0.285	95
伊春	0.217	198	0.193	184	0.315	16	0.039	249	0.234	234
临汾	0.216	199	0.162	239	0.212	141	0.089	194	0.269	161
定西	0.216	200	0.165	232	0.212	145	0.184	14	0.241	227
鹰潭	0.216	201	0.162	238	0.170	219	0.086	202	0.284	99
攀枝花	0.215	202	0.327	21	0.278	32	0.107	136	0.190	250
衡阳	0.215	203	0.164	234	0.208	149	0.084	210	0.269	162
汕尾	0.215	204	0.198	175	0.166	223	0.108	134	0.268	166
渭南	0.214	205	0.213	132	0.235	89	0.083	212	0.243	222
南阳	0.214	206	0.220	116	0.198	169	0.086	201	0.255	198
齐齐哈尔	0.214	207	0.189	193	0.233	98	0.124	79	0.239	231
柳州	0.214	208	0.265	56	0.230	105	0.096	173	0.226	240
巴中	0.214	209	0.197	177	0.171	218	0.161	23	0.250	208
鹤壁	0.213	210	0.238	88	0.215	137	0.082	217	0.242	226
黄冈	0.212	211	0.182	202	0.253	53	0.112	118	0.231	235
孝感	0.212	212	0.176	214	0.212	142	0.110	125	0.249	211
雅安	0.211	213	0.159	240	0.242	76	0.119	92	0.239	230
衡水	0.211	214	0.139	249	0.153	234	0.150	30	0.271	147
上饶	0.210	215	0.165	231	0.145	241	0.111	121	0.275	133
牡丹江	0.210	216	0.202	165	0.289	23	0.109	127	0.210	248

指标	科技创新发展指数		一级指标							
			创新资源		创新环境		创新服务		创新绩效	
城市	指数	排名	指数	排名	指数	排名	指数	排名	指数	排名
宜春	0.210	217	0.192	186	0.128	250	0.124	82	0.271	152
延安	0.210	218	0.201	166	0.180	205	0.107	137	0.252	204
鸡西	0.210	219	0.223	113	0.260	46	0.120	88	0.211	246
百色	0.209	220	0.188	195	0.164	226	0.072	232	0.272	144
达州	0.209	221	0.210	137	0.183	198	0.120	90	0.243	224
河池	0.208	222	0.198	172	0.187	191	0.069	238	0.258	192
安顺	0.207	223	0.229	106	0.132	249	0.127	73	0.253	202
菏泽	0.207	224	0.187	199	0.170	220	0.086	205	0.261	185
河源	0.207	225	0.154	243	0.202	158	0.113	112	0.250	209
永州	0.207	226	0.175	217	0.176	210	0.071	233	0.265	176
六盘水	0.207	227	0.175	216	0.146	240	0.100	164	0.269	163
揭阳	0.206	228	0.251	76	0.173	214	0.128	72	0.229	238
驻马店	0.206	229	0.179	206	0.193	179	0.086	204	0.252	205
忻州	0.206	230	0.170	226	0.200	164	0.096	176	0.249	213
商丘	0.206	231	0.204	159	0.186	192	0.066	240	0.253	201
安阳	0.206	232	0.220	118	0.195	176	0.053	245	0.248	215
娄底	0.205	233	0.155	242	0.216	136	0.080	222	0.249	210
平顶山	0.205	234	0.206	153	0.197	171	0.087	199	0.240	229
临沧	0.204	235	0.146	245	0.198	167	0.126	74	0.244	221
吕梁	0.204	236	0.150	244	0.177	208	0.126	75	0.251	207
开封	0.203	237	0.205	156	0.233	96	0.125	78	0.212	245
七台河	0.202	238	0.226	108	0.227	113	0.025	252	0.235	233
铜仁	0.201	239	0.220	119	0.155	231	0.097	170	0.243	223
吴忠	0.201	240	0.163	236	0.191	183	0.083	214	0.249	214
邵阳	0.201	241	0.141	248	0.190	186	0.115	104	0.246	218
阜阳	0.200	242	0.178	209	0.127	251	0.113	113	0.258	191
黑河	0.198	243	0.116	252	0.245	69	0.101	156	0.229	237
泸州	0.198	244	0.214	128	0.147	238	0.134	51	0.231	236
赣州	0.197	245	0.200	170	0.135	248	0.134	50	0.239	232
平凉	0.197	246	0.214	130	0.219	129	0.055	243	0.224	241
白银	0.195	247	0.202	161	0.259	49	0.128	71	0.186	251
荆州	0.193	248	0.190	190	0.202	160	0.120	89	0.210	247
周口	0.192	249	0.173	220	0.183	196	0.033	251	0.246	219
鹤岗	0.179	250	0.230	104	0.315	15	0.071	235	0.142	252
昭通	0.174	251	0.177	211	0.140	245	0.081	219	0.213	244
陇南	0.173	252	0.168	230	0.082	252	0.110	124	0.226	239

注：①本表主要利用各指标2014年的数据测算得出；②数据主要来源于《中国城市统计年鉴2015》《中国区域经济统计年鉴2014》；③由于部分指标数据暂不全，本次测算不包含香港、澳门、西藏及台湾地区的城市；④表中指数值均保留小数点后三位数，表中城市指数值相同但排名不同主要是因为小数点后第四位数存在差异

根据表0-2绘出2017年中国城市科技创新发展指数综合得分及四个一级指标得分空间分布，如图0-1和图0-2所示。

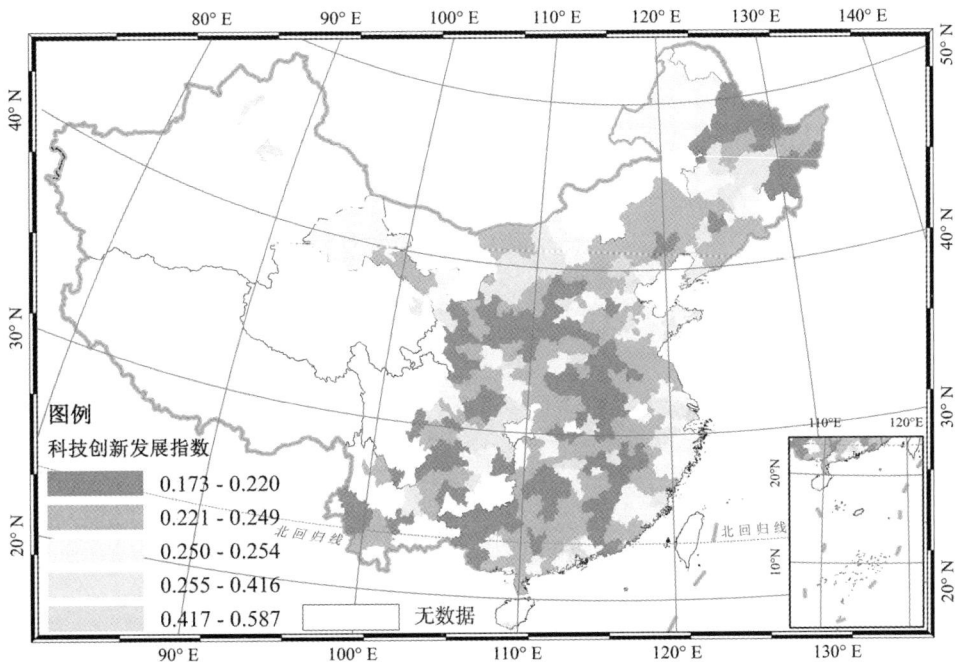

图例
科技创新发展指数
0.173 - 0.220
0.221 - 0.249
0.250 - 0.254
0.255 - 0.416
0.417 - 0.587
无数据

图 0-1　中国城市科技创新发展指数空间分布

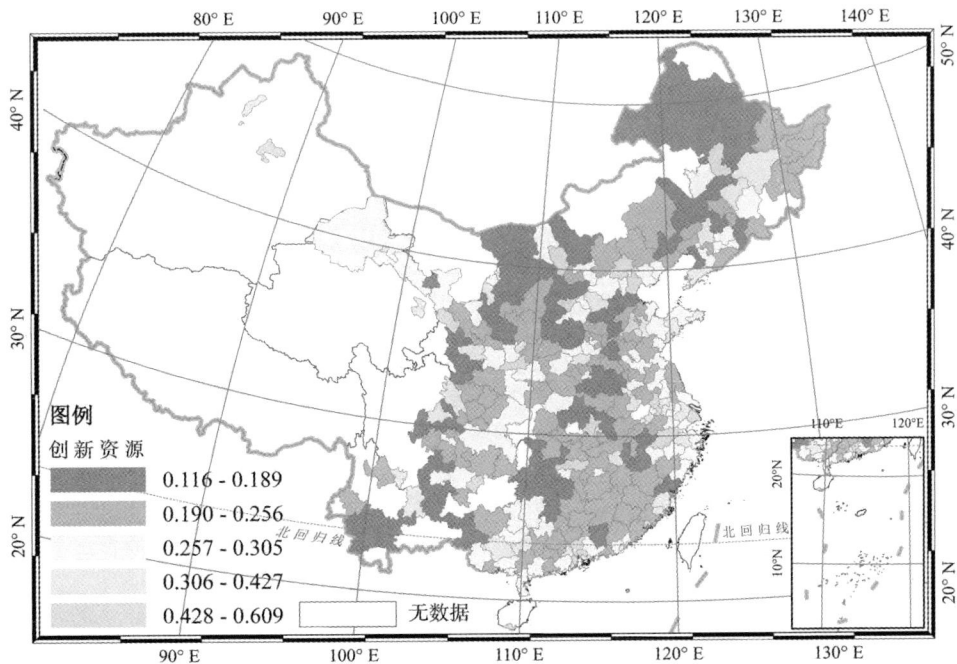

图例
创新资源
0.116 - 0.189
0.190 - 0.256
0.257 - 0.305
0.306 - 0.427
0.428 - 0.609
无数据

（a）创新资源

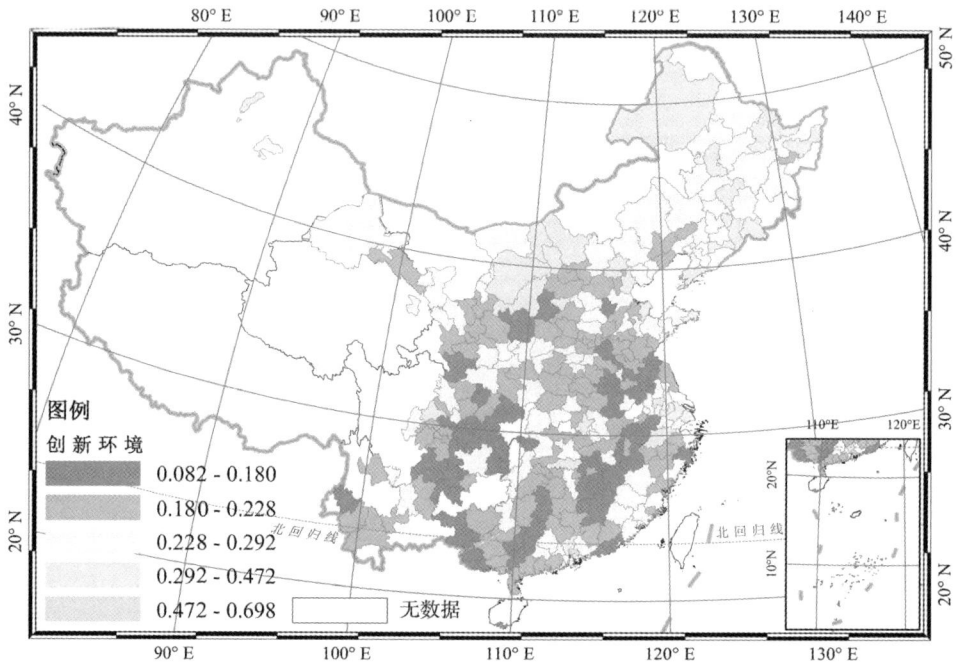

（b）创新环境

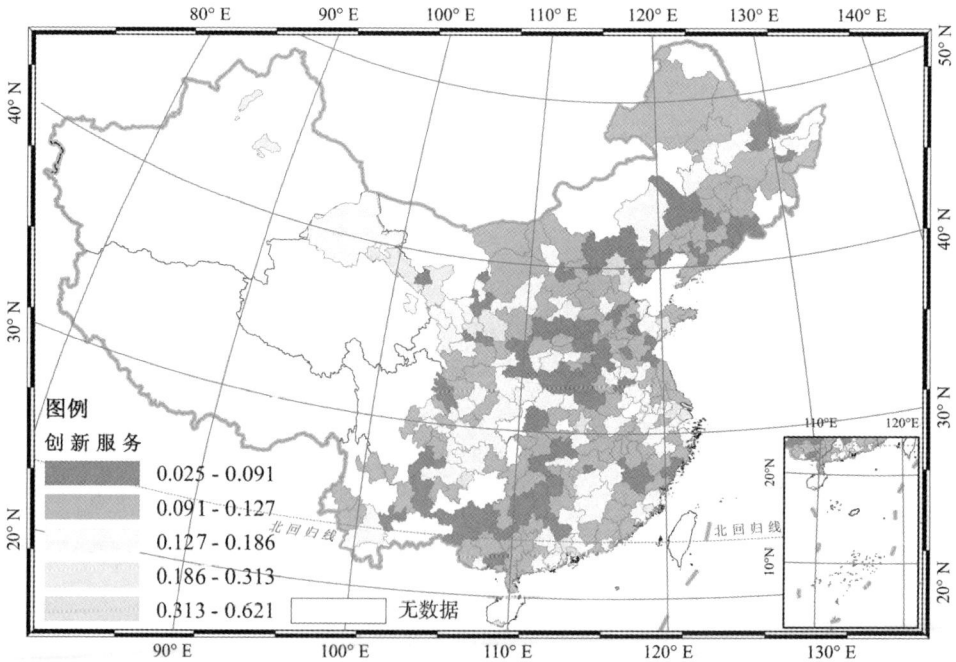

（c）创新服务

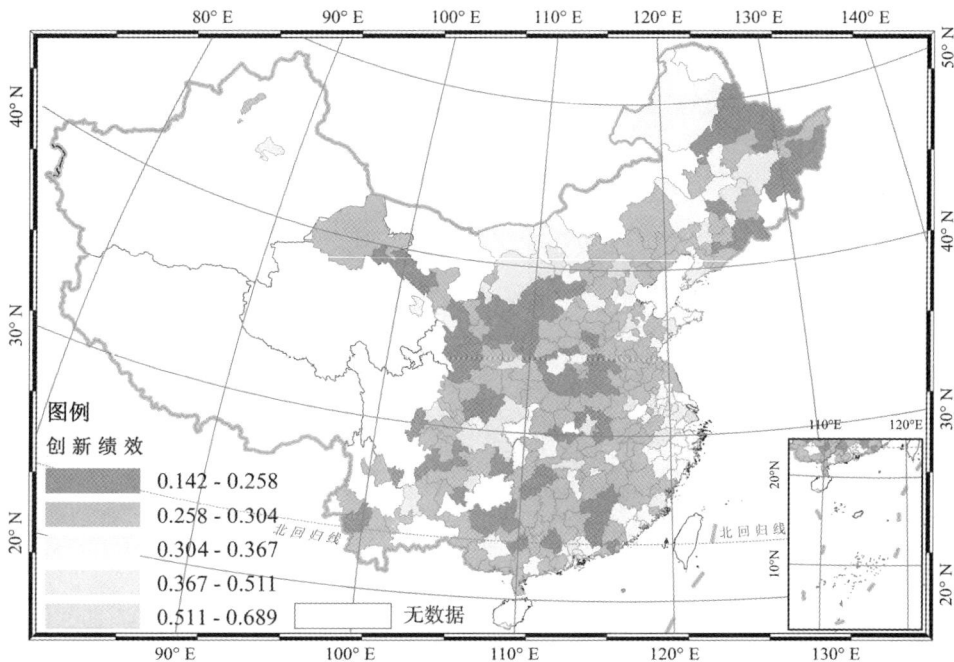

（d）创新绩效

图 0-2　中国城市科技创新发展指数一级指标得分空间分布

三、主要研究发现

（一）科技创新活动的空间分布印证"胡焕庸线"

从创新经济地理的角度看，科技创新活动的空间分布印证了国际地理学界著名的"胡焕庸线"。"胡焕庸线"是著名地理学家胡焕庸于1935年发表的《论中国人口之分布》中提出的我国人口密度的突变线，即"瑷珲—腾冲线"，自黑龙江瑷珲（即现在的黑河市瑷珲区）向西南做一条直线，至云南腾冲（现由保山代管）为止，可将我国分为人口密集的东南部和人口稀疏的西北部两部分。"胡焕庸线"揭示了我国人口的分布规律，但这条线不仅是我国人口分布差异的重要分界线，也是自然地理条件和人文地理差异的分界线。已有研究发现，"胡焕庸线"在我国干旱与湿润区的分界线、高原与平原的分界线，以及城市化、工业化、信息化、城镇化、农业现代化等方面的区域差异分界线上都有很高的相似性。可以说，在我国，只要是与人口集聚相关的分界线都可能与"胡焕庸线"接近。本报告研究发现，"胡焕庸线"的两侧也存在科技创新发展非常不平衡的特征（图0-3），所以，"胡焕庸线"也是我国创新地理差异的分界线。

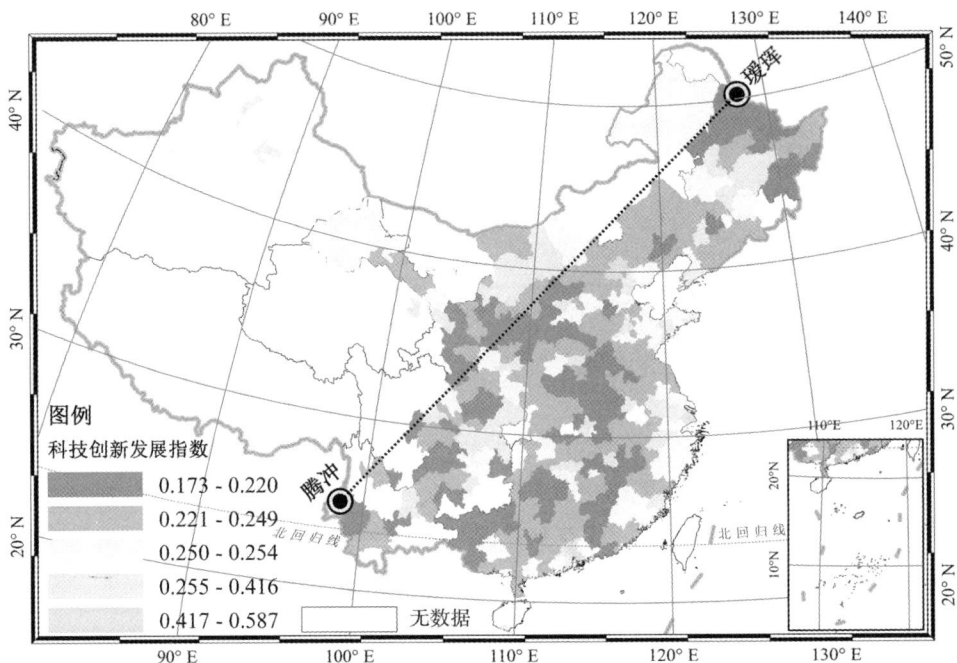

图 0-3　创新活动的地理分布

　　本报告从创新研究的角度印证了人口集聚的重要性，"人"是创新发展的第一核心要素，城市创新发展的基本要求是人的集中而非疏散。但应注意到，推动区域间、城乡间协调发展，使人民能够共享创新发展的果实也是政府的目标所在。未来，除了遵循城市发展的市场规律以外，还需要统筹规划、协调发展，大力推进基本公共服务的均等化，改善创新环境和创新服务质量，利用"一带一路"建设的重要契机，破解东西地区创新发展不平衡的局面。

（二）城市科技创新发展呈梯度分布格局

　　我国地级以上城市之间的科技创新发展差异悬殊，目前已形成以省会城市和副省级以上城市为龙头以及东中西部城市创新发展梯度分布的基本格局。从城市科技创新发展指数综合排名情况来看，在区域之间，东部地区城市科技创新发展水平整体优于西部、东北部和中部地区城市，沿海地区城市科技创新发展水平整体优于内陆地区城市；在同一地区内部也存在很大差异，省会城市、副省级以上城市等区域中心城市科技创新发展水平往往大大高于其他地级城市。从发明专利授权量来看，287个样本城市的发明专利授权量平均值为402件，但标准差达1 708，变异系数为4.2。将样本城市按发明专利授权量排名进行分组后可以发现，排名前50位的城市平均发明专利授权量约为第51~100位城市平均值的12倍，我国地级以上城市的科技创新发展差异悬殊（图0-4）。

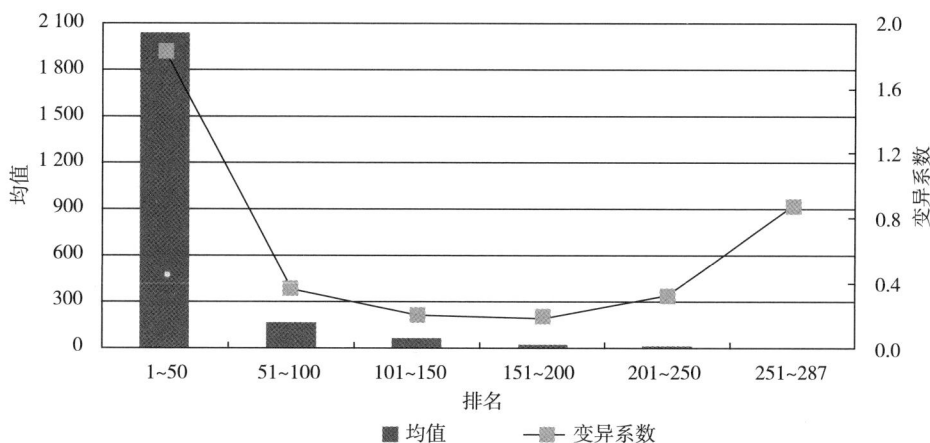

图 0-4　地级以上城市发明专利授权情况

（三）创新产出呈现明显的"创新马赛克"特征

从创新产出的地理分布来看，我国存在显著的"创新马赛克"现象（图0-5）。与区域经济发展中"产业集群"导致的"经济马赛克"现象类似，每一块"经济马赛克"的背后是一个"产业集群"，而每一块"创新马赛克"的背后是一个"创新集群"。对比世界范围内的创新型城市可以发现，全球的重大科技创新成果、世界级品牌大多是在这些区域内产生的，如美国的硅谷高新技术产业集群、圣迭戈生物技术创新集群以及印度班加罗尔IT产业创新集群，这些"创新马赛克"区域是全世界创新最活跃的地区，人才、技术和资本等创新要素不断流入这些地区，推动区域的经济社会文化发展，进而形成"经济马赛克"。我国也是如此，重大科技创新的成果主要出自北京的中关村科技园区、深圳的南山科技园区和上海的张江高科技园区等创新集群区域。"创新马赛克"区域具有创新要素高度集中、科技成果转化落地快、国际竞争力强等特点，随着创新要素加速向富有个性和特色的创新集群区域集聚，区域创新发展的循环累积效应凸显，"创新马赛克"区域将强者更强，未来还需要引导此类区域加强对周边区域的技术溢出和辐射带动作用，推动区域协同创新发展。同时，值得注意的是，我国许多创新集群在很大程度上由要素驱动，过于依赖政府的产业扶持政策及国外的高技术，未来其应特别注重提高自主创新能力，练就自己在全国乃至全球创新竞争中的"杀手锏"。

（四）绝大多数综合排名居前的城市科技创新发展存在明显短板

从单个城市科技创新发展指数结构来看，广州发展相对最为均衡，其他综合排名靠前的城市均存在一定短板。城市科技创新发展指数排名前20位的城市包括北京、深圳、上海、广州、东莞、天津、武汉、杭州、南京、苏州、厦门、海口、珠海、长沙、西安、

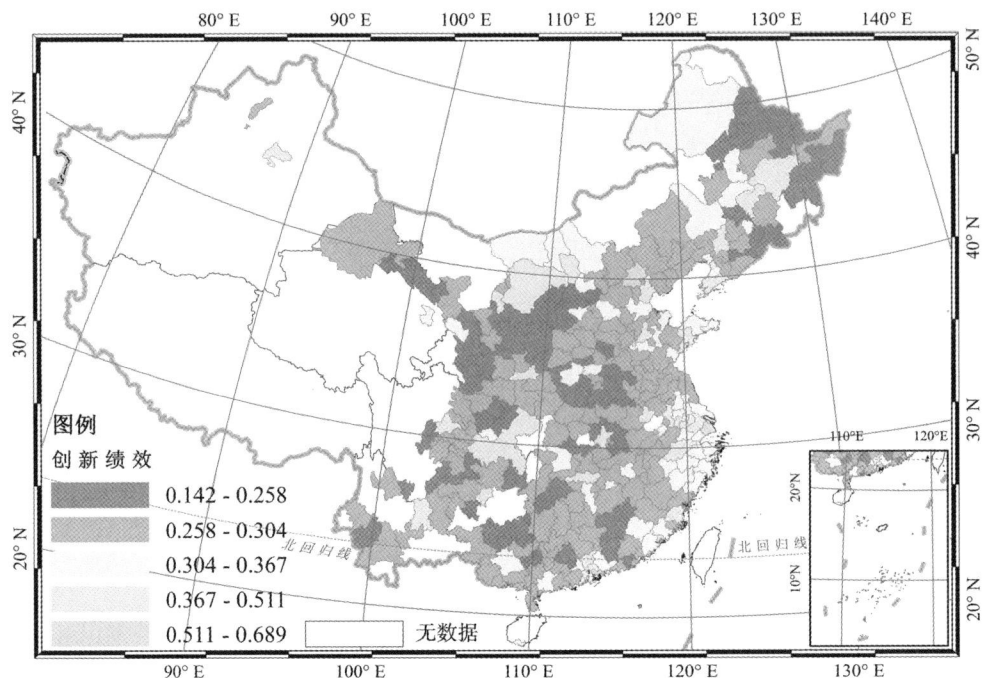

图 0-5　创新经济的马赛克现象

呼和浩特、成都、中山、乌鲁木齐和青岛，广州在创新资源、创新环境、创新服务和创新绩效四个分指数的排名分别为3、5、6、4，各方面发展均衡，其余19个城市均存在某一短板。例如，北京的创新环境排第10位，而其他三个分指数排名前两位；深圳的创新资源排第25位，其他三项分指数均排名前3位；长沙的创新服务排名第60位，西安的创新环境排名第122位，但两市其余各项均在我国排前30位（表0-5）。

表0-5　科技创新发展指数排名前20位城市

城市	科技创新发展 指数排名	创新资源 排名	创新环境 排名	创新服务 排名	创新绩效 排名
北京	1	2	10	2	1
深圳	2	25	1	1	3
上海	3	17	11	4	2
广州	4	3	5	6	4
东莞	5	18	2	3	24
天津	6	15	23	10	5
武汉	7	9	24	18	6
杭州	8	11	18	31	8
南京	9	1	49	59	10

城市	科技创新发展指数排名	创新资源排名	创新环境排名	创新服务排名	创新绩效排名
苏州	10	55	8	8	9
厦门	11	12	56	7	13
海口	12	6	153	71	7
珠海	13	4	6	12	39
长沙	14	22	28	60	11
西安	15	8	122	26	16
呼和浩特	16	20	34	52	15
成都	17	38	22	49	12
中山	18	13	43	9	30
乌鲁木齐	19	10	115	23	22
青岛	20	53	44	14	18

（五）城市经济发展水平与科技创新发展水平显著正相关

中国城市科技创新发展指数与城市经济发展水平呈现出显著的正相关关系，相关系数为0.82。而当对二者进行回归分析时，可决系数达0.67，表明城市经济发展水平可在相当程度上解释城市科技创新发展状况。我们以城市人均GDP衡量城市的经济发展水平，根据2014年世界银行公布的收入分组标准将城市进行分组：人均GDP低于1 045美元的城市划为低收入组，人均GDP为1 045~4 125美元的城市划为中等偏下收入组，人均GDP为4 126~12 735美元的城市划为中等偏上收入组，人均GDP高于12 735美元的城市列为高收入组。统计结果显示，样本城市中无低收入组城市，城市科技创新发展指数排在前10位的城市全部位于高收入组，人均GDP均超过12 735美元，在区域城市体系中，经济增长保持强劲态势，现代产业基础坚实，生产要素配置高效，新兴产业蓬勃发展，总体处于区域经济发展价值链的高端环节，对区域经济发展和协同创新发展具有很强的辐射带动作用。

通过箱线图刻画处于不同经济发展阶段城市的科技创新发展状况。图0-6显示，中等偏下收入组城市的科技创新发展水平基本上均低于全国平均水平，中等偏上收入组城市的科技创新发展水平多数处于全国平均水平，高收入组城市的科技创新发展水平绝大多数高于全国平均水平。可以看出，同相关性分析结果一致，城市经济发展水平越高，其科技创新发展水平越高。

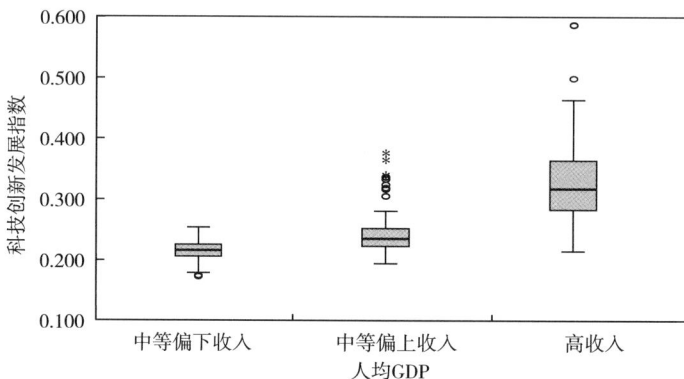

图 0-6　城市经济发展水平与科技创新发展指数

○表示异常值；＊表示极端值

图0-7显示，高收入组城市的创新资源、创新环境、创新服务和创新绩效的发展相对较为均衡，四项一级指标均明显高于中等收入水平城市。经济发展为科技创新体系提供物质保障，进而在相当程度上影响城市的科技创新发展整体水平，但一个城市科技创新发展的环境和服务如何，除了受经济发展水平的制约以外，还与城市政府的创新意识和主观能动性密切相关。改善创新服务和创新环境是中等收入水平城市未来吸引创新要素、提升创新绩效，进而提高科技创新发展整体水平的重要突破点与着力点。

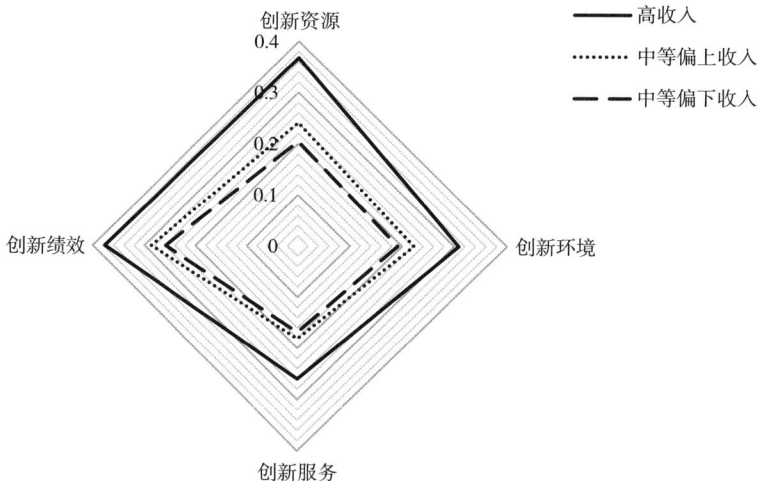

图 0-7　不同经济发展水平城市一级指标对比

（六）提高居民可支配收入有利于推动城市科技创新

研究发现，居民可支配收入对城市科技创新发展指数有显著的正向影响。尽管统计数据表明，城镇居民人均可支配收入近年来不断增加，但人均消费支出也大幅增长。面对不断攀升的物价、房价以及越来越高的养老和子女教育成本，劳动者的身心均遭受巨大压力。创新人才是科技创新的核心要素，生活压力过大导致科研人员、技术工人等从事创造性劳动的劳动者，尤其是中青年劳动者难以安心从事科技创新工作。现有财富分配体系中，政府、企业收入占国民收入的比重不断上升，一次收入分配中居民收入比重长期偏低，在科研成果转化收入及科研经费分配中，最终归于资本方的比重过高。城市科技创新发展指数表明，一个城市的居民可支配收入水平越高，创新人才收入越高，越能吸引聚集人力资本这一科技创新的核心要素，城市科技创新发展水平也就越高（图0-8）。为此，应当建立鼓励科技创新人员的收入分配制度，提升科研经费预算中人力资本投入的比重，大幅提高创新人才收入水平。

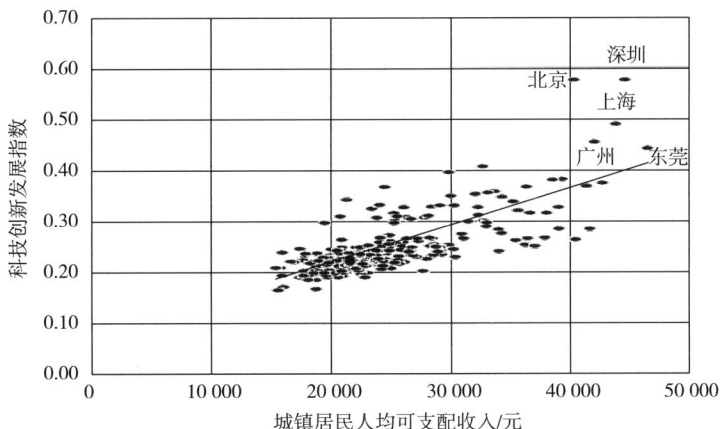

图 0-8　城镇居民人均可支配收入与科技创新发展指数

（七）城市现代服务业与科技创新发展总体处于协同发展状态

研究发现，科技创新发展指数排名较高的城市均具有相对较高的服务业发展水平，部分城市服务业增加值占GDP比重超过60%，已进入服务经济时代，且服务业结构以现代服务业为主。以综合排名第一的北京为例，2014年服务业比重已达77.9%，2015年以来则超过80%，信息服务业、金融服务业、科技服务业等现代服务业成为经济发展的重大支撑，服务业发展水平同东京、纽约、伦敦等世界科技创新中心城市的差距越来越小。根据服务业增加值占GDP的比重将样本城市进行分组，具体划分标准及各阶段城市数量见表0-6。

表0-6　城市服务业发展阶段统计

服务业增加值占GDP比重	30%以下	30%~40%	40%~50%	50%~60%	60%以上
城市数量/个	43	139	80	17	8

相关分析表明，城市服务业发展阶段与城市创新发展指数的相关系数达到0.65，图0-9显示，服务业水平较高的城市间科技创新发展水平具有较大差异，进一步分析发现，服务业占比高的城市中，结构和层次存在差异，一部分城市传统服务业占GDP份额较高。

总体来看,服务业发展水平高的城市创新发展平均水平要高于服务业发展水平低的城市,而且城市科技创新发展指数排名靠前的城市服务业结构以现代服务业为主。

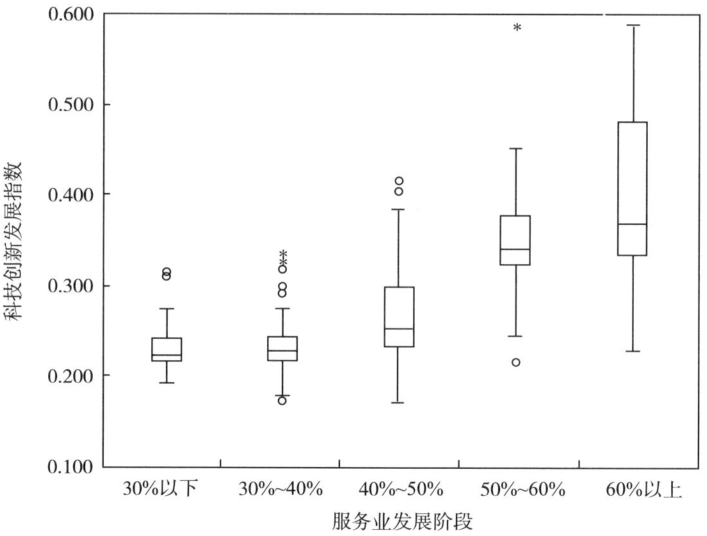

图 0-9　服务业发展阶段与城市科技创新发展
○表示异常值;＊表示极端值

现代服务业具有高知识含量、高附加值的特点,既是现代科技应用的重要行业部门,又深度介入研发、中间试验、产业化等多个环节,成为科技创新的主要推动者。因此,城市创新发展应高度重视服务经济发展,推动产业结构和服务业结构优化升级,促进现代服务业与科技创新发展相融合,大力发展科技服务业,以实现科技创新引领产业升级、推动城市经济向中高端水平迈进。

（八）创新服务是造成城市创新发展水平差距的重要原因

研究表明,城市间的科技创新发展水平存在显著差异,科技创新发展指数排名靠后的城市往往在各项指标上均落后于科技创新发展指数领先城市。从各城市一级分指数得分的极差来看(表0-7),创新服务指数的极差在四项一级分指数中位居第二位,达0.596,成为影响城市科技创新发展的重要原因。

表0-7　中国城市科技创新发展指数及各一级分指数得分极差

极差	科技创新发展指数极差	创新资源指数极差	创新环境指数极差	创新服务指数极差	创新绩效指数极差
数值	0.415	0.493	0.615	0.596	0.547

在经济发展进入新常态,由高速增长转入中高速增长的背景下,对于科技创新发展相对落后的城市而言,要尽快实现发展方式由以往主要依靠要素驱动转入更多依靠创新驱动,不仅需要加大财政科技投入、加强科技创新硬环境建设,也要在改善创新

服务、提高城市软实力上下功夫。创新驱动要求政府在科技创新管理职能方面由研发管理向创新服务转变，改变过去重管理研发部门、轻服务创新主体的治理方式，力图营造良好的创新环境，发挥企业在技术创新中的主体地位。现阶段，城市政府需通过明确自身的功能定位，推进服务型政府建设，采取引导社会资本参与建设社会化科技创新服务平台、完善专业化技术转移服务体系等措施，在研发到产业化的创新全链条中强化创新公共服务。

（九）地级城市规模偏小成为影响城市科技创新发展的瓶颈

创新人才是城市最重要的科技创新资源，创新要素空间集聚的外部经济性依赖于创新人才的质量。因此，对于人口规模很大的城市而言，创新人才的专业化和多样化在量与质上均能得到充分保证，城市管理者更多关注怎么用好人才；对于人口规模中等的城市来说，管理者吸引人才、培养人才的能力成为影响其研发活动和科技成果转化的重要因素；而对于人口规模特别小的城市而言，其显著的"关系社会"特征导致创新软环境难以改善，如何吸引、留住人才成为提升科技创新能力面临的重大瓶颈。从实践中看，城市规模的扩大会带来更多的科技创新从业人员、更高的科研投入，从而具有更佳的创新表现，城市经济学理论也认为城市大规模聚集人口可以发挥集聚经济优势和人力资本外部性优势，从而促进科技创新，因此，我们推断，城市规模越大，城市的科技创新能力越强。为加以验证，本报告根据《中国城市建设统计年鉴》中城区人口数量衡量城市规模，将287个样本城市划分为四组，考察在不同城市等级人口规模下的城市科技创新发展状况。

2014年国务院发布的《国务院关于调整城市规模划分标准的通知》中按城区常住人口数量将城市划分为以下几类。其中，城区常住人口50万人以下为小城市，50万~100万人为中等城市，100万~300万人为Ⅱ型大城市，300万~500万人为Ⅰ型大城市，500万~1 000万人为特大城市，1 000万人以上为超大城市。考虑到300万以上人口城市样本量较少，本报告根据样本城市数据情况将300万以上人口城市划为特大城市组，四组城市规模情况如图0-10所示。样本城市中，300万以上人口的特大城市共19个、100万~300万人口的大城市共50个、50万~100万人口的中等城市有94个、50万以下人口的小城市有124个。

据图0-10可知，对于不同等级的城市，城市规模与科技创新发展之间都存在正向相关关系，且城市人口规模对科技创新发展的作用随着城市规模的扩大而逐步显现。具体地，从城市科技创新发展指数与城市规模散点图中拟合的趋势线可以发现，对于黑河、陇南等小城市，城市规模对科技创新发展指数的边际影响约为0.000 3；对于信阳、舟山等中等城市，城市规模对科技创新发展指数的边际影响约为0.000 4；对于扬州、芜湖等100万~300万城区人口的大城市，城市规模对科技创新发展指数的边际影响约为0.000 5；当城市规模发展为特大城市，即城区人口达300万人以上后，城市规模对科技创新发展指数的边际影响下降为0.000 1。

城市规模无论在我国理论界还是实践中一直都是热点问题。然而，我国应该走一条什么样的城市化道路，应优先发展大城市还是中小城市未能达成共识，部分城市在努力

（a）300万以上人口的特大城市　　　　　　（b）100万~300万人口的大城市

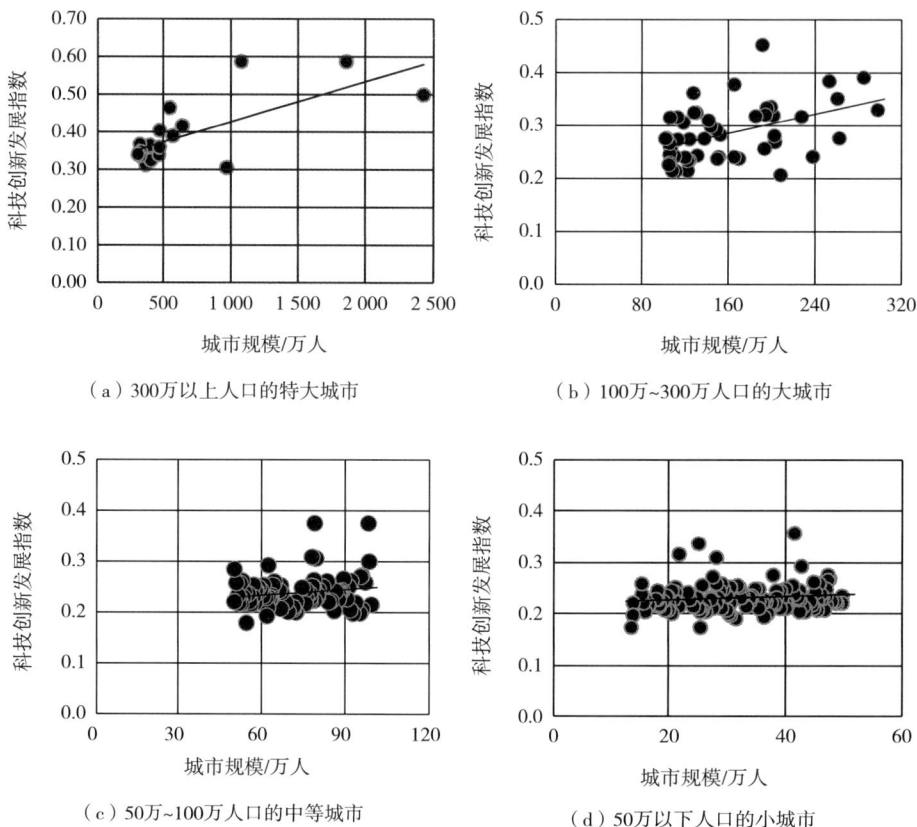

（c）50万~100万人口的中等城市　　　　　　（d）50万以下人口的小城市

图 0-10　城市科技创新发展指数与城市规模的关系

扩大规模，而部分城市正试图疏解人口。研究发现，城市规模扩大产生的正外部性能够显著促进城市的科技创新发展，从促进科技创新的角度出发，我国现有地级城市规模仍然普遍偏小，重点发展城区人口为100万人以上的大城市及特大城市有利于提升整个国家的科技创新发展水平。

（十）建设紧凑型城市是城市打造科技创新中心的重要路径

　　城市紧凑度是一个城市经济发展与要素集聚状况的集中反映。国内外大量研究表明，紧凑城市形态有助于提高城市的可持续发展能力，同时，经济集聚伴随的创新要素集聚是创新发达区域的主要优势所在。就中国国情而言，人口众多而可利用土地面积较少，随着经济快速发展，土地资源越来越紧张，城市郊区化发展模式不可持续，继续任由"摊大饼式"的城市化发展既会导致严重的资源环境问题，也不利于享用创新要素空间集聚的外部经济。

　　城市紧凑度从经济紧凑度和人口紧凑度两方面来考察。城市经济紧凑度以地均GDP表示，地均GDP既可体现一个城市的经济发达程度，又能反映城市的土地使用效率和紧凑程度。研究发现，科技创新发展水平高的城市紧凑度也相对较高，城市科技创新发展与城市紧凑度呈明显的正相关关系，相关系数为0.73（图0-11）。样本城市数据同时显示，地均GDP排名前10位的城市分别为深圳、上海、东莞、广州、厦门、佛山、无锡、苏州、中山和南京，其中广东有5个城市，体现出提高城市紧凑度对提升科技创新发展实力、建设区域乃至国家创新中心的重要作用。

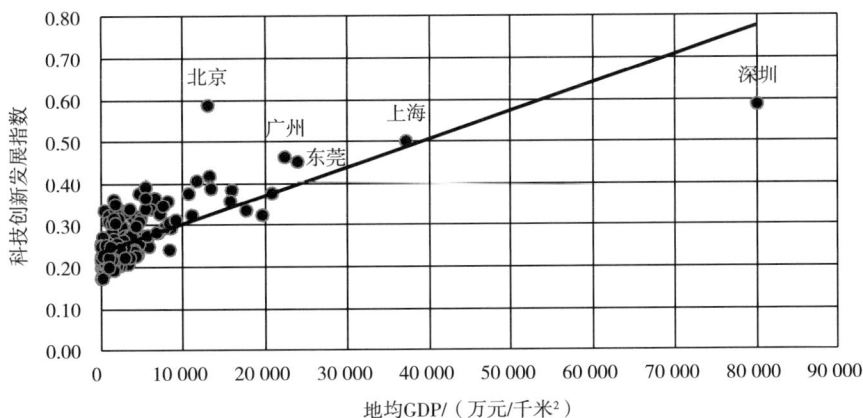

图 0-11　城市科技创新发展指数与地均 GDP 关系分布图

城市人口紧凑度以市辖区人口占全市人口比重衡量，并按这一指标将所有样本城市划分为30%以下、30%~70%和70%以上三组，分别对应城市化发展的初级、中级和高级阶段，反映不同城市化发展阶段和不同人口紧凑度下的城市科技创新发展水平。

研究显示，城市科技创新发展指数与城市人口紧凑度之间呈现明显正相关关系，二者的相关系数为0.63。图0-12对不同人口紧凑度对应的城市科技创新发展指数进行比较，结果显示，处于人口紧凑度最低组的城市科技创新发展指数水平最低，处于城市化发展高级阶段、人口紧凑度最高组城市的科技创新发展水平总体高于其他两组城市，但其分布较为离散。可以看到，科技创新发展水平较高的城市具有相对较高的人口紧凑度。本报告研究显示，地级以上城市的城市化进程中，在扩大城市规模的同时，也应注重提升城市经济紧凑度和人口紧凑度，建设紧凑型城市。

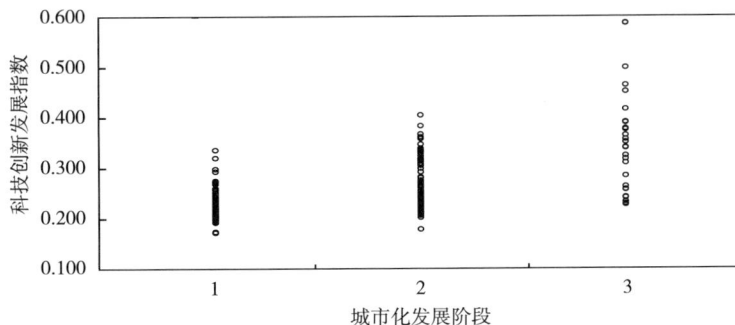

图 0-12　不同城市化发展阶段与人口紧凑度下的城市科技创新发展指数

1表示城市化发展的初级阶段；2表示城市化发展的中级阶段；3表示城市化发展的高级阶段

（十一）部分城市群内城市已呈现协同创新格局

从城市科技创新发展指数综合排名来看，我国"科技创新强市"主要集中于城市群地区。我国城市科技创新发展指数综合排名前100强中有74个城市属于不同发展水平的城市群，其中，有52个城市位于长江三角洲城市群、珠江三角洲城市群、京津冀城市群、长江中游城市群、成渝城市群、哈长城市群和中原城市群七大国家级城市群，22个城市位于山东半岛城市群、海峡西岸城市群、辽中南城市群和关中平原城市群等区域性城市群（图0-13）。

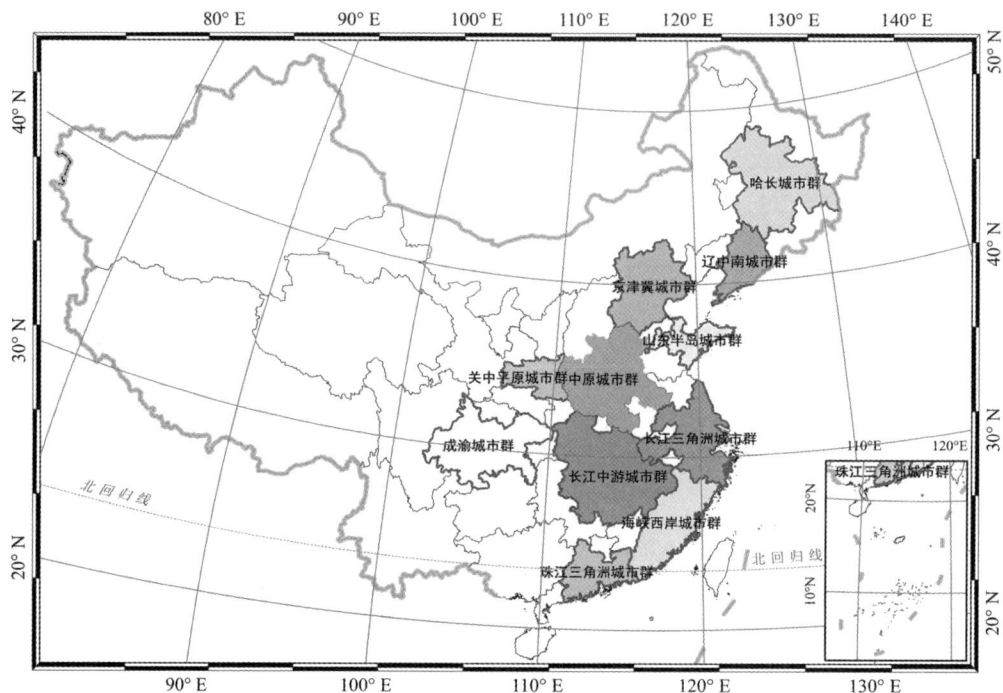

图 0-13　城市群科技创新发展评估样本分布图

从表0-8可以看出，部分城市群内城市已呈现出显著的协同创新特征。例如，长江三角洲城市群26个城市中有20个位居科技创新发展100强，而山东半岛城市群8个城市全部位于城市科技创新发展指数综合排名前100位。部分城市群的城市选择具有浓厚的政府主导色彩，城市群空间范围过大，发育尚处于初期，尚未体现出城市群的协同创新效应。未来，此类城市群要发挥城市群本应具备的集聚与协同效应，打造创新城市群，还需在遵循城市群发育规律的基础上，推进城市群基础设施和科技条件共建共享，建设城市群一体化要素市场，逐步形成城市群协同创新网络。

表0-8　中国城市科技创新发展指数综合排名100强城市分布

主要城市群	科技创新发展100强城市分布（排名）
长江三角洲城市群	上海（3）、杭州（8）、南京（9）、苏州（10）、无锡（27）、常州（32）、合肥（34）、镇江（44）、嘉兴（49）、宁波（50）、舟山（52）、扬州（56）、芜湖（58）、铜陵（59）、金华（60）、南通（62）、绍兴（64）、湖州（74）、台州（79）、泰州（99）
珠江三角洲城市群	深圳（2）、广州（4）、东莞（5）、珠海（13）、中山（18）、佛山（30）、惠州（47）、江门（73）
京津冀城市群	北京（1）、天津（6）、石家庄（55）、秦皇岛（69）、沧州（85）、唐山（86）
山东半岛城市群	青岛（20）、济南（29）、威海（43）、烟台（48）、东营（51）、淄博（53）、潍坊（61）、日照（89）
辽中南城市群	沈阳（22）、大连（23）、盘锦（90）、营口（98）
中原城市群	郑州（40）、洛阳（67）
长江中游城市群	武汉（7）、长沙（14）、南昌（37）、新余（71）、株洲（82）、鄂州（84）、常德（91）
海峡西岸城市群	厦门（11）、福州（33）、温州（57）、泉州（65）、莆田（66）、丽水（83）、龙岩（94）、三明（95）
成渝城市群	成都（17）、重庆（46）、绵阳（75）
关中平原城市群	西安（15）、宝鸡（72）
哈长城市群	长春（25）、哈尔滨（31）、大庆（38）、吉林（68）、辽源（70）、松原（78）

（十二）城市群创新发展差距悬殊

通过城市群科技创新发展评价指标体系，计算得到各城市群的科技创新发展指数及排名。城市群科技创新发展指数从高到低的综合排名如下：珠江三角洲城市群、长江三角洲城市群、京津冀城市群、山东半岛城市群、辽中南城市群、哈长城市群、长江中游城市群、关中平原城市群、海峡西岸城市群、成渝城市群、中原城市群。

图0-14中，城市群科技创新发展指数均值为0.366，中位数为0.322，标准差为0.136。在11个城市群中，科技创新发展指数最大值为0.567，最小值为0.168，其中，珠江三角洲城市群、长江三角洲城市群、京津冀城市群和山东半岛城市群的科技创新发展水平均高于平均值，而中原城市群的科技创新发展与其他城市群间存在较大差距。

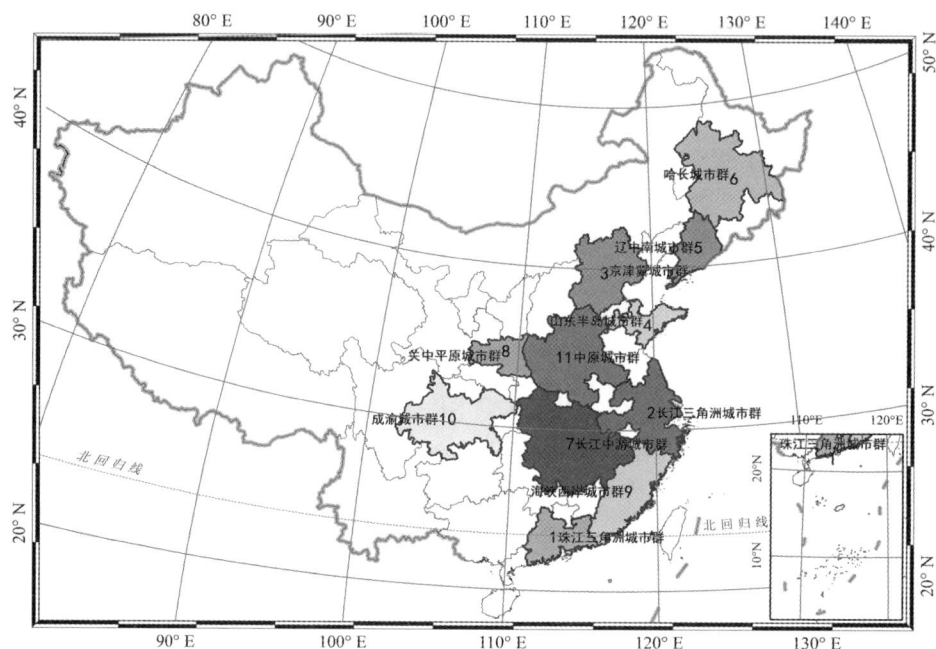

图 0-14　城市群科技创新发展指数及排名

四、《中国城市科技创新发展报告2017》的主要内容

　　《中国城市科技创新发展报告2017》由总论、7个主体章节和两个附录组成，各部分围绕科技创新发展这一主题，从不同视角对287个城市的科技创新发展水平进行测度和分析，并基于城市科技创新发展指数指标体系构建城市群科技创新发展指数指标体系，测算11个城市群的科技创新发展指数，初步研究结果先在本报告总论中呈现，后续还将出版关于城市群科技创新发展研究的年度专题报告①。需要说明的是，根据国际惯例，报告年号采用出版当年年份，因此，本报告名为"中国城市科技创新发展报告2017"。同时，本报告力争采用最新数据分析中国地级以上城市当前科技创新发展情况，但受限于数据可得性、完整性和指标一致性，指数的测算主要基于2014年的数据，个别指标〔如基本科学指标（essential science indicators，ESI）前1%学科数〕以及部分热点问题分析采用2016年数据。本报告主要内容如下。

　　"总论"概括了本报告的主要研究内容及成果，包括城市科技创新发展研究的理论框架、中国城市科技创新发展指数指标体系、指数测算结果及主要研究发现等，并对报告的整体框架进行介绍。

　　报告的主体内容为七章。

---

　　① 根据发改办规划〔2016〕2526号文件，19个城市群规划将于2017年完成，本报告初步选择11个不同层级的城市群进行研究，后续专题报告中将相机扩大研究样本数量。

第一章为导论。阐释城市科技创新发展指数指标体系及设计原则、城市样本数据说明、评价方法。

第二章为中国城市科技创新发展综合评价，测算287个地级及以上城市的科技创新发展指数综合得分，并进行城市排名及比较分析。

第三章至第六章分别对城市科技创新发展指数的四大一级指标（即创新资源、创新环境、创新服务和创新绩效）以及各自包含的二级核心指标进行评价、排名与比较分析。

第七章为不同省域内城市科技创新发展指数比较。根据所含样本城市数量，对23个省区的主要城市科技创新发展状况进行比较分析。

本报告最后部分为附录。附录1为"287个城市科技创新发展指数指标及排名表"，列示每个城市的总指数、一级指标和二级指标的得分及排名情况，反映每个城市的科技创新发展影响因素及优劣势，以利于城市政府对症下药，有效提升自身创新发展能力；附录2为"中国城市科技创新发展指数指标解释及数据来源"，以利于读者对本报告的阅读与理解。

五、致　　谢

首都科技发展战略研究院自2011年成立以来，秉承"日新为道"的核心价值观，以"有态度的坚持，有温度的洞见，有力度的开拓"为工作理念，采取"小核心、大网络"的组织方式，实施"开放、协作"的运行机制，探索打造立足首都、服务全国的高端新型智库。

从城市科技创新发展研究的时代背景来看，本报告对推动创新型城市、创新型省份以及创新型国家建设有重要的现实意义，需要坚持长期做下去。未来，我们将在听取各方意见与反映的基础上，进一步改进和完善城市科技创新发展指数测算工作，拟每年发布一次中国城市科技创新发展报告。同时，各直辖市及各省（自治区）所属城市都有创新发展的成功经验，我们也希望对若干城市进行调研与评估，形成案例及调研报告。一方面供有关决策部门内部参阅；另一方面为大家互相学习交流提供平台，更深入地推进各城市创新发展。值得注意的是，测算结果中领先的城市，仅说明其科技创新发展水平在本报告所涉及样本城市中的地位，与发达国家和地区相比仍存在显著差距。希望各方能一起努力，开放创新，协同创新，实现共同繁荣！

《中国城市科技创新发展报告2017》是首都科技发展战略研究院、北京师范大学创新发展研究院、西华大学创新创业学院联合支持开展的学术研究成果，凝聚着各单位及其理事单位、承建单位和课题组研究人员的智慧与汗水，也得到了来自科学技术部、中共中央政策研究室、国务院研究室、国务院发展研究中心、中国社会科学院、国家统计局等政府部门、研究机构和专家学者的广泛支持，在此一并表示感谢。同时，我们也要感谢社会各界一直以来对首都科技发展战略研究院的关注和鼓励，并真诚欢迎关心中国城市科技创新发展的领导、专家、企业家和朋友们提出更多宝贵意见与建议，齐心协力，为中央政府和各级地方政府的决策提供支持，构建创新驱动发展新力量，使科技创新成为服务经济社会发展的主战场。

第一章　导　论

创新强则国运昌。2016年是我国创新发展理念践行中具有里程碑意义的一年，这一年，党中央、国务院召开了全国科技创新大会、两院院士大会、中国科学技术协会第九次全国代表大会，颁布了《国家创新驱动发展战略纲要》和《"十三五"国家科技创新规划》，其中提出了分"三步走"的战略目标，第三步即到2050年建成世界科技创新强国。2017年是深入实施创新驱动发展战略，将科技事业的重心从规划部署转移到全面落实、迈向创新型国家行列的关键一年。城市作为科技创新活动的主阵地，要按照创新型国家建设的总体部署，发挥地方主体作用，有效集聚各方科技资源和创新要素，探索适合市情的创新驱动发展路径，积极推动开放创新、协同创新，加快建设创新型城市，为实现2020年进入创新型国家行列的战略目标提供有力支撑。首都科技发展战略研究院紧紧围绕国家创新驱动发展战略、加快推进以科技创新为核心的全面创新，立足首都、服务全国，依托多部门、多学科的专家团队，开展我国城市科技创新发展研究，探索并建立一套评价我国城市科技创新发展的指数指标体系，其主要目的在于利用指数和指标体系来对主要城市科技创新发展的特点与成效、优势与短板进行全景式描绘及评点式解读，发现我国城市科技创新发展的影响因素与存在的问题，总结既有经验与不足，揭示发展规律与趋势，以期为中央和地方政府决策提供参考与借鉴。

一、理论框架

"中国城市科技创新发展指数"是基于城市科技创新发展理论框架（图1-1）构建的。城市创新发展是城市各类创新主体在特定的支撑条件下运用创新资源开展创新活动、形成创新成果并作用于经济社会发展的复杂过程。具体而言，政府和市场共同为科技创新活动提供环境与服务支撑，企业、科研院所和高等院校等创新主体，通过人力资本和研发经费等资源投入，开展知识创新、技术创新、管理创新、体制创新、商业模式创新和生产组织方式创新，形成知识、技术和产品的产出，进而推动经济发展、结构优化和民生改善，同时通过技术创新溢出，形成辐射、引领效应。中国城市科技创新发展研究课题组将这一过程简要概括在城市科技创新发展理论框架中，如图1-1所示。

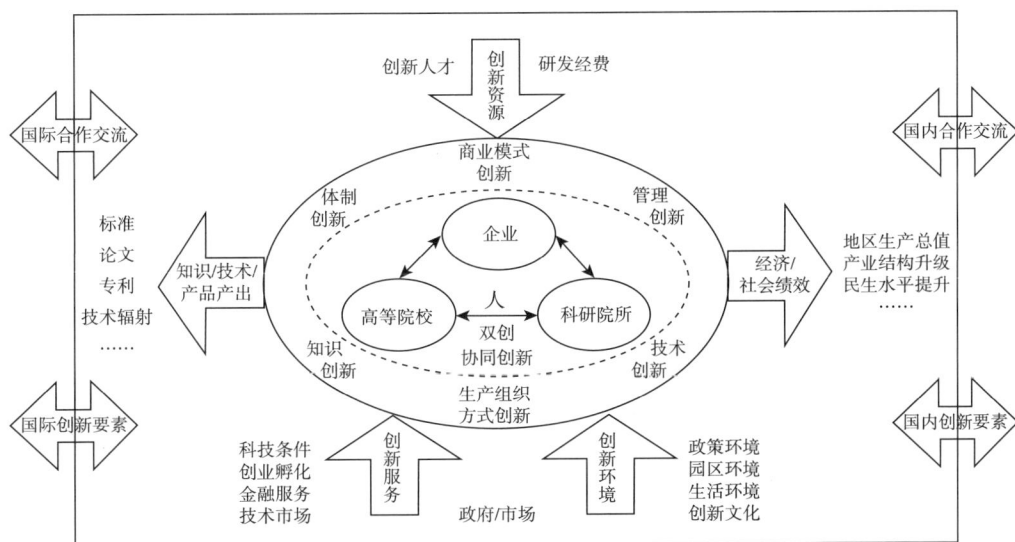

图 1-1　城市科技创新发展理论框架

二、中国城市科技创新发展指数的指标设计原则

在城市科技创新发展研究理论框架下，本小节确定了中国城市科技创新发展指数的指标设计原则。

第一，逻辑性原则。城市科技创新发展评价指标体系并非将指标简单堆砌，而是以已有研究为基础，力求逻辑严谨，能完整体现城市科技创新发展的一般规律，同时，同一层级的指标可以独立反映上一层级指标的不同方面。

第二，代表性原则。城市科技创新发展评价指标体系是相关要素系统发展的集成结果，必须采用重要且有代表性的指标，既要避免指标体系过于庞杂，又要避免由于指标过于单一而影响测评的价值。同时，代表性也意味着数据的可得性，所选取的代表性指标的数据容易获取，便于研究结果重现。

第三，可比性原则。课题组在设计城市科技创新发展评价指标体系时，力求所选指标具有明显的可度量性，尽可能采用国际通用指标，以求在较长时期内更好地分析城市科技创新发展的特点，开展动态监测。

第四，导向性原则。在指标选取时，同时注重指标蕴含的现实指导意义和未来创新城市图景，指标体系设计紧密结合城市科技创新发展实际，选取的指标具有导向性，既有助于发现城市科技创新发展中存在的短板，通过评价引导创新城市建设，又可以通过具备前瞻导向的指标评价来激励城市做出创新发展示范。

三、中国城市科技创新发展指数指标体系

　　在明确中国城市科技创新发展理论框架的基础上，首都科技发展战略研究院针对城市科技创新发展需要优先关注和解决的问题，开展中国城市科技创新发展指数研究，旨在通过城市科技创新发展指数研究，横向比较城市创新发展水平的差异，并在后期连续、动态地跟踪和度量中国城市科技创新发展的进展情况，分析影响中国城市科技创新发展的主要因素，科学、客观、公正地评价中国城市科技创新发展的成效，进而探索和建立一套具有中国特色的城市创新科技发展指数指标体系。

　　课题组研究了科学技术部、中国科学院、中国社会科学院、世界银行与经济合作与发展组织等国内外机构相关研究报告和评价指标。在此基础上，按照逻辑性原则、代表性原则、可比性原则和导向性原则，构建由三个层次指标构成的中国城市科技创新发展指数指标体系，以综合反映中国城市之间的创新发展差异。其中，一级指标共4个，主要包括创新资源、创新环境、创新服务和创新绩效。二级指标共12个，主要包括创新人才、研发经费、政策环境、人文环境、生活环境、科技条件、金融服务、科技成果、经济产出、结构优化、绿色发展和辐射引领。三级指标共35个，主要包括5个创新资源三级指标、7个创新环境三级指标、5个创新服务三级指标、18个创新绩效三级指标。中国城市科技创新发展指数指标体系及各指标权重如表1-1所示。

表1-1　中国城市科技创新发展指数指标体系及各指标权重

一级指标	权重/%	二级指标	权重/%	序号	三级指标	正逆	权重/%
创新资源	14.3	创新人才	8.6	1	每万人在校大学生数	正	2.86
				2	城市化水平	正	2.86
				3	万名从业人口中科学技术人员数	正	2.86
		研发经费	5.7	4	地方财政科技投入占地方财政支出比重	正	2.86
				5	地方财政教育投入占地方财政支出比重	正	2.86
创新环境	20.0	政策环境	5.7	6	每万人吸引外商投资额	正	2.86
				7	企业税收负担	逆	2.86
		人文环境	5.7	8	每百人公共图书馆藏书拥有量	正	2.86
				9	每百名学生拥有专任教师人数	正	2.86
		生活环境	8.6	10	每千人口拥有医院床位数	正	2.86
				11	城市人均公园绿地面积	正	2.86
				12	每万人拥有公共汽车数	正	2.86
创新服务	14.3	科技条件	5.7	13	每万人移动电话用户数	正	2.86
				14	每万人互联网宽带接入用户数	正	2.86
		金融服务	8.6	15	新三板挂牌企业数	正	2.86
				16	年末金融机构贷款余额增长率	正	2.86
				17	创业板上市企业数	正	2.86

续表

一级指标	权重/%	二级指标	权重/%	序号	三级指标	正逆	权重/%
创新绩效	51.4	科技成果	5.7	18	每万人 SCI/SSCI/A&HCI 论文数	正	2.86
				19	每万人发明专利授权量	正	2.86
		经济产出	11.4	20	城镇居民人均可支配收入	正	2.86
				21	地均 GDP	正	2.86
				22	第二产业劳动生产率	正	2.86
				23	第三产业劳动生产率	正	2.86
		结构优化	5.7	24	第三产业增加值占地区 GDP 的比重	正	2.86
				25	高科技产品进出口总额占地区 GDP 的比重	正	2.86
		绿色发展	14.3	26	万元地区生产总值水耗	逆	2.86
				27	万元地区生产总值能耗	逆	2.86
				28	城市污水处理率	正	2.86
				29	生活垃圾无害化处理率	正	2.86
				30	城市空气质量等级	正	2.86
		辐射引领	14.3	31	全市在校普通高校学生数占全省比重	正	2.86
				32	全市科学技术从业人员数占全省比重	正	2.86
				33	国家技术转移示范机构数	正	2.86
				34	ESI 学科进入全球前 1%个数	正	2.86
				35	财富世界 500 强与中国 500 强企业数	正	2.86

四、城市样本与数据来源

中国城市科技创新发展评估样本的广泛性和典型性，关系到评估与研究结论的准确性和价值。本报告在考虑城市统计数据的可得性、准确性和标准性的基础上，参考城市研究与创新研究相关领域资深专家意见，选取我国287个地级以上城市进行量化研究。具体的城市样本选取标准包括以下三个方面：第一，城市统计数据的可得性、准确性和标准性；第二，城市在所在省区的社会经济地位和代表性；第三，城市的研究价值。

依据以上标准选择的287个城市，从空间分布上看，涉及除香港、澳门、台湾和西藏以外的30个省、自治区和直辖市。其中，87个城市位于东部地区、80个城市位于中部地区、86个城市位于西部地区，34个城市位于东北地区。从行政等级看，包括4个直辖市、5个计划单列市、26个省会（自治区首府）城市①和252个地级市。从经济发展水平看，根据2014年世界银行公布的收入分组标准，采用人均GDP（根据2014

———————
① 含 22 个省会及 4 个自治区首府城市，后文均简称为省会城市。

年官方汇率）指标可将287个城市样本分为3组：人均GDP属于中等偏下收入组的城市共57个，属于中等偏上收入组的城市共178个，属于高收入组的城市共52个。可以看出，这287个城市基本体现了我国不同区域、不同行政等级和不同经济发展水平的城市状况，样本涵盖了我国一、二、三线城市，具有很强的代表性，287个样本城市的分布见图1-2。

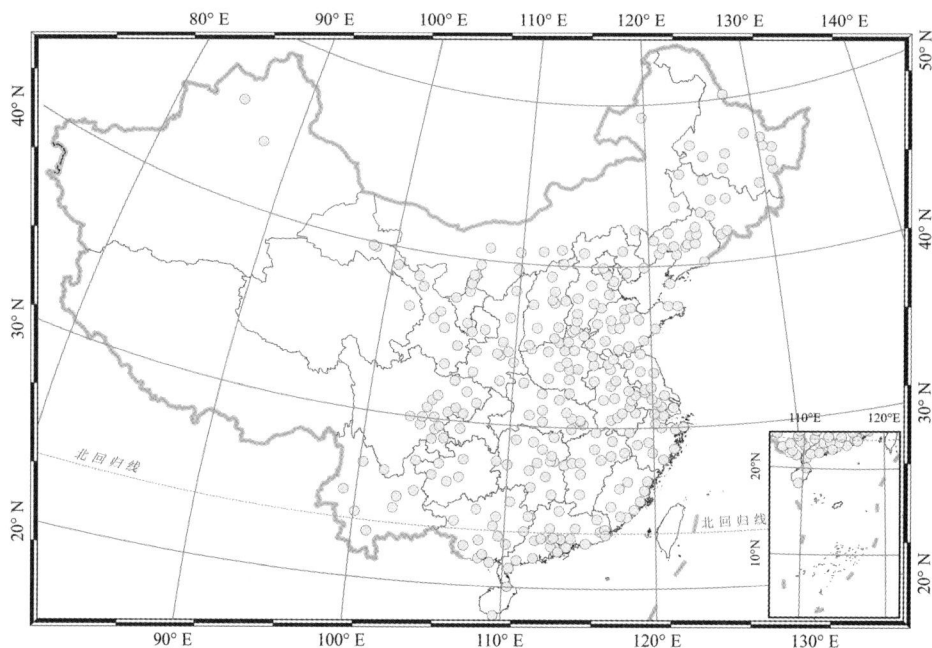

图 1-2 中国城市科技创新发展指数城市样本分布

对中国地级以上城市的科技创新发展进行量化评估，要求各样本城市数据完整，来源权威，基本数据必须来源于公认的国际组织机构和国家官方统计调查，以保证数据的连续性，利于以后年度进行纵向动态比较。本报告城市相关数据主要来源于《中国城市统计年鉴》等国家、地区、城市政府公布的统计年鉴、统计公报等官方出版物。除官方公布的统计数据外，也从国际知名研究机构和网站获取部分数据，如财富中文网、汤森路透（Thomson Reuters）ESI等。报告力争采用最新数据分析中国地级以上城市当前科技创新发展情况，但受限于数据可得性、完整性和指标一致性，指数测算主要基于2014年数据，个别指标（如ESI前1%学科数）以及部分热点问题分析采用2016年数据。另外，由于主客观条件限制，一些具有显著科技创新发展示范作用的港澳台城市不得不放弃，一些重要指标也未能纳入，希望在未来的研究中能够加以完善。

五、评 价 方 法

本报告主要利用层次分析法（analytic hierarchy process，AHP）进行评估研究。层次分析法是一种定性与定量分析相结合、系统化、层次化的多因素决策分析方法。通过将研究目标的影响因素分为最高层、策略层和最低层,建立层次结构模型,本报告构建城市科技创新发展评价指标体系,将中国城市科技创新发展指数按理论框架逐级分层,确定原始指标,然后将各项反映科技创新发展基本特征的原始指标逐级合成,转化为综合反映城市科技创新发展水平的总指数。

(一)原始数据的标准化

城市科技创新发展指数属于多指标综合评价,为消除评价中由于计量单位差异和指标值在数量级上的差别,保证各个具有不同量纲的指标能够进行有效合成,在采集指标的原始数据以后,需要先对指标原始值分别进行无量纲化处理。本报告中采用直线型无量纲化方法,这一类型的方法有多种,包括标准化法、指数法和阈值法等,此处采用阈值法。在35个三级指标中,有32个指标与城市科技创新发展呈正相关性,即正向指标,有3个逆向指标。正向指标与逆向指标分别采取不同的无量纲化处理方法,具体如下。

如果指标是正向指标,即指标值越大,越有利于城市科技创新发展,计算公式为

$$X_i = \frac{x_i - x_{\min}}{x_{\max} - x_{\min}}$$

若指标属于逆向指标,即指标值越大,越不利于城市科技创新发展,计算公式为

$$X_i = \frac{x_{\max} - x_i}{x_{\max} - x_{\min}}$$

其中,X_i为转换后的值;$x_{\max}$为样本最大值;$x_{\min}$为样本最小值;x_i为指标原始值。所有指标经过无量纲化处理后,指标值均分布在[0,1]区间,1为最高水平。

(二)加权综合

对经过无量纲化处理的各项指标进行加权合成,即得到上一级指标的综合得分。指标合成的关键在于指标权重的确定。由于在研究设计指标体系时已假定三级指标同等重要,所以,本报告采用三级指标等权重方法,二级指标的权重为各自所包含的三级指标个数在所对应一级指标包含的三级指标总个数中所占比重,一级指标的权重为各自包含的三级指标权重之和,加权综合后最终得出城市科技创新发展指数。

(三)指标分析

根据指标体系,城市科技创新发展指数囊括总指数和各分项指数。具体地,城市科技创新发展指数为总指数,下设创新资源、创新环境、创新服务和创新绩效一级分项指

数，以及创新人才、研发经费、政策环境、人文环境、生活环境、科技条件、金融服务、科技成果、经济产出、结构优化、绿色发展和辐射引领12个二级分项指数，城市的总指数及各级分项指数排名不同，分别反映各城市科技创新发展的总体水平和结构状况，因此，本报告对总指数和分项指数均进行分析，以全面认识城市科技创新发展状况。

第二章 中国城市科技创新发展综合评价

一、综合排名

中国城市科技创新发展指数排名前20位的城市依次是北京、深圳、上海、广州、东莞、天津、武汉、杭州、南京、苏州、厦门、海口、珠海、长沙、西安、呼和浩特、成都、中山、乌鲁木齐和青岛（图2-1）。

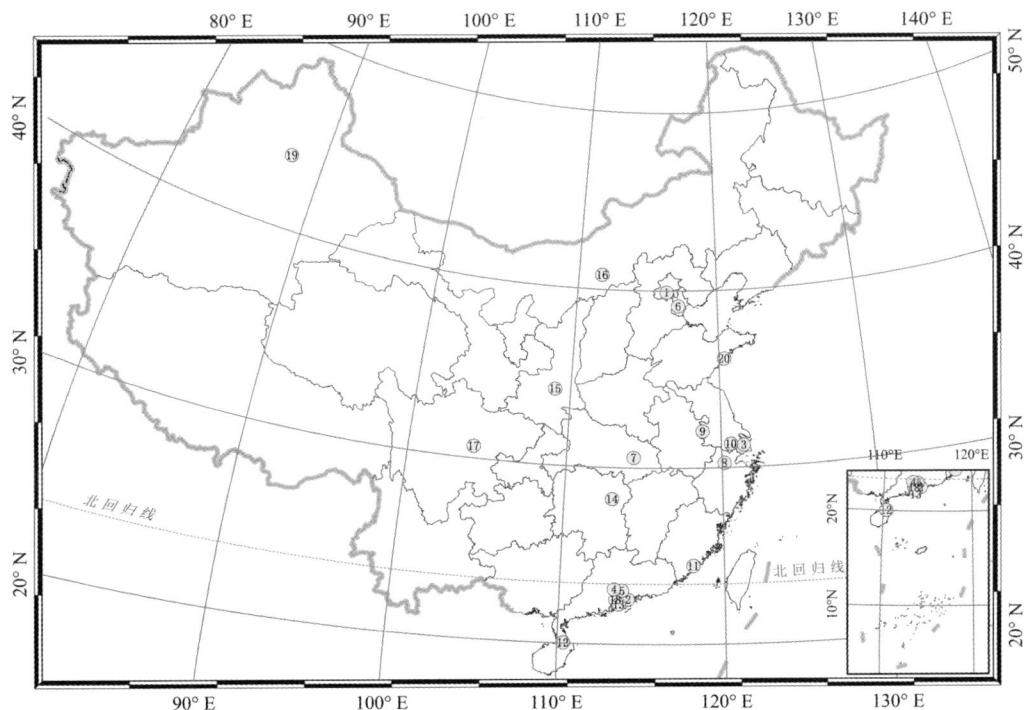

图 2-1 中国城市科技创新发展指数排名前 20 位城市分布

如表2-1所示，从省级区域来看，城市科技创新发展指数排名前20位的城市中，除北京、上海、天津3个直辖市外，广东地区的城市最多，共有5个；江苏排名第2位，有2个城市；湖北、浙江、福建、海南、湖南、陕西、内蒙古、四川、新疆和山东10个地区各有1个城市入选。排名第21位到第40位的城市是太原、沈阳、大连、昆明、长春、鄂尔多斯、无锡、贵阳、济南、佛山、哈尔滨、常州、福州、合肥、三亚、兰州、南昌、大庆、银川和郑州。排名第41到第60位的城市是克拉玛依、包头、威海、镇江、西宁、重庆、惠州、烟台、嘉兴、宁波、东营、舟山、淄博、南宁、石家庄、扬州、温州、芜湖、铜陵和金华。排名第61位到第80位的城市是潍坊、南通、乌兰察布、绍兴、泉州、莆田、洛阳、吉林、秦皇岛、辽源、新余、宝鸡、江门、湖州、绵阳、泰安、白城、松原、台州和呼伦贝尔。排名第81位到第100位的城市是乌海、株洲、丽水、鄂州、沧州、唐山、酒泉、武威、日照、盘锦、常德、安康、茂名、龙岩、三明、遵义、晋中、营口、泰州和北海。排名后20位的城市依次是娄底、平顶山、临沧、吕梁、开封、七台河、铜仁、吴忠、邵阳、阜阳、黑河、泸州、赣州、平凉、白银、荆州、周口、鹤岗、昭通和陇南。

表2-1 中国城市科技创新发展指数总体排名

城市	指数	排名	城市	指数	排名
北京	0.587	1	佛山	0.324	30
深圳	0.587	2	哈尔滨	0.324	31
上海	0.499	3	常州	0.324	32
广州	0.464	4	福州	0.320	33
东莞	0.452	5	合肥	0.319	34
天津	0.416	6	三亚	0.318	35
武汉	0.405	7	兰州	0.318	36
杭州	0.391	8	南昌	0.317	37
南京	0.390	9	大庆	0.315	38
苏州	0.384	10	银川	0.315	39
厦门	0.378	11	郑州	0.314	40
海口	0.376	12	克拉玛依	0.310	41
珠海	0.376	13	包头	0.309	42
长沙	0.367	14	威海	0.308	43
西安	0.364	15	镇江	0.306	44
呼和浩特	0.362	16	西宁	0.305	45
成都	0.358	17	重庆	0.305	46
中山	0.356	18	惠州	0.299	47
乌鲁木齐	0.351	19	烟台	0.298	48
青岛	0.347	20	嘉兴	0.293	49
太原	0.340	21	宁波	0.292	50
沈阳	0.339	22	东营	0.292	51
大连	0.339	23	舟山	0.284	52
昆明	0.337	24	淄博	0.282	53
长春	0.336	25	南宁	0.281	54
鄂尔多斯	0.336	26	石家庄	0.276	55
无锡	0.336	27	扬州	0.276	56
贵阳	0.333	28	温州	0.275	57
济南	0.329	29	芜湖	0.275	58

城市	指数	排名	城市	指数	排名
铜陵	0.274	59	北海	0.250	100
金华	0.274	60	湘潭	0.250	101
潍坊	0.274	61	马鞍山	0.249	102
南通	0.274	62	巴彦淖尔	0.249	103
乌兰察布	0.272	63	辽阳	0.248	104
绍兴	0.272	64	衢州	0.248	105
泉州	0.270	65	漳州	0.247	106
莆田	0.269	66	张掖	0.247	107
洛阳	0.269	67	汉中	0.246	108
吉林	0.266	68	自贡	0.245	109
秦皇岛	0.266	69	运城	0.245	110
辽源	0.265	70	固原	0.245	111
新余	0.263	71	广安	0.245	112
宝鸡	0.263	72	桂林	0.245	113
江门	0.262	73	通辽	0.244	114
湖州	0.261	74	佳木斯	0.244	115
绵阳	0.261	75	淮北	0.244	116
泰安	0.260	76	石嘴山	0.243	117
白城	0.259	77	抚顺	0.243	118
松原	0.259	78	湛江	0.242	119
台州	0.259	79	岳阳	0.242	120
呼伦贝尔	0.258	80	莱芜	0.242	121
乌海	0.257	81	保定	0.242	122
株洲	0.257	82	阳泉	0.241	123
丽水	0.257	83	咸阳	0.241	124
鄂州	0.257	84	汕头	0.241	125
沧州	0.256	85	榆林	0.241	126
唐山	0.256	86	徐州	0.241	127
酒泉	0.256	87	鞍山	0.241	128
武威	0.254	88	本溪	0.240	129
日照	0.253	89	毕节	0.240	130
盘锦	0.253	90	大同	0.239	131
常德	0.253	91	滨州	0.239	132
安康	0.253	92	韶关	0.239	133
茂名	0.253	93	许昌	0.239	134
龙岩	0.252	94	廊坊	0.238	135
三明	0.252	95	防城港	0.238	136
遵义	0.251	96	临沂	0.237	137
晋中	0.250	97	潮州	0.237	138
营口	0.250	98	邯郸	0.237	139
泰州	0.250	99	赤峰	0.237	140

城市	指数	排名	城市	指数	排名
朔州	0.237	141	聊城	0.228	182
襄阳	0.236	142	焦作	0.228	183
郴州	0.236	143	天水	0.228	184
十堰	0.236	144	随州	0.227	185
三门峡	0.236	145	嘉峪关	0.227	186
宜昌	0.235	146	德州	0.227	187
锦州	0.235	147	景德镇	0.227	188
南平	0.235	148	中卫	0.227	189
淮安	0.234	149	枣庄	0.226	190
肇庆	0.234	150	内江	0.226	191
怀化	0.234	151	广元	0.226	192
济宁	0.234	152	盐城	0.226	193
晋城	0.234	153	邢台	0.226	194
萍乡	0.233	154	宿迁	0.225	195
遂宁	0.233	155	普洱	0.225	196
阳江	0.233	156	曲靖	0.225	197
德阳	0.233	157	九江	0.225	198
铜川	0.233	158	白山	0.224	199
来宾	0.233	159	亳州	0.224	200
黄山	0.232	160	通化	0.224	201
贺州	0.232	161	葫芦岛	0.224	202
绥化	0.232	162	眉山	0.223	203
丹东	0.232	163	滁州	0.223	204
钦州	0.231	164	濮阳	0.223	205
四平	0.231	165	连云港	0.223	206
蚌埠	0.230	166	贵港	0.223	207
云浮	0.230	167	清远	0.223	208
安庆	0.230	168	阜新	0.222	209
益阳	0.230	169	乐山	0.222	210
池州	0.230	170	张家口	0.222	211
双鸭山	0.230	171	吉安	0.222	212
玉林	0.229	172	丽江	0.222	213
淮南	0.229	173	金昌	0.222	214
张家界	0.229	174	梅州	0.222	215
咸宁	0.229	175	漯河	0.221	216
新乡	0.229	176	铁岭	0.220	217
承德	0.229	177	信阳	0.220	218
商洛	0.228	178	黄石	0.220	219
宁德	0.228	179	资阳	0.220	220
荆门	0.228	180	玉溪	0.220	221
宣城	0.228	181	宜宾	0.220	222

城市	指数	排名	城市	指数	排名
崇左	0.220	223	达州	0.209	256
南充	0.219	224	河池	0.208	257
长治	0.219	225	安顺	0.207	258
朝阳	0.219	226	菏泽	0.207	259
庆阳	0.218	227	河源	0.207	260
保山	0.218	228	永州	0.207	261
梧州	0.218	229	六盘水	0.207	262
抚州	0.217	230	揭阳	0.206	263
宿州	0.217	231	驻马店	0.206	264
六安	0.217	232	忻州	0.206	265
伊春	0.217	233	商丘	0.206	266
临汾	0.216	234	安阳	0.206	267
定西	0.216	235	娄底	0.205	268
鹰潭	0.216	236	平顶山	0.205	269
攀枝花	0.215	237	临沧	0.204	270
衡阳	0.215	238	吕梁	0.204	271
汕尾	0.215	239	开封	0.203	272
渭南	0.214	240	七台河	0.202	273
南阳	0.214	241	铜仁	0.201	274
齐齐哈尔	0.214	242	吴忠	0.201	275
柳州	0.214	243	邵阳	0.201	276
巴中	0.214	244	阜阳	0.200	277
鹤壁	0.213	245	黑河	0.198	278
黄冈	0.212	246	泸州	0.198	279
孝感	0.212	247	赣州	0.197	280
雅安	0.211	248	平凉	0.197	281
衡水	0.211	249	白银	0.195	282
上饶	0.210	250	荆州	0.193	283
牡丹江	0.210	251	周口	0.192	284
宜春	0.210	252	鹤岗	0.179	285
延安	0.210	253	昭通	0.174	286
鸡西	0.210	254	陇南	0.173	287
百色	0.209	255	均值	0.254	—

注：表中指数值均保留小数点后三位，表中城市指数值相同但排名不同主要是因为小数点后第四位数存在差异

二、省会及副省级以上城市排名

省会及副省级以上城市共35个，其中，北京、深圳、上海、广州、天津、武汉、杭州、南京、厦门、海口、长沙和西安12个城市的科技创新发展指数高于均值。北京、上

海、天津和重庆4个直辖市排名分别为第1位、第3位、第5位、第32位（表2-2）。

表2-2 省会及副省级以上城市科技创新发展指数排名

城市	指数	排名	城市	指数	排名
北京	0.587	1	大连	0.339	19
深圳	0.587	2	昆明	0.337	20
上海	0.499	3	长春	0.336	21
广州	0.464	4	贵阳	0.333	22
天津	0.416	5	济南	0.329	23
武汉	0.405	6	哈尔滨	0.324	24
杭州	0.391	7	福州	0.320	25
南京	0.390	8	合肥	0.319	26
厦门	0.378	9	兰州	0.318	27
海口	0.376	10	南昌	0.317	28
长沙	0.367	11	银川	0.315	29
西安	0.364	12	郑州	0.314	30
呼和浩特	0.362	13	西宁	0.305	31
成都	0.358	14	重庆	0.305	32
乌鲁木齐	0.351	15	宁波	0.292	33
青岛	0.347	16	南宁	0.281	34
太原	0.340	17	石家庄	0.276	35
沈阳	0.339	18	均值	0.362	—

注：表中指数值均保留小数点后三位，表中城市指数值相同但排名不同主要是因为小数点后第四位数存在差异

三、地级市排名

本报告样本城市中除省会以外的地级市共252个，科技创新发展指数排名前10位的城市从高到低依次是东莞、苏州、珠海、中山、鄂尔多斯、无锡、佛山、常州、三亚和大庆；排名后10位的城市从高到低依次是黑河、泸州、赣州、平凉、白银、荆州、周口、鹤岗、昭通和陇南（表2-3）。

表2-3 地级市科技创新发展指数及排名

城市	指数	排名	城市	指数	排名
东莞	0.452	1	克拉玛依	0.310	11
苏州	0.384	2	包头	0.309	12
珠海	0.376	3	威海	0.308	13
中山	0.356	4	镇江	0.306	14
鄂尔多斯	0.336	5	惠州	0.299	15
无锡	0.336	6	烟台	0.298	16
佛山	0.324	7	嘉兴	0.293	17
常州	0.324	8	东营	0.292	18
三亚	0.318	9	舟山	0.284	19
大庆	0.315	10	淄博	0.282	20

城市	指数	排名	城市	指数	排名
扬州	0.276	21	营口	0.250	63
温州	0.275	22	泰州	0.250	64
芜湖	0.275	23	北海	0.250	65
铜陵	0.274	24	湘潭	0.250	66
金华	0.274	25	马鞍山	0.249	67
潍坊	0.274	26	巴彦淖尔	0.249	68
南通	0.274	27	辽阳	0.248	69
乌兰察布	0.272	28	衢州	0.248	70
绍兴	0.272	29	漳州	0.247	71
泉州	0.270	30	张掖	0.247	72
莆田	0.269	31	汉中	0.246	73
洛阳	0.269	32	自贡	0.245	74
吉林	0.266	33	运城	0.245	75
秦皇岛	0.266	34	固原	0.245	76
辽源	0.265	35	广安	0.245	77
新余	0.263	36	桂林	0.245	78
宝鸡	0.263	37	通辽	0.244	79
江门	0.262	38	佳木斯	0.244	80
湖州	0.261	39	淮北	0.244	81
绵阳	0.261	40	石嘴山	0.243	82
泰安	0.260	41	抚顺	0.243	83
白城	0.259	42	湛江	0.242	84
松原	0.259	43	岳阳	0.242	85
台州	0.259	44	莱芜	0.242	86
呼伦贝尔	0.258	45	保定	0.242	87
乌海	0.257	46	阳泉	0.241	88
株洲	0.257	47	咸阳	0.241	89
丽水	0.257	48	汕头	0.241	90
鄂州	0.257	49	榆林	0.241	91
沧州	0.256	50	徐州	0.241	92
唐山	0.256	51	鞍山	0.241	93
酒泉	0.256	52	本溪	0.240	94
武威	0.254	53	毕节	0.240	95
日照	0.253	54	大同	0.239	96
盘锦	0.253	55	滨州	0.239	97
常德	0.253	56	韶关	0.239	98
安康	0.253	57	许昌	0.239	99
茂名	0.253	58	廊坊	0.238	100
龙岩	0.252	59	防城港	0.238	101
三明	0.252	60	临沂	0.237	102
遵义	0.251	61	潮州	0.237	103
晋中	0.250	62	邯郸	0.237	104

续表

城市	指数	排名	城市	指数	排名
赤峰	0.237	105	聊城	0.228	147
朔州	0.237	106	焦作	0.228	148
襄阳	0.236	107	天水	0.228	149
郴州	0.236	108	随州	0.227	150
十堰	0.236	109	嘉峪关	0.227	151
三门峡	0.236	110	德州	0.227	152
宜昌	0.235	111	景德镇	0.227	153
锦州	0.235	112	中卫	0.227	154
南平	0.235	113	枣庄	0.226	155
淮安	0.234	114	内江	0.226	156
肇庆	0.234	115	广元	0.226	157
怀化	0.234	116	盐城	0.226	158
济宁	0.234	117	邢台	0.226	159
晋城	0.234	118	宿迁	0.225	160
萍乡	0.233	119	普洱	0.225	161
遂宁	0.233	120	曲靖	0.225	162
阳江	0.233	121	九江	0.225	163
德阳	0.233	122	白山	0.224	164
铜川	0.233	123	亳州	0.224	165
来宾	0.233	124	通化	0.224	166
黄山	0.232	125	葫芦岛	0.224	167
贺州	0.232	126	眉山	0.223	168
绥化	0.232	127	滁州	0.223	169
丹东	0.232	128	濮阳	0.223	170
钦州	0.231	129	连云港	0.223	171
四平	0.231	130	贵港	0.223	172
蚌埠	0.230	131	清远	0.223	173
云浮	0.230	132	阜新	0.222	174
安庆	0.230	133	乐山	0.222	175
益阳	0.230	134	张家口	0.222	176
池州	0.230	135	吉安	0.222	177
双鸭山	0.230	136	丽江	0.222	178
玉林	0.229	137	金昌	0.222	179
淮南	0.229	138	梅州	0.222	180
张家界	0.229	139	漯河	0.221	181
咸宁	0.229	140	铁岭	0.220	182
新乡	0.229	141	信阳	0.220	183
承德	0.229	142	黄石	0.220	184
商洛	0.228	143	资阳	0.220	185
宁德	0.228	144	玉溪	0.220	186
荆门	0.228	145	宜宾	0.220	187
宣城	0.228	146	崇左	0.220	188

续表

城市	指数	排名	城市	指数	排名
南充	0.219	189	河池	0.208	222
长治	0.219	190	安顺	0.207	223
朝阳	0.219	191	菏泽	0.207	224
庆阳	0.218	192	河源	0.207	225
保山	0.218	193	永州	0.207	226
梧州	0.218	194	六盘水	0.207	227
抚州	0.217	195	揭阳	0.206	228
宿州	0.217	196	驻马店	0.206	229
六安	0.217	197	忻州	0.206	230
伊春	0.217	198	商丘	0.206	231
临汾	0.216	199	安阳	0.206	232
定西	0.216	200	娄底	0.205	233
鹰潭	0.216	201	平顶山	0.205	234
攀枝花	0.215	202	临沧	0.204	235
衡阳	0.215	203	吕梁	0.204	236
汕尾	0.215	204	开封	0.203	237
渭南	0.214	205	七台河	0.202	238
南阳	0.214	206	铜仁	0.201	239
齐齐哈尔	0.214	207	吴忠	0.201	240
柳州	0.214	208	邵阳	0.201	241
巴中	0.214	209	阜阳	0.200	242
鹤壁	0.213	210	黑河	0.198	243
黄冈	0.212	211	泸州	0.198	244
孝感	0.212	212	赣州	0.197	245
雅安	0.211	213	平凉	0.197	246
衡水	0.211	214	白银	0.195	247
上饶	0.210	215	荆州	0.193	248
牡丹江	0.210	216	周口	0.192	249
宜春	0.210	217	鹤岗	0.179	250
延安	0.210	218	昭通	0.174	251
鸡西	0.210	219	陇南	0.173	252
百色	0.209	220	均值	0.239	—
达州	0.209	221			

注：表中指数值均保留小数点后三位，表中指数值相同但排名不同主要是因为小数点后第四位数存在差异

四、总体分析

从中国城市科技创新发展指数测算结果来看，城市科技创新发展指数全国平均值为0.254，中位数为0.236，标准差为0.057，变异系数为0.226，数据较为平稳。通过绘制频

数分布直方图，并与正态分布曲线拟合，我们发现数据微右偏离，符合统计学规律，说明研究样本选择具有一定的代表性（图2-2）。

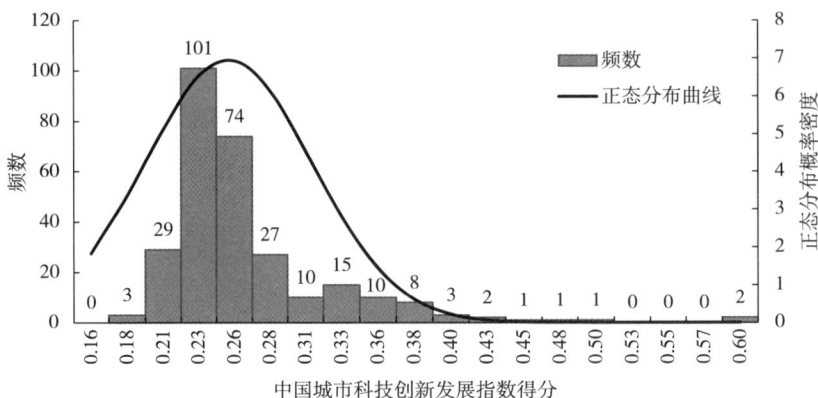

图 2-2　中国城市科技创新发展指数频数分布直方图

在本报告进行评估的我国287个地级以上城市中，有88个城市的科技创新发展水平不低于平均值，199个城市的科技创新发展水平低于平均值，科技创新发展指数得分主要集中在0.21~0.28。科技创新发展水平得分最低的是陇南，为0.173；科技创新发展水平最高的是北京，达0.587，两者相差0.414。从城市科技创新发展总指数来看，中国城市科技创新发展水平总体差距非常明显，同时，末端城市与顶端城市在城市科技创新发展各个方面均具有显著差距，这一结论即使在同一行政级别、同一区域的城市样本中也成立。

根据表2-1绘制2017年中国城市科技创新发展指数区域比较图。如图2-3所示，按城市所处区域来看，东部城市科技创新发展优势明显，除创新环境外，东部城市其他三项分指数得分均处于领先位置；西部城市科技创新发展位于中游；东北部城市科技创新发展与西部城市整体相当，但创新环境优势明显；中部城市科技创新发展整体水平相对落后。由于利用算术平均值进行区域比较必然会抹平各地区之间的城市差异，后续将出版专题研究报告，对各地区间和城市群之间的差异进行分析。

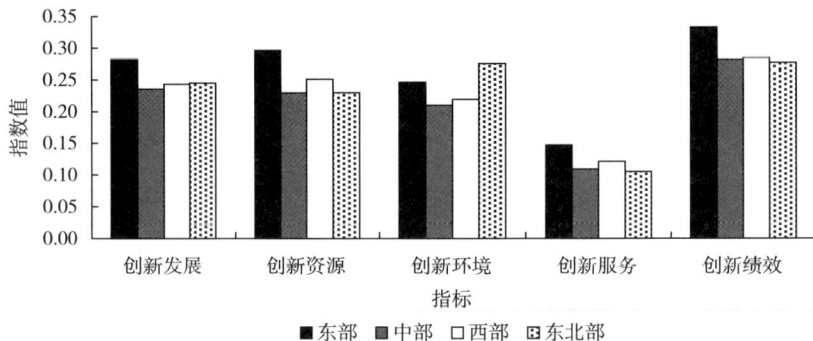

图 2-3　中国城市科技创新发展指数区域比较

第三章 创 新 资 源

一、创新资源指数构成

创新资源是一个地区持续开展创新活动的重要基础，反映一个城市对创新活动的投入力度、创新人才资源的储备状况和创新资源的配置结构。创新人才和研发经费，即人的投入和财的投入，是创新资源中最为核心的部分。人才是创新的核心要素，而研发经费是推进科技创新的基本物质保障。因此，创新资源分指数采用创新人才和研发经费两项二级指标，从人和财两个方面对城市创新资源配置能力进行评价。创新资源是城市科技创新发展指数的四个一级指标之一，占总指数权重的14.3%。二级指标中，创新人才的权重略高于研发经费，两者占总指数的权重分别为8.6%和5.7%，这同时体现出本报告的一个论点，在整个城市创新体系及其动态演进过程中，人的作用更重于财。

创新人才二级指标下设三个三级指标，分别是每万人在校大学生数、城市化水平、万名从业人口中科学技术人员数，均为正向指标。其中，城市化水平以市辖区人口占全市人口比重表示，历史和国际经验均表明，创新活动主要发生在城市，市辖区人口比重即人口城市化率的不断提高正是创新人才资源储备增加的重要表现。

研发经费二级指标下设两个三级指标，分别是地方财政科技投入占地方财政支出比重、地方财政教育投入占地方财政支出比重，两个指标分别反映城市政府对科技创新活动的直接经费支持和对创新人才储备的经费支持，均为正向指标。三级指标权重均为2.86%，五个三级指标中有四个与人才相关，突出了本报告将人才放在创新第一资源和第一要素的重要地位。创新资源指标构成如表3-1所示。

表3-1 创新资源指标构成

一级指标	权重/%	二级指标	权重/%	三级指标	指标属性	权重/%
创新资源	14.3	创新人才	8.6	每万人在校大学生数	正向	2.86
				城市化水平	正向	2.86
				万名从业人口中科学技术人员数	正向	2.86
		研发经费	5.7	地方财政科技投入占地方财政支出比重	正向	2.86
				地方财政教育投入占地方财政支出比重	正向	2.86

二、创新资源指数排名

在创新资源指数方面，排名前20位的城市依次是南京、北京、广州、珠海、太原、海口、兰州、西安、武汉、乌鲁木齐、杭州、厦门、中山、贵阳、天津、三亚、上海、东莞、大庆和呼和浩特（图3-1）。

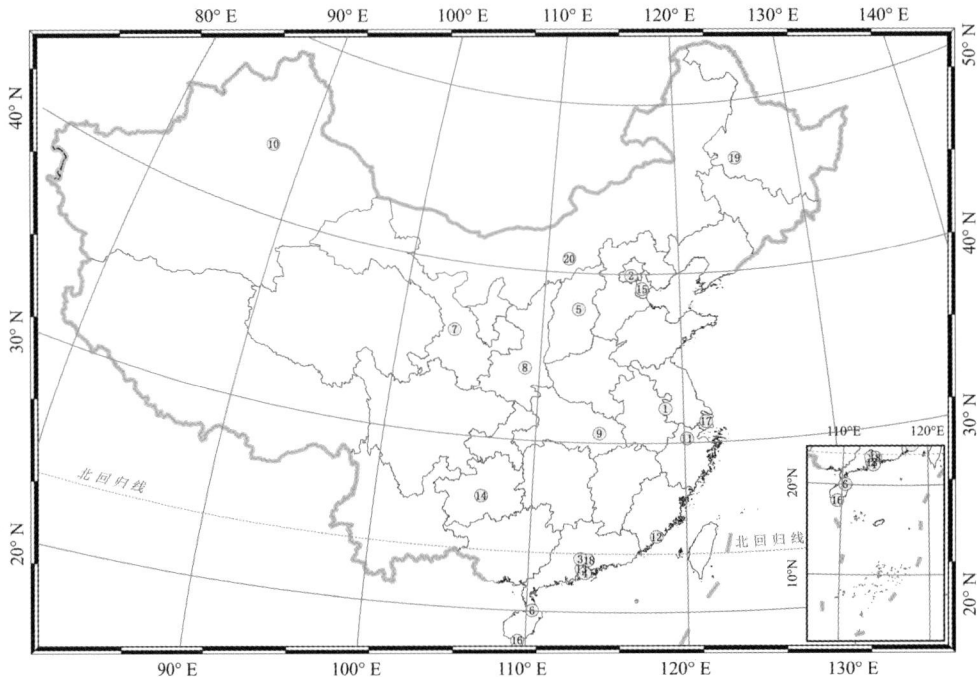

图 3-1　中国城市创新资源指数排名前 20 位城市分布

如表3-2所示，从省级区域来看，城市创新资源指数排名前20位的城市中，除北京、上海、天津3个直辖市外，广东的城市最多，共有4个；海南省排名第2位，有两个城市；江苏、山西、甘肃、陕西、湖北、新疆、浙江、福建、贵州、黑龙江和内蒙古各有1个城市入选。排名第21位到第40位的城市是济南、长沙、沈阳、南昌、深圳、昆明、克拉玛依、汕头、佛山、莱芜、郑州、绵阳、合肥、莆田、铜陵、威海、南宁、成都、铜川和石家庄。排名第41位到第60位的城市是常州、哈尔滨、芜湖、淄博、长春、鄂州、贵港、福州、西宁、绍兴、攀枝花、银川、青岛、淮南、苏州、嘉峪关、大连、乌海、大水和舟山。排名第61位到第80位的城市是镇江、新余、潮州、洛阳、包头、贺州、毕节、无锡、扬州、惠州、阳泉、张掖、秦皇岛、东营、烟台、嘉兴、潍坊、宁波、茂名和蚌埠。排名第81位到第100位的城市是来宾、北海、湖州、安康、钦州、襄阳、唐山、马鞍山、重庆、枣庄、柳州、江门、石嘴山、白城、淮安、宝鸡、连云港、鞍山、吉林和南通。排名后20位的城市依次是铁岭、衡阳、怀化、吴忠、松原、鹰潭、临汾、雅安、朝阳、娄底、河源、吕梁、临沧、呼伦贝尔、绥化、邵阳、衡水、乌兰察布、鄂尔多斯和黑河。

表3-2　创新资源指数排名

城市	指数	排名	城市	指数	排名
南京	0.609	1	南宁	0.352	37
北京	0.603	2	成都	0.352	38
广州	0.602	3	铜川	0.352	39
珠海	0.574	4	石家庄	0.351	40
太原	0.558	5	常州	0.349	41
海口	0.547	6	哈尔滨	0.346	42
兰州	0.546	7	芜湖	0.344	43
西安	0.534	8	淄博	0.340	44
武汉	0.508	9	长春	0.339	45
乌鲁木齐	0.498	10	鄂州	0.339	46
杭州	0.488	11	贵港	0.339	47
厦门	0.485	12	福州	0.338	48
中山	0.481	13	西宁	0.337	49
贵阳	0.476	14	绍兴	0.328	50
天津	0.469	15	攀枝花	0.327	51
三亚	0.468	16	银川	0.325	52
上海	0.466	17	青岛	0.324	53
东莞	0.465	18	淮南	0.322	54
大庆	0.458	19	苏州	0.315	55
呼和浩特	0.457	20	嘉峪关	0.315	56
济南	0.456	21	大连	0.314	57
长沙	0.432	22	乌海	0.312	58
沈阳	0.427	23	天水	0.312	59
南昌	0.420	24	舟山	0.312	60
深圳	0.414	25	镇江	0.310	61
昆明	0.411	26	新余	0.305	62
克拉玛依	0.403	27	潮州	0.304	63
汕头	0.395	28	洛阳	0.304	64
佛山	0.388	29	包头	0.303	65
莱芜	0.386	30	贺州	0.302	66
郑州	0.373	31	毕节	0.302	67
绵阳	0.370	32	无锡	0.300	68
合肥	0.366	33	扬州	0.300	69
莆田	0.366	34	惠州	0.296	70
铜陵	0.365	35	阳泉	0.294	71
威海	0.360	36	张掖	0.292	72

城市	指数	排名	城市	指数	排名
秦皇岛	0.288	73	漯河	0.246	112
东营	0.283	74	抚顺	0.246	113
烟台	0.282	75	新乡	0.246	114
嘉兴	0.281	76	本溪	0.246	115
潍坊	0.280	77	武威	0.245	116
宁波	0.277	78	商洛	0.244	117
茂名	0.277	79	桂林	0.243	118
蚌埠	0.276	80	咸阳	0.242	119
来宾	0.276	81	中卫	0.241	120
北海	0.276	82	台州	0.241	121
湖州	0.273	83	湘潭	0.240	122
安康	0.268	84	鹤壁	0.238	123
钦州	0.268	85	衢州	0.238	124
襄阳	0.268	86	廊坊	0.238	125
唐山	0.267	87	酒泉	0.238	126
马鞍山	0.266	88	焦作	0.238	127
重庆	0.265	89	丹东	0.237	128
枣庄	0.265	90	泰安	0.237	129
柳州	0.265	91	淮北	0.236	130
江门	0.264	92	玉林	0.236	131
石嘴山	0.264	93	宿迁	0.234	132
白城	0.264	94	临沂	0.234	133
淮安	0.263	95	防城港	0.233	134
宝鸡	0.262	96	清远	0.232	135
连云港	0.261	97	池州	0.231	136
鞍山	0.261	98	信阳	0.231	137
吉林	0.259	99	锦州	0.231	138
南通	0.258	100	鹤岗	0.230	139
金华	0.256	101	丽水	0.230	140
徐州	0.254	102	安顺	0.229	141
保定	0.254	103	乐山	0.226	142
日照	0.253	104	七台河	0.226	143
自贡	0.252	105	汉中	0.226	144
崇左	0.252	106	韶关	0.226	145
大同	0.252	107	萍乡	0.225	146
晋中	0.252	108	云浮	0.223	147
温州	0.252	109	鸡西	0.223	148
湛江	0.251	110	固原	0.222	149
揭阳	0.251	111	赤峰	0.222	150

城市	指数	排名	城市	指数	排名
南阳	0.220	151	吉安	0.205	190
肇庆	0.220	152	开封	0.205	191
安阳	0.220	153	九江	0.205	192
铜仁	0.220	154	内江	0.205	193
邯郸	0.219	155	商丘	0.204	194
宿州	0.219	156	南平	0.203	195
遵义	0.217	157	白银	0.202	196
滨州	0.217	158	三明	0.202	197
龙岩	0.217	159	泰州	0.202	198
宜昌	0.216	160	遂宁	0.202	199
保山	0.215	161	牡丹江	0.202	200
榆林	0.215	162	延安	0.201	201
泸州	0.214	163	宜宾	0.201	202
株洲	0.214	164	阳江	0.200	203
平凉	0.214	165	辽源	0.200	204
阜新	0.213	166	赣州	0.200	205
渭南	0.213	167	安庆	0.199	206
四平	0.212	168	河池	0.198	207
泉州	0.212	169	六安	0.198	208
辽阳	0.211	170	广元	0.198	209
丽江	0.211	171	汕尾	0.198	210
达州	0.210	172	南充	0.197	211
葫芦岛	0.210	173	巴中	0.197	212
德州	0.210	174	梅州	0.196	213
白山	0.209	175	运城	0.196	214
佳木斯	0.209	176	郴州	0.195	215
岳阳	0.209	177	濮阳	0.195	216
黄石	0.209	178	宣城	0.194	217
广安	0.209	179	十堰	0.194	218
常德	0.209	180	伊春	0.193	219
梧州	0.208	181	三门峡	0.193	220
许昌	0.208	182	宜春	0.192	221
济宁	0.207	183	咸宁	0.191	222
双鸭山	0.207	184	漳州	0.191	223
抚州	0.207	185	景德镇	0.191	224
朔州	0.207	186	荆州	0.190	225
承德	0.207	187	张家口	0.190	226
平顶山	0.206	188	滁州	0.190	227
盐城	0.205	189	齐齐哈尔	0.189	228

续表

城市	指数	排名	城市	指数	排名
金昌	0.188	229	庆阳	0.171	259
百色	0.188	230	巴彦淖尔	0.170	260
通辽	0.188	231	忻州	0.170	261
益阳	0.187	232	营口	0.169	262
德阳	0.187	233	普洱	0.169	263
菏泽	0.187	234	随州	0.168	264
眉山	0.185	235	陇南	0.168	265
张家界	0.185	236	上饶	0.165	266
黄冈	0.182	237	定西	0.165	267
曲靖	0.182	238	铁岭	0.165	268
黄山	0.182	239	衡阳	0.164	269
晋城	0.180	240	怀化	0.164	270
驻马店	0.179	241	吴忠	0.163	271
聊城	0.179	242	松原	0.162	272
长治	0.178	243	鹰潭	0.162	273
阜阳	0.178	244	临汾	0.162	274
亳州	0.177	245	雅安	0.159	275
昭通	0.177	246	朝阳	0.157	276
玉溪	0.176	247	娄底	0.155	277
通化	0.176	248	河源	0.154	278
孝感	0.176	249	吕梁	0.150	279
资阳	0.175	250	临沧	0.146	280
六盘水	0.175	251	呼伦贝尔	0.142	281
永州	0.175	252	绥化	0.142	282
盘锦	0.175	253	邵阳	0.141	283
邢台	0.175	254	衡水	0.139	284
周口	0.173	255	乌兰察布	0.133	285
沧州	0.173	256	鄂尔多斯	0.126	286
荆门	0.173	257	黑河	0.116	287
宁德	0.171	258	均值	0.256	—

注：表中指数值均保留小数点后三位，表中指数值相同但排名不同主要是因为小数点后第四位数存在差异

　　创新资源指数前20位城市多为省会城市、经济特区，其余城市中，中山、东莞为不设市辖区的地级市，三亚、大庆为省内副中心城市，而处于后20位的城市中绝大多数为中西部地级市，反映出中国城市创新资源具有典型的行政中心偏向，资源高度集聚于高行政等级或具有特殊政治地位的城市。这从一个方面反映出，减小城市间发展差距需进一步完善公共资源配置机制，以维护城市创新发展的机会平等和权益公平。

三、创新资源核心指标分析

（一）创新人才

创新驱动的实质是人才驱动。城市要依靠科技创新转换发展动力，必须实施更加积极的创新人才政策，用好人才、吸引人才、培养人才，形成一支规模宏大、勇于创新的创新型人才队伍。而要建设创新型城市，更要广泛吸引各类创新人才，尤其要集聚一批站在行业科技前沿、具有国际视野和竞争力的领军人才。因此，在衡量一个城市的科技创新资源时，创新人才是首先要重点测度的要素。在城市科技创新发展指标体系中，创新人才指标所占权重为8.6%，反映了一个城市的科技和教育智力资源情况。

如图3-2所示，在创新人才指数方面，排名前10位的城市依次是南京、广州、海口、北京、西安、兰州、珠海、太原、武汉和乌鲁木齐。排名后10位的城市是驻马店、邵阳、曲靖、黄冈、汕尾、云浮、河源、吕梁、周口和上饶（表3-3）。可以看到，城市间的科技和教育智力资源差异非常明显。城市行政等级越高，经济越发达，越能集中教育和科技智力资源，而这种差异又将进一步导致创新人才呈现出向区域中心城市一侧的偏态分布。

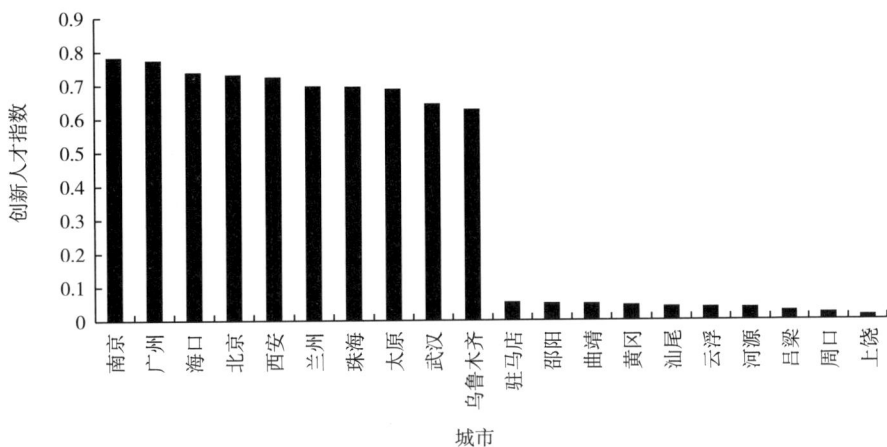

图 3-2　创新人才指数排名前 10 位和后 10 位的城市

表3-3　创新人才指数排名

城市	指数	排名	城市	指数	排名
南京	0.784	1	武汉	0.645	9
广州	0.775	2	乌鲁木齐	0.628	10
海口	0.739	3	呼和浩特	0.618	11
北京	0.732	4	厦门	0.588	12
西安	0.725	5	三亚	0.577	13
兰州	0.698	6	济南	0.562	14
珠海	0.696	7	贵阳	0.560	15
太原	0.689	8	上海	0.545	16

城市	指数	排名	城市	指数	排名
大庆	0.544	17	福州	0.313	57
沈阳	0.535	18	张掖	0.307	58
天津	0.532	19	淄博	0.295	59
杭州	0.524	20	秦皇岛	0.288	60
长沙	0.511	21	石嘴山	0.283	61
昆明	0.503	22	白城	0.283	62
南昌	0.493	23	重庆	0.278	63
深圳	0.462	24	天水	0.277	64
郑州	0.457	25	本溪	0.270	65
东莞	0.443	26	镇江	0.269	66
中山	0.421	27	洛阳	0.269	67
长春	0.421	28	苏州	0.268	68
银川	0.421	29	无锡	0.267	69
成都	0.417	30	贺州	0.266	70
绵阳	0.415	31	扬州	0.262	71
西宁	0.407	32	锦州	0.262	72
克拉玛依	0.406	33	芜湖	0.262	73
哈尔滨	0.399	34	武威	0.258	74
南宁	0.393	35	丹东	0.250	75
乌海	0.392	36	湘潭	0.249	76
鄂州	0.388	37	吉林	0.249	77
佛山	0.385	38	防城港	0.247	78
合肥	0.382	39	莆田	0.244	79
淮南	0.371	40	马鞍山	0.241	80
嘉峪关	0.365	41	七台河	0.238	81
包头	0.361	42	阜新	0.237	82
铜川	0.355	43	潮州	0.237	83
汕头	0.352	44	阳泉	0.236	84
莱芜	0.352	45	池州	0.235	85
铜陵	0.352	46	伊春	0.234	86
舟山	0.349	47	柳州	0.233	87
大连	0.348	48	东营	0.233	88
常州	0.338	49	烟台	0.232	89
石家庄	0.337	50	贵港	0.231	90
新余	0.336	51	枣庄	0.231	91
抚顺	0.325	52	辽阳	0.230	92
攀枝花	0.322	53	大同	0.228	93
威海	0.318	54	淮安	0.227	94
鞍山	0.316	55	宁波	0.227	95
青岛	0.316	56	蚌埠	0.223	96

城市	指数	排名	城市	指数	排名
北海	0.223	97	葫芦岛	0.171	137
自贡	0.222	98	黄石	0.169	138
毕节	0.220	99	徐州	0.168	139
绍兴	0.219	100	安顺	0.167	140
来宾	0.218	101	钦州	0.166	141
雅安	0.216	102	通辽	0.165	142
宜昌	0.215	103	岳阳	0.165	143
淮北	0.214	104	朔州	0.164	144
襄阳	0.214	105	辽源	0.164	145
保定	0.213	106	焦作	0.162	146
鹤岗	0.210	107	四平	0.162	147
乐山	0.209	108	惠州	0.162	148
中卫	0.209	109	保山	0.161	149
连云港	0.205	110	十堰	0.160	150
晋中	0.205	111	咸阳	0.160	151
固原	0.203	112	巴彦淖尔	0.158	152
盘锦	0.202	113	宿州	0.157	153
桂林	0.202	114	江门	0.157	154
佳木斯	0.200	115	嘉兴	0.157	155
唐山	0.199	116	衢州	0.154	156
金昌	0.195	117	双鸭山	0.153	157
酒泉	0.194	118	张家界	0.150	158
廊坊	0.193	119	赤峰	0.149	159
常德	0.193	120	鹤壁	0.148	160
漯河	0.191	121	茂名	0.148	161
萍乡	0.190	122	张家口	0.147	162
安康	0.188	123	新乡	0.147	163
景德镇	0.188	124	遂宁	0.146	164
牡丹江	0.187	125	齐齐哈尔	0.146	165
株洲	0.187	126	普洱	0.144	166
崇左	0.185	127	汉中	0.144	167
营口	0.184	128	丽水	0.143	168
湖州	0.184	129	韶关	0.142	169
宝鸡	0.182	130	南通	0.141	170
丽江	0.181	131	承德	0.141	171
白山	0.178	132	潍坊	0.138	172
日照	0.177	133	南充	0.137	173
泰安	0.176	134	商洛	0.137	174
黄山	0.173	135	泰州	0.137	175
鸡西	0.171	136	泸州	0.136	176

续表

城市	指数	排名	城市	指数	排名
广元	0.136	177	渭南	0.111	217
咸宁	0.134	178	临汾	0.110	218
眉山	0.132	179	六安	0.110	219
巴中	0.130	180	朝阳	0.109	220
益阳	0.130	181	衡阳	0.107	221
德阳	0.129	182	玉林	0.107	222
清远	0.128	183	温州	0.105	223
荆州	0.128	184	宿迁	0.103	224
延安	0.128	185	榆林	0.102	225
内江	0.127	186	鄂尔多斯	0.101	226
达州	0.127	187	昭通	0.101	227
开封	0.126	188	呼伦贝尔	0.100	228
滨州	0.125	189	揭阳	0.099	229
平凉	0.125	190	宜宾	0.099	230
吴忠	0.125	191	鹰潭	0.098	231
滁州	0.124	192	赣州	0.098	232
九江	0.124	193	盐城	0.098	233
铁岭	0.123	194	梅州	0.098	234
湛江	0.123	195	邯郸	0.098	235
德州	0.122	196	龙岩	0.098	236
白银	0.121	197	乌兰察布	0.096	237
南平	0.120	198	忻州	0.095	238
长治	0.119	199	阜阳	0.094	239
荆门	0.118	200	安阳	0.094	240
临沂	0.118	201	阳江	0.093	241
亳州	0.118	202	肇庆	0.093	242
信阳	0.118	203	漳州	0.092	243
台州	0.116	204	安庆	0.092	244
金华	0.116	205	松原	0.092	245
广安	0.115	206	河池	0.092	246
平顶山	0.114	207	百色	0.090	247
铜仁	0.114	208	陇南	0.090	248
南阳	0.114	209	永州	0.089	249
宣城	0.113	210	孝感	0.089	250
玉溪	0.113	211	随州	0.086	251
遵义	0.112	212	商丘	0.086	252
梧州	0.112	213	聊城	0.085	253
通化	0.112	214	菏泽	0.085	254
抚州	0.112	215	庆阳	0.085	255
郴州	0.111	216	运城	0.082	256

续表

城市	指数	排名	城市	指数	排名
泉州	0.082	257	宁德	0.065	273
资阳	0.081	258	沧州	0.063	274
三明	0.081	259	黑河	0.063	275
济宁	0.080	260	临沧	0.059	276
绥化	0.080	261	濮阳	0.059	277
宜春	0.079	262	驻马店	0.055	278
怀化	0.078	263	邵阳	0.051	279
邢台	0.077	264	曲靖	0.050	280
定西	0.076	265	黄冈	0.046	281
吉安	0.074	266	汕尾	0.041	282
六盘水	0.072	267	云浮	0.039	283
衡水	0.070	268	河源	0.038	284
许昌	0.068	269	吕梁	0.028	285
三门峡	0.068	270	周口	0.022	286
晋城	0.068	271	上饶	0.014	287
娄底	0.066	272	均值	0.214	—

注：表中指数值均保留小数点后三位，表中指数值相同但排名不同主要是因为小数点后第四位数存在差异

（二）研发经费

城市科技创新发展需要有坚实的物质基础，研发经费是推进科技创新的基本保障。由于创新成果具有公共物品特征，所以创新投入的私人回报率低于社会回报率，同时，创新的高风险特征也构成创新活动的障碍，市场经济中创新主体的创新投入将可能低于社会最优水平。与税收、明晰产权等公共政策相比，政府财政支出能够更有效地弥补因上述问题而产生的创新投入不足。因此，研发经费指数将着眼于财政支出对城市科技创新的影响，以地方财政科技投入占地方财政支出比重衡量城市政府对科技创新活动的物质资本投入强度，同时，鉴于人力资本是技术创新的核心要素，财政教育支出可以通过作用于人力资本积累而间接影响科技创新，以地方财政教育投入占地方财政支出比重度量对科技创新活动的人力资本投入强度。

在研发经费指数方面，排名前10位的城市依次是中山、莆田、贵港、云浮、东莞、惠州、潍坊、绍兴、揭阳和温州。排名后10位的城市是银川、阜新、金昌、鞍山、鄂尔多斯、营口、盘锦、伊春、抚顺和雅安（图3-3和表3-4）。从空间分布看，研发经费指数排名前10位的城市大都位于东部发达地区，排名靠后的地区均位于西部及东北地区，财政科技支出与教育支出的城市差距正是区域发展的非均衡特征在资源配置层面的重要体现。在经济新常态背景下，科技竞争成为城市竞争的战略制高点，加大研发投入、提升人力资本、促进科技成果转化、实现科技与经济的真正融合成为城市的必然选择。

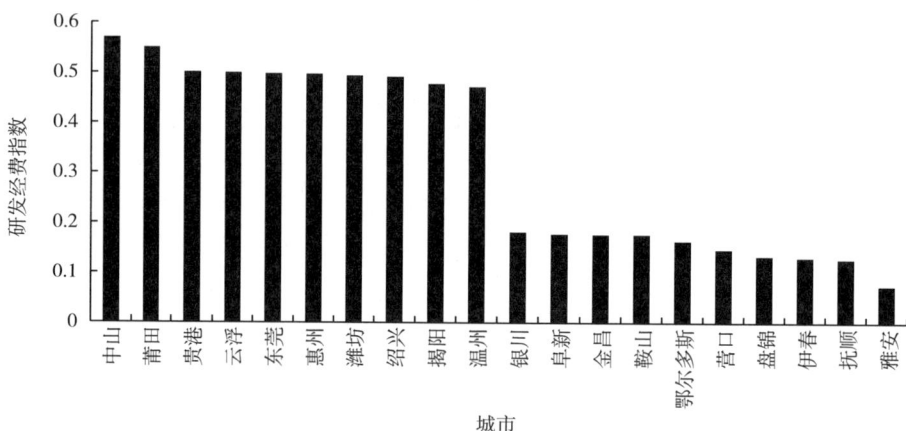

图 3-3　研发经费指数排名前 10 位和后 10 位的城市

表3-4　研发经费指数排名

城市	指数	排名	城市	指数	排名
中山	0.570	1	淄博	0.409	30
莆田	0.550	2	北京	0.409	31
贵港	0.501	3	安阳	0.409	32
云浮	0.500	4	湖州	0.407	33
东莞	0.498	5	临沂	0.407	34
惠州	0.497	6	泉州	0.406	35
潍坊	0.494	7	商洛	0.405	36
绍兴	0.492	8	潮州	0.405	37
揭阳	0.478	9	吉安	0.402	38
温州	0.472	10	邯郸	0.401	39
茂名	0.471	11	信阳	0.400	40
芜湖	0.467	12	周口	0.400	41
金华	0.467	13	克拉玛依	0.400	42
嘉兴	0.467	14	濮阳	0.399	43
汕头	0.459	15	济宁	0.399	44
湛江	0.443	16	新乡	0.395	45
莱芜	0.438	17	龙岩	0.395	46
杭州	0.435	18	佛山	0.393	47
南通	0.433	19	上饶	0.392	48
汕尾	0.432	20	珠海	0.391	49
宿迁	0.431	21	清远	0.389	50
玉林	0.430	22	安康	0.389	51
台州	0.428	23	榆林	0.386	52
江门	0.426	24	铜陵	0.386	53
毕节	0.424	25	黄冈	0.386	54
威海	0.422	26	苏州	0.385	55
钦州	0.421	27	三明	0.384	56
许昌	0.418	28	徐州	0.382	57
肇庆	0.410	29	商丘	0.381	58

续表

城市	指数	排名	城市	指数	排名
宝鸡	0.381	59	焦作	0.351	102
阳泉	0.381	60	贵阳	0.350	103
曲靖	0.380	61	汉口	0.350	104
南阳	0.380	62	抚州	0.350	105
三门峡	0.380	63	广安	0.350	106
铜仁	0.378	64	无锡	0.350	107
福州	0.376	65	铜川	0.348	108
遵义	0.375	66	南京	0.348	109
天津	0.375	67	襄阳	0.348	110
鹤壁	0.373	68	晋城	0.347	111
石家庄	0.371	69	上海	0.347	112
唐山	0.370	70	平凉	0.347	113
镇江	0.370	71	连云港	0.344	114
运城	0.367	72	广州	0.344	115
驻马店	0.367	73	合肥	0.343	116
盐城	0.366	74	深圳	0.343	117
咸阳	0.366	75	梅州	0.343	118
日照	0.366	76	平顶山	0.343	119
常州	0.366	77	德州	0.341	120
天水	0.365	78	菏泽	0.339	121
渭南	0.365	79	漳州	0.339	122
衢州	0.364	80	沧州	0.337	123
来宾	0.363	81	达州	0.336	124
太原	0.362	82	青岛	0.335	125
宜春	0.361	83	攀枝花	0.334	126
阳江	0.361	84	百色	0.334	127
丽水	0.361	85	吕梁	0.332	128
东营	0.359	86	六安	0.332	129
安庆	0.359	87	泸州	0.332	130
烟台	0.358	88	宁德	0.331	131
河池	0.358	89	厦门	0.331	132
蚌埠	0.356	90	六盘水	0.330	133
洛阳	0.356	91	赤峰	0.330	134
北海	0.356	92	大庆	0.330	135
扬州	0.355	93	漯河	0.329	136
贺州	0.355	94	泰安	0.328	137
滨州	0.355	95	河源	0.328	138
崇左	0.354	96	南平	0.326	139
宜宾	0.354	97	九江	0.326	140
宁波	0.353	98	白银	0.324	141
梧州	0.353	99	晋中	0.323	142
赣州	0.352	100	开封	0.323	143
韶关	0.351	101	郴州	0.321	144

续表

城市	指数	排名	城市	指数	排名
内江	0.321	145	双鸭山	0.289	188
邢台	0.320	146	四平	0.288	189
安顺	0.320	147	滁州	0.288	190
聊城	0.319	148	南充	0.288	191
兰州	0.318	149	秦皇岛	0.287	192
资阳	0.317	150	遂宁	0.286	193
枣庄	0.316	151	陇南	0.284	194
淮安	0.316	152	荆州	0.283	195
宣城	0.315	153	忻州	0.281	196
保定	0.314	154	萍乡	0.279	197
长沙	0.313	155	咸宁	0.277	198
柳州	0.312	156	岳阳	0.276	199
南昌	0.311	157	邵阳	0.276	200
宿州	0.310	158	临沧	0.275	201
延安	0.310	159	吉林	0.274	202
孝感	0.307	160	德阳	0.274	203
承德	0.305	161	昆明	0.274	204
桂林	0.305	162	益阳	0.273	205
乌鲁木齐	0.305	163	通化	0.272	206
廊坊	0.304	164	玉溪	0.272	207
三亚	0.304	165	朔州	0.270	208
酒泉	0.304	166	黄石	0.270	209
永州	0.303	167	张掖	0.269	210
阜阳	0.303	168	淮北	0.269	211
武汉	0.303	169	葫芦岛	0.269	212
绵阳	0.302	170	松原	0.268	213
马鞍山	0.302	171	鄂州	0.267	214
庆阳	0.300	172	哈尔滨	0.267	215
鸡西	0.300	173	亳州	0.266	216
泰州	0.299	174	眉山	0.266	217
自贡	0.299	175	沈阳	0.266	218
定西	0.297	176	长治	0.266	219
保山	0.296	177	大连	0.262	220
济南	0.296	178	鹤岗	0.262	221
巴中	0.296	179	海口	0.259	222
广元	0.292	180	新余	0.259	223
怀化	0.292	181	鹰潭	0.259	224
南宁	0.291	182	白山	0.257	225
昭通	0.291	183	舟山	0.257	226
随州	0.291	184	丽江	0.256	227
中卫	0.290	185	齐齐哈尔	0.255	228
大同	0.289	186	成都	0.255	229
娄底	0.289	187	株洲	0.254	230

城市	指数	排名	城市	指数	排名
荆门	0.254	231	宜昌	0.218	260
张家口	0.254	232	长春	0.217	261
辽源	0.254	233	丹东	0.217	262
乐山	0.252	234	包头	0.216	263
固原	0.250	235	呼和浩特	0.215	264
衡阳	0.249	236	防城港	0.210	265
西安	0.248	237	本溪	0.210	266
淮南	0.247	238	七台河	0.208	267
重庆	0.247	239	呼伦贝尔	0.206	268
郑州	0.245	240	普洱	0.205	269
十堰	0.244	241	黑河	0.195	270
衡水	0.242	242	景德镇	0.195	271
临汾	0.239	243	黄山	0.194	272
嘉峪关	0.239	244	乌海	0.192	273
张家界	0.238	245	乌兰察布	0.189	274
白城	0.236	246	巴彦淖尔	0.187	275
石嘴山	0.236	247	锦州	0.184	276
绥化	0.236	248	辽阳	0.183	277
常德	0.232	249	银川	0.182	278
西宁	0.232	250	阜新	0.178	279
朝阳	0.229	251	金昌	0.177	280
湘潭	0.227	252	鞍山	0.177	281
铁岭	0.227	253	鄂尔多斯	0.164	282
池州	0.227	254	营口	0.147	283
武威	0.226	255	盘锦	0.134	284
牡丹江	0.224	256	伊春	0.131	285
佳木斯	0.223	257	抚顺	0.128	286
通辽	0.221	258	雅安	0.074	287
吴忠	0.220	259	均值	0.320	—

注：表中指数值均保留小数点后三位，表中指数值相同但排名不同主要是因为小数点后第四位数存在差异

第四章 创新环境

一、创新环境指数构成

创新环境占总指数的权重为20%，主要反映培育创新和创新性企业所面临的硬环境与软环境，是提升城市创新能力的重要基础与保障。创新环境不仅和公共科技政策有关，而且和社会文化理念有关；信息传播和知识扩散不仅要借助学校等正式教育途径，还需要借助图书馆、社交等非正式教育途径；创新主体的创新活力不仅受个体观念环境影响，也受宏观的制度环境制约。因此，创新环境又分设政策环境、人文环境和生活环境三个二级指标（表4-1）。

表4-1 创新环境指标构成

一级指标	权重/%	二级指标	权重/%	三级指标	指标属性	权重/%
创新环境	20.0	政策环境	5.7	每万人吸引外商投资额	正向	2.86
				企业税收负担	逆向	2.86
		人文环境	5.7	每百人公共图书馆藏书拥有量	正向	2.86
				每百名学生拥有专任教师人数	正向	2.86
		生活环境	8.6	每千人口拥有医院床位数	正向	2.86
				城市人均公园绿地面积	正向	2.86
				每万人拥有公共汽车数	正向	2.86

二、创新环境指数排名

在创新环境指数方面，排名前20位的城市依次是深圳、东莞、鄂尔多斯、大连、广州、珠海、乌兰察布、苏州、白山、北京、上海、大庆、本溪、克拉玛依、双鸭山、呼伦贝尔、长春、杭州、威海和辽源（图4-1）。

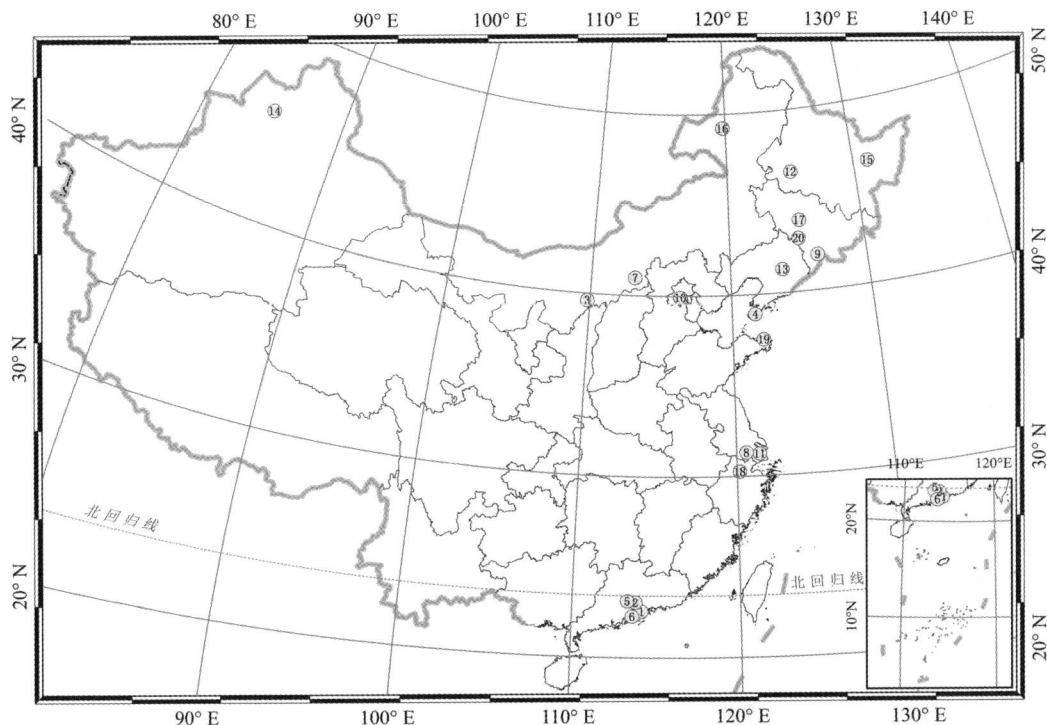

图 4-1 中国城市创新环境指数排名前 20 位城市分布

　　如表4-2所示，从省级区域来看，城市创新环境指数排名前20位的城市中，除北京、上海两个直辖市外，广东的城市最多，共有4个；内蒙古和吉林各有3个城市；辽宁和黑龙江各有两个城市，江苏、新疆、浙江、山东各有1个城市入选。排名第21位到第40位的城市是包头、成都、天津、武汉、鹤岗、伊春、太原、长沙、榆林、无锡、东营、通化、镇江、呼和浩特、吉林、哈尔滨、牡丹江、嘉兴、烟台和佛山。排名第41位到第60位的城市是沈阳、三门峡、中山、青岛、运城、松原、三明、攀枝花、南京、佳木斯、秦皇岛、白城、嘉峪关、汉中、郑州、厦门、西宁、铜陵、潍坊和常州。排名第61位到第80位的城市是咸阳、宝鸡、鞍山、宁波、济南、四平、十堰、鸡西、石嘴山、唐山、白银、金昌、银川、荆门、沧州、黄冈、舟山、黄石、酒泉和株洲。排名第81位到第100位的城市是南昌、赤峰、昆明、惠州、巴彦淖尔、盘锦、合肥、鄂州、泉州、温州、阳泉、邢台、龙岩、怀化、福州、黑河、宜昌、通辽、遵义和淄博。排名后20位的城市依次是汕头、衡水、宣城、连云港、贺州、泸州、池州、六盘水、上饶、六安、抚州、三亚、昭通、毕节、亳州、赣州、安顺、宜春、阜阳和陇南。

表4-2 创新环境指数排名

城市	指数	排名	城市	指数	排名
深圳	0.698	1	沈阳	0.285	41
东莞	0.611	2	三门峡	0.282	42
鄂尔多斯	0.472	3	中山	0.282	43
大连	0.421	4	青岛	0.281	44
广州	0.390	5	运城	0.280	45
珠海	0.387	6	松原	0.278	46
乌兰察布	0.374	7	三明	0.278	47
苏州	0.359	8	攀枝花	0.278	48
白山	0.346	9	南京	0.277	49
北京	0.344	10	佳木斯	0.277	50
上海	0.338	11	秦皇岛	0.276	51
大庆	0.338	12	白城	0.275	52
本溪	0.334	13	嘉峪关	0.274	53
克拉玛依	0.334	14	汉中	0.273	54
双鸭山	0.332	15	郑州	0.271	55
呼伦贝尔	0.331	16	厦门	0.271	56
长春	0.326	17	西宁	0.271	57
杭州	0.322	18	铜陵	0.270	58
威海	0.320	19	潍坊	0.270	59
辽源	0.320	20	常州	0.269	60
包头	0.318	21	咸阳	0.269	61
成都	0.317	22	宝鸡	0.266	62
天津	0.316	23	鞍山	0.261	63
武汉	0.315	24	宁波	0.261	64
鹤岗	0.315	25	济南	0.261	65
伊春	0.315	26	四平	0.261	66
太原	0.307	27	十堰	0.261	67
长沙	0.305	28	鸡西	0.260	68
榆林	0.304	29	石嘴山	0.259	69
无锡	0.303	30	唐山	0.259	70
东营	0.299	31	白银	0.259	71
通化	0.299	32	金昌	0.258	72
镇江	0.295	33	银川	0.257	73
呼和浩特	0.294	34	荆门	0.257	74
吉林	0.292	35	沧州	0.255	75
哈尔滨	0.290	36	黄冈	0.253	76
牡丹江	0.289	37	舟山	0.253	77
嘉兴	0.288	38	黄石	0.253	78
烟台	0.286	39	酒泉	0.252	79
佛山	0.286	40	株洲	0.252	80

续表

城市	指数	排名	城市	指数	排名
南昌	0.251	81	岳阳	0.234	120
赤峰	0.251	82	许昌	0.234	121
昆明	0.250	83	西安	0.234	122
惠州	0.248	84	马鞍山	0.233	123
巴彦淖尔	0.248	85	常德	0.233	124
盘锦	0.248	86	湖州	0.233	125
合肥	0.247	87	开封	0.233	126
鄂州	0.247	88	丹东	0.233	127
泉州	0.247	89	齐齐哈尔	0.233	128
温州	0.246	90	张家口	0.231	129
阳泉	0.246	91	漳州	0.231	130
邢台	0.246	92	云浮	0.231	131
龙岩	0.246	93	扬州	0.231	132
怀化	0.246	94	泰州	0.231	133
福州	0.245	95	肇庆	0.231	134
黑河	0.245	96	柳州	0.230	135
宜昌	0.245	97	兰州	0.230	136
通辽	0.245	98	锦州	0.230	137
遵义	0.244	99	南平	0.230	138
淄博	0.244	100	武威	0.229	139
营口	0.244	101	聊城	0.228	140
随州	0.244	102	益阳	0.228	141
雅安	0.242	103	德州	0.227	142
石家庄	0.242	104	晋城	0.227	143
承德	0.240	105	七台河	0.227	144
铁岭	0.240	106	湘潭	0.226	145
遂宁	0.239	107	张掖	0.226	146
绥化	0.239	108	德阳	0.225	147
抚顺	0.238	109	芜湖	0.225	148
乌海	0.238	110	滨州	0.225	149
铜川	0.238	111	洛阳	0.224	150
淮北	0.237	112	朝阳	0.224	151
南通	0.237	113	江门	0.223	152
邯郸	0.237	114	海口	0.222	153
乌鲁木齐	0.237	115	安康	0.222	154
辽阳	0.236	116	泰安	0.221	155
焦作	0.235	117	济宁	0.221	156
渭南	0.235	118	保定	0.220	157
绵阳	0.234	119	自贡	0.220	158

续表

城市	指数	排名	城市	指数	排名
广元	0.220	159	安庆	0.200	199
宁德	0.219	160	中卫	0.199	200
平凉	0.219	161	临沧	0.198	201
大同	0.218	162	徐州	0.198	202
内江	0.218	163	南阳	0.198	203
葫芦岛	0.217	164	北海	0.197	204
晋中	0.217	165	平顶山	0.197	205
长治	0.216	166	景德镇	0.197	206
绍兴	0.216	167	乐山	0.197	207
娄底	0.216	168	盐城	0.196	208
鹤壁	0.215	169	朔州	0.196	209
钦州	0.215	170	安阳	0.195	210
漯河	0.214	171	金华	0.195	211
日照	0.212	172	衢州	0.194	212
临汾	0.212	173	驻马店	0.193	213
孝感	0.212	174	梅州	0.193	214
濮阳	0.212	175	郴州	0.193	215
眉山	0.212	176	新乡	0.192	216
定西	0.212	177	吴忠	0.191	217
莱芜	0.211	178	廊坊	0.191	218
临沂	0.210	179	天水	0.191	219
南宁	0.210	180	邵阳	0.190	220
桂林	0.209	181	咸宁	0.190	221
衡阳	0.208	182	曲靖	0.190	222
南充	0.207	183	普洱	0.189	223
韶关	0.207	184	枣庄	0.189	224
阜新	0.206	185	河池	0.187	225
丽水	0.205	186	商丘	0.186	226
襄阳	0.205	187	信阳	0.186	227
湛江	0.204	188	新余	0.184	228
玉溪	0.204	189	莆田	0.183	229
贵阳	0.203	190	周口	0.183	230
庆阳	0.203	191	茂名	0.183	231
河源	0.202	192	达州	0.183	232
蚌埠	0.202	193	宜宾	0.183	233
荆州	0.202	194	清远	0.182	234
来宾	0.202	195	丽江	0.182	235
商洛	0.201	196	九江	0.182	236
阳江	0.201	197	固原	0.182	237
忻州	0.200	198	萍乡	0.181	238

城市	指数	排名	城市	指数	排名
延安	0.180	239	重庆	0.159	264
黄山	0.178	240	宿州	0.159	265
资阳	0.178	241	铜仁	0.155	266
吕梁	0.177	242	贵港	0.154	267
台州	0.177	243	汕头	0.154	268
永州	0.176	244	衡水	0.153	269
潮州	0.176	245	宣城	0.153	270
淮南	0.176	246	连云港	0.151	271
广安	0.173	247	贺州	0.149	272
揭阳	0.173	248	泸州	0.147	273
张家界	0.173	249	池州	0.146	274
淮安	0.173	250	六盘水	0.146	275
梧州	0.171	251	上饶	0.145	276
巴中	0.171	252	六安	0.144	277
鹰潭	0.170	253	抚州	0.144	278
菏泽	0.170	254	三亚	0.142	279
吉安	0.169	255	昭通	0.140	280
滁州	0.168	256	毕节	0.139	281
汕尾	0.166	257	亳州	0.138	282
崇左	0.165	258	赣州	0.135	283
防城港	0.164	259	安顺	0.132	284
百色	0.164	260	宜春	0.128	285
宿迁	0.162	261	阜阳	0.127	286
保山	0.160	262	陇南	0.082	287
玉林	0.159	263	均值	0.232	—

注：表中指数值均保留小数点后三位，表中指数值相同但排名不同主要是因为小数点后第四位数值存在差异

　　创新环境与其他三个一级指标的城市排名有两点显著不同：一是在四个一线城市中，深圳在创新环境指数中排名第1位，得分大幅高于北京、上海和广州，体现出深圳优越的创新环境基础以及未来成为世界一流科技产业创新中心的潜力；二是东北地区共有7个城市进入创新环境指数前20名，吉林、黑龙江和辽宁分别有3个、2个、2个城市入围，反映出东北地区城市未来的经济转型具有较强的创新环境支撑。

三、创新环境核心指标分析

（一）政策环境

　　政策环境指标主要反映并度量城市为促进科技进步、激励创业创新而实施的相关政

策支持力度。政府可以通过制定和完善公共科技政策来降低企业负担与创新风险，激励企业提高创新产出。政策环境下设每万人吸引外商投资额和企业税收负担两个三级指标，分别从招商引资和企业运营两个环节考察城市政策环境。

在政策环境指数方面，排名前10位的城市依次是东莞、大连、珠海、深圳、大庆、佛山、潍坊、苏州、辽源和天津；排名后10位的城市是池州、连云港、延安、黄山、衡水、乌鲁木齐、北京、三亚、丽江和陇南（图4-2和表4-3）。数据显示，改革开放先行的东部沿海城市政策环境优越，每万人吸引外商实际投资额远远高于其他城市。企业税收负担以公共财政收入占GDP比重（即大口径宏观税负）来表示，原因在于中国税负结构的特殊性，企业税负占全部税负的90%以上。企业税负过高可能会成为一些在创新资源等方面具有很强优势的城市提升创新影响力的障碍，仅从政策环境指数排名倒数第4位的北京来看，其企业税负比排名第4位的深圳高出约5.9个百分点，比排名第1位的东莞则要高出约11个百分点。

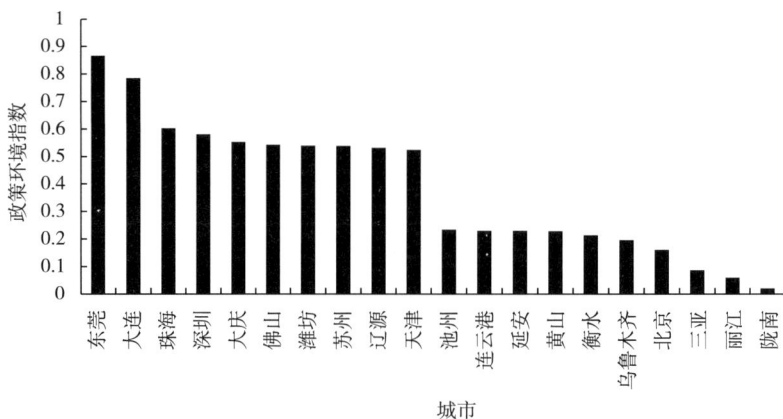

图4-2 政策环境指数排名前10位和后10位的城市

表4-3 政策环境指数排名

城市	指数	排名	城市	指数	排名
东莞	0.866	1	松原	0.509	13
大连	0.785	2	鄂尔多斯	0.505	14
珠海	0.603	3	广州	0.504	15
深圳	0.581	4	宝鸡	0.503	16
大庆	0.553	5	内江	0.490	17
佛山	0.543	6	马鞍山	0.486	18
潍坊	0.540	7	自贡	0.486	19
苏州	0.539	8	揭阳	0.486	20
辽源	0.532	9	唐山	0.485	21
天津	0.525	10	咸阳	0.484	22
长春	0.515	11	安康	0.483	23
包头	0.511	12	信阳	0.482	24

续表

城市	指数	排名	城市	指数	排名
吉林	0.482	25	许昌	0.446	67
汉中	0.481	26	泉州	0.445	68
长沙	0.480	27	威海	0.444	69
双鸭山	0.479	28	东营	0.444	70
茂名	0.479	29	无锡	0.444	71
四平	0.478	30	淮北	0.444	72
岳阳	0.478	31	三明	0.443	73
鹤壁	0.477	32	南充	0.443	74
周口	0.473	33	安阳	0.443	75
嘉兴	0.473	34	白山	0.443	76
运城	0.471	35	成都	0.443	77
焦作	0.471	36	钦州	0.443	78
娄底	0.470	37	达州	0.442	79
常州	0.469	38	邯郸	0.441	80
益阳	0.469	39	镇江	0.441	81
贵港	0.468	40	漳州	0.440	82
资阳	0.467	41	乌兰察布	0.440	83
潮州	0.465	42	邢台	0.440	84
三门峡	0.463	43	武威	0.438	85
荆门	0.462	44	肇庆	0.437	86
常德	0.461	45	赤峰	0.437	87
漯河	0.461	46	白城	0.435	88
渭南	0.460	47	日照	0.434	89
遂宁	0.459	48	洛阳	0.433	90
河池	0.458	49	呼和浩特	0.432	91
随州	0.458	50	伊春	0.431	92
驻马店	0.457	51	牡丹江	0.430	93
濮阳	0.457	52	商丘	0.429	94
佳木斯	0.457	53	黑河	0.429	95
鄂州	0.455	54	泰安	0.428	96
绥化	0.455	55	沧州	0.428	97
南阳	0.455	56	白银	0.427	98
商洛	0.455	57	荆州	0.426	99
湛江	0.454	58	雅安	0.426	100
北海	0.454	59	开封	0.426	101
广安	0.454	60	柳州	0.425	102
酒泉	0.451	61	武汉	0.424	103
青岛	0.450	62	黄石	0.423	104
阳江	0.448	63	通辽	0.422	105
南昌	0.448	64	扬州	0.422	106
德阳	0.447	65	中山	0.422	107
杭州	0.446	66	石家庄	0.422	108

续表

城市	指数	排名	城市	指数	排名
保定	0.421	109	来宾	0.394	151
广元	0.420	110	龙岩	0.394	152
鹤岗	0.419	111	平凉	0.393	153
湖州	0.418	112	蚌埠	0.393	154
哈尔滨	0.418	113	莱芜	0.393	155
天水	0.418	114	曲靖	0.391	156
聊城	0.418	115	韶关	0.390	157
张掖	0.417	116	汕头	0.389	158
宿州	0.417	117	泰州	0.389	159
呼伦贝尔	0.416	118	衢州	0.389	160
绵阳	0.416	119	金昌	0.389	161
邵阳	0.415	120	江门	0.388	162
惠州	0.414	121	鞍山	0.387	163
阳泉	0.413	122	菏泽	0.385	164
南平	0.411	123	巴中	0.383	165
新乡	0.410	124	咸宁	0.383	166
乐山	0.410	125	丽水	0.382	167
营口	0.410	126	宜宾	0.381	168
株洲	0.410	127	锦州	0.381	169
烟台	0.410	128	崇左	0.381	170
淄博	0.408	129	石嘴山	0.379	171
德州	0.408	130	襄阳	0.379	172
绍兴	0.408	131	齐齐哈尔	0.378	173
衡阳	0.406	132	定西	0.376	174
黄冈	0.405	133	河源	0.375	175
中卫	0.405	134	铜陵	0.374	176
嘉峪关	0.405	135	兰州	0.374	177
安庆	0.403	136	台州	0.373	178
攀枝花	0.403	137	孝感	0.373	179
汕尾	0.403	138	平顶山	0.372	180
玉林	0.402	139	防城港	0.372	181
桂林	0.402	140	滨州	0.372	182
芜湖	0.401	141	西安	0.372	183
铜川	0.401	142	眉山	0.372	184
宁波	0.400	143	固原	0.371	185
莆田	0.400	144	昭通	0.371	186
巴彦淖尔	0.396	145	亳州	0.371	187
枣庄	0.396	146	合肥	0.371	188
十堰	0.396	147	秦皇岛	0.370	189
南京	0.395	148	铜仁	0.369	190
临沂	0.395	149	盘锦	0.368	191
宁德	0.394	150	南通	0.367	192

城市	指数	排名	城市	指数	排名
云浮	0.367	193	吴忠	0.323	235
百色	0.367	194	郑州	0.321	236
承德	0.366	195	庆阳	0.321	237
温州	0.366	196	玉溪	0.315	238
海口	0.364	197	抚顺	0.314	239
临沧	0.364	198	普洱	0.313	240
西宁	0.363	199	梅州	0.313	241
济南	0.363	200	临汾	0.311	242
永州	0.361	201	铁岭	0.310	243
鸡西	0.360	202	长治	0.309	244
金华	0.359	203	张家界	0.305	245
朔州	0.357	204	朝阳	0.304	246
通化	0.356	205	萍乡	0.298	247
新余	0.355	206	葫芦岛	0.296	248
济宁	0.355	207	厦门	0.296	249
宜昌	0.354	208	盐城	0.294	250
清远	0.352	209	九江	0.293	251
湘潭	0.351	210	宿迁	0.292	252
太原	0.350	211	大同	0.292	253
七台河	0.348	212	昆明	0.291	254
六安	0.348	213	丹东	0.287	255
福州	0.348	214	吉安	0.283	256
怀化	0.348	215	廊坊	0.283	257
遵义	0.345	216	景德镇	0.280	258
徐州	0.345	217	晋中	0.278	259
本溪	0.345	218	抚州	0.271	260
梧州	0.343	219	银川	0.270	261
南宁	0.343	220	阜新	0.269	262
舟山	0.340	221	鹰潭	0.266	263
晋城	0.340	222	上海	0.266	264
阜阳	0.339	223	安顺	0.264	265
克拉玛依	0.337	224	淮安	0.261	266
贺州	0.335	225	郴州	0.255	267
滁州	0.333	226	赣州	0.253	268
张家口	0.331	227	重庆	0.253	269
沈阳	0.328	228	宣城	0.250	270
淮南	0.327	229	六盘水	0.247	271
榆林	0.326	230	吕梁	0.240	272
毕节	0.325	231	忻州	0.240	273
辽阳	0.325	232	上饶	0.240	274
保山	0.323	233	乌海	0.239	275
泸州	0.323	234	宜春	0.239	276

续表

城市	指数	排名	城市	指数	排名
贵阳	0.235	277	乌鲁木齐	0.196	283
池州	0.234	278	北京	0.161	284
连云港	0.230	279	三亚	0.087	285
延安	0.230	280	丽江	0.060	286
黄山	0.229	281	陇南	0.021	287
衡水	0.214	282	均值	0.391	—

注：表中指数值均保留小数点后三位，表中指数值相同但排名不同主要是因为小数点后第四位数存在差异

（二）人文环境

人文环境指标重点强调整个社会的创新氛围和创新文化对创新的影响。科学普及可以带动整个社会对知识和人才的尊重，培育人们崇尚科学的价值观念和创新意识。一个城市对提高居民科学文化素养的投入越高，创新软环境越好，科技创新的社会人文基础越坚实。人文环境下设每百人公共图书馆藏书拥有量和每百名学生拥有专任教师人数两个三级指标，分别从非正式教育和正式教育两方面评估城市人文环境。

在人文环境指数方面，排名前10位的城市依次是深圳、克拉玛依、北京、乌兰察布、白山、上海、伊春、本溪、双鸭山和呼伦贝尔，其中4个城市位于东北地区。排名后10位的城市是揭阳、百色、毕节、柳州、昭通、资阳、贵港、玉林、阜阳和泸州。其中，有4个城市属于广西，四川有两个城市，安徽、云南、贵州和广东各有1个城市（图4-3和表4-4）。

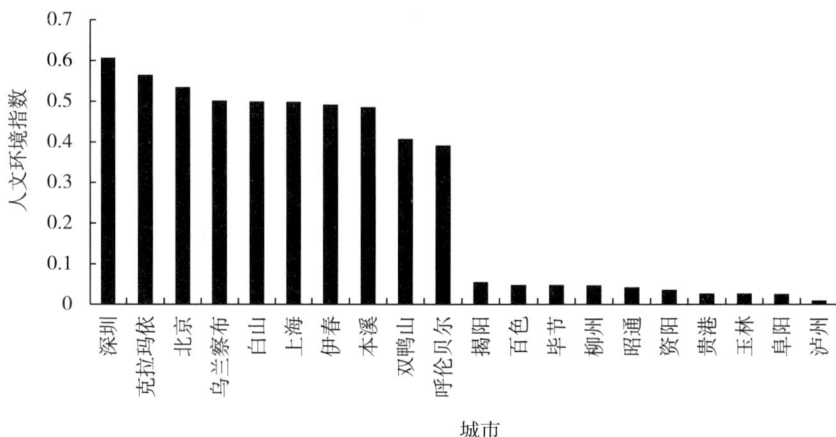

图 4-3　人文环境指数排名前 10 位和后 10 位的城市

表4-4　人文环境指数排名

城市	指数	排名	城市	指数	排名
深圳	0.607	1	梅州	0.266	40
克拉玛依	0.565	2	临汾	0.262	41
北京	0.535	3	吉林	0.260	42
乌兰察布	0.502	4	庆阳	0.260	43
白山	0.500	5	哈尔滨	0.259	44
上海	0.499	6	孝感	0.258	45
伊春	0.492	7	运城	0.258	46
本溪	0.486	8	龙岩	0.255	47
双鸭山	0.408	9	松原	0.255	48
呼伦贝尔	0.392	10	武汉	0.249	49
白城	0.370	11	汉中	0.248	50
鄂尔多斯	0.366	12	太原	0.246	51
通化	0.363	13	包头	0.246	52
辽源	0.361	14	无锡	0.245	53
绥化	0.343	15	广州	0.242	54
鹤岗	0.340	16	丹东	0.241	55
东莞	0.320	17	齐齐哈尔	0.239	56
黄冈	0.306	18	佳木斯	0.237	57
铁岭	0.305	19	怀化	0.235	58
牡丹江	0.305	20	七台河	0.234	59
忻州	0.301	21	南通	0.234	60
大连	0.299	22	葫芦岛	0.233	61
白银	0.299	23	厦门	0.232	62
威海	0.296	24	通辽	0.230	63
镇江	0.292	25	宁德	0.229	64
大庆	0.292	26	南京	0.229	65
苏州	0.290	27	乌海	0.226	66
朝阳	0.284	28	钦州	0.225	67
鸡西	0.284	29	眉山	0.225	68
大同	0.280	30	珠海	0.225	69
三明	0.279	31	吕梁	0.224	70
杭州	0.279	32	金昌	0.224	71
长春	0.277	33	烟台	0.224	72
泰州	0.277	34	张掖	0.222	73
抚顺	0.274	35	随州	0.222	74
天津	0.274	36	渭南	0.221	75
沈阳	0.269	37	鄂州	0.221	76
遵义	0.267	38	秦皇岛	0.221	77
舟山	0.266	39	陇南	0.221	78

城市	指数	排名	城市	指数	排名
温州	0.220	79	连云港	0.187	118
定西	0.219	80	唐山	0.187	119
宜昌	0.219	81	朔州	0.187	120
鞍山	0.219	82	廊坊	0.186	121
遂宁	0.218	83	平凉	0.186	122
赤峰	0.218	84	雅安	0.184	123
荆门	0.216	85	阳泉	0.182	124
张家口	0.214	86	淮安	0.182	125
宝鸡	0.214	87	常州	0.179	126
巴彦淖尔	0.213	88	河源	0.178	127
东营	0.213	89	黄山	0.178	128
扬州	0.212	90	攀枝花	0.176	129
嘉兴	0.212	91	咸阳	0.174	130
宁波	0.210	92	晋城	0.173	131
盐城	0.209	93	淄博	0.172	132
长治	0.208	94	漳州	0.171	133
丽江	0.208	95	株洲	0.171	134
武威	0.207	96	襄阳	0.170	135
铜川	0.207	97	湘潭	0.170	136
四平	0.207	98	常德	0.169	137
临沧	0.200	99	银川	0.169	138
三门峡	0.199	100	郑州	0.168	139
盘锦	0.198	101	石嘴山	0.167	140
酒泉	0.197	102	益阳	0.167	141
成都	0.196	103	德州	0.166	142
锦州	0.195	104	延安	0.164	143
铜陵	0.194	105	普洱	0.163	144
十堰	0.193	106	榆林	0.163	145
营口	0.193	107	嘉峪关	0.158	146
南平	0.193	108	清远	0.158	147
晋中	0.192	109	广元	0.157	148
黄石	0.192	110	萍乡	0.156	149
玉溪	0.192	111	固原	0.156	150
黑河	0.192	112	湖州	0.156	151
辽阳	0.191	113	石家庄	0.154	152
济南	0.190	114	宣城	0.154	153
福州	0.189	115	西安	0.153	154
阜新	0.188	116	天水	0.153	155
青岛	0.188	117	潍坊	0.152	156

续表

城市	指数	排名	城市	指数	排名
徐州	0.152	157	许昌	0.127	196
焦作	0.152	158	莆田	0.127	197
韶关	0.150	159	荆州	0.126	198
岳阳	0.150	160	曲靖	0.123	199
三亚	0.149	161	张家界	0.123	200
沧州	0.148	162	绵阳	0.123	201
聊城	0.148	163	吴忠	0.122	202
滨州	0.147	164	绍兴	0.121	203
云浮	0.147	165	南昌	0.120	204
中山	0.146	166	商丘	0.120	205
宿迁	0.143	167	巴中	0.119	206
南充	0.142	168	芜湖	0.116	207
安康	0.142	169	崇左	0.116	208
泰安	0.141	170	新余	0.115	209
池州	0.140	171	呼和浩特	0.114	210
衢州	0.138	172	贵阳	0.114	211
郴州	0.138	173	咸宁	0.113	212
阳江	0.138	174	鹰潭	0.113	213
承德	0.138	175	金华	0.112	214
衡水	0.137	176	湛江	0.112	215
景德镇	0.137	177	临沂	0.112	216
淮北	0.137	178	汕尾	0.110	217
邢台	0.137	179	内江	0.109	218
德阳	0.136	180	漯河	0.109	219
丽水	0.134	181	娄底	0.108	220
莱芜	0.133	182	六盘水	0.108	221
马鞍山	0.131	183	海口	0.107	222
中卫	0.131	184	信阳	0.107	223
抚州	0.131	185	吉安	0.106	224
桂林	0.131	186	达州	0.106	225
保山	0.130	187	平顶山	0.104	226
江门	0.130	188	梧州	0.103	227
南宁	0.129	189	惠州	0.103	228
济宁	0.129	190	九江	0.102	229
日照	0.128	191	安顺	0.101	230
安庆	0.128	192	永州	0.101	231
商洛	0.128	193	合肥	0.101	232
泉州	0.128	194	昆明	0.101	233
长沙	0.127	195	枣庄	0.101	234

城市	指数	排名	城市	指数	排名
肇庆	0.101	235	宜春	0.078	262
佛山	0.100	236	兰州	0.077	263
乐山	0.099	237	自贡	0.076	264
来宾	0.099	238	开封	0.074	265
保定	0.098	239	宿州	0.071	266
西宁	0.097	240	防城港	0.070	267
淮南	0.096	241	亳州	0.069	268
潮州	0.094	242	周口	0.069	269
濮阳	0.094	243	蚌埠	0.069	270
台州	0.090	244	北海	0.064	271
铜仁	0.090	245	赣州	0.062	272
重庆	0.090	246	邵阳	0.061	273
茂名	0.089	247	鹤壁	0.060	274
滁州	0.088	248	新乡	0.060	275
上饶	0.088	249	汕头	0.058	276
菏泽	0.088	250	南阳	0.057	277
洛阳	0.087	251	揭阳	0.056	278
驻马店	0.087	252	百色	0.049	279
贺州	0.086	253	毕节	0.049	280
乌鲁木齐	0.086	254	柳州	0.048	281
邯郸	0.084	255	昭通	0.043	282
衡阳	0.084	256	资阳	0.036	283
六安	0.083	257	贵港	0.027	284
广安	0.082	258	玉林	0.027	285
宜宾	0.082	259	阜阳	0.026	286
安阳	0.081	260	泸州	0.010	287
河池	0.081	261	均值	0.178	—

注：表中指数值均保留小数点后三位，表中指数值相同但排名不同主要是因为小数点后第四位数存在差异

（三）生活环境

生活环境指标用以测度一个城市的宜居水平。已有研究表明，通过改善生活质量可以提高个体的积极情绪，进而激励其创新行为。本报告从医疗、交通、休闲的硬件设施三个方面考察样本城市的宜居性，下设每千人口拥有医院床位数、城市人均公园绿地面积和每万人拥有公共汽车数三个三级指标。

在生活环境指数方面，排名前10位的城市依次是深圳、东莞、鄂尔多斯、广州、榆林、乌鲁木齐、珠海、北京、西宁和呼和浩特；排名后10位的城市是广安、汕尾、宿州、揭阳、信阳、潮州、陇南、贵港、亳州和绥化（图4-4和表4-5）。

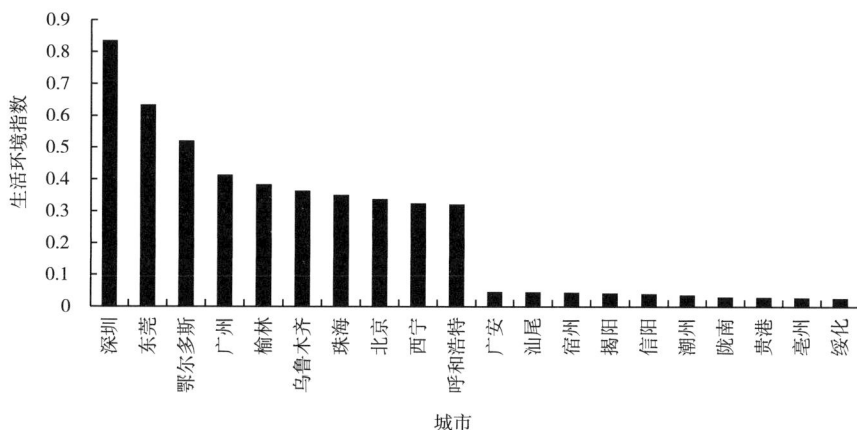

图 4-4 生活环境指数排名前 10 位和后 10 位的城市

表4-5 生活环境指数排名

城市	指数	排名	城市	指数	排名
深圳	0.836	1	威海	0.254	29
东莞	0.635	2	铜陵	0.251	30
鄂尔多斯	0.521	3	秦皇岛	0.250	31
广州	0.414	4	无锡	0.248	32
榆林	0.384	5	丽江	0.247	33
乌鲁木齐	0.364	6	乌兰察布	0.246	34
珠海	0.351	7	乌海	0.246	35
北京	0.338	8	烟台	0.244	36
西宁	0.325	9	贵阳	0.241	37
呼和浩特	0.322	10	济南	0.241	38
昆明	0.322	11	石嘴山	0.240	39
太原	0.319	12	包头	0.238	40
成都	0.313	13	佛山	0.238	41
银川	0.308	14	兰州	0.237	42
郑州	0.307	15	呼伦贝尔	0.235	43
长沙	0.306	16	惠州	0.234	44
武汉	0.287	17	南京	0.232	45
苏州	0.284	18	长春	0.231	46
厦门	0.281	19	鹤岗	0.229	47
中山	0.279	20	青岛	0.229	48
上海	0.279	21	本溪	0.226	49
杭州	0.268	22	承德	0.225	50
沈阳	0.268	23	大庆	0.225	51
嘉峪关	0.264	24	哈尔滨	0.224	52
合肥	0.263	25	柳州	0.222	53
攀枝花	0.262	26	通化	0.217	54
大连	0.260	27	三门峡	0.216	55
东营	0.260	28	嘉兴	0.216	56

城市	指数	排名	城市	指数	排名
十堰	0.216	57	芜湖	0.179	99
福州	0.215	58	鸡西	0.178	100
沧州	0.211	59	阳泉	0.178	101
开封	0.210	60	滨州	0.178	102
南昌	0.207	61	克拉玛依	0.177	103
辽阳	0.207	62	阜新	0.177	104
天津	0.205	63	张家口	0.176	105
鞍山	0.205	64	南宁	0.176	106
海口	0.205	65	洛阳	0.176	107
宁波	0.203	66	江门	0.175	108
邯郸	0.202	67	三亚	0.174	109
盘锦	0.201	68	巴彦淖尔	0.172	110
株洲	0.200	69	潍坊	0.169	111
镇江	0.199	70	保定	0.168	112
云浮	0.196	71	运城	0.168	113
西安	0.196	72	营口	0.167	114
常州	0.195	73	淮北	0.166	115
金昌	0.194	74	三明	0.166	116
泉州	0.194	75	抚顺	0.164	117
晋中	0.194	76	许昌	0.164	118
济宁	0.193	77	蚌埠	0.164	119
丹东	0.191	78	遵义	0.162	120
邢台	0.191	79	九江	0.161	121
宜昌	0.190	80	湖州	0.160	122
咸阳	0.189	81	衡阳	0.159	123
晋城	0.189	82	长治	0.159	124
郴州	0.187	83	雅安	0.159	125
吉林	0.187	84	延安	0.158	126
绵阳	0.187	85	黑河	0.158	127
舟山	0.186	86	酒泉	0.157	128
怀化	0.185	87	唐山	0.156	129
温州	0.185	88	聊城	0.156	130
佳木斯	0.184	89	葫芦岛	0.154	131
牡丹江	0.184	90	临沂	0.153	132
淄博	0.183	91	四平	0.152	133
双鸭山	0.182	92	南通	0.152	134
景德镇	0.182	93	锦州	0.152	135
湘潭	0.181	94	绍兴	0.152	136
黄石	0.180	95	辽源	0.151	137
石家庄	0.180	96	汉中	0.151	138
肇庆	0.180	97	铜川	0.150	139
白山	0.180	98	铁岭	0.150	140

城市	指数	排名	城市	指数	排名
吴忠	0.149	141	普洱	0.124	183
赤峰	0.149	142	韶关	0.123	184
德州	0.148	143	盐城	0.122	185
荆门	0.148	144	衡水	0.122	186
鹰潭	0.145	145	泸州	0.122	187
黄山	0.145	146	日照	0.121	188
宝鸡	0.143	147	漯河	0.120	189
鹤壁	0.143	148	南阳	0.120	190
平顶山	0.143	149	上饶	0.120	191
来宾	0.142	150	乐山	0.119	192
龙岩	0.142	151	伊春	0.119	193
重庆	0.142	152	白银	0.119	194
莱芜	0.141	153	萍乡	0.119	195
七台河	0.141	154	张家界	0.118	196
金华	0.141	155	娄底	0.117	197
松原	0.140	156	宜宾	0.117	198
自贡	0.138	157	黄冈	0.117	199
玉溪	0.137	158	扬州	0.116	200
泰安	0.137	159	随州	0.116	201
德阳	0.137	160	北海	0.115	202
通辽	0.136	161	新余	0.115	203
新乡	0.135	162	临汾	0.114	204
丽水	0.135	163	滁州	0.112	205
焦作	0.134	164	咸宁	0.112	206
吉安	0.134	165	襄阳	0.112	207
南平	0.133	166	安庆	0.111	208
桂林	0.133	167	枣庄	0.110	209
马鞍山	0.133	168	内江	0.109	210
廊坊	0.133	169	益阳	0.109	211
漳州	0.132	170	淮安	0.108	212
徐州	0.131	171	遂宁	0.107	213
齐齐哈尔	0.131	172	中卫	0.107	214
朝阳	0.130	173	忻州	0.107	215
大同	0.128	174	赣州	0.105	216
淮南	0.128	175	百色	0.105	217
岳阳	0.127	176	安阳	0.105	218
广元	0.127	177	白城	0.104	219
濮阳	0.127	178	武威	0.104	220
鄂州	0.126	179	吕梁	0.104	221
邵阳	0.126	180	荆州	0.103	222
平凉	0.125	181	六盘水	0.103	223
常德	0.124	182	河源	0.103	224

城市	指数	排名	城市	指数	排名
台州	0.103	225	孝感	0.075	257
梧州	0.102	226	连云港	0.074	258
永州	0.102	227	固原	0.072	259
安康	0.101	228	保山	0.072	260
张掖	0.101	229	抚州	0.069	261
衢州	0.100	230	商丘	0.069	262
曲靖	0.100	231	贺州	0.068	263
湛江	0.099	232	周口	0.065	264
定西	0.097	233	巴中	0.065	265
眉山	0.097	234	梅州	0.065	266
宁德	0.096	235	安顺	0.065	267
朔州	0.095	236	天水	0.065	268
泰州	0.095	237	汕头	0.061	269
南充	0.093	238	达州	0.061	270
渭南	0.093	239	钦州	0.056	271
池州	0.092	240	铜仁	0.055	272
宜春	0.088	241	阜阳	0.054	273
防城港	0.088	242	崇左	0.053	274
驻马店	0.088	243	昭通	0.051	275
宿迁	0.087	244	六安	0.049	276
临沧	0.087	245	茂名	0.048	277
庆阳	0.087	246	广安	0.047	278
宣城	0.087	247	汕尾	0.046	279
清远	0.085	248	宿州	0.045	280
玉林	0.085	249	揭阳	0.043	281
菏泽	0.080	250	信阳	0.041	282
商洛	0.080	251	潮州	0.037	283
资阳	0.079	252	陇南	0.031	284
河池	0.077	253	贵港	0.030	285
阳江	0.077	254	亳州	0.029	286
莆田	0.077	255	绥化	0.027	287
毕节	0.075	256	均值	0.161	—

注：表中指数值均保留小数点后三位，表中指数值相同但排名不同主要是因为小数点后第四位数存在差异

第五章 创新服务

一、创新服务指数构成

创新服务占总指数的权重为14.3%（表5-1），科技创新服务是提升城市创新能力的重要保证，是城市创新体系的核心组成部分。一个城市的科技创新服务水平，既决定了其整合、集聚创新资源的能力和对创新资源的利用效率，又在相当程度上影响到科技创新主体的创新产出及创新成果的辐射效应。创新服务一级指标着重体现城市促进科技创新的服务职能，强调政府通过提供科技条件及金融等服务发挥对创新的引导作用。本报告中，创新服务下设科技条件和金融服务两个二级指标，分别从城市的数字化发展水平和融资能力考察城市的创新服务状况。

表5-1　创新服务指标构成

一级指标	权重/%	二级指标	权重/%	三级指标	指标属性	权重/%
创新服务	14.3	科技条件	5.7	每万人移动电话用户数	正向	2.86
				每万人互联网宽带接入用户数	正向	2.86
		金融服务	8.6	新三板挂牌企业数	正向	2.86
				年末金融机构贷款余额增长率	正向	2.86
				创业板上市企业数	正向	2.86

二、创新服务指数排名

在城市创新服务指数方面，排名前20位的城市依次是深圳、北京、东莞、上海、三亚、广州、厦门、苏州、中山、天津、舟山、珠海、克拉玛依、青岛、贵阳、武威、佛山、武汉、庆阳和张掖（图5-1）。

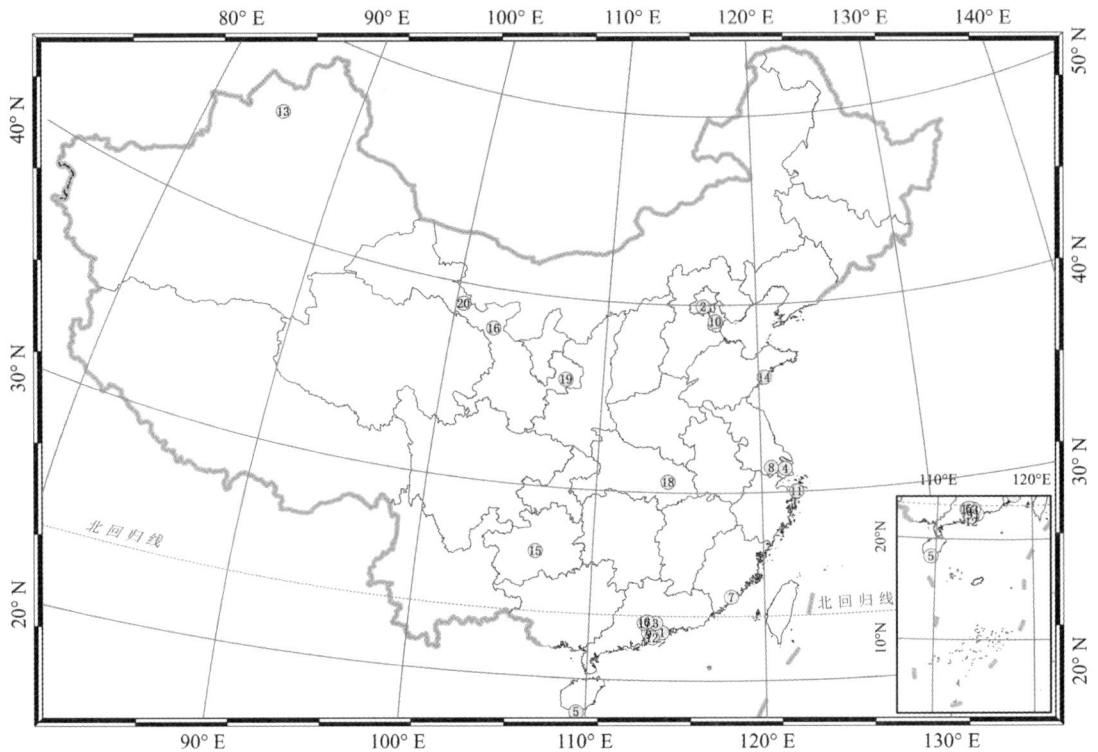

图 5-1　中国城市创新服务指数排名前 20 位城市分布

如表5-2所示，从省级区域来看，城市创新服务指数排名前20位的城市中，除北京、上海和天津3个直辖市外，广东的城市最多，共有6个；甘肃排名第2位，有3个城市；海南、福建、江苏、浙江、新疆、山东、贵州和湖北各有1个城市入选。排名第21位到第40位的城市是固原、莆田、乌鲁木齐、兰州、定西、西安、潍坊、惠州、肇庆、东营、杭州、郑州、金华、嘉峪关、韶关、福州、江门、巴中、酒泉和宁波。排名第41位到第60位的城市是银川、遵义、阳江、西宁、亳州、大庆、咸宁、衡水、成都、佳木斯、随州、呼和浩特、白城、宿迁、合肥、三门峡、十堰、洛阳、南京和长沙。排名第61位到第80位的城市是南充、双鸭山、抚州、吉安、宿州、安庆、晋中、淮北、鄂州、芜湖、海口、太原、安康、榆林、赣州、泸州、防城港、乌海、无锡和嘉兴。排名第81位到第100位的城市是赤峰、襄阳、眉山、马鞍山、普洱、内江、天水、滁州、泉州、常州、宣城、毕节、中卫、绥化、遂宁、白银、重庆、揭阳、安顺和临沧。排名后20位的城市依次是永州、绵阳、鹤岗、德州、张家口、河池、铁岭、商丘、朔州、钦州、平凉、宜昌、安阳、枣庄、淮南、莱芜、伊春、漯河、周口和七台河。

表5-2 创新服务指数排名

城市	指数	排名	城市	指数	排名
深圳	0.621	1	遵义	0.155	42
北京	0.546	2	阳江	0.155	43
东莞	0.416	3	西宁	0.154	44
上海	0.313	4	亳州	0.153	45
三亚	0.271	5	大庆	0.151	46
广州	0.263	6	咸宁	0.151	47
厦门	0.256	7	衡水	0.150	48
苏州	0.255	8	成都	0.149	49
中山	0.253	9	佳木斯	0.148	50
天津	0.253	10	随州	0.148	51
舟山	0.240	11	呼和浩特	0.148	52
珠海	0.230	12	白城	0.147	53
克拉玛依	0.228	13	宿迁	0.146	54
青岛	0.226	14	合肥	0.146	55
贵阳	0.221	15	三门峡	0.145	56
武威	0.214	16	十堰	0.144	57
佛山	0.212	17	洛阳	0.144	58
武汉	0.207	18	南京	0.144	59
庆阳	0.206	19	长沙	0.144	60
张掖	0.199	20	南充	0.142	61
固原	0.192	21	双鸭山	0.142	62
莆田	0.191	22	抚州	0.141	63
乌鲁木齐	0.191	23	吉安	0.140	64
兰州	0.186	24	宿州	0.140	65
定西	0.184	25	安庆	0.139	66
西安	0.183	26	晋中	0.138	67
潍坊	0.182	27	淮北	0.137	68
惠州	0.179	28	鄂州	0.136	69
肇庆	0.176	29	芜湖	0.135	70
东营	0.175	30	海口	0.134	71
杭州	0.175	31	太原	0.134	72
郑州	0.174	32	安康	0.134	73
金华	0.174	33	榆林	0.134	74
嘉峪关	0.163	34	赣州	0.134	75
韶关	0.163	35	泸州	0.134	76
福州	0.162	36	防城港	0.134	77
江门	0.162	37	乌海	0.134	78
巴中	0.161	38	无锡	0.133	79
酒泉	0.159	39	嘉兴	0.132	80
宁波	0.159	40	赤峰	0.132	81
银川	0.158	41	襄阳	0.132	82

续表

城市	指数	排名	城市	指数	排名
眉山	0.132	83	许昌	0.117	125
马鞍山	0.132	84	自贡	0.117	126
普洱	0.131	85	辽阳	0.117	127
内江	0.131	86	荆门	0.116	128
天水	0.130	87	大连	0.116	129
滁州	0.130	88	锦州	0.116	130
泉州	0.129	89	漳州	0.115	131
常州	0.129	90	绍兴	0.115	132
宣城	0.129	91	邵阳	0.115	133
毕节	0.129	92	乌兰察布	0.115	134
中卫	0.129	93	北海	0.115	135
绥化	0.129	94	四平	0.115	136
遂宁	0.128	95	南通	0.114	137
白银	0.128	96	吉林	0.114	138
重庆	0.128	97	保定	0.114	139
揭阳	0.128	98	营口	0.114	140
安顺	0.127	99	河源	0.113	141
临沧	0.126	100	阜阳	0.113	142
吕梁	0.126	101	广元	0.113	143
云浮	0.125	102	咸阳	0.113	144
廊坊	0.125	103	盘锦	0.112	145
开封	0.125	104	扬州	0.112	146
齐齐哈尔	0.124	105	黄冈	0.112	147
宝鸡	0.124	106	哈尔滨	0.112	148
资阳	0.124	107	台州	0.111	149
宜春	0.124	108	泰州	0.111	150
湖州	0.124	109	昆明	0.111	151
南昌	0.123	110	上饶	0.111	152
松原	0.123	111	阳泉	0.111	153
沧州	0.123	112	萍乡	0.111	154
包头	0.122	113	陇南	0.110	155
沈阳	0.122	114	孝感	0.110	156
丹东	0.121	115	镇江	0.109	157
鸡西	0.120	116	牡丹江	0.109	158
荆州	0.120	117	丽江	0.109	159
达州	0.120	118	徐州	0.109	160
湘潭	0.119	119	茂名	0.109	161
雅安	0.119	120	临沂	0.108	162
阜新	0.119	121	濮阳	0.108	163
郴州	0.119	122	崇左	0.108	164
株洲	0.118	123	汕尾	0.108	165
衢州	0.117	124	常德	0.108	166

续表

城市	指数	排名	城市	指数	排名
攀枝花	0.107	167	石家庄	0.096	209
南宁	0.107	168	忻州	0.096	210
延安	0.107	169	铜陵	0.096	211
烟台	0.106	170	大同	0.096	212
龙岩	0.106	171	长春	0.095	213
辽源	0.106	172	呼伦贝尔	0.095	214
盐城	0.106	173	三明	0.095	215
宁德	0.106	174	梧州	0.094	216
巴彦淖尔	0.105	175	汉中	0.094	217
湛江	0.105	176	六安	0.093	218
宜宾	0.105	177	贵港	0.093	219
九江	0.104	178	鄂尔多斯	0.092	220
黄山	0.104	179	张家界	0.092	221
德阳	0.104	180	运城	0.092	222
广安	0.103	181	威海	0.092	223
汕头	0.103	182	玉林	0.092	224
济南	0.102	183	清远	0.091	225
抚顺	0.102	184	新余	0.090	226
景德镇	0.102	185	信阳	0.090	227
焦作	0.102	186	邯郸	0.090	228
朝阳	0.102	187	临汾	0.089	229
淮安	0.102	188	通化	0.089	230
黑河	0.101	189	温州	0.088	231
滨州	0.101	190	桂林	0.088	232
晋城	0.100	191	岳阳	0.088	233
乐山	0.100	192	平顶山	0.087	234
邢台	0.100	193	淄博	0.087	235
贺州	0.100	194	南阳	0.086	236
梅州	0.100	195	鹰潭	0.086	237
丽水	0.100	196	南平	0.086	238
六盘水	0.100	197	驻马店	0.086	239
秦皇岛	0.100	198	菏泽	0.086	240
怀化	0.099	199	商洛	0.085	241
保山	0.099	200	日照	0.084	242
聊城	0.099	201	通辽	0.084	243
黄石	0.098	202	新乡	0.084	244
铜仁	0.097	203	衡阳	0.084	245
泰安	0.097	204	唐山	0.083	246
潮州	0.097	205	渭南	0.083	247
柳州	0.096	206	来宾	0.083	248
济宁	0.096	207	吴忠	0.083	249
池州	0.096	208	曲靖	0.083	250

续表

城市	指数	排名	城市	指数	排名
鞍山	0.082	251	鹤岗	0.071	270
鹤壁	0.082	252	德州	0.070	271
长治	0.081	253	张家口	0.070	272
昭通	0.081	254	河池	0.069	273
益阳	0.080	255	铁岭	0.067	274
玉溪	0.080	256	商丘	0.066	275
娄底	0.080	257	朔州	0.065	276
金昌	0.079	258	钦州	0.058	277
蚌埠	0.079	259	平凉	0.055	278
承德	0.079	260	宜昌	0.055	279
白山	0.078	261	安阳	0.053	280
铜川	0.074	262	枣庄	0.047	281
石嘴山	0.074	263	淮南	0.046	282
连云港	0.073	264	莱芜	0.042	283
葫芦岛	0.073	265	伊春	0.039	284
本溪	0.072	266	漯河	0.039	285
百色	0.072	267	周口	0.033	286
永州	0.071	268	七台河	0.025	287
绵阳	0.071	269	均值	0.124	—

注：表中指数值均保留小数点后三位，表中指数值相同但排名不同主要是因为小数点后第四位数存在差异

三、创新服务核心指标分析

（一）科技条件

科技条件主要是指一个城市支撑科技创新的重要物质载体，包括科学仪器、科技文献等多方面内容。当前我国科技条件投入的主要问题在于分配的不均衡性和资源的条块分割，科技条件薄弱已成为制约许多企业从事科技创新的瓶颈，城市亟须建立跨部门、跨学科、多层次、分布式的科技条件协作共用网络，实现科技资源社会化共享，充分盘活、利用区域内现有科技条件资源，为万众创新提供可靠的科技条件和资源保障。建立科技条件协作共用网络体系首要是实现科技基础条件的数字化，本报告从数字化角度考察科技条件，科技条件指标包括两个三级指标，分别是每万人移动电话用户数、每万人互联网宽带接入用户数，均为正向指标。

在科技条件指数方面，排名前10位的城市依次是深圳、东莞、舟山、广州、中山、天津、佛山、青岛、珠海和厦门；排名后10位的城市是铜仁、资阳、永州、上饶、亳州、信阳、六安、周口、阜阳和昭通（图5-2和表5-3）。科技条件是一个城市科技创新发展的物质保障系统，因此，科技条件的强弱与城市的经济发展水平密切相关。科技条件评估

结果显示，科技条件指数排名靠前的城市主要位于东部经济发达地区，排名前10位的城市有6个属于广东的发达城市，其他4个城市均为区域经济中心城市。

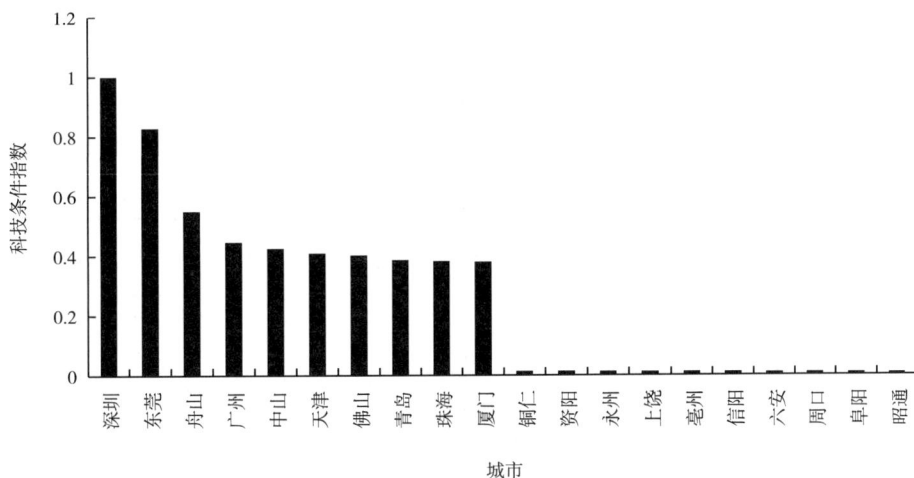

图 5-2　科技条件指数排名前 10 位和后 10 位的城市

表5-3　科技条件指数排名

城市	指数	排名	城市	指数	排名
深圳	1.000	1	莆田	0.216	23
东莞	0.828	2	嘉兴	0.209	24
舟山	0.549	3	三门峡	0.207	25
广州	0.446	4	惠州	0.201	26
中山	0.425	5	韶关	0.194	27
天津	0.409	6	济南	0.186	28
佛山	0.402	7	乌鲁木齐	0.185	29
青岛	0.386	8	南京	0.180	30
珠海	0.382	9	三亚	0.177	31
厦门	0.380	10	贵阳	0.177	32
北京	0.276	11	绍兴	0.176	33
上海	0.257	12	无锡	0.176	34
宁波	0.256	13	银川	0.171	35
潍坊	0.248	14	嘉峪关	0.167	36
苏州	0.247	15	湖州	0.165	37
武汉	0.244	16	克拉玛依	0.165	38
肇庆	0.240	17	江门	0.158	39
杭州	0.224	18	常州	0.158	40
海口	0.221	19	温州	0.157	41
太原	0.221	20	福州	0.154	42
西安	0.220	21	郑州	0.151	43
金华	0.218	22	东营	0.150	44

续表

城市	指数	排名	城市	指数	排名
成都	0.149	45	哈尔滨	0.093	84
昆明	0.146	46	双鸭山	0.092	85
长沙	0.137	47	漳州	0.091	86
台州	0.137	48	柳州	0.091	87
威海	0.136	49	呼伦贝尔	0.089	88
泉州	0.135	50	鞍山	0.089	89
兰州	0.135	51	晋城	0.086	90
包头	0.130	52	唐山	0.086	91
乌海	0.123	53	抚顺	0.085	92
大连	0.123	54	三明	0.085	93
沈阳	0.122	55	宜昌	0.083	94
呼和浩特	0.122	56	金昌	0.083	95
南宁	0.116	57	锦州	0.083	96
大庆	0.115	58	莱芜	0.083	97
西宁	0.115	59	阜新	0.082	98
南昌	0.114	60	日照	0.082	99
阳泉	0.112	61	扬州	0.081	100
镇江	0.112	62	合肥	0.081	101
本溪	0.111	63	丹东	0.081	102
攀枝花	0.110	64	石嘴山	0.080	103
烟台	0.108	65	北海	0.080	104
辽阳	0.107	66	十堰	0.080	105
铜陵	0.107	67	吉林	0.079	106
云浮	0.107	68	宁德	0.079	107
廊坊	0.105	69	新余	0.079	108
淄博	0.104	70	铜川	0.077	109
毕节	0.102	71	巴彦淖尔	0.077	110
秦皇岛	0.101	72	德阳	0.077	111
盘锦	0.101	73	鹤壁	0.076	112
衢州	0.098	74	鄂州	0.076	113
石家庄	0.097	75	大同	0.074	114
通辽	0.096	76	泰安	0.074	115
洛阳	0.096	77	黄石	0.074	116
丽水	0.095	78	滨州	0.073	117
鄂尔多斯	0.094	79	南通	0.073	118
龙岩	0.094	80	长治	0.073	119
长春	0.094	81	白山	0.072	120
汕头	0.093	82	防城港	0.072	121
营口	0.093	83	雅安	0.071	122

城市	指数	排名	城市	指数	排名
鹤岗	0.071	123	绵阳	0.059	162
宝鸡	0.071	124	衡水	0.059	163
晋中	0.071	125	湘潭	0.059	164
临汾	0.071	126	乐山	0.057	165
新乡	0.070	127	济宁	0.056	166
淮北	0.069	128	吕梁	0.056	167
马鞍山	0.069	129	忻州	0.056	168
芜湖	0.069	130	咸阳	0.056	169
延安	0.069	131	桂林	0.055	170
潮州	0.069	132	四平	0.055	171
佳木斯	0.069	133	鹰潭	0.055	172
南平	0.068	134	渭南	0.055	173
鸡西	0.068	135	湛江	0.055	174
榆林	0.068	136	临沂	0.054	175
随州	0.068	137	沧州	0.054	176
通化	0.067	138	阳江	0.053	177
重庆	0.067	139	连云港	0.052	178
牡丹江	0.066	140	宣城	0.052	179
枣庄	0.065	141	张家界	0.052	180
白城	0.065	142	萍乡	0.051	181
朔州	0.065	143	承德	0.051	182
辽源	0.065	144	丽江	0.051	183
葫芦岛	0.065	145	常德	0.051	184
保定	0.065	146	九江	0.051	185
咸宁	0.064	147	黑河	0.051	186
焦作	0.063	148	清远	0.050	187
七台河	0.063	149	铁岭	0.050	188
酒泉	0.063	150	朝阳	0.050	189
宿州	0.062	151	揭阳	0.049	190
安阳	0.061	152	张家口	0.049	191
景德镇	0.061	153	松原	0.047	192
泰州	0.061	154	荆门	0.047	193
株洲	0.061	155	安康	0.047	194
黄山	0.061	156	池州	0.047	195
伊春	0.061	157	白银	0.047	196
淮南	0.060	158	眉山	0.047	197
运城	0.060	159	德州	0.046	198
张掖	0.060	160	天水	0.046	199
玉溪	0.060	161	平顶山	0.046	200

城市	指数	排名	城市	指数	排名
徐州	0.045	201	菏泽	0.033	240
漯河	0.045	202	宜春	0.032	241
荆州	0.045	203	黄冈	0.032	242
滁州	0.045	204	商洛	0.032	243
广元	0.045	205	平凉	0.032	244
邢台	0.045	206	遵义	0.032	245
盐城	0.045	207	来宾	0.031	246
岳阳	0.044	208	曲靖	0.030	247
聊城	0.043	209	宜宾	0.030	248
齐齐哈尔	0.043	210	内江	0.030	249
邯郸	0.043	211	保山	0.030	250
蚌埠	0.043	212	怀化	0.030	251
濮阳	0.043	213	玉林	0.029	252
淮安	0.042	214	商丘	0.029	253
赤峰	0.042	215	孝感	0.029	254
许昌	0.042	216	益阳	0.028	255
泸州	0.041	217	临沧	0.027	256
梅州	0.040	218	衡阳	0.027	257
自贡	0.040	219	百色	0.026	258
郴州	0.039	220	茂名	0.025	259
贺州	0.039	221	安顺	0.025	260
武威	0.039	222	绥化	0.023	261
普洱	0.039	223	崇左	0.023	262
赣州	0.038	224	汕尾	0.023	263
吉安	0.038	225	南充	0.023	264
中卫	0.038	226	梧州	0.022	265
乌兰察布	0.038	227	巴中	0.021	266
遂宁	0.038	228	达州	0.021	267
开封	0.038	229	南阳	0.020	268
吴忠	0.037	230	河池	0.020	269
汉中	0.037	231	钦州	0.018	270
宿迁	0.037	232	固原	0.018	271
抚州	0.037	233	陇南	0.018	272
襄阳	0.036	234	邵阳	0.018	273
河源	0.035	235	驻马店	0.017	274
六盘水	0.035	236	广安	0.017	275
娄底	0.035	237	定西	0.015	276
安庆	0.035	238	贵港	0.014	277
庆阳	0.034	239	铜仁	0.014	278

续表

城市	指数	排名	城市	指数	排名
资阳	0.014	279	六安	0.010	284
永州	0.013	280	周口	0.010	285
上饶	0.012	281	阜阳	0.009	286
亳州	0.012	282	昭通	0.008	287
信阳	0.011	283	均值	0.093	—

注：表中指数值均保留小数点后三位，表中指数值相同但排名不同主要是因为小数点后第四位数存在差异

（二）金融服务

金融服务是指金融机构通过开展业务，创新金融产品，为市场主体提供融资投资、信贷、保险和金融信息等服务，实现资源的优化配置，支撑科技创新。促进科技与金融结合是支撑和服务经济发展方式转变与结构调整的重要着力点，金融服务指标用以衡量一个城市对科技创新的金融支持力度，可以通过市场主体在金融市场募集资金能力来体现。金融服务指标下设新三板挂牌企业数、年末金融机构贷款余额增长率、创业板上市企业数三个三级指标，从直接融资和间接融资角度考察一个城市的金融服务水平。

在城市金融服务指数方面，排名前10位的城市依次是北京、深圳、上海、三亚、武威、庆阳、固原、定西、张掖和克拉玛依；排名后10位的城市是本溪、温州、淮南、宜昌、漯河、枣庄、舟山、伊春、莱芜和七台河（图5-3和表5-4）。值得注意的是，除北京、深圳和上海外，排名前10位的其他城市得益于较高的间接融资增长，未来需要进一步提高企业的直接融资能力，促进多层次金融体系建设和改革创新，推动创新链、产业链和资本链对接，为创新驱动城市发展提供有力的金融服务和支撑。

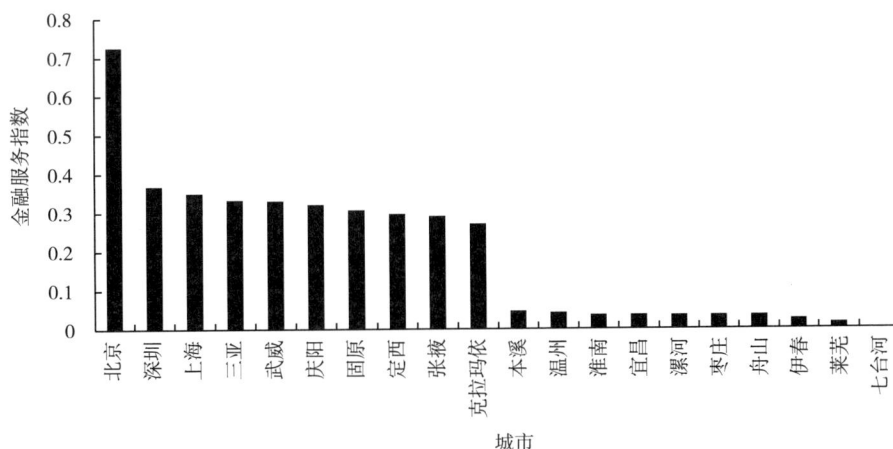

图 5-3 金融服务指数排名前 10 位和后 10 位的城市

表5-4　金融服务指数排名

城市	指数	排名	城市	指数	排名
北京	0.726	1	东营	0.192	41
深圳	0.368	2	宿州	0.191	42
上海	0.350	3	郑州	0.189	43
三亚	0.333	4	中卫	0.189	44
武威	0.331	5	遂宁	0.189	45
庆阳	0.321	6	眉山	0.189	46
固原	0.307	7	合肥	0.189	47
定西	0.297	8	十堰	0.187	48
张掖	0.291	9	滁州	0.186	49
克拉玛依	0.270	10	达州	0.186	50
苏州	0.261	11	天水	0.186	51
巴中	0.254	12	宜春	0.185	52
贵阳	0.251	13	晋中	0.183	53
亳州	0.247	14	开封	0.183	54
遵义	0.238	15	淮北	0.182	55
酒泉	0.224	16	阜阳	0.182	56
阳江	0.223	17	白银	0.182	57
南充	0.222	18	武汉	0.182	58
兰州	0.220	19	宣城	0.181	59
宿迁	0.219	20	揭阳	0.180	60
衡水	0.210	21	西宁	0.179	61
抚州	0.210	22	芜湖	0.179	62
咸宁	0.208	23	邵阳	0.179	63
安庆	0.208	24	齐齐哈尔	0.178	64
吉安	0.207	25	榆林	0.178	65
白城	0.202	26	鄂州	0.177	66
随州	0.201	27	上饶	0.176	67
佳木斯	0.201	28	洛阳	0.176	68
绥化	0.199	29	大庆	0.175	69
内江	0.198	30	双鸭山	0.175	70
赣州	0.197	31	防城港	0.175	71
资阳	0.197	32	莆田	0.174	72
襄阳	0.197	33	松原	0.174	73
安顺	0.195	34	马鞍山	0.173	74
泸州	0.195	35	厦门	0.173	75
乌鲁木齐	0.195	36	陇南	0.172	76
普洱	0.193	37	吕梁	0.172	77
赤峰	0.193	38	郴州	0.171	78
安康	0.192	39	荆州	0.170	79
临沧	0.192	40	自贡	0.169	80

城市	指数	排名	城市	指数	排名
重庆	0.169	81	常德	0.145	123
沧州	0.169	82	贵港	0.145	124
许昌	0.168	83	保山	0.145	125
福州	0.167	84	临沂	0.145	126
乌兰察布	0.166	85	泰州	0.144	127
黄冈	0.166	86	金华	0.144	128
呼和浩特	0.165	87	信阳	0.144	129
河源	0.165	88	阜新	0.143	130
崇左	0.165	89	六盘水	0.143	131
茂名	0.165	90	韶关	0.143	132
惠州	0.165	91	杭州	0.142	133
汕尾	0.164	92	东莞	0.142	134
孝感	0.164	93	南通	0.142	135
江门	0.164	94	梧州	0.142	136
荆门	0.162	95	淮安	0.141	137
嘉峪关	0.161	96	贺州	0.140	138
广安	0.160	97	乌海	0.140	139
湘潭	0.160	98	广州	0.140	140
宝鸡	0.159	99	九江	0.140	141
西安	0.159	100	梅州	0.139	142
广元	0.158	101	湛江	0.139	143
株洲	0.156	102	廊坊	0.139	144
鸡西	0.155	103	潍坊	0.139	145
宜宾	0.154	104	中山	0.138	146
四平	0.154	105	锦州	0.138	147
铜仁	0.153	106	牡丹江	0.138	148
濮阳	0.152	107	云浮	0.138	149
雅安	0.151	108	吉林	0.138	150
徐州	0.151	109	北海	0.138	151
咸阳	0.151	110	邢台	0.137	152
萍乡	0.150	111	朝阳	0.136	153
银川	0.150	112	聊城	0.135	154
六安	0.149	113	黑河	0.135	155
天津	0.149	114	辽源	0.134	156
成都	0.149	115	肇庆	0.133	157
丽江	0.148	116	扬州	0.133	158
丹东	0.148	117	黄山	0.133	159
长沙	0.148	118	玉林	0.133	160
盐城	0.147	119	延安	0.132	161
保定	0.147	120	驻马店	0.132	162
毕节	0.146	121	汉中	0.131	163
怀化	0.145	122	漳州	0.131	164

续表

城市	指数	排名	城市	指数	排名
南阳	0.131	165	大连	0.112	207
衢州	0.131	166	永州	0.111	208
南昌	0.130	167	娄底	0.110	209
珠海	0.130	168	常州	0.110	210
乐山	0.129	169	大同	0.110	211
景德镇	0.129	170	晋城	0.110	212
池州	0.129	171	桂林	0.110	213
昭通	0.129	172	阳泉	0.110	214
营口	0.128	173	汕头	0.109	215
焦作	0.128	174	镇江	0.108	216
泉州	0.125	175	鹰潭	0.107	217
哈尔滨	0.125	176	攀枝花	0.106	218
巴彦淖尔	0.125	177	烟台	0.106	219
宁德	0.124	178	三门峡	0.104	220
辽阳	0.124	179	无锡	0.104	221
济宁	0.122	180	蚌埠	0.104	222
忻州	0.122	181	通化	0.103	223
德阳	0.122	182	丽水	0.103	224
衡阳	0.122	183	百色	0.103	225
沈阳	0.121	184	渭南	0.102	226
商洛	0.121	185	南宁	0.102	227
邯郸	0.121	186	三明	0.101	228
菏泽	0.121	187	临汾	0.101	229
盘锦	0.120	188	河池	0.101	230
青岛	0.120	189	柳州	0.100	231
南京	0.120	190	呼伦贝尔	0.099	232
滨州	0.119	191	秦皇岛	0.098	233
张家界	0.119	192	新余	0.098	234
清远	0.118	193	承德	0.098	235
来宾	0.118	194	南平	0.098	236
曲靖	0.118	195	长春	0.097	237
包头	0.117	196	湖州	0.096	238
岳阳	0.117	197	石家庄	0.095	239
益阳	0.116	198	台州	0.094	240
潮州	0.115	199	宁波	0.094	241
平顶山	0.115	200	玉溪	0.094	242
龙岩	0.114	201	新乡	0.093	243
黄石	0.114	202	鄂尔多斯	0.091	244
吴忠	0.114	203	商丘	0.090	245
抚顺	0.114	204	铜陵	0.088	246
泰安	0.113	205	昆明	0.087	247
运城	0.113	206	连云港	0.087	248

城市	指数	排名	城市	指数	排名
鹤壁	0.086	249	铜川	0.071	269
德州	0.086	250	平凉	0.071	270
长治	0.086	251	鹤岗	0.071	271
佛山	0.086	252	石嘴山	0.070	272
日照	0.086	253	朔州	0.065	273
钦州	0.085	254	威海	0.062	274
张家口	0.084	255	周口	0.048	275
白山	0.082	256	安阳	0.047	276
唐山	0.082	257	济南	0.047	277
嘉兴	0.082	258	本溪	0.046	278
绵阳	0.079	259	温州	0.042	279
鞍山	0.078	260	淮南	0.036	280
铁岭	0.078	261	宜昌	0.036	281
葫芦岛	0.078	262	漯河	0.035	282
金昌	0.077	263	枣庄	0.035	283
通辽	0.076	264	舟山	0.035	284
海口	0.076	265	伊春	0.025	285
太原	0.076	266	莱芜	0.015	286
淄博	0.075	267	七台河	0.000	287
绍兴	0.074	268	均值	0.144	—

注：表中指数值均保留小数点后三位，表中指数值相同但排名不同主要是因为小数点后第四位数存在差异

第六章 创 新 绩 效

一、创新绩效指数构成

创新绩效指标用以反映城市科技创新活动的产出和影响，是评价城市科技创新发展目标实现程度最重要的指标，在城市科技创新发展评价的4个一级指标中权重最高，包含指标数量最多，对经济社会发展影响最广泛。创新绩效指标占总指数权重的51.4%，下设科技成果、经济产出、结构优化、绿色发展和辐射引领5个二级指标，分别从创新、共享、协调、绿色和开放五个维度来反映城市科技创新对经济社会发展产生的直接或间接影响。从指标构成来看，指标体系对城市科技创新发展评估的立足点更加注重质量和效益，更加突出科技创新对城市经济结构调整和绿色发展的重要驱动作用。创新绩效指标构成如表6-1所示。

表6-1　创新绩效指标构成

一级指标	权重/%	二级指标	权重/%	三级指标	指标属性	权重/%
创新绩效	51.4	科技成果	5.7	每万人 SCI/SSCI/A&HCI 论文产出数	正向	2.86
				每万人发明专利授权量	正向	2.86
		经济产出	11.4	城镇居民人均可支配收入	正向	2.86
				地均 GDP	正向	2.86
				第二产业劳动生产率	正向	2.86
				第三产业劳动生产率	正向	2.86
		结构优化	5.7	第三产业增加值占地区生产总值比重	正向	2.86
				高科技产品进出口总额占地区生产总值的比例	正向	2.86
		绿色发展	14.3	万元地区生产总值水耗	逆向	2.86
				万元地区生产总值能耗	逆向	2.86
				城市污水处理率	正向	2.86
				生活垃圾无害化处理率	正向	2.86
				城市空气质量等级	正向	2.86
		辐射引领	14.3	全市在校普通高校学生数占全省比重	正向	2.86
				全市科学技术从业人员数占全省比重	正向	2.86
				国家技术转移示范机构数	正向	2.86
				ESI 学科进入全球前 1%个数	正向	2.86
				财富世界 500 强与中国 500 强企业数	正向	2.86

二、创新绩效指数排名

在城市创新绩效指数方面，排名前20位的城市依次是北京、上海、深圳、广州、天津、武汉、海口、杭州、苏州、南京、长沙、成都、厦门、重庆、呼和浩特、西安、无锡、青岛、昆明和鄂尔多斯（图6-1）。

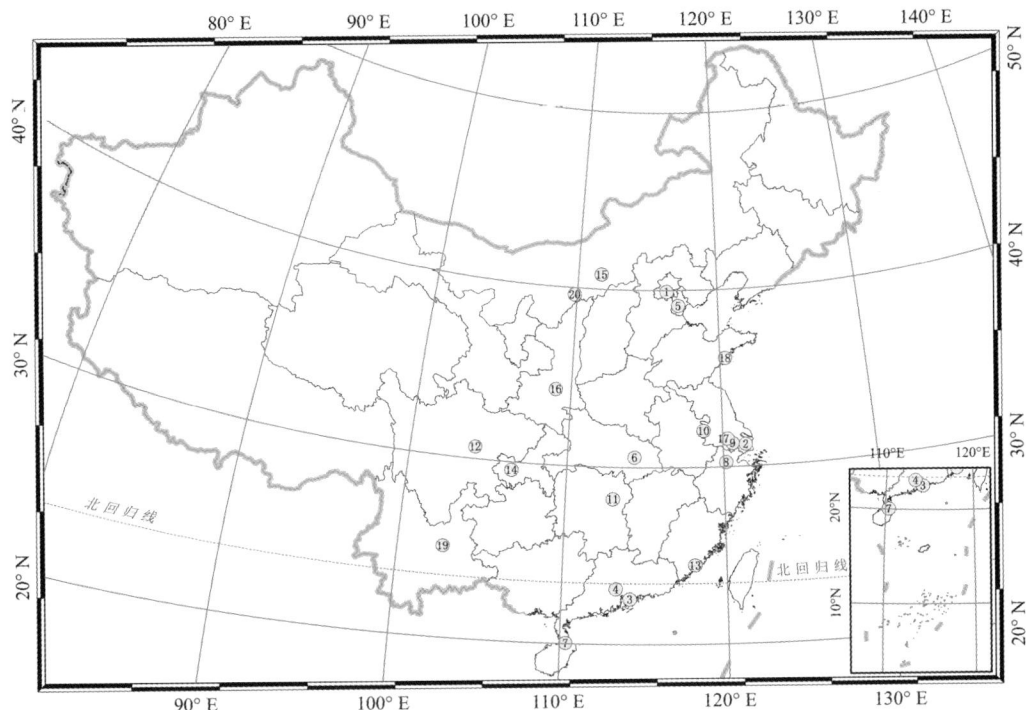

图 6-1　中国城市创新绩效指数排名前 20 位城市分布

如表6-2所示，从省级区域来看，城市创新绩效指数排名前20位的城市中，除北京、上海、天津和重庆4个直辖市外，江苏的城市最多，共有3个；广东和内蒙古各有两个城市；湖北、海南、浙江、湖南、四川、福建、陕西、山东和云南各有1个城市入选。排名第21位到第40位的城市是长春、乌鲁木齐、沈阳、东莞、常州、哈尔滨、福州、济南、合肥、中山、银川、大连、贵阳、南昌、镇江、烟台、包头、三亚、珠海和惠州。排名第41位到第60位的城市是佛山、西宁、郑州、太原、威海、宁波、温州、嘉兴、金华、南宁、台州、南通、淄博、泉州、扬州、新余、丽水、泰安、兰州和东营。排名第61位到第80位的城市是绍兴、广安、石家庄、沧州、松原、日照、盘锦、乌兰察布、芜湖、常德、营口、茂名、大庆、洛阳、巴彦淖尔、株洲、泰州、朔州、衢州和湖州。排名第81位到第100位的城市是呼伦贝尔、漳州、龙岩、辽源、通辽、江门、黄山、桂林、秦皇岛、张家界、舟山、北海、铜陵、宝鸡、辽阳、吉林、三明、唐山、潍坊和池州。排名后20位的城市依次是七台河、伊春、黄冈、泸州、黑河、揭阳、陇南、柳州、平凉、白山、双鸭山、昭通、开封、鸡西、荆州、牡丹江、嘉峪关、攀枝花、白银和鹤岗。

表6-2 创新绩效指数排名

城市	指数	排名	城市	指数	排名
北京	0.689	1	珠海	0.357	39
上海	0.623	2	惠州	0.354	40
深圳	0.582	3	佛山	0.353	41
广州	0.511	4	西宁	0.352	42
天津	0.486	5	郑州	0.352	43
武汉	0.466	6	太原	0.350	44
海口	0.455	7	威海	0.349	45
杭州	0.450	8	宁波	0.346	46
苏州	0.448	9	温州	0.345	47
南京	0.441	10	嘉兴	0.344	48
长沙	0.436	11	金华	0.338	49
成都	0.434	12	南宁	0.337	50
厦门	0.423	13	台州	0.337	51
重庆	0.422	14	南通	0.337	52
呼和浩特	0.421	15	淄博	0.335	53
西安	0.418	16	泉州	0.335	54
无锡	0.414	17	扬州	0.332	55
青岛	0.413	18	新余	0.331	56
昆明	0.413	19	丽水	0.329	57
鄂尔多斯	0.409	20	泰安	0.326	58
长春	0.407	21	兰州	0.325	59
乌鲁木齐	0.399	22	东营	0.325	60
沈阳	0.397	23	绍兴	0.322	61
东莞	0.396	24	广安	0.322	62
常州	0.393	25	石家庄	0.318	63
哈尔滨	0.391	26	沧州	0.317	64
福州	0.388	27	松原	0.316	65
济南	0.384	28	日照	0.316	66
合肥	0.382	29	盘锦	0.316	67
中山	0.380	30	乌兰察布	0.315	68
银川	0.378	31	芜湖	0.314	69
大连	0.376	32	常德	0.313	70
贵阳	0.375	33	营口	0.313	71
南昌	0.367	34	茂名	0.313	72
镇江	0.364	35	大庆	0.313	73
烟台	0.361	36	洛阳	0.311	74
包头	0.360	37	巴彦淖尔	0.311	75
三亚	0.357	38	株洲	0.310	76

续表

城市	指数	排名	城市	指数	排名
泰州	0.309	77	萍乡	0.290	118
朔州	0.308	78	遵义	0.289	119
衢州	0.308	79	酒泉	0.289	120
湖州	0.307	80	滨州	0.289	121
呼伦贝尔	0.307	81	自贡	0.288	122
漳州	0.306	82	晋城	0.288	123
龙岩	0.305	83	廊坊	0.288	124
辽源	0.305	84	淮安	0.287	125
通辽	0.305	85	运城	0.287	126
江门	0.304	86	南平	0.287	127
黄山	0.303	87	怀化	0.286	128
桂林	0.302	88	宜昌	0.286	129
秦皇岛	0.302	89	六安	0.285	130
张家界	0.301	90	临沂	0.285	131
舟山	0.301	91	济宁	0.285	132
北海	0.301	92	德阳	0.284	133
铜陵	0.300	93	鹰潭	0.284	134
宝鸡	0.300	94	乌海	0.284	135
辽阳	0.300	95	益阳	0.284	136
吉林	0.300	96	大同	0.284	137
三明	0.300	97	白城	0.284	138
唐山	0.300	98	汉中	0.283	139
潍坊	0.299	99	许昌	0.283	140
池州	0.299	100	邯郸	0.283	141
湘潭	0.298	101	景德镇	0.283	142
莆田	0.298	102	抚顺	0.283	143
岳阳	0.298	103	马鞍山	0.283	144
克拉玛依	0.298	104	绥化	0.282	145
防城港	0.297	105	连云港	0.282	146
郴州	0.296	106	保定	0.282	147
宣城	0.295	107	宁德	0.282	148
晋中	0.294	108	潮州	0.281	149
毕节	0.294	109	贺州	0.281	150
安康	0.293	110	普洱	0.280	151
绵阳	0.293	111	九江	0.280	152
玉林	0.293	112	枣庄	0.280	153
湛江	0.293	113	滁州	0.280	154
固原	0.291	114	石嘴山	0.278	155
亳州	0.290	115	聊城	0.278	156
徐州	0.290	116	淮北	0.278	157
曲靖	0.290	117	新乡	0.278	158

城市	指数	排名	城市	指数	排名
玉溪	0.277	159	遂宁	0.268	200
武威	0.277	160	汕尾	0.268	201
阳江	0.276	161	佳木斯	0.268	202
咸宁	0.276	162	广元	0.267	203
韶关	0.276	163	濮阳	0.267	204
盐城	0.276	164	信阳	0.267	205
安庆	0.276	165	漯河	0.267	206
资阳	0.276	166	邢台	0.267	207
钦州	0.276	167	咸阳	0.266	208
上饶	0.275	168	朝阳	0.266	209
淮南	0.275	169	乐山	0.265	210
德州	0.274	170	永州	0.265	211
商洛	0.274	171	赤峰	0.265	212
保山	0.274	172	荆门	0.264	213
来宾	0.274	173	眉山	0.264	214
梅州	0.274	174	崇左	0.263	215
梧州	0.273	175	十堰	0.263	216
清远	0.272	176	内江	0.261	217
葫芦岛	0.272	177	宿州	0.261	218
宜宾	0.272	178	阳泉	0.261	219
百色	0.272	179	菏泽	0.261	220
承德	0.271	180	云浮	0.261	221
丽江	0.271	181	丹东	0.261	222
衡水	0.271	182	中卫	0.260	223
鞍山	0.271	183	阜新	0.260	224
铁岭	0.271	184	随州	0.260	225
鄂州	0.271	185	阜阳	0.258	226
锦州	0.271	186	河池	0.258	227
宜春	0.271	187	焦作	0.258	228
蚌埠	0.270	188	金昌	0.257	229
汕头	0.270	189	四平	0.256	230
抚州	0.270	190	张掖	0.256	231
吉安	0.270	191	肇庆	0.256	232
莱芜	0.270	192	南阳	0.255	233
张家口	0.270	193	三门峡	0.254	234
长治	0.269	194	贵港	0.253	235
宿迁	0.269	195	商丘	0.253	236
临汾	0.269	196	安顺	0.253	237
衡阳	0.269	197	榆林	0.253	238
六盘水	0.269	198	延安	0.252	239
襄阳	0.269	199	驻马店	0.252	240

续表

城市	指数	排名	城市	指数	排名
南充	0.251	241	雅安	0.239	265
吕梁	0.251	242	齐齐哈尔	0.239	266
巴中	0.250	243	赣州	0.239	267
河源	0.250	244	七台河	0.235	268
娄底	0.249	245	伊春	0.234	269
孝感	0.249	246	黄冈	0.231	270
本溪	0.249	247	泸州	0.231	271
忻州	0.249	248	黑河	0.229	272
吴忠	0.249	249	揭阳	0.229	273
安阳	0.248	250	陇南	0.226	274
天水	0.246	251	柳州	0.226	275
通化	0.246	252	平凉	0.224	276
邵阳	0.246	253	白山	0.222	277
周口	0.246	254	双鸭山	0.220	278
黄石	0.245	255	昭通	0.213	279
临沧	0.244	256	开封	0.212	280
渭南	0.243	257	鸡西	0.211	281
铜仁	0.243	258	荆州	0.210	282
达州	0.243	259	牡丹江	0.210	283
铜川	0.242	260	嘉峪关	0.202	284
鹤壁	0.242	261	攀枝花	0.190	285
定西	0.241	262	白银	0.186	286
庆阳	0.240	263	鹤岗	0.142	287
平顶山	0.240	264	均值	0.298	—

注：表中指数值均保留小数点后三位，表中指数值相同但排名不同主要是因为小数点后第四位数存在差异

三、创新绩效核心指标分析

（一）科技成果

科技成果是指科技创新活动的直接产出成果，主要包括科技论文、专利、技术标准及技术交易等，是城市科技创新发展的题中应有之义。科技成果指标设计体现创新发展理念，下设两个三级指标，即每万人SCI/SSCI/A&HCI论文产出数和每万人发明专利授权量，分别从论文发表和专利授权角度评估科技创新的直接产出情况，均为正向指标。

在科技成果指数方面，排名前10位的城市依次是北京、深圳、南京、上海、广州、武汉、中山、厦门、杭州和兰州；排名后10位的城市是揭阳、广安、毕节、巴彦淖尔、呼伦贝尔、昭通、巴中、吕梁、亳州和乌兰察布（图6-2和表6-3）。

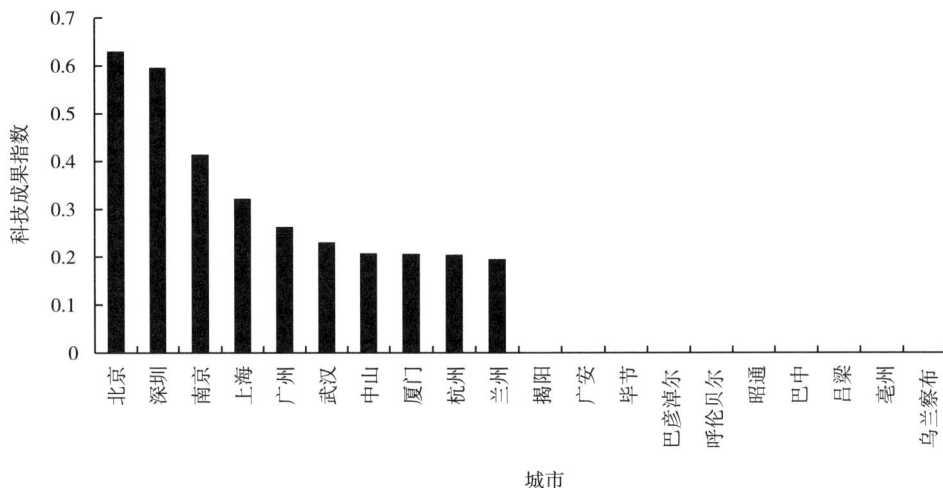

图 6-2　科技成果指数排名前 10 位和后 10 位的城市

表6-3　科技成果指数排名

城市	指数	排名	城市	指数	排名
北京	0.630	1	西安	0.102	22
深圳	0.596	2	青岛	0.100	23
南京	0.414	3	无锡	0.099	24
上海	0.322	4	乌鲁木齐	0.099	25
广州	0.263	5	太原	0.088	26
武汉	0.231	6	镇江	0.085	27
中山	0.208	7	昆明	0.084	28
厦门	0.207	8	南昌	0.080	29
杭州	0.205	9	东莞	0.079	30
兰州	0.195	10	常州	0.067	31
长沙	0.179	11	宁波	0.061	32
天津	0.140	12	海口	0.053	33
济南	0.140	13	贵阳	0.052	34
成都	0.123	14	绵阳	0.047	35
沈阳	0.121	15	呼和浩特	0.041	36
大连	0.120	16	湘潭	0.041	37
合肥	0.118	17	新余	0.040	38
苏州	0.111	18	银川	0.040	39
长春	0.110	19	桂林	0.038	40
哈尔滨	0.106	20	南宁	0.037	41
珠海	0.104	21	重庆	0.036	42

续表

城市	指数	排名	城市	指数	排名
东营	0.036	43	宜昌	0.014	83
福州	0.033	44	柳州	0.014	84
扬州	0.033	45	鞍山	0.013	85
克拉玛依	0.033	46	保山	0.013	86
大庆	0.033	47	绍兴	0.013	87
锦州	0.031	48	开封	0.012	88
西宁	0.030	49	泰州	0.011	89
铜陵	0.029	50	汕头	0.011	90
烟台	0.028	51	抚州	0.011	91
南通	0.028	52	泰安	0.011	92
舟山	0.028	53	黄山	0.010	93
石家庄	0.027	54	廊坊	0.010	94
芜湖	0.026	55	连云港	0.010	95
洛阳	0.026	56	安阳	0.010	96
威海	0.026	57	榆林	0.010	97
新乡	0.025	58	湛江	0.010	98
金华	0.024	59	盘锦	0.010	99
徐州	0.023	60	十堰	0.009	100
温州	0.022	61	庆阳	0.009	101
佛山	0.022	62	莱芜	0.009	102
攀枝花	0.020	63	玉溪	0.009	103
包头	0.020	64	晋城	0.009	104
三亚	0.019	65	汉中	0.009	105
抚顺	0.019	66	淮北	0.009	106
焦作	0.019	67	黄石	0.009	107
中卫	0.018	68	台州	0.009	108
淄博	0.018	69	滨州	0.008	109
惠州	0.018	70	潍坊	0.008	110
阜新	0.018	71	吴忠	0.008	111
淮南	0.017	72	伊春	0.008	112
湖州	0.017	73	蚌埠	0.008	113
嘉兴	0.016	74	株洲	0.008	114
吉林	0.016	75	玉林	0.007	115
保定	0.015	76	佳木斯	0.007	116
景德镇	0.015	77	宝鸡	0.007	117
唐山	0.015	78	张掖	0.007	118
金昌	0.014	79	衡阳	0.007	119
雅安	0.014	80	盐城	0.007	120
郑州	0.014	81	常德	0.007	121
延安	0.014	82	聊城	0.007	122

中国城市科技创新发展报告2017

续表

城市	指数	排名	城市	指数	排名
马鞍山	0.007	123	九江	0.004	163
葫芦岛	0.007	124	通辽	0.004	164
丽水	0.006	125	眉山	0.004	165
宜宾	0.006	126	南平	0.004	166
咸宁	0.006	127	韶关	0.004	167
大同	0.006	128	乐山	0.004	168
泸州	0.006	129	白城	0.004	169
江门	0.006	130	赣州	0.004	170
自贡	0.006	131	长治	0.004	171
天水	0.006	132	丽江	0.004	172
北海	0.006	133	定西	0.004	173
荆州	0.006	134	秦皇岛	0.004	174
德阳	0.006	135	吉安	0.004	175
泉州	0.006	136	本溪	0.004	176
齐齐哈尔	0.006	137	莆田	0.004	177
忻州	0.005	138	信阳	0.004	178
朝阳	0.005	139	萍乡	0.004	179
承德	0.005	140	清远	0.004	180
池州	0.005	141	临汾	0.004	181
牡丹江	0.005	142	酒泉	0.004	182
晋中	0.005	143	广元	0.003	183
南阳	0.005	144	龙岩	0.003	184
丹东	0.005	145	德州	0.003	185
衢州	0.005	146	武威	0.003	186
四平	0.005	147	辽阳	0.003	187
嘉峪关	0.005	148	济宁	0.003	188
通化	0.005	149	临沂	0.003	189
漳州	0.005	150	滁州	0.003	190
遵义	0.005	151	渭南	0.003	191
邯郸	0.005	152	濮阳	0.003	192
岳阳	0.005	153	乌海	0.003	193
潮州	0.005	154	宿州	0.003	194
日照	0.005	155	鹤壁	0.003	195
南充	0.005	156	临沧	0.003	196
许昌	0.005	157	漯河	0.003	197
咸阳	0.004	158	张家界	0.003	198
梧州	0.004	159	襄阳	0.003	199
平顶山	0.004	160	枣庄	0.003	200
张家口	0.004	161	益阳	0.003	201
肇庆	0.004	162	鸡西	0.003	202

续表

城市	指数	排名	城市	指数	排名
辽源	0.003	203	云浮	0.001	243
宁德	0.003	204	邵阳	0.001	244
运城	0.003	205	遂宁	0.001	245
安庆	0.003	206	黑河	0.001	246
营口	0.003	207	曲靖	0.001	247
松原	0.002	208	永州	0.001	248
三明	0.002	209	平凉	0.001	249
阜阳	0.002	210	白银	0.001	250
安康	0.002	211	河源	0.001	251
百色	0.002	212	鹰潭	0.001	252
朔州	0.002	213	达州	0.001	253
郴州	0.002	214	防城港	0.001	254
内江	0.002	215	菏泽	0.001	255
贺州	0.002	216	铁岭	0.001	256
赤峰	0.002	217	白山	0.001	257
荆门	0.002	218	铜仁	0.001	258
怀化	0.002	219	随州	0.001	259
孝感	0.002	220	宣城	0.001	260
淮安	0.002	221	鹤岗	0.001	261
商洛	0.002	222	宿迁	0.001	262
钦州	0.002	223	六盘水	0.001	263
阳泉	0.002	224	上饶	0.001	264
梅州	0.002	225	周口	0.001	265
茂名	0.002	226	铜川	0.001	266
固原	0.002	227	驻马店	0.001	267
衡水	0.002	228	来宾	0.001	268
三门峡	0.002	229	阳江	0.001	269
安顺	0.002	230	陇南	0.001	270
鄂州	0.002	231	七台河	0.001	271
石嘴山	0.002	232	崇左	0.001	272
商丘	0.002	233	六安	0.001	273
普洱	0.002	234	汕尾	0.000	274
娄底	0.002	235	贵港	0.000	275
邢台	0.001	236	双鸭山	0.000	276
河池	0.001	237	绥化	0.000	277
宜春	0.001	238	揭阳	0.000	278
资阳	0.001	239	广安	0.000	279
鄂尔多斯	0.001	240	毕节	0.000	280
沧州	0.001	241	巴彦淖尔	0.000	281
黄冈	0.001	242	呼伦贝尔	0.000	282

续表

城市	指数	排名	城市	指数	排名
昭通	0.000	283	亳州	0.000	286
巴中	0.000	284	乌兰察布	0.000	287
吕梁	0.000	285	均值	0.027	—

注：表中指数值均保留小数点后三位，表中指数值相同但排名不同主要是因为小数点后第四位数存在差异

（二）经济产出

经济产出是直接体现科技与经济结合的指标，体现科技创新对城市发展的引领支撑作用。科技创新要与城市经济社会发展深度融合，科技创新的成果应更多转化为现实生产力，惠及千家万户。经济产出指标设计体现共享发展理念，下设四个三级指标，分别为城镇居民人均可支配收入、地均GDP、第二产业劳动生产率、第三产业劳动生产率，均为正向指标。

在城市经济产出指数方面，排名前10位的城市依次是深圳、鄂尔多斯、无锡、东莞、苏州、包头、常州、广州、上海和佛山；排名后10位的城市是黑河、鸡西、十堰、巴中、双鸭山、平凉、伊春、定西、陇南和鹤岗（图6-3和表6-4）。

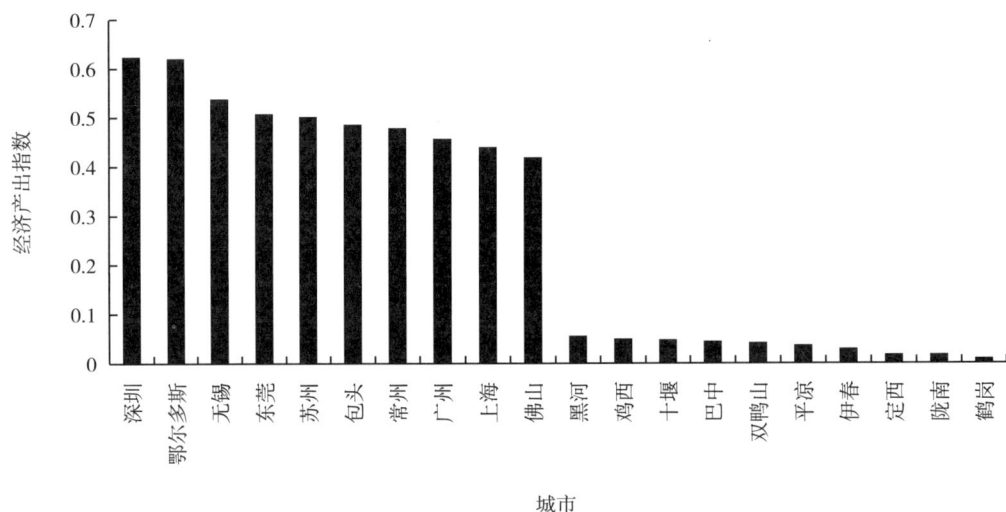

图 6-3　经济产出指数排名前 10 位和后 10 位的城市

表6-4　经济产出指数排名

城市	指数	排名	城市	指数	排名
深圳	0.624	1	包头	0.486	6
鄂尔多斯	0.621	2	常州	0.479	7
无锡	0.538	3	广州	0.457	8
东莞	0.508	4	上海	0.440	9
苏州	0.502	5	佛山	0.419	10

城市	指数	排名	城市	指数	排名
镇江	0.419	11	衢州	0.278	53
东营	0.402	12	松原	0.273	54
宁波	0.396	13	巴彦淖尔	0.271	55
绍兴	0.396	14	沈阳	0.270	56
青岛	0.394	15	扬州	0.268	57
呼和浩特	0.384	16	惠州	0.265	58
防城港	0.371	17	四平	0.263	59
天津	0.367	18	滨州	0.259	60
嘉兴	0.364	19	吉林	0.258	61
长沙	0.362	20	芜湖	0.254	62
厦门	0.361	21	福州	0.254	63
中山	0.353	22	沧州	0.252	64
大连	0.353	23	成都	0.252	65
南京	0.351	24	铜陵	0.250	66
丽水	0.349	25	日照	0.250	67
泉州	0.343	26	辽阳	0.250	68
马鞍山	0.334	27	龙岩	0.249	69
大庆	0.334	28	盘锦	0.249	70
温州	0.334	29	株洲	0.249	71
烟台	0.329	30	廊坊	0.246	72
乌海	0.327	31	辽源	0.245	73
威海	0.324	32	聊城	0.244	74
榆林	0.322	33	石家庄	0.244	75
北京	0.319	34	北海	0.243	76
武汉	0.318	35	泰安	0.242	77
湖州	0.315	36	漳州	0.238	78
淄博	0.313	37	徐州	0.236	79
唐山	0.312	38	克拉玛依	0.234	80
通辽	0.312	39	济宁	0.232	81
广安	0.312	40	宣城	0.231	82
济南	0.311	41	临沂	0.230	83
台州	0.310	42	西安	0.230	84
新余	0.309	43	三亚	0.229	85
金华	0.306	44	江门	0.227	86
杭州	0.306	45	莱芜	0.227	87
南通	0.297	46	朔州	0.225	88
三明	0.292	47	郑州	0.225	89
乌兰察布	0.284	48	合肥	0.222	90
潍坊	0.282	49	梧州	0.222	91
泰州	0.279	50	盐城	0.222	92
珠海	0.278	51	常德	0.222	93
营口	0.278	52	长春	0.217	94

城市	指数	排名	城市	指数	排名
舟山	0.217	95	自贡	0.184	137
枣庄	0.217	96	菏泽	0.184	138
洛阳	0.217	97	桂林	0.182	139
呼伦贝尔	0.215	98	通化	0.180	140
鞍山	0.215	99	连云港	0.180	141
南平	0.213	100	淮安	0.180	142
滁州	0.211	101	本溪	0.180	143
德州	0.211	102	阳江	0.179	144
宝鸡	0.209	103	鹰潭	0.179	145
黄山	0.208	104	贵港	0.178	146
贺州	0.207	105	湛江	0.175	147
崇左	0.206	106	眉山	0.175	148
莆田	0.206	107	景德镇	0.173	149
郴州	0.205	108	酒泉	0.172	150
池州	0.203	109	柳州	0.171	151
石嘴山	0.202	110	揭阳	0.170	152
延安	0.201	111	汕头	0.169	153
中卫	0.200	112	衡阳	0.169	154
安康	0.200	113	九江	0.169	155
岳阳	0.199	114	蚌埠	0.168	156
牡丹江	0.198	115	玉林	0.168	157
六安	0.197	116	攀枝花	0.168	158
赤峰	0.196	117	来宾	0.167	159
锦州	0.195	118	嘉峪关	0.166	160
咸阳	0.195	119	钦州	0.166	161
萍乡	0.195	120	遵义	0.166	162
白山	0.193	121	资阳	0.166	163
哈尔滨	0.193	122	随州	0.165	164
百色	0.193	123	韶关	0.165	165
白城	0.192	124	潮州	0.164	166
茂名	0.192	125	焦作	0.164	167
昆明	0.191	126	湘潭	0.163	168
许昌	0.189	127	南宁	0.163	169
德阳	0.189	128	秦皇岛	0.163	170
南昌	0.189	129	承德	0.163	171
雅安	0.187	130	乌鲁木齐	0.162	172
肇庆	0.187	131	怀化	0.161	173
玉溪	0.186	132	三门峡	0.161	174
宁德	0.186	133	毕节	0.161	175
安庆	0.186	134	六盘水	0.160	176
乐山	0.186	135	宜宾	0.156	177
抚顺	0.184	136	亳州	0.155	178

续表

城市	指数	排名	城市	指数	排名
黄石	0.154	179	阳泉	0.124	221
宿迁	0.154	180	金昌	0.124	222
安阳	0.148	181	永州	0.124	223
邯郸	0.147	182	广元	0.123	224
固原	0.147	183	昭通	0.122	225
清远	0.145	184	佳木斯	0.121	226
临汾	0.144	185	丽江	0.121	227
阜阳	0.144	186	淮南	0.121	228
葫芦岛	0.143	187	庆阳	0.121	229
海口	0.142	188	赣州	0.120	230
渭南	0.141	189	鹤壁	0.120	231
鄂州	0.141	190	汕尾	0.119	232
丹东	0.141	191	西宁	0.119	233
曲靖	0.140	192	新乡	0.119	234
太原	0.139	193	银川	0.119	235
益阳	0.139	194	漯河	0.119	236
上饶	0.139	195	铁岭	0.117	237
张家界	0.139	196	荆门	0.117	238
晋中	0.139	197	运城	0.116	239
晋城	0.138	198	忻州	0.115	240
长治	0.138	199	襄阳	0.112	241
淮北	0.137	200	南阳	0.110	242
泸州	0.137	201	邢台	0.110	243
贵阳	0.136	202	吕梁	0.109	244
吉安	0.136	203	铜仁	0.108	245
铜川	0.133	204	大同	0.107	246
遂宁	0.133	205	河池	0.107	247
宜昌	0.133	206	开封	0.106	248
兰州	0.131	207	梅州	0.106	249
张家口	0.131	208	商洛	0.106	250
内江	0.131	209	齐齐哈尔	0.104	251
吴忠	0.130	210	安顺	0.104	252
平顶山	0.130	211	重庆	0.103	253
咸宁	0.129	212	荆州	0.100	254
濮阳	0.129	213	保定	0.099	255
宿州	0.129	214	云浮	0.099	256
衡水	0.128	215	南充	0.098	257
绵阳	0.128	216	朝阳	0.097	258
娄底	0.128	217	绥化	0.097	259
宜春	0.127	218	抚州	0.097	260
达州	0.127	219	保山	0.094	261
汉中	0.126	220	河源	0.094	262

续表

城市	指数	排名	城市	指数	排名
商丘	0.090	263	天水	0.057	276
邵阳	0.087	264	孝感	0.056	277
阜新	0.085	265	黑河	0.056	278
信阳	0.080	266	鸡西	0.050	279
临沧	0.078	267	十堰	0.048	280
武威	0.076	268	巴中	0.045	281
周口	0.074	269	双鸭山	0.042	282
驻马店	0.073	270	平凉	0.037	283
白银	0.072	271	伊春	0.030	284
普洱	0.072	272	定西	0.018	285
黄冈	0.064	273	陇南	0.018	286
七台河	0.061	274	鹤岗	0.010	287
张掖	0.058	275	均值	0.197	—

注：表中指数值均保留小数点后三位，表中指数值相同但排名不同主要是因为小数点后第四位数存在差异

（三）结构优化

结构优化体现科技创新推动产业向价值链高端跃升以及促进经济结构优化升级的实现程度。结构优化指标设计注重协调发展理念，包括两个三级指标，即第三产业增加值占地区生产总值比重和高科技产品进出口总额占地区生产总值的比例，分别从产业结构和进出口结构两个角度考察城市经济结构优化状况。

在结构优化指数方面，排名前10位的城市依次是深圳、苏州、上海、东莞、北京、海口、惠州、厦门、珠海和广州；排名后10位的城市是巴彦淖尔、周口、漯河、克拉玛依、资阳、攀枝花、鹤壁、内江、延安和大庆（图6-4和表6-5）。

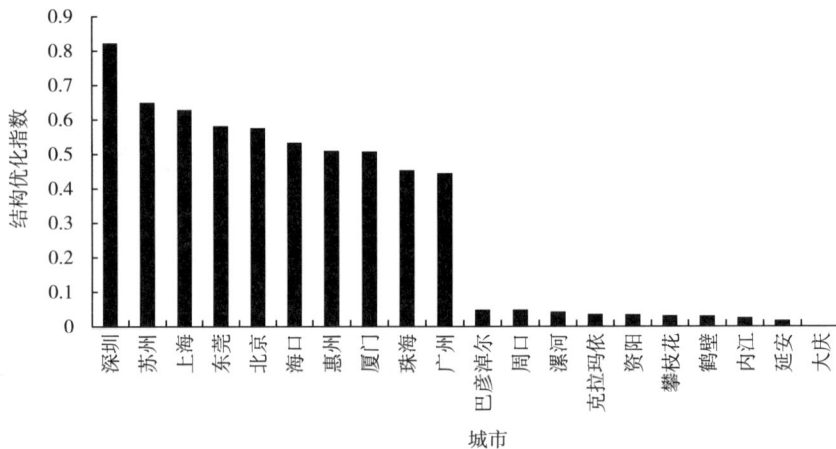

图6-4 结构优化指数排名前10位和后10位的城市

表6-5 结构优化指数排名

城市	指数	排名	城市	指数	排名
深圳	0.823	1	大同	0.259	39
苏州	0.650	2	金华	0.256	40
上海	0.629	3	大连	0.254	41
东莞	0.582	4	台州	0.253	42
北京	0.576	5	秦皇岛	0.250	43
海口	0.534	6	宁波	0.249	44
惠州	0.510	7	安顺	0.247	45
厦门	0.508	8	舟山	0.247	46
珠海	0.454	9	天水	0.246	47
广州	0.445	10	陇南	0.246	48
呼和浩特	0.402	11	包头	0.243	49
三亚	0.390	12	威海	0.239	50
张家界	0.381	13	韶关	0.237	51
南京	0.376	14	铜仁	0.234	52
太原	0.367	15	镇江	0.234	53
乌鲁木齐	0.366	16	牡丹江	0.234	54
成都	0.365	17	沈阳	0.233	55
郑州	0.365	18	西宁	0.233	56
无锡	0.349	19	南通	0.228	57
西安	0.347	20	河源	0.227	58
天津	0.341	21	江门	0.225	59
杭州	0.332	22	汕尾	0.222	60
贵阳	0.319	23	徐州	0.221	61
济南	0.318	24	清远	0.219	62
兰州	0.314	25	七台河	0.215	63
中山	0.307	26	佳木斯	0.215	64
哈尔滨	0.305	27	廊坊	0.214	65
昆明	0.299	28	绍兴	0.213	66
青岛	0.291	29	淮安	0.212	67
重庆	0.286	30	石家庄	0.211	68
常州	0.286	31	临沂	0.211	69
武汉	0.273	32	泰州	0.210	70
温州	0.267	33	扬州	0.209	71
固原	0.266	34	鞍山	0.209	72
福州	0.265	35	泰安	0.207	73
烟台	0.264	36	丽水	0.205	74
定西	0.263	37	梅州	0.205	75
南宁	0.262	38	阳泉	0.205	76

城市	指数	排名	城市	指数	排名
嘉兴	0.204	77	本溪	0.172	115
黄山	0.203	78	遵义	0.172	116
齐齐哈尔	0.203	79	朔州	0.172	117
湖州	0.202	80	济宁	0.171	118
汕头	0.202	81	池州	0.171	119
忻州	0.200	82	张家口	0.171	120
河池	0.200	83	贵港	0.171	121
茂名	0.200	84	鄂尔多斯	0.169	122
衢州	0.199	85	德州	0.169	123
长春	0.199	86	晋城	0.167	124
吉林	0.198	87	宿迁	0.167	125
营口	0.198	88	衡阳	0.167	126
葫芦岛	0.197	89	锦州	0.166	127
晋中	0.197	90	常德	0.165	128
长沙	0.195	91	毕节	0.164	129
银川	0.195	92	亳州	0.161	130
张掖	0.194	93	中卫	0.161	131
南昌	0.194	94	抚顺	0.161	132
运城	0.193	95	六盘水	0.160	133
洛阳	0.192	96	通化	0.160	134
连云港	0.191	97	枣庄	0.159	135
丹东	0.190	98	潮州	0.159	136
怀化	0.190	99	衡水	0.158	137
湛江	0.186	100	莱芜	0.157	138
日照	0.186	101	沧州	0.156	139
盐城	0.186	102	临汾	0.156	140
合肥	0.185	103	钦州	0.155	141
佛山	0.183	104	益阳	0.153	142
淄博	0.183	105	玉林	0.152	143
滨州	0.181	106	松原	0.152	144
永州	0.179	107	保山	0.152	145
酒泉	0.178	108	新余	0.151	146
潍坊	0.178	109	长治	0.151	147
邵阳	0.177	110	呼伦贝尔	0.150	148
丽江	0.175	111	上饶	0.149	149
赣州	0.174	112	白银	0.148	150
九江	0.173	113	邯郸	0.147	151
平凉	0.173	114	白城	0.147	152

续表

城市	指数	排名	城市	指数	排名
漳州	0.146	153	随州	0.129	191
十堰	0.145	154	菏泽	0.129	192
安阳	0.144	155	景德镇	0.128	193
肇庆	0.143	156	商丘	0.128	194
保定	0.143	157	盘锦	0.128	195
巴中	0.142	158	龙岩	0.127	196
绵阳	0.142	159	铁岭	0.127	197
赤峰	0.142	160	来宾	0.126	198
黑河	0.141	161	萍乡	0.125	199
邢台	0.141	162	阜阳	0.125	200
鸡西	0.141	163	武威	0.123	201
宣城	0.141	164	郴州	0.123	202
聊城	0.141	165	南平	0.122	203
平顶山	0.140	166	淮南	0.122	204
南阳	0.140	167	柳州	0.119	205
双鸭山	0.140	168	安庆	0.119	206
普洱	0.139	169	信阳	0.118	207
朝阳	0.138	170	株洲	0.117	208
阳江	0.138	171	绥化	0.117	209
乌海	0.138	172	唐山	0.117	210
崇左	0.137	173	辽源	0.116	211
阜新	0.136	174	吉安	0.116	212
辽阳	0.136	175	承德	0.116	213
开封	0.136	176	荆州	0.114	214
广元	0.135	177	六安	0.113	215
黄冈	0.135	178	鹤岗	0.112	216
汉中	0.134	179	蚌埠	0.112	217
岳阳	0.134	180	咸宁	0.112	218
莆田	0.134	181	渭南	0.112	219
贺州	0.134	182	北海	0.111	220
宿州	0.134	183	马鞍山	0.110	221
泉州	0.133	184	三明	0.110	222
云浮	0.133	185	孝感	0.109	223
驻马店	0.133	186	商洛	0.107	224
桂林	0.132	187	黄石	0.107	225
乌兰察布	0.132	188	娄底	0.106	226
湘潭	0.131	189	白山	0.106	227
伊春	0.130	190	芜湖	0.104	228

城市	指数	排名	城市	指数	排名
抚州	0.103	229	鄂州	0.079	259
吕梁	0.102	230	吴忠	0.079	260
新乡	0.102	231	庆阳	0.076	261
宁德	0.101	232	三门峡	0.075	262
宜春	0.100	233	雅安	0.075	263
安康	0.100	234	梧州	0.074	264
荆门	0.097	235	德阳	0.070	265
焦作	0.095	236	南充	0.070	266
昭通	0.094	237	榆林	0.068	267
广安	0.093	238	眉山	0.068	268
防城港	0.093	239	遂宁	0.066	269
许昌	0.092	240	金昌	0.064	270
乐山	0.092	241	铜陵	0.063	271
东营	0.091	242	泸州	0.063	272
鹰潭	0.091	243	达州	0.063	273
曲靖	0.091	244	临沧	0.059	274
铜川	0.089	245	宝鸡	0.056	275
玉溪	0.088	246	宜宾	0.055	276
石嘴山	0.088	247	咸阳	0.052	277
濮阳	0.087	248	巴彦淖尔	0.049	278
四平	0.086	249	周口	0.049	279
宜昌	0.085	250	漯河	0.043	280
揭阳	0.085	251	克拉玛依	0.036	281
襄阳	0.084	252	资阳	0.035	282
自贡	0.083	253	攀枝花	0.032	283
通辽	0.082	254	鹤壁	0.031	284
百色	0.082	255	内江	0.026	285
嘉峪关	0.082	256	延安	0.018	286
滁州	0.080	257	大庆	0.000	287
淮北	0.080	258	均值	0.177	—

注：表中指数值均保留小数点后三位，表中指数值相同但排名不同主要是因为小数点后第四位数存在差异

（四）绿色发展

绿色发展是指城市要发展绿色产业，推广绿色技术，降低能耗和物耗，保护和修复生态环境，使城市的经济社会发展与自然相协调。绿色发展指标从节能减排和环境治理的角度测度科技创新对城市绿色发展的作用与程度，下设万元地区生产总值水耗、万元地区生

产总值能耗、城市污水处理率、生活垃圾无害化处理率和城市空气质量等级五个三级指标。

在绿色发展指数方面，排名前10位的城市依次是海口、茂名、三亚、绥化、鄂尔多斯、青岛、普洱、曲靖、盘锦和长沙；排名后10位的城市是荆州、开封、白山、柳州、嘉峪关、兰州、白银、攀枝花、牡丹江和鹤岗（图6-5和表6-6）。

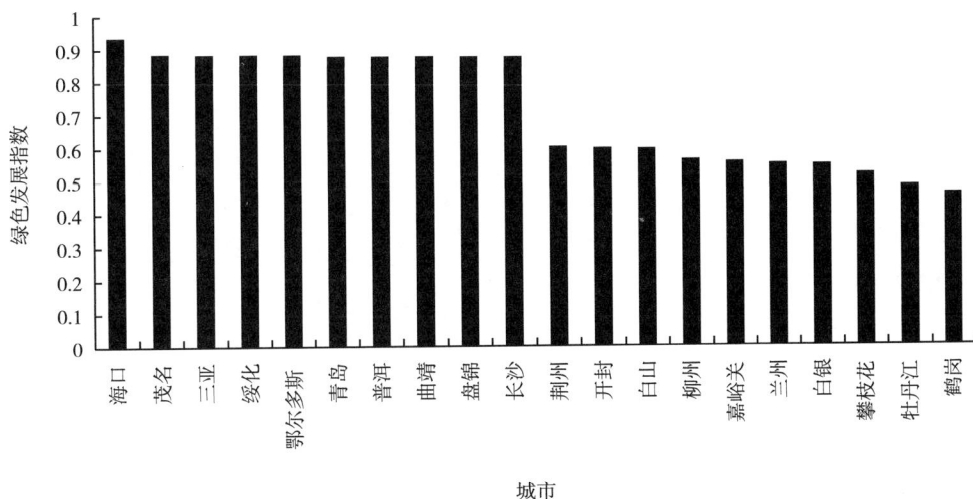

图 6-5　绿色发展指数排名前 10 位和后 10 位的城市

表6-6　绿色发展指数排名

城市	指数	排名	城市	指数	排名
海口	0.936	1	淄博	0.860	21
茂名	0.886	2	杭州	0.858	22
三亚	0.884	3	日照	0.858	23
绥化	0.884	4	长春	0.857	24
鄂尔多斯	0.883	5	新余	0.854	25
青岛	0.878	6	朔州	0.854	26
普洱	0.877	7	常德	0.853	27
曲靖	0.877	8	沧州	0.853	28
盘锦	0.876	9	商洛	0.853	29
长沙	0.875	10	松原	0.850	30
宝鸡	0.873	11	福州	0.850	31
武威	0.873	12	重庆	0.850	32
烟台	0.872	13	亳州	0.850	33
威海	0.871	14	银川	0.849	34
巴彦淖尔	0.870	15	常州	0.849	35
广安	0.870	16	辽源	0.849	36
泰安	0.869	17	安康	0.849	37
深圳	0.865	18	晋城	0.847	38
沈阳	0.863	19	淮北	0.846	39
中山	0.861	20	汉中	0.845	40

续表

城市	指数	排名	城市	指数	排名
资阳	0.844	41	南昌	0.829	82
惠州	0.843	42	金华	0.829	83
呼伦贝尔	0.843	43	信阳	0.828	84
自贡	0.843	44	北海	0.827	85
莆田	0.842	45	岳阳	0.827	86
运城	0.842	46	鄂州	0.826	87
漯河	0.841	47	萍乡	0.826	88
广州	0.841	48	上海	0.826	89
玉林	0.841	49	佛山	0.825	90
宜昌	0.841	50	新乡	0.824	91
扬州	0.840	51	漳州	0.822	92
合肥	0.840	52	温州	0.822	93
昆明	0.840	53	湛江	0.822	94
武汉	0.840	54	内江	0.821	95
成都	0.839	55	铁岭	0.820	96
郴州	0.839	56	酒泉	0.820	97
益阳	0.839	57	宜宾	0.819	98
贵阳	0.839	58	辽阳	0.819	99
无锡	0.838	59	濮阳	0.819	100
抚州	0.836	60	许昌	0.818	101
克拉玛依	0.836	61	晋中	0.818	102
呼和浩特	0.836	62	营口	0.816	103
株洲	0.835	63	珠海	0.816	104
保山	0.835	64	宁德	0.816	105
池州	0.835	65	张家界	0.816	106
乌兰察布	0.834	66	宜春	0.816	107
鹰潭	0.834	67	淮南	0.815	108
台州	0.834	68	哈尔滨	0.815	109
湘潭	0.834	69	宣城	0.815	110
十堰	0.834	70	苏州	0.814	111
咸宁	0.834	71	秦皇岛	0.814	112
黄山	0.833	72	朝阳	0.814	113
铜陵	0.833	73	梅州	0.814	114
南通	0.832	74	潮州	0.813	115
龙岩	0.832	75	江门	0.812	116
厦门	0.831	76	怀化	0.812	117
泉州	0.831	77	镇江	0.812	118
芜湖	0.829	78	邯郸	0.810	119
遂宁	0.829	79	上饶	0.810	120
德阳	0.829	80	毕节	0.809	121
嘉兴	0.829	81	绵阳	0.809	122

城市	指数	排名	城市	指数	排名
六安	0.809	123	连云港	0.778	164
荆门	0.808	124	安庆	0.778	165
丽水	0.807	125	南宁	0.778	166
襄阳	0.806	126	张家口	0.777	167
云浮	0.805	127	石嘴山	0.777	168
广元	0.805	128	葫芦岛	0.777	169
大同	0.805	129	商丘	0.775	170
洛阳	0.805	130	保定	0.775	171
巴中	0.804	131	百色	0.775	172
桂林	0.802	132	眉山	0.775	173
衡水	0.801	133	永州	0.774	174
景德镇	0.799	134	东营	0.774	175
邢台	0.798	135	长治	0.773	176
周口	0.797	136	宿迁	0.773	177
衢州	0.797	137	清远	0.773	178
大连	0.796	138	通辽	0.773	179
南平	0.795	139	白城	0.771	180
孝感	0.795	140	济南	0.771	181
吉安	0.795	141	张掖	0.770	182
阳江	0.795	142	宿州	0.767	183
玉溪	0.794	143	吕梁	0.766	184
来宾	0.794	144	临汾	0.766	185
固原	0.793	145	梧州	0.765	186
丽江	0.791	146	六盘水	0.764	187
淮安	0.791	147	伊春	0.761	188
阜新	0.790	148	九江	0.760	189
舟山	0.790	149	枣庄	0.759	190
金昌	0.789	150	鹤壁	0.758	191
泰州	0.788	151	韶关	0.758	192
临沧	0.788	152	蚌埠	0.757	193
钦州	0.787	153	乐山	0.755	194
滁州	0.787	154	佳木斯	0.754	195
三明	0.787	155	三门峡	0.753	196
遵义	0.785	156	阜阳	0.752	197
驻马店	0.784	157	河池	0.751	198
抚顺	0.784	158	随州	0.748	199
承德	0.783	159	汕头	0.747	200
贺州	0.783	160	郑州	0.746	201
南充	0.779	161	滨州	0.746	202
天津	0.779	162	潍坊	0.745	203
汕尾	0.779	163	娄底	0.744	204

续表

城市	指数	排名	城市	指数	排名
北京	0.744	205	崇左	0.709	246
南阳	0.744	206	廊坊	0.708	247
大庆	0.743	207	忻州	0.706	248
阳泉	0.743	208	渭南	0.705	249
湖州	0.742	209	乌鲁木齐	0.705	250
济宁	0.742	210	肇庆	0.702	251
定西	0.741	211	安阳	0.702	252
达州	0.741	212	天水	0.700	253
西安	0.740	213	双鸭山	0.699	254
焦作	0.738	214	黄石	0.698	255
吴忠	0.738	215	中卫	0.698	256
聊城	0.737	216	乌海	0.698	257
唐山	0.737	217	平凉	0.696	258
德州	0.737	218	贵港	0.695	259
吉林	0.734	219	陇南	0.695	260
包头	0.734	220	平顶山	0.684	261
邵阳	0.734	221	泸州	0.683	262
临沂	0.733	222	马鞍山	0.680	263
菏泽	0.731	223	铜仁	0.673	264
防城港	0.731	224	鞍山	0.671	265
河源	0.730	225	本溪	0.670	266
衡阳	0.730	226	齐齐哈尔	0.668	267
丹东	0.730	227	雅安	0.665	268
咸阳	0.727	228	通化	0.661	269
铜川	0.726	229	南京	0.659	270
延安	0.725	230	鸡西	0.658	271
东莞	0.724	231	西宁	0.656	272
庆阳	0.723	232	揭阳	0.651	273
盐城	0.722	233	四平	0.650	274
绍兴	0.721	234	赣州	0.648	275
宁波	0.720	235	昭通	0.617	276
太原	0.717	236	榆林	0.611	277
黑河	0.717	237	荆州	0.603	278
莱芜	0.715	238	开封	0.598	279
徐州	0.715	239	白山	0.596	280
黄冈	0.715	240	柳州	0.563	281
安顺	0.713	241	嘉峪关	0.556	282
赤峰	0.713	242	兰州	0.550	283
七台河	0.710	243	白银	0.547	284
石家庄	0.710	244	攀枝花	0.520	285
锦州	0.709	245	牡丹江	0.483	286

续表

城市	指数	排名	城市	指数	排名
鹤岗	0.457	287	均值	0.778	—

注：表中指数值均保留小数点后三位，表中指数值相同但排名不同主要是因为小数点后第四位数存在差异

（五）辐射引领

辐射引领指标体现城市科技创新对国家创新驱动发展和区域协同创新发展的贡献程度。城市要提高自身的竞争力和影响力，需要促进科技创新资源、创新成果在更大空间范围内的配置及应用，发挥优势领域的辐射带动和引领示范作用，贯通创新链条，形成梯次效应，促进区域协同创新发展。辐射引领指标下设5个三级指标，分别是全市在校普通高校学生数占全省比重、全市科学技术从业人员数占全省比重、国家技术转移示范机构数、ESI学科进入全球前1%个数、财富世界500强与中国500强企业数，分别从政产学研四方面考察城市科技创新的辐射引领状况。

在城市辐射引领指数方面，排名前10位的城市依次是北京、上海、天津、重庆、乌鲁木齐、西宁、西安、武汉、海口和广州；排名后10位的城市是广安、铜川、河源、资阳、揭阳、巴中、阳江、云浮、鹤岗和汕尾（图6-6和表6-7）。

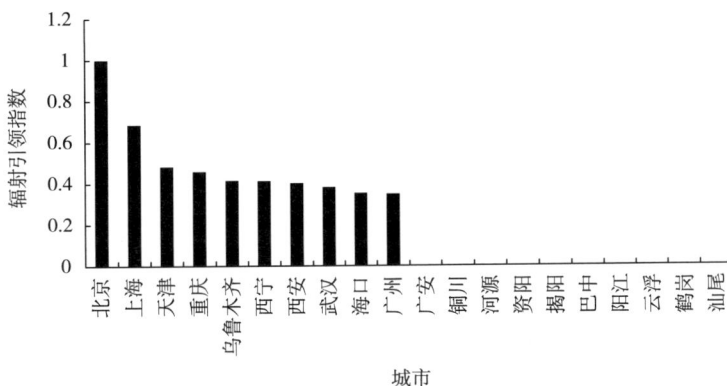

图 6-6　辐射引领指数排名前 10 位和后 10 位的城市

表6-7　辐射引领指数排名

城市	指数	排名	城市	指数	排名
北京	1.000	1	海口	0.353	9
上海	0.685	2	广州	0.349	10
天津	0.483	3	昆明	0.340	11
重庆	0.459	4	南京	0.331	12
乌鲁木齐	0.415	5	成都	0.327	13
西宁	0.413	6	银川	0.322	14
西安	0.402	7	兰州	0.311	15
武汉	0.382	8	长春	0.310	16

续表

城市	指数	排名	城市	指数	排名
杭州	0.303	17	赣州	0.044	55
哈尔滨	0.272	18	鞍山	0.044	56
长沙	0.254	19	无锡	0.043	57
贵阳	0.254	20	九江	0.043	58
太原	0.250	21	廊坊	0.042	59
合肥	0.236	22	徐州	0.042	60
南昌	0.231	23	通辽	0.040	61
福州	0.225	24	常州	0.040	62
沈阳	0.207	25	天水	0.040	63
呼和浩特	0.194	26	湘潭	0.040	64
郑州	0.191	27	唐山	0.040	65
南宁	0.184	28	秦皇岛	0.040	66
济南	0.180	29	南通	0.039	67
深圳	0.164	30	温州	0.037	68
石家庄	0.146	31	襄阳	0.036	69
青岛	0.138	32	白城	0.035	70
大连	0.126	33	镇江	0.034	71
厦门	0.117	34	株洲	0.034	72
大庆	0.102	35	潍坊	0.033	73
保定	0.097	36	蚌埠	0.033	74
苏州	0.094	37	衡阳	0.033	75
宁波	0.085	38	金华	0.032	76
桂林	0.071	39	绍兴	0.032	77
绵阳	0.068	40	东莞	0.032	78
包头	0.066	41	新乡	0.030	79
柳州	0.061	42	漳州	0.030	80
三亚	0.055	43	锦州	0.030	81
洛阳	0.054	44	岳阳	0.029	82
吉林	0.054	45	邯郸	0.029	83
遵义	0.054	46	嘉兴	0.029	84
毕节	0.053	47	固原	0.029	85
咸阳	0.053	48	呼伦贝尔	0.029	86
烟台	0.049	49	济宁	0.028	87
晋中	0.048	50	常德	0.028	88
芜湖	0.046	51	佛山	0.027	89
泉州	0.046	52	南阳	0.027	90
扬州	0.045	53	石嘴山	0.027	91
宜昌	0.044	54	四平	0.026	92

城市	指数	排名	城市	指数	排名
赤峰	0.026	93	丽江	0.017	131
鄂尔多斯	0.026	94	玉溪	0.016	132
荆州	0.026	95	淄博	0.016	133
台州	0.025	96	平顶山	0.016	134
齐齐哈尔	0.025	97	宜春	0.016	135
泰安	0.025	98	南平	0.016	136
大同	0.024	99	玉林	0.016	137
湖州	0.024	100	盐城	0.016	138
长治	0.024	101	阜新	0.016	139
佳木斯	0.023	102	宿州	0.016	140
马鞍山	0.023	103	忻州	0.016	141
张掖	0.023	104	宝鸡	0.016	142
沧州	0.023	105	汉中	0.015	143
东营	0.023	106	龙岩	0.015	144
淮南	0.022	107	承德	0.015	145
景德镇	0.022	108	南充	0.015	146
临汾	0.022	109	阳泉	0.015	147
临沂	0.022	110	北海	0.015	148
铜仁	0.022	111	安顺	0.015	149
开封	0.022	112	抚顺	0.015	150
威海	0.022	113	通化	0.014	151
珠海	0.021	114	德州	0.014	152
运城	0.021	115	三明	0.014	153
吉安	0.020	116	百色	0.014	154
克拉玛依	0.020	117	焦作	0.014	155
信阳	0.020	118	昭通	0.014	156
乌兰察布	0.019	119	泰州	0.014	157
曲靖	0.019	120	六安	0.014	158
普洱	0.019	121	武威	0.014	159
中山	0.018	122	德阳	0.014	160
张家口	0.018	123	郴州	0.014	161
安庆	0.018	124	孝感	0.013	162
崇左	0.018	125	抚州	0.013	163
牡丹江	0.018	126	淮安	0.013	164
滁州	0.018	127	湛江	0.013	165
邢台	0.018	128	怀化	0.013	166
吴忠	0.017	129	黄冈	0.013	167
丹东	0.017	130	黄石	0.013	168

续表

城市	指数	排名	城市	指数	排名
乐山	0.013	169	钦州	0.009	207
巴彦淖尔	0.013	170	梧州	0.009	208
新余	0.013	171	咸宁	0.009	209
本溪	0.013	172	鹰潭	0.009	210
十堰	0.013	173	淮北	0.009	211
连云港	0.013	174	攀枝花	0.009	212
自贡	0.012	175	永州	0.009	213
渭南	0.012	176	娄底	0.009	214
商丘	0.012	177	吕梁	0.009	215
安阳	0.012	178	松原	0.009	216
阜阳	0.012	179	宜宾	0.009	217
河池	0.012	180	荆门	0.009	218
驻马店	0.012	181	绥化	0.008	219
庆阳	0.012	182	周口	0.008	220
铜陵	0.012	183	宁德	0.008	221
滨州	0.011	184	朝阳	0.008	222
丽水	0.011	185	盘锦	0.008	223
泸州	0.011	186	池州	0.008	224
六盘水	0.011	187	衡水	0.008	225
枣庄	0.011	188	莱芜	0.008	226
上饶	0.011	189	营口	0.008	227
酒泉	0.011	190	中卫	0.008	228
平凉	0.010	191	来宾	0.008	229
榆林	0.010	192	贺州	0.008	230
保山	0.010	193	乌海	0.007	231
莆田	0.010	194	惠州	0.007	232
邵阳	0.010	195	亳州	0.007	233
雅安	0.010	196	达州	0.007	234
萍乡	0.010	197	韶关	0.007	235
许昌	0.010	198	白银	0.007	236
聊城	0.010	199	定西	0.007	237
肇庆	0.010	200	江门	0.007	238
菏泽	0.010	201	陇南	0.007	239
延安	0.010	202	商洛	0.007	240
益阳	0.010	203	黄山	0.007	241
铁岭	0.010	204	衢州	0.007	242
舟山	0.010	205	葫芦岛	0.007	243
晋城	0.009	206	安康	0.007	244

城市	指数	排名	城市	指数	排名
辽阳	0.006	245	广元	0.004	267
朔州	0.006	246	鄂州	0.004	268
漯河	0.006	247	金昌	0.003	269
汕头	0.006	248	濮阳	0.003	270
黑河	0.006	249	张家界	0.003	271
眉山	0.006	250	遂宁	0.003	272
茂名	0.006	251	清远	0.003	273
贵港	0.005	252	七台河	0.003	274
宣城	0.005	253	潮州	0.003	275
辽源	0.005	254	鹤壁	0.002	276
白山	0.005	255	随州	0.002	277
临沧	0.005	256	广安	0.002	278
宿迁	0.005	257	铜川	0.002	279
内江	0.005	258	河源	0.002	280
双鸭山	0.005	259	资阳	0.002	281
梅州	0.004	260	揭阳	0.002	282
鸡西	0.004	261	巴中	0.002	283
日照	0.004	262	阳江	0.002	284
嘉峪关	0.004	263	云浮	0.001	285
伊春	0.004	264	鹤岗	0.001	286
三门峡	0.004	265	汕尾	0.001	287
防城港	0.004	266	均值	0.054	—

注：表中指数值均保留小数点后三位，表中指数值相同但排名不同主要是因为小数点后第四位数存在差异

第七章 不同省域内城市科技创新发展指数比较

科技创新能力是城市的核心竞争力。对各城市科技创新发展水平进行评价,可以明晰各城市在所属省域内的地位以及与省域内其他城市相比具有的优势和劣势,为城市提升自身科技创新实力提供针对性借鉴。本章对我国不同省域内的城市科技创新发展指数进行排名与比较分析,由于样本数量所限,本章未对北京、上海、天津、重庆四个直辖市以及青海、海南、新疆、西藏所辖城市进行排名比较。城市科技创新发展指数及各项一级指标全国平均值见图7-1。

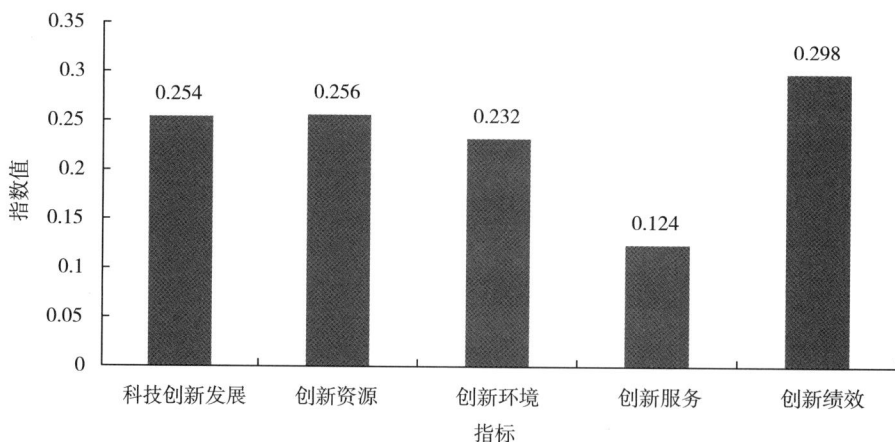

图 7-1 城市科技创新发展指数及各项一级指标全国平均值

一、安徽省城市科技创新发展指数排名及分析

安徽,省会合肥,下辖主要城市有安庆、蚌埠、池州、滁州、阜阳、合肥、淮北、淮南、黄山、六安、马鞍山、宿州、铜陵、芜湖、宣城和亳州。安徽各市科技创新发展指数及排名如表7-1所示。

表7-1 安徽各市科技创新发展指数及排名

城市	科技创新发展指数	全国排名	省内排名
合肥	0.319	34	1
芜湖	0.275	58	2
铜陵	0.274	59	3
全国平均值	0.254		
马鞍山	0.249	102	4
淮北	0.244	116	5
黄山	0.232	160	6
蚌埠	0.230	166	7
安庆	0.230	168	8
池州	0.230	170	9
淮南	0.229	173	10
宣城	0.228	181	11
亳州	0.224	200	12
滁州	0.223	204	13
宿州	0.217	231	14
六安	0.217	232	15
阜阳	0.200	277	16

注：表中指数值均保留小数点后三位，表中指数值相同但排名不同主要是因为小数点后第四位数存在差异

安徽各市科技创新发展指数排名由高到低依次为合肥、芜湖、铜陵、马鞍山、淮北、黄山、蚌埠、安庆、池州、淮南、宣城、亳州、滁州、宿州、六安和阜阳，其中，合肥、芜湖、铜陵三市的科技创新发展指数高于全国平均值。

在创新资源一级指标中安徽各市的排名依次为合肥、铜陵、芜湖、淮南、蚌埠、马鞍山、淮北、池州、宿州、安庆、六安、宣城、滁州、黄山、阜阳和亳州（图7-2）。淮北及排名在其后城市的创新资源指数均低于全国平均值。

在创新环境一级指标中安徽各市的排名依次为铜陵、合肥、淮北、马鞍山、芜湖、蚌埠、安庆、黄山、淮南、滁州、宿州、宣城、池州、六安、亳州和阜阳（图7-3）。芜湖及排名在其后城市的创新环境指数均低于全国平均值。

在创新服务一级指标中安徽各市的排名依次为亳州、合肥、宿州、安庆、淮北、芜湖、马鞍山、滁州、宣城、阜阳、黄山、池州、铜陵、六安、蚌埠和淮南（图7-4）。阜阳及排名在其后城市的创新服务指数均低于全国平均值。

在创新绩效一级指标中安徽各市的排名依次为合肥、芜湖、黄山、铜陵、池州、宣城、亳州、六安、马鞍山、滁州、淮北、安庆、淮南、蚌埠、宿州和阜阳（图7-5）。宣城及排名在其后城市的创新绩效指数均低于全国平均值。

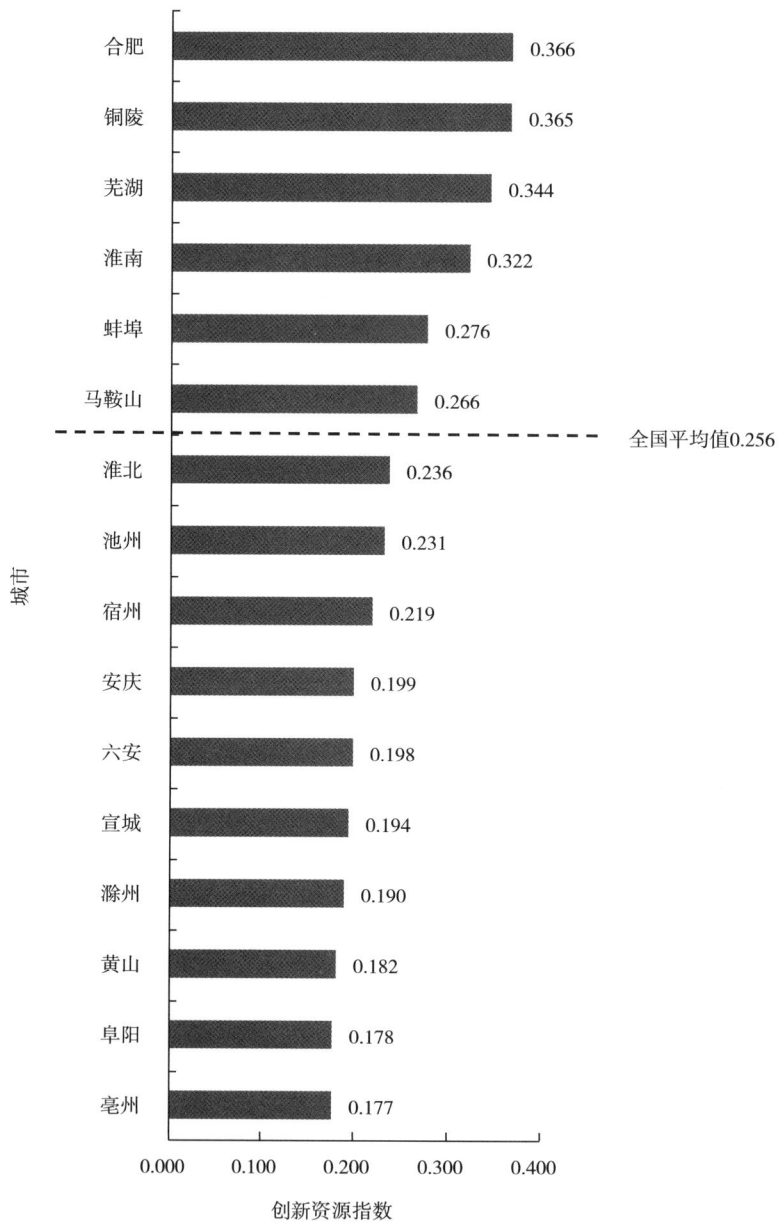

图 7-2　安徽各市创新资源指数

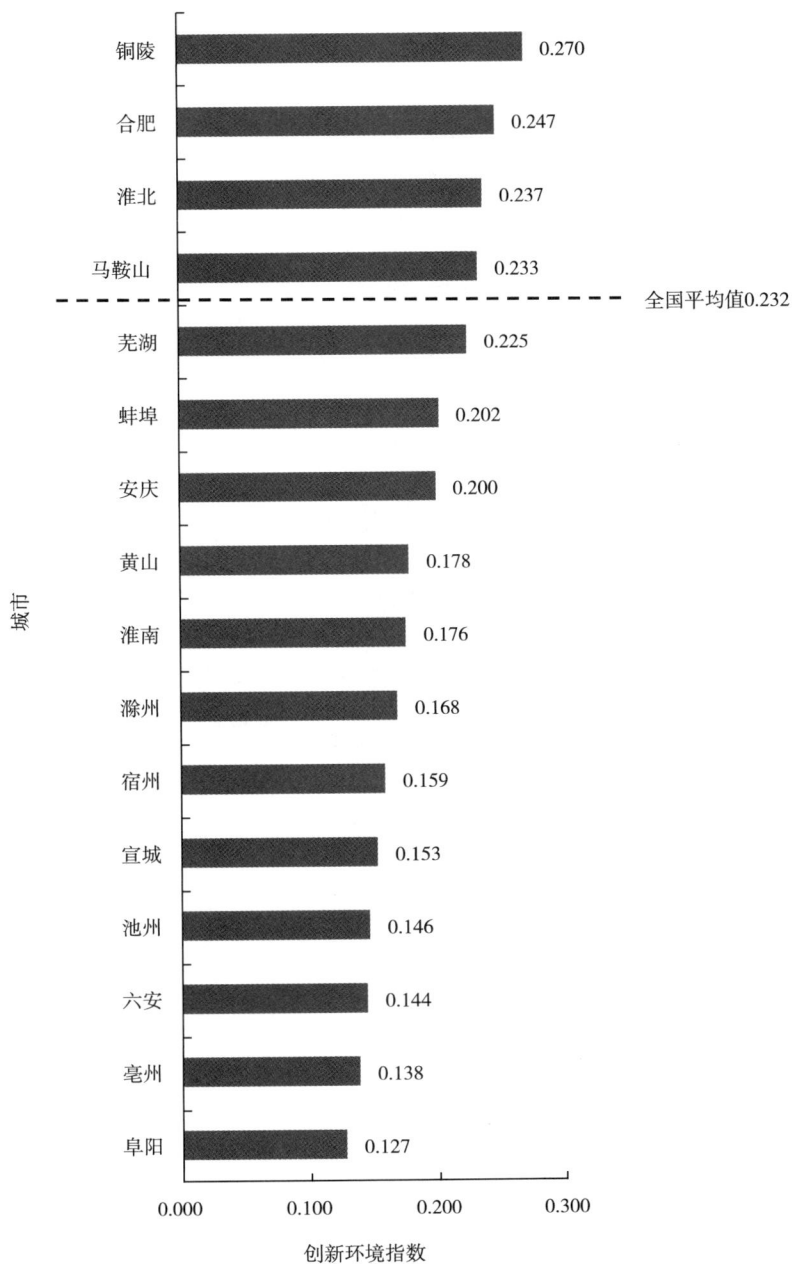

图 7-3　安徽各市创新环境指数

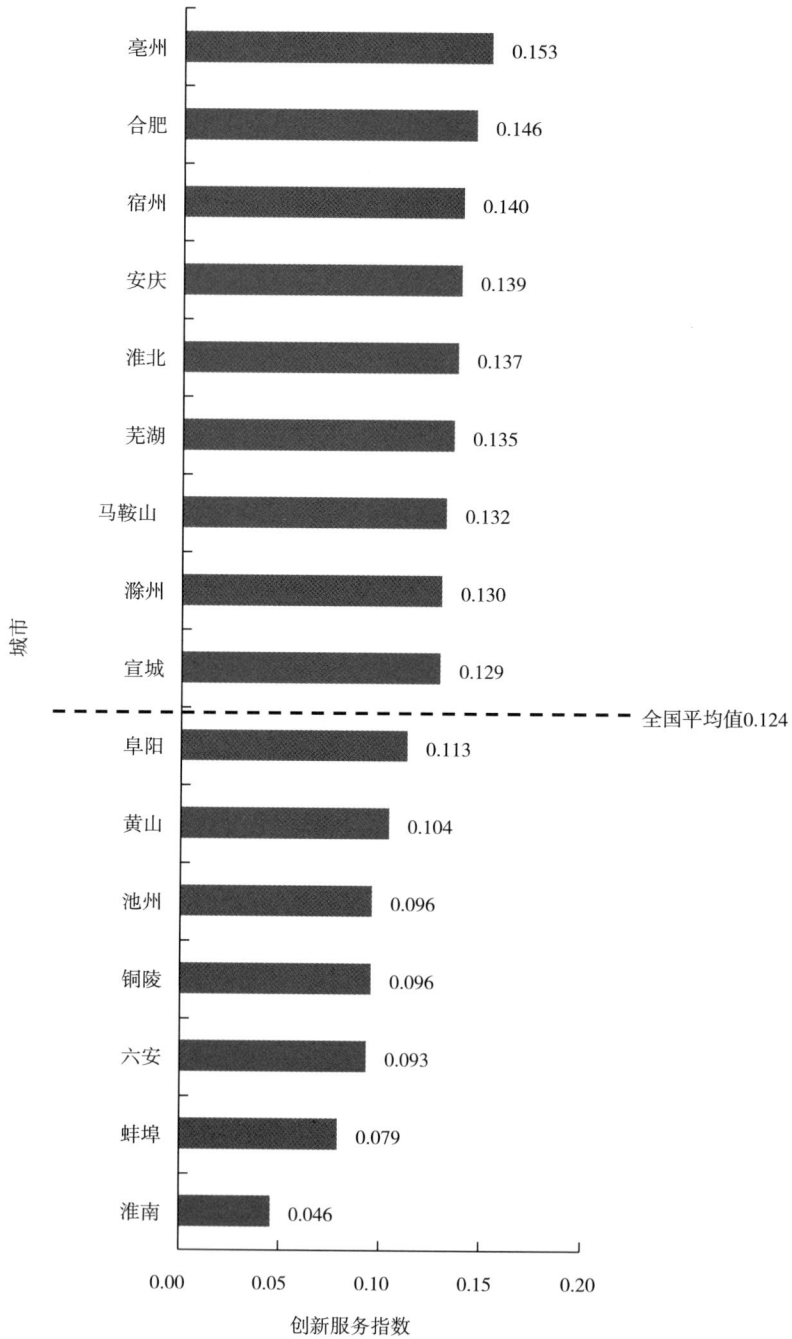

图 7-4　安徽各市创新服务指数

图中指数值均保留小数点后三位数，图中城市指数值相同但排名不同主要是因为小数点后第四位数存在差异

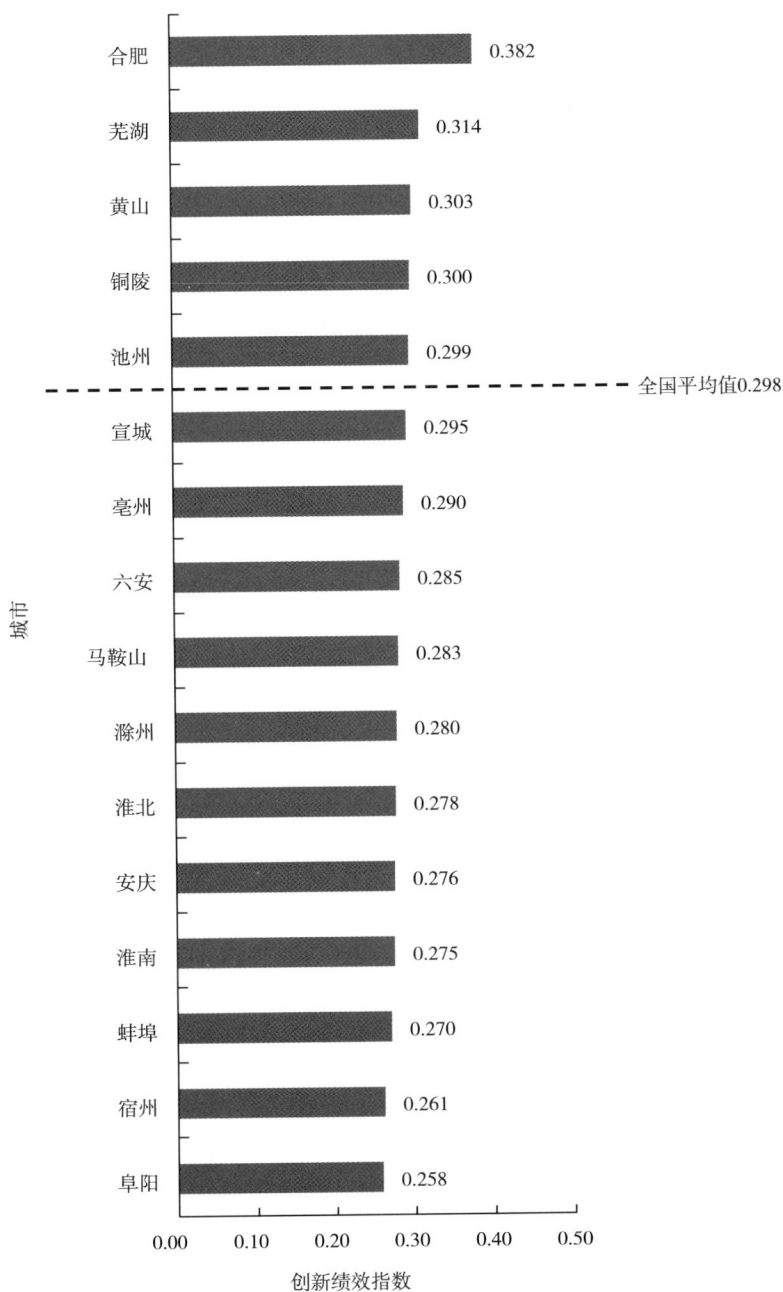

图 7-5　安徽各市创新绩效指数

二、福建省城市科技创新发展指数排名及分析

福建，省会福州，下辖主要城市有福州、莆田、泉州、厦门、漳州、龙岩、三明、

南平和宁德。福建各市科技创新发展指数及排名如表7-2所示。

表7-2　福建各市科技创新发展指数及排名

城市	科技创新发展指数	全国排名	省内排名
厦门	0.378	11	1
福州	0.320	33	2
泉州	0.270	65	3
莆田	0.269	66	4
全国平均值	0.254		
龙岩	0.252	94	5
三明	0.252	95	6
漳州	0.247	106	7
南平	0.235	148	8
宁德	0.228	179	9

注：表中指数值均保留小数点后三位，表中指数值相同但排名不同主要是因为小数点后第四位数存在差异

福建各市科技创新发展指数排名依次为厦门、福州、泉州、莆田、龙岩、三明、漳州、南平和宁德。其中，厦门全国排名为第11位，大幅领先于省会福州。龙岩、三明、漳州、南平和宁德均落后于全国平均值。

在创新资源一级指标中福建各市的排名依次为厦门、莆田、福州、龙岩、泉州、南平、三明、漳州和宁德（图7-6）。龙岩及排名在其后城市的创新资源指数均低于全国平均值。

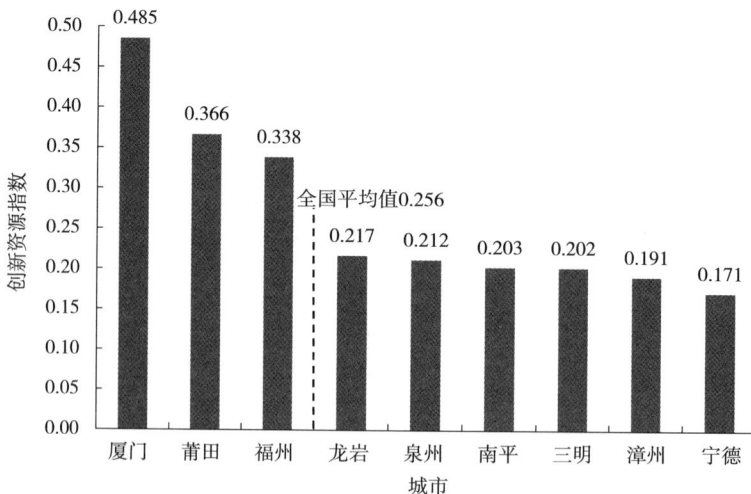

图7-6　福建各市创新资源指数

在创新环境一级指标中福建各市的排名依次为三明、厦门、泉州、龙岩、福州、漳州、南平、宁德和莆田（图7-7）。漳州及排名在其后城市的创新环境指数均低于全国平均值。

在创新服务一级指标中福建各市的排名依次为厦门、莆田、福州、泉州、漳州、龙

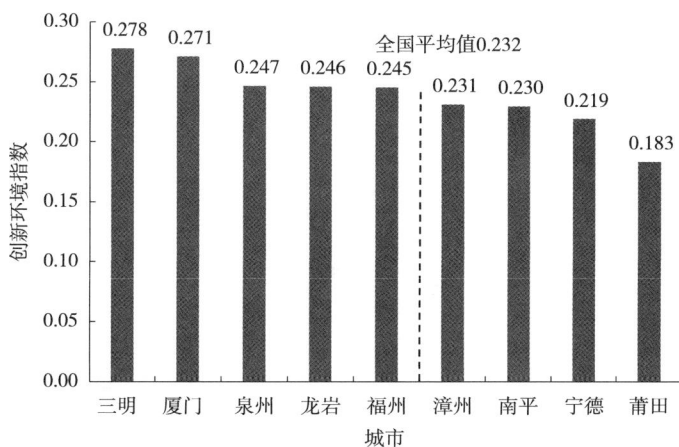

图 7-7　福建各市创新环境指数

岩、宁德、三明和南平（图7-8）。漳州及排名在其后城市的创新服务指数均低于全国平均值。

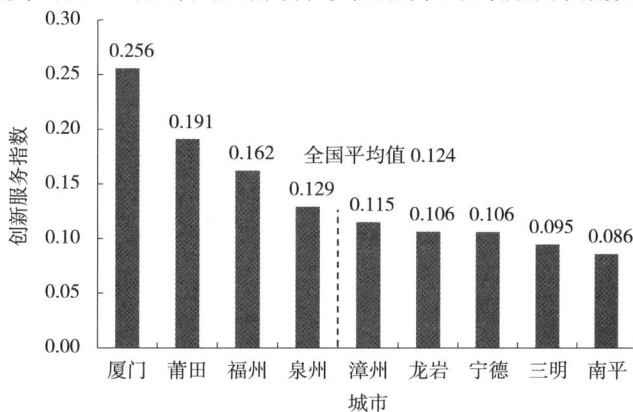

图 7-8　福建各市创新服务指数

图中指数值均保留小数点后三位数，图中城市指数值相同但排名不同主要是因为小数点后第四位数存在差异

在创新绩效一级指标中福建各市的排名依次为厦门、福州、泉州、漳州、龙岩、三明、莆田、南平和宁德（图7-9）。南平和宁德的创新绩效指数均低于全国平均值。

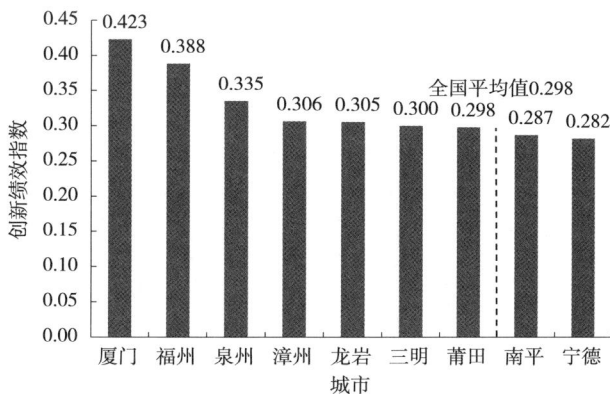

图 7-9　福建各市创新绩效指数

三、甘肃省城市科技创新发展指数排名及分析

甘肃，省会兰州，下辖主要城市有兰州、酒泉、武威、张掖、天水、嘉峪关、金昌、庆阳、定西、平凉、白银和陇南。甘肃各市科技创新发展指数及排名如表7-3所示。

表7-3　甘肃各市科技创新发展指数及排名

城市	科技创新发展指数	全国排名	省内排名
兰州	0.318	36	1
酒泉	0.256	87	2
武威	0.254	88	3
全国平均值	0.254		
张掖	0.247	107	4
天水	0.228	184	5
嘉峪关	0.227	186	6
金昌	0.222	214	7
庆阳	0.218	227	8
定西	0.216	235	9
平凉	0.197	281	10
白银	0.195	282	11
陇南	0.173	287	12

甘肃各市科技创新发展指数的排名依次为兰州、酒泉、武威、张掖、天水、嘉峪关、金昌、庆阳、定西、平凉、白银和陇南。其中，兰州、酒泉和武威的科技创新发展指数高于全国平均值。

在创新资源一级指标中甘肃各市的排名依次为兰州、嘉峪关、天水、张掖、武威、酒泉、平凉、白银、金昌、庆阳、陇南和定西（图7-10）。其中，武威及排名在其后城市的创新资源指数均低于全国平均值。

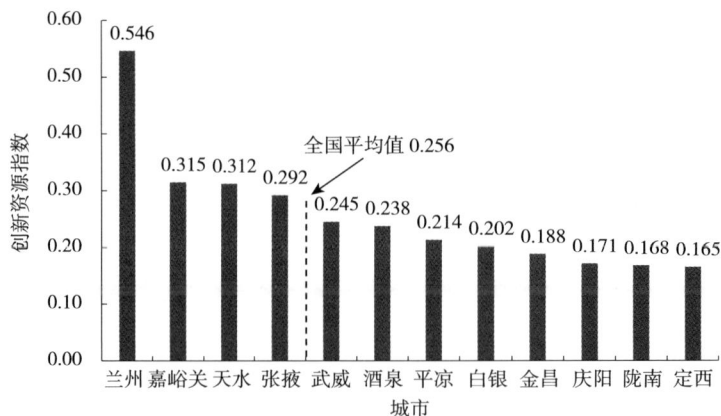

图 7-10　甘肃各市创新资源指数

在创新环境一级指标中甘肃各市的排名依次为嘉峪关、白银、金昌、酒泉、兰州、武威、张掖、平凉、定西、庆阳、天水和陇南（图7-11）。其中，兰州及排名在其后城市的创新环境指数均低于全国平均值。

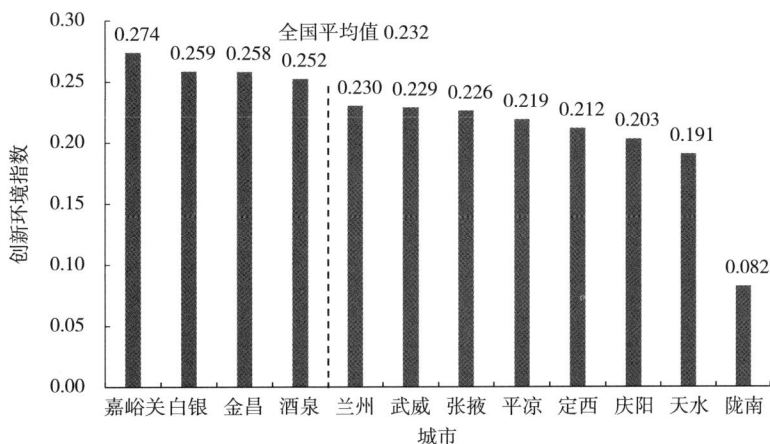

图 7-11　甘肃各市创新环境指数

在创新服务一级指标中甘肃各市的排名依次为武威、庆阳、张掖、兰州、定西、嘉峪关、酒泉、天水、白银、陇南、金昌和平凉（图7-12）。其中，陇南及排名在其后城市的创新服务数均低于全国平均值。

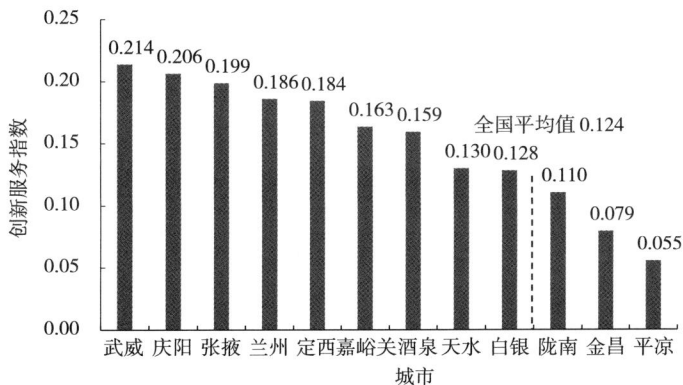

图 7-12　甘肃各市创新服务指数

在创新绩效一级指标中甘肃各市的排名依次为兰州、酒泉、武威、金昌、张掖、天水、定西、庆阳、陇南、平凉、嘉峪关和白银（图7-13）。其中，仅兰州的创新绩效指数高于全国平均值。

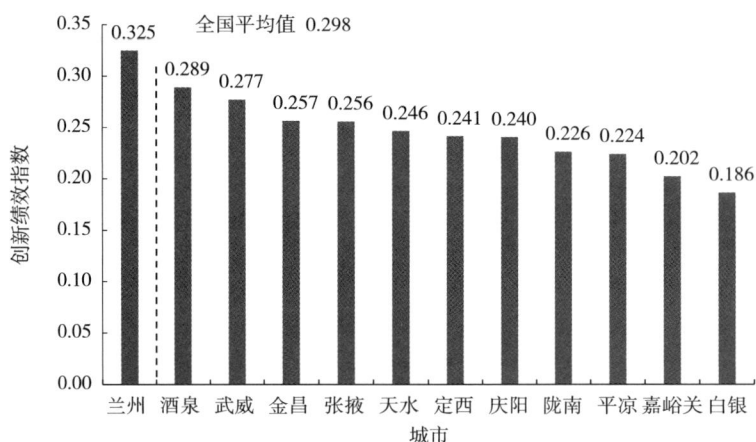

图 7-13　甘肃各市创新绩效指数

四、广东省城市科技创新发展指数排名及分析

　　广东，省会广州，下辖主要城市有深圳、广州、东莞、珠海、中山、佛山、惠州、江门、茂名、湛江、汕头、韶关、潮州、肇庆、阳江、云浮、清远、梅州、汕尾、河源和揭阳等。广东各市科技创新发展指数及排名如表7-4所示。

表7-4　广东各市科技创新发展指数及排名

城市	科技创新发展指数	全国排名	省内排名
深圳	0.587	2	1
广州	0.464	4	2
东莞	0.452	5	3
珠海	0.376	13	4
中山	0.356	18	5
佛山	0.324	30	6
惠州	0.299	47	7
江门	0.262	73	8
全国平均值	0.254		
茂名	0.253	93	9
湛江	0.242	119	10
汕头	0.241	125	11
韶关	0.239	133	12
潮州	0.237	138	13
肇庆	0.234	150	14
阳江	0.233	156	15
云浮	0.230	167	16

续表

城市	科技创新发展指数	全国排名	省内排名
清远	0.223	208	17
梅州	0.222	215	18
汕尾	0.215	239	19
河源	0.207	260	20
揭阳	0.206	263	21

　　广东各市科技创新发展指数排名依次为深圳、广州、东莞、珠海、中山、佛山、惠州、江门、茂名、湛江、汕头、韶关、潮州、肇庆、阳江、云浮、清远、梅州、汕尾、河源和揭阳。其中，深圳、广州、东莞、珠海、中山、佛山、惠州和江门的科技创新发展指数均高于全国平均值，且广东各市排名前三甲的城市科技创新发展指数均排在全国前五位，但清远、梅州、汕尾、河源和揭阳5市均排在全国200名以后，省内创新发展存在严重的不均衡现象。

　　在创新资源一级指标中广东各市的排名依次为广州、珠海、中山、东莞、深圳、汕头、佛山、潮州、惠州、茂名、江门、湛江、揭阳、清远、韶关、云浮、肇庆、阳江、汕尾、梅州和河源（图7-14）。湛江及排名在其后城市的创新资源指数均低于全国平均值。

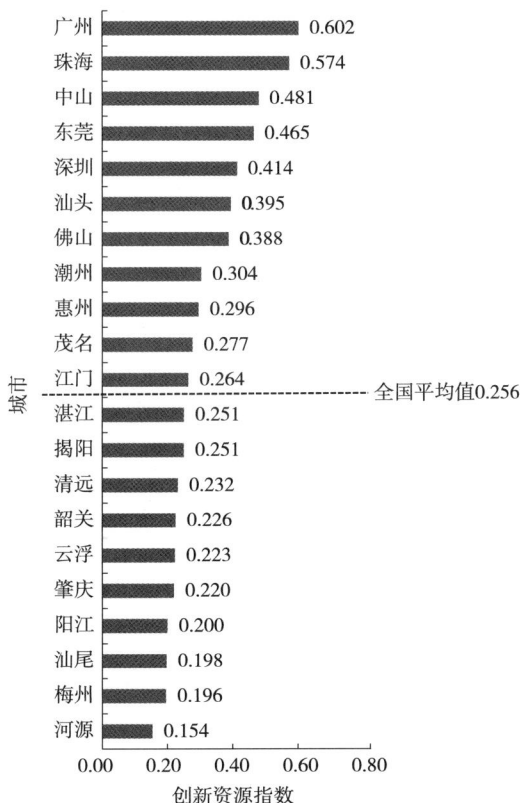

图 7-14　广东各市创新资源指数

图中指数值均保留小数点后三位数，图中城市指数值相同但排名不同主要是因为小数点后第四位数存在差异

在创新环境一级指标中广东各市的排名依次为深圳、东莞、广州、珠海、佛山、中山、惠州、云浮、肇庆、江门、韶关、湛江、河源、阳江、梅州、茂名、清远、潮州、揭阳、汕尾和汕头（图7-15）。云浮及排名在其后城市的创新环境指数均低于全国平均值。

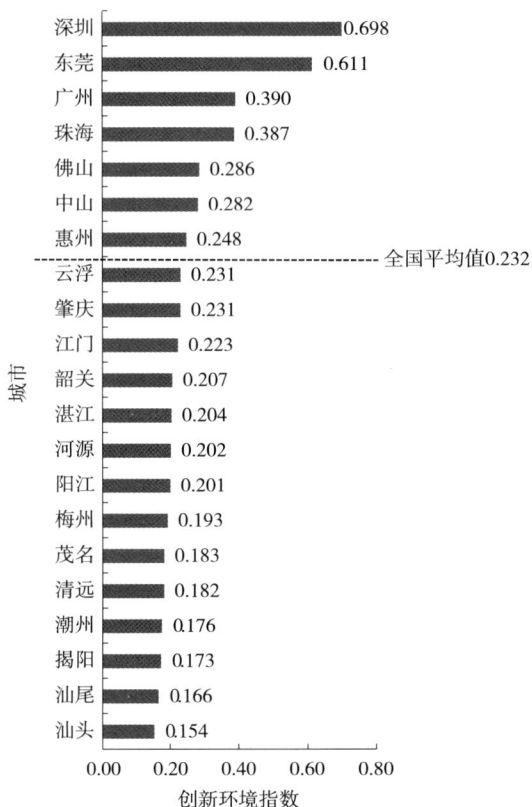

图 7-15　广东各市创新环境指数

图中指数值均保留小数点后三位数，图中城市指数值相同但排名不同主要是因为小数点后第四位数存在差异

在创新服务一级指标中广东各市的排名依次为深圳、东莞、广州、中山、珠海、佛山、惠州、肇庆、韶关、江门、阳江、揭阳、云浮、河源、茂名、汕尾、湛江、汕头、梅州、潮州和清远（图7-16）。河源及排名在其后城市的创新服务指数均低于全国平均值。

在创新绩效一级指标中广东各市的排名依次为深圳、广州、东莞、中山、珠海、惠州、佛山、茂名、江门、湛江、潮州、阳江、韶关、梅州、清远、汕头、汕尾、云浮、肇庆、河源和揭阳（图7-17）。湛江及排名在其后城市的创新绩效指数均低于全国平均值。

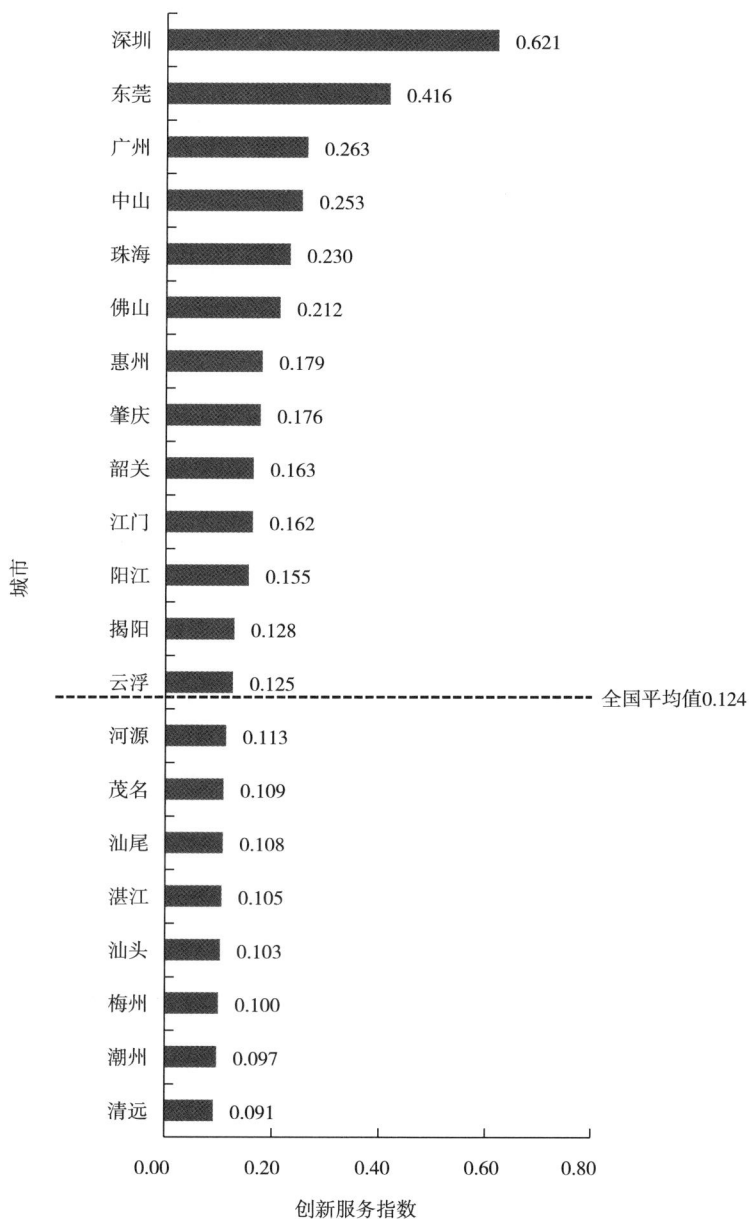

图 7-16　广东各市创新服务指数

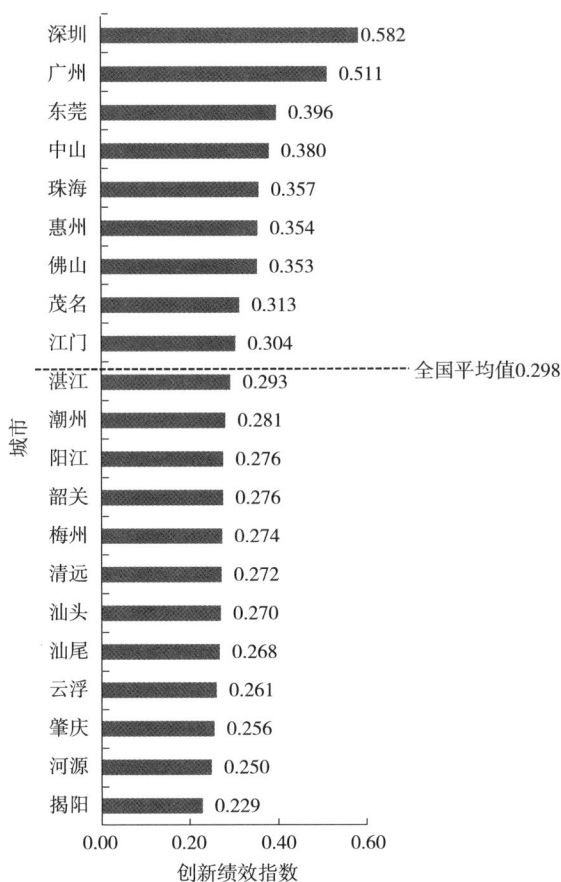

图 7-17　广东各市创新绩效指数

图中指数值均保留小数点后三位数，图中城市指数值相同但排名不同主要是因为小数点后第四位数存在差异

五、广西壮族自治区城市科技创新发展指数排名及分析

　　广西，首府南宁，下辖主要城市有南宁、北海、桂林、防城港、来宾、贺州、钦州、玉林、贵港、崇左、梧州、柳州、百色和河池。广西各市科技创新发展指数及排名如表7-5所示。

表7-5　广西各市科技创新发展指数及排名

城市	科技创新发展指数	全国排名	城市群内部排名
南宁	0.281	54	1
全国平均值	0.254		
北海	0.250	100	2
桂林	0.245	113	3

续表

城市	科技创新发展指数	全国排名	城市群内部排名
防城港	0.238	136	4
来宾	0.233	159	5
贺州	0.232	161	6
钦州	0.231	164	7
玉林	0.229	172	8
贵港	0.223	207	9
崇左	0.220	223	10
梧州	0.218	229	11
柳州	0.214	243	12
百色	0.209	255	13
河池	0.208	257	14

广西各市科技创新发展指数排名依次为南宁、北海、桂林、防城港、来宾、贺州、钦州、玉林、贵港、崇左、梧州、柳州、百色和河池。其中仅南宁的科技创新发展指数高于全国平均值，在全国排第54名。

在创新资源一级指标中广西各市的排名依次为南宁、贵港、贺州、来宾、北海、钦州、柳州、崇左、桂林、玉林、防城港、梧州、河池和百色（图7-18）。其中，崇左及排名在其后城市的创新资源指数均低于全国平均值。

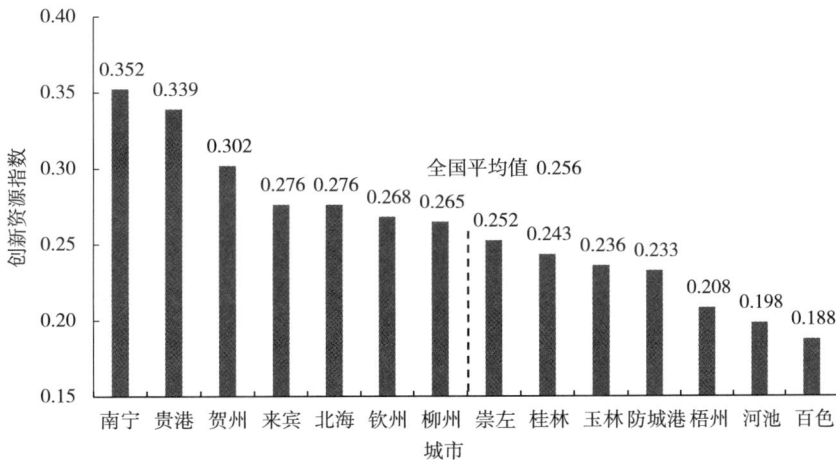

图 7-18　广西各市创新资源指数

图中指数值均保留小数点后三位数，图中城市指数值相同但排名不同主要是因为小数点后第四位数存在差异

在创新环境一级指标中广西各市的排名依次为柳州、钦州、南宁、桂林、来宾、北海、河池、梧州、崇左、防城港、百色、玉林、贵港和贺州（图7-19）。所有城市创新环境指数均低于全国平均值。

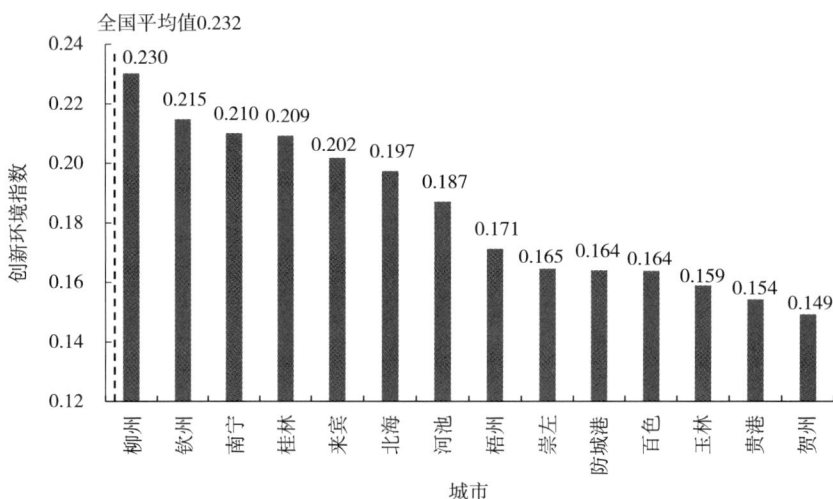

图 7-19 广西各市创新环境指数

图中指数值均保留小数点后三位数，图中城市指数值相同但排名不同主要是因为小数点后第四位数存在差异

在创新服务一级指标中广西各市的排名依次为防城港、北海、崇左、南宁、贺州、柳州、梧州、贵港、玉林、桂林、来宾、百色、河池和钦州（图7-20）。其中，北海及排名在其后城市的创新服务指数均低于全国平均值。

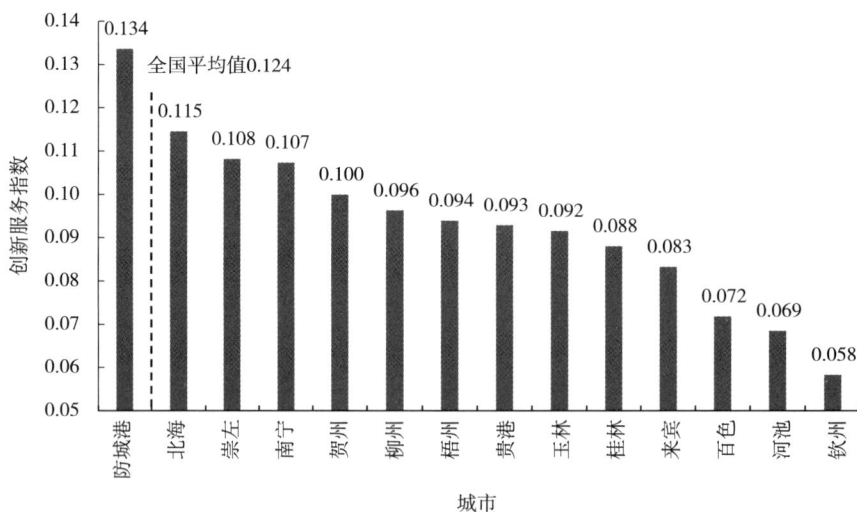

图 7-20 广西各市创新服务指数

在创新绩效一级指标中广西各市的排名依次为南宁、桂林、北海、防城港、玉林、贺州、钦州、来宾、梧州、百色、崇左、河池、贵港和柳州（图7-21）。其中，防城港及排名在其后城市的创新绩效指数均低于全国平均值。

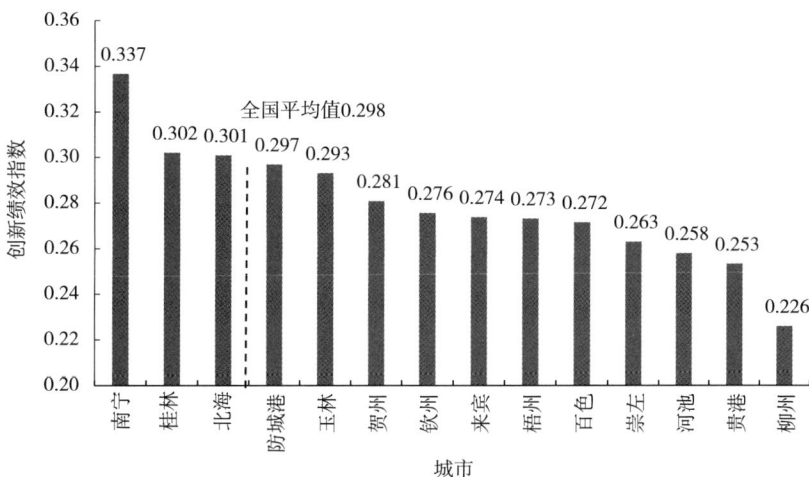

图 7-21　广西各市创新绩效指数

六、贵州省城市科技创新发展指数排名及分析

贵州，省会贵阳，下辖主要城市有贵阳、遵义、六盘水、安顺、铜仁、毕节、黔西南布依族苗族自治州、黔东南苗族侗族自治州、黔南布依族苗族自治州。贵州各市科技创新发展指数及排名如表7-6所示。

表7-6　贵州各市科技创新发展指数及排名

城市	科技创新发展指数	全国排名	省内排名
贵阳	0.333	28	1
全国平均值	0.254		
遵义	0.251	96	2
毕节	0.240	130	3
安顺	0.207	258	4
六盘水	0.207	262	5
铜仁	0.201	274	6

注：表中指数值均保留小数点后三位，表中指数值相同但排名不同主要是因为小数点后第四位数存在差异

贵州各市科技创新发展指数排名依次为贵阳、遵义、毕节、安顺、六盘水和铜仁。其中，仅贵阳的科技创新发展指数高于全国平均值。

在创新资源一级指标中贵州各市的排名依次为贵阳、毕节、安顺、铜仁、遵义和六盘水（图7-22）。其中，仅贵阳和毕节的创新资源指数高于全国平均值。

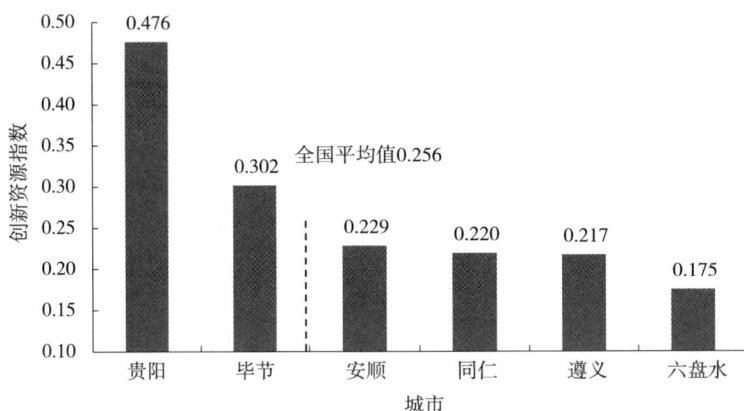

图 7-22　贵州各市创新资源指数

在创新环境一级指标中贵州各市的排名依次为遵义、贵阳、铜仁、六盘水、毕节和安顺（图7-23）。其中，仅遵义的创新环境指数高于全国平均值。

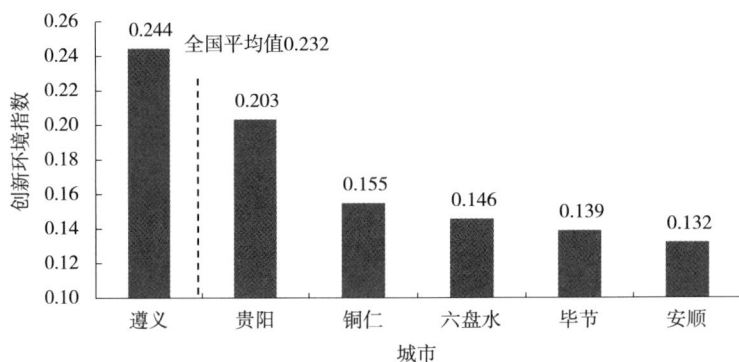

图 7-23　贵州各市创新环境指数

在创新服务一级指标中贵州各市的排名依次为贵阳、遵义、毕节、安顺、六盘水和铜仁（图7-24）。其中，六盘水和铜仁的创新服务指数低于全国平均值。

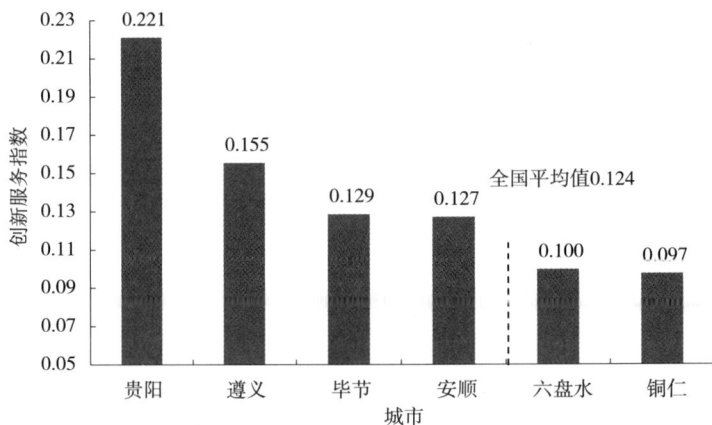

图 7-24　贵州各市创新服务指数

在创新绩效一级指标中贵州各市的排名依次为贵阳、毕节、遵义、六盘水、安顺和铜仁（图7-25）。其中，仅贵阳的创新绩效指数高于全国平均值。

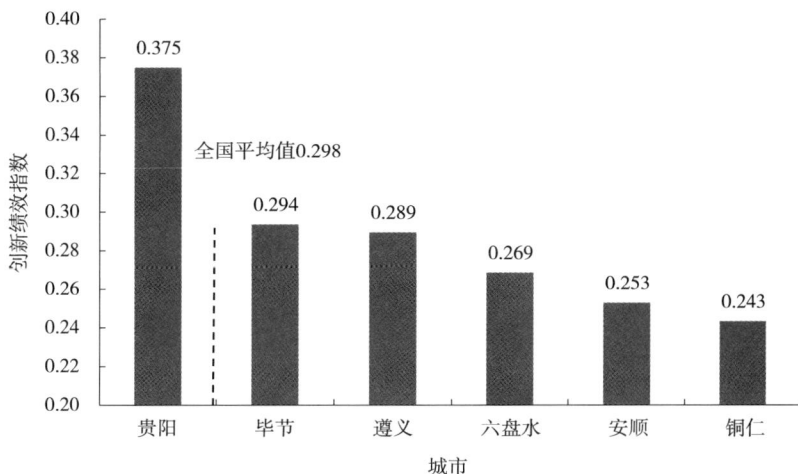

图 7-25　贵州各市创新绩效指数

七、河北省城市科技创新发展指数排名及分析

河北，省会石家庄，下辖主要城市有保定、唐山、承德、廊坊、沧州、衡水、邢台、邯郸、秦皇岛和张家口。河北各市科技创新发展指数及排名如表7-7所示。

表7-7　河北各市科技创新发展指数及排名

城市	科技创新发展指数	全国排名	省内排名
石家庄	0.276	55	1
秦皇岛	0.266	69	2
沧州	0.256	85	3
唐山	0.256	86	4
全国平均值	0.254		
保定	0.242	122	5
廊坊	0.238	135	6
邯郸	0.237	139	7
承德	0.229	177	8
邢台	0.226	194	9
张家口	0.222	211	10
衡水	0.211	249	11

注：表中指数值均保留小数点后三位，表中指数值相同但排名不同主要是因为小数点后第四位数存在差异

河北各市科技创新发展指数排名依次为石家庄、秦皇岛、沧州、唐山、保定、廊坊、邯郸、承德、邢台、张家口和衡水。其中，石家庄、秦皇岛、沧州和唐山的科技创新发

展指数高于全国平均值。

在创新资源一级指标中河北各市的排名依次为石家庄、秦皇岛、唐山、保定、廊坊、邯郸、承德、张家口、邢台、沧州和衡水（图7-26）。其中，保定及排名在其后城市的创新资源指数均低于全国平均值。

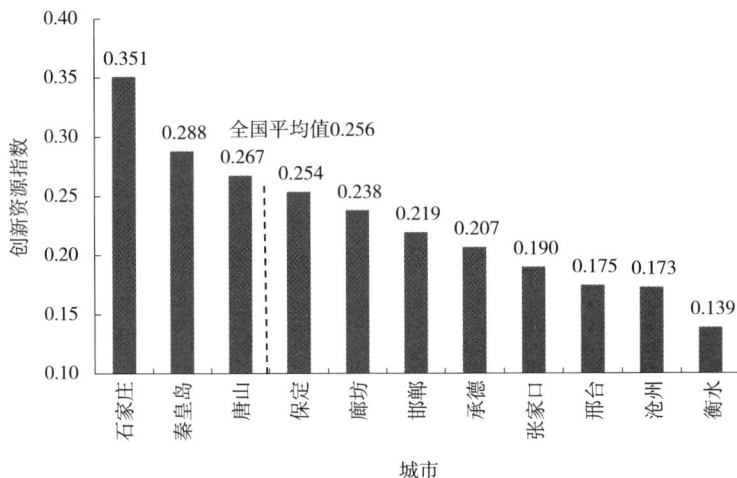

图 7-26　河北各市创新资源指数

在创新环境一级指标中河北各市的排名依次为秦皇岛、唐山、沧州、邢台、石家庄、承德、邯郸、张家口、保定、廊坊和衡水（图7-27）。其中，张家口及排名在其后城市的创新环境指数均低于全国平均值。

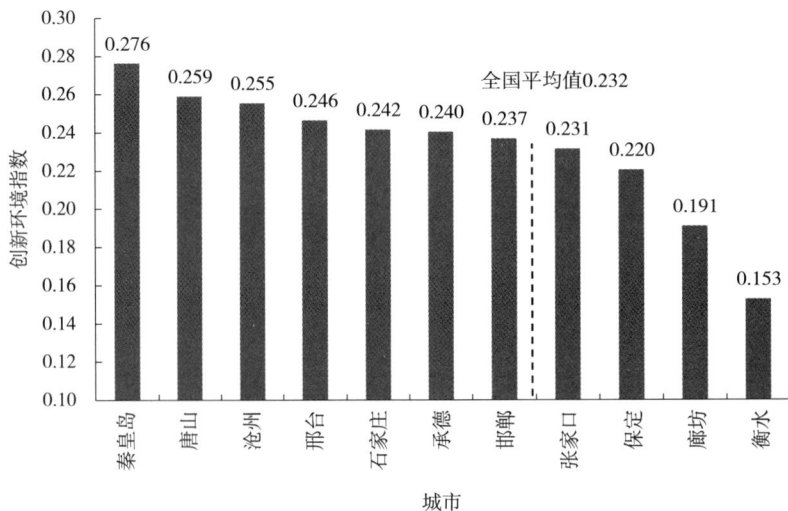

图 7-27　河北各市创新环境指数

在创新服务一级指标中河北各市的排名依次为衡水、廊坊、沧州、保定、邢台、秦皇岛、石家庄、邯郸、唐山、承德和张家口（图7-28）。其中，沧州及排名在其后城市的创新服务指数均低于全国平均值。

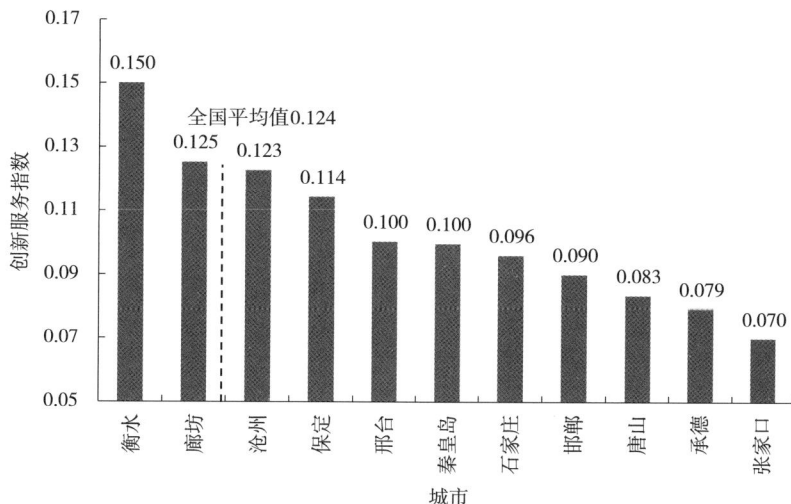

图 7-28　河北各市创新服务指数

图中指数值均保留小数点后三位数，图中城市指数值相同但排名不同主要是因为小数点后第四位数存在差异

在创新绩效一级指标中河北各市的排名依次为石家庄、沧州、秦皇岛、唐山、廊坊、邯郸、保定、承德、衡水、张家口和邢台（图7-29）。其中，廊坊及排名在其后城市的创新绩效指数均低于全国平均值。

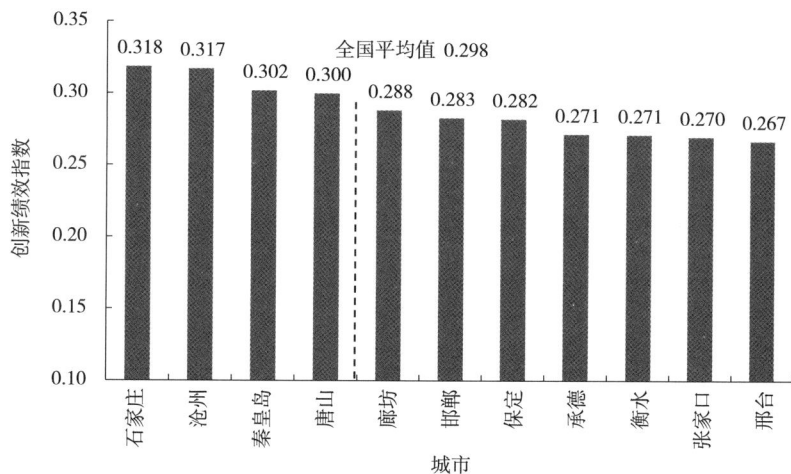

图 7-29　河北各市创新绩效指数

图中指数值均保留小数点后三位数，图中城市指数值相同但排名不同主要是因为小数点后第四位数存在差异

八、河南省城市科技创新发展指数排名及分析

河南，省会郑州，下辖主要城市有郑州、洛阳、许昌、三门峡、新乡、焦作、濮阳、

漯河、信阳、南阳、鹤壁、驻马店、商丘、安阳、平顶山、开封和周口。河南各市科技创新发展指数及排名如表7-8所示。

表7-8　河南各市科技创新发展指数及排名

城市	科技创新发展指数	全国排名	省内排名
郑州	0.314	40	1
洛阳	0.269	67	2
全国平均值	0.254		
许昌	0.239	134	3
三门峡	0.236	145	4
新乡	0.229	176	5
焦作	0.228	183	6
濮阳	0.223	205	7
漯河	0.221	216	8
信阳	0.220	218	9
南阳	0.214	241	10
鹤壁	0.213	245	11
驻马店	0.206	264	12
商丘	0.206	266	13
安阳	0.206	267	14
平顶山	0.205	269	15
开封	0.203	272	16
周口	0.192	284	17

注：表中指数值均保留小数点后三位，表中指数值相同但排名不同主要是因为小数点后第四位数存在差异

河南各市科技创新发展指数排名依次为郑州、洛阳、许昌、三门峡、新乡、焦作、濮阳、漯河、信阳、南阳、鹤壁、驻马店、商丘、安阳、平顶山、开封和周口。其中，仅郑州和洛阳的科技创新发展指数高于全国平均值。

在创新资源一级指标中河南各市的排名依次为郑州、洛阳、漯河、新乡、鹤壁、焦作、信阳、南阳、安阳、许昌、平顶山、开封、商丘、濮阳、三门峡、驻马店和周口（图7-30）。其中，漯河及排名在其后城市的创新资源指数均低于全国平均值。

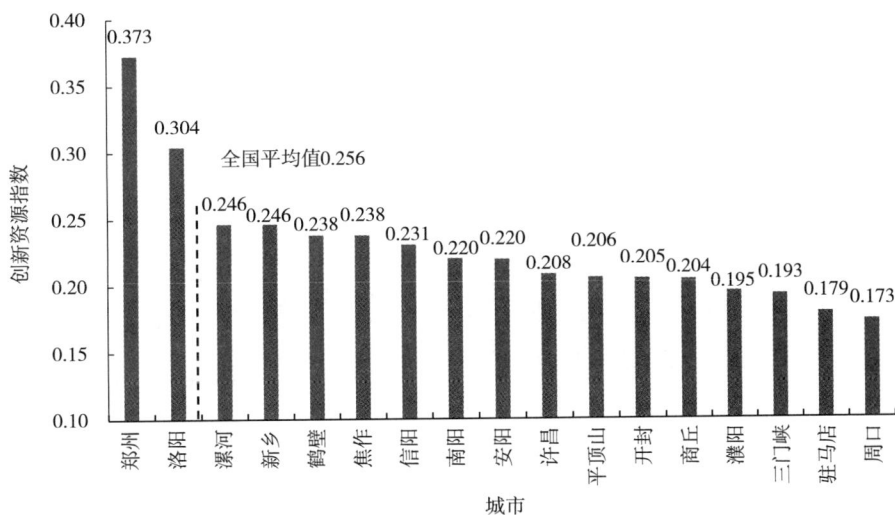

图 7-30　河南各市创新资源指数

图中指数值均保留小数点后三位数，图中城市指数值相同但排名不同主要是因为小数点后第四位数存在差异

在创新环境一级指标中河南各市的排名依次为三门峡、郑州、焦作、许昌、开封、洛阳、鹤壁、漯河、濮阳、南阳、平顶山、安阳、驻马店、新乡、商丘、信阳和周口（图7-31）。其中，洛阳及排名在其后城市的创新环境指数均低于全国平均值。

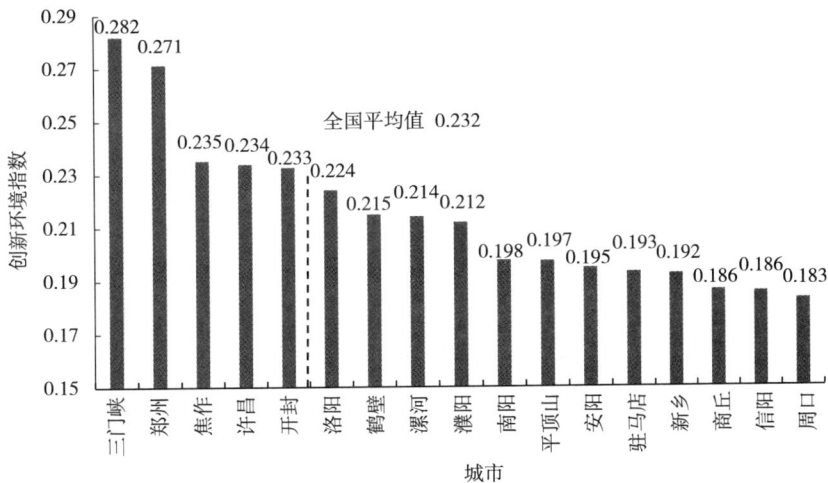

图 7-31　河南各市创新环境指数

图中指数值均保留小数点后三位数，图中城市指数值相同但排名不同主要是因为小数点后第四位数存在差异

在创新服务一级指标中河南各市的排名依次为郑州、三门峡、洛阳、开封、许昌、濮阳、焦作、信阳、平顶山、南阳、驻马店、新乡、鹤壁、商丘、安阳、漯河和周口（图7-32）。其中，许昌及排名在其后城市的创新服务指数均低于全国平均值。

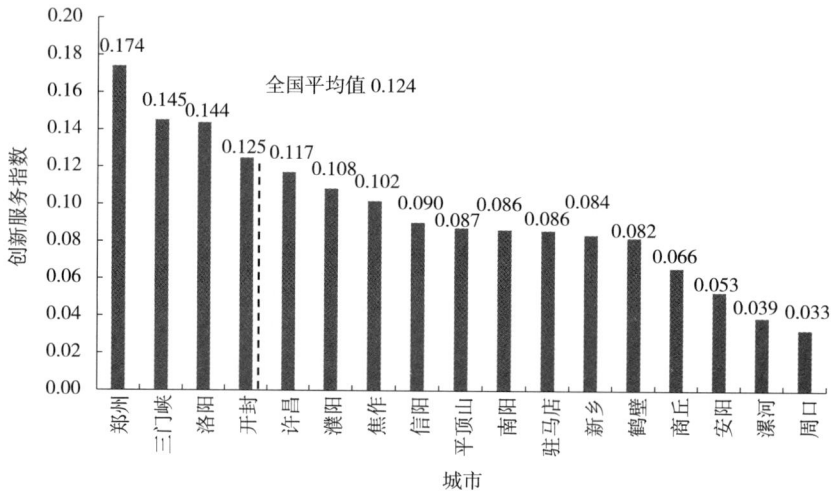

图 7-32　河南各市创新服务指数

图中指数值均保留小数点后三位数，图中城市指数值相同但排名不同主要是因为小数点后第四位数存在差异

在创新绩效一级指标中河南各市的排名依次为郑州、洛阳、许昌、新乡、濮阳、信阳、漯河、焦作、南阳、三门峡、商丘、驻马店、安阳、周口、鹤壁、平顶山和开封（图7-33）。其中，许昌及排名在其后城市的创新绩效指数均低于全国平均值。

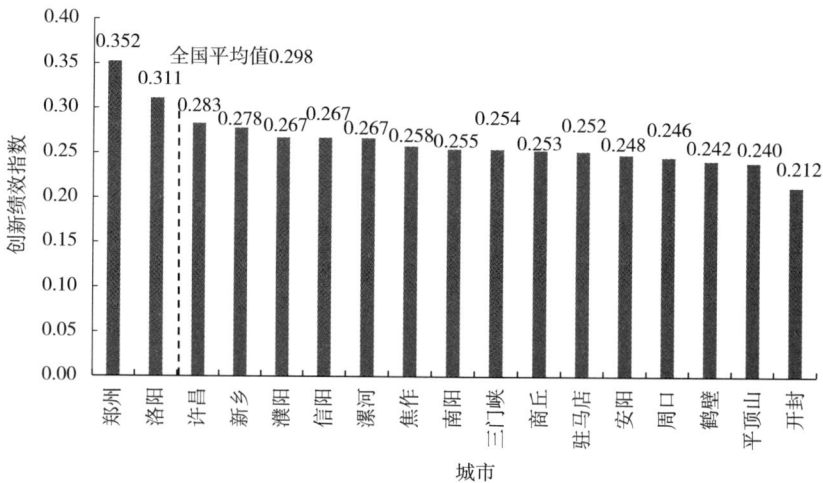

图 7-33　河南各市创新绩效指数

图中指数值均保留小数点后三位数，图中城市指数值相同但排名不同主要是因为小数点后第四位数存在差异

九、黑龙江省城市科技创新发展指数排名及分析

黑龙江，省会哈尔滨，下辖主要城市有哈尔滨、大庆、佳木斯、绥化、双鸭山、伊春、齐齐哈尔、牡丹江、鸡西、七台河、黑河和鹤岗。黑龙江各市科技创新发展指数及

排名如表7-9所示。

表7-9　黑龙江各市科技创新发展指数及排名

城市	科技创新发展指数	全国排名	省内排名
哈尔滨	0.324	31	1
大庆	0.315	38	2
全国平均值	0.254		
佳木斯	0.244	115	3
绥化	0.232	162	4
双鸭山	0.230	171	5
伊春	0.217	233	6
齐齐哈尔	0.214	242	7
牡丹江	0.210	251	8
鸡西	0.210	254	9
七台河	0.202	273	10
黑河	0.198	278	11
鹤岗	0.179	285	12

注：表中指数值均保留小数点后三位，表中指数值相同但排名不同主要是因为小数点后第四位数存在差异

黑龙江各市科技创新发展指数排名依次为哈尔滨、大庆、佳木斯、绥化、双鸭山、伊春、齐齐哈尔、牡丹江、鸡西、七台河、黑河和鹤岗。其中，仅哈尔滨和大庆的科技创新发展指数高于全国平均值，其他城市的科技创新发展指数排名均在全国100名以后。

在创新资源一级指标中黑龙江各市的排名依次为大庆、哈尔滨、鹤岗、七台河、鸡西、佳木斯、双鸭山、牡丹江、伊春、齐齐哈尔、绥化和黑河（图7-34）。其中，仅哈尔滨和大庆的创新资源指数高于全国平均值。

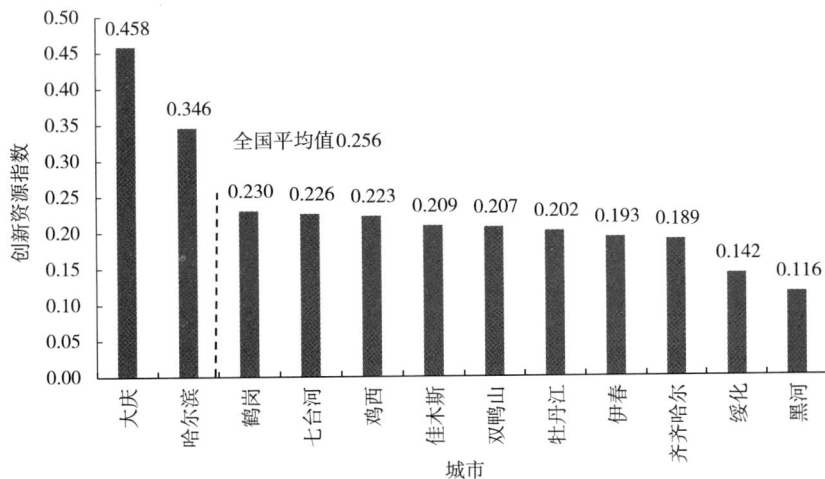

图7-34　黑龙江各市创新资源指数

　　在创新环境一级指标中黑龙江各市的排名依次为大庆、双鸭山、鹤岗、伊春、哈尔滨、牡丹江、佳木斯、鸡西、黑河、绥化、齐齐哈尔和七台河（图7-35）。其中，仅七台河的创新环境指数低于全国平均值。

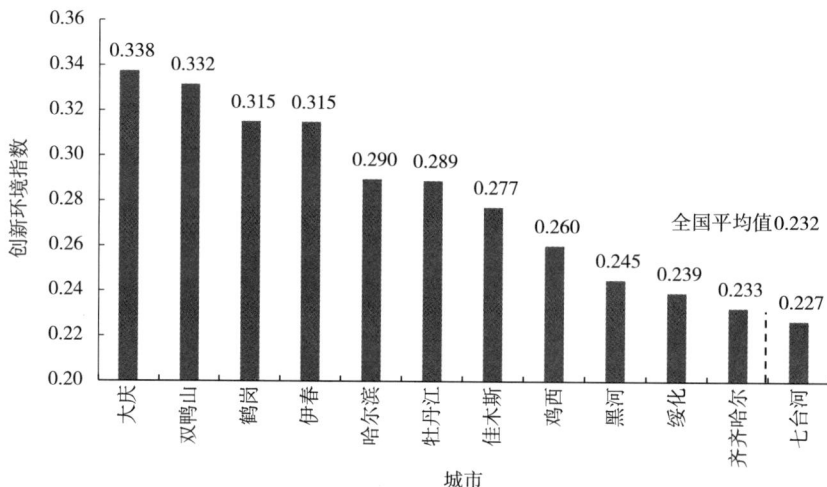

图 7-35　黑龙江各市创新环境指数

图中指数值均保留小数点后三位数，图中城市指数值相同但排名不同主要是因为小数点后第四位数存在差异

　　在创新服务一级指标中黑龙江各市的排名依次为大庆、佳木斯、双鸭山、绥化、齐齐哈尔、鸡西、哈尔滨、牡丹江、黑河、鹤岗、伊春和七台河（图7-36）。其中，鸡西及排名在其后城市的创新服务指数均低于全国平均值。

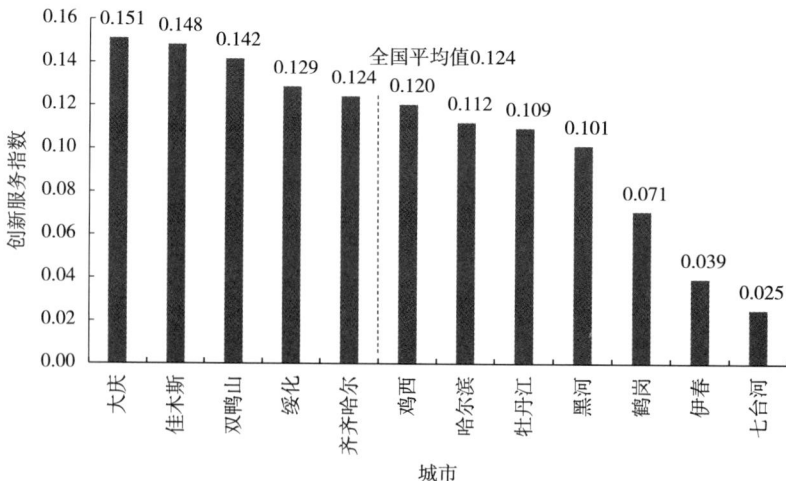

图 7-36　黑龙江各市创新服务指数

　　在创新绩效一级指标中黑龙江各市的排名依次为哈尔滨、大庆、绥化、佳木斯、齐齐哈尔、七台河、伊春、黑河、双鸭山、鸡西、牡丹江和鹤岗（图7-37）。其中，绥化及排名在其后城市的创新绩效指数均低于全国平均值。

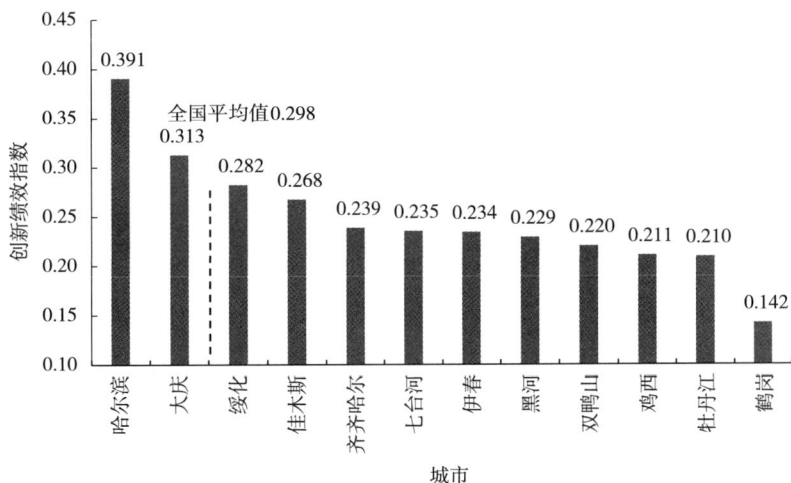

图 7-37　黑龙江各市创新绩效指数

十、湖北省城市科技创新发展指数排名及分析

　　湖北，省会武汉，下辖主要城市有武汉、鄂州、襄阳、十堰、宜昌、咸宁、荆门、随州、黄石、黄冈、孝感和荆州。湖北各市科技创新发展指数及排名如表7-10所示。

表7-10　湖北各市科技创新发展指数及排名

城市	科技创新发展指数	全国排名	省内排名
武汉	0.405	7	1
鄂州	0.257	84	2
全国平均值	0.254		
襄阳	0.236	142	3
十堰	0.236	144	4
宜昌	0.235	146	5
咸宁	0.229	175	6
荆门	0.228	180	7
随州	0.227	185	8
黄石	0.220	219	9
黄冈	0.212	246	10
孝感	0.212	247	11
荆州	0.193	283	12

　　注：表中指数值均保留小数点后三位，表中指数值相同但排名不同主要是因为小数点后第四位数存在差异

　　湖北各市科技创新发展指数排名依次为武汉、鄂州、襄阳、十堰、宜昌、咸宁、荆

门、随州、黄石、黄冈、孝感和荆州。其中，仅武汉和鄂州的科技创新发展指数高于全国平均值，在全国排名分别为第7位和第84位。

在创新资源一级指标中湖北各市的排名依次为武汉、鄂州、襄阳、宜昌、黄石、十堰、咸宁、荆州、黄冈、孝感、荆门和随州（图7-38）。其中，宜昌及排名在其后城市的创新资源指数均低于全国平均值。

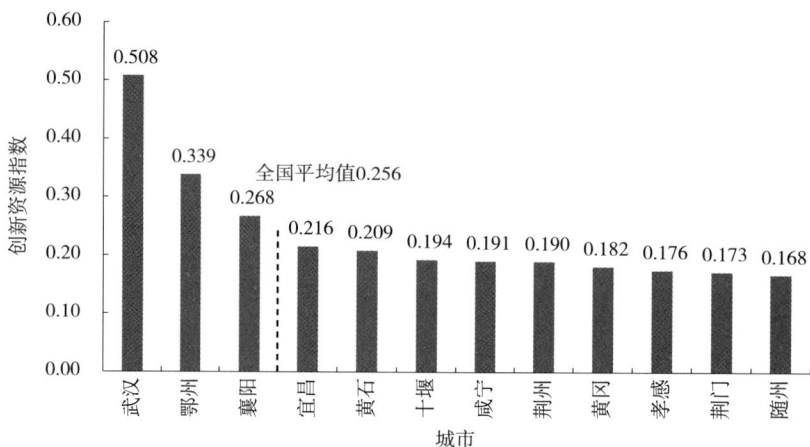

图 7-38　湖北各市创新资源指数

在创新环境一级指标中湖北各市的排名依次为武汉、十堰、荆门、黄冈、黄石、鄂州、宜昌、随州、孝感、襄阳、荆州和咸宁（图7-39）。其中，孝感、襄阳、荆州和咸宁的创新环境指数均低于全国平均值。

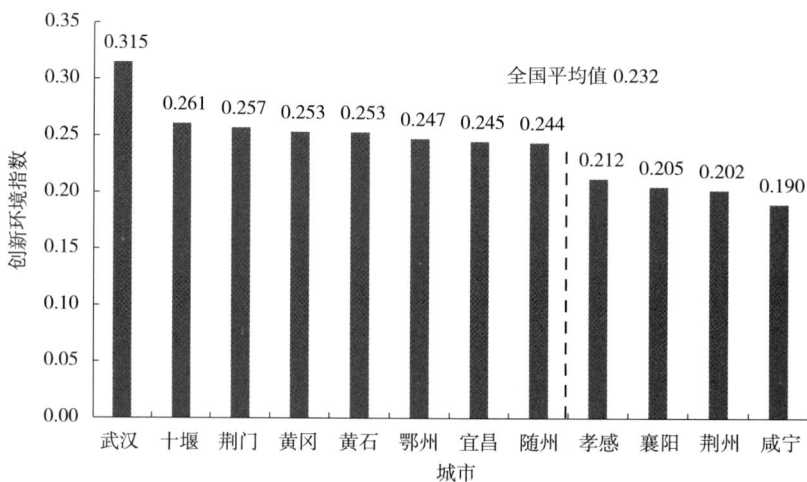

图 7-39　湖北各市创新环境指数

图中指数值均保留小数点后三位数，图中城市指数值相同但排名不同主要是因为小数点后第四位数存在差异

在创新服务一级指标中湖北各市的排名依次为武汉、咸宁、随州、十堰、鄂州、襄阳、荆州、荆门、黄冈、孝感、黄石和宜昌（图7-40）。其中，荆州及排名在其后城市的

创新服务指数均低于全国平均值。

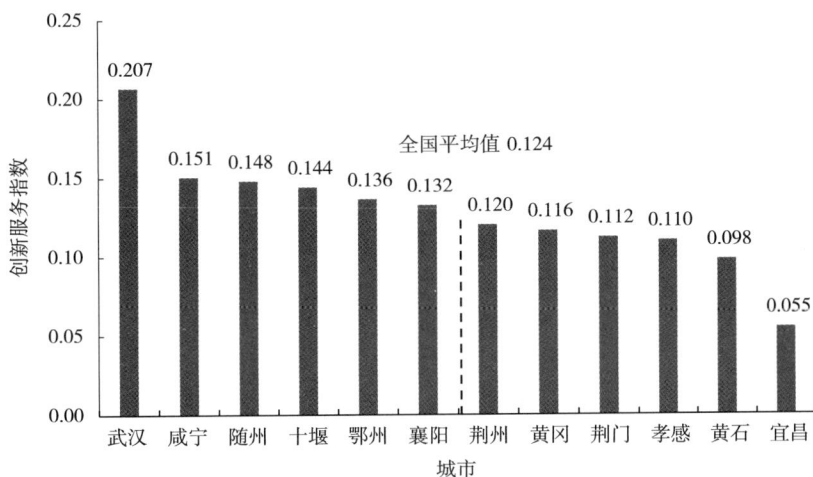

图 7-40 湖北各市创新服务指数

在创新绩效一级指标中湖北各市的排名依次为武汉、宜昌、咸宁、鄂州、襄阳、荆门、十堰、随州、孝感、黄石、黄冈和荆州（图7-41）。其中，仅武汉的创新绩效指数高于全国平均值，湖北其他城市的科技创新发展指数均低于全国平均值。

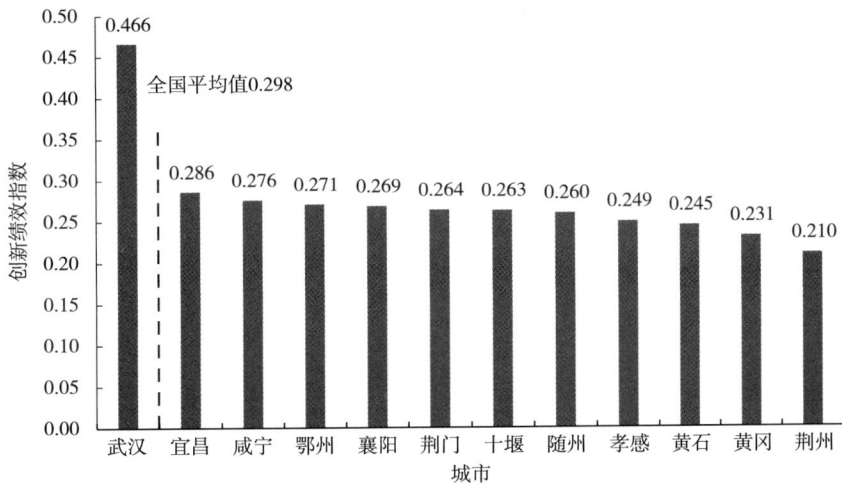

图 7-41 湖北各市创新绩效指数

十一、湖南省城市科技创新发展指数排名及分析

湖南，省会长沙，下辖主要城市有长沙、株洲、常德、湘潭、岳阳、郴州、怀化、益阳、张家界、衡阳、永州、娄底和邵阳。湖南各市科技创新发展指数及排名如表7-11所示。

表7-11　湖南各市科技创新发展指数及排名

城市	科技创新发展指数	全国排名	省内排名
长沙	0.367	14	1
株洲	0.257	82	2
全国平均值	0.254		
常德	0.253	91	3
湘潭	0.250	101	4
岳阳	0.242	120	5
郴州	0.236	143	6
怀化	0.234	151	7
益阳	0.230	169	8
张家界	0.229	174	9
衡阳	0.215	238	10
永州	0.207	261	11
娄底	0.205	268	12
邵阳	0.201	276	13

　　湖南各市科技创新发展指数排名依次为长沙、株洲、常德、湘潭、岳阳、郴州、怀化、益阳、张家界、衡阳、永州、娄底和邵阳。其中，仅长沙和株洲的科技创新发展指数高于全国平均值。

　　在创新资源一级指标中湖南各市的排名依次为长沙、湘潭、株洲、岳阳、常德、郴州、益阳、张家界、永州、衡阳、怀化、娄底和邵阳（图7-42）。其中，仅长沙的创新资源指数高于全国平均值。

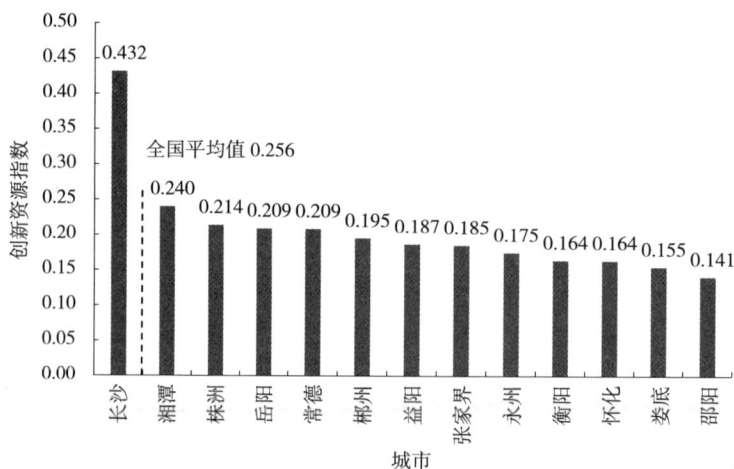

图 7-42　湖南各市创新资源指数

图中指数值均保留小数点后三位数，图中城市指数值相同但排名不同主要是因为小数点后第四位数存在差异

在创新环境一级指标中湖南各市的排名依次为长沙、株洲、怀化、岳阳、常德、益阳、湘潭、娄底、衡阳、郴州、邵阳、永州和张家界（图7-43）。其中，益阳及排名在其后城市的创新环境指数均低于全国平均值。

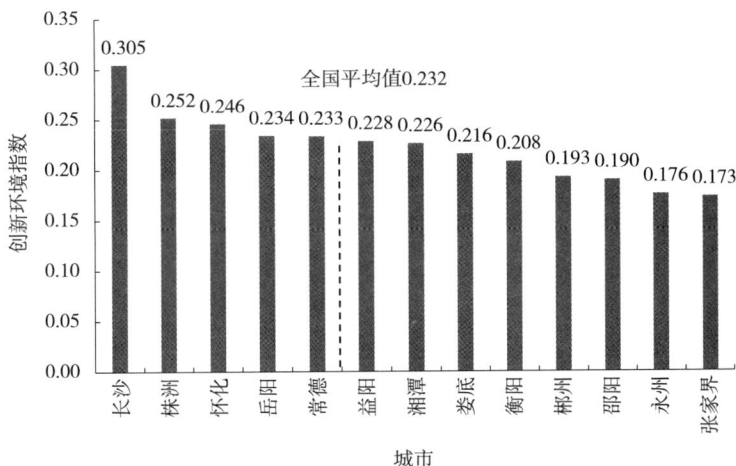

图 7-43　湖南各市创新环境指数

在创新服务一级指标中湖南各市的排名依次为长沙、湘潭、郴州、株洲、邵阳、常德、怀化、张家界、岳阳、衡阳、益阳、娄底和永州（图7-44）。其中，仅长沙的创新服务指数高于全国平均值。

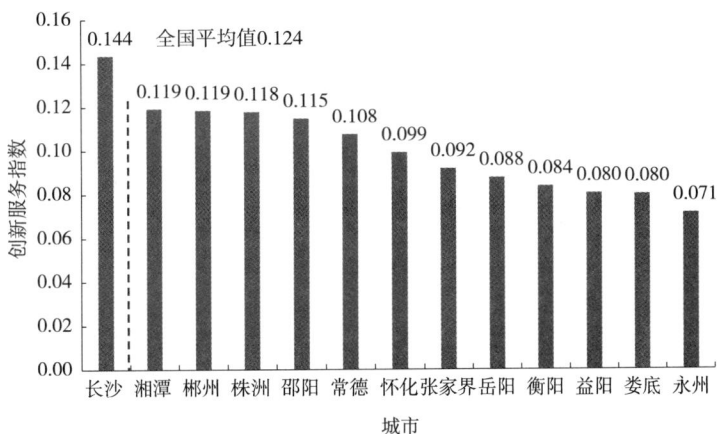

图 7-44　湖南各市创新服务指数

图中指数值均保留小数点后三位数，图中城市指数值相同但排名不同主要是因为小数点后第四位数存在差异

在创新绩效一级指标中湖南各市的排名依次为长沙、常德、株洲、张家界、湘潭、岳阳、郴州、怀化、益阳、衡阳、永州、娄底和邵阳（图7-45）。其中，郴州及排名在其后城市的创新绩效指数均低于全国平均值。

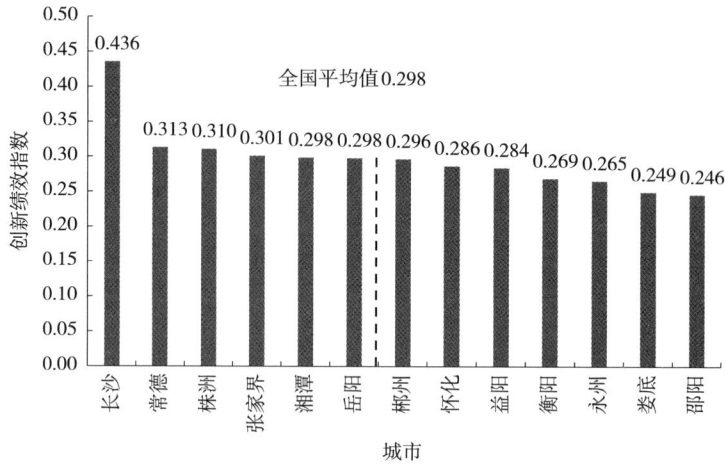

图 7-45　湖南各市创新绩效指数

图中指数值均保留小数点后三位数，图中城市指数值相同但排名不同主要是因为小数点后第四位数存在差异

十二、吉林省城市科技创新发展指数排名及分析

吉林，省会长春，下辖主要城市有长春、吉林、辽源、白城、松原、四平、白山和通化。吉林各市科技创新发展指数及排名如表7-12所示。

表7-12　吉林各市科技创新发展指数及排名

城市	科技创新发展指数	全国排名	省内排名
长春	0.336	25	1
吉林	0.266	68	2
辽源	0.265	70	3
白城	0.259	77	4
松原	0.259	78	5
全国平均值	0.254		
四平	0.231	165	6
白山	0.224	199	7
通化	0.224	201	8

注：表中指数值均保留小数点后三位，表中指数值相同但排名不同主要是因为小数点后第四位数存在差异

吉林各市科技创新发展指数排名依次为长春、吉林、辽源、白城、松原、四平、白山和通化。其中，长春、吉林、辽源、白城和松原各市的科技创新发展指数均高于全国平均值，四平、白山和通化的科技创新发展指数低于全国平均值。

在创新资源一级指标中吉林各市的排名依次为长春、白城、吉林、四平、白山、辽源、通化和松原（图7-46）。其中，四平及排名在其后城市的创新资源指数均低于全国平均值。

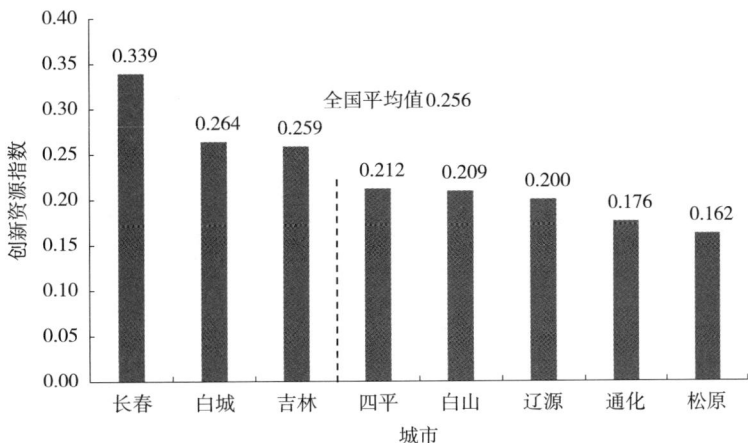

图 7-46 吉林各市创新资源指数

在创新环境一级指标中吉林各市的排名依次为白山、长春、辽源、通化、吉林、松原、白城和四平（图7-47），各市的创新环境指数均高于全国平均值。

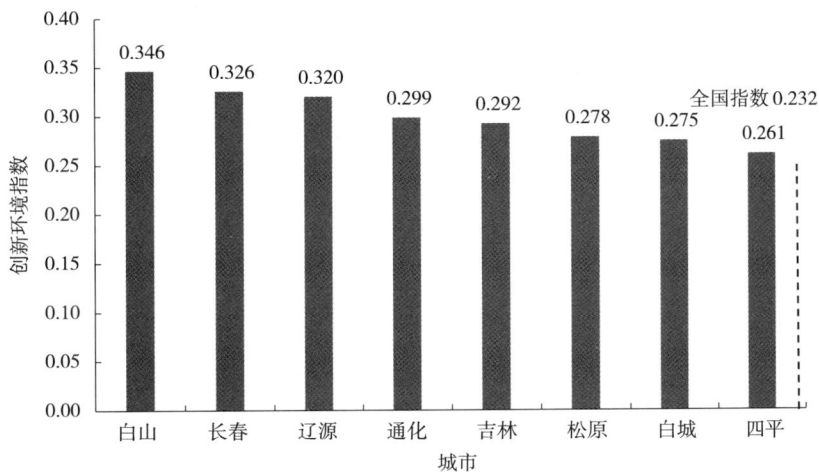

图 7-47 吉林各市创新环境指数

在创新服务一级指标中吉林各市的排名依次为白城、松原、四平、吉林、辽源、长春、通化和白山（图7-48）。其中，仅白城市的创新服务指数高于全国平均值。

在创新绩效一级指标中吉林各市的排名依次为长春、松原、辽源、吉林、白城、四平、通化和白山（图7-49）。其中，白城及排名在其后城市的创新绩效指数均低于全国平均值。

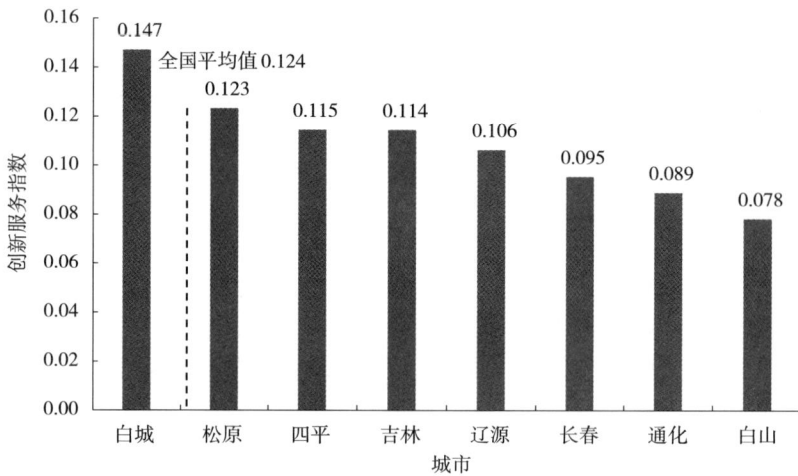

图 7-48　吉林各市创新服务指数

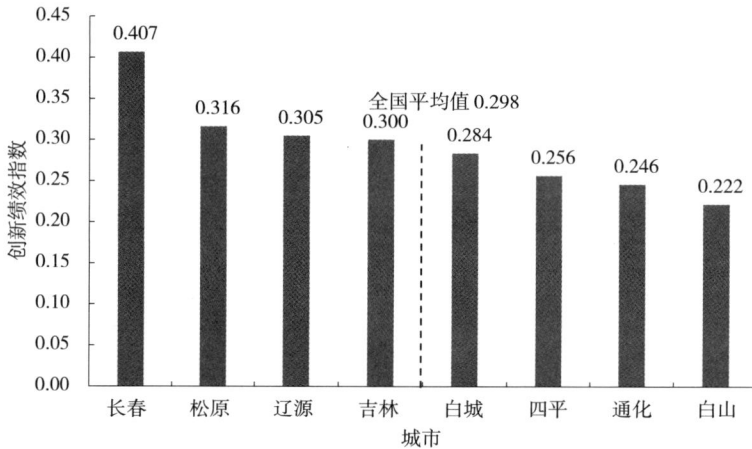

图 7-49　吉林各市创新绩效指数

十三、江苏省城市科技创新发展指数排名及分析

　　江苏，省会南京，下辖主要城市有南京、苏州、无锡、常州、镇江、扬州、南通、泰州、徐州、淮安、盐城、宿迁和连云港。江苏各市科技创新发展指数及排名如表7-13所示。

表7-13　江苏各市科技创新发展指数及排名

城市	科技创新发展指数	全国排名	省内排名
南京	0.390	9	1
苏州	0.384	10	2
无锡	0.336	27	3

续表

城市	科技创新发展指数	全国排名	省内排名
常州	0.324	32	4
镇江	0.306	44	5
扬州	0.276	56	6
南通	0.274	62	7
全国平均值	0.254		
泰州	0.250	99	8
徐州	0.241	127	9
淮安	0.234	149	10
盐城	0.226	193	11
宿迁	0.225	195	12
连云港	0.223	206	13

　　江苏各市科技创新发展指数排名依次为南京、苏州、无锡、常州、镇江、扬州、南通、泰州、徐州、淮安、盐城、宿迁和连云港。其中，泰州、徐州、淮安、盐城、宿迁和连云港的科技创新发展指数低于全国平均值。

　　在创新资源一级指标中江苏各市的排名依次为南京、常州、苏州、镇江、无锡、扬州、淮安、连云港、南通、徐州、宿迁、盐城和泰州（图7-50）。其中，徐州及排名在其后城市的创新资源指数均低于全国平均值。

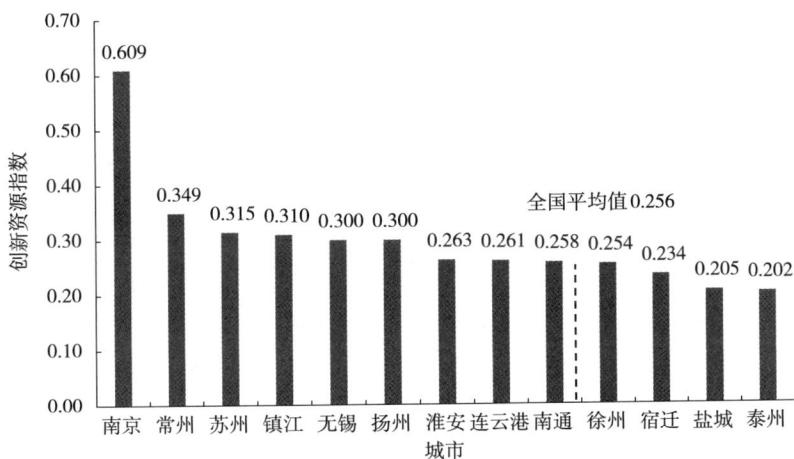

图 7-50　江苏各市创新资源指数
图中指数值均保留小数点后三位数，图中城市指数值相同但排名不同主要是因为小数点后第四位数存在差异

　　在创新环境一级指标中江苏各市的排名依次为苏州、无锡、镇江、南京、常州、南通、扬州、泰州、徐州、盐城、淮安、宿迁和连云港（图7-51）。其中，扬州及排名在其后城市的创新环境指数均低于全国平均值。

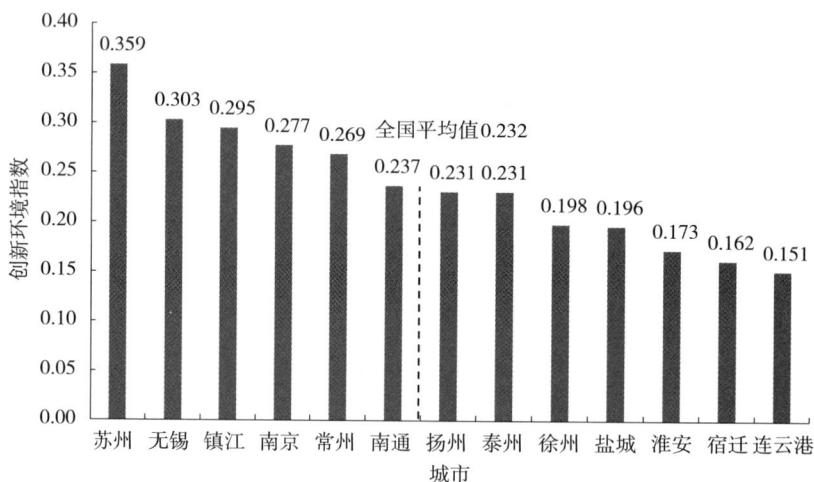

图 7-51　江苏各市创新环境指数

图中指数值均保留小数点后三位数，图中城市指数值相同但排名不同主要是因为小数点后第四位数存在差异

在创新服务一级指标中江苏各市的排名依次为苏州、宿迁、南京、无锡、常州、南通、扬州、泰州、镇江、徐州、盐城、淮安和连云港（图7-52）。其中，南通及排名在其后城市的创新服务指数均低于全国平均值。

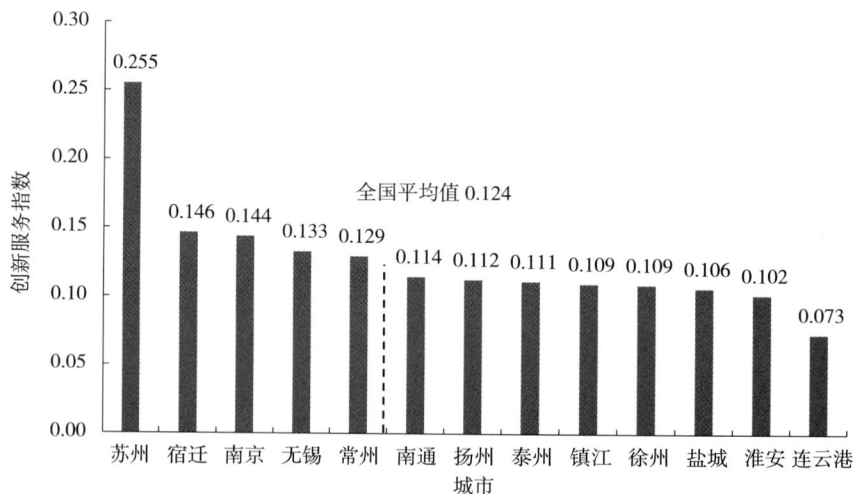

图 7-52　江苏各市创新服务指数

图中指数值均保留小数点后三位数，图中城市指数值相同但排名不同主要是因为小数点后第四位数存在差异

在创新绩效一级指标中江苏各市的排名依次为苏州、南京、无锡、常州、镇江、南通、扬州、泰州、徐州、淮安、连云港、盐城和宿迁（图7-53）。其中，徐州及排名在其后城市的创新绩效指数均低于全国平均值。

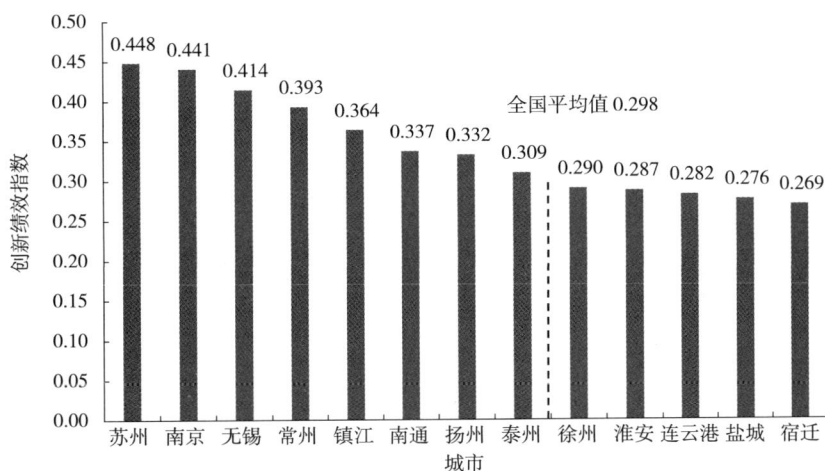

图 7-53 江苏各市创新绩效指数

十四、江西省城市科技创新发展指数排名及分析

江西，省会南昌，下辖主要城市有南昌、新余、萍乡、景德镇、九江、吉安、抚州、鹰潭、上饶、宜春和赣州。江西各市科技创新发展指数及排名如表7-14所示。

表7-14 江西各市科技创新发展指数及排名

城市	科技创新发展指数	全国排名	城市群内部排名
南昌	0.317	37	1
新余	0.263	71	2
全国平均值		0.254	
萍乡	0.233	154	3
景德镇	0.227	188	4
九江	0.225	198	5
吉安	0.222	212	6
抚州	0.217	230	7
鹰潭	0.216	236	8
上饶	0.210	250	9
宜春	0.210	252	10
赣州	0.197	280	11

注：表中指数值均保留小数点后三位，表中指数值相同但排名不同主要是因为小数点后第四位数存在差异

江西各市科技创新发展指数排名依次为南昌、新余、萍乡、景德镇、九江、吉安、抚州、鹰潭、上饶、宜春和赣州。其中，仅南昌和新余的科技创新发展指数高于全国平均值，分别位居全国第37位和第71位，其他城市的科技创新发展指数均排名全国第150位以后。

在创新资源一级指标中江西各市的排名依次为南昌、新余、萍乡、抚州、吉安、九江、赣州、宜春、景德镇、上饶和鹰潭（图7-54）。其中，萍乡及排名在其后城市的创新资源指数均低于全国平均值。

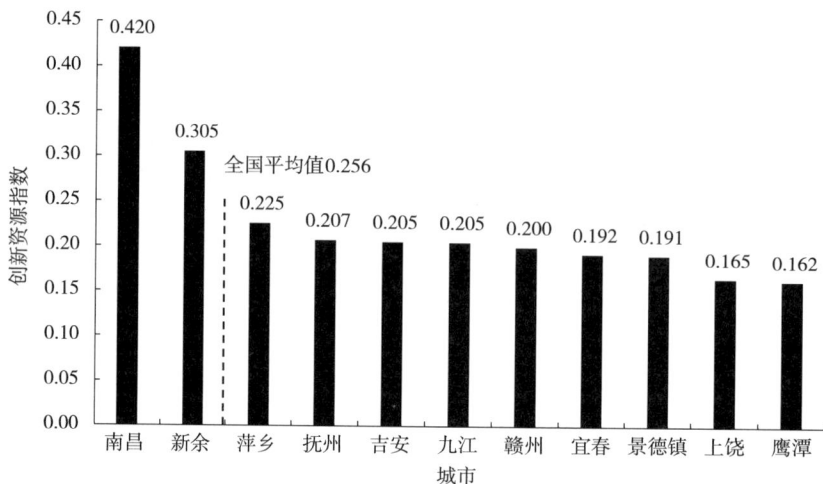

图 7-54　江西各市创新资源指数

图中指数值均保留小数点后三位数，图中城市指数值相同但排名不同主要是因为小数点后第四位数存在差异

在创新环境一级指标中江西各市的排名依次为南昌、景德镇、新余、九江、萍乡、鹰潭、吉安、上饶、抚州、赣州和宜春（图7-55）。其中，仅南昌的创新环境指数高于全国平均值。

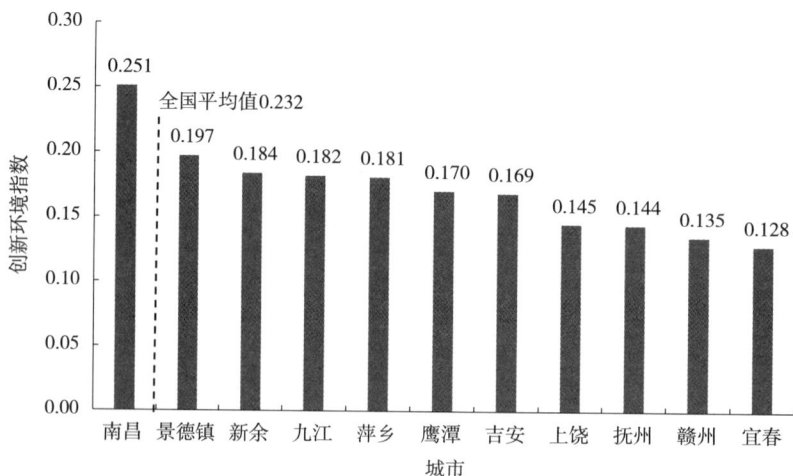

图 7-55　江西各市创新环境指数

在创新服务一级指标中江西各市的排名依次为抚州、吉安、赣州、宜春、南昌、上饶、萍乡、九江、景德镇、新余和鹰潭（图7-56）。其中，南昌及排名在其后城市的创新服务指数均低于全国平均值。

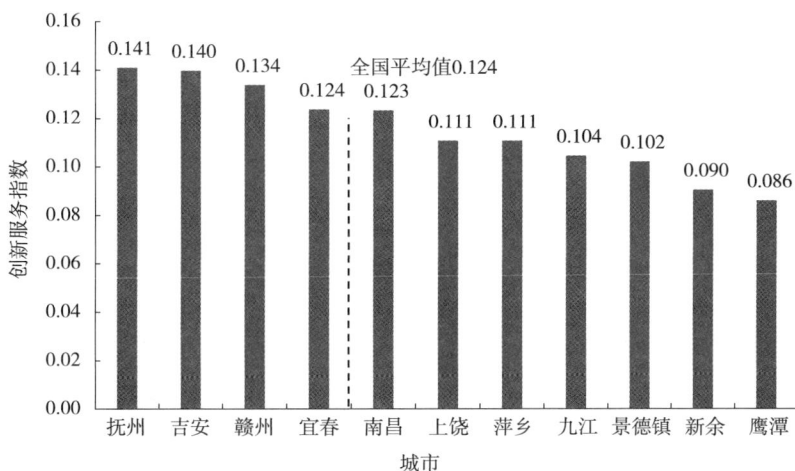

图 7-56　江西各市创新服务指数

图中指数值均保留小数点后三位数，图中城市指数值相同但排名不同主要是因为小数点后第四位数存在差异

在创新绩效一级指标中江西各市的排名依次为南昌、新余、萍乡、鹰潭、景德镇、九江、上饶、宜春、抚州、吉安和赣州（图7-57）。其中，萍乡及排名在其后城市的创新绩效指数均低于全国平均值。

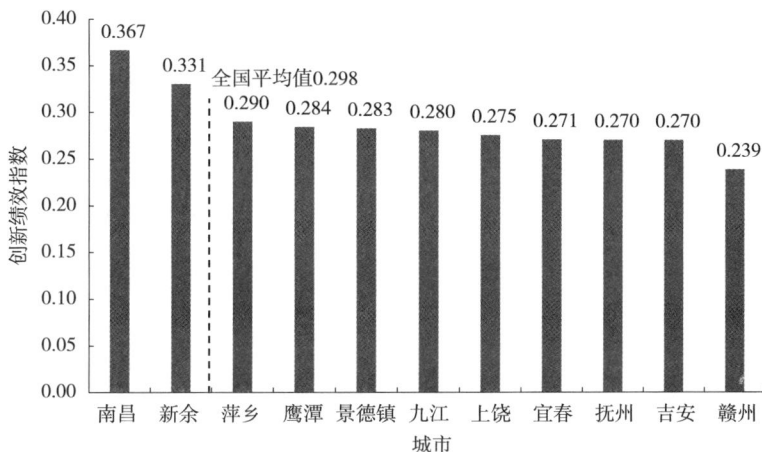

图 7-57　江西各市创新绩效指数

图中指数值均保留小数点后三位数，图中城市指数值相同但排名不同主要是因为小数点后第四位数存在差异

十五、辽宁省城市科技创新发展指数排名及分析

辽宁，省会沈阳，下辖主要城市有沈阳、大连、盘锦、营口、辽阳、抚顺、鞍山、本溪、锦州、丹东、葫芦岛、阜新、铁岭和朝阳。辽宁各市科技创新发展指数及排名如表7-15所示。

表7-15　辽宁各市科技创新发展指数及排名

城市	科技创新发展指数	全国排名	省内排名
沈阳	0.339	22	1
大连	0.339	23	2
全国平均值	0.254		
盘锦	0.253	90	3
营口	0.250	98	4
辽阳	0.248	104	5
抚顺	0.243	118	6
鞍山	0.241	128	7
本溪	0.240	129	8
锦州	0.235	147	9
丹东	0.232	163	10
葫芦岛	0.224	202	11
阜新	0.222	209	12
铁岭	0.220	217	13
朝阳	0.219	226	14

注：表中指数值均保留小数点后三位，表中指数值相同但排名不同主要是因为小数点后第四位数存在差异

　　辽宁各市科技创新发展指数排名依次为沈阳、大连、盘锦、营口、辽阳、抚顺、鞍山、本溪、锦州、丹东、葫芦岛、阜新、铁岭和朝阳。其中，仅沈阳和大连的科技创新发展指数高于全国平均值。

　　在创新资源一级指标中辽宁各市的排名依次为沈阳、大连、鞍山、抚顺、本溪、丹东、锦州、阜新、辽阳、葫芦岛、盘锦、营口、铁岭和朝阳（图7-58）。其中，抚顺及排名在其后城市的创新资源指数均低于全国平均值。

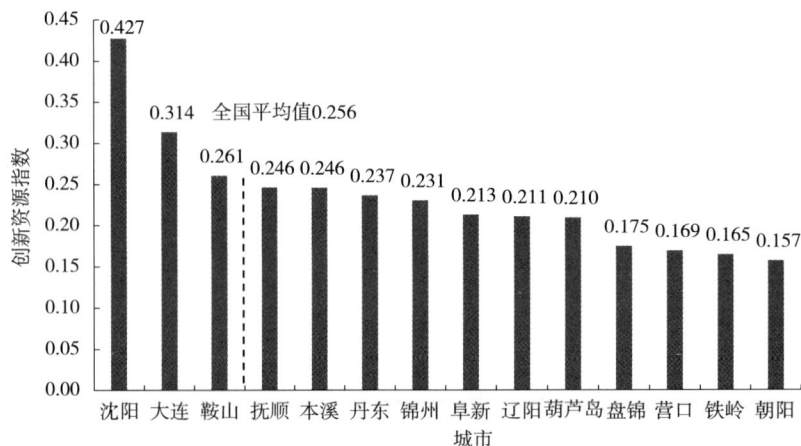

图 7-58　辽宁各市创新资源指数

图中指数值均保留小数点后三位数，图中城市指数值相同但排名不同主要是因为小数点后第四位数存在差异

在创新环境一级指标中辽宁各市的排名依次为大连、本溪、沈阳、鞍山、盘锦、营口、铁岭、抚顺、辽阳、丹东、锦州、朝阳、葫芦岛和阜新（图7-59）。其中，锦州及排名在其后城市的创新环境指数均低于全国平均值。

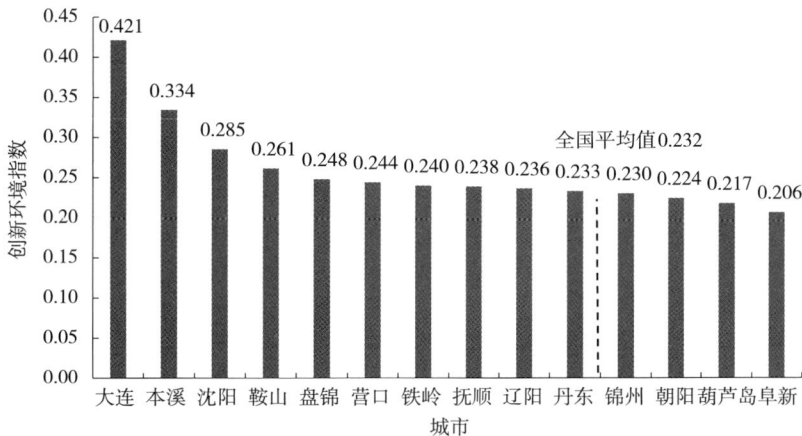

图 7-59　辽宁各市创新环境指数

在创新服务一级指标中辽宁各市的排名依次为沈阳、丹东、阜新、辽阳、大连、锦州、营口、盘锦、抚顺、朝阳、鞍山、葫芦岛、本溪和铁岭（图7-60）。所有城市的创新服务指数均低于全国平均值，创新服务成为辽宁各城市创新发展的最大短板。

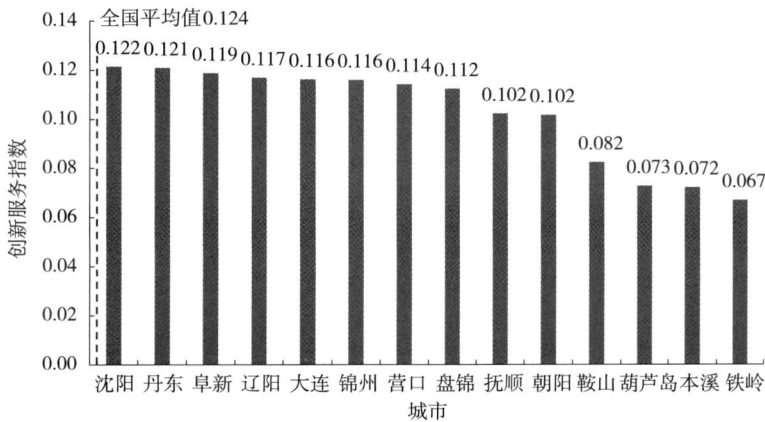

图 7-60　辽宁各市创新服务指数

图中指数值均保留小数点后三位数，图中城市指数值相同但排名不同主要是因为小数点后第四位数存在差异

在创新绩效一级指标中辽宁各市的排名依次为沈阳、大连、盘锦、营口、辽阳、抚顺、葫芦岛、鞍山、铁岭、锦州、朝阳、丹东、阜新和本溪（图7-61）。其中，抚顺及排名在其后城市的创新绩效指数均低于全国平均值。

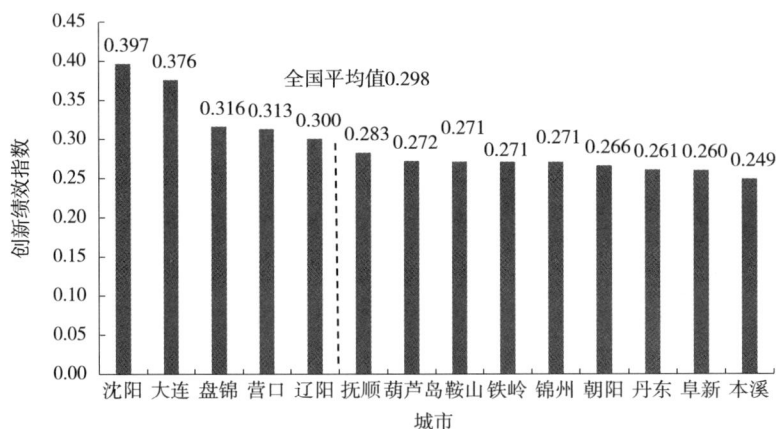

图 7-61　辽宁各市创新绩效指数

图中指数值均保留小数点后三位数，图中城市指数值相同但排名不同主要是因为小数点后第四位数存在差异

十六、内蒙古自治区城市科技创新发展指数排名及分析

内蒙古，首府呼和浩特，下辖主要城市有呼和浩特、鄂尔多斯、包头、乌兰察布、呼伦贝尔、乌海、巴彦淖尔、通辽和赤峰。内蒙古各市科技创新发展指数及排名如表7-16所示。

表7-16　内蒙古各市科技创新发展指数及排名

城市	科技创新发展指数	全国排名	城市群内部排名
呼和浩特	0.362	16	1
鄂尔多斯	0.336	26	2
包头	0.309	42	3
乌兰察布	0.272	63	4
呼伦贝尔	0.258	80	5
乌海	0.257	81	6
全国平均值	0.254		
巴彦淖尔	0.249	103	7
通辽	0.244	114	8
赤峰	0.237	140	9

内蒙古各市科技创新发展指数排名依次为呼和浩特、鄂尔多斯、包头、乌兰察布、呼伦贝尔、乌海、巴彦淖尔、通辽和赤峰。其中，仅巴彦淖尔、通辽和赤峰的科技创新

发展指数低于全国平均值。

在创新资源一级指标中内蒙古各市的排名依次为呼和浩特、乌海、包头、赤峰、通辽、巴彦淖尔、呼伦贝尔、乌兰察布和鄂尔多斯（图7-62）。其中，赤峰及排名在其后城市的创新资源指数均低于全国平均值。

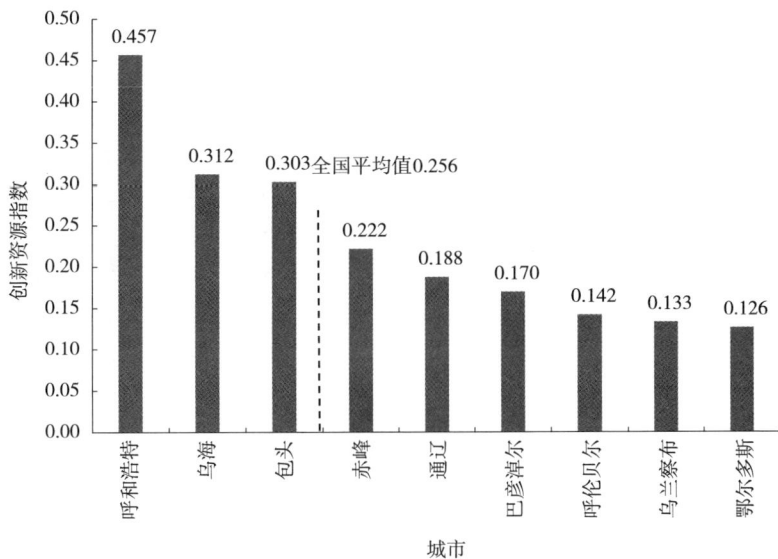

图 7-62　内蒙古各市创新资源指数

在创新环境一级指标中内蒙古各市的排名依次为鄂尔多斯、乌兰察布、呼伦贝尔、包头、呼和浩特、赤峰、巴彦淖尔、通辽和乌海（图7-63）。所有城市的创新环境指数均高于全国平均值。

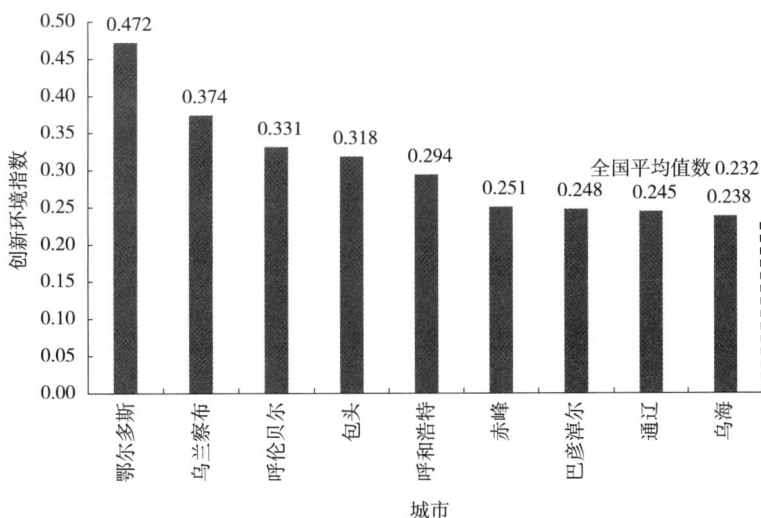

图 7-63　内蒙古各市创新环境指数

在创新服务一级指标中内蒙古各市的排名依次为呼和浩特、乌海、赤峰、包头、乌兰察布、巴彦淖尔、呼伦贝尔、鄂尔多斯和通辽（图7-64）。其中，包头及排名在其后城市的创新服务指数均低于全国平均值。

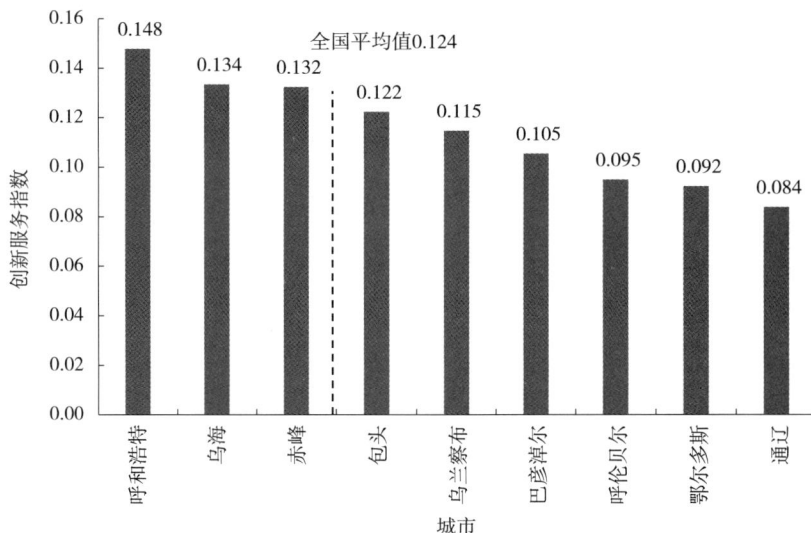

图 7-64　内蒙古各市创新服务指数

在创新绩效一级指标中内蒙古各市的排名依次为呼和浩特、鄂尔多斯、包头、乌兰察布、巴彦淖尔、呼伦贝尔、通辽、乌海和赤峰（图7-65）。其中，仅乌海和赤峰的创新绩效指数低于全国平均值。

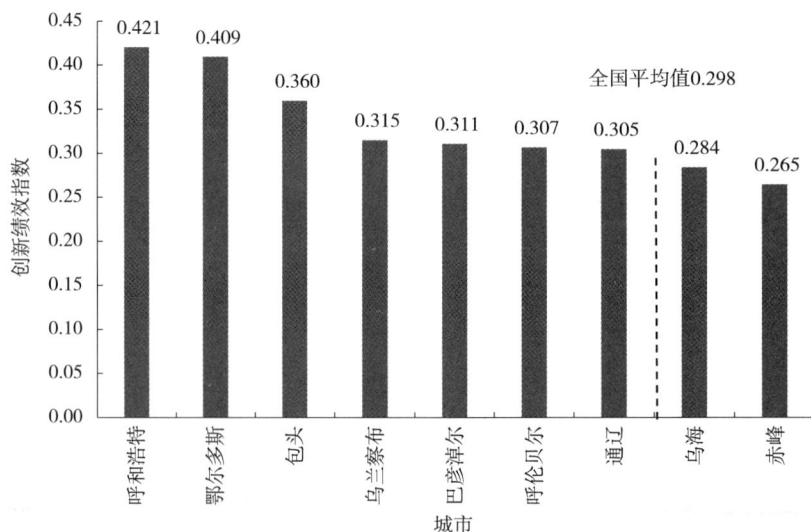

图 7-65　内蒙古各市创新绩效指数

十七、宁夏回族自治区城市科技创新发展指数排名及分析

宁夏，首府银川，下辖城市主要有银川、固原、石嘴山、中卫和吴忠。宁夏各市科技创新发展指数及排名如表7-17所示。

表7-17　宁夏各市科技创新发展指数及排名

城市	科技创新发展指数	全国排名	城市群内部排名
银川	0.315	39	1
全国平均值	0.254		
固原	0.245	111	2
石嘴山	0.243	117	3
中卫	0.227	189	4
吴忠	0.201	275	5

宁夏各市科技创新发展指数排名依次为银川、固原、石嘴山、中卫和吴忠，其中仅银川的科技创新发展指数高于全国平均值。

在创新资源一级指标中宁夏各市的排名依次为银川、石嘴山、中卫、固原和吴忠（图7-66）。其中，银川和石嘴山的创新资源指数高于全国平均值，中卫、固原和吴忠的创新资源指数低于全国平均值。

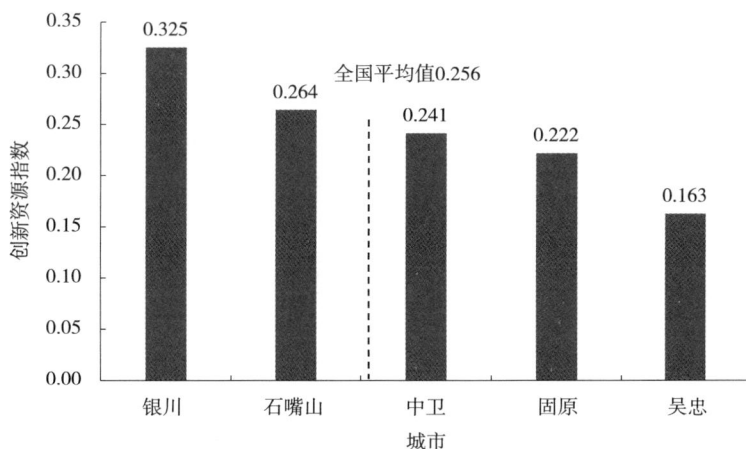

图 7-66　宁夏各市创新资源指数

在创新环境一级指标中宁夏各市的排名依次为石嘴山、银川、中卫、吴忠和固原（图7-67）。其中，石嘴山和银川的创新环境指数高于全国平均值，中卫、吴忠和固原的

创新环境指数低于全国平均值。

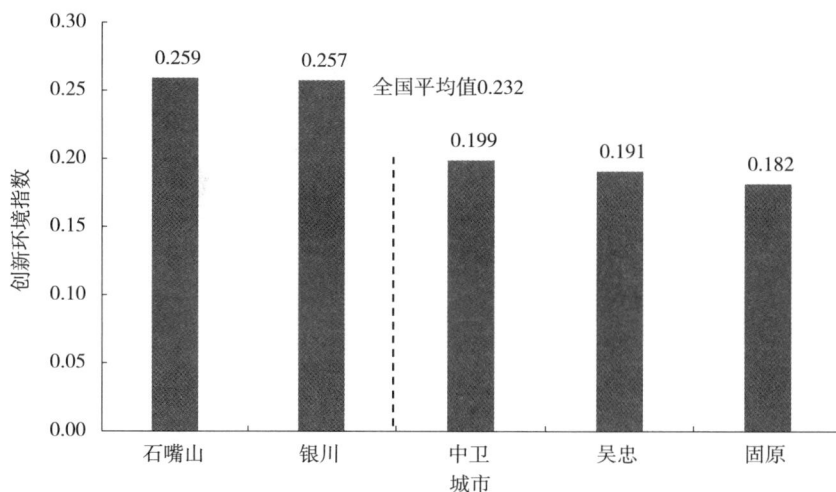

图 7-67　宁夏各市创新环境指数

在创新服务一级指标中宁夏各市的排名依次为固原、银川、中卫、吴忠和石嘴山（图7-68）。固原、银川和中卫的创新服务指数高于全国平均值，吴忠和石嘴山的创新服务指数低于全国平均值。

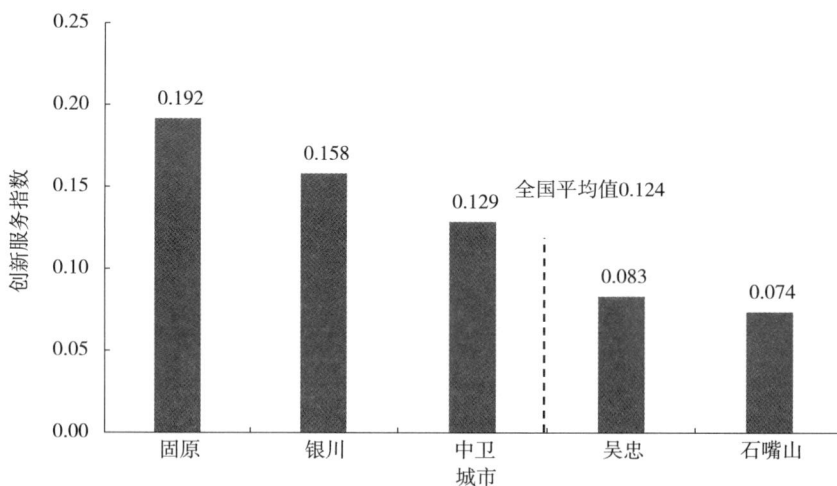

图 7-68　宁夏各市创新服务指数

在创新绩效一级指标中宁夏各市的排名依次为银川、固原、石嘴山、中卫和吴忠（图7-69）。其中，银川的创新绩效指数高于全国平均值，固原、石嘴山、中卫和吴忠的创新绩效指数低于全国平均值。

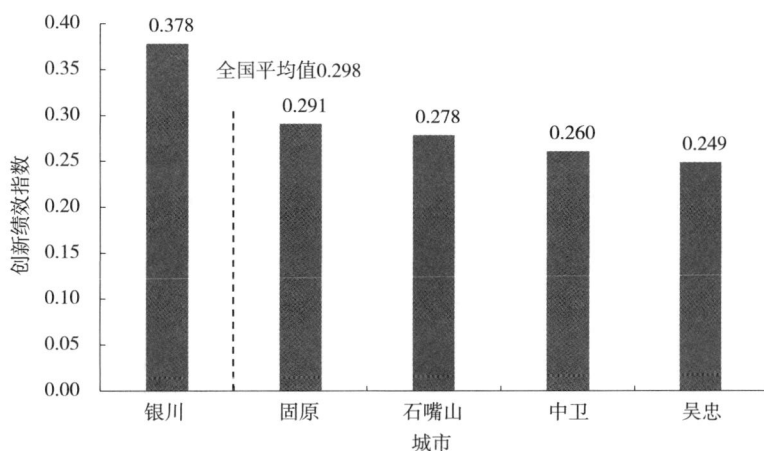

图 7-69 宁夏各市创新绩效指数

十八、山东省城市科技创新发展指数排名及分析

山东，省会济南，下辖主要城市有青岛、济南、威海、烟台、东营、淄博、潍坊、泰安、日照、莱芜、滨州、临沂、济宁、聊城、德州、枣庄和菏泽。山东各市科技创新发展指数及排名如表7-18所示。

表7-18 山东各市科技创新发展指数及排名

城市	科技创新发展指数	全国排名	省内排名
青岛	0.347	20	1
济南	0.329	29	2
威海	0.308	43	3
烟台	0.298	48	4
东营	0.292	51	5
淄博	0.282	53	6
潍坊	0.274	61	7
泰安	0.260	76	8
全国平均值	0.254		
日照	0.253	89	9
莱芜	0.242	121	10
滨州	0.239	132	11
临沂	0.237	137	12
济宁	0.234	152	13
聊城	0.228	182	14
德州	0.227	187	15
枣庄	0.226	190	16
菏泽	0.207	259	17

　　山东各市科技创新发展指数排名依次为青岛、济南、威海、烟台、东营、淄博、潍坊、泰安、日照、莱芜、滨州、临沂、济宁、聊城、德州、枣庄和菏泽。其中，日照及排名在其后城市的科技创新发展指数均低于全国平均值。

　　在创新资源一级指标中山东各市的排名依次为济南、莱芜、威海、淄博、青岛、东营、烟台、潍坊、枣庄、日照、泰安、临沂、滨州、德州、济宁、菏泽和聊城（图7-70）。其中，日照及排名在其后城市的创新资源指数均低于全国平均值。

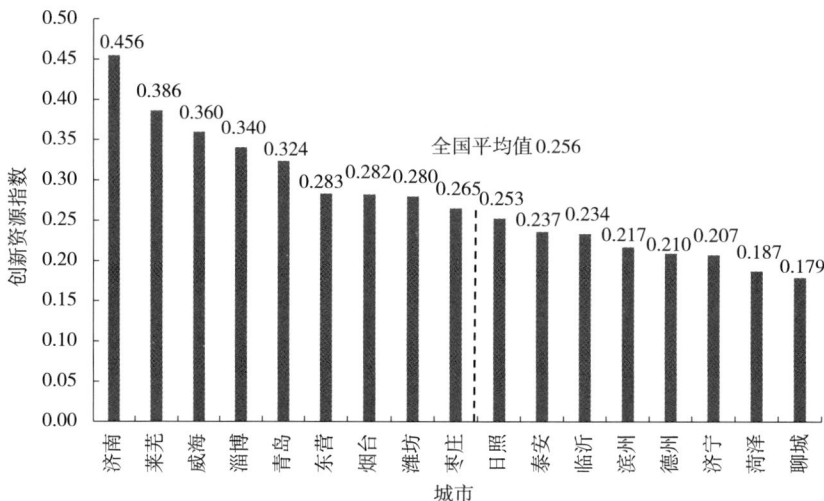

图 7-70　山东各市创新资源指数

　　在创新环境一级指标中山东各市的排名依次为威海、东营、烟台、青岛、潍坊、济南、淄博、聊城、德州、滨州、泰安、济宁、日照、莱芜、临沂、枣庄和菏泽（图7-71）。其中，聊城及排名在其后城市的创新环境指数均低于全国平均值。

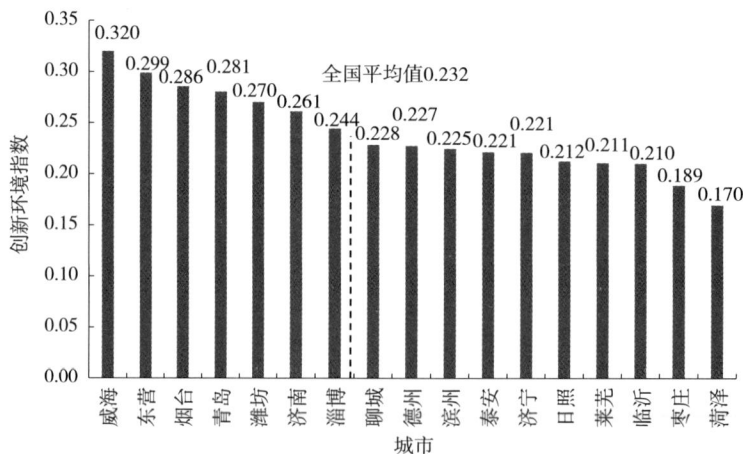

图 7-71　山东各市创新环境指数

　　在创新服务一级指标中山东各市的排名依次为青岛、潍坊、东营、临沂、烟台、济南、滨州、聊城、泰安、济宁、威海、淄博、菏泽、日照、德州、枣庄和莱芜（图7-72）。其中，临沂及排名在其后城市的创新服务指数均低于全国平均值。

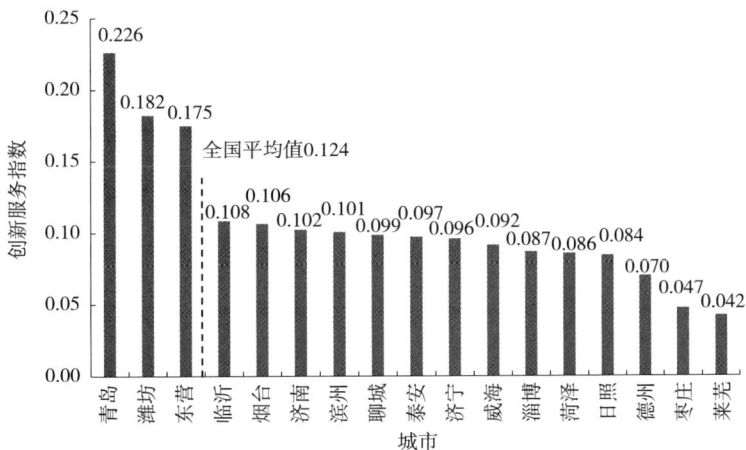

图 7-72　山东各市创新服务指数

在创新绩效一级指标中山东各市的排名依次为青岛、济南、烟台、威海、淄博、泰安、东营、日照、潍坊、滨州、临沂、济宁、枣庄、聊城、德州、莱芜和菏泽（图7-73）。其中，滨州及排名在其后城市的创新绩效指数均低于全国平均值。

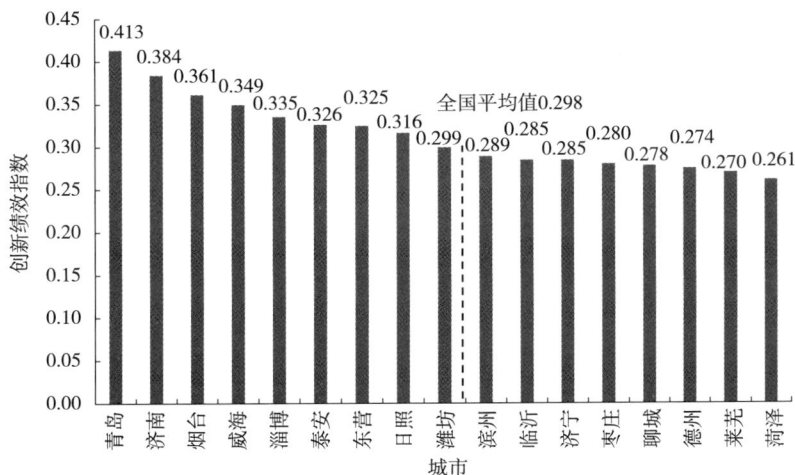

图 7-73　山东各市创新绩效指数

十九、山西省城市科技创新发展指数排名及分析

山西，省会太原，下辖主要城市有太原、晋中、运城、阳泉、大同、朔州、晋城、长治、临汾、忻州和吕梁。山西各市科技创新发展指数及排名如表7-19所示。

表7-19 山西各市科技创新发展指数及排名

城市	科技创新发展指数	全国排名	省内排名
太原	0.340	21	1
全国平均值	0.254		
晋中	0.250	97	2
运城	0.245	110	3
阳泉	0.241	123	4
大同	0.239	131	5
朔州	0.237	141	6
晋城	0.234	153	7
长治	0.219	225	8
临汾	0.216	234	9
忻州	0.206	265	10
吕梁	0.204	271	11

　　山西各市科技创新发展指数排名依次为太原、晋中、运城、阳泉、大同、朔州、晋城、长治、临汾、忻州和吕梁。其中，仅太原的科技创新发展指数高于全国平均值。

　　在创新资源一级指标中山西各市的排名依次为太原、阳泉、大同、晋中、朔州、运城、晋城、长治、忻州、临汾和吕梁（图7-74）。其中，仅太原和大同的创新资源指数高于全国平均值。

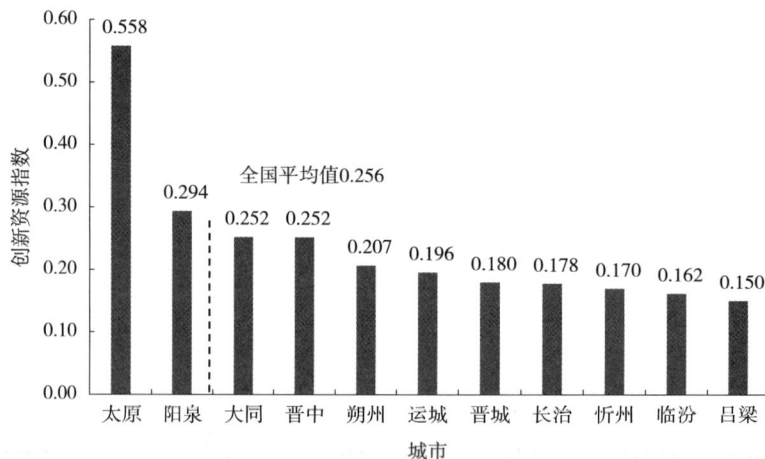

图 7-74 山西各市创新资源指数

图中指数值均保留小数点后三位数，图中城市指数值相同但排名不同主要是因为小数点后第四位数存在差异

　　在创新环境一级指标中山西各市的排名依次为太原、运城、阳泉、晋城、大同、晋

中、长治、临汾、忻州、朔州和吕梁（图7-75）。其中，晋城及排名在其后城市的创新环境指数均低于全国平均值。

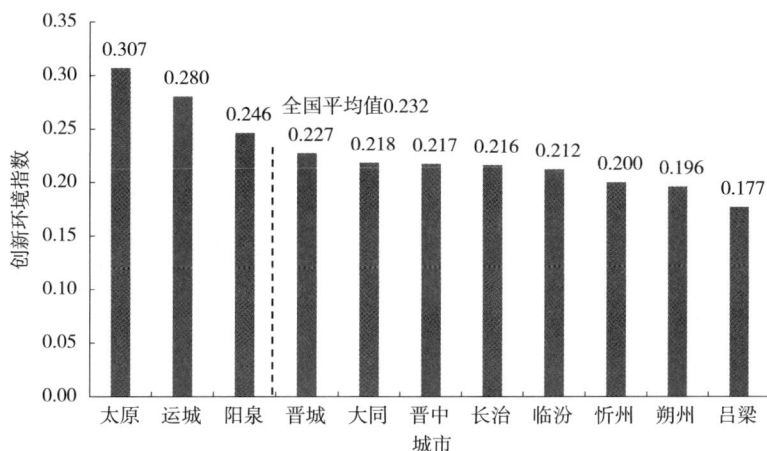

图 7-75　山西各市创新环境指数

在创新服务一级指标中山西各市的排名依次为晋中、太原、吕梁、阳泉、晋城、忻州、大同、运城、临汾、长治和朔州（图7-76）。其中，阳泉及排名在其后城市的创新服务指数均低于全国平均值。

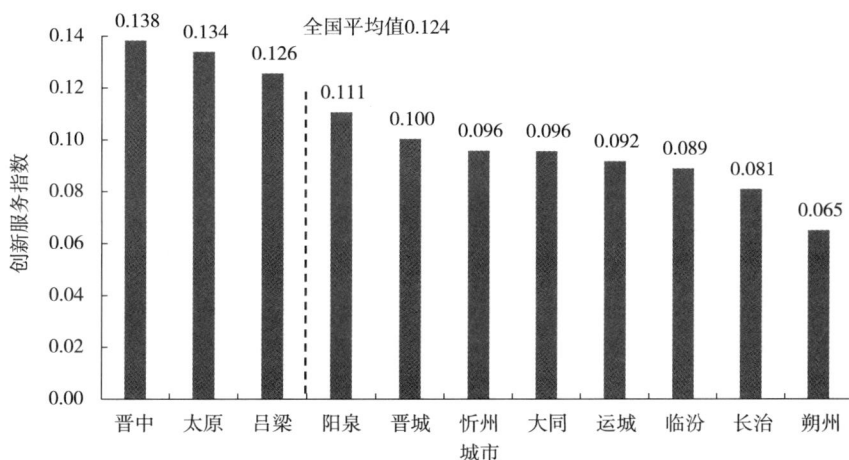

图 7-76　山西各市创新服务指数

图中指数值均保留小数点后三位数，图中城市指数值相同但排名不同主要是因为小数点后第四位数存在差异

在创新绩效一级指标中山西各市的排名依次为太原、朔州、晋中、晋城、运城、大同、长治、临汾、阳泉、吕梁和忻州（图7-77）。其中，仅太原和朔州的创新绩效指数高于全国平均值。

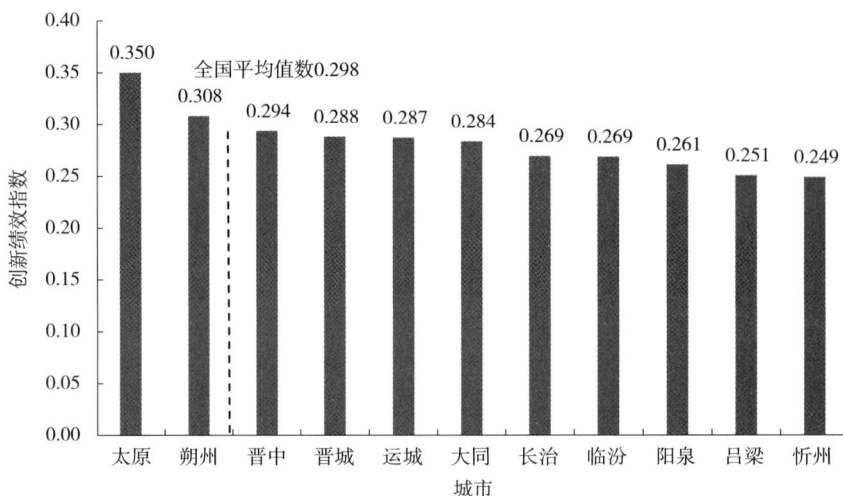

图 7-77　山西各市创新绩效指数

图中指数值均保留小数点后三位数，图中城市指数值相同但排名不同主要是因为小数点后第四位数存在差异

二十、陕西省城市科技创新发展指数排名及分析

陕西，省会西安，下辖的主要城市有西安、宝鸡、安康、汉中、咸阳、榆林、铜川、商洛、渭南和延安。陕西各市科技创新发展指数及排名如表7-20所示。

表7-20　陕西各市科技创新发展指数及排名

城市	科技创新发展指数	全国排名	省内排名
西安	0.364	15	1
宝鸡	0.263	72	2
全国平均值	0.254		
安康	0.253	92	3
汉中	0.246	108	4
咸阳	0.241	124	5
榆林	0.241	126	6
铜川	0.233	158	7
商洛	0.228	178	8
渭南	0.214	240	9
延安	0.210	253	10

注：表中指数值均保留小数点后三位，表中指数值相同但排名不同主要是因为小数点后第四位数存在差异

陕西各市科技创新发展指数排名依次为西安、宝鸡、安康、汉中、咸阳、榆林、铜川、商洛、渭南和延安。其中，仅西安和宝鸡的科技创新发展指数高于全国平均值。

在创新资源一级指标中陕西各市的排名依次为西安、铜川、安康、宝鸡、商洛、咸

阳、汉中、榆林、渭南和延安（图7-78）。其中，商洛及排名在其后城市的创新资源指数均低于全国平均值。

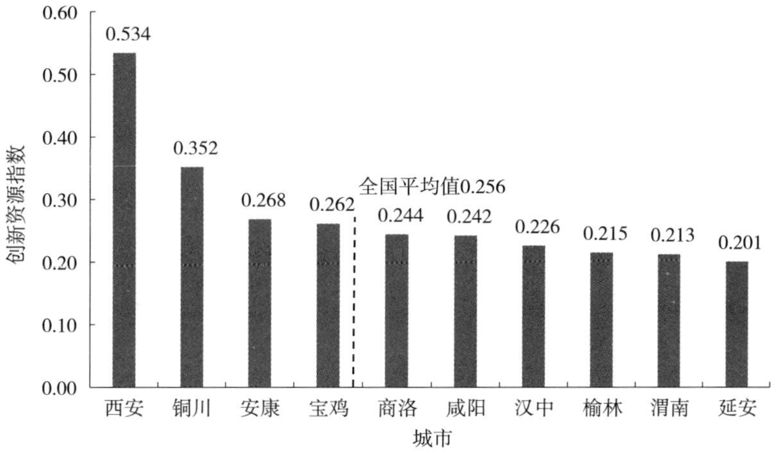

图 7-78　陕西各市创新资源指数

　　在创新环境一级指标中陕西各市的排名依次为榆林、汉中、咸阳、宝鸡、铜川、渭南、西安、安康、商洛和延安（图7-79）。其中，安康及排名在其后城市的创新环境指数均低于全国平均值。

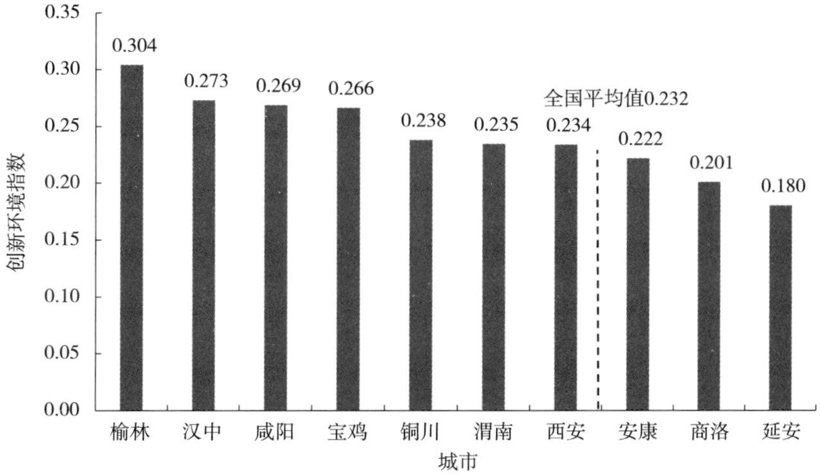

图 7-79　陕西各市创新环境指数

　　在创新服务一级指标中陕西各市的排名依次为西安、安康、榆林、宝鸡、咸阳、延安、汉中、商洛、渭南和铜川（图7-80）。其中，咸阳及排名在其后城市的创新服务指数均低于全国平均值。

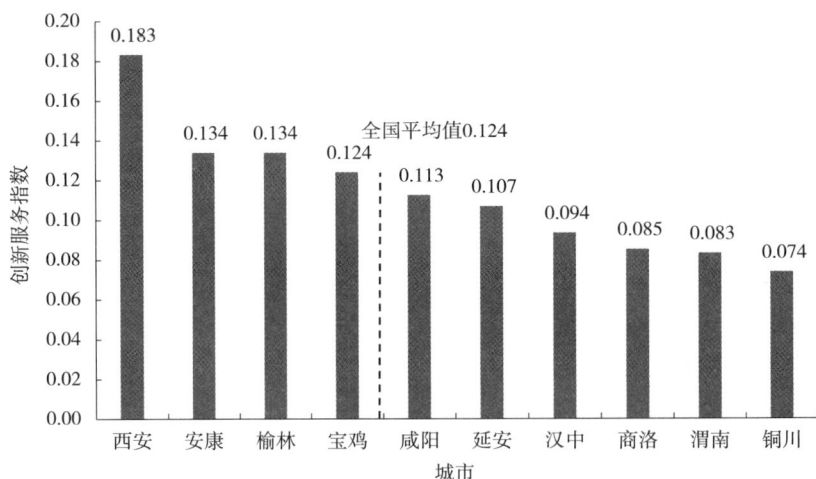

图 7-80　陕西各市创新服务指数

图中指数值均保留小数点后三位数，图中城市指数值相同但排名不同主要是因为小数点后第四位数存在差异

在创新绩效一级指标中陕西各市的排名依次为西安、宝鸡、安康、汉中、商洛、咸阳、榆林、延安、渭南和铜川（图7-81）。其中，仅西安和宝鸡的创新绩效指数高于全国平均值。

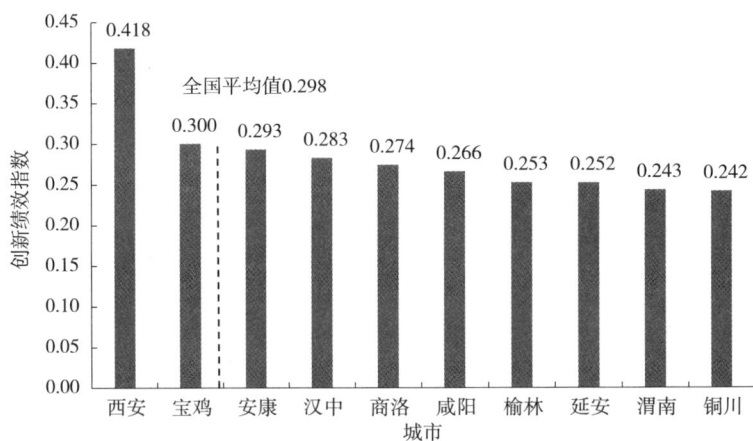

图 7-81　陕西各市创新绩效指数

二十一、四川省城市科技创新发展指数排名及分析

四川，省会成都，下辖主要城市有成都、绵阳、自贡、广安、遂宁、德阳、内江、广元、眉山、乐山、资阳、宜宾、南充、攀枝花、巴中、雅安、达州和泸州。四川各市科技创新发展指数及排名如表7-21所示。

表7-21 四川各市科技创新发展指数及排名

城市	科技创新发展指数	全国排名	省内排名
成都	0.358	17	1
绵阳	0.261	75	2
全国平均值	0.254		
自贡	0.245	109	3
广安	0.245	112	4
遂宁	0.233	155	5
德阳	0.233	157	6
内江	0.226	191	7
广元	0.226	192	8
眉山	0.223	203	9
乐山	0.222	210	10
资阳	0.220	220	11
宜宾	0.220	222	12
南充	0.219	224	13
攀枝花	0.215	237	14
巴中	0.214	244	15
雅安	0.211	248	16
达州	0.209	256	17
泸州	0.198	279	18

注：表中指数值均保留小数点后三位，表中指数值相同但排名不同主要是因为小数点后第四位数存在差异

四川各市科技创新发展指数排名依次为成都、绵阳、自贡、广安、遂宁、德阳、内江、广元、眉山、乐山、资阳、宜宾、南充、攀枝花、巴中、雅安、达州和泸州。其中，仅成都和绵阳的科技创新发展指数高于全国平均值。

在创新资源一级指标中四川各市的排名依次为绵阳、成都、攀枝花、自贡、乐山、泸州、达州、广安、内江、遂宁、宜宾、广元、南充、巴中、德阳、眉山、资阳和雅安（图7-82）。其中，自贡及排名在其后城市的创新资源指数均低于全国平均值。

在创新环境一级指标中四川各市的排名依次为成都、攀枝花、雅安、遂宁、绵阳、德阳、自贡、广元、内江、眉山、南充、乐山、达州、宜宾、资阳、广安、巴中和泸州（图7-83）。其中，德阳及排名在其后城市的创新环境指数均低于全国平均值。

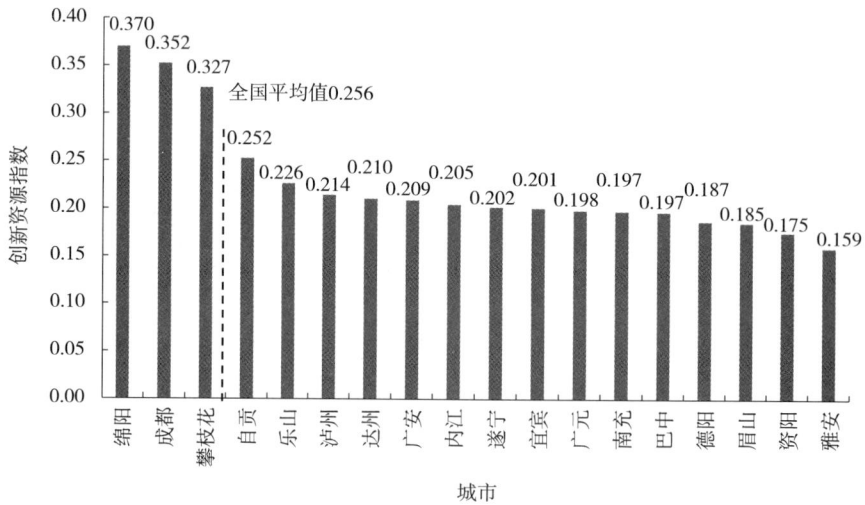

图 7-82 四川各市创新资源指数

图中指数值均保留小数点后三位数，图中城市指数值相同但排名不同主要是因为小数点后第四位数存在差异

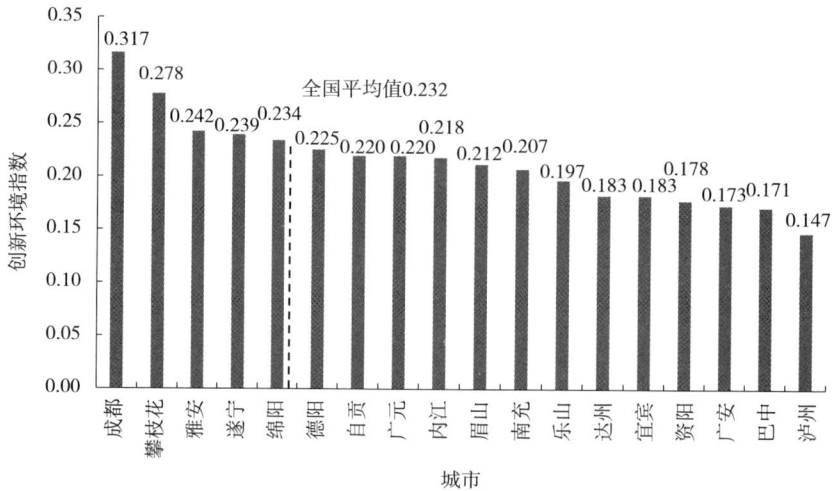

图 7-83 四川各市创新环境指数

图中指数值均保留小数点后三位数，图中城市指数值相同但排名不同主要是因为小数点后第四位数存在差异

在创新服务一级指标中四川各市的排名依次为巴中、成都、南充、泸州、眉山、内江、遂宁、资阳、达州、雅安、自贡、广元、攀枝花、宜宾、德阳、广安、乐山和绵阳（图7-84）。其中，达州及排名在其后城市的创新服务指数均低于全国平均值。

在创新绩效一级指标中四川各市的排名依次为成都、广安、绵阳、自贡、德阳、资阳、宜宾、遂宁、广元、乐山、眉山、内江、南充、巴中、达州、雅安、泸州和攀枝花（图7-85）。其中，仅成都和广安的创新绩效指数高于全国平均值。

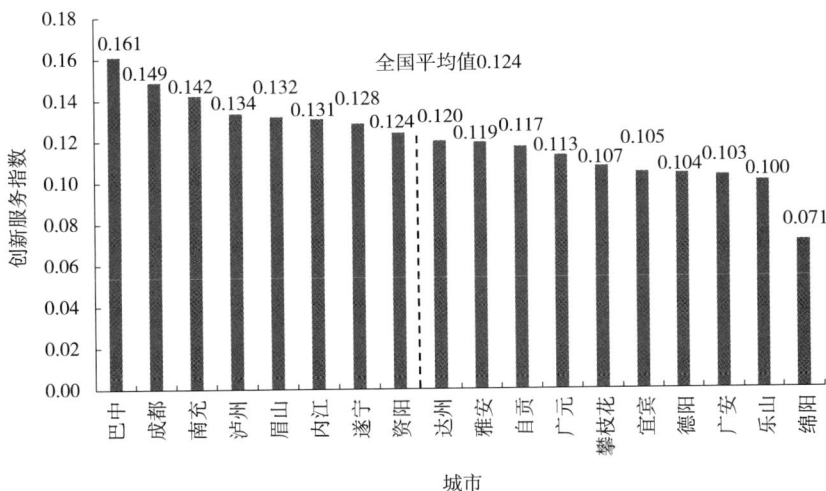

图 7-84　四川各市创新服务指数

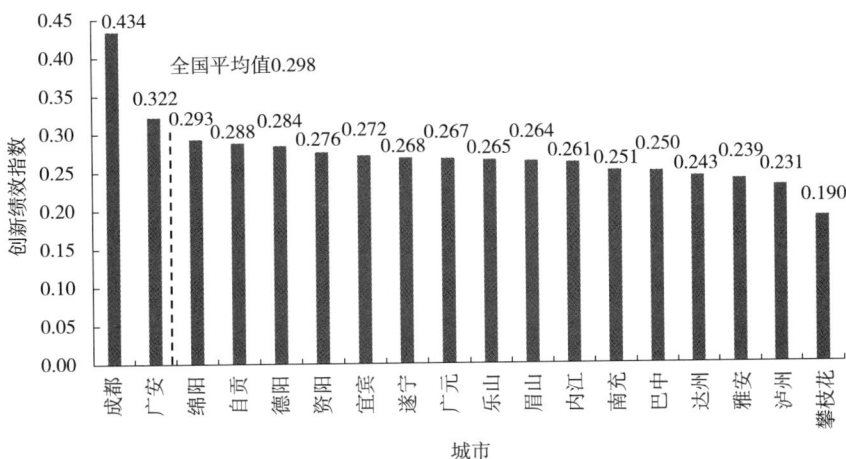

图 7-85　四川各市创新绩效指数

二十二、云南省城市科技创新发展指数排名及分析

云南，省会昆明，下辖的主要城市有昆明、普洱、曲靖、丽江、玉溪、保山、临沧和昭通。云南各市科技创新发展指数及排名如表7-22所示。

表7-22　云南各市科技创新发展指数及排名

城市	科技创新发展指数	全国排名	省内排名
昆明	0.337	24	1
全国平均值	0.254		
普洱	0.225	196	2

续表

城市	科技创新发展指数	全国排名	省内排名
曲靖	0.225	197	3
丽江	0.222	213	4
玉溪	0.220	221	5
保山	0.218	228	6
临沧	0.204	270	7
昭通	0.174	286	8

注：表中指数值均保留小数点后三位，表中指数值相同但排名不同主要是因为小数点后第四位数存在差异

云南各市科技创新发展指数排名依次为昆明、普洱、曲靖、丽江、玉溪、保山、临沧和昭通。其中，仅昆明的科技创新发展指数高于全国平均值，其余各市的科技创新发展指数全国排名均在第190位以后。

在创新资源一级指标中云南各市的排名依次为昆明、保山、丽江、曲靖、昭通、玉溪、普洱和临沧（图7-86）。其中，仅昆明的创新资源指数高于全国平均值。

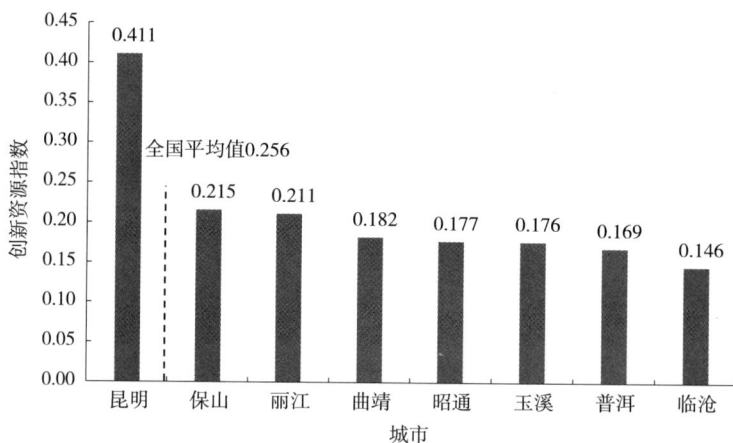

图7-86　云南各市创新资源指数

在创新环境一级指标中云南各市的排名依次为昆明、玉溪、临沧、曲靖、普洱、丽江、保山和昭通（图7-87）。其中，仅昆明的创新环境指数高于全国平均值。

在创新服务一级指标中云南各市的排名依次为普洱、临沧、昆明、丽江、保山、曲靖、昭通和玉溪（图7-88）。其中，仅普洱和临沧的创新服务指数高于全国平均值。

在创新绩效一级指标中云南各市的排名依次为昆明、曲靖、普洱、玉溪、保山、丽江、临沧和昭通（图7-89）。其中，仅昆明的创新绩效指数高于全国平均值。

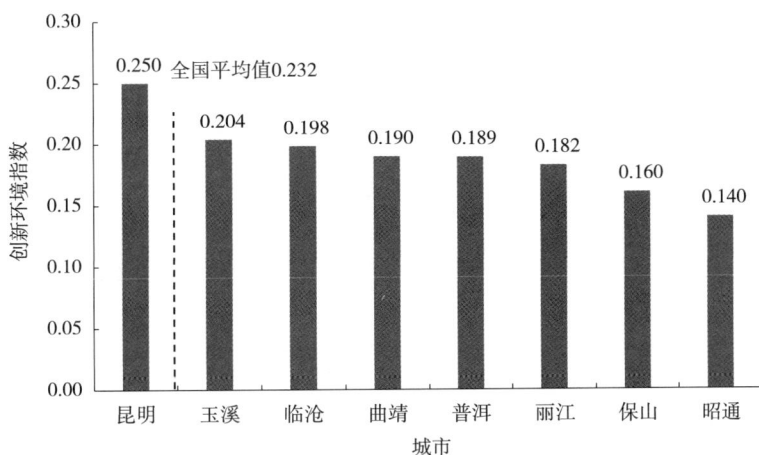

图 7-87　云南各市创新环境指数

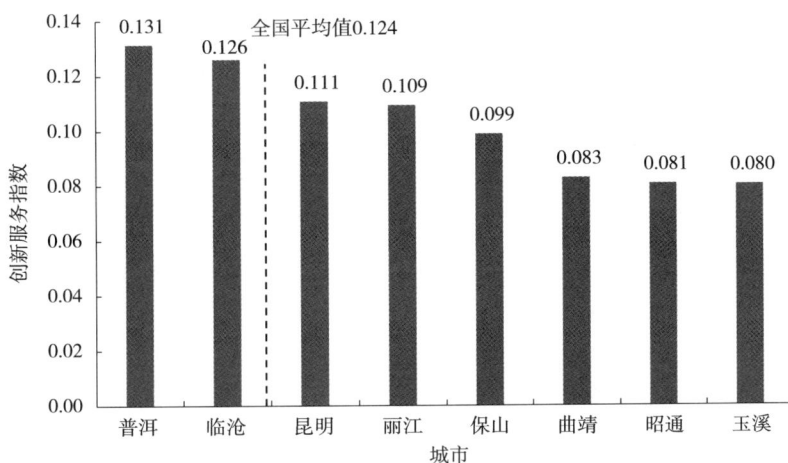

图 7-88　云南各市创新服务指数

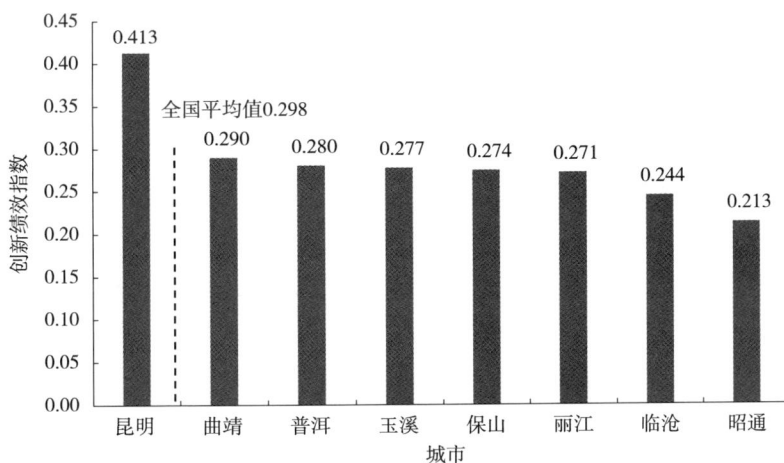

图 7-89　云南各市创新绩效指数

二十三、浙江省城市科技创新发展指数排名及分析

浙江，省会杭州，下辖的主要城市有杭州、嘉兴、宁波、舟山、温州、金华、绍兴、湖州、台州、丽水和衢州。浙江各市科技创新发展指数及排名如表7-23所示。

表7-23　浙江各市科技创新发展指数及排名

城市	科技创新发展指数	全国排名	省内排名
杭州	0.391	8	1
嘉兴	0.293	49	2
宁波	0.292	50	3
舟山	0.284	52	4
温州	0.275	57	5
金华	0.274	60	6
绍兴	0.272	64	7
湖州	0.261	74	8
台州	0.259	79	9
丽水	0.257	83	10
全国平均值	0.254		
衢州	0.248	105	11

浙江各市科技创新发展指数排名依次为杭州、嘉兴、宁波、舟山、温州、金华、绍兴、湖州、台州、丽水和衢州。其中，仅衢州的科技创新发展指数低于全国平均值，其余各市的科技创新发展指数均高于全国平均值。

在创新资源一级指标中浙江各市的排名依次为杭州、绍兴、舟山、嘉兴、宁波、湖州、金华、温州、台州、衢州和丽水（图7-90）。其中，金华及排名在其后城市的创新资源指数均低于全国平均值。

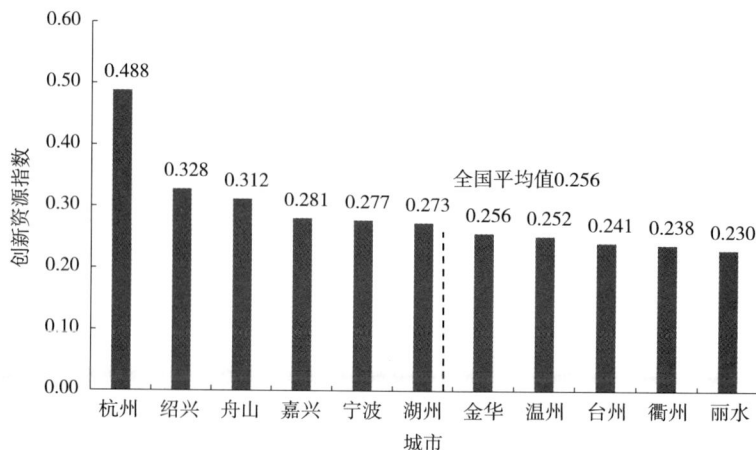

图 7-90　浙江各市创新资源指数

图中指数值均保留小数点后三位数，图中城市指数值相同但排名不同主要是因为小数点后第四位数存在差异

在创新环境一级指标中浙江各市的排名依次为杭州、嘉兴、宁波、舟山、温州、湖州、绍兴、丽水、金华、衢州和台州（图7-91）。其中，绍兴及排名在其后城市的创新环境指数均低于全国平均值。

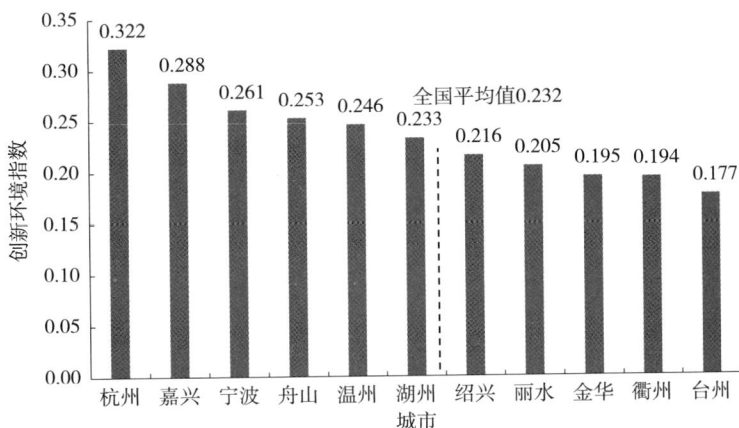

图 7-91　浙江各市创新环境指数

在创新服务一级指标中浙江各市的排名依次为舟山、杭州、金华、宁波、嘉兴、湖州、衢州、绍兴、台州、丽水和温州（图7-92）。其中，衢州及排名在其后城市的创新服务指数均低于全国平均值。

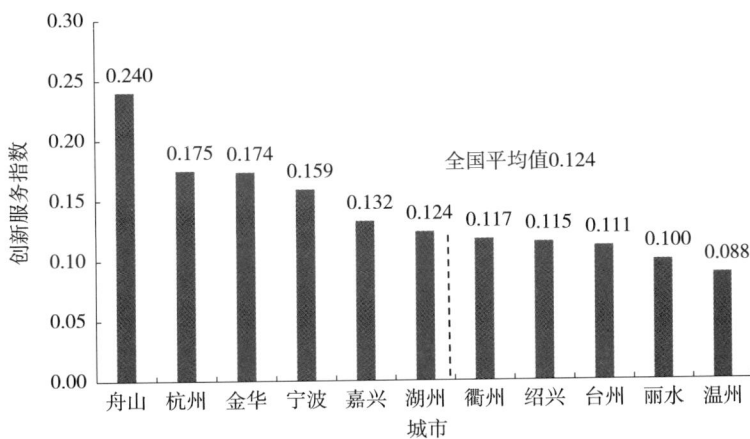

图 7-92　浙江各市创新服务指数

在创新绩效一级指标中浙江各市的排名依次为杭州、宁波、温州、嘉兴、金华、台州、丽水、绍兴、衢州、湖州和舟山（图7-93）。其中，各市的创新绩效指数均高于全国平均值。

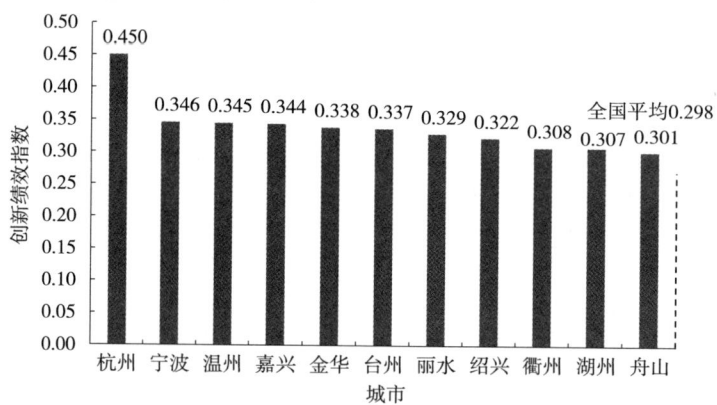

图 7-93　浙江各市创新绩效指数

附　录

附录1　287个城市科技创新发展指数指标及排名表

附表1-1　北京市科技创新发展指数指标及排名表

科技创新发展指数0.587			综合排名1		
指标	指数	排名	指标	指数	排名
创新资源指数	0.603	2	创新绩效指数	0.689	1
创新人才	0.732	4	科技成果	0.630	1
每万人在校大学生数	0.358	32	每万人SCI/SSCI/A&HCI论文产出数	1.000	1
城市化水平	0.943	18	每万人发明专利授权量	0.260	2
万名从业人口中科学技术人员数	0.896	2	经济产出	0.319	34
研发经费	0.409	31	城镇居民人均可支配收入	0.799	9
地方财政科技投入占财政支出比重	0.297	4	地均GDP	0.162	12
地方财政教育投入占财政支出比重	0.520	169	第二产业劳动生产率	0.128	217
创新环境指数	0.344	10	第三产业劳动生产率	0.185	137
政策环境	0.161	284	结构优化	0.576	5
每万人吸引外商投资额	0.287	19	第三产业增加值占地区GDP比重	1.000	1
企业税收负担	0.036	285	高科技产品进出口总额占地区GDP比重	0.151	14
人文环境	0.535	3	绿色发展	0.744	205
每百人公共图书馆藏书拥有量	0.453	5	万元地区生产总值水耗	0.932	60
每百名学生拥有专任教师人数	0.616	12	万元地区生产总值能耗	0.972	29
生活环境	0.338	8	城市污水处理率	0.821	177
每千人口拥有医院床位数	0.506	17	生活垃圾无害化处理率	0.996	114
城市人均公园绿地面积	0.316	13	城市空气质量等级	0.000	237
每万人拥有公共汽车数	0.194	15	辐射引领	1.000	1
创新服务指数	0.546	2	全市在校普通高校学生数占全省比重	1.000	1
金融服务	0.726	1	全市科学技术从业人员数占全省比重	1.000	1
新三板上市企业数	1.000	1	国家技术转移示范机构数	1.000	1
年末金融机构贷款余额增长率	0.179	265	ESI学科进入全球前1%个数	1.000	1
创业板上市企业数	1.000	1	财富世界500强与中国500强企业数	1.000	1
科技条件	0.276	11			
每万人移动电话用户数	0.266	7			
每万人互联网宽带接入用户数	0.287	20			

附表1-2 深圳市科技创新发展指数指标及排名表

科技创新发展指数0.587 综合排名2

指标	指数	排名	指标	指数	排名
创新资源指数	0.414	25	创新绩效指数	0.582	3
创新人才	0.462	24	科技成果	0.596	2
每万人在校大学生数	0.211	52	每万人SCI/SSCI/A&HCI论文产出数	0.191	18
城市化水平	1.000	1	每万人发明专利授权量	1.000	1
万名从业人口中科学技术人员数	0.174	91	经济产出	0.624	1
研发经费	0.343	117	城镇居民人均可支配收入	0.938	2
地方财政科技投入占财政支出比重	0.206	17	地均GDP	1.000	1
地方财政教育投入占财政支出比重	0.481	207	第二产业劳动生产率	0.094	250
创新环境指数	0.698	1	第三产业劳动生产率	0.465	24
政策环境	0.581	4	结构优化	0.823	1
每万人吸引外商投资额	0.759	4	第三产业增加值占地区GDP比重	0.647	10
企业税收负担	0.403	273	高科技产品进出口总额占地区GDP比重	1.000	1
人文环境	0.607	1	绿色发展	0.865	18
每百人公共图书馆藏书拥有量	1.000	1	万元地区生产总值水耗	0.910	86
每百名学生拥有专任教师人数	0.215	187	万元地区生产总值能耗	0.966	48
生活环境	0.836	1	城市污水处理率	0.955	30
每千人口拥有医院床位数	0.665	4	生活垃圾无害化处理率	1.000	1
城市人均公园绿地面积	0.844	2	城市空气质量等级	0.493	4
每万人拥有公共汽车数	1.000	1	辐射引领	0.164	30
创新服务指数	0.621	1	全市在校普通高校学生数占全省比重	0.049	96
金融服务	0.368	2	全市科学技术从业人员数占全省比重	0.243	32
新三板上市企业数	0.148	5	国家技术转移示范机构数	0.224	8
年末金融机构贷款余额增长率	0.268	222	ESI学科进入全球前1%个数	0.016	35
创业板上市企业数	0.688	2	财富世界500强与中国500强企业数	0.286	3
科技条件	1.000	1			
每万人移动电话用户数	1.000	1			
每万人互联网宽带接入用户数	1.000	1			

附表1-3 上海市科技创新发展指数指标及排名表

科技创新发展指数0.499 综合排名3

指标	指数	排名	指标	指数	排名
创新资源指数	0.466	17	创新绩效指数	0.623	2
创新人才	0.545	16	科技成果	0.322	4
每万人在校大学生数	0.282	39	每万人SCI/SSCI/A&HCI论文产出数	0.479	3
城市化水平	0.950	17	每万人发明专利授权量	0.165	4
万名从业人口中科学技术人员数	0.403	22	经济产出	0.440	9
研发经费	0.347	112	城镇居民人均可支配收入	0.912	3
地方财政科技投入占财政支出比重	0.252	7	地均GDP	0.464	2
地方财政教育投入占财政支出比重	0.441	235	第二产业劳动生产率	0.151	197
创新环境指数	0.338	11	第三产业劳动生产率	0.233	106
政策环境	0.266	264	结构优化	0.629	3
每万人吸引外商投资额	0.531	6	第三产业增加值占地区GDP比重	0.774	6
企业税收负担	0.000	287	高科技产品进出口总额占地区GDP比重	0.484	5
人文环境	0.499	6	绿色发展	0.826	89
每百人公共图书馆藏书拥有量	0.554	4	万元地区生产总值水耗	0.862	166
每百名学生拥有专任教师人数	0.444	42	万元地区生产总值能耗	0.955	77
生活环境	0.279	21	城市污水处理率	0.869	127
每千人口拥有医院床位数	0.528	15	生活垃圾无害化处理率	0.950	170
城市人均公园绿地面积	0.188	74	城市空气质量等级	0.493	4
每万人拥有公共汽车数	0.119	56	辐射引领	0.685	2
创新服务指数	0.313	4	全市在校普通高校学生数占全省比重	1.000	1
金融服务	0.350	3	全市科学技术从业人员数占全省比重	1.000	1
新三板上市企业数	0.455	2	国家技术转移示范机构数	0.448	2
年末金融机构贷款余额增长率	0.112	276	ESI学科进入全球前1%个数	0.648	2
创业板上市企业数	0.484	3	财富世界500强与中国500强企业数	0.331	2
科技条件	0.257	12			
每万人移动电话用户数	0.189	11			
每万人互联网宽带接入用户数	0.324	18			

附表1-4 广州市科技创新发展指数指标及排名表

科技创新发展指数0.464　　　　　　　　　　　　　　综合排名4

指标	指数	排名	指标	指数	排名
创新资源指数	0.602	3	创新绩效指数	0.511	4
创新人才	0.775	2	科技成果	0.263	5
每万人在校大学生数	0.975	2	每万人SCI/SSCI/A&HCI论文产出数	0.469	4
城市化水平	0.816	20	每万人发明专利授权量	0.056	16
万名从业人口中科学技术人员数	0.533	9	经济产出	0.457	8
研发经费	0.344	115	城镇居民人均可支配收入	0.854	5
地方财政科技投入占财政支出比重	0.184	23	地均GDP	0.280	4
地方财政教育投入占财政支出比重	0.505	186	第二产业劳动生产率	0.248	110
创新环境指数	0.390	5	第三产业劳动生产率	0.446	27
政策环境	0.504	15	结构优化	0.445	10
每万人吸引外商投资额	0.256	24	第三产业增加值占地区GDP比重	0.781	4
企业税收负担	0.751	130	高科技产品进出口总额占地区GDP比重	0.108	19
人文环境	0.242	54	绿色发展	0.841	48
每百人公共图书馆藏书拥有量	0.253	11	万元地区生产总值水耗	0.885	133
每百名学生拥有专任教师人数	0.230	175	万元地区生产总值能耗	0.974	23
生活环境	0.414	4	城市污水处理率	0.984	15
每千人口拥有医院床位数	0.561	11	生活垃圾无害化处理率	0.868	232
城市人均公园绿地面积	0.479	5	城市空气质量等级	0.493	4
每万人拥有公共汽车数	0.202	14	辐射引领	0.349	10
创新服务指数	0.263	6	全市在校普通高校学生数占全省比重	0.566	17
金融服务	0.140	140	全市科学技术从业人员数占全省比重	0.491	16
新三板上市企业数	0.098	8	国家技术转移示范机构数	0.207	9
年末金融机构贷款余额增长率	0.167	267	ESI学科进入全球前1%个数	0.344	5
创业板上市企业数	0.156	6	财富世界500强与中国500强企业数	0.136	4
科技条件	0.446	4			
每万人移动电话用户数	0.343	5			
每万人互联网宽带接入用户数	0.549	6			

附表1-5　东莞市科技创新发展指数指标及排名表

科技创新发展指数0.452　　　　　　　　　　　　　　　　综合排名5

指标	指数	排名	指标	指数	排名
创新资源指数	0.465	18	创新绩效指数	0.396	24
创新人才	0.443	26	科技成果	0.079	30
每万人在校大学生数	0.293	37	每万人SCI/SSCI/A&HCI论文产出数	0.043	51
城市化水平	1.000	1	每万人发明专利授权量	0.115	6
万名从业人口中科学技术人员数	0.037	272	经济产出	0.508	4
研发经费	0.498	5	城镇居民人均可支配收入	1.000	1
地方财政科技投入占财政支出比重	0.143	35	地均GDP	0.298	3
地方财政教育投入占财政支出比重	0.853	9	第二产业劳动生产率	0.032	283
创新环境指数	0.611	2	第三产业劳动生产率	0.701	7
政策环境	0.866	1	结构优化	0.582	4
每万人吸引外商投资额	1.000	1	第三产业增加值占地区GDP比重	0.556	20
企业税收负担	0.732	142	高科技产品进出口总额占地区GDP比重	0.608	4
人文环境	0.320	17	绿色发展	0.724	231
每百人公共图书馆藏书拥有量	0.563	2	万元地区生产总值水耗	0.673	276
每百名学生拥有专任教师人数	0.077	278	万元地区生产总值能耗	0.890	215
生活环境	0.635	2	城市污水处理率	0.898	92
每千人口拥有医院床位数	1.000	1	生活垃圾无害化处理率	0.664	268
城市人均公园绿地面积	0.831	3	城市空气质量等级	0.493	4
每万人拥有公共汽车数	0.075	120	辐射引领	0.032	78
创新服务指数	0.416	3	全市在校普通高校学生数占全省比重	0.039	118
金融服务	0.142	134	全市科学技术从业人员数占全省比重	0.037	142
新三板上市企业数	0.039	20	国家技术转移示范机构数	0.069	29
年末金融机构贷款余额增长率	0.278	218	ESI学科进入全球前1%个数	0.000	63
创业板上市企业数	0.109	9	财富世界500强与中国500强企业数	0.013	43
科技条件	0.828	2			
每万人移动电话用户数	0.877	2			
每万人互联网宽带接入用户数	0.778	3			

附表1-6　天津市科技创新发展指数指标及排名表

科技创新发展指数0.416　　　　　　　　　　　　综合排名6

指标	指数	排名	指标	指数	排名
创新资源指数	0.469	15	创新绩效指数	0.486	5
创新人才	0.532	19	科技成果	0.140	12
每万人在校大学生数	0.400	26	每万人SCI/SSCI/A&HCI论文产出数	0.201	16
城市化水平	0.810	21	每万人发明专利授权量	0.080	11
万名从业人口中科学技术人员数	0.386	25	经济产出	0.367	18
研发经费	0.375	67	城镇居民人均可支配收入	0.554	34
地方财政科技投入占财政支出比重	0.177	27	地均GDP	0.164	11
地方财政教育投入占财政支出比重	0.573	138	第二产业劳动生产率	0.252	107
创新环境指数	0.316	23	第三产业劳动生产率	0.498	21
政策环境	0.525	10	结构优化	0.341	21
每万人吸引外商投资额	0.784	3	第三产业增加值占地区GDP比重	0.508	27
企业税收负担	0.266	281	高科技产品进出口总额占地区GDP比重	0.174	13
人文环境	0.274	36	绿色发展	0.779	162
每百人公共图书馆藏书拥有量	0.166	21	万元地区生产总值水耗	0.974	12
每百名学生拥有专任教师人数	0.382	68	万元地区生产总值能耗	0.958	69
生活环境	0.205	63	城市污水处理率	1.000	1
每千人口拥有医院床位数	0.349	49	生活垃圾无害化处理率	0.962	159
城市人均公园绿地面积	0.131	144	城市空气质量等级	0.000	237
每万人拥有公共汽车数	0.137	39	辐射引领	0.483	3
创新服务指数	0.253	10	全市在校普通高校学生数占全省比重	1.000	1
金融服务	0.149	114	全市科学技术从业人员数占全省比重	1.000	1
新三板上市企业数	0.115	6	国家技术转移示范机构数	0.190	10
年末金融机构贷款余额增长率	0.222	252	ESI学科进入全球前1%个数	0.168	9
创业板上市企业数	0.109	9	财富世界500强与中国500强企业数	0.058	8
科技条件	0.409	6			
每万人移动电话用户数	0.095	54			
每万人互联网宽带接入用户数	0.723	4			

附表1-7　武汉市科技创新发展指数指标及排名表

科技创新发展指数0.405　　　　　　　　　　　　　综合排名7

指标	指数	排名	指标	指数	排名
创新资源指数	0.508	9	创新绩效指数	0.466	6
创新人才	0.645	9	科技成果	0.231	6
每万人在校大学生数	0.937	4	每万人SCI/SSCI/A&HCI论文产出数	0.416	5
城市化水平	0.604	37	每万人发明专利授权量	0.046	18
万名从业人口中科学技术人员数	0.394	24	经济产出	0.318	35
研发经费	0.303	169	城镇居民人均可支配收入	0.463	45
地方财政科技投入占财政支出比重	0.229	13	地均GDP	0.146	13
地方财政教育投入占财政支出比重	0.377	262	第二产业劳动生产率	0.246	112
创新环境指数	0.315	24	第三产业劳动生产率	0.417	33
政策环境	0.424	103	结构优化	0.273	32
每万人吸引外商投资额	0.316	14	第三产业增加值占地区GDP比重	0.502	28
企业税收负担	0.533	240	高科技产品进出口总额占地区GDP比重	0.044	34
人文环境	0.249	49	绿色发展	0.840	54
每百人公共图书馆藏书拥有量	0.162	22	万元地区生产总值水耗	0.827	200
每百名学生拥有专任教师人数	0.336	97	万元地区生产总值能耗	0.968	37
生活环境	0.287	17	城市污水处理率	0.910	77
每千人口拥有医院床位数	0.508	16	生活垃圾无害化处理率	1.000	1
城市人均公园绿地面积	0.198	61	城市空气质量等级	0.493	4
每万人拥有公共汽车数	0.155	31	辐射引领	0.382	8
创新服务指数	0.207	18	全市在校普通高校学生数占全省比重	0.668	15
金融服务	0.182	58	全市科学技术从业人员数占全省比重	0.488	17
新三板上市企业数	0.207	3	国家技术转移示范机构数	0.276	5
年末金融机构贷款余额增长率	0.230	248	ESI学科进入全球前1%个数	0.408	4
创业板上市企业数	0.109	9	财富世界500强与中国500强企业数	0.071	7
科技条件	0.244	16			
每万人移动电话用户数	0.159	20			
每万人互联网宽带接入用户数	0.328	17			

附表1-8　杭州市科技创新发展指数指标及排名表

科技创新发展指数0.391　　　　　　　　　　　　　综合排名8

指标	指数	排名	指标	指数	排名
创新资源指数	0.488	11	创新绩效指数	0.450	8
创新人才	0.524	20	科技成果	0.205	9
每万人在校大学生数	0.533	19	每万人SCI/SSCI/A&HCI论文产出数	0.354	7
城市化水平	0.719	24	每万人发明专利授权量	0.057	15
万名从业人口中科学技术人员数	0.320	35	经济产出	0.306	45
研发经费	0.435	18	城镇居民人均可支配收入	0.767	10
地方财政科技投入占财政支出比重	0.258	6	地均GDP	0.069	31
地方财政教育投入占财政支出比重	0.611	110	第二产业劳动生产率	0.099	246
创新环境指数	0.322	18	第三产业劳动生产率	0.290	70
政策环境	0.446	66	结构优化	0.332	22
每万人吸引外商投资额	0.374	11	第三产业增加值占地区GDP比重	0.610	16
企业税收负担	0.519	245	高科技产品进出口总额占地区GDP比重	0.053	30
人文环境	0.279	32	绿色发展	0.858	22
每百人公共图书馆藏书拥有量	0.279	8	万元地区生产总值水耗	0.937	51
每百名学生拥有专任教师人数	0.279	134	万元地区生产总值能耗	0.941	114
生活环境	0.268	22	城市污水处理率	0.921	67
每千人口拥有医院床位数	0.461	22	生活垃圾无害化处理率	1.000	1
城市人均公园绿地面积	0.174	95	城市空气质量等级	0.493	4
每万人拥有公共汽车数	0.170	25	辐射引领	0.303	17
创新服务指数	0.175	31	全市在校普通高校学生数占全省比重	0.441	24
金融服务	0.142	133	全市科学技术从业人员数占全省比重	0.525	14
新三板上市企业数	0.070	11	国家技术转移示范机构数	0.190	10
年末金融机构贷款余额增长率	0.076	283	ESI学科进入全球前1%个数	0.224	7
创业板上市企业数	0.281	5	财富世界500强与中国500强企业数	0.136	4
科技条件	0.224	18			
每万人移动电话用户数	0.179	13			
每万人互联网宽带接入用户数	0.268	24			

附表1-9　南京市科技创新发展指数指标及排名表

科技创新发展指数0.390　　　　　　　　　　　　　　　综合排名9

指标	指数	排名	指标	指数	排名
创新资源指数	0.609	1	创新绩效指数	0.441	10
创新人才	0.784	1	科技成果	0.414	3
每万人在校大学生数	1.000	1	每万人SCI/SSCI/A&HCI论文产出数	0.721	2
城市化水平	1.000	1	每万人发明专利授权量	0.106	8
万名从业人口中科学技术人员数	0.351	28	经济产出	0.351	24
研发经费	0.348	109	城镇居民人均可支配收入	0.742	13
地方财政科技投入占财政支出比重	0.229	12	地均GDP	0.167	10
地方财政教育投入占财政支出比重	0.467	220	第二产业劳动生产率	0.149	200
创新环境指数	0.277	49	第三产业劳动生产率	0.344	49
政策环境	0.395	148	结构优化	0.376	14
每万人吸引外商投资额	0.214	30	第三产业增加值占地区GDP比重	0.631	12
企业税收负担	0.576	228	高科技产品进出口总额占地区GDP比重	0.121	17
人文环境	0.229	65	绿色发展	0.659	270
每百人公共图书馆藏书拥有量	0.081	56	万元地区生产总值水耗	0.859	169
每百名学生拥有专任教师人数	0.376	70	万元地区生产总值能耗	0.960	62
生活环境	0.232	45	城市污水处理率	0.555	265
每千人口拥有医院床位数	0.363	45	生活垃圾无害化处理率	0.922	194
城市人均公园绿地面积	0.204	54	城市空气质量等级	0.000	237
每万人拥有公共汽车数	0.127	47	辐射引领	0.331	12
创新服务指数	0.144	59	全市在校普通高校学生数占全省比重	0.435	26
金融服务	0.120	190	全市科学技术从业人员数占全省比重	0.335	29
新三板上市企业数	0.073	10	国家技术转移示范机构数	0.310	3
年末金融机构贷款余额增长率	0.178	266	ESI学科进入全球前1%个数	0.496	3
创业板上市企业数	0.109	9	财富世界500强与中国500强企业数	0.078	6
科技条件	0.180	30			
每万人移动电话用户数	0.122	37			
每万人互联网宽带接入用户数	0.237	26			

附表1-10 苏州市科技创新发展指数指标及排名表

科技创新发展指数0.384 综合排名10

指标	指数	排名	指标	指数	排名
创新资源指数	0.315	55	创新绩效指数	0.448	9
创新人才	0.268	68	科技成果	0.111	18
每万人在校大学生数	0.254	43	每万人SCI/SSCI/A&HCI论文产出数	0.039	52
城市化水平	0.485	59	每万人发明专利授权量	0.183	3
万名从业人口中科学技术人员数	0.066	235	经济产出	0.502	5
研发经费	0.385	55	城镇居民人均可支配收入	0.877	4
地方财政科技投入占财政支出比重	0.276	5	地均GDP	0.198	8
地方财政教育投入占财政支出比重	0.494	196	第二产业劳动生产率	0.131	213
创新环境指数	0.359	8	第三产业劳动生产率	0.801	4
政策环境	0.539	8	结构优化	0.650	2
每万人吸引外商投资额	0.519	7	第三产业增加值占地区GDP比重	0.493	31
企业税收负担	0.560	232	高科技产品进出口总额占地区GDP比重	0.806	2
人文环境	0.290	27	绿色发展	0.814	111
每百人公共图书馆藏书拥有量	0.244	12	万元地区生产总值水耗	0.910	87
每百名学生拥有专任教师人数	0.336	96	万元地区生产总值能耗	0.932	148
生活环境	0.284	18	城市污水处理率	0.737	231
每千人口拥有医院床位数	0.529	14	生活垃圾无害化处理率	1.000	1
城市人均公园绿地面积	0.192	66	城市空气质量等级	0.493	4
每万人拥有公共汽车数	0.130	46	辐射引领	0.094	37
创新服务指数	0.255	8	全市在校普通高校学生数占全省比重	0.113	45
金融服务	0.261	11	全市科学技术从业人员数占全省比重	0.106	52
新三板上市企业数	0.190	4	国家技术转移示范机构数	0.155	15
年末金融机构贷款余额增长率	0.296	211	ESI学科进入全球前1%个数	0.056	21
创业板上市企业数	0.297	4	财富世界500强与中国500强企业数	0.039	14
科技条件	0.247	15			
每万人移动电话用户数	0.183	12			
每万人互联网宽带接入用户数	0.311	19			

附表1-11　厦门市科技创新发展指数指标及排名表

科技创新发展指数0.378　　　　　　　　　　　　　　　　　综合排名11

指标	指数	排名	指标	指数	排名
创新资源指数	0.485	12	创新绩效指数	0.423	13
创新人才	0.588	12	科技成果	0.207	8
每万人在校大学生数	0.626	16	每万人SCI/SSCI/A&HCI论文产出数	0.306	10
城市化水平	1.000	1	每万人发明专利授权量	0.108	7
万名从业人口中科学技术人员数	0.138	130	经济产出	0.361	21
研发经费	0.331	132	城镇居民人均可支配收入	0.832	7
地方财政科技投入占财政支出比重	0.147	32	地均GDP	0.259	5
地方财政教育投入占财政支出比重	0.515	175	第二产业劳动生产率	0.049	275
创新环境指数	0.271	56	第三产业劳动生产率	0.302	64
政策环境	0.296	249	结构优化	0.508	8
每万人吸引外商投资额	0.414	10	第三产业增加值占地区GDP比重	0.600	18
企业税收负担	0.178	282	高科技产品进出口总额占地区GDP比重	0.415	7
人文环境	0.232	62	绿色发展	0.831	76
每百人公共图书馆藏书拥有量	0.265	10	万元地区生产总值水耗	0.874	150
每百名学生拥有专任教师人数	0.200	201	万元地区生产总值能耗	0.946	100
生活环境	0.281	19	城市污水处理率	0.846	141
每千人口拥有医院床位数	0.376	42	生活垃圾无害化处理率	0.999	108
城市人均公园绿地面积	0.244	32	城市空气质量等级	0.493	4
每万人拥有公共汽车数	0.221	7	辐射引领	0.117	34
创新服务指数	0.256	7	全市在校普通高校学生数占全省比重	0.207	33
金融服务	0.173	75	全市科学技术从业人员数占全省比重	0.215	34
新三板上市企业数	0.056	15	国家技术转移示范机构数	0.052	33
年末金融机构贷款余额增长率	0.370	155	ESI学科进入全球前1%个数	0.072	20
创业板上市企业数	0.094	14	财富世界500强与中国500强企业数	0.039	14
科技条件	0.380	10			
每万人移动电话用户数	0.241	8			
每万人互联网宽带接入用户数	0.519	7			

附表1-12　海口市科技创新发展指数指标及排名表

科技创新发展指数0.376　　　　　　　　　　　　　　　综合排名12

指标	指数	排名	指标	指数	排名
创新资源指数	0.547	6	创新绩效指数	0.455	7
创新人才	0.739	3	科技成果	0.053	33
每万人在校大学生数	0.880	7	每万人SCI/SSCI/A&HCI论文产出数	0.103	27
城市化水平	1.000	1	每万人发明专利授权量	0.002	150
万名从业人口中科学技术人员数	0.336	31	经济产出	0.142	188
研发经费	0.259	222	城镇居民人均可支配收入	0.291	106
地方财政科技投入占财政支出比重	0.027	208	地均GDP	0.059	39
地方财政教育投入占财政支出比重	0.491	201	第二产业劳动生产率	0.074	264
创新环境指数	0.222	153	第三产业劳动生产率	0.143	186
政策环境	0.364	197	结构优化	0.534	6
每万人吸引外商投资额	0.084	83	第三产业增加值占地区GDP比重	0.947	2
企业税收负担	0.643	193	高科技产品进出口总额占地区GDP比重	0.122	16
人文环境	0.107	222	绿色发展	0.936	1
每百人公共图书馆藏书拥有量	0.028	168	万元地区生产总值水耗	0.780	237
每百名学生拥有专任教师人数	0.186	212	万元地区生产总值能耗	0.958	67
生活环境	0.205	65	城市污水处理率	0.943	44
每千人口拥有医院床位数	0.453	25	生活垃圾无害化处理率	1.000	1
城市人均公园绿地面积	0.070	243	城市空气质量等级	1.000	1
每万人拥有公共汽车数	0.091	95	辐射引领	0.353	9
创新服务指数	0.134	71	全市在校普通高校学生数占全省比重	0.798	9
金融服务	0.076	265	全市科学技术从业人员数占全省比重	0.925	7
新三板上市企业数	0.006	82	国家技术转移示范机构数	0.017	55
年末金融机构贷款余额增长率	0.191	264	ESI学科进入全球前1%个数	0.000	63
创业板上市企业数	0.031	35	财富世界500强与中国500强企业数	0.026	27
科技条件	0.221	19			
每万人移动电话用户数	0.218	9			
每万人互联网宽带接入用户数	0.225	30			

附表1-13　珠海市科技创新发展指数指标及排名表

科技创新发展指数0.376　　　　　　　　　　　　综合排名13

指标	指数	排名	指标	指数	排名
创新资源指数	0.574	4	创新绩效指数	0.357	39
创新人才	0.696	7	科技成果	0.104	21
每万人在校大学生数	0.965	3	每万人SCI/SSCI/A&HCI论文产出数	0.054	44
城市化水平	1.000	1	每万人发明专利授权量	0.154	5
万名从业人口中科学技术人员数	0.123	150	经济产出	0.278	51
研发经费	0.391	49	城镇居民人均可支配收入	0.673	19
地方财政科技投入占财政支出比重	0.214	15	地均GDP	0.135	15
地方财政教育投入占财政支出比重	0.569	140	第二产业劳动生产率	0.069	267
创新环境指数	0.387	6	第三产业劳动生产率	0.236	104
政策环境	0.603	3	结构优化	0.454	9
每万人吸引外商投资额	0.741	5	第三产业增加值占地区GDP比重	0.474	39
企业税收负担	0.465	259	高科技产品进出口总额占地区GDP比重	0.435	6
人文环境	0.225	69	绿色发展	0.816	104
每百人公共图书馆藏书拥有量	0.325	7	万元地区生产总值水耗	0.776	241
每百名学生拥有专任教师人数	0.124	263	万元地区生产总值能耗	0.938	127
生活环境	0.351	7	城市污水处理率	0.873	116
每千人口拥有医院床位数	0.427	31	生活垃圾无害化处理率	1.000	1
城市人均公园绿地面积	0.455	7	城市空气质量等级	0.493	4
每万人拥有公共汽车数	0.170	24	辐射引领	0.021	114
创新服务指数	0.230	12	全市在校普通高校学生数占全省比重	0.073	67
金融服务	0.130	168	全市科学技术从业人员数占全省比重	0.027	185
新三板上市企业数	0.031	24	国家技术转移示范机构数	0.000	91
年末金融机构贷款余额增长率	0.264	225	ESI学科进入全球前1%个数	0.000	63
创业板上市企业数	0.094	14	财富世界500强与中国500强企业数	0.006	65
科技条件	0.382	9			
每万人移动电话用户数	0.291	6			
每万人互联网宽带接入用户数	0.473	9			

附表1-14 长沙市科技创新发展指数指标及排名表

科技创新发展指数0.367　　　　　　　　　　综合排名14

指标	指数	排名	指标	指数	排名
创新资源指数	0.432	22	创新绩效指数	0.436	11
创新人才	0.511	21	科技成果	0.179	11
每万人在校大学生数	0.656	14	每万人SCI/SSCI/A&HCI论文产出数	0.337	8
城市化水平	0.424	77	每万人发明专利授权量	0.022	34
万名从业人口中科学技术人员数	0.453	14	经济产出	0.362	20
研发经费	0.313	155	城镇居民人均可支配收入	0.586	28
地方财政科技投入占财政支出比重	0.129	43	地均GDP	0.082	26
地方财政教育投入占财政支出比重	0.496	193	第二产业劳动生产率	0.388	38
创新环境指数	0.305	28	第三产业劳动生产率	0.391	39
政策环境	0.480	27	结构优化	0.195	91
每万人吸引外商投资额	0.250	26	第三产业增加值占地区GDP比重	0.379	90
企业税收负担	0.711	159	高科技产品进出口总额占地区GDP比重	0.012	75
人文环境	0.127	195	绿色发展	0.875	10
每百人公共图书馆藏书拥有量	0.119	30	万元地区生产总值水耗	0.895	115
每百名学生拥有专任教师人数	0.134	257	万元地区生产总值能耗	0.990	7
生活环境	0.306	16	城市污水处理率	0.997	11
每千人口拥有医院床位数	0.576	7	生活垃圾无害化处理率	1.000	1
城市人均公园绿地面积	0.155	118	城市空气质量等级	0.493	4
每万人拥有公共汽车数	0.188	17	辐射引领	0.254	19
创新服务指数	0.144	60	全市在校普通高校学生数占全省比重	0.480	21
金融服务	0.148	118	全市科学技术从业人员数占全省比重	0.424	21
新三板上市企业数	0.050	18	国家技术转移示范机构数	0.103	23
年末金融机构贷款余额增长率	0.252	233	ESI学科进入全球前1%个数	0.224	7
创业板上市企业数	0.141	7	财富世界500强与中国500强企业数	0.039	14
科技条件	0.137	47			
每万人移动电话用户数	0.128	31			
每万人互联网宽带接入用户数	0.147	59			

附表1-15　西安市科技创新发展指数指标及排名表

科技创新发展指数0.364　　　　　　　　　　　　　　综合排名15

指标	指数	排名	指标	指数	排名
创新资源指数	0.534	8	创新绩效指数	0.418	16
创新人才	0.725	5	科技成果	0.102	22
每万人在校大学生数	0.757	11	每万人SCI/SSCI/A&HCI论文产出数	0.186	19
城市化水平	0.706	28	每万人发明专利授权量	0.019	38
万名从业人口中科学技术人员数	0.713	4	经济产出	0.230	84
研发经费	0.248	237	城镇居民人均可支配收入	0.568	29
地方财政科技投入占财政支出比重	0.073	92	地均GDP	0.068	33
地方财政教育投入占财政支出比重	0.423	248	第二产业劳动生产率	0.127	219
创新环境指数	0.234	122	第三产业劳动生产率	0.158	167
政策环境	0.372	183	结构优化	0.347	20
每万人吸引外商投资额	0.192	34	第三产业增加值占地区GDP比重	0.625	14
企业税收负担	0.552	235	高科技产品进出口总额占地区GDP比重	0.070	25
人文环境	0.153	154	绿色发展	0.740	213
每百人公共图书馆藏书拥有量	0.096	46	万元地区生产总值水耗	0.896	114
每百名学生拥有专任教师人数	0.211	192	万元地区生产总值能耗	0.962	56
生活环境	0.196	72	城市污水处理率	0.906	83
每千人口拥有医院床位数	0.342	54	生活垃圾无害化处理率	0.935	182
城市人均公园绿地面积	0.111	185	城市空气质量等级	0.000	237
每万人拥有公共汽车数	0.135	41	辐射引领	0.402	7
创新服务指数	0.183	26	全市在校普通高校学生数占全省比重	0.722	12
金融服务	0.159	100	全市科学技术从业人员数占全省比重	0.719	9
新三板上市企业数	0.056	15	国家技术转移示范机构数	0.276	5
年末金融机构贷款余额增长率	0.327	192	ESI学科进入全球前1%个数	0.248	6
创业板上市企业数	0.094	14	财富世界500强与中国500强企业数	0.045	10
科技条件	0.220	21			
每万人移动电话用户数	0.209	10			
每万人互联网宽带接入用户数	0.231	29			

附表1-16　呼和浩特市科技创新发展指数指标及排名表

科技创新发展指数0.362　　　　　　　　　　综合排名16

指标	指数	排名	指标	指数	排名
创新资源指数	0.457	20	创新绩效指数	0.421	15
创新人才	0.618	11	科技成果	0.041	36
每万人在校大学生数	0.787	10	每万人SCI/SSCI/A&HCI论文产出数	0.083	30
城市化水平	0.511	51	每万人发明专利授权量	0.000	276
万名从业人口中科学技术人员数	0.555	8	经济产出	0.384	16
研发经费	0.215	264	城镇居民人均可支配收入	0.533	37
地方财政科技投入占财政支出比重	0.049	149	地均GDP	0.021	118
地方财政教育投入占财政支出比重	0.381	261	第二产业劳动生产率	0.425	28
创新环境指数	0.294	34	第三产业劳动生产率	0.557	12
政策环境	0.432	91	结构优化	0.402	11
每万人吸引外商投资额	0.105	66	第三产业增加值占地区GDP比重	0.801	3
企业税收负担	0.759	119	高科技产品进出口总额占地区GDP比重	0.003	128
人文环境	0.114	210	绿色发展	0.836	62
每百人公共图书馆藏书拥有量	0.030	157	万元地区生产总值水耗	0.957	27
每百名学生拥有专任教师人数	0.199	202	万元地区生产总值能耗	0.986	8
生活环境	0.322	10	城市污水处理率	0.756	218
每千人口拥有医院床位数	0.370	43	生活垃圾无害化处理率	0.987	132
城市人均公园绿地面积	0.382	9	城市空气质量等级	0.493	4
每万人拥有公共汽车数	0.214	9	辐射引领	0.194	26
创新服务指数	0.148	52	全市在校普通高校学生数占全省比重	0.552	18
金融服务	0.165	87	全市科学技术从业人员数占全省比重	0.380	24
新三板上市企业数	0.003	103	国家技术转移示范机构数	0.017	55
年末金融机构贷款余额增长率	0.477	84	ESI学科进入全球前1%个数	0.000	63
创业板上市企业数	0.016	49	财富世界500强与中国500强企业数	0.019	34
科技条件	0.122	56			
每万人移动电话用户数	0.126	34			
每万人互联网宽带接入用户数	0.118	81			

附表1-17 成都市科技创新发展指数指标及排名表

科技创新发展指数0.358　　　　　　　　　　　综合排名17

指标	指数	排名	指标	指数	排名
创新资源指数	0.352	38	创新绩效指数	0.434	12
创新人才	0.417	30	科技成果	0.123	14
每万人在校大学生数	0.484	21	每万人SCI/SSCI/A&HCI论文产出数	0.219	12
城市化水平	0.454	69	每万人发明专利授权量	0.027	27
万名从业人口中科学技术人员数	0.313	36	经济产出	0.252	65
研发经费	0.255	229	城镇居民人均可支配收入	0.468	44
地方财政科技投入占财政支出比重	0.085	79	地均GDP	0.103	20
地方财政教育投入占财政支出比重	0.425	245	第二产业劳动生产率	0.187	160
创新环境指数	0.317	22	第三产业劳动生产率	0.250	94
政策环境	0.443	77	结构优化	0.365	17
每万人吸引外商投资额	0.307	15	第三产业增加值占地区GDP比重	0.548	21
企业税收负担	0.579	223	高科技产品进出口总额占地区GDP比重	0.183	11
人文环境	0.196	103	绿色发展	0.839	55
每百人公共图书馆藏书拥有量	0.170	19	万元地区生产总值水耗	0.875	148
每百名学生拥有专任教师人数	0.221	182	万元地区生产总值能耗	0.986	10
生活环境	0.313	13	城市污水处理率	0.842	146
每千人口拥有医院床位数	0.563	10	生活垃圾无害化处理率	1.000	1
城市人均公园绿地面积	0.172	101	城市空气质量等级	0.493	4
每万人拥有公共汽车数	0.204	12	辐射引领	0.327	13
创新服务指数	0.149	49	全市在校普通高校学生数占全省比重	0.547	19
金融服务	0.149	115	全市科学技术从业人员数占全省比重	0.578	11
新三板上市企业数	0.067	12	国家技术转移示范机构数	0.310	3
年末金融机构贷款余额增长率	0.254	232	ESI学科进入全球前1%个数	0.168	9
创业板上市企业数	0.125	8	财富世界500强与中国500强企业数	0.032	19
科技条件	0.149	45			
每万人移动电话用户数	0.144	24			
每万人互联网宽带接入用户数	0.155	54			

附表1-18 中山市科技创新发展指数指标及排名表

科技创新发展指数0.356　　　　　　　　　综合排名18

指标	指数	排名	指标	指数	排名
创新资源指数	0.481	13	创新绩效指数	0.380	30
创新人才	0.421	27	科技成果	0.208	7
每万人在校大学生数	0.205	55	每万人SCI/SSCI/A&HCI论文产出数	0.332	9
城市化水平	1.000	1	每万人发明专利授权量	0.085	10
万名从业人口中科学技术人员数	0.058	246	经济产出	0.353	22
研发经费	0.570	1	城镇居民人均可支配收入	0.605	24
地方财政科技投入占财政支出比重	0.233	11	地均GDP	0.197	9
地方财政教育投入占财政支出比重	0.907	5	第二产业劳动生产率	0.088	256
创新环境指数	0.282	43	第三产业劳动生产率	0.520	19
政策环境	0.422	107	结构优化	0.307	26
每万人吸引外商投资额	0.184	36	第三产业增加值占地区GDP比重	0.388	84
企业税收负担	0.659	185	高科技产品进出口总额占地区GDP比重	0.225	9
人文环境	0.146	166	绿色发展	0.861	20
每百人公共图书馆藏书拥有量	0.102	38	万元地区生产总值水耗	0.930	62
每百名学生拥有专任教师人数	0.190	207	万元地区生产总值能耗	0.924	164
生活环境	0.279	20	城市污水处理率	0.959	26
每千人口拥有医院床位数	0.571	8	生活垃圾无害化处理率	1.000	1
城市人均公园绿地面积	0.116	176	城市空气质量等级	0.493	4
每万人拥有公共汽车数	0.150	34	辐射引领	0.018	122
创新服务指数	0.253	9	全市在校普通高校学生数占全省比重	0.022	182
金融服务	0.138	146	全市科学技术从业人员数占全省比重	0.018	228
新三板上市企业数	0.008	58	国家技术转移示范机构数	0.052	33
年末金融机构贷款余额增长率	0.375	151	ESI学科进入全球前1%个数	0.000	63
创业板上市企业数	0.031	35	财富世界500强与中国500强企业数	0.000	105
科技条件	0.425	5			
每万人移动电话用户数	0.351	3			
每万人互联网宽带接入用户数	0.499	8			

附表1-19 乌鲁木齐市科技创新发展指数指标及排名表

科技创新发展指数0.351　　　　　　　　　　综合排名19

指标	指数	排名	指标	指数	排名
创新资源指数	0.498	10	创新绩效指数	0.399	22
创新人才	0.628	10	科技成果	0.099	25
每万人在校大学生数	0.505	20	每万人SCI/SSCI/A&HCI论文产出数	0.182	21
城市化水平	0.975	16	每万人发明专利授权量	0.016	47
万名从业人口中科学技术人员数	0.402	23	经济产出	0.162	172
研发经费	0.305	163	城镇居民人均可支配收入	0.190	192
地方财政科技投入占财政支出比重	0.095	69	地均GDP	0.022	113
地方财政教育投入占财政支出比重	0.515	176	第二产业劳动生产率	0.195	148
创新环境指数	0.237	115	第三产业劳动生产率	0.241	101
政策环境	0.196	283	结构优化	0.366	16
每万人吸引外商投资额	0.041	130	第三产业增加值占地区GDP比重	0.727	8
企业税收负担	0.351	280	高科技产品进出口总额占地区GDP比重	0.005	111
人文环境	0.086	254	绿色发展	0.705	250
每百人公共图书馆藏书拥有量	0.097	44	万元地区生产总值水耗	0.882	136
每百名学生拥有专任教师人数	0.075	279	万元地区生产总值能耗	0.951	85
生活环境	0.364	6	城市污水处理率	0.768	210
每千人口拥有医院床位数	0.729	3	生活垃圾无害化处理率	0.924	193
城市人均公园绿地面积	0.183	78	城市空气质量等级	0.000	237
每万人拥有公共汽车数	0.181	19	辐射引领	0.415	5
创新服务指数	0.191	23	全市在校普通高校学生数占全省比重	0.972	6
金融服务	0.195	36	全市科学技术从业人员数占全省比重	0.925	6
新三板上市企业数	0.028	29	国家技术转移示范机构数	0.138	18
年末金融机构贷款余额增长率	0.541	49	ESI学科进入全球前1%个数	0.008	50
创业板上市企业数	0.016	49	财富世界500强与中国500强企业数	0.032	19
科技条件	0.185	29			
每万人移动电话用户数	0.135	29			
每万人互联网宽带接入用户数	0.234	28			

附表1-20 青岛市科技创新发展指数指标及排名表

科技创新发展指数0.347　　　　　　　　　　　　　综合排名20

指标	指数	排名	指标	指数	排名
创新资源指数	0.324	53	创新绩效指数	0.413	18
创新人才	0.316	56	科技成果	0.100	23
每万人在校大学生数	0.322	35	每万人SCI/SSCI/A&HCI论文产出数	0.146	25
城市化水平	0.443	72	每万人发明专利授权量	0.054	17
万名从业人口中科学技术人员数	0.182	81	经济产出	0.394	15
研发经费	0.335	125	城镇居民人均可支配收入	0.636	23
地方财政科技投入占财政支出比重	0.115	52	地均GDP	0.096	22
地方财政教育投入占财政支出比重	0.555	155	第二产业劳动生产率	0.249	109
创新环境指数	0.281	44	第三产业劳动生产率	0.593	9
政策环境	0.450	62	结构优化	0.291	29
每万人吸引外商投资额	0.329	12	第三产业增加值占地区GDP比重	0.541	22
企业税收负担	0.572	229	高科技产品进出口总额占地区GDP比重	0.041	35
人文环境	0.188	117	绿色发展	0.878	6
每百人公共图书馆藏书拥有量	0.076	61	万元地区生产总值水耗	0.935	55
每百名学生拥有专任教师人数	0.300	119	万元地区生产总值能耗	0.980	15
生活环境	0.229	48	城市污水处理率	0.982	16
每千人口拥有医院床位数	0.318	65	生活垃圾无害化处理率	1.000	1
城市人均公园绿地面积	0.187	75	城市空气质量等级	0.493	4
每万人拥有公共汽车数	0.181	18	辐射引领	0.138	32
创新服务指数	0.226	14	全市在校普通高校学生数占全省比重	0.156	39
金融服务	0.120	189	全市科学技术从业人员数占全省比重	0.149	40
新三板上市企业数	0.031	24	国家技术转移示范机构数	0.241	7
年末金融机构贷款余额增长率	0.267	223	ESI学科进入全球前1%个数	0.120	14
创业板上市企业数	0.063	22	财富世界500强与中国500强企业数	0.026	27
科技条件	0.386	8			
每万人移动电话用户数	0.128	32			
每万人互联网宽带接入用户数	0.643	5			

附表1-21　太原市科技创新发展指数指标及排名表

科技创新发展指数0.340　　　　　　　　　　　　综合排名21

指标	指数	排名	指标	指数	排名
创新资源指数	0.558	5	创新绩效指数	0.350	44
创新人才	0.689	8	科技成果	0.088	26
每万人在校大学生数	0.873	8	每万人SCI/SSCI/A&HCI论文产出数	0.160	22
城市化水平	0.767	22	每万人发明专利授权量	0.015	50
万名从业人口中科学技术人员数	0.426	18	经济产出	0.139	193
研发经费	0.362	82	城镇居民人均可支配收入	0.276	120
地方财政科技投入占财政支出比重	0.206	16	地均GDP	0.045	54
地方财政教育投入占财政支出比重	0.518	172	第二产业劳动生产率	0.070	266
创新环境指数	0.307	27	第三产业劳动生产率	0.167	156
政策环境	0.350	211	结构优化	0.367	15
每万人吸引外商投资额	0.123	55	第三产业增加值占地区GDP比重	0.665	9
企业税收负担	0.577	225	高科技产品进出口总额占地区GDP比重	0.068	26
人文环境	0.246	51	绿色发展	0.717	236
每百人公共图书馆藏书拥有量	0.183	17	万元地区生产总值水耗	0.849	179
每百名学生拥有专任教师人数	0.309	117	万元地区生产总值能耗	0.919	170
生活环境	0.319	12	城市污水处理率	0.818	181
每千人口拥有医院床位数	0.643	5	生活垃圾无害化处理率	1.000	1
城市人均公园绿地面积	0.207	52	城市空气质量等级	0.000	237
每万人拥有公共汽车数	0.108	74	辐射引领	0.250	21
创新服务指数	0.134	72	全市在校普通高校学生数占全省比重	0.522	20
金融服务	0.076	266	全市科学技术从业人员数占全省比重	0.543	13
新三板上市企业数	0.008	58	国家技术转移示范机构数	0.086	28
年末金融机构贷款余额增长率	0.219	254	ESI学科进入全球前1%个数	0.040	23
创业板上市企业数	0.000	94	财富世界500强与中国500强企业数	0.058	8
科技条件	0.221	20			
每万人移动电话用户数	0.161	19			
每万人互联网宽带接入用户数	0.281	22			

附表1-22　沈阳市科技创新发展指数指标及排名表

科技创新发展指数0.339　　　　　　　　　　　　　　综合排名22

指标	指数	排名	指标	指数	排名
创新资源指数	0.427	23	创新绩效指数	0.397	23
创新人才	0.535	18	科技成果	0.121	15
每万人在校大学生数	0.440	23	每万人SCI/SSCI/A&HCI论文产出数	0.217	13
城市化水平	0.708	27	每万人发明专利授权量	0.026	30
万名从业人口中科学技术人员数	0.457	13	经济产出	0.270	56
研发经费	0.266	218	城镇居民人均可支配收入	0.439	49
地方财政科技投入占财政支出比重	0.134	40	地均GDP	0.069	32
地方财政教育投入占财政支出比重	0.397	257	第二产业劳动生产率	0.270	97
创新环境指数	0.285	41	第三产业劳动生产率	0.304	62
政策环境	0.328	228	结构优化	0.233	55
每万人吸引外商投资额	0.131	49	第三产业增加值占地区GDP比重	0.443	51
企业税收负担	0.525	242	高科技产品进出口总额占地区GDP比重	0.024	45
人文环境	0.269	37	绿色发展	0.863	19
每百人公共图书馆藏书拥有量	0.191	16	万元地区生产总值水耗	0.914	80
每百名学生拥有专任教师人数	0.348	85	万元地区生产总值能耗	0.971	31
生活环境	0.268	23	城市污水处理率	0.936	57
每千人口拥有医院床位数	0.496	18	生活垃圾无害化处理率	1.000	1
城市人均公园绿地面积	0.200	56	城市空气质量等级	0.493	4
每万人拥有公共汽车数	0.106	76	辐射引领	0.207	25
创新服务指数	0.122	114	全市在校普通高校学生数占全省比重	0.389	28
金融服务	0.121	184	全市科学技术从业人员数占全省比重	0.377	26
新三板上市企业数	0.034	22	国家技术转移示范机构数	0.138	18
年末金融机构贷款余额增长率	0.283	217	ESI学科进入全球前1%个数	0.104	17
创业板上市企业数	0.047	30	财富世界500强与中国500强企业数	0.026	27
科技条件	0.122	55			
每万人移动电话用户数	0.104	46			
每万人互联网宽带接入用户数	0.140	63			

附表1-23 大连市科技创新发展指数指标及排名表

科技创新发展指数0.339　　　　　　　　　　　　　　　　综合排名23

指标	指数	排名	指标	指数	排名
创新资源指数	0.314	57	创新绩效指数	0.376	32
创新人才	0.348	48	科技成果	0.120	16
每万人在校大学生数	0.387	28	每万人SCI/SSCI/A&HCI论文产出数	0.196	17
城市化水平	0.486	58	每万人发明专利授权量	0.044	19
万名从业人口中科学技术人员数	0.171	94	经济产出	0.353	23
研发经费	0.262	220	城镇居民人均可支配收入	0.476	42
地方财政科技投入占财政支出比重	0.205	18	地均GDP	0.076	27
地方财政教育投入占财政支出比重	0.319	275	第二产业劳动生产率	0.331	63
创新环境指数	0.421	4	第三产业劳动生产率	0.528	17
政策环境	0.785	2	结构优化	0.254	41
每万人吸引外商投资额	0.992	2	第三产业增加值占地区GDP比重	0.450	50
企业税收负担	0.579	224	高科技产品进出口总额占地区GDP比重	0.058	29
人文环境	0.299	22	绿色发展	0.796	138
每百人公共图书馆藏书拥有量	0.278	9	万元地区生产总值水耗	0.898	109
每百名学生拥有专任教师人数	0.321	110	万元地区生产总值能耗	0.938	129
生活环境	0.260	27	城市污水处理率	0.837	154
每千人口拥有医院床位数	0.431	29	生活垃圾无害化处理率	0.816	245
城市人均公园绿地面积	0.174	96	城市空气质量等级	0.493	4
每万人拥有公共汽车数	0.174	22	辐射引领	0.126	33
创新服务指数	0.116	129	全市在校普通高校学生数占全省比重	0.279	31
金融服务	0.112	207	全市科学技术从业人员数占全省比重	0.124	47
新三板上市企业数	0.061	14	国家技术转移示范机构数	0.103	23
年末金融机构贷款余额增长率	0.243	238	ESI学科进入全球前1%个数	0.096	19
创业板上市企业数	0.031	35	财富世界500强与中国500强企业数	0.026	27
科技条件	0.123	54			
每万人移动电话用户数	0.104	47			
每万人互联网宽带接入用户数	0.142	62			

附表1-24 昆明市科技创新发展指数指标及排名表

科技创新发展指数0.337 综合排名24

指标	指数	排名	指标	指数	排名
创新资源指数	0.411	26	创新绩效指数	0.413	19
创新人才	0.503	22	科技成果	0.084	28
每万人在校大学生数	0.599	17	每万人SCI/SSCI/A&HCI论文产出数	0.153	23
城市化水平	0.477	61	每万人发明专利授权量	0.014	54
万名从业人口中科学技术人员数	0.432	16	经济产出	0.191	126
研发经费	0.274	204	城镇居民人均可支配收入	0.416	58
地方财政科技投入占财政支出比重	0.096	68	地均GDP	0.022	114
地方财政教育投入占财政支出比重	0.451	229	第二产业劳动生产率	0.150	198
创新环境指数	0.250	83	第三产业劳动生产率	0.178	145
政策环境	0.291	254	结构优化	0.299	28
每万人吸引外商投资额	0.171	39	第三产业增加值占地区GDP比重	0.583	19
企业税收负担	0.412	271	高科技产品进出口总额占地区GDP比重	0.014	67
人文环境	0.101	233	绿色发展	0.840	53
每百人公共图书馆藏书拥有量	0.052	89	万元地区生产总值水耗	0.853	173
每百名学生拥有专任教师人数	0.149	243	万元地区生产总值能耗	0.980	14
生活环境	0.322	11	城市污水处理率	0.873	114
每千人口拥有医院床位数	0.566	9	生活垃圾无害化处理率	1.000	1
城市人均公园绿地面积	0.196	62	城市空气质量等级	0.493	4
每万人拥有公共汽车数	0.204	11	辐射引领	0.340	11
创新服务指数	0.111	151	全市在校普通高校学生数占全省比重	0.803	8
金融服务	0.087	247	全市科学技术从业人员数占全省比重	0.684	10
新三板上市企业数	0.028	29	国家技术转移示范机构数	0.155	15
年末金融机构贷款余额增长率	0.218	255	ESI学科进入全球前1%个数	0.032	27
创业板上市企业数	0.016	49	财富世界500强与中国500强企业数	0.026	27
科技条件	0.146	46			
每万人移动电话用户数	0.138	26			
每万人互联网宽带接入用户数	0.155	53			

附表1-25　长春市科技创新发展指数指标及排名表

科技创新发展指数0.336　　　　　　　　　　　综合排名25

指标	指数	排名	指标	指数	排名
创新资源指数	0.339	45	创新绩效指数	0.407	21
创新人才	0.421	28	科技成果	0.110	19
每万人在校大学生数	0.442	22	每万人SCI/SSCI/A&HCI论文产出数	0.204	15
城市化水平	0.472	63	每万人发明专利授权量	0.016	48
万名从业人口中科学技术人员数	0.350	29	经济产出	0.217	94
研发经费	0.217	261	城镇居民人均可支配收入	0.342	78
地方财政科技投入占财政支出比重	0.043	165	地均GDP	0.032	81
地方财政教育投入占财政支出比重	0.391	259	第二产业劳动生产率	0.238	116
创新环境指数	0.326	17	第三产业劳动生产率	0.257	89
政策环境	0.515	11	结构优化	0.199	86
每万人吸引外商投资额	0.279	20	第三产业增加值占地区GDP比重	0.367	95
企业税收负担	0.751	128	高科技产品进出口总额占地区GDP比重	0.030	43
人文环境	0.277	33	绿色发展	0.857	24
每百人公共图书馆藏书拥有量	0.119	31	万元地区生产总值水耗	0.956	28
每百名学生拥有专任教师人数	0.436	45	万元地区生产总值能耗	0.979	16
生活环境	0.231	46	城市污水处理率	0.871	119
每千人口拥有医院床位数	0.364	44	生活垃圾无害化处理率	0.984	135
城市人均公园绿地面积	0.198	60	城市空气质量等级	0.493	4
每万人拥有公共汽车数	0.132	44	辐射引领	0.310	16
创新服务指数	0.095	213	全市在校普通高校学生数占全省比重	0.694	13
金融服务	0.097	237	全市科学技术从业人员数占全省比重	0.550	12
新三板上市企业数	0.014	45	国家技术转移示范机构数	0.172	12
年末金融机构贷款余额增长率	0.260	227	ESI学科进入全球前1%个数	0.104	17
创业板上市企业数	0.016	49	财富世界500强与中国500强企业数	0.032	19
科技条件	0.094	81			
每万人移动电话用户数	0.078	66			
每万人互联网宽带接入用户数	0.109	94			

附表1-26 鄂尔多斯市科技创新发展指数指标及排名表

科技创新发展指数0.336 综合排名26

指标	指数	排名	指标	指数	排名
创新资源指数	0.126	286	创新绩效指数	0.409	20
创新人才	0.101	226	科技成果	0.001	240
每万人在校大学生数	0.028	238	每万人SCI/SSCI/A&HCI论文产出数	0.003	209
城市化水平	0.134	219	每万人发明专利授权量	0.000	276
万名从业人口中科学技术人员数	0.143	124	经济产出	0.621	2
研发经费	0.164	282	城镇居民人均可支配收入	0.540	36
地方财政科技投入占财政支出比重	0.014	262	地均GDP	0.005	233
地方财政教育投入占财政支出比重	0.313	277	第二产业劳动生产率	0.936	2
创新环境指数	0.472	3	第三产业劳动生产率	1.000	1
政策环境	0.505	14	结构优化	0.169	122
每万人吸引外商投资额	0.456	8	第三产业增加值占地区GDP比重	0.338	117
企业税收负担	0.553	234	高科技产品进出口总额占地区GDP比重	0.000	281
人文环境	0.366	12	绿色发展	0.883	5
每百人公共图书馆藏书拥有量	0.145	24	万元地区生产总值水耗	1.000	1
每百名学生拥有专任教师人数	0.587	15	万元地区生产总值能耗	0.999	3
生活环境	0.521	3	城市污水处理率	0.974	19
每千人口拥有医院床位数	0.385	40	生活垃圾无害化处理率	0.950	170
城市人均公园绿地面积	1.000	1	城市空气质量等级	0.493	4
每万人拥有公共汽车数	0.178	21	辐射引领	0.026	94
创新服务指数	0.092	220	全市在校普通高校学生数占全省比重	0.014	228
金融服务	0.091	244	全市科学技术从业人员数占全省比重	0.079	65
新三板上市企业数	0.003	103	国家技术转移示范机构数	0.017	55
年末金融机构贷款余额增长率	0.270	221	ESI学科进入全球前1%个数	0.000	63
创业板上市企业数	0.000	94	财富世界500强与中国500强企业数	0.019	34
科技条件	0.094	79			
每万人移动电话用户数	0.122	38			
每万人互联网宽带接入用户数	0.067	170			

附表1-27　无锡市科技创新发展指数指标及排名表

科技创新发展指数0.336　　　　　　　　　　　　　综合排名27

指标	指数	排名	指标	指数	排名
创新资源指数	0.300	68	创新绩效指数	0.414	17
创新人才	0.267	69	科技成果	0.099	24
每万人在校大学生数	0.191	59	每万人SCI/SSCI/A&HCI论文产出数	0.098	28
城市化水平	0.490	57	每万人发明专利授权量	0.101	9
万名从业人口中科学技术人员数	0.119	157	经济产出	0.538	3
研发经费	0.350	107	城镇居民人均可支配收入	0.757	12
地方财政科技投入占财政支出比重	0.224	14	地均GDP	0.221	7
地方财政教育投入占财政支出比重	0.476	211	第二产业劳动生产率	0.271	96
创新环境指数	0.303	30	第三产业劳动生产率	0.904	3
政策环境	0.444	71	结构优化	0.349	19
每万人吸引外商投资额	0.257	23	第三产业增加值占地区GDP比重	0.492	33
企业税收负担	0.631	200	高科技产品进出口总额占地区GDP比重	0.206	10
人文环境	0.245	53	绿色发展	0.838	59
每百人公共图书馆藏书拥有量	0.097	45	万元地区生产总值水耗	0.918	74
每百名学生拥有专任教师人数	0.393	62	万元地区生产总值能耗	0.947	98
生活环境	0.248	32	城市污水处理率	0.834	157
每千人口拥有医院床位数	0.403	36	生活垃圾无害化处理率	1.000	1
城市人均公园绿地面积	0.217	47	城市空气质量等级	0.493	4
每万人拥有公共汽车数	0.125	52	辐射引领	0.043	57
创新服务指数	0.133	79	全市在校普通高校学生数占全省比重	0.062	78
金融服务	0.104	221	全市科学技术从业人员数占全省比重	0.070	76
新三板上市企业数	0.103	7	国家技术转移示范机构数	0.034	42
年末金融机构贷款余额增长率	0.114	275	ESI学科进入全球前1%个数	0.032	27
创业板上市企业数	0.094	14	财富世界500强与中国500强企业数	0.019	34
科技条件	0.176	34			
每万人移动电话用户数	0.136	28			
每万人互联网宽带接入用户数	0.216	33			

附表1-28 贵阳市科技创新发展指数指标及排名表

科技创新发展指数0.333　　　　　　　　　　综合排名28

指标	指数	排名	指标	指数	排名
创新资源指数	0.476	14	创新绩效指数	0.375	33
创新人才	0.560	15	科技成果	0.052	34
每万人在校大学生数	0.755	12	每万人SCI/SSCI/A&HCI论文产出数	0.097	29
城市化水平	0.582	44	每万人发明专利授权量	0.007	83
万名从业人口中科学技术人员数	0.343	30	经济产出	0.136	202
研发经费	0.350	103	城镇居民人均可支配收入	0.256	133
地方财政科技投入占财政支出比重	0.127	45	地均GDP	0.038	67
地方财政教育投入占财政支出比重	0.574	137	第二产业劳动生产率	0.059	271
创新环境指数	0.203	190	第三产业劳动生产率	0.189	133
政策环境	0.235	277	结构优化	0.319	23
每万人吸引外商投资额	0.084	84	第三产业增加值占地区GDP比重	0.633	11
企业税收负担	0.386	276	高科技产品进出口总额占地区GDP比重	0.005	105
人文环境	0.114	211	绿色发展	0.839	58
每百人公共图书馆藏书拥有量	0.084	52	万元地区生产总值水耗	0.842	189
每百名学生拥有专任教师人数	0.143	248	万元地区生产总值能耗	0.924	165
生活环境	0.241	37	城市污水处理率	0.938	52
每千人口拥有医院床位数	0.425	32	生活垃圾无害化处理率	0.997	113
城市人均公园绿地面积	0.174	97	城市空气质量等级	0.493	4
每万人拥有公共汽车数	0.126	50	辐射引领	0.254	20
创新服务指数	0.221	15	全市在校普通高校学生数占全省比重	0.738	11
金融服务	0.251	13	全市科学技术从业人员数占全省比重	0.484	19
新三板上市企业数	0.031	24	国家技术转移示范机构数	0.034	42
年末金融机构贷款余额增长率	0.706	11	ESI学科进入全球前1%个数	0.008	50
创业板上市企业数	0.016	49	财富世界500强与中国500强企业数	0.006	65
科技条件	0.177	32			
每万人移动电话用户数	0.172	17			
每万人互联网宽带接入用户数	0.181	45			

附表1-29 济南市科技创新发展指数指标及排名表

科技创新发展指数 0.329 综合排名 29

指标	指数	排名	指标	指数	排名
创新资源指数	0.456	21	创新绩效指数	0.384	28
创新人才	0.562	14	科技成果	0.140	13
每万人在校大学生数	0.907	5	每万人 SCI/SSCI/A&HCI 论文产出数	0.261	11
城市化水平	0.559	46	每万人发明专利授权量	0.018	41
万名从业人口中科学技术人员数	0.219	61	经济产出	0.311	41
研发经费	0.296	178	城镇居民人均可支配收入	0.649	21
地方财政科技投入占财政支出比重	0.075	88	地均 GDP	0.090	23
地方财政教育投入占财政支出比重	0.517	173	第二产业劳动生产率	0.164	184
创新环境指数	0.261	65	第三产业劳动生产率	0.339	50
政策环境	0.363	200	结构优化	0.318	24
每万人吸引外商投资额	0.098	68	第三产业增加值占地区 GDP 比重	0.619	15
企业税收负担	0.628	201	高科技产品进出口总额占地区 GDP 比重	0.016	61
人文环境	0.190	114	绿色发展	0.771	181
每百人公共图书馆藏书拥有量	0.194	15	万元地区生产总值水耗	0.942	48
每百名学生拥有专任教师人数	0.185	213	万元地区生产总值能耗	0.973	27
生活环境	0.241	38	城市污水处理率	0.940	49
每千人口拥有医院床位数	0.453	24	生活垃圾无害化处理率	1.000	1
城市人均公园绿地面积	0.125	158	城市空气质量等级	0.000	237
每万人拥有公共汽车数	0.144	36	辐射引领	0.180	29
创新服务指数	0.102	183	全市在校普通高校学生数占全省比重	0.348	29
金融服务	0.047	277	全市科学技术从业人员数占全省比重	0.172	36
新三板上市企业数	0.067	12	国家技术转移示范机构数	0.172	12
年末金融机构贷款余额增长率	0.073	284	ESI 学科进入全球前 1%个数	0.160	11
创业板上市企业数	0.000	94	财富世界 500 强与中国 500 强企业数	0.045	10
科技条件	0.186	28			
每万人移动电话用户数	0.151	22			
每万人互联网宽带接入用户数	0.221	32			

附表1-30　佛山市科技创新发展指数指标及排名表

科技创新发展指数0.324　　　　　　　　　　　　　　　　综合排名30

指标	指数	排名	指标	指数	排名
创新资源指数	0.388	29	创新绩效指数	0.353	41
创新人才	0.385	38	科技成果	0.022	62
每万人在校大学生数	0.096	118	每万人SCI/SSCI/A&HCI论文产出数	0.020	74
城市化水平	1.000	1	每万人发明专利授权量	0.023	33
万名从业人口中科学技术人员数	0.059	243	经济产出	0.419	10
研发经费	0.393	47	城镇居民人均可支配收入	0.726	14
地方财政科技投入占财政支出比重	0.136	39	地均GDP	0.244	6
地方财政教育投入占财政支出比重	0.650	80	第二产业劳动生产率	0.176	172
创新环境指数	0.286	40	第三产业劳动生产率	0.531	15
政策环境	0.543	6	结构优化	0.183	104
每万人吸引外商投资额	0.291	17	第三产业增加值占地区GDP比重	0.285	151
企业税收负担	0.795	90	高科技产品进出口总额占地区GDP比重	0.081	21
人文环境	0.100	236	绿色发展	0.825	90
每百人公共图书馆藏书拥有量	0.101	41	万元地区生产总值水耗	0.795	227
每百名学生拥有专任教师人数	0.099	272	万元地区生产总值能耗	0.934	144
生活环境	0.238	41	城市污水处理率	0.902	84
每千人口拥有医院床位数	0.462	21	生活垃圾无害化处理率	1.000	1
城市人均公园绿地面积	0.094	210	城市空气质量等级	0.493	4
每万人拥有公共汽车数	0.158	29	辐射引领	0.027	89
创新服务指数	0.212	17	全市在校普通高校学生数占全省比重	0.026	171
金融服务	0.086	252	全市科学技术从业人员数占全省比重	0.037	144
新三板上市企业数	0.031	24	国家技术转移示范机构数	0.034	42
年末金融机构贷款余额增长率	0.212	258	ESI学科进入全球前1%个数	0.000	63
创业板上市企业数	0.016	49	财富世界500强与中国500强企业数	0.039	14
科技条件	0.402	7			
每万人移动电话用户数	0.346	4			
每万人互联网宽带接入用户数	0.457	10			

附表1-31　哈尔滨市科技创新发展指数指标及排名表

科技创新发展指数 0.324　　　　　　　　　　　综合排名 31

指标	指数	排名	指标	指数	排名
创新资源指数	0.346	42	创新绩效指数	0.391	26
创新人才	0.399	34	科技成果	0.106	20
每万人在校大学生数	0.412	25	每万人 SCI/SSCI/A&HCI 论文产出数	0.186	20
城市化水平	0.451	70	每万人发明专利授权量	0.026	28
万名从业人口中科学技术人员数	0.333	33	经济产出	0.193	122
研发经费	0.267	215	城镇居民人均可支配收入	0.315	93
地方财政科技投入占财政支出比重	0.059	125	地均 GDP	0.012	170
地方财政教育投入占财政支出比重	0.474	213	第二产业劳动生产率	0.186	162
创新环境指数	0.290	36	第三产业劳动生产率	0.260	88
政策环境	0.418	113	结构优化	0.305	27
每万人吸引外商投资额	0.115	61	第三产业增加值占地区 GDP 比重	0.603	17
企业税收负担	0.720	150	高科技产品进出口总额占地区 GDP 比重	0.006	96
人文环境	0.259	44	绿色发展	0.815	109
每百人公共图书馆藏书拥有量	0.080	57	万元地区生产总值水耗	0.898	111
每百名学生拥有专任教师人数	0.438	44	万元地区生产总值能耗	0.963	55
生活环境	0.224	52	城市污水处理率	0.862	131
每千人口拥有医院床位数	0.408	35	生活垃圾无害化处理率	0.860	235
城市人均公园绿地面积	0.130	146	城市空气质量等级	0.493	4
每万人拥有公共汽车数	0.135	41	辐射引领	0.272	18
创新服务指数	0.112	148	全市在校普通高校学生数占全省比重	0.670	14
金融服务	0.125	176	全市科学技术从业人员数占全省比重	0.367	27
新三板上市企业数	0.031	24	国家技术转移示范机构数	0.138	18
年末金融机构贷款余额增长率	0.328	191	ESI 学科进入全球前 1%个数	0.160	11
创业板上市企业数	0.016	49	财富世界 500 强与中国 500 强企业数	0.026	27
科技条件	0.093	84			
每万人移动电话用户数	0.087	57			
每万人互联网宽带接入用户数	0.098	108			

附表1-32　常州市科技创新发展指数指标及排名表

科技创新发展指数0.324　　　　　　　　　　　　　　综合排名32

指标	指数	排名	指标	指数	排名
创新资源指数	0.349	41	创新绩效指数	0.393	25
创新人才	0.338	49	科技成果	0.067	31
每万人在校大学生数	0.236	46	每万人SCI/SSCI/A&HCI论文产出数	0.055	43
城市化水平	0.615	36	每万人发明专利授权量	0.080	12
万名从业人口中科学技术人员数	0.164	100	经济产出	0.479	7
研发经费	0.366	77	城镇居民人均可支配收入	0.680	17
地方财政科技投入占财政支出比重	0.236	10	地均GDP	0.140	14
地方财政教育投入占财政支出比重	0.495	194	第二产业劳动生产率	0.300	72
创新环境指数	0.269	60	第三产业劳动生产率	0.797	5
政策环境	0.469	38	结构优化	0.286	31
每万人吸引外商投资额	0.275	21	第三产业增加值占地区GDP比重	0.486	36
企业税收负担	0.663	184	高科技产品进出口总额占地区GDP比重	0.086	20
人文环境	0.179	126	绿色发展	0.849	35
每百人公共图书馆藏书拥有量	0.084	54	万元地区生产总值水耗	0.959	23
每百名学生拥有专任教师人数	0.274	140	万元地区生产总值能耗	0.935	139
生活环境	0.195	73	城市污水处理率	0.860	133
每千人口拥有医院床位数	0.346	51	生活垃圾无害化处理率	1.000	1
城市人均公园绿地面积	0.123	159	城市空气质量等级	0.493	4
每万人拥有公共汽车数	0.115	65	辐射引领	0.040	62
创新服务指数	0.129	90	全市在校普通高校学生数占全省比重	0.059	82
金融服务	0.110	210	全市科学技术从业人员数占全省比重	0.052	103
新三板上市企业数	0.022	35	国家技术转移示范机构数	0.069	29
年末金融机构贷款余额增长率	0.230	249	ESI学科进入全球前1%个数	0.016	35
创业板上市企业数	0.078	19	财富世界500强与中国500强企业数	0.006	65
科技条件	0.158	40			
每万人移动电话用户数	0.102	48			
每万人互联网宽带接入用户数	0.213	35			

附表1-33　福州市科技创新发展指数指标及排名表

科技创新发展指数0.320　　　　　　　　　　　　　　综合排名33

指标	指数	排名	指标	指数	排名
创新资源指数	0.338	48	创新绩效指数	0.388	27
创新人才	0.313	57	科技成果	0.033	44
每万人在校大学生数	0.382	30	每万人SCI/SSCI/A&HCI论文产出数	0.057	41
城市化水平	0.257	148	每万人发明专利授权量	0.010	68
万名从业人口中科学技术人员数	0.302	40	经济产出	0.254	63
研发经费	0.376	65	城镇居民人均可支配收入	0.541	35
地方财政科技投入占财政支出比重	0.072	94	地均GDP	0.049	49
地方财政教育投入占财政支出比重	0.680	67	第二产业劳动生产率	0.115	233
创新环境指数	0.245	95	第三产业劳动生产率	0.309	60
政策环境	0.348	214	结构优化	0.265	35
每万人吸引外商投资额	0.097	69	第三产业增加值占地区GDP比重	0.459	47
企业税收负担	0.598	213	高科技产品进出口总额占地区GDP比重	0.072	24
人文环境	0.189	115	绿色发展	0.850	31
每百人公共图书馆藏书拥有量	0.122	29	万元地区生产总值水耗	0.876	145
每百名学生拥有专任教师人数	0.256	155	万元地区生产总值能耗	0.970	32
生活环境	0.215	58	城市污水处理率	0.918	69
每千人口拥有医院床位数	0.225	137	生活垃圾无害化处理率	0.995	116
城市人均公园绿地面积	0.227	42	城市空气质量等级	0.493	4
每万人拥有公共汽车数	0.193	16	辐射引领	0.225	24
创新服务指数	0.162	36	全市在校普通高校学生数占全省比重	0.419	27
金融服务	0.167	84	全市科学技术从业人员数占全省比重	0.484	18
新三板上市企业数	0.039	20	国家技术转移示范机构数	0.138	18
年末金融机构贷款余额增长率	0.432	106	ESI学科进入全球前1%个数	0.048	22
创业板上市企业数	0.031	35	财富世界500强与中国500强企业数	0.039	14
科技条件	0.154	42			
每万人移动电话用户数	0.102	49			
每万人互联网宽带接入用户数	0.207	38			

附表1-34 合肥市科技创新发展指数指标及排名表

科技创新发展指数0.319　　　　　　　　　　　　　综合排名34

指标	指数	排名	指标	指数	排名
创新资源指数	0.366	33	创新绩效指数	0.382	29
创新人才	0.382	39	科技成果	0.118	17
每万人在校大学生数	0.561	18	每万人SCI/SSCI/A&HCI论文产出数	0.210	14
城市化水平	0.308	119	每万人发明专利授权量	0.026	29
万名从业人口中科学技术人员数	0.276	45	经济产出	0.222	90
研发经费	0.343	116	城镇居民人均可支配收入	0.407	61
地方财政科技投入占财政支出比重	0.195	22	地均GDP	0.056	42
地方财政教育投入占财政支出比重	0.491	199	第二产业劳动生产率	0.156	192
创新环境指数	0.247	87	第三产业劳动生产率	0.270	82
政策环境	0.371	188	结构优化	0.185	103
每万人吸引外商投资额	0.129	51	第三产业增加值占地区GDP比重	0.346	107
企业税收负担	0.613	210	高科技产品进出口总额占地区GDP比重	0.024	46
人文环境	0.101	232	绿色发展	0.840	52
每百人公共图书馆藏书拥有量	0.064	71	万元地区生产总值水耗	0.888	130
每百名学生拥有专任教师人数	0.138	254	万元地区生产总值能耗	0.979	17
生活环境	0.263	25	城市污水处理率	0.840	148
每千人口拥有医院床位数	0.331	57	生活垃圾无害化处理率	1.000	1
城市人均公园绿地面积	0.280	18	城市空气质量等级	0.493	4
每万人拥有公共汽车数	0.178	20	辐射引领	0.236	22
创新服务指数	0.146	55	全市在校普通高校学生数占全省比重	0.440	25
金融服务	0.189	47	全市科学技术从业人员数占全省比重	0.391	23
新三板上市企业数	0.047	19	国家技术转移示范机构数	0.172	12
年末金融机构贷款余额增长率	0.426	114	ESI学科进入全球前1%个数	0.144	13
创业板上市企业数	0.094	14	财富世界500强与中国500强企业数	0.032	19
科技条件	0.081	101			
每万人移动电话用户数	0.071	75			
每万人互联网宽带接入用户数	0.092	118			

附表1-35　三亚市科技创新发展指数指标及排名表

科技创新发展指数0.318　　　　　　　　　　　　　　综合排名35

指标	指数	排名	指标	指数	排名
创新资源指数	0.468	16	创新绩效指数	0.357	38
创新人才	0.577	13	科技成果	0.019	65
每万人在校大学生数	0.628	15	每万人SCI/SSCI/A&HCI论文产出数	0.032	59
城市化水平	1.000	1	每万人发明专利授权量	0.006	95
万名从业人口中科学技术人员数	0.104	187	经济产出	0.229	85
研发经费	0.304	165	城镇居民人均可支配收入	0.323	86
地方财政科技投入占财政支出比重	0.143	36	地均GDP	0.026	102
地方财政教育投入占财政支出比重	0.466	221	第二产业劳动生产率	0.409	31
创新环境指数	0.142	279	第三产业劳动生产率	0.157	169
政策环境	0.087	285	结构优化	0.390	12
每万人吸引外商投资额	0.166	42	第三产业增加值占地区GDP比重	0.778	5
企业税收负担	0.008	286	高科技产品进出口总额占地区GDP比重	0.003	125
人文环境	0.149	161	绿色发展	0.884	3
每百人公共图书馆藏书拥有量	0.074	63	万元地区生产总值水耗	0.680	274
每百名学生拥有专任教师人数	0.224	180	万元地区生产总值能耗	0.934	140
生活环境	0.174	109	城市污水处理率	0.807	184
每千人口拥有医院床位数	0.218	145	生活垃圾无害化处理率	1.000	1
城市人均公园绿地面积	0.178	88	城市空气质量等级	1.000	1
每万人拥有公共汽车数	0.127	48	辐射引领	0.055	43
创新服务指数	0.271	5	全市在校普通高校学生数占全省比重	0.202	34
金融服务	0.333	4	全市科学技术从业人员数占全省比重	0.073	72
新三板上市企业数	0.000	164	国家技术转移示范机构数	0.000	91
年末金融机构贷款余额增长率	1.000	1	ESI学科进入全球前1%个数	0.000	63
创业板上市企业数	0.000	94	财富世界500强与中国500强企业数	0.000	105
科技条件	0.177	31			
每万人移动电话用户数	0.173	16			
每万人互联网宽带接入用户数	0.181	46			

附表1-36 兰州市科技创新发展指数指标及排名表

科技创新发展指数0.318　　　　　　　　　　　　综合排名36

指标	指数	排名	指标	指数	排名
创新资源指数	0.546	7	创新绩效指数	0.325	59
创新人才	0.698	6	科技成果	0.195	10
每万人在校大学生数	0.890	6	每万人SCI/SSCI/A&HCI论文产出数	0.376	6
城市化水平	0.620	35	每万人发明专利授权量	0.014	56
万名从业人口中科学技术人员数	0.585	5	经济产出	0.131	207
研发经费	0.318	149	城镇居民人均可支配收入	0.173	211
地方财政科技投入占财政支出比重	0.048	153	地均GDP	0.019	125
地方财政教育投入占财政支出比重	0.589	124	第二产业劳动生产率	0.117	231
创新环境指数	0.230	136	第三产业劳动生产率	0.217	117
政策环境	0.374	177	结构优化	0.314	25
每万人吸引外商投资额	0.007	237	第三产业增加值占地区GDP比重	0.625	13
企业税收负担	0.740	136	高科技产品进出口总额占地区GDP比重	0.002	144
人文环境	0.077	263	绿色发展	0.550	283
每百人公共图书馆藏书拥有量	0.026	182	万元地区生产总值水耗	0.845	184
每百名学生拥有专任教师人数	0.127	261	万元地区生产总值能耗	0.924	166
生活环境	0.237	42	城市污水处理率	0.788	199
每千人口拥有医院床位数	0.448	26	生活垃圾无害化处理率	0.192	285
城市人均公园绿地面积	0.146	127	城市空气质量等级	0.000	237
每万人拥有公共汽车数	0.116	64	辐射引领	0.311	15
创新服务指数	0.186	24	全市在校普通高校学生数占全省比重	0.765	10
金融服务	0.220	19	全市科学技术从业人员数占全省比重	0.524	15
新三板上市企业数	0.006	82	国家技术转移示范机构数	0.155	15
年末金融机构贷款余额增长率	0.638	15	ESI学科进入全球前1%个数	0.112	15
创业板上市企业数	0.016	49	财富世界500强与中国500强企业数	0.000	105
科技条件	0.135	51			
每万人移动电话用户数	0.125	35			
每万人互联网宽带接入用户数	0.145	61			

附表1-37　南昌市科技创新发展指数指标及排名表

科技创新发展指数0.317　　　　　　　　　　　　　　　　综合排名37

指标	指数	排名	指标	指数	排名
创新资源指数	0.420	24	创新绩效指数	0.367	34
创新人才	0.493	23	科技成果	0.080	29
每万人在校大学生数	0.862	9	每万人SCI/SSCI/A&HCI论文产出数	0.147	24
城市化水平	0.416	81	每万人发明专利授权量	0.014	57
万名从业人口中科学技术人员数	0.202	71	经济产出	0.189	129
研发经费	0.311	157	城镇居民人均可支配收入	0.345	76
地方财政科技投入占财政支出比重	0.074	91	地均GDP	0.061	37
地方财政教育投入占财政支出比重	0.548	161	第二产业劳动生产率	0.116	232
创新环境指数	0.251	81	第三产业劳动生产率	0.232	109
政策环境	0.448	64	结构优化	0.194	94
每万人吸引外商投资额	0.263	22	第三产业增加值占地区GDP比重	0.358	101
企业税收负担	0.633	199	高科技产品进出口总额占地区GDP比重	0.031	42
人文环境	0.120	204	绿色发展	0.829	82
每百人公共图书馆藏书拥有量	0.101	40	万元地区生产总值水耗	0.800	225
每百名学生拥有专任教师人数	0.140	251	万元地区生产总值能耗	0.969	36
生活环境	0.207	61	城市污水处理率	0.884	103
每千人口拥有医院床位数	0.288	79	生活垃圾无害化处理率	1.000	1
城市人均公园绿地面积	0.190	71	城市空气质量等级	0.493	4
每万人拥有公共汽车数	0.143	37	辐射引领	0.231	23
创新服务指数	0.123	110	全市在校普通高校学生数占全省比重	0.604	16
金融服务	0.130	167	全市科学技术从业人员数占全省比重	0.426	20
新三板上市企业数	0.022	35	国家技术转移示范机构数	0.052	33
年末金融机构贷款余额增长率	0.367	158	ESI学科进入全球前1%个数	0.040	23
创业板上市企业数	0.000	94	财富世界500强与中国500强企业数	0.032	19
科技条件	0.114	60			
每万人移动电话用户数	0.078	65			
每万人互联网宽带接入用户数	0.150	55			

附表1-38　大庆市科技创新发展指数指标及排名表

科技创新发展指数0.315　　　　　　　　　　　　　　综合排名38

指标	指数	排名	指标	指数	排名
创新资源指数	0.458	19	创新绩效指数	0.313	73
创新人才	0.544	17	科技成果	0.033	47
每万人在校大学生数	0.181	65	每万人SCI/SSCI/A&HCI论文产出数	0.054	45
城市化水平	0.451	71	每万人发明专利授权量	0.012	63
万名从业人口中科学技术人员数	1.000	1	经济产出	0.334	28
研发经费	0.330	135	城镇居民人均可支配收入	0.397	63
地方财政科技投入占财政支出比重	0.016	256	地均GDP	0.024	109
地方财政教育投入占财政支出比重	0.644	85	第二产业劳动生产率	0.692	8
创新环境指数	0.338	12	第三产业劳动生产率	0.224	111
政策环境	0.553	5	结构优化	0.000	287
每万人吸引外商投资额	0.105	65	第三产业增加值占地区GDP比重	0.000	287
企业税收负担	1.000	1	高科技产品进出口总额占地区GDP比重	0.000	221
人文环境	0.292	26	绿色发展	0.743	207
每百人公共图书馆藏书拥有量	0.095	47	万元地区生产总值水耗	0.945	43
每百名学生拥有专任教师人数	0.489	30	万元地区生产总值能耗	0.957	72
生活环境	0.225	51	城市污水处理率	0.910	76
每千人口拥有医院床位数	0.327	58	生活垃圾无害化处理率	0.904	212
城市人均公园绿地面积	0.243	33	城市空气质量等级	0.000	237
每万人拥有公共汽车数	0.104	78	辐射引领	0.102	35
创新服务指数	0.151	46	全市在校普通高校学生数占全省比重	0.083	58
金融服务	0.175	69	全市科学技术从业人员数占全省比重	0.411	22
新三板上市企业数	0.000	164	国家技术转移示范机构数	0.017	55
年末金融机构贷款余额增长率	0.525	60	ESI学科进入全球前1%个数	0.000	63
创业板上市企业数	0.000	94	财富世界500强与中国500强企业数	0.000	105
科技条件	0.115	58			
每万人移动电话用户数	0.109	44			
每万人互联网宽带接入用户数	0.121	78			

附表1-39　银川市科技创新发展指数指标及排名表

科技创新发展指数0.315　　　　　　　　　　　　　综合排名39

指标	指数	排名	指标	指数	排名
创新资源指数	0.325	52	创新绩效指数	0.378	31
创新人才	0.421	29	科技成果	0.040	39
每万人在校大学生数	0.383	29	每万人SCI/SSCI/A&HCI论文产出数	0.077	31
城市化水平	0.582	45	每万人发明专利授权量	0.002	147
万名从业人口中科学技术人员数	0.298	41	经济产出	0.119	235
研发经费	0.182	278	城镇居民人均可支配收入	0.269	125
地方财政科技投入占财政支出比重	0.063	113	地均GDP	0.019	123
地方财政教育投入占财政支出比重	0.300	279	第二产业劳动生产率	0.188	157
创新环境指数	0.257	73	第三产业劳动生产率	0.000	287
政策环境	0.270	261	结构优化	0.195	92
每万人吸引外商投资额	0.016	196	第三产业增加值占地区GDP比重	0.385	86
企业税收负担	0.525	241	高科技产品进出口总额占地区GDP比重	0.005	104
人文环境	0.169	138	绿色发展	0.849	34
每百人公共图书馆藏书拥有量	0.222	13	万元地区生产总值水耗	0.891	123
每百名学生拥有专任教师人数	0.116	264	万元地区生产总值能耗	0.952	79
生活环境	0.308	14	城市污水处理率	0.910	77
每千人口拥有医院床位数	0.458	23	生活垃圾无害化处理率	1.000	1
城市人均公园绿地面积	0.310	15	城市空气质量等级	0.493	4
每万人拥有公共汽车数	0.156	30	辐射引领	0.322	14
创新服务指数	0.158	41	全市在校普通高校学生数占全省比重	0.837	7
金融服务	0.150	112	全市科学技术从业人员数占全省比重	0.748	8
新三板上市企业数	0.022	35	国家技术转移示范机构数	0.017	55
年末金融机构贷款余额增长率	0.427	111	ESI学科进入全球前1%个数	0.008	50
创业板上市企业数	0.000	94	财富世界500强与中国500强企业数	0.000	105
科技条件	0.171	35			
每万人移动电话用户数	0.178	14			
每万人互联网宽带接入用户数	0.164	49			

附表1-40 郑州市科技创新发展指数指标及排名表

科技创新发展指数 0.314　　　　　　　　　　综合排名 40

指标	指数	排名	指标	指数	排名
创新资源指数	0.373	31	创新绩效指数	0.352	43
创新人才	0.457	25	科技成果	0.014	81
每万人在校大学生数	0.672	13	每万人 SCI/SSCI/A&HCI 论文产出数	0.019	78
城市化水平	0.388	87	每万人发明专利授权量	0.009	72
万名从业人口中科学技术人员数	0.312	37	经济产出	0.225	89
研发经费	0.245	240	城镇居民人均可支配收入	0.360	71
地方财政科技投入占财政支出比重	0.070	101	地均 GDP	0.113	16
地方财政教育投入占财政支出比重	0.421	249	第二产业劳动生产率	0.144	206
创新环境指数	0.271	55	第三产业劳动生产率	0.283	74
政策环境	0.321	236	结构优化	0.365	18
每万人吸引外商投资额	0.195	33	第三产业增加值占地区 GDP 比重	0.457	48
企业税收负担	0.447	263	高科技产品进出口总额占地区 GDP 比重	0.272	8
人文环境	0.168	139	绿色发展	0.746	201
每百人公共图书馆藏书拥有量	0.064	69	万元地区生产总值水耗	0.924	67
每百名学生拥有专任教师人数	0.271	143	万元地区生产总值能耗	0.907	190
生活环境	0.307	15	城市污水处理率	0.947	36
每千人口拥有医院床位数	0.604	6	生活垃圾无害化处理率	0.950	170
城市人均公园绿地面积	0.198	58	城市空气质量等级	0.000	237
每万人拥有公共汽车数	0.120	55	辐射引领	0.191	27
创新服务指数	0.174	32	全市在校普通高校学生数占全省比重	0.442	23
金融服务	0.189	43	全市科学技术从业人员数占全省比重	0.345	28
新三板上市企业数	0.084	9	国家技术转移示范机构数	0.103	23
年末金融机构贷款余额增长率	0.406	132	ESI 学科进入全球前 1%个数	0.032	27
创业板上市企业数	0.078	19	财富世界 500 强与中国 500 强企业数	0.032	19
科技条件	0.151	43			
每万人移动电话用户数	0.128	30			
每万人互联网宽带接入用户数	0.174	47			

附表1-41　克拉玛依市科技创新发展指数指标及排名表

科技创新发展指数0.310　　　　　　　　　　　　　　　综合排名41

指标	指数	排名	指标	指数	排名
创新资源指数	0.403	27	创新绩效指数	0.298	104
创新人才	0.406	33	科技成果	0.033	46
每万人在校大学生数	0.100	115	每万人SCI/SSCI/A&HCI论文产出数	0.065	34
城市化水平	1.000	1	每万人发明专利授权量	0.000	276
万名从业人口中科学技术人员数	0.118	159	经济产出	0.234	80
研发经费	0.400	42	城镇居民人均可支配收入	0.316	90
地方财政科技投入占财政支出比重	0.066	107	地均GDP	0.013	158
地方财政教育投入占财政支出比重	0.733	34	第二产业劳动生产率	0.296	77
创新环境指数	0.334	14	第三产业劳动生产率	0.310	58
政策环境	0.337	224	结构优化	0.036	281
每万人吸引外商投资额	0.000	283	第三产业增加值占地区GDP比重	0.071	281
企业税收负担	0.674	179	高科技产品进出口总额占地区GDP比重	0.001	166
人文环境	0.565	2	绿色发展	0.836	61
每百人公共图书馆藏书拥有量	0.555	3	万元地区生产总值水耗	0.812	217
每百名学生拥有专任教师人数	0.574	16	万元地区生产总值能耗	0.950	86
生活环境	0.177	103	城市污水处理率	0.937	55
每千人口拥有医院床位数	0.245	116	生活垃圾无害化处理率	0.990	127
城市人均公园绿地面积	0.156	116	城市空气质量等级	0.493	4
每万人拥有公共汽车数	0.131	45	辐射引领	0.020	117
创新服务指数	0.228	13	全市在校普通高校学生数占全省比重	0.028	160
金融服务	0.270	10	全市科学技术从业人员数占全省比重	0.073	73
新三板上市企业数	0.008	58	国家技术转移示范机构数	0.000	91
年末金融机构贷款余额增长率	0.802	7	ESI学科进入全球前1%个数	0.000	63
创业板上市企业数	0.000	94	财富世界500强与中国500强企业数	0.000	105
科技条件	0.165	38			
每万人移动电话用户数	0.121	39			
每万人互联网宽带接入用户数	0.208	36			

附表1-42 包头市科技创新发展指数指标及排名表

科技创新发展指数0.309　　　　　　　　　　　　　　　综合排名42

指标	指数	排名	指标	指数	排名
创新资源指数	0.303	65	创新绩效指数	0.360	37
创新人才	0.361	42	科技成果	0.020	64
每万人在校大学生数	0.252	44	每万人SCI/SSCI/A&HCI论文产出数	0.033	58
城市化水平	0.636	32	每万人发明专利授权量	0.007	88
万名从业人口中科学技术人员数	0.194	75	经济产出	0.486	6
研发经费	0.216	263	城镇居民人均可支配收入	0.555	33
地方财政科技投入占财政支出比重	0.064	111	地均GDP	0.016	145
地方财政教育投入占财政支出比重	0.369	265	第二产业劳动生产率	0.469	18
创新环境指数	0.318	21	第三产业劳动生产率	0.905	2
政策环境	0.511	12	结构优化	0.243	49
每万人吸引外商投资额	0.209	31	第三产业增加值占地区GDP比重	0.484	38
企业税收负担	0.813	76	高科技产品进出口总额占地区GDP比重	0.001	173
人文环境	0.246	52	绿色发展	0.734	220
每百人公共图书馆藏书拥有量	0.142	25	万元地区生产总值水耗	0.975	11
每百名学生拥有专任教师人数	0.349	83	万元地区生产总值能耗	0.928	157
生活环境	0.238	40	城市污水处理率	0.812	182
每千人口拥有医院床位数	0.388	39	生活垃圾无害化处理率	0.955	166
城市人均公园绿地面积	0.238	34	城市空气质量等级	0.000	237
每万人拥有公共汽车数	0.088	100	辐射引领	0.066	41
创新服务指数	0.122	113	全市在校普通高校学生数占全省比重	0.167	37
金融服务	0.117	196	全市科学技术从业人员数占全省比重	0.142	42
新三板上市企业数	0.003	103	国家技术转移示范机构数	0.017	55
年末金融机构贷款余额增长率	0.334	183	ESI学科进入全球前1%个数	0.000	63
创业板上市企业数	0.016	49	财富世界500强与中国500强企业数	0.006	65
科技条件	0.130	52			
每万人移动电话用户数	0.145	23			
每万人互联网宽带接入用户数	0.115	83			

附表1-43　威海市科技创新发展指数指标及排名表

科技创新发展指数0.308　　　　　　　　　　　　综合排名43

指标	指数	排名	指标	指数	排名
创新资源指数	0.360	36	创新绩效指数	0.349	45
创新人才	0.318	54	科技成果	0.026	57
每万人在校大学生数	0.202	57	每万人SCI/SSCI/A&HCI论文产出数	0.034	57
城市化水平	0.491	56	每万人发明专利授权量	0.017	43
万名从业人口中科学技术人员数	0.262	49	经济产出	0.324	32
研发经费	0.422	26	城镇居民人均可支配收入	0.515	38
地方财政科技投入占财政支出比重	0.161	30	地均GDP	0.060	38
地方财政教育投入占财政支出比重	0.683	62	第二产业劳动生产率	0.187	161
创新环境指数	0.320	19	第三产业劳动生产率	0.536	13
政策环境	0.444	69	结构优化	0.239	50
每万人吸引外商投资额	0.167	41	第三产业增加值占地区GDP比重	0.417	60
企业税收负担	0.722	147	高科技产品进出口总额占地区GDP比重	0.062	27
人文环境	0.296	24	绿色发展	0.871	14
每百人公共图书馆藏书拥有量	0.126	28	万元地区生产总值水耗	0.953	33
每百名学生拥有专任教师人数	0.465	35	万元地区生产总值能耗	0.967	45
生活环境	0.254	29	城市污水处理率	0.942	46
每千人口拥有医院床位数	0.389	38	生活垃圾无害化处理率	1.000	1
城市人均公园绿地面积	0.266	25	城市空气质量等级	0.493	4
每万人拥有公共汽车数	0.105	77	辐射引领	0.022	113
创新服务指数	0.092	223	全市在校普通高校学生数占全省比重	0.032	145
金融服务	0.062	274	全市科学技术从业人员数占全省比重	0.077	68
新三板上市企业数	0.025	32	国家技术转移示范机构数	0.000	91
年末金融机构贷款余额增长率	0.161	269	ESI学科进入全球前1%个数	0.000	63
创业板上市企业数	0.000	94	财富世界500强与中国500强企业数	0.000	105
科技条件	0.136	49			
每万人移动电话用户数	0.086	59			
每万人互联网宽带接入用户数	0.187	43			

附表1-44 镇江市科技创新发展指数指标及排名表

科技创新发展指数0.306 综合排名44

指标	指数	排名	指标	指数	排名
创新资源指数	0.310	61	创新绩效指数	0.364	35
创新人才	0.269	66	科技成果	0.085	27
每万人在校大学生数	0.248	45	每万人SCI/SSCI/A&HCI论文产出数	0.134	26
城市化水平	0.349	102	每万人发明专利授权量	0.036	21
万名从业人口中科学技术人员数	0.212	66	经济产出	0.419	11
研发经费	0.370	71	城镇居民人均可支配收入	0.564	31
地方财政科技投入占财政支出比重	0.178	25	地均GDP	0.105	18
地方财政教育投入占财政支出比重	0.562	147	第二产业劳动生产率	0.282	82
创新环境指数	0.295	33	第三产业劳动生产率	0.724	6
政策环境	0.441	81	结构优化	0.234	53
每万人吸引外商投资额	0.200	32	第三产业增加值占地区GDP比重	0.453	49
企业税收负担	0.682	173	高科技产品进出口总额占地区GDP比重	0.015	65
人文环境	0.292	25	绿色发展	0.812	118
每百人公共图书馆藏书拥有量	0.108	35	万元地区生产总值水耗	0.888	128
每百名学生拥有专任教师人数	0.477	33	万元地区生产总值能耗	0.938	131
生活环境	0.199	70	城市污水处理率	0.741	229
每千人口拥有医院床位数	0.248	112	生活垃圾无害化处理率	1.000	1
城市人均公园绿地面积	0.234	37	城市空气质量等级	0.493	4
每万人拥有公共汽车数	0.115	65	辐射引领	0.034	71
创新服务指数	0.109	157	全市在校普通高校学生数占全省比重	0.046	103
金融服务	0.108	216	全市科学技术从业人员数占全省比重	0.044	122
新三板上市企业数	0.006	82	国家技术转移示范机构数	0.034	42
年末金融机构贷款余额增长率	0.303	205	ESI学科进入全球前1%个数	0.040	23
创业板上市企业数	0.016	49	财富世界500强与中国500强企业数	0.006	65
科技条件	0.112	62			
每万人移动电话用户数	0.078	67			
每万人互联网宽带接入用户数	0.146	60			

附表1-45　西宁市科技创新发展指数指标及排名表

科技创新发展指数0.305　　　　　　　　　　　　综合排名45

指标	指数	排名	指标	指数	排名
创新资源指数	0.337	49	创新绩效指数	0.352	42
创新人才	0.407	32	科技成果	0.030	49
每万人在校大学生数	0.266	40	每万人SCI/SSCI/A&HCI论文产出数	0.057	42
城市化水平	0.440	73	每万人发明专利授权量	0.003	141
万名从业人口中科学技术人员数	0.514	10	经济产出	0.119	233
研发经费	0.232	250	城镇居民人均可支配收入	0.130	239
地方财政科技投入占财政支出比重	0.030	202	地均GDP	0.017	136
地方财政教育投入占财政支出比重	0.435	241	第二产业劳动生产率	0.170	177
创新环境指数	0.271	57	第三产业劳动生产率	0.160	164
政策环境	0.363	199	结构优化	0.233	56
每万人吸引外商投资额	0.002	262	第三产业增加值占地区GDP比重	0.463	45
企业税收负担	0.724	146	高科技产品进出口总额占地区GDP比重	0.002	143
人文环境	0.097	240	绿色发展	0.656	272
每百人公共图书馆藏书拥有量	0.091	50	万元地区生产总值水耗	0.776	242
每百名学生拥有专任教师人数	0.103	270	万元地区生产总值能耗	0.907	192
生活环境	0.325	9	城市污水处理率	0.654	247
每千人口拥有医院床位数	0.531	13	生活垃圾无害化处理率	0.942	176
城市人均公园绿地面积	0.232	38	城市空气质量等级	0.000	237
每万人拥有公共汽车数	0.211	10	辐射引领	0.413	6
创新服务指数	0.154	44	全市在校普通高校学生数占全省比重	1.000	1
金融服务	0.179	61	全市科学技术从业人员数占全省比重	1.000	1
新三板上市企业数	0.003	103	国家技术转移示范机构数	0.052	33
年末金融机构贷款余额增长率	0.535	52	ESI学科进入全球前1%个数	0.000	63
创业板上市企业数	0.000	94	财富世界500强与中国500强企业数	0.013	43
科技条件	0.115	59			
每万人移动电话用户数	0.099	52			
每万人互联网宽带接入用户数	0.131	67			

附表1-46　重庆市科技创新发展指数指标及排名表

科技创新发展指数0.305　　　　　　　　　　综合排名46

指标	指数	排名	指标	指数	排名
创新资源指数	0.265	89	创新绩效指数	0.422	14
创新人才	0.278	63	科技成果	0.036	42
每万人在校大学生数	0.175	68	每万人SCI/SSCI/A&HCI论文产出数	0.064	37
城市化水平	0.554	48	每万人发明专利授权量	0.009	75
万名从业人口中科学技术人员数	0.104	188	经济产出	0.103	253
研发经费	0.247	239	城镇居民人均可支配收入	0.315	92
地方财政科技投入占财政支出比重	0.049	150	地均GDP	0.021	115
地方财政教育投入占财政支出比重	0.445	230	第二产业劳动生产率	0.042	277
创新环境指数	0.159	264	第三产业劳动生产率	0.033	278
政策环境	0.253	269	结构优化	0.286	30
每万人吸引外商投资额	0.133	48	第三产业增加值占地区GDP比重	0.464	44
企业税收负担	0.374	279	高科技产品进出口总额占地区GDP比重	0.108	18
人文环境	0.090	246	绿色发展	0.850	32
每百人公共图书馆藏书拥有量	0.034	138	万元地区生产总值水耗	0.915	77
每百名学生拥有专任教师人数	0.146	246	万元地区生产总值能耗	0.950	90
生活环境	0.142	152	城市污水处理率	0.900	88
每千人口拥有医院床位数	0.225	136	生活垃圾无害化处理率	0.993	118
城市人均公园绿地面积	0.159	107	城市空气质量等级	0.493	4
每万人拥有公共汽车数	0.041	211	辐射引领	0.459	4
创新服务指数	0.128	97	全市在校普通高校学生数占全省比重	1.000	1
金融服务	0.169	81	全市科学技术从业人员数占全省比重	1.000	1
新三板上市企业数	0.056	15	国家技术转移示范机构数	0.138	18
年末金融机构贷款余额增长率	0.372	154	ESI学科进入全球前1%个数	0.112	15
创业板上市企业数	0.078	19	财富世界500强与中国500强企业数	0.045	10
科技条件	0.067	139			
每万人移动电话用户数	0.038	184			
每万人互联网宽带接入用户数	0.095	114			

附表1-47　惠州市科技创新发展指数指标及排名表

科技创新发展指数0.299　　　　　　　　　　　　　综合排名47

指标	指数	排名	指标	指数	排名
创新资源指数	0.296	70	创新绩效指数	0.354	40
创新人才	0.162	148	科技成果	0.018	70
每万人在校大学生数	0.068	155	每万人SCI/SSCI/A&HCI论文产出数	0.007	131
城市化水平	0.375	91	每万人发明专利授权量	0.028	26
万名从业人口中科学技术人员数	0.041	267	经济产出	0.265	58
研发经费	0.497	6	城镇居民人均可支配收入	0.564	30
地方财政科技投入占财政支出比重	0.251	9	地均GDP	0.033	80
地方财政教育投入占财政支出比重	0.743	27	第二产业劳动生产率	0.112	239
创新环境指数	0.248	84	第三产业劳动生产率	0.351	48
政策环境	0.414	121	结构优化	0.510	7
每万人吸引外商投资额	0.239	28	第三产业增加值占地区GDP比重	0.326	124
企业税收负担	0.590	216	高科技产品进出口总额占地区GDP比重	0.693	3
人文环境	0.103	228	绿色发展	0.843	42
每百人公共图书馆藏书拥有量	0.037	129	万元地区生产总值水耗	0.863	163
每百名学生拥有专任教师人数	0.169	225	万元地区生产总值能耗	0.917	174
生活环境	0.234	44	城市污水处理率	0.944	43
每千人口拥有医院床位数	0.270	93	生活垃圾无害化处理率	1.000	1
城市人均公园绿地面积	0.278	19	城市空气质量等级	0.493	4
每万人拥有公共汽车数	0.153	32	辐射引领	0.007	232
创新服务指数	0.179	28	全市在校普通高校学生数占全省比重	0.017	217
金融服务	0.165	91	全市科学技术从业人员数占全省比重	0.013	245
新三板上市企业数	0.014	45	国家技术转移示范机构数	0.000	91
年末金融机构贷款余额增长率	0.449	97	ESI学科进入全球前1%个数	0.000	63
创业板上市企业数	0.031	35	财富世界500强与中国500强企业数	0.006	65
科技条件	0.201	26			
每万人移动电话用户数	0.162	18			
每万人互联网宽带接入用户数	0.241	25			

附表1-48 烟台市科技创新发展指数指标及排名表

科技创新发展指数0.298　　　　　　　　　　　　综合排名48

指标	指数	排名	指标	指数	排名
创新资源指数	0.282	75	创新绩效指数	0.361	36
创新人才	0.232	89	科技成果	0.028	51
每万人在校大学生数	0.212	51	每万人SCI/SSCI/A&HCI论文产出数	0.047	49
城市化水平	0.244	154	每万人发明专利授权量	0.010	70
万名从业人口中科学技术人员数	0.239	52	经济产出	0.329	30
研发经费	0.358	88	城镇居民人均可支配收入	0.563	32
地方财政科技投入占财政支出比重	0.134	41	地均GDP	0.054	44
地方财政教育投入占财政支出比重	0.583	131	第二产业劳动生产率	0.282	81
创新环境指数	0.286	39	第三产业劳动生产率	0.416	34
政策环境	0.410	128	结构优化	0.264	36
每万人吸引外商投资额	0.114	62	第三产业增加值占地区GDP比重	0.346	106
企业税收负担	0.706	160	高科技产品进出口总额占地区GDP比重	0.181	12
人文环境	0.224	72	绿色发展	0.872	13
每百人公共图书馆藏书拥有量	0.104	36	万元地区生产总值水耗	0.958	25
每百名学生拥有专任教师人数	0.343	90	万元地区生产总值能耗	0.963	54
生活环境	0.244	36	城市污水处理率	0.945	41
每千人口拥有医院床位数	0.323	63	生活垃圾无害化处理率	1.000	1
城市人均公园绿地面积	0.283	17	城市空气质量等级	0.493	4
每万人拥有公共汽车数	0.127	49	辐射引领	0.049	49
创新服务指数	0.106	170	全市在校普通高校学生数占全省比重	0.086	56
金融服务	0.106	219	全市科学技术从业人员数占全省比重	0.139	43
新三板上市企业数	0.017	41	国家技术转移示范机构数	0.000	91
年末金融机构贷款余额增长率	0.238	241	ESI学科进入全球前1%个数	0.000	63
创业板上市企业数	0.063	22	财富世界500强与中国500强企业数	0.019	34
科技条件	0.108	65			
每万人移动电话用户数	0.087	58			
每万人互联网宽带接入用户数	0.129	70			

附表1-49　嘉兴市科技创新发展指数指标及排名表

科技创新发展指数0.293　　　　　　　　　　　　　综合排名49

指标	指数	排名	指标	指数	排名
创新资源指数	0.281	76	创新绩效指数	0.344	48
创新人才	0.157	155	科技成果	0.016	74
每万人在校大学生数	0.151	75	每万人SCI/SSCI/A&HCI论文产出数	0.019	76
城市化水平	0.209	173	每万人发明专利授权量	0.013	58
万名从业人口中科学技术人员数	0.110	176	经济产出	0.364	19
研发经费	0.467	14	城镇居民人均可支配收入	0.760	11
地方财政科技投入占财政支出比重	0.198	21	地均GDP	0.107	17
地方财政教育投入占财政支出比重	0.735	32	第二产业劳动生产率	0.170	176
创新环境指数	0.288	38	第三产业劳动生产率	0.419	32
政策环境	0.473	34	结构优化	0.204	77
每万人吸引外商投资额	0.302	16	第三产业增加值占地区GDP比重	0.375	91
企业税收负担	0.644	190	高科技产品进出口总额占地区GDP比重	0.033	41
人文环境	0.212	91	绿色发展	0.829	81
每百人公共图书馆藏书拥有量	0.208	14	万元地区生产总值水耗	0.897	113
每百名学生拥有专任教师人数	0.217	185	万元地区生产总值能耗	0.880	229
生活环境	0.216	56	城市污水处理率	0.876	108
每千人口拥有医院床位数	0.338	56	生活垃圾无害化处理率	1.000	1
城市人均公园绿地面积	0.186	76	城市空气质量等级	0.493	4
每万人拥有公共汽车数	0.124	53	辐射引领	0.029	84
创新服务指数	0.132	80	全市在校普通高校学生数占全省比重	0.061	79
金融服务	0.082	258	全市科学技术从业人员数占全省比重	0.054	97
新三板上市企业数	0.011	52	国家技术转移示范机构数	0.017	55
年末金融机构贷款余额增长率	0.233	243	ESI学科进入全球前1%个数	0.000	63
创业板上市企业数	0.000	94	财富世界500强与中国500强企业数	0.013	43
科技条件	0.209	24			
每万人移动电话用户数	0.137	27			
每万人互联网宽带接入用户数	0.280	23			

附表1-50 宁波市科技创新发展指数指标及排名表

科技创新发展指数0.292 综合排名50

指标	指数	排名	指标	指数	排名
创新资源指数	0.277	78	创新绩效指数	0.346	46
创新人才	0.227	95	科技成果	0.061	32
每万人在校大学生数	0.207	54	每万人SCI/SSCI/A&HCI论文产出数	0.064	36
城市化水平	0.362	97	每万人发明专利授权量	0.058	14
万名从业人口中科学技术人员数	0.112	173	经济产出	0.396	13
研发经费	0.353	98	城镇居民人均可支配收入	0.842	6
地方财政科技投入占财政支出比重	0.201	20	地均GDP	0.096	21
地方财政教育投入占财政支出比重	0.505	185	第二产业劳动生产率	0.179	169
创新环境指数	0.261	64	第三产业劳动生产率	0.465	25
政策环境	0.400	143	结构优化	0.249	44
每万人吸引外商投资额	0.290	18	第三产业增加值占地区GDP比重	0.418	59
企业税收负担	0.509	249	高科技产品进出口总额占地区GDP比重	0.080	22
人文环境	0.210	92	绿色发展	0.720	235
每百人公共图书馆藏书拥有量	0.129	26	万元地区生产总值水耗	0.900	105
每百名学生拥有专任教师人数	0.291	126	万元地区生产总值能耗	0.941	115
生活环境	0.203	66	城市污水处理率	0.757	216
每千人口拥有医院床位数	0.282	84	生活垃圾无害化处理率	1.000	1
城市人均公园绿地面积	0.122	163	城市空气质量等级	0.000	237
每万人拥有公共汽车数	0.203	13	辐射引领	0.085	38
创新服务指数	0.159	40	全市在校普通高校学生数占全省比重	0.140	40
金融服务	0.094	241	全市科学技术从业人员数占全省比重	0.121	50
新三板上市企业数	0.034	22	国家技术转移示范机构数	0.103	23
年末金融机构贷款余额增长率	0.140	272	ESI学科进入全球前1%个数	0.016	35
创业板上市企业数	0.109	9	财富世界500强与中国500强企业数	0.045	10
科技条件	0.256	13			
每万人移动电话用户数	0.177	15			
每万人互联网宽带接入用户数	0.335	16			

附表1-51　东营市科技创新发展指数指标及排名表

科技创新发展指数0.292　　　　　　　　　　　　综合排名51

指标	指数	排名	指标	指数	排名
创新资源指数	0.283	74	创新绩效指数	0.325	60
创新人才	0.233	88	科技成果	0.036	43
每万人在校大学生数	0.114	98	每万人SCI/SSCI/A&HCI论文产出数	0.065	35
城市化水平	0.423	78	每万人发明专利授权量	0.008	81
万名从业人口中科学技术人员数	0.161	102	经济产出	0.402	12
研发经费	0.359	86	城镇居民人均可支配收入	0.596	27
地方财政科技投入占财政支出比重	0.100	62	地均GDP	0.052	48
地方财政教育投入占财政支出比重	0.619	104	第二产业劳动生产率	0.436	25
创新环境指数	0.299	31	第三产业劳动生产率	0.524	18
政策环境	0.444	70	结构优化	0.091	242
每万人吸引外商投资额	0.048	115	第三产业增加值占地区GDP比重	0.176	243
企业税收负担	0.840	61	高科技产品进出口总额占地区GDP比重	0.006	91
人文环境	0.213	89	绿色发展	0.774	175
每百人公共图书馆藏书拥有量	0.118	32	万元地区生产总值水耗	0.990	3
每百名学生拥有专任教师人数	0.307	118	万元地区生产总值能耗	0.934	141
生活环境	0.260	28	城市污水处理率	0.943	45
每千人口拥有医院床位数	0.385	41	生活垃圾无害化处理率	1.000	1
城市人均公园绿地面积	0.272	22	城市空气质量等级	0.000	237
每万人拥有公共汽车数	0.122	54	辐射引领	0.023	106
创新服务指数	0.175	30	全市在校普通高校学生数占全省比重	0.014	229
金融服务	0.192	41	全市科学技术从业人员数占全省比重	0.042	127
新三板上市企业数	0.006	82	国家技术转移示范机构数	0.052	33
年末金融机构贷款余额增长率	0.555	41	ESI学科进入全球前1%个数	0.000	63
创业板上市企业数	0.016	49	财富世界500强与中国500强企业数	0.006	65
科技条件	0.150	44			
每万人移动电话用户数	0.109	43			
每万人互联网宽带接入用户数	0.190	42			

附表1-52　舟山市科技创新发展指数指标及排名表

科技创新发展指数0.284　　　　　　　　　　　　　　　综合排名52

指标	指数	排名	指标	指数	排名
创新资源指数	0.312	60	创新绩效指数	0.301	91
创新人才	0.349	47	科技成果	0.028	53
每万人在校大学生数	0.186	62	每万人SCI/SSCI/A&HCI论文产出数	0.047	48
城市化水平	0.713	25	每万人发明专利授权量	0.009	73
万名从业人口中科学技术人员数	0.148	120	经济产出	0.217	95
研发经费	0.257	226	城镇居民人均可支配收入	0.604	25
地方财政科技投入占财政支出比重	0.109	56	地均GDP	0.087	24
地方财政教育投入占财政支出比重	0.405	253	第二产业劳动生产率	0.097	248
创新环境指数	0.253	77	第三产业劳动生产率	0.080	252
政策环境	0.340	221	结构优化	0.247	46
每万人吸引外商投资额	0.086	81	第三产业增加值占地区GDP比重	0.488	35
企业税收负担	0.594	214	高科技产品进出口总额占地区GDP比重	0.005	108
人文环境	0.266	39	绿色发展	0.790	149
每百人公共图书馆藏书拥有量	0.155	23	万元地区生产总值水耗	0.965	17
每百名学生拥有专任教师人数	0.377	69	万元地区生产总值能耗	0.967	44
生活环境	0.186	86	城市污水处理率	0.527	269
每千人口拥有医院床位数	0.290	77	生活垃圾无害化处理率	1.000	1
城市人均公园绿地面积	0.156	114	城市空气质量等级	0.493	4
每万人拥有公共汽车数	0.113	67	辐射引领	0.010	205
创新服务指数	0.240	11	全市在校普通高校学生数占全省比重	0.021	189
金融服务	0.035	284	全市科学技术从业人员数占全省比重	0.027	189
新三板上市企业数	0.000	164	国家技术转移示范机构数	0.000	91
年末金融机构贷款余额增长率	0.104	279	ESI学科进入全球前1%个数	0.000	63
创业板上市企业数	0.000	94	财富世界500强与中国500强企业数	0.000	105
科技条件	0.549	3			
每万人移动电话用户数	0.128	33			
每万人互联网宽带接入用户数	0.970	2			

附表1-53　淄博市科技创新发展指数指标及排名表

科技创新发展指数 0.282　　　　　　　　　　综合排名 53

指标	指数	排名	指标	指数	排名
创新资源指数	0.340	44	创新绩效指数	0.335	53
创新人才	0.295	59	科技成果	0.018	69
每万人在校大学生数	0.179	67	每万人 SCI/SSCI/A&HCI 论文产出数	0.027	65
城市化水平	0.647	30	每万人发明专利授权量	0.010	69
万名从业人口中科学技术人员数	0.057	247	经济产出	0.313	37
研发经费	0.409	30	城镇居民人均可支配收入	0.497	40
地方财政科技投入占财政支出比重	0.110	54	地均 GDP	0.084	25
地方财政教育投入占财政支出比重	0.708	49	第二产业劳动生产率	0.178	171
创新环境指数	0.244	100	第三产业劳动生产率	0.493	22
政策环境	0.408	129	结构优化	0.183	105
每万人吸引外商投资额	0.054	108	第三产业增加值占地区 GDP 比重	0.361	99
企业税收负担	0.762	117	高科技产品进出口总额占地区 GDP 比重	0.005	109
人文环境	0.172	132	绿色发展	0.860	21
每百人公共图书馆藏书拥有量	0.052	90	万元地区生产总值水耗	0.934	57
每百名学生拥有专任教师人数	0.292	125	万元地区生产总值能耗	0.930	152
生活环境	0.183	91	城市污水处理率	0.945	40
每千人口拥有医院床位数	0.345	52	生活垃圾无害化处理率	1.000	1
城市人均公园绿地面积	0.128	152	城市空气质量等级	0.493	4
每万人拥有公共汽车数	0.076	115	辐射引领	0.016	133
创新服务指数	0.087	235	全市在校普通高校学生数占全省比重	0.048	99
金融服务	0.075	267	全市科学技术从业人员数占全省比重	0.034	152
新三板上市企业数	0.020	39	国家技术转移示范机构数	0.000	91
年末金融机构贷款余额增长率	0.160	270	ESI 学科进入全球前 1% 个数	0.000	63
创业板上市企业数	0.047	30	财富世界 500 强与中国 500 强企业数	0.000	105
科技条件	0.104	70			
每万人移动电话用户数	0.084	60			
每万人互联网宽带接入用户数	0.124	72			

附表1-54　南宁市科技创新发展指数指标及排名表

科技创新发展指数0.281　　　　　　　　　　　　　　综合排名54

指标	指数	排名	指标	指数	排名
创新资源指数	0.352	37	创新绩效指数	0.337	50
创新人才	0.393	35	科技成果	0.037	41
每万人在校大学生数	0.392	27	每万人SCI/SSCI/A&HCI论文产出数	0.073	33
城市化水平	0.357	99	每万人发明专利授权量	0.002	162
万名从业人口中科学技术人员数	0.430	17	经济产出	0.163	169
研发经费	0.291	182	城镇居民人均可支配收入	0.303	98
地方财政科技投入占财政支出比重	0.069	102	地均GDP	0.017	134
地方财政教育投入占财政支出比重	0.514	178	第二产业劳动生产率	0.149	199
创新环境指数	0.210	180	第三产业劳动生产率	0.182	142
政策环境	0.343	220	结构优化	0.262	38
每万人吸引外商投资额	0.015	203	第三产业增加值占地区GDP比重	0.494	30
企业税收负担	0.671	182	高科技产品进出口总额占地区GDP比重	0.029	44
人文环境	0.129	189	绿色发展	0.778	166
每百人公共图书馆藏书拥有量	0.128	27	万元地区生产总值水耗	0.811	218
每百名学生拥有专任教师人数	0.129	260	万元地区生产总值能耗	0.967	46
生活环境	0.176	106	城市污水处理率	0.681	243
每千人口拥有医院床位数	0.251	109	生活垃圾无害化处理率	0.937	179
城市人均公园绿地面积	0.176	93	城市空气质量等级	0.493	4
每万人拥有公共汽车数	0.101	83	辐射引领	0.184	28
创新服务指数	0.107	168	全市在校普通高校学生数占全省比重	0.452	22
金融服务	0.102	227	全市科学技术从业人员数占全省比重	0.377	25
新三板上市企业数	0.003	103	国家技术转移示范机构数	0.069	29
年末金融机构贷款余额增长率	0.302	207	ESI学科进入全球前1%个数	0.024	32
创业板上市企业数	0.000	94	财富世界500强与中国500强企业数	0.000	105
科技条件	0.116	57			
每万人移动电话用户数	0.074	71			
每万人互联网宽带接入用户数	0.158	50			

附表1-55　石家庄市科技创新发展指数指标及排名表

科技创新发展指数0.276　　　　　　　　　　　综合排名55

指标	指数	排名	指标	指数	排名
创新资源指数	0.351	40	创新绩效指数	0.318	63
创新人才	0.337	50	科技成果	0.027	54
每万人在校大学生数	0.308	36	每万人SCI/SSCI/A&HCI论文产出数	0.051	46
城市化水平	0.287	131	每万人发明专利授权量	0.003	127
万名从业人口中科学技术人员数	0.417	21	经济产出	0.244	75
研发经费	0.371	69	城镇居民人均可支配收入	0.279	117
地方财政科技投入占财政支出比重	0.056	129	地均GDP	0.049	50
地方财政教育投入占财政支出比重	0.687	58	第二产业劳动生产率	0.386	41
创新环境指数	0.242	104	第三产业劳动生产率	0.261	87
政策环境	0.422	108	结构优化	0.211	68
每万人吸引外商投资额	0.042	125	第三产业增加值占地区GDP比重	0.413	62
企业税收负担	0.801	88	高科技产品进出口总额占地区GDP比重	0.009	82
人文环境	0.154	152	绿色发展	0.710	244
每百人公共图书馆藏书拥有量	0.057	84	万元地区生产总值水耗	0.956	29
每百名学生拥有专任教师人数	0.251	159	万元地区生产总值能耗	0.927	160
生活环境	0.180	96	城市污水处理率	0.947	38
每千人口拥有医院床位数	0.231	129	生活垃圾无害化处理率	0.720	262
城市人均公园绿地面积	0.190	70	城市空气质量等级	0.000	237
每万人拥有公共汽车数	0.118	60	辐射引领	0.146	31
创新服务指数	0.096	209	全市在校普通高校学生数占全省比重	0.326	30
金融服务	0.095	239	全市科学技术从业人员数占全省比重	0.254	31
新三板上市企业数	0.011	52	国家技术转移示范机构数	0.103	23
年末金融机构贷款余额增长率	0.211	260	ESI学科进入全球前1%个数	0.016	35
创业板上市企业数	0.063	22	财富世界500强与中国500强企业数	0.032	19
科技条件	0.097	75			
每万人移动电话用户数	0.063	90			
每万人互联网宽带接入用户数	0.132	65			

附表1-56 扬州市科技创新发展指数指标及排名表

科技创新发展指数0.276　　　　　　　　　　　　综合排名56

指标	指数	排名	指标	指数	排名
创新资源指数	0.300	69	创新绩效指数	0.332	55
创新人才	0.262	71	科技成果	0.033	45
每万人在校大学生数	0.140	83	每万人SCI/SSCI/A&HCI论文产出数	0.048	47
城市化水平	0.477	62	每万人发明专利授权量	0.019	37
万名从业人口中科学技术人员数	0.170	95	经济产出	0.268	57
研发经费	0.355	93	城镇居民人均可支配收入	0.409	60
地方财政科技投入占财政支出比重	0.143	37	地均GDP	0.070	30
地方财政教育投入占财政支出比重	0.568	142	第二产业劳动生产率	0.084	259
创新环境指数	0.231	132	第三产业劳动生产率	0.508	20
政策环境	0.422	106	结构优化	0.209	71
每万人吸引外商投资额	0.127	53	第三产业增加值占地区GDP比重	0.397	75
企业税收负担	0.717	155	高科技产品进出口总额占地区GDP比重	0.021	52
人文环境	0.212	90	绿色发展	0.840	51
每百人公共图书馆藏书拥有量	0.064	72	万元地区生产总值水耗	0.951	36
每百名学生拥有专任教师人数	0.361	77	万元地区生产总值能耗	0.969	35
生活环境	0.116	200	城市污水处理率	0.799	194
每千人口拥有医院床位数	0.173	202	生活垃圾无害化处理率	0.990	123
城市人均公园绿地面积	0.120	168	城市空气质量等级	0.493	4
每万人拥有公共汽车数	0.055	168	辐射引领	0.045	53
创新服务指数	0.112	146	全市在校普通高校学生数占全省比重	0.044	105
金融服务	0.133	158	全市科学技术从业人员数占全省比重	0.081	63
新三板上市企业数	0.011	52	国家技术转移示范机构数	0.052	33
年末金融机构贷款余额增长率	0.372	153	ESI学科进入全球前1%个数	0.040	23
创业板上市企业数	0.016	49	财富世界500强与中国500强企业数	0.006	65
科技条件	0.081	100			
每万人移动电话用户数	0.053	117			
每万人互联网宽带接入用户数	0.110	92			

附表1-57 温州市科技创新发展指数指标及排名表

科技创新发展指数0.275 　　　　　　　　　　　　　　　　综合排名57

指标	指数	排名	指标	指数	排名
创新资源指数	0.252	109	创新绩效指数	0.345	47
创新人才	0.105	223	科技成果	0.022	61
每万人在校大学生数	0.079	139	每万人SCI/SSCI/A&HCI论文产出数	0.038	53
城市化水平	0.146	209	每万人发明专利授权量	0.006	96
万名从业人口中科学技术人员数	0.090	208	经济产出	0.334	29
研发经费	0.472	10	城镇居民人均可支配收入	0.720	15
地方财政科技投入占财政支出比重	0.106	59	地均GDP	0.044	56
地方财政教育投入占财政支出比重	0.838	10	第二产业劳动生产率	0.159	190
创新环境指数	0.246	90	第三产业劳动生产率	0.413	35
政策环境	0.366	196	结构优化	0.267	33
每万人吸引外商投资额	0.028	155	第三产业增加值占地区GDP比重	0.521	25
企业税收负担	0.704	161	高科技产品进出口总额占地区GDP比重	0.012	74
人文环境	0.220	79	绿色发展	0.822	93
每百人公共图书馆藏书拥有量	0.167	20	万元地区生产总值水耗	0.848	180
每百名学生拥有专任教师人数	0.273	141	万元地区生产总值能耗	0.934	143
生活环境	0.185	88	城市污水处理率	0.836	155
每千人口拥有医院床位数	0.174	201	生活垃圾无害化处理率	0.998	111
城市人均公园绿地面积	0.230	40	城市空气质量等级	0.493	4
每万人拥有公共汽车数	0.150	35	辐射引领	0.037	68
创新服务指数	0.088	231	全市在校普通高校学生数占全省比重	0.076	63
金融服务	0.042	279	全市科学技术从业人员数占全省比重	0.060	85
新三板上市企业数	0.017	41	国家技术转移示范机构数	0.017	55
年末金融机构贷款余额增长率	0.048	285	ESI学科进入全球前1%个数	0.024	32
创业板上市企业数	0.063	22	财富世界500强与中国500强企业数	0.006	65
科技条件	0.157	41			
每万人移动电话用户数	0.098	53			
每万人互联网宽带接入用户数	0.216	34			

附表1-58　芜湖市科技创新发展指数指标及排名表

科技创新发展指数0.275　　　　　　　　　　　　　　综合排名58

指标	指数	排名	指标	指数	排名
创新资源指数	0.344	43	创新绩效指数	0.314	69
创新人才	0.262	73	科技成果	0.026	55
每万人在校大学生数	0.264	41	每万人SCI/SSCI/A&HCI论文产出数	0.031	60
城市化水平	0.333	109	每万人发明专利授权量	0.020	35
万名从业人口中科学技术人员数	0.188	79	经济产出	0.254	62
研发经费	0.467	12	城镇居民人均可支配收入	0.349	75
地方财政科技投入占财政支出比重	0.474	2	地均GDP	0.047	52
地方财政教育投入占财政支出比重	0.460	225	第二产业劳动生产率	0.345	52
创新环境指数	0.225	148	第三产业劳动生产率	0.274	80
政策环境	0.401	141	结构优化	0.104	228
每万人吸引外商投资额	0.219	29	第三产业增加值占地区GDP比重	0.193	233
企业税收负担	0.584	219	高科技产品进出口总额占地区GDP比重	0.014	66
人文环境	0.116	207	绿色发展	0.829	78
每百人公共图书馆藏书拥有量	0.045	110	万元地区生产总值水耗	0.882	135
每百名学生拥有专任教师人数	0.187	209	万元地区生产总值能耗	0.943	110
生活环境	0.179	99	城市污水处理率	0.871	124
每千人口拥有医院床位数	0.220	143	生活垃圾无害化处理率	0.959	163
城市人均公园绿地面积	0.165	104	城市空气质量等级	0.493	4
每万人拥有公共汽车数	0.153	33	辐射引领	0.046	51
创新服务指数	0.135	70	全市在校普通高校学生数占全省比重	0.112	46
金融服务	0.179	62	全市科学技术从业人员数占全省比重	0.080	64
新三板上市企业数	0.017	41	国家技术转移示范机构数	0.017	55
年末金融机构贷款余额增长率	0.506	70	ESI学科进入全球前1%个数	0.008	50
创业板上市企业数	0.016	49	财富世界500强与中国500强企业数	0.013	43
科技条件	0.069	130			
每万人移动电话用户数	0.041	172			
每万人互联网宽带接入用户数	0.098	109			

附表1-59　铜陵市科技创新发展指数指标及排名表

科技创新发展指数0.274　　　　　　　　　　　　　　　　　综合排名59

指标	指数	排名	指标	指数	排名
创新资源指数	0.365	35	创新绩效指数	0.300	93
创新人才	0.352	46	科技成果	0.029	50
每万人在校大学生数	0.370	31	每万人SCI/SSCI/A&HCI论文产出数	0.015	89
城市化水平	0.588	43	每万人发明专利授权量	0.043	20
万名从业人口中科学技术人员数	0.096	198	经济产出	0.250	66
研发经费	0.386	53	城镇居民人均可支配收入	0.377	66
地方财政科技投入占财政支出比重	0.335	3	地均GDP	0.074	28
地方财政教育投入占财政支出比重	0.437	240	第二产业劳动生产率	0.273	93
创新环境指数	0.270	58	第三产业劳动生产率	0.277	77
政策环境	0.374	176	结构优化	0.063	271
每万人吸引外商投资额	0.111	63	第三产业增加值占地区GDP比重	0.124	273
企业税收负担	0.638	197	高科技产品进出口总额占地区GDP比重	0.002	158
人文环境	0.194	105	绿色发展	0.833	73
每百人公共图书馆藏书拥有量	0.099	42	万元地区生产总值水耗	0.893	118
每百名学生拥有专任教师人数	0.289	127	万元地区生产总值能耗	0.906	195
生活环境	0.251	30	城市污水处理率	0.873	115
每千人口拥有医院床位数	0.429	30	生活垃圾无害化处理率	1.000	1
城市人均公园绿地面积	0.207	53	城市空气质量等级	0.493	4
每万人拥有公共汽车数	0.118	61	辐射引领	0.012	183
创新服务指数	0.096	211	全市在校普通高校学生数占全省比重	0.030	156
金融服务	0.088	246	全市科学技术从业人员数占全省比重	0.015	239
新三板上市企业数	0.003	103	国家技术转移示范机构数	0.000	91
年末金融机构贷款余额增长率	0.262	226	ESI学科进入全球前1%个数	0.000	63
创业板上市企业数	0.000	94	财富世界500强与中国500强企业数	0.013	43
科技条件	0.107	67			
每万人移动电话用户数	0.057	106			
每万人互联网宽带接入用户数	0.157	51			

附表1-60　金华市科技创新发展指数指标及排名表

科技创新发展指数0.274　　　　　　　　　　　　　　　综合排名60

指标	指数	排名	指标	指数	排名
创新资源指数	0.256	101	创新绩效指数	0.338	49
创新人才	0.116	205	科技成果	0.024	59
每万人在校大学生数	0.146	79	每万人SCI/SSCI/A&HCI论文产出数	0.029	62
城市化水平	0.159	192	每万人发明专利授权量	0.018	39
万名从业人口中科学技术人员数	0.044	264	经济产出	0.306	44
研发经费	0.467	13	城镇居民人均可支配收入	0.674	18
地方财政科技投入占财政支出比重	0.178	26	地均GDP	0.036	74
地方财政教育投入占财政支出比重	0.756	21	第二产业劳动生产率	0.093	253
创新环境指数	0.195	211	第三产业劳动生产率	0.421	31
政策环境	0.359	203	结构优化	0.256	40
每万人吸引外商投资额	0.025	161	第三产业增加值占地区GDP比重	0.497	29
企业税收负担	0.692	167	高科技产品进出口总额占地区GDP比重	0.016	62
人文环境	0.112	214	绿色发展	0.829	83
每百人公共图书馆藏书拥有量	0.059	79	万元地区生产总值水耗	0.906	93
每百名学生拥有专任教师人数	0.165	229	万元地区生产总值能耗	0.925	163
生活环境	0.141	155	城市污水处理率	0.822	174
每千人口拥有医院床位数	0.264	99	生活垃圾无害化处理率	0.999	110
城市人均公园绿地面积	0.106	195	城市空气质量等级	0.493	4
每万人拥有公共汽车数	0.051	183	辐射引领	0.032	76
创新服务指数	0.174	33	全市在校普通高校学生数占全省比重	0.081	60
金融服务	0.144	128	全市科学技术从业人员数占全省比重	0.031	168
新三板上市企业数	0.006	82	国家技术转移示范机构数	0.017	55
年末金融机构贷款余额增长率	0.364	160	ESI学科进入全球前1%个数	0.032	27
创业板上市企业数	0.063	22	财富世界500强与中国500强企业数	0.000	105
科技条件	0.218	22			
每万人移动电话用户数	0.154	21			
每万人互联网宽带接入用户数	0.282	21			

附表1-61　潍坊市科技创新发展指数指标及排名表

科技创新发展指数0.274　　　　　　　　　　　　　　　综合排名61

指标	指数	排名	指标	指数	排名
创新资源指数	0.280	77	创新绩效指数	0.299	99
创新人才	0.138	172	科技成果	0.008	110
每万人在校大学生数	0.126	91	每万人SCI/SSCI/A&HCI论文产出数	0.011	105
城市化水平	0.169	187	每万人发明专利授权量	0.005	98
万名从业人口中科学技术人员数	0.118	158	经济产出	0.282	49
研发经费	0.494	7	城镇居民人均可支配收入	0.417	56
地方财政科技投入占财政支出比重	0.116	51	地均GDP	0.037	72
地方财政教育投入占财政支出比重	0.871	7	第二产业劳动生产率	0.303	71
创新环境指数	0.270	59	第三产业劳动生产率	0.371	42
政策环境	0.540	7	结构优化	0.178	109
每万人吸引外商投资额	0.426	9	第三产业增加值占地区GDP比重	0.342	112
企业税收负担	0.654	186	高科技产品进出口总额占地区GDP比重	0.013	68
人文环境	0.152	156	绿色发展	0.745	203
每百人公共图书馆藏书拥有量	0.039	123	万元地区生产总值水耗	0.904	97
每百名学生拥有专任教师人数	0.266	145	万元地区生产总值能耗	0.913	180
生活环境	0.169	111	城市污水处理率	0.907	81
每千人口拥有医院床位数	0.270	90	生活垃圾无害化处理率	1.000	1
城市人均公园绿地面积	0.177	89	城市空气质量等级	0.000	237
每万人拥有公共汽车数	0.059	159	辐射引领	0.033	73
创新服务指数	0.182	27	全市在校普通高校学生数占全省比重	0.070	72
金融服务	0.139	145	全市科学技术从业人员数占全省比重	0.060	86
新三板上市企业数	0.020	39	国家技术转移示范机构数	0.017	55
年末金融机构贷款余额增长率	0.334	182	ESI学科进入全球前1%个数	0.000	63
创业板上市企业数	0.063	22	财富世界500强与中国500强企业数	0.019	34
科技条件	0.248	14			
每万人移动电话用户数	0.066	81			
每万人互联网宽带接入用户数	0.429	12			

附表1-62 南通市科技创新发展指数指标及排名表

科技创新发展指数0.274 综合排名62

指标	指数	排名	指标	指数	排名
创新资源指数	0.258	100	创新绩效指数	0.337	52
创新人才	0.141	170	科技成果	0.028	52
每万人在校大学生数	0.083	128	每万人SCI/SSCI/A&HCI论文产出数	0.021	73
城市化水平	0.240	159	每万人发明专利授权量	0.036	23
万名从业人口中科学技术人员数	0.099	194	经济产出	0.297	46
研发经费	0.433	19	城镇居民人均可支配收入	0.502	39
地方财政科技投入占财政支出比重	0.156	31	地均GDP	0.067	34
地方财政教育投入占财政支出比重	0.709	48	第二产业劳动生产率	0.041	279
创新环境指数	0.237	113	第三产业劳动生产率	0.579	10
政策环境	0.367	192	结构优化	0.228	57
每万人吸引外商投资额	0.126	54	第三产业增加值占地区GDP比重	0.421	56
企业税收负担	0.608	211	高科技产品进出口总额占地区GDP比重	0.035	39
人文环境	0.234	60	绿色发展	0.832	74
每百人公共图书馆藏书拥有量	0.057	83	万元地区生产总值水耗	0.901	102
每百名学生拥有专任教师人数	0.410	53	万元地区生产总值能耗	0.946	102
生活环境	0.152	134	城市污水处理率	0.822	175
每千人口拥有医院床位数	0.229	133	生活垃圾无害化处理率	1.000	1
城市人均公园绿地面积	0.175	94	城市空气质量等级	0.493	4
每万人拥有公共汽车数	0.052	178	辐射引领	0.039	67
创新服务指数	0.114	137	全市在校普通高校学生数占全省比重	0.044	107
金融服务	0.142	135	全市科学技术从业人员数占全省比重	0.098	56
新三板上市企业数	0.025	32	国家技术转移示范机构数	0.034	42
年末金融机构贷款余额增长率	0.354	170	ESI学科进入全球前1%个数	0.008	50
创业板上市企业数	0.047	30	财富世界500强与中国500强企业数	0.013	43
科技条件	0.073	118			
每万人移动电话用户数	0.045	148			
每万人互联网宽带接入用户数	0.101	101			

附表1-63　乌兰察布市科技创新发展指数指标及排名表

科技创新发展指数0.272　　　　　　　　　　　　　　　　综合排名63

指标	指数	排名	指标	指数	排名
创新资源指数	0.133	285	创新绩效指数	0.315	68
创新人才	0.096	237	科技成果	0.000	287
每万人在校大学生数	0.059	165	每万人SCI/SSCI/A&HCI论文产出数	0.000	287
城市化水平	0.067	267	每万人发明专利授权量	0.000	276
万名从业人口中科学技术人员数	0.161	103	经济产出	0.284	48
研发经费	0.189	274	城镇居民人均可支配收入	0.177	206
地方财政科技投入占财政支出比重	0.016	253	地均GDP	0.002	275
地方财政教育投入占财政支出比重	0.362	268	第二产业劳动生产率	0.817	4
创新环境指数	0.374	7	第三产业劳动生产率	0.141	192
政策环境	0.440	83	结构优化	0.132	188
每万人吸引外商投资额	0.029	150	第三产业增加值占地区GDP比重	0.264	181
企业税收负担	0.851	54	高科技产品进出口总额占地区GDP比重	0.000	246
人文环境	0.502	4	绿色发展	0.834	66
每百人公共图书馆藏书拥有量	0.003	282	万元地区生产总值水耗	0.932	59
每百名学生拥有专任教师人数	1.000	1	万元地区生产总值能耗	0.913	179
生活环境	0.246	34	城市污水处理率	0.923	66
每千人口拥有医院床位数	0.083	270	生活垃圾无害化处理率	0.912	202
城市人均公园绿地面积	0.560	4	城市空气质量等级	0.493	4
每万人拥有公共汽车数	0.094	93	辐射引领	0.019	119
创新服务指数	0.115	134	全市在校普通高校学生数占全省比重	0.049	92
金融服务	0.166	85	全市科学技术从业人员数占全省比重	0.046	119
新三板上市企业数	0.000	164	国家技术转移示范机构数	0.000	91
年末金融机构贷款余额增长率	0.483	81	ESI学科进入全球前1%个数	0.000	63
创业板上市企业数	0.016	49	财富世界500强与中国500强企业数	0.000	105
科技条件	0.038	227			
每万人移动电话用户数	0.041	171			
每万人互联网宽带接入用户数	0.034	247			

附表1-64 绍兴市科技创新发展指数指标及排名表

科技创新发展指数0.272 綜合排名64

指标	指数	排名	指标	指数	排名
创新资源指数	0.328	50	创新绩效指数	0.322	61
创新人才	0.219	100	科技成果	0.013	87
每万人在校大学生数	0.145	81	每万人SCI/SSCI/A&HCI论文产出数	0.017	83
城市化水平	0.465	67	每万人发明专利授权量	0.008	79
万名从业人口中科学技术人员数	0.047	259	经济产出	0.396	14
研发经费	0.492	8	城镇居民人均可支配收入	0.803	8
地方财政科技投入占财政支出比重	0.252	8	地均GDP	0.064	36
地方财政教育投入占财政支出比重	0.732	35	第二产业劳动生产率	0.068	269
创新环境指数	0.216	167	第三产业劳动生产率	0.647	8
政策环境	0.408	131	结构优化	0.213	66
每万人吸引外商投资额	0.064	102	第三产业增加值占地区GDP比重	0.409	65
企业税收负担	0.751	129	高科技产品进出口总额占地区GDP比重	0.017	60
人文环境	0.121	203	绿色发展	0.721	234
每百人公共图书馆藏书拥有量	0.077	59	万元地区生产总值水耗	0.855	172
每百名学生拥有专任教师人数	0.164	231	万元地区生产总值能耗	0.906	193
生活环境	0.152	136	城市污水处理率	0.844	143
每千人口拥有医院床位数	0.249	110	生活垃圾无害化处理率	1.000	1
城市人均公园绿地面积	0.125	155	城市空气质量等级	0.000	237
每万人拥有公共汽车数	0.080	112	辐射引领	0.032	77
创新服务指数	0.115	132	全市在校普通高校学生数占全省比重	0.075	64
金融服务	0.074	268	全市科学技术从业人员数占全省比重	0.049	110
新三板上市企业数	0.014	45	国家技术转移示范机构数	0.017	55
年末金融机构贷款余额增长率	0.162	268	ESI学科进入全球前1%个数	0.000	63
创业板上市企业数	0.047	30	财富世界500强与中国500强企业数	0.019	34
科技条件	0.176	33			
每万人移动电话用户数	0.117	40			
每万人互联网宽带接入用户数	0.235	27			

附表1-65　泉州市科技创新发展指数指标及排名表

科技创新发展指数0.270　　　　　　　　　　　　　综合排名65

指标	指数	排名	指标	指数	排名
创新资源指数	0.212	169	创新绩效指数	0.335	54
创新人才	0.082	257	科技成果	0.006	136
每万人在校大学生数	0.136	86	每万人SCI/SSCI/A&HCI论文产出数	0.008	119
城市化水平	0.106	239	每万人发明专利授权量	0.003	139
万名从业人口中科学技术人员数	0.004	286	经济产出	0.343	26
研发经费	0.406	35	城镇居民人均可支配收入	0.642	22
地方财政科技投入占财政支出比重	0.101	61	地均GDP	0.065	35
地方财政教育投入占财政支出比重	0.712	47	第二产业劳动生产率	0.130	216
创新环境指数	0.247	89	第三产业劳动生产率	0.533	14
政策环境	0.445	68	结构优化	0.133	184
每万人吸引外商投资额	0.088	75	第三产业增加值占地区GDP比重	0.262	182
企业税收负担	0.802	87	高科技产品进出口总额占地区GDP比重	0.005	114
人文环境	0.128	194	绿色发展	0.831	77
每百人公共图书馆藏书拥有量	0.076	60	万元地区生产总值水耗	0.890	125
每百名学生拥有专任教师人数	0.179	217	万元地区生产总值能耗	0.947	99
生活环境	0.194	75	城市污水处理率	0.842	147
每千人口拥有医院床位数	0.224	138	生活垃圾无害化处理率	0.984	135
城市人均公园绿地面积	0.248	30	城市空气质量等级	0.493	4
每万人拥有公共汽车数	0.110	71	辐射引领	0.046	52
创新服务指数	0.129	89	全市在校普通高校学生数占全省比重	0.159	38
金融服务	0.125	175	全市科学技术从业人员数占全省比重	0.040	131
新三板上市企业数	0.011	52	国家技术转移示范机构数	0.000	91
年末金融机构贷款余额增长率	0.350	174	ESI学科进入全球前1%个数	0.016	35
创业板上市企业数	0.016	49	财富世界500强与中国500强企业数	0.013	43
科技条件	0.135	50			
每万人移动电话用户数	0.100	50			
每万人互联网宽带接入用户数	0.170	48			

附表1-66　莆田市科技创新发展指数指标及排名表

科技创新发展指数0.269　　　　　　　　　　综合排名66

指标	指数	排名	指标	指数	排名
创新资源指数	0.366	34	创新绩效指数	0.298	102
创新人才	0.244	79	科技成果	0.004	177
每万人在校大学生数	0.047	196	每万人SCI/SSCI/A&HCI论文产出数	0.004	177
城市化水平	0.652	29	每万人发明专利授权量	0.004	122
万名从业人口中科学技术人员数	0.033	274	经济产出	0.206	107
研发经费	0.550	2	城镇居民人均可支配收入	0.380	65
地方财政科技投入占财政支出比重	0.101	60	地均GDP	0.045	53
地方财政教育投入占财政支出比重	1.000	1	第二产业劳动生产率	0.101	245
创新环境指数	0.183	229	第三产业劳动生产率	0.298	65
政策环境	0.400	144	结构优化	0.134	181
每万人吸引外商投资额	0.042	124	第三产业增加值占地区GDP比重	0.262	183
企业税收负担	0.757	123	高科技产品进出口总额占地区GDP比重	0.006	90
人文环境	0.127	197	绿色发展	0.842	45
每百人公共图书馆藏书拥有量	0.023	192	万元地区生产总值水耗	0.937	52
每百名学生拥有专任教师人数	0.230	178	万元地区生产总值能耗	0.965	49
生活环境	0.077	255	城市污水处理率	0.833	159
每千人口拥有医院床位数	0.162	217	生活垃圾无害化处理率	0.981	139
城市人均公园绿地面积	0.039	272	城市空气质量等级	0.493	4
每万人拥有公共汽车数	0.029	247	辐射引领	0.010	194
创新服务指数	0.191	22	全市在校普通高校学生数占全省比重	0.027	168
金融服务	0.174	72	全市科学技术从业人员数占全省比重	0.025	200
新三板上市企业数	0.000	164	国家技术转移示范机构数	0.000	91
年末金融机构贷款余额增长率	0.523	63	ESI学科进入全球前1%个数	0.000	63
创业板上市企业数	0.000	94	财富世界500强与中国500强企业数	0.000	105
科技条件	0.216	23			
每万人移动电话用户数	0.041	170			
每万人互联网宽带接入用户数	0.390	13			

附表1-67　洛阳市科技创新发展指数指标及排名表

科技创新发展指数0.269　　　　　　　　　　　　　　综合排名67

指标	指数	排名	指标	指数	排名
创新资源指数	0.304	64	创新绩效指数	0.311	74
创新人才	0.269	67	科技成果	0.026	56
每万人在校大学生数	0.142	82	每万人SCI/SSCI/A&HCI论文产出数	0.038	54
城市化水平	0.243	155	每万人发明专利授权量	0.013	59
万名从业人口中科学技术人员数	0.422	20	经济产出	0.217	97
研发经费	0.356	91	城镇居民人均可支配收入	0.303	97
地方财政科技投入占财政支出比重	0.093	72	地均GDP	0.027	99
地方财政教育投入占财政支出比重	0.620	101	第二产业劳动生产率	0.243	114
创新环境指数	0.224	150	第三产业劳动生产率	0.294	67
政策环境	0.433	90	结构优化	0.192	96
每万人吸引外商投资额	0.146	45	第三产业增加值占地区GDP比重	0.380	88
企业税收负担	0.721	149	高科技产品进出口总额占地区GDP比重	0.004	116
人文环境	0.087	251	绿色发展	0.805	130
每百人公共图书馆藏书拥有量	0.023	194	万元地区生产总值水耗	0.878	142
每百名学生拥有专任教师人数	0.152	241	万元地区生产总值能耗	0.853	245
生活环境	0.176	107	城市污水处理率	0.971	22
每千人口拥有医院床位数	0.271	89	生活垃圾无害化处理率	0.831	243
城市人均公园绿地面积	0.153	122	城市空气质量等级	0.493	4
每万人拥有公共汽车数	0.103	81	辐射引领	0.054	44
创新服务指数	0.144	58	全市在校普通高校学生数占全省比重	0.070	70
金融服务	0.176	68	全市科学技术从业人员数占全省比重	0.170	37
新三板上市企业数	0.022	35	国家技术转移示范机构数	0.017	55
年末金融机构贷款余额增长率	0.490	77	ESI学科进入全球前1%个数	0.008	50
创业板上市企业数	0.016	49	财富世界500强与中国500强企业数	0.006	65
科技条件	0.096	77			
每万人移动电话用户数	0.054	112			
每万人互联网宽带接入用户数	0.137	64			

附表1-68　吉林市科技创新发展指数指标及排名表

科技创新发展指数0.266　　　　　　　　　　　综合排名68

指标	指数	排名	指标	指数	排名
创新资源指数	0.259	99	创新绩效指数	0.300	96
创新人才	0.249	77	科技成果	0.016	75
每万人在校大学生数	0.194	58	每万人SCI/SSCI/A&HCI论文产出数	0.002	223
城市化水平	0.395	85	每万人发明专利授权量	0.030	25
万名从业人口中科学技术人员数	0.157	108	经济产出	0.258	61
研发经费	0.274	202	城镇居民人均可支配收入	0.338	79
地方财政科技投入占财政支出比重	0.077	85	地均GDP	0.010	184
地方财政教育投入占财政支出比重	0.471	215	第二产业劳动生产率	0.298	74
创新环境指数	0.292	35	第三产业劳动生产率	0.387	40
政策环境	0.482	25	结构优化	0.198	87
每万人吸引外商投资额	0.092	71	第三产业增加值占地区GDP比重	0.394	77
企业税收负担	0.872	44	高科技产品进出口总额占地区GDP比重	0.003	131
人文环境	0.260	42	绿色发展	0.734	219
每百人公共图书馆藏书拥有量	0.050	93	万元地区生产总值水耗	0.806	221
每百名学生拥有专任教师人数	0.470	34	万元地区生产总值能耗	0.915	177
生活环境	0.187	84	城市污水处理率	0.896	96
每千人口拥有医院床位数	0.313	68	生活垃圾无害化处理率	0.562	275
城市人均公园绿地面积	0.180	84	城市空气质量等级	0.493	4
每万人拥有公共汽车数	0.070	130	辐射引领	0.054	45
创新服务指数	0.114	138	全市在校普通高校学生数占全省比重	0.173	36
金融服务	0.138	150	全市科学技术从业人员数占全省比重	0.090	59
新三板上市企业数	0.003	103	国家技术转移示范机构数	0.000	91
年末金融机构贷款余额增长率	0.411	129	ESI学科进入全球前1%个数	0.000	63
创业板上市企业数	0.000	94	财富世界500强与中国500强企业数	0.006	65
科技条件	0.079	106			
每万人移动电话用户数	0.058	103			
每万人互联网宽带接入用户数	0.101	102			

附表1-69 秦皇岛市科技创新发展指数指标及排名表

科技创新发展指数0.266　　　　　　　　　　　　　　综合排名69

指标	指数	排名	指标	指数	排名
创新资源指数	0.288	73	创新绩效指数	0.302	89
创新人才	0.288	60	科技成果	0.004	174
每万人在校大学生数	0.422	24	每万人SCI/SSCI/A&HCI论文产出数	0.004	170
城市化水平	0.267	140	每万人发明专利授权量	0.004	121
万名从业人口中科学技术人员数	0.177	86	经济产出	0.163	170
研发经费	0.287	192	城镇居民人均可支配收入	0.277	118
地方财政科技投入占财政支出比重	0.037	184	地均GDP	0.019	124
地方财政教育投入占财政支出比重	0.538	166	第二产业劳动生产率	0.183	165
创新环境指数	0.276	51	第三产业劳动生产率	0.173	150
政策环境	0.370	189	结构优化	0.250	43
每万人吸引外商投资额	0.116	60	第三产业增加值占地区GDP比重	0.485	37
企业税收负担	0.624	205	高科技产品进出口总额占地区GDP比重	0.015	63
人文环境	0.221	77	绿色发展	0.814	112
每百人公共图书馆藏书拥有量	0.041	118	万元地区生产总值水耗	0.683	273
每百名学生拥有专任教师人数	0.401	56	万元地区生产总值能耗	0.916	175
生活环境	0.250	31	城市污水处理率	0.979	17
每千人口拥有医院床位数	0.326	60	生活垃圾无害化处理率	1.000	1
城市人均公园绿地面积	0.335	12	城市空气质量等级	0.493	4
每万人拥有公共汽车数	0.091	98	辐射引领	0.040	66
创新服务指数	0.100	198	全市在校普通高校学生数占全省比重	0.128	43
金融服务	0.098	233	全市科学技术从业人员数占全省比重	0.039	139
新三板上市企业数	0.006	82	国家技术转移示范机构数	0.017	55
年末金融机构贷款余额增长率	0.290	216	ESI学科进入全球前1%个数	0.016	35
创业板上市企业数	0.000	94	财富世界500强与中国500强企业数	0.000	105
科技条件	0.101	72			
每万人移动电话用户数	0.072	73			
每万人互联网宽带接入用户数	0.130	68			

附表1-70 辽源市科技创新发展指数指标及排名表

科技创新发展指数0.265　　　　　　　　　　　　　综合排名70

指标	指数	排名	指标	指数	排名
创新资源指数	0.200	204	创新绩效指数	0.305	84
创新人才	0.164	145	科技成果	0.003	203
每万人在校大学生数	0.039	216	每万人SCI/SSCI/A&HCI论文产出数	0.001	252
城市化水平	0.357	100	每万人发明专利授权量	0.004	115
万名从业人口中科学技术人员数	0.097	195	经济产出	0.245	73
研发经费	0.254	233	城镇居民人均可支配收入	0.321	87
地方财政科技投入占财政支出比重	0.030	197	地均GDP	0.016	141
地方财政教育投入占财政支出比重	0.477	209	第二产业劳动生产率	0.303	70
创新环境指数	0.320	20	第三产业劳动生产率	0.338	51
政策环境	0.532	9	结构优化	0.116	211
每万人吸引外商投资额	0.091	73	第三产业增加值占地区GDP比重	0.228	212
企业税收负担	0.973	2	高科技产品进出口总额占地区GDP比重	0.005	110
人文环境	0.361	14	绿色发展	0.849	36
每百人公共图书馆藏书拥有量	0.027	174	万元地区生产总值水耗	0.923	71
每百名学生拥有专任教师人数	0.695	9	万元地区生产总值能耗	0.961	59
生活环境	0.151	137	城市污水处理率	0.868	128
每千人口拥有医院床位数	0.236	126	生活垃圾无害化处理率	1.000	1
城市人均公园绿地面积	0.135	138	城市空气质量等级	0.493	4
每万人拥有公共汽车数	0.083	105	辐射引领	0.005	254
创新服务指数	0.106	172	全市在校普通高校学生数占全省比重	0.010	248
金融服务	0.134	156	全市科学技术从业人员数占全省比重	0.017	232
新三板上市企业数	0.000	164	国家技术转移示范机构数	0.000	91
年末金融机构贷款余额增长率	0.401	136	ESI学科进入全球前1%个数	0.000	63
创业板上市企业数	0.000	94	财富世界500强与中国500强企业数	0.000	105
科技条件	0.065	144			
每万人移动电话用户数	0.051	125			
每万人互联网宽带接入用户数	0.080	147			

附表1-71　新余市科技创新发展指数指标及排名表

科技创新发展指数0.263　　　　　　　　　　　　综合排名71

指标	指数	排名	指标	指数	排名
创新资源指数	0.305	62	创新绩效指数	0.331	56
创新人才	0.336	51	科技成果	0.040	38
每万人在校大学生数	0.213	50	每万人SCI/SSCI/A&HCI论文产出数	0.006	141
城市化水平	0.711	26	每万人发明专利授权量	0.074	13
万名从业人口中科学技术人员数	0.083	217	经济产出	0.309	43
研发经费	0.259	223	城镇居民人均可支配收入	0.300	101
地方财政科技投入占财政支出比重	0.063	116	地均GDP	0.035	75
地方财政教育投入占财政支出比重	0.455	228	第二产业劳动生产率	0.323	65
创新环境指数	0.184	228	第三产业劳动生产率	0.576	11
政策环境	0.355	206	结构优化	0.151	146
每万人吸引外商投资额	0.119	59	第三产业增加值占地区GDP比重	0.282	156
企业税收负担	0.592	215	高科技产品进出口总额占地区GDP比重	0.021	51
人文环境	0.115	209	绿色发展	0.854	25
每百人公共图书馆藏书拥有量	0.050	94	万元地区生产总值水耗	0.937	53
每百名学生拥有专任教师人数	0.181	216	万元地区生产总值能耗	0.896	206
生活环境	0.115	203	城市污水处理率	0.944	42
每千人口拥有医院床位数	0.167	205	生活垃圾无害化处理率	1.000	1
城市人均公园绿地面积	0.134	140	城市空气质量等级	0.493	4
每万人拥有公共汽车数	0.044	200	辐射引领	0.013	171
创新服务指数	0.090	226	全市在校普通高校学生数占全省比重	0.035	133
金融服务	0.098	234	全市科学技术从业人员数占全省比重	0.022	211
新三板上市企业数	0.000	164	国家技术转移示范机构数	0.000	91
年末金融机构贷款余额增长率	0.295	212	ESI学科进入全球前1%个数	0.000	63
创业板上市企业数	0.000	94	财富世界500强与中国500强企业数	0.006	65
科技条件	0.079	108			
每万人移动电话用户数	0.048	141			
每万人互联网宽带接入用户数	0.110	90			

附表1-72　宝鸡市科技创新发展指数指标及排名表

科技创新发展指数0.263　　　　　　　　　　综合排名72

指标	指数	排名	指标	指数	排名
创新资源指数	0.262	96	创新绩效指数	0.300	94
创新人才	0.182	130	科技成果	0.007	117
每万人在校大学生数	0.067	159	每万人SCI/SSCI/A&HCI论文产出数	0.011	103
城市化水平	0.339	105	每万人发明专利授权量	0.003	124
万名从业人口中科学技术人员数	0.140	127	经济产出	0.209	103
研发经费	0.381	59	城镇居民人均可支配收入	0.421	54
地方财政科技投入占财政支出比重	0.043	167	地均GDP	0.011	180
地方财政教育投入占财政支出比重	0.719	44	第二产业劳动生产率	0.275	90
创新环境指数	0.266	62	第三产业劳动生产率	0.128	209
政策环境	0.503	16	结构优化	0.056	275
每万人吸引外商投资额	0.087	78	第三产业增加值占地区GDP比重	0.110	276
企业税收负担	0.919	20	高科技产品进出口总额占地区GDP比重	0.002	141
人文环境	0.214	87	绿色发展	0.873	11
每百人公共图书馆藏书拥有量	0.034	139	万元地区生产总值水耗	0.954	30
每百名学生拥有专任教师人数	0.393	61	万元地区生产总值能耗	0.969	34
生活环境	0.143	147	城市污水处理率	0.950	35
每千人口拥有医院床位数	0.270	91	生活垃圾无害化处理率	1.000	1
城市人均公园绿地面积	0.098	205	城市空气质量等级	0.493	4
每万人拥有公共汽车数	0.062	151	辐射引领	0.016	142
创新服务指数	0.124	106	全市在校普通高校学生数占全省比重	0.031	151
金融服务	0.159	99	全市科学技术从业人员数占全省比重	0.030	171
新三板上市企业数	0.003	103	国家技术转移示范机构数	0.017	55
年末金融机构贷款余额增长率	0.475	86	ESI学科进入全球前1%个数	0.000	63
创业板上市企业数	0.000	94	财富世界500强与中国500强企业数	0.000	105
科技条件	0.071	124			
每万人移动电话用户数	0.050	130			
每万人互联网宽带接入用户数	0.092	117			

附表1-73　江门市科技创新发展指数指标及排名表

科技创新发展指数0.262　　　　　　　　　　　　　　　　综合排名73

指标	指数	排名	指标	指数	排名
创新资源指数	0.264	92	创新绩效指数	0.304	86
创新人才	0.157	154	科技成果	0.006	130
每万人在校大学生数	0.078	143	每万人SCI/SSCI/A&HCI论文产出数	0.007	134
城市化水平	0.323	115	每万人发明专利授权量	0.005	106
万名从业人口中科学技术人员数	0.070	232	经济产出	0.227	86
研发经费	0.426	24	城镇居民人均可支配收入	0.461	46
地方财政科技投入占财政支出比重	0.099	64	地均GDP	0.027	98
地方财政教育投入占财政支出比重	0.753	22	第二产业劳动生产率	0.124	222
创新环境指数	0.223	152	第三产业劳动生产率	0.295	66
政策环境	0.388	162	结构优化	0.225	59
每万人吸引外商投资额	0.091	72	第三产业增加值占地区GDP比重	0.397	74
企业税收负担	0.684	171	高科技产品进出口总额占地区GDP比重	0.052	31
人文环境	0.130	188	绿色发展	0.812	116
每百人公共图书馆藏书拥有量	0.047	101	万元地区生产总值水耗	0.797	226
每百名学生拥有专任教师人数	0.212	191	万元地区生产总值能耗	0.908	188
生活环境	0.175	108	城市污水处理率	0.865	129
每千人口拥有医院床位数	0.214	152	生活垃圾无害化处理率	1.000	1
城市人均公园绿地面积	0.246	31	城市空气质量等级	0.493	4
每万人拥有公共汽车数	0.067	138	辐射引领	0.007	238
创新服务指数	0.162	37	全市在校普通高校学生数占全省比重	0.021	187
金融服务	0.164	94	全市科学技术从业人员数占全省比重	0.013	248
新三板上市企业数	0.008	58	国家技术转移示范机构数	0.000	91
年末金融机构贷款余额增长率	0.421	119	ESI学科进入全球前1%个数	0.000	63
创业板上市企业数	0.063	22	财富世界500强与中国500强企业数	0.000	105
科技条件	0.158	39			
每万人移动电话用户数	0.112	41			
每万人互联网宽带接入用户数	0.205	39			

附表1-74　湖州市科技创新发展指数指标及排名表

科技创新发展指数0.261　　　　　　　　　　　　　　综合排名74

指标	指数	排名	指标	指数	排名
创新资源指数	0.273	83	创新绩效指数	0.307	80
创新人才	0.184	129	科技成果	0.017	73
每万人在校大学生数	0.081	136	每万人SCI/SSCI/A&HCI论文产出数	0.020	75
城市化水平	0.390	86	每万人发明专利授权量	0.014	52
万名从业人口中科学技术人员数	0.082	220	经济产出	0.315	36
研发经费	0.407	33	城镇居民人均可支配收入	0.668	20
地方财政科技投入占财政支出比重	0.144	34	地均GDP	0.042	61
地方财政教育投入占财政支出比重	0.669	73	第二产业劳动生产率	0.144	207
创新环境指数	0.233	125	第三产业劳动生产率	0.408	37
政策环境	0.418	112	结构优化	0.202	80
每万人吸引外商投资额	0.157	44	第三产业增加值占地区GDP比重	0.395	76
企业税收负担	0.680	175	高科技产品进出口总额占地区GDP比重	0.009	83
人文环境	0.156	151	绿色发展	0.742	209
每百人公共图书馆藏书拥有量	0.084	53	万元地区生产总值水耗	0.907	89
每百名学生拥有专任教师人数	0.228	179	万元地区生产总值能耗	0.917	173
生活环境	0.160	122	城市污水处理率	0.897	95
每千人口拥有医院床位数	0.226	134	生活垃圾无害化处理率	0.989	128
城市人均公园绿地面积	0.192	67	城市空气质量等级	0.000	237
每万人拥有公共汽车数	0.063	150	辐射引领	0.024	100
创新服务指数	0.124	109	全市在校普通高校学生数占全省比重	0.025	173
金融服务	0.096	238	全市科学技术从业人员数占全省比重	0.025	195
新三板上市企业数	0.025	32	国家技术转移示范机构数	0.052	33
年末金融机构贷款余额增长率	0.231	246	ESI学科进入全球前1%个数	0.000	63
创业板上市企业数	0.031	35	财富世界500强与中国500强企业数	0.019	34
科技条件	0.165	37			
每万人移动电话用户数	0.106	45			
每万人互联网宽带接入用户数	0.225	31			

附表1-75　绵阳市科技创新发展指数指标及排名表

科技创新发展指数0.261　　　　　　　　　　　综合排名75

指标	指数	排名	指标	指数	排名
创新资源指数	0.370	32	创新绩效指数	0.293	111
创新人才	0.415	31	科技成果	0.047	35
每万人在校大学生数	0.174	69	每万人SCI/SSCI/A&HCI论文产出数	0.063	38
城市化水平	0.191	178	每万人发明专利授权量	0.031	24
万名从业人口中科学技术人员数	0.880	3	经济产出	0.128	216
研发经费	0.302	170	城镇居民人均可支配收入	0.248	138
地方财政科技投入占财政支出比重	0.120	49	地均GDP	0.009	194
地方财政教育投入占财政支出比重	0.485	205	第二产业劳动生产率	0.157	191
创新环境指数	0.234	119	第三产业劳动生产率	0.099	238
政策环境	0.416	119	结构优化	0.142	159
每万人吸引外商投资额	0.018	187	第三产业增加值占地区GDP比重	0.234	207
企业税收负担	0.814	75	高科技产品进出口总额占地区GDP比重	0.051	33
人文环境	0.123	201	绿色发展	0.809	122
每百人公共图书馆藏书拥有量	0.031	151	万元地区生产总值水耗	0.874	151
每百名学生拥有专任教师人数	0.214	188	万元地区生产总值能耗	0.948	93
生活环境	0.187	85	城市污水处理率	0.798	196
每千人口拥有医院床位数	0.325	61	生活垃圾无害化处理率	0.935	181
城市人均公园绿地面积	0.128	153	城市空气质量等级	0.493	4
每万人拥有公共汽车数	0.108	73	辐射引领	0.068	40
创新服务指数	0.071	269	全市在校普通高校学生数占全省比重	0.089	54
金融服务	0.079	259	全市科学技术从业人员数占全省比重	0.192	35
新三板上市企业数	0.006	82	国家技术转移示范机构数	0.052	33
年末金融机构贷款余额增长率	0.233	244	ESI学科进入全球前1%个数	0.000	63
创业板上市企业数	0.000	94	财富世界500强与中国500强企业数	0.006	65
科技条件	0.059	162			
每万人移动电话用户数	0.036	198			
每万人互联网宽带接入用户数	0.083	137			

附表1-76 泰安市科技创新发展指数指标及排名表

科技创新发展指数0.260 综合排名76

指标	指数	排名	指标	指数	排名
创新资源指数	0.237	129	创新绩效指数	0.326	58
创新人才	0.176	134	科技成果	0.011	92
每万人在校大学生数	0.149	76	每万人SCI/SSCI/A&HCI论文产出数	0.021	72
城市化水平	0.250	150	每万人发明专利授权量	0.001	209
万名从业人口中科学技术人员数	0.127	146	经济产出	0.242	77
研发经费	0.328	137	城镇居民人均可支配收入	0.411	59
地方财政科技投入占财政支出比重	0.060	119	地均GDP	0.048	51
地方财政教育投入占财政支出比重	0.596	118	第二产业劳动生产率	0.139	210
创新环境指数	0.221	155	第三产业劳动生产率	0.370	43
政策环境	0.428	96	结构优化	0.207	73
每万人吸引外商投资额	0.031	146	第三产业增加值占地区GDP比重	0.411	63
企业税收负担	0.826	70	高科技产品进出口总额占地区GDP比重	0.002	153
人文环境	0.141	170	绿色发展	0.869	17
每百人公共图书馆藏书拥有量	0.023	191	万元地区生产总值水耗	0.942	46
每百名学生拥有专任教师人数	0.258	153	万元地区生产总值能耗	0.968	41
生活环境	0.137	159	城市污水处理率	0.940	48
每千人口拥有医院床位数	0.231	130	生活垃圾无害化处理率	1.000	1
城市人均公园绿地面积	0.116	179	城市空气质量等级	0.493	4
每万人拥有公共汽车数	0.065	141	辐射引领	0.025	98
创新服务指数	0.097	204	全市在校普通高校学生数占全省比重	0.052	89
金融服务	0.113	205	全市科学技术从业人员数占全省比重	0.055	95
新三板上市企业数	0.008	58	国家技术转移示范机构数	0.000	91
年末金融机构贷款余额增长率	0.315	197	ESI学科进入全球前1%个数	0.016	35
创业板上市企业数	0.016	49	财富世界500强与中国500强企业数	0.000	105
科技条件	0.074	115			
每万人移动电话用户数	0.065	82			
每万人互联网宽带接入用户数	0.082	141			

附表1-77　白城市科技创新发展指数指标及排名表

科技创新发展指数0.259　　　　　　　　　　　　　　　综合排名77

指标	指数	排名	指标	指数	排名
创新资源指数	0.264	94	创新绩效指数	0.284	138
创新人才	0.283	62	科技成果	0.004	169
每万人在校大学生数	0.079	140	每万人SCI/SSCI/A&HCI论文产出数	0.006	144
城市化水平	0.213	170	每万人发明专利授权量	0.002	160
万名从业人口中科学技术人员数	0.556	7	经济产出	0.192	124
研发经费	0.236	246	城镇居民人均可支配收入	0.286	112
地方财政科技投入占财政支出比重	0.015	257	地均GDP	0.003	261
地方财政教育投入占财政支出比重	0.456	227	第二产业劳动生产率	0.405	32
创新环境指数	0.275	52	第三产业劳动生产率	0.076	254
政策环境	0.435	88	结构优化	0.147	152
每万人吸引外商投资额	0.030	149	第三产业增加值占地区GDP比重	0.293	148
企业税收负担	0.839	63	高科技产品进出口总额占地区GDP比重	0.000	225
人文环境	0.370	11	绿色发展	0.771	180
每百人公共图书馆藏书拥有量	0.021	202	万元地区生产总值水耗	0.906	92
每百名学生拥有专任教师人数	0.719	7	万元地区生产总值能耗	0.940	117
生活环境	0.104	219	城市污水处理率	0.742	228
每千人口拥有医院床位数	0.166	207	生活垃圾无害化处理率	0.775	254
城市人均公园绿地面积	0.102	198	城市空气质量等级	0.493	4
每万人拥有公共汽车数	0.044	203	辐射引领	0.035	70
创新服务指数	0.147	53	全市在校普通高校学生数占全省比重	0.033	141
金融服务	0.202	26	全市科学技术从业人员数占全省比重	0.144	41
新三板上市企业数	0.000	164	国家技术转移示范机构数	0.000	91
年末金融机构贷款余额增长率	0.605	21	ESI学科进入全球前1%个数	0.000	63
创业板上市企业数	0.000	94	财富世界500强与中国500强企业数	0.000	105
科技条件	0.065	142			
每万人移动电话用户数	0.050	132			
每万人互联网宽带接入用户数	0.081	144			

附表1-78　松原市科技创新发展指数指标及排名表

科技创新发展指数0.259　　　　　　　　　　综合排名78

指标	指数	排名	指标	指数	排名
创新资源指数	0.162	272	创新绩效指数	0.316	65
创新人才	0.092	245	科技成果	0.002	208
每万人在校大学生数	0.007	283	每万人SCI/SSCI/A&HCI论文产出数	0.004	183
城市化水平	0.162	191	每万人发明专利授权量	0.001	196
万名从业人口中科学技术人员数	0.108	178	经济产出	0.273	54
研发经费	0.268	213	城镇居民人均可支配收入	0.338	80
地方财政科技投入占财政支出比重	0.000	287	地均GDP	0.009	197
地方财政教育投入占财政支出比重	0.535	167	第二产业劳动生产率	0.335	59
创新环境指数	0.278	46	第三产业劳动生产率	0.409	36
政策环境	0.509	13	结构优化	0.152	144
每万人吸引外商投资额	0.047	117	第三产业增加值占地区GDP比重	0.304	140
企业税收负担	0.971	4	高科技产品进出口总额占地区GDP比重	0.000	271
人文环境	0.255	48	绿色发展	0.850	30
每百人公共图书馆藏书拥有量	0.022	201	万元地区生产总值水耗	0.911	85
每百名学生拥有专任教师人数	0.488	31	万元地区生产总值能耗	0.944	108
生活环境	0.140	156	城市污水处理率	0.947	37
每千人口拥有医院床位数	0.107	259	生活垃圾无害化处理率	0.958	164
城市人均公园绿地面积	0.218	46	城市空气质量等级	0.493	4
每万人拥有公共汽车数	0.096	92	辐射引领	0.009	216
创新服务指数	0.123	111	全市在校普通高校学生数占全省比重	0.005	271
金融服务	0.174	73	全市科学技术从业人员数占全省比重	0.039	138
新三板上市企业数	0.000	164	国家技术转移示范机构数	0.000	91
年末金融机构贷款余额增长率	0.522	64	ESI学科进入全球前1%个数	0.000	63
创业板上市企业数	0.000	94	财富世界500强与中国500强企业数	0.000	105
科技条件	0.047	192			
每万人移动电话用户数	0.047	145			
每万人互联网宽带接入用户数	0.047	225			

附表1-79　台州市科技创新发展指数指标及排名表

科技创新发展指数0.259　　　　　　　　　　　　　　　综合排名79

指标	指数	排名	指标	指数	排名
创新资源指数	0.241	121	创新绩效指数	0.337	51
创新人才	0.116	204	科技成果	0.009	108
每万人在校大学生数	0.042	212	每万人SCI/SSCI/A&HCI论文产出数	0.003	213
城市化水平	0.228	165	每万人发明专利授权量	0.015	51
万名从业人口中科学技术人员数	0.079	223	经济产出	0.310	42
研发经费	0.428	23	城镇居民人均可支配收入	0.694	16
地方财政科技投入占财政支出比重	0.122	48	地均GDP	0.045	55
地方财政教育投入占财政支出比重	0.735	33	第二产业劳动生产率	0.076	260
创新环境指数	0.177	243	第三产业劳动生产率	0.426	28
政策环境	0.373	178	结构优化	0.253	42
每万人吸引外商投资额	0.020	180	第三产业增加值占地区GDP比重	0.468	42
企业税收负担	0.727	144	高科技产品进出口总额占地区GDP比重	0.037	38
人文环境	0.090	244	绿色发展	0.834	68
每百人公共图书馆藏书拥有量	0.042	116	万元地区生产总值水耗	0.889	126
每百名学生拥有专任教师人数	0.139	252	万元地区生产总值能耗	0.932	149
生活环境	0.103	225	城市污水处理率	0.857	136
每千人口拥有医院床位数	0.156	224	生活垃圾无害化处理率	1.000	1
城市人均公园绿地面积	0.109	189	城市空气质量等级	0.493	4
每万人拥有公共汽车数	0.044	204	辐射引领	0.025	96
创新服务指数	0.111	149	全市在校普通高校学生数占全省比重	0.030	154
金融服务	0.094	240	全市科学技术从业人员数占全省比重	0.054	96
新三板上市企业数	0.011	52	国家技术转移示范机构数	0.034	42
年末金融机构贷款余额增长率	0.241	240	ESI学科进入全球前1%个数	0.000	63
创业板上市企业数	0.031	35	财富世界500强与中国500强企业数	0.006	65
科技条件	0.137	48			
每万人移动电话用户数	0.088	55			
每万人互联网宽带接入用户数	0.186	44			

附表1-80 呼伦贝尔市科技创新发展指数指标及排名表

科技创新发展指数0.258 综合排名80

指标	指数	排名	指标	指数	排名
创新资源指数	0.142	281	创新绩效指数	0.307	81
创新人才	0.100	228	科技成果	0.000	282
每万人在校大学生数	0.046	199	每万人SCI/SSCI/A&HCI论文产出数	0.001	272
城市化水平	0.097	249	每万人发明专利授权量	0.000	276
万名从业人口中科学技术人员数	0.155	111	经济产出	0.215	98
研发经费	0.206	268	城镇居民人均可支配收入	0.232	151
地方财政科技投入占财政支出比重	0.042	168	地均GDP	0.000	286
地方财政教育投入占财政支出比重	0.369	264	第二产业劳动生产率	0.415	30
创新环境指数	0.331	16	第三产业劳动生产率	0.215	118
政策环境	0.416	118	结构优化	0.150	148
每万人吸引外商投资额	0.010	221	第三产业增加值占地区GDP比重	0.300	144
企业税收负担	0.822	72	高科技产品进出口总额占地区GDP比重	0.000	241
人文环境	0.392	10	绿色发展	0.843	43
每百人公共图书馆藏书拥有量	0.060	75	万元地区生产总值水耗	0.946	41
每百名学生拥有专任教师人数	0.723	6	万元地区生产总值能耗	0.967	47
生活环境	0.235	43	城市污水处理率	0.874	111
每千人口拥有医院床位数	0.288	81	生活垃圾无害化处理率	0.934	183
城市人均公园绿地面积	0.276	20	城市空气质量等级	0.493	4
每万人拥有公共汽车数	0.140	38	辐射引领	0.029	86
创新服务指数	0.095	214	全市在校普通高校学生数占全省比重	0.038	122
金融服务	0.099	232	全市科学技术从业人员数占全省比重	0.105	53
新三板上市企业数	0.000	164	国家技术转移示范机构数	0.000	91
年末金融机构贷款余额增长率	0.297	210	ESI学科进入全球前1%个数	0.000	63
创业板上市企业数	0.000	94	财富世界500强与中国500强企业数	0.000	105
科技条件	0.089	88			
每万人移动电话用户数	0.088	56			
每万人互联网宽带接入用户数	0.091	119			

附表1-81　乌海市科技创新发展指数指标及排名表

科技创新发展指数0.257　　　　　　　　　　　　　　　综合排名81

指标	指数	排名	指标	指数	排名
创新资源指数	0.312	58	创新绩效指数	0.284	135
创新人才	0.392	36	科技成果	0.003	193
每万人在校大学生数	0.039	215	每万人SCI/SSCI/A&HCI论文产出数	0.003	210
城市化水平	1.000	1	每万人发明专利授权量	0.003	132
万名从业人口中科学技术人员数	0.137	131	经济产出	0.327	31
研发经费	0.192	273	城镇居民人均可支配收入	0.430	52
地方财政科技投入占财政支出比重	0.070	99	地均GDP	0.042	58
地方财政教育投入占财政支出比重	0.314	276	第二产业劳动生产率	0.353	49
创新环境指数	0.238	110	第三产业劳动生产率	0.482	23
政策环境	0.239	275	结构优化	0.138	172
每万人吸引外商投资额	0.044	120	第三产业增加值占地区GDP比重	0.276	167
企业税收负担	0.435	267	高科技产品进出口总额占地区GDP比重	0.000	269
人文环境	0.226	66	绿色发展	0.698	257
每百人公共图书馆藏书拥有量	0.111	33	万元地区生产总值水耗	0.960	21
每百名学生拥有专任教师人数	0.341	91	万元地区生产总值能耗	0.691	279
生活环境	0.246	35	城市污水处理率	0.930	61
每千人口拥有医院床位数	0.392	37	生活垃圾无害化处理率	0.907	209
城市人均公园绿地面积	0.274	21	城市空气质量等级	0.000	237
每万人拥有公共汽车数	0.071	127	辐射引领	0.007	231
创新服务指数	0.134	78	全市在校普通高校学生数占全省比重	0.007	260
金融服务	0.140	139	全市科学技术从业人员数占全省比重	0.024	206
新三板上市企业数	0.000	164	国家技术转移示范机构数	0.000	91
年末金融机构贷款余额增长率	0.421	118	ESI学科进入全球前1%个数	0.000	63
创业板上市企业数	0.000	94	财富世界500强与中国500强企业数	0.006	65
科技条件	0.123	53			
每万人移动电话用户数	0.123	36			
每万人互联网宽带接入用户数	0.124	73			

附表1-82 株洲市科技创新发展指数指标及排名表

科技创新发展指数0.257 综合排名82

指标	指数	排名	指标	指数	排名
创新资源指数	0.214	164	创新绩效指数	0.310	76
创新人才	0.187	126	科技成果	0.008	114
每万人在校大学生数	0.180	66	每万人SCI/SSCI/A&HCI论文产出数	0.015	90
城市化水平	0.202	175	每万人发明专利授权量	0.000	274
万名从业人口中科学技术人员数	0.179	84	经济产出	0.249	71
研发经费	0.254	230	城镇居民人均可支配收入	0.427	53
地方财政科技投入占财政支出比重	0.066	106	地均GDP	0.024	110
地方财政教育投入占财政支出比重	0.443	233	第二产业劳动生产率	0.278	86
创新环境指数	0.252	80	第三产业劳动生产率	0.266	84
政策环境	0.410	127	结构优化	0.117	208
每万人吸引外商投资额	0.088	76	第三产业增加值占地区GDP比重	0.228	211
企业税收负担	0.732	143	高科技产品进出口总额占地区GDP比重	0.006	99
人文环境	0.171	134	绿色发展	0.835	63
每百人公共图书馆藏书拥有量	0.033	141	万元地区生产总值水耗	0.819	210
每百名学生拥有专任教师人数	0.309	116	万元地区生产总值能耗	0.935	135
生活环境	0.200	69	城市污水处理率	0.929	64
每千人口拥有医院床位数	0.309	72	生活垃圾无害化处理率	1.000	1
城市人均公园绿地面积	0.189	73	城市空气质量等级	0.493	4
每万人拥有公共汽车数	0.103	80	辐射引领	0.034	72
创新服务指数	0.118	123	全市在校普通高校学生数占全省比重	0.078	61
金融服务	0.156	102	全市科学技术从业人员数占全省比重	0.060	84
新三板上市企业数	0.003	103	国家技术转移示范机构数	0.017	55
年末金融机构贷款余额增长率	0.465	90	ESI学科进入全球前1%个数	0.000	63
创业板上市企业数	0.000	94	财富世界500强与中国500强企业数	0.013	43
科技条件	0.061	155			
每万人移动电话用户数	0.039	182			
每万人互联网宽带接入用户数	0.083	136			

附表1-83　丽水市科技创新发展指数指标及排名表

科技创新发展指数0.257　　　　　　　　　　　　　综合排名83

指标	指数	排名	指标	指数	排名
创新资源指数	0.230	140	创新绩效指数	0.329	57
创新人才	0.143	168	科技成果	0.006	125
每万人在校大学生数	0.119	95	每万人SCI/SSCI/A&HCI论文产出数	0.010	109
城市化水平	0.107	237	每万人发明专利授权量	0.003	138
万名从业人口中科学技术人员数	0.203	70	经济产出	0.349	25
研发经费	0.361	85	城镇居民人均可支配收入	0.438	50
地方财政科技投入占财政支出比重	0.096	67	地均GDP	0.007	214
地方财政教育投入占财政支出比重	0.625	97	第二产业劳动生产率	0.699	7
创新环境指数	0.205	186	第三产业劳动生产率	0.253	91
政策环境	0.382	167	结构优化	0.205	74
每万人吸引外商投资额	0.028	152	第三产业增加值占地区GDP比重	0.408	66
企业税收负担	0.735	138	高科技产品进出口总额占地区GDP比重	0.002	137
人文环境	0.134	181	绿色发展	0.807	125
每百人公共图书馆藏书拥有量	0.062	73	万元地区生产总值水耗	0.846	183
每百名学生拥有专任教师人数	0.206	197	万元地区生产总值能耗	0.943	112
生活环境	0.135	163	城市污水处理率	0.757	217
每千人口拥有医院床位数	0.195	180	生活垃圾无害化处理率	1.000	105
城市人均公园绿地面积	0.134	141	城市空气质量等级	0.493	4
每万人拥有公共汽车数	0.076	116	辐射引领	0.011	185
创新服务指数	0.100	196	全市在校普通高校学生数占全省比重	0.037	125
金融服务	0.103	224	全市科学技术从业人员数占全省比重	0.019	218
新三板上市企业数	0.008	58	国家技术转移示范机构数	0.000	91
年末金融机构贷款余额增长率	0.301	209	ESI学科进入全球前1%个数	0.000	63
创业板上市企业数	0.000	94	财富世界500强与中国500强企业数	0.000	105
科技条件	0.095	78			
每万人移动电话用户数	0.070	76			
每万人互联网宽带接入用户数	0.119	80			

附表1-84　鄂州市科技创新发展指数指标及排名表

科技创新发展指数0.257　　　　　　　　　　　　　　　　综合排名84

指标	指数	排名	指标	指数	排名
创新资源指数	0.339	46	创新绩效指数	0.271	185
创新人才	0.388	37	科技成果	0.002	231
每万人在校大学生数	0.107	108	每万人SCI/SSCI/A&HCI论文产出数	0.002	216
城市化水平	1.000	1	每万人发明专利授权量	0.001	228
万名从业人口中科学技术人员数	0.056	248	经济产出	0.141	190
研发经费	0.267	214	城镇居民人均可支配收入	0.176	207
地方财政科技投入占财政支出比重	0.031	196	地均GDP	0.053	45
地方财政教育投入占财政支出比重	0.502	188	第二产业劳动生产率	0.130	214
创新环境指数	0.247	88	第三产业劳动生产率	0.204	127
政策环境	0.455	54	结构优化	0.079	259
每万人吸引外商投资额	0.084	85	第三产业增加值占地区GDP比重	0.157	258
企业税收负担	0.827	69	高科技产品进出口总额占地区GDP比重	0.002	149
人文环境	0.221	76	绿色发展	0.826	87
每百人公共图书馆藏书拥有量	0.035	136	万元地区生产总值水耗	0.959	24
每百名学生拥有专任教师人数	0.408	54	万元地区生产总值能耗	0.913	182
生活环境	0.126	179	城市污水处理率	0.768	211
每千人口拥有医院床位数	0.262	101	生活垃圾无害化处理率	1.000	1
城市人均公园绿地面积	0.082	228	城市空气质量等级	0.493	4
每万人拥有公共汽车数	0.034	235	辐射引领	0.004	268
创新服务指数	0.136	69	全市在校普通高校学生数占全省比重	0.010	247
金融服务	0.177	66	全市科学技术从业人员数占全省比重	0.007	269
新三板上市企业数	0.003	103	国家技术转移示范机构数	0.000	91
年末金融机构贷款余额增长率	0.528	58	ESI学科进入全球前1%个数	0.000	63
创业板上市企业数	0.000	94	财富世界500强与中国500强企业数	0.000	105
科技条件	0.076	113			
每万人移动电话用户数	0.056	108			
每万人互联网宽带接入用户数	0.095	113			

附表1-85　沧州市科技创新发展指数指标及排名表

科技创新发展指数0.256　　　　　　　　　　　　综合排名85

指标	指数	排名	指标	指数	排名
创新资源指数	0.173	256	创新绩效指数	0.317	64
创新人才	0.063	274	科技成果	0.001	241
每万人在校大学生数	0.083	129	每万人SCI/SSCI/A&HCI论文产出数	0.002	220
城市化水平	0.024	284	每万人发明专利授权量	0.000	248
万名从业人口中科学技术人员数	0.083	218	经济产出	0.252	64
研发经费	0.337	123	城镇居民人均可支配收入	0.215	172
地方财政科技投入占财政支出比重	0.038	179	地均GDP	0.027	96
地方财政教育投入占财政支出比重	0.637	92	第二产业劳动生产率	0.495	14
创新环境指数	0.255	75	第三产业劳动生产率	0.271	81
政策环境	0.428	97	结构优化	0.156	139
每万人吸引外商投资额	0.019	183	第三产业增加值占地区GDP比重	0.312	135
企业税收负担	0.838	64	高科技产品进出口总额占地区GDP比重	0.001	186
人文环境	0.148	162	绿色发展	0.853	28
每百人公共图书馆藏书拥有量	0.012	261	万元地区生产总值水耗	0.967	16
每百名学生拥有专任教师人数	0.285	129	万元地区生产总值能耗	0.882	226
生活环境	0.211	59	城市污水处理率	0.988	13
每千人口拥有医院床位数	0.183	187	生活垃圾无害化处理率	0.936	180
城市人均公园绿地面积	0.159	106	城市空气质量等级	0.493	4
每万人拥有公共汽车数	0.292	3	辐射引领	0.023	105
创新服务指数	0.123	112	全市在校普通高校学生数占全省比重	0.067	75
金融服务	0.169	82	全市科学技术从业人员数占全省比重	0.031	165
新三板上市企业数	0.003	103	国家技术转移示范机构数	0.017	55
年末金融机构贷款余额增长率	0.488	79	ESI学科进入全球前1%个数	0.000	63
创业板上市企业数	0.016	49	财富世界500强与中国500强企业数	0.000	105
科技条件	0.054	176			
每万人移动电话用户数	0.041	167			
每万人互联网宽带接入用户数	0.066	171			

附表1-86　唐山市科技创新发展指数指标及排名表

科技创新发展指数0.256　　　　　　　　　　综合排名86

指标	指数	排名	指标	指数	排名
创新资源指数	0.267	87	创新绩效指数	0.300	98
创新人才	0.199	116	科技成果	0.015	78
每万人在校大学生数	0.117	97	每万人SCI/SSCI/A&HCI论文产出数	0.026	66
城市化水平	0.409	82	每万人发明专利授权量	0.003	125
万名从业人口中科学技术人员数	0.071	230	经济产出	0.312	38
研发经费	0.370	70	城镇居民人均可支配收入	0.363	69
地方财政科技投入占财政支出比重	0.069	103	地均GDP	0.057	40
地方财政教育投入占财政支出比重	0.672	71	第二产业劳动生产率	0.452	22
创新环境指数	0.259	70	第三产业劳动生产率	0.376	41
政策环境	0.485	21	结构优化	0.117	210
每万人吸引外商投资额	0.079	93	第三产业增加值占地区GDP比重	0.232	209
企业税收负担	0.891	32	高科技产品进出口总额占地区GDP比重	0.001	168
人文环境	0.187	119	绿色发展	0.737	217
每百人公共图书馆藏书拥有量	0.027	173	万元地区生产总值水耗	0.929	64
每百名学生拥有专任教师人数	0.347	86	万元地区生产总值能耗	0.819	264
生活环境	0.156	129	城市污水处理率	0.936	57
每千人口拥有医院床位数	0.267	96	生活垃圾无害化处理率	1.000	1
城市人均公园绿地面积	0.128	151	城市空气质量等级	0.000	237
每万人拥有公共汽车数	0.073	124	辐射引领	0.040	65
创新服务指数	0.083	246	全市在校普通高校学生数占全省比重	0.092	51
金融服务	0.082	257	全市科学技术从业人员数占全省比重	0.051	106
新三板上市企业数	0.008	58	国家技术转移示范机构数	0.017	55
年末金融机构贷款余额增长率	0.221	253	ESI学科进入全球前1%个数	0.008	50
创业板上市企业数	0.016	49	财富世界500强与中国500强企业数	0.032	19
科技条件	0.086	91			
每万人移动电话用户数	0.059	100			
每万人互联网宽带接入用户数	0.113	87			

附表1-87　酒泉市科技创新发展指数指标及排名表

科技创新发展指数0.256　　　　　　　　　　　　　　综合排名87

指标	指数	排名	指标	指数	排名
创新资源指数	0.238	126	创新绩效指数	0.289	120
创新人才	0.194	118	科技成果	0.004	182
每万人在校大学生数	0.055	170	每万人SCI/SSCI/A&HCI论文产出数	0.005	151
城市化水平	0.337	107	每万人发明专利授权量	0.002	178
万名从业人口中科学技术人员数	0.190	78	经济产出	0.172	150
研发经费	0.304	166	城镇居民人均可支配收入	0.225	159
地方财政科技投入占财政支出比重	0.047	156	地均GDP	0.000	287
地方财政教育投入占财政支出比重	0.560	149	第二产业劳动生产率	0.225	125
创新环境指数	0.252	79	第三产业劳动生产率	0.240	103
政策环境	0.451	61	结构优化	0.178	108
每万人吸引外商投资额	0.016	194	第三产业增加值占地区GDP比重	0.356	102
企业税收负担	0.886	34	高科技产品进出口总额占地区GDP比重	0.000	258
人文环境	0.197	102	绿色发展	0.820	97
每百人公共图书馆藏书拥有量	0.046	108	万元地区生产总值水耗	0.892	120
每百名学生拥有专任教师人数	0.349	84	万元地区生产总值能耗	0.958	68
生活环境	0.157	128	城市污水处理率	0.772	207
每千人口拥有医院床位数	0.280	86	生活垃圾无害化处理率	0.983	138
城市人均公园绿地面积	0.119	169	城市空气质量等级	0.493	4
每万人拥有公共汽车数	0.070	128	辐射引领	0.011	190
创新服务指数	0.159	39	全市在校普通高校学生数占全省比重	0.014	225
金融服务	0.224	16	全市科学技术从业人员数占全省比重	0.040	133
新三板上市企业数	0.000	164	国家技术转移示范机构数	0.000	91
年末金融机构贷款余额增长率	0.655	14	ESI学科进入全球前1%个数	0.000	63
创业板上市企业数	0.016	49	财富世界500强与中国500强企业数	0.000	105
科技条件	0.063	150			
每万人移动电话用户数	0.069	78			
每万人互联网宽带接入用户数	0.056	201			

附表1-88 武威市科技创新发展指数指标及排名表

科技创新发展指数0.254 综合排名88

指标	指数	排名	指标	指数	排名
创新资源指数	0.245	116	创新绩效指数	0.277	160
创新人才	0.258	74	科技成果	0.003	186
每万人在校大学生数	0.082	135	每万人SCI/SSCI/A&HCI论文产出数	0.004	168
城市化水平	0.517	50	每万人发明专利授权量	0.002	149
万名从业人口中科学技术人员数	0.176	88	经济产出	0.076	268
研发经费	0.226	255	城镇居民人均可支配收入	0.064	278
地方财政科技投入占财政支出比重	0.008	278	地均GDP	0.001	280
地方财政教育投入占财政支出比重	0.444	232	第二产业劳动生产率	0.163	185
创新环境指数	0.229	139	第三产业劳动生产率	0.075	257
政策环境	0.438	85	结构优化	0.123	201
每万人吸引外商投资额	0.000	276	第三产业增加值占地区GDP比重	0.246	199
企业税收负担	0.875	40	高科技产品进出口总额占地区GDP比重	0.000	281
人文环境	0.207	96	绿色发展	0.873	12
每百人公共图书馆藏书拥有量	0.023	196	万元地区生产总值水耗	0.951	35
每百名学生拥有专任教师人数	0.392	63	万元地区生产总值能耗	0.956	74
生活环境	0.104	220	城市污水处理率	0.974	19
每千人口拥有医院床位数	0.209	162	生活垃圾无害化处理率	0.990	123
城市人均公园绿地面积	0.074	235	城市空气质量等级	0.493	4
每万人拥有公共汽车数	0.028	250	辐射引领	0.014	159
创新服务指数	0.214	16	全市在校普通高校学生数占全省比重	0.036	132
金融服务	0.331	5	全市科学技术从业人员数占全省比重	0.034	155
新三板上市企业数	0.000	164	国家技术转移示范机构数	0.000	91
年末金融机构贷款余额增长率	0.992	2	ESI学科进入全球前1%个数	0.000	63
创业板上市企业数	0.000	94	财富世界500强与中国500强企业数	0.000	105
科技条件	0.039	222			
每万人移动电话用户数	0.043	157			
每万人互联网宽带接入用户数	0.035	244			

附表1-89　日照市科技创新发展指数指标及排名表

科技创新发展指数0.253　　　　　　　　　　　　　综合排名89

指标	指数	排名	指标	指数	排名
创新资源指数	0.253	104	创新绩效指数	0.277	160
创新人才	0.177	133	科技成果	0.003	186
每万人在校大学生数	0.069	154	每万人SCI/SSCI/A&HCI论文产出数	0.004	168
城市化水平	0.421	79	每万人发明专利授权量	0.002	149
万名从业人口中科学技术人员数	0.041	269	经济产出	0.076	268
研发经费	0.366	76	城镇居民人均可支配收入	0.064	278
地方财政科技投入占财政支出比重	0.051	145	地均GDP	0.001	280
地方财政教育投入占财政支出比重	0.681	65	第二产业劳动生产率	0.163	185
创新环境指数	0.212	172	第三产业劳动生产率	0.075	257
政策环境	0.434	89	结构优化	0.123	201
每万人吸引外商投资额	0.082	88	第三产业增加值占地区GDP比重	0.246	199
企业税收负担	0.785	99	高科技产品进出口总额占地区GDP比重	0.000	281
人文环境	0.128	191	绿色发展	0.873	12
每百人公共图书馆藏书拥有量	0.014	245	万元地区生产总值水耗	0.951	35
每百名学生拥有专任教师人数	0.243	161	万元地区生产总值能耗	0.956	74
生活环境	0.121	188	城市污水处理率	0.974	19
每千人口拥有医院床位数	0.154	225	生活垃圾无害化处理率	0.990	123
城市人均公园绿地面积	0.164	105	城市空气质量等级	0.493	4
每万人拥有公共汽车数	0.044	200	辐射引领	0.014	159
创新服务指数	0.084	242	全市在校普通高校学生数占全省比重	0.036	132
金融服务	0.086	253	全市科学技术从业人员数占全省比重	0.034	155
新三板上市企业数	0.008	58	国家技术转移示范机构数	0.000	91
年末金融机构贷款余额增长率	0.249	235	ESI学科进入全球前1%个数	0.000	63
创业板上市企业数	0.000	94	财富世界500强与中国500强企业数	0.000	105
科技条件	0.082	99			
每万人移动电话用户数	0.056	107			
每万人互联网宽带接入用户数	0.108	96			

附表1-90 盘锦市科技创新发展指数指标及排名表

科技创新发展指数0.253 综合排名90

指标	指数	排名	指标	指数	排名
创新资源指数	0.175	253	创新绩效指数	0.316	67
创新人才	0.202	113	科技成果	0.010	99
每万人在校大学生数	0.043	211	每万人SCI/SSCI/A&HCI论文产出数	0.016	85
城市化水平	0.472	64	每万人发明专利授权量	0.003	135
万名从业人口中科学技术人员数	0.092	204	经济产出	0.249	70
研发经费	0.134	284	城镇居民人均可支配收入	0.473	43
地方财政科技投入占财政支出比重	0.040	173	地均GDP	0.040	64
地方财政教育投入占财政支出比重	0.227	284	第二产业劳动生产率	0.194	150
创新环境指数	0.248	86	第三产业劳动生产率	0.288	71
政策环境	0.368	191	结构优化	0.128	195
每万人吸引外商投资额	0.244	27	第三产业增加值占地区GDP比重	0.253	191
企业税收负担	0.492	254	高科技产品进出口总额占地区GDP比重	0.002	156
人文环境	0.198	101	绿色发展	0.876	9
每百人公共图书馆藏书拥有量	0.046	107	万元地区生产总值水耗	0.937	54
每百名学生拥有专任教师人数	0.350	82	万元地区生产总值能耗	0.949	92
生活环境	0.201	68	城市污水处理率	1.000	1
每千人口拥有医院床位数	0.312	69	生活垃圾无害化处理率	1.000	1
城市人均公园绿地面积	0.204	55	城市空气质量等级	0.493	4
每万人拥有公共汽车数	0.088	101	辐射引领	0.008	223
创新服务指数	0.112	145	全市在校普通高校学生数占全省比重	0.007	258
金融服务	0.120	188	全市科学技术从业人员数占全省比重	0.027	188
新三板上市企业数	0.000	164	国家技术转移示范机构数	0.000	91
年末金融机构贷款余额增长率	0.360	164	ESI学科进入全球前1%个数	0.000	63
创业板上市企业数	0.000	94	财富世界500强与中国500强企业数	0.006	65
科技条件	0.101	73			
每万人移动电话用户数	0.082	62			
每万人互联网宽带接入用户数	0.120	79			

附表1-91　常德市科技创新发展指数指标及排名表

科技创新发展指数0.253　　　　　　　　　　　　　　综合排名91

指标	指数	排名	指标	指数	排名
创新资源指数	0.209	180	创新绩效指数	0.313	70
创新人才	0.193	120	科技成果	0.007	121
每万人在校大学生数	0.054	174	每万人SCI/SSCI/A&HCI论文产出数	0.004	176
城市化水平	0.191	179	每万人发明专利授权量	0.010	67
万名从业人口中科学技术人员数	0.334	32	经济产出	0.222	93
研发经费	0.232	249	城镇居民人均可支配收入	0.173	212
地方财政科技投入占财政支出比重	0.024	220	地均GDP	0.016	142
地方财政教育投入占财政支出比重	0.441	236	第二产业劳动生产率	0.369	47
创新环境指数	0.233	124	第三产业劳动生产率	0.329	52
政策环境	0.461	45	结构优化	0.165	128
每万人吸引外商投资额	0.042	126	第三产业增加值占地区GDP比重	0.329	120
企业税收负担	0.881	37	高科技产品进出口总额占地区GDP比重	0.001	210
人文环境	0.169	137	绿色发展	0.853	27
每百人公共图书馆藏书拥有量	0.021	203	万元地区生产总值水耗	0.959	22
每百名学生拥有专任教师人数	0.317	111	万元地区生产总值能耗	0.994	5
生活环境	0.124	182	城市污水处理率	0.821	178
每千人口拥有医院床位数	0.221	142	生活垃圾无害化处理率	1.000	1
城市人均公园绿地面积	0.100	201	城市空气质量等级	0.493	4
每万人拥有公共汽车数	0.053	176	辐射引领	0.028	88
创新服务指数	0.108	166	全市在校普通高校学生数占全省比重	0.037	126
金融服务	0.145	123	全市科学技术从业人员数占全省比重	0.101	55
新三板上市企业数	0.003	103	国家技术转移示范机构数	0.000	91
年末金融机构贷款余额增长率	0.417	121	ESI学科进入全球前1%个数	0.000	63
创业板上市企业数	0.016	49	财富世界500强与中国500强企业数	0.000	105
科技条件	0.051	184			
每万人移动电话用户数	0.035	205			
每万人互联网宽带接入用户数	0.068	166			

附表1-92　安康市科技创新发展指数指标及排名表

科技创新发展指数0.253　　　　　　　　　　　综合排名92

指标	指数	排名	指标	指数	排名
创新资源指数	0.268	84	创新绩效指数	0.293	110
创新人才	0.188	123	科技成果	0.002	211
每万人在校大学生数	0.053	178	每万人SCI/SSCI/A&HCI论文产出数	0.004	185
城市化水平	0.357	98	每万人发明专利授权量	0.001	198
万名从业人口中科学技术人员数	0.154	113	经济产出	0.200	113
研发经费	0.389	51	城镇居民人均可支配收入	0.229	155
地方财政科技投入占财政支出比重	0.007	281	地均GDP	0.003	256
地方财政教育投入占财政支出比重	0.770	20	第二产业劳动生产率	0.501	13
创新环境指数	0.222	154	第三产业劳动生产率	0.066	266
政策环境	0.483	23	结构优化	0.100	234
每万人吸引外商投资额	0.005	248	第三产业增加值占地区GDP比重	0.200	231
企业税收负担	0.962	6	高科技产品进出口总额占地区GDP比重	0.000	277
人文环境	0.142	169	绿色发展	0.849	37
每百人公共图书馆藏书拥有量	0.022	200	万元地区生产总值水耗	0.963	19
每百名学生拥有专任教师人数	0.262	149	万元地区生产总值能耗	0.927	159
生活环境	0.101	228	城市污水处理率	0.996	12
每千人口拥有医院床位数	0.243	118	生活垃圾无害化处理率	0.864	233
城市人均公园绿地面积	0.054	260	城市空气质量等级	0.493	4
每万人拥有公共汽车数	0.006	282	辐射引领	0.007	244
创新服务指数	0.134	73	全市在校普通高校学生数占全省比重	0.020	201
金融服务	0.192	39	全市科学技术从业人员数占全省比重	0.013	247
新三板上市企业数	0.000	164	国家技术转移示范机构数	0.000	91
年末金融机构贷款余额增长率	0.576	33	ESI学科进入全球前1%个数	0.000	63
创业板上市企业数	0.000	94	财富世界500强与中国500强企业数	0.000	105
科技条件	0.047	194			
每万人移动电话用户数	0.041	166			
每万人互联网宽带接入用户数	0.052	213			

附表1-93　茂名市科技创新发展指数指标及排名表

科技创新发展指数0.253　　　　　　　　　　　　综合排名93

指标	指数	排名	指标	指数	排名
创新资源指数	0.277	79	创新绩效指数	0.313	72
创新人才	0.148	161	科技成果	0.002	226
每万人在校大学生数	0.033	229	每万人SCI/SSCI/A&HCI论文产出数	0.003	196
城市化水平	0.337	106	每万人发明专利授权量	0.000	244
万名从业人口中科学技术人员数	0.073	227	经济产出	0.192	125
研发经费	0.471	11	城镇居民人均可支配收入	0.149	225
地方财政科技投入占财政支出比重	0.006	284	地均GDP	0.025	105
地方财政教育投入占财政支出比重	0.937	4	第二产业劳动生产率	0.274	92
创新环境指数	0.183	231	第三产业劳动生产率	0.321	56
政策环境	0.479	29	结构优化	0.200	84
每万人吸引外商投资额	0.009	227	第三产业增加值占地区GDP比重	0.399	71
企业税收负担	0.949	11	高科技产品进出口总额占地区GDP比重	0.000	218
人文环境	0.089	247	绿色发展	0.886	2
每百人公共图书馆藏书拥有量	0.017	225	万元地区生产总值水耗	0.979	9
每百名学生拥有专任教师人数	0.162	234	万元地区生产总值能耗	0.957	70
生活环境	0.048	277	城市污水处理率	1.000	1
每千人口拥有医院床位数	0.101	263	生活垃圾无害化处理率	1.000	1
城市人均公园绿地面积	0.034	274	城市空气质量等级	0.493	4
每万人拥有公共汽车数	0.007	277	辐射引领	0.006	251
创新服务指数	0.109	161	全市在校普通高校学生数占全省比重	0.019	207
金融服务	0.165	90	全市科学技术从业人员数占全省比重	0.010	258
新三板上市企业数	0.000	164	国家技术转移示范机构数	0.000	91
年末金融机构贷款余额增长率	0.494	73	ESI学科进入全球前1%个数	0.000	63
创业板上市企业数	0.000	94	财富世界500强与中国500强企业数	0.000	105
科技条件	0.025	259			
每万人移动电话用户数	0.010	274			
每万人互联网宽带接入用户数	0.039	236			

附表1-94　龙岩市科技创新发展指数指标及排名表

科技创新发展指数0.252　　　　　　　　　　　　　　综合排名94

指标	指数	排名	指标	指数	排名
创新资源指数	0.217	159	创新绩效指数	0.305	83
创新人才	0.098	236	科技成果	0.003	184
每万人在校大学生数	0.043	206	每万人SCI/SSCI/A&HCI论文产出数	0.004	184
城市化水平	0.122	226	每万人发明专利授权量	0.003	136
万名从业人口中科学技术人员数	0.128	142	经济产出	0.249	69
研发经费	0.395	46	城镇居民人均可支配收入	0.349	74
地方财政科技投入占财政支出比重	0.107	57	地均GDP	0.010	186
地方财政教育投入占财政支出比重	0.682	63	第二产业劳动生产率	0.416	29
创新环境指数	0.246	93	第三产业劳动生产率	0.222	114
政策环境	0.394	152	结构优化	0.127	196
每万人吸引外商投资额	0.033	143	第三产业增加值占地区GDP比重	0.251	196
企业税收负担	0.754	126	高科技产品进出口总额占地区GDP比重	0.003	124
人文环境	0.255	47	绿色发展	0.832	75
每百人公共图书馆藏书拥有量	0.059	78	万元地区生产总值水耗	0.869	157
每百名学生拥有专任教师人数	0.450	39	万元地区生产总值能耗	0.943	111
生活环境	0.142	151	城市污水处理率	0.865	130
每千人口拥有医院床位数	0.252	108	生活垃圾无害化处理率	0.992	120
城市人均公园绿地面积	0.111	184	城市空气质量等级	0.493	4
每万人拥有公共汽车数	0.063	149	辐射引领	0.015	144
创新服务指数	0.106	171	全市在校普通高校学生数占全省比重	0.022	181
金融服务	0.114	201	全市科学技术从业人员数占全省比重	0.048	112
新三板上市企业数	0.000	164	国家技术转移示范机构数	0.000	91
年末金融机构贷款余额增长率	0.343	178	ESI学科进入全球前1%个数	0.000	63
创业板上市企业数	0.000	94	财富世界500强与中国500强企业数	0.006	65
科技条件	0.094	80			
每万人移动电话用户数	0.059	101			
每万人互联网宽带接入用户数	0.130	69			

附表1-95　三明市科技创新发展指数指标及排名表

科技创新发展指数0.252　　　　　　　　　　　　　综合排名95

指标	指数	排名	指标	指数	排名
创新资源指数	0.202	197	创新绩效指数	0.300	97
创新人才	0.081	259	科技成果	0.002	209
每万人在校大学生数	0.067	158	每万人SCI/SSCI/A&HCI论文产出数	0.003	192
城市化水平	0.055	274	每万人发明专利授权量	0.002	166
万名从业人口中科学技术人员数	0.120	154	经济产出	0.292	47
研发经费	0.384	56	城镇居民人均可支配收入	0.332	81
地方财政科技投入占财政支出比重	0.090	76	地均GDP	0.008	201
地方财政教育投入占财政支出比重	0.679	68	第二产业劳动生产率	0.553	11
创新环境指数	0.278	47	第三产业劳动生产率	0.274	79
政策环境	0.443	73	结构优化	0.110	222
每万人吸引外商投资额	0.021	176	第三产业增加值占地区GDP比重	0.217	219
企业税收负担	0.866	47	高科技产品进出口总额占地区GDP比重	0.002	154
人文环境	0.279	31	绿色发展	0.787	155
每百人公共图书馆藏书拥有量	0.173	18	万元地区生产总值水耗	0.788	234
每百名学生拥有专任教师人数	0.386	67	万元地区生产总值能耗	0.868	240
生活环境	0.166	116	城市污水处理率	0.807	184
每千人口拥有医院床位数	0.226	135	生活垃圾无害化处理率	0.980	140
城市人均公园绿地面积	0.156	115	城市空气质量等级	0.493	4
每万人拥有公共汽车数	0.118	62	辐射引领	0.014	153
创新服务指数	0.095	215	全市在校普通高校学生数占全省比重	0.032	148
金融服务	0.101	228	全市科学技术从业人员数占全省比重	0.033	158
新三板上市企业数	0.003	103	国家技术转移示范机构数	0.000	91
年末金融机构贷款余额增长率	0.301	208	ESI学科进入全球前1%个数	0.000	63
创业板上市企业数	0.000	94	财富世界500强与中国500强企业数	0.006	65
科技条件	0.085	93			
每万人移动电话用户数	0.048	138			
每万人互联网宽带接入用户数	0.121	77			

附表1-96 遵义市科技创新发展指数指标及排名表

科技创新发展指数0.251　　　　　　　　　　　　　　综合排名96

指标	指数	排名	指标	指数	排名
创新资源指数	0.217	157	创新绩效指数	0.289	119
创新人才	0.112	212	科技成果	0.005	151
每万人在校大学生数	0.067	161	每万人SCI/SSCI/A&HCI论文产出数	0.008	125
城市化水平	0.065	269	每万人发明专利授权量	0.002	157
万名从业人口中科学技术人员数	0.205	68	经济产出	0.166	162
研发经费	0.375	66	城镇居民人均可支配收入	0.164	219
地方财政科技投入占财政支出比重	0.037	183	地均GDP	0.007	213
地方财政教育投入占财政支出比重	0.714	46	第二产业劳动生产率	0.323	64
创新环境指数	0.244	99	第三产业劳动生产率	0.168	154
政策环境	0.345	216	结构优化	0.172	116
每万人吸引外商投资额	0.007	240	第三产业增加值占地区GDP比重	0.345	109
企业税收负担	0.684	172	高科技产品进出口总额占地区GDP比重	0.000	238
人文环境	0.267	38	绿色发展	0.785	156
每百人公共图书馆藏书拥有量	0.376	6	万元地区生产总值水耗	0.898	110
每百名学生拥有专任教师人数	0.159	237	万元地区生产总值能耗	0.943	113
生活环境	0.162	120	城市污水处理率	0.792	197
每千人口拥有医院床位数	0.213	156	生活垃圾无害化处理率	0.799	247
城市人均公园绿地面积	0.199	57	城市空气质量等级	0.493	4
每万人拥有公共汽车数	0.074	123	辐射引领	0.054	46
创新服务指数	0.155	42	全市在校普通高校学生数占全省比重	0.138	41
金融服务	0.238	15	全市科学技术从业人员数占全省比重	0.124	48
新三板上市企业数	0.000	164	国家技术转移示范机构数	0.000	91
年末金融机构贷款余额增长率	0.714	10	ESI学科进入全球前1%个数	0.000	63
创业板上市企业数	0.000	94	财富世界500强与中国500强企业数	0.006	65
科技条件	0.032	245			
每万人移动电话用户数	0.031	220			
每万人互联网宽带接入用户数	0.032	253			

附表1-97　晋中市科技创新发展指数指标及排名表

科技创新发展指数0.250　　　　　　　　　　　　综合排名97

指标	指数	排名	指标	指数	排名
创新资源指数	0.252	108	创新绩效指数	0.294	108
创新人才	0.205	111	科技成果	0.005	143
每万人在校大学生数	0.340	33	每万人SCI/SSCI/A&HCI论文产出数	0.002	231
城市化水平	0.156	197	每万人发明专利授权量	0.008	78
万名从业人口中科学技术人员数	0.120	155	经济产出	0.139	197
研发经费	0.323	142	城镇居民人均可支配收入	0.267	127
地方财政科技投入占财政支出比重	0.036	185	地均GDP	0.008	210
地方财政教育投入占财政支出比重	0.609	112	第二产业劳动生产率	0.148	204
创新环境指数	0.217	165	第三产业劳动生产率	0.132	204
政策环境	0.278	259	结构优化	0.197	90
每万人吸引外商投资额	0.045	119	第三产业增加值占地区GDP比重	0.393	78
企业税收负担	0.511	248	高科技产品进出口总额占地区GDP比重	0.000	262
人文环境	0.192	109	绿色发展	0.818	102
每百人公共图书馆藏书拥有量	0.039	122	万元地区生产总值水耗	0.826	203
每百名学生拥有专任教师人数	0.346	87	万元地区生产总值能耗	0.849	248
生活环境	0.194	76	城市污水处理率	0.956	28
每千人口拥有医院床位数	0.201	168	生活垃圾无害化处理率	0.966	156
城市人均公园绿地面积	0.154	119	城市空气质量等级	0.493	4
每万人拥有公共汽车数	0.225	5	辐射引领	0.048	50
创新服务指数	0.138	67	全市在校普通高校学生数占全省比重	0.182	35
金融服务	0.183	53	全市科学技术从业人员数占全省比重	0.059	88
新三板上市企业数	0.000	164	国家技术转移示范机构数	0.000	91
年末金融机构贷款余额增长率	0.550	44	ESI学科进入全球前1%个数	0.000	63
创业板上市企业数	0.000	94	财富世界500强与中国500强企业数	0.000	105
科技条件	0.071	125			
每万人移动电话用户数	0.051	124			
每万人互联网宽带接入用户数	0.091	120			

附表1-98 营口市科技创新发展指数指标及排名表

科技创新发展指数0.250   综合排名98

指标	指数	排名	指标	指数	排名
创新资源指数	0.169	262	创新绩效指数	0.313	71
创新人才	0.184	128	科技成果	0.003	207
每万人在校大学生数	0.075	147	每万人SCI/SSCI/A&HCI论文产出数	0.002	225
城市化水平	0.365	95	每万人发明专利授权量	0.003	140
万名从业人口中科学技术人员数	0.113	170	经济产出	0.278	52
研发经费	0.147	283	城镇居民人均可支配收入	0.360	72
地方财政科技投入占财政支出比重	0.017	250	地均GDP	0.036	73
地方财政教育投入占财政支出比重	0.277	282	第二产业劳动生产率	0.349	50
创新环境指数	0.244	101	第三产业劳动生产率	0.366	44
政策环境	0.410	126	结构优化	0.198	88
每万人吸引外商投资额	0.253	25	第三产业增加值占地区GDP比重	0.393	79
企业税收负担	0.568	230	高科技产品进出口总额占地区GDP比重	0.003	126
人文环境	0.193	107	绿色发展	0.816	103
每百人公共图书馆藏书拥有量	0.058	80	万元地区生产总值水耗	0.947	40
每百名学生拥有专任教师人数	0.329	101	万元地区生产总值能耗	0.888	220
生活环境	0.167	114	城市污水处理率	0.977	18
每千人口拥有医院床位数	0.244	117	生活垃圾无害化处理率	0.778	253
城市人均公园绿地面积	0.159	109	城市空气质量等级	0.493	4
每万人拥有公共汽车数	0.097	90	辐射引领	0.008	227
创新服务指数	0.114	140	全市在校普通高校学生数占全省比重	0.022	186
金融服务	0.128	173	全市科学技术从业人员数占全省比重	0.018	229
新三板上市企业数	0.003	103	国家技术转移示范机构数	0.000	91
年末金融机构贷款余额增长率	0.383	148	ESI学科进入全球前1%个数	0.000	63
创业板上市企业数	0.000	94	财富世界500强与中国500强企业数	0.000	105
科技条件	0.093	83			
每万人移动电话用户数	0.063	89			
每万人互联网宽带接入用户数	0.123	74			

附表1-99　泰州市科技创新发展指数指标及排名表

科技创新发展指数0.250　　　　　　　　　　　　　　综合排名99

指标	指数	排名	指标	指数	排名
创新资源指数	0.202	198	创新绩效指数	0.309	77
创新人才	0.137	175	科技成果	0.011	89
每万人在校大学生数	0.077	144	每万人SCI/SSCI/A&HCI论文产出数	0.006	148
城市化水平	0.287	130	每万人发明专利授权量	0.017	44
万名从业人口中科学技术人员数	0.047	258	经济产出	0.279	50
研发经费	0.299	174	城镇居民人均可支配收入	0.440	48
地方财政科技投入占财政支出比重	0.093	71	地均GDP	0.072	29
地方财政教育投入占财政支出比重	0.505	184	第二产业劳动生产率	0.075	263
创新环境指数	0.231	133	第三产业劳动生产率	0.530	16
政策环境	0.389	159	结构优化	0.210	70
每万人吸引外商投资额	0.078	95	第三产业增加值占地区GDP比重	0.407	67
企业税收负担	0.701	164	高科技产品进出口总额占地区GDP比重	0.013	70
人文环境	0.277	34	绿色发展	0.788	151
每百人公共图书馆藏书拥有量	0.046	105	万元地区生产总值水耗	0.962	20
每百名学生拥有专任教师人数	0.507	23	万元地区生产总值能耗	0.957	71
生活环境	0.095	237	城市污水处理率	0.529	268
每千人口拥有医院床位数	0.178	196	生活垃圾无害化处理率	1.000	1
城市人均公园绿地面积	0.072	242	城市空气质量等级	0.493	4
每万人拥有公共汽车数	0.035	233	辐射引领	0.014	157
创新服务指数	0.111	150	全市在校普通高校学生数占全省比重	0.027	169
金融服务	0.144	127	全市科学技术从业人员数占全省比重	0.026	191
新三板上市企业数	0.006	82	国家技术转移示范机构数	0.017	55
年末金融机构贷款余额增长率	0.397	137	ESI学科进入全球前1%个数	0.000	63
创业板上市企业数	0.031	35	财富世界500强与中国500强企业数	0.000	105
科技条件	0.061	154			
每万人移动电话用户数	0.037	191			
每万人互联网宽带接入用户数	0.086	133			

附表1-100　北海市科技创新发展指数指标及排名表

科技创新发展指数0.250　　　　　　　　　　　　　　综合排名100

指标	指数	排名	指标	指数	排名
创新资源指数	0.276	82	创新绩效指数	0.301	92
创新人才	0.223	97	科技成果	0.006	133
每万人在校大学生数	0.102	113	每万人SCI/SSCI/A&HCI论文产出数	0.004	178
城市化水平	0.345	104	每万人发明专利授权量	0.008	82
万名从业人口中科学技术人员数	0.222	60	经济产出	0.243	76
研发经费	0.356	92	城镇居民人均可支配收入	0.257	132
地方财政科技投入占财政支出比重	0.117	50	地均GDP	0.032	84
地方财政教育投入占财政支出比重	0.595	119	第二产业劳动生产率	0.469	19
创新环境指数	0.197	204	第三产业劳动生产率	0.213	120
政策环境	0.454	59	结构优化	0.111	220
每万人吸引外商投资额	0.037	140	第三产业增加值占地区GDP比重	0.163	254
企业税收负担	0.871	45	高科技产品进出口总额占地区GDP比重	0.059	28
人文环境	0.064	271	绿色发展	0.827	85
每百人公共图书馆藏书拥有量	0.031	150	万元地区生产总值水耗	0.945	44
每百名学生拥有专任教师人数	0.096	273	万元地区生产总值能耗	0.958	66
生活环境	0.115	202	城市污水处理率	0.741	230
每千人口拥有医院床位数	0.203	164	生活垃圾无害化处理率	1.000	1
城市人均公园绿地面积	0.097	207	城市空气质量等级	0.493	4
每万人拥有公共汽车数	0.046	198	辐射引领	0.015	148
创新服务指数	0.115	135	全市在校普通高校学生数占全省比重	0.028	164
金融服务	0.138	151	全市科学技术从业人员数占全省比重	0.029	177
新三板上市企业数	0.000	164	国家技术转移示范机构数	0.017	55
年末金融机构贷款余额增长率	0.413	127	ESI学科进入全球前1%个数	0.000	63
创业板上市企业数	0.000	94	财富世界500强与中国500强企业数	0.000	105
科技条件	0.080	104			
每万人移动电话用户数	0.061	95			
每万人互联网宽带接入用户数	0.099	106			

附表1-101 湘潭市科技创新发展指数指标及排名表

科技创新发展指数0.250 综合排名101

指标	指数	排名	指标	指数	排名
创新资源指数	0.240	122	创新绩效指数	0.298	101
创新人才	0.249	76	科技成果	0.041	37
每万人在校大学生数	0.338	34	每百人SCI/SSCI/A&HCI论文产出数	0.075	32
城市化水平	0.266	142	每万人发明专利授权量	0.007	85
万名从业人口中科学技术人员数	0.142	126	经济产出	0.163	168
研发经费	0.227	252	城镇居民人均可支配收入	0.302	100
地方财政科技投入占财政支出比重	0.055	135	地均GDP	0.039	65
地方财政教育投入占财政支出比重	0.400	256	第二产业劳动生产率	0.214	130
创新环境指数	0.226	145	第三产业劳动生产率	0.098	240
政策环境	0.351	210	结构优化	0.131	189
每万人吸引外商投资额	0.120	57	第三产业增加值占地区GDP比重	0.260	186
企业税收负担	0.582	221	高科技产品进出口总额占地区GDP比重	0.003	123
人文环境	0.170	136	绿色发展	0.834	69
每百人公共图书馆藏书拥有量	0.044	111	万元地区生产总值水耗	0.879	140
每百名学生拥有专任教师人数	0.295	122	万元地区生产总值能耗	0.930	151
生活环境	0.181	94	城市污水处理率	0.869	126
每千人口拥有医院床位数	0.312	70	生活垃圾无害化处理率	1.000	1
城市人均公园绿地面积	0.118	172	城市空气质量等级	0.493	4
每万人拥有公共汽车数	0.112	69	辐射引领	0.040	64
创新服务指数	0.119	119	全市在校普通高校学生数占全省比重	0.108	47
金融服务	0.160	98	全市科学技术从业人员数占全省比重	0.046	120
新三板挂牌企业数	0.003	103	国家技术转移示范机构数	0.017	55
年末金融机构贷款余额增长率	0.477	85	ESI学科进入全球前1%个数	0.024	32
创业板上市企业数	0.000	94	财富世界500强与中国500强企业数	0.006	65
科技条件	0.059	164			
每万人移动电话用户数	0.049	133			
每万人互联网宽带接入用户数	0.068	164			

附表1-102 马鞍山市科技创新发展指数指标及排名表

科技创新发展指数0.249 综合排名102

指标	指数	排名	指标	指数	排名
创新资源指数	0.266	88	创新绩效指数	0.283	144
创新人才	0.241	80	科技成果	0.007	123
每万人在校大学生数	0.191	60	每万人SCI/SSCI/A&HCI论文产出数	0.004	187
城市化水平	0.328	111	每万人发明专利授权量	0.010	71
万名从业人口中科学技术人员数	0.204	69	经济产出	0.334	27
研发经费	0.302	171	城镇居民人均可支配收入	0.598	26
地方财政科技投入占财政支出比重	0.146	33	地均GDP	0.041	63
地方财政教育投入占财政支出比重	0.458	226	第二产业劳动生产率	0.370	46
创新环境指数	0.233	123	第三产业劳动生产率	0.328	53
政策环境	0.486	18	结构优化	0.110	221
每万人吸引外商投资额	0.324	13	第三产业增加值占地区GDP比重	0.208	226
企业税收负担	0.649	188	高科技产品进出口总额占地区GDP比重	0.012	73
人文环境	0.131	183	绿色发展	0.680	263
每百人公共图书馆藏书拥有量	0.048	99	万元地区生产总值水耗	0.761	249
每百名学生拥有专任教师人数	0.214	190	万元地区生产总值能耗	0.847	250
生活环境	0.133	168	城市污水处理率	0.843	145
每千人口拥有医院床位数	0.133	238	生活垃圾无害化处理率	0.946	175
城市人均公园绿地面积	0.191	69	城市空气质量等级	0.000	237
每万人拥有公共汽车数	0.076	117	辐射引领	0.023	103
创新服务指数	0.132	84	全市在校普通高校学生数占全省比重	0.048	97
金融服务	0.173	74	全市科学技术从业人员数占全省比重	0.046	118
新三板挂牌企业数	0.008	58	国家技术转移示范机构数	0.000	91
年末金融机构贷款余额增长率	0.512	68	ESI学科进入全球前1%个数	0.016	35
创业板上市企业数	0.000	94	财富世界500强与中国500强企业数	0.006	65
科技条件	0.069	129			
每万人移动电话用户数	0.039	181			
每万人互联网宽带接入用户数	0.100	104			

附表1-103　巴彦淖尔市科技创新发展指数指标及排名表

科技创新发展指数0.249　　　　　　　　　　　　　综合排名103

指标	指数	排名	指标	指数	排名
创新资源指数	0.170	260	创新绩效指数	0.311	75
创新人才	0.158	152	科技成果	0.000	281
每万人在校大学生数	0.037	217	每万人SCI/SSCI/A&HCI论文产出数	0.001	268
城市化水平	0.269	138	每万人发明专利授权量	0.000	276
万名从业人口中科学技术人员数	0.168	97	经济产出	0.271	55
研发经费	0.187	275	城镇居民人均可支配收入	0.170	216
地方财政科技投入占财政支出比重	0.008	279	地均GDP	0.001	278
地方财政教育投入占财政支出比重	0.367	267	第二产业劳动生产率	0.773	6
创新环境指数	0.248	85	第三产业劳动生产率	0.138	198
政策环境	0.396	145	结构优化	0.049	278
每万人吸引外商投资额	0.023	165	第三产业增加值占地区GDP比重	0.098	278
企业税收负担	0.769	108	高科技产品进出口总额占地区GDP比重	0.000	272
人文环境	0.213	88	绿色发展	0.870	15
每百人公共图书馆藏书拥有量	0.036	133	万元地区生产总值水耗	0.971	14
每百名学生拥有专任教师人数	0.390	64	万元地区生产总值能耗	0.971	30
生活环境	0.172	110	城市污水处理率	0.955	31
每千人口拥有医院床位数	0.354	47	生活垃圾无害化处理率	0.959	162
城市人均公园绿地面积	0.145	128	城市空气质量等级	0.493	4
每万人拥有公共汽车数	0.017	264	辐射引领	0.013	170
创新服务指数	0.105	175	全市在校普通高校学生数占全省比重	0.020	199
金融服务	0.125	177	全市科学技术从业人员数占全省比重	0.043	124
新三板挂牌企业数	0.000	164	国家技术转移示范机构数	0.000	91
年末金融机构贷款余额增长率	0.374	152	ESI学科进入全球前1%个数	0.000	63
创业板上市企业数	0.000	94	财富世界500强与中国500强企业数	0.000	105
科技条件	0.077	110			
每万人移动电话用户数	0.099	51			
每万人互联网宽带接入用户数	0.054	210			

附表1-104　辽阳市科技创新发展指数指标及排名表

科技创新发展指数0.248　　　　　　　　　综合排名104

指标	指数	排名	指标	指数	排名
创新资源指数	0.211	170	创新绩效指数	0.300	95
创新人才	0.230	92	科技成果	0.003	187
每万人在校大学生数	0.076	145	每万人SCI/SSCI/A&HCI论文产出数	0.006	145
城市化水平	0.461	68	每万人发明专利授权量	0.001	239
万名从业人口中科学技术人员数	0.152	116	经济产出	0.250	68
研发经费	0.183	277	城镇居民人均可支配收入	0.296	103
地方财政科技投入占财政支出比重	0.057	127	地均GDP	0.026	101
地方财政教育投入占财政支出比重	0.309	278	第二产业劳动生产率	0.388	37
创新环境指数	0.236	116	第三产业劳动生产率	0.288	72
政策环境	0.325	232	结构优化	0.136	175
每万人吸引外商投资额	0.140	47	第三产业增加值占地区GDP比重	0.268	174
企业税收负担	0.509	251	高科技产品进出口总额占地区GDP比重	0.003	119
人文环境	0.191	113	绿色发展	0.819	99
每百人公共图书馆藏书拥有量	0.042	114	万元地区生产总值水耗	0.729	260
每百名学生拥有专任教师人数	0.340	92	万元地区生产总值能耗	0.875	239
生活环境	0.207	62	城市污水处理率	1.000	1
每千人口拥有医院床位数	0.409	34	生活垃圾无害化处理率	1.000	1
城市人均公园绿地面积	0.137	136	城市空气质量等级	0.493	4
每万人拥有公共汽车数	0.074	122	辐射引领	0.006	245
创新服务指数	0.117	127	全市在校普通高校学生数占全省比重	0.017	216
金融服务	0.124	179	全市科学技术从业人员数占全省比重	0.015	238
新三板挂牌企业数	0.003	103	国家技术转移示范机构数	0.000	91
年末金融机构贷款余额增长率	0.337	181	ESI学科进入全球前1%个数	0.000	63
创业板上市企业数	0.031	35	财富世界500强与中国500强企业数	0.000	105
科技条件	0.107	66			
每万人移动电话用户数	0.065	86			
每万人互联网宽带接入用户数	0.150	56			

附表1-105　衢州市科技创新发展指数指标及排名表

科技创新发展指数0.248　　　　　　　　　　　　　　　　综合排名105

指标	指数	排名	指标	指数	排名
创新资源指数	0.238	124	创新绩效指数	0.308	79
创新人才	0.154	156	科技成果	0.005	146
每万人在校大学生数	0.042	213	每万人SCI/SSCI/A&HCI论文产出数	0.006	143
城市化水平	0.295	124	每万人发明专利授权量	0.004	117
万名从业人口中科学技术人员数	0.124	149	经济产出	0.278	53
研发经费	0.364	80	城镇居民人均可支配收入	0.433	51
地方财政科技投入占财政支出比重	0.141	38	地均GDP	0.015	147
地方财政教育投入占财政支出比重	0.587	125	第二产业劳动生产率	0.341	56
创新环境指数	0.194	212	第三产业劳动生产率	0.322	55
政策环境	0.389	160	结构优化	0.199	85
每万人吸引外商投资额	0.012	212	第三产业增加值占地区GDP比重	0.390	82
企业税收负担	0.766	110	高科技产品进出口总额占地区GDP比重	0.008	85
人文环境	0.138	172	绿色发展	0.797	137
每百人公共图书馆藏书拥有量	0.057	85	万元地区生产总值水耗	0.897	112
每百名学生拥有专任教师人数	0.220	183	万元地区生产总值能耗	0.852	246
生活环境	0.100	230	城市污水处理率	0.743	224
每千人口拥有医院床位数	0.176	198	生活垃圾无害化处理率	1.000	1
城市人均公园绿地面积	0.084	221	城市空气质量等级	0.493	4
每万人拥有公共汽车数	0.041	210	辐射引领	0.007	242
创新服务指数	0.117	124	全市在校普通高校学生数占全省比重	0.013	235
金融服务	0.131	166	全市科学技术从业人员数占全省比重	0.014	244
新三板挂牌企业数	0.000	164	国家技术转移示范机构数	0.000	91
年末金融机构贷款余额增长率	0.376	150	ESI学科进入全球前1%个数	0.000	63
创业板上市企业数	0.016	49	财富世界500强与中国500强企业数	0.006	65
科技条件	0.098	74			
每万人移动电话用户数	0.071	74			
每万人互联网宽带接入用户数	0.125	71			

附表1-106 漳州市科技创新发展指数指标及排名表

科技创新发展指数0.247   综合排名106

指标	指数	排名	指标	指数	排名
创新资源指数	0.191	223	创新绩效指数	0.306	82
创新人才	0.092	243	科技成果	0.005	150
每万人在校大学生数	0.111	102	每万人SCI/SSCI/A&HCI论文产出数	0.008	124
城市化水平	0.072	264	每万人发明专利授权量	0.002	155
万名从业人口中科学技术人员数	0.094	200	经济产出	0.238	78
研发经费	0.339	122	城镇居民人均可支配收入	0.356	73
地方财政科技投入占财政支出比重	0.071	95	地均GDP	0.024	107
地方财政教育投入占财政支出比重	0.606	113	第二产业劳动生产率	0.206	135
创新环境指数	0.231	130	第三产业劳动生产率	0.365	45
政策环境	0.440	82	结构优化	0.146	153
每万人吸引外商投资额	0.086	82	第三产业增加值占地区GDP比重	0.283	153
企业税收负担	0.795	91	高科技产品进出口总额占地区GDP比重	0.009	81
人文环境	0.171	133	绿色发展	0.822	92
每百人公共图书馆藏书拥有量	0.093	49	万元地区生产总值水耗	0.935	56
每百名学生拥有专任教师人数	0.250	160	万元地区生产总值能耗	0.900	203
生活环境	0.132	170	城市污水处理率	0.807	184
每千人口拥有医院床位数	0.177	197	生活垃圾无害化处理率	0.975	147
城市人均公园绿地面积	0.144	130	城市空气质量等级	0.493	4
每万人拥有公共汽车数	0.075	120	辐射引领	0.030	80
创新服务指数	0.115	131	全市在校普通高校学生数占全省比重	0.091	52
金融服务	0.131	164	全市科学技术从业人员数占全省比重	0.060	87
新三板挂牌企业数	0.000	164	国家技术转移示范机构数	0.000	91
年末金融机构贷款余额增长率	0.393	141	ESI学科进入全球前1%个数	0.000	63
创业板上市企业数	0.000	94	财富世界500强与中国500强企业数	0.000	105
科技条件	0.091	86			
每万人移动电话用户数	0.061	96			
每万人互联网宽带接入用户数	0.122	76			

附表1-107　张掖市科技创新发展指数指标及排名表

科技创新发展指数0.247　　　　　　　　　　　　综合排名107

指标	指数	排名	指标	指数	排名
创新资源指数	0.292	72	创新绩效指数	0.256	231
创新人才	0.307	58	科技成果	0.007	118
每万人在校大学生数	0.123	94	每万人SCI/SSCI/A&HCI论文产出数	0.014	96
城市化水平	0.362	96	每万人发明专利授权量	0.001	216
万名从业人口中科学技术人员数	0.435	15	经济产出	0.058	275
研发经费	0.269	210	城镇居民人均可支配收入	0.016	284
地方财政科技投入占财政支出比重	0.026	210	地均GDP	0.001	283
地方财政教育投入占财政支出比重	0.513	179	第二产业劳动生产率	0.128	218
创新环境指数	0.226	146	第三产业劳动生产率	0.089	243
政策环境	0.417	116	结构优化	0.194	93
每万人吸引外商投资额	0.000	277	第三产业增加值占地区GDP比重	0.389	83
企业税收负担	0.834	66	高科技产品进出口总额占地区GDP比重	0.000	276
人文环境	0.222	73	绿色发展	0.770	182
每百人公共图书馆藏书拥有量	0.087	51	万元地区生产总值水耗	0.838	192
每百名学生拥有专任教师人数	0.358	78	万元地区生产总值能耗	0.906	194
生活环境	0.101	229	城市污水处理率	0.635	251
每千人口拥有医院床位数	0.163	215	生活垃圾无害化处理率	0.980	140
城市人均公园绿地面积	0.106	194	城市空气质量等级	0.493	4
每万人拥有公共汽车数	0.033	236	辐射引领	0.023	104
创新服务指数	0.199	20	全市在校普通高校学生数占全省比重	0.037	123
金融服务	0.291	9	全市科学技术从业人员数占全省比重	0.079	66
新三板挂牌企业数	0.000	164	国家技术转移示范机构数	0.000	91
年末金融机构贷款余额增长率	0.874	6	ESI学科进入全球前1%个数	0.000	63
创业板上市企业数	0.000	94	财富世界500强与中国500强企业数	0.000	105
科技条件	0.060	160			
每万人移动电话用户数	0.052	119			
每万人互联网宽带接入用户数	0.067	169			

附表1-108　汉中市科技创新发展指数指标及排名表

科技创新发展指数0.246　　　　　　　　　　　　　　综合排名108

指标	指数	排名	指标	指数	排名
创新资源指数	0.226	144	创新绩效指数	0.283	139
创新人才	0.144	167	科技成果	0.009	105
每万人在校大学生数	0.087	124	每万人SCI/SSCI/A&HCI论文产出数	0.013	99
城市化水平	0.105	241	每万人发明专利授权量	0.005	108
万名从业人口中科学技术人员数	0.239	53	经济产出	0.126	220
研发经费	0.350	104	城镇居民人均可支配收入	0.218	169
地方财政科技投入占财政支出比重	0.023	222	地均GDP	0.004	245
地方财政教育投入占财政支出比重	0.677	69	第二产业劳动生产率	0.194	149
创新环境指数	0.273	54	第三产业劳动生产率	0.087	247
政策环境	0.481	26	结构优化	0.134	179
每万人吸引外商投资额	0.004	251	第三产业增加值占地区GDP比重	0.266	179
企业税收负担	0.958	8	高科技产品进出口总额占地区GDP比重	0.003	129
人文环境	0.248	50	绿色发展	0.845	40
每百人公共图书馆藏书拥有量	0.017	227	万元地区生产总值水耗	0.875	147
每百名学生拥有专任教师人数	0.479	32	万元地区生产总值能耗	0.973	25
生活环境	0.151	138	城市污水处理率	0.886	102
每千人口拥有医院床位数	0.234	128	生活垃圾无害化处理率	1.000	1
城市人均公园绿地面积	0.180	80	城市空气质量等级	0.493	4
每万人拥有公共汽车数	0.038	224	辐射引领	0.015	143
创新服务指数	0.094	217	全市在校普通高校学生数占全省比重	0.040	115
金融服务	0.131	163	全市科学技术从业人员数占全省比重	0.037	141
新三板挂牌企业数	0.000	164	国家技术转移示范机构数	0.000	91
年末金融机构贷款余额增长率	0.378	149	ESI学科进入全球前1%个数	0.000	63
创业板上市企业数	0.016	49	财富世界500强与中国500强企业数	0.000	105
科技条件	0.037	231			
每万人移动电话用户数	0.037	194			
每万人互联网宽带接入用户数	0.038	239			

附表1-109　自贡市科技创新发展指数指标及排名表

科技创新发展指数0.245　　　　　　　　　　　　　　　　综合排名109

指标	指数	排名	指标	指数	排名
创新资源指数	0.252	105	创新绩效指数	0.288	122
创新人才	0.222	98	科技成果	0.006	131
每万人在校大学生数	0.106	110	每万人SCI/SSCI/A&HCI论文产出数	0.010	107
城市化水平	0.431	75	每万人发明专利授权量	0.001	188
万名从业人口中科学技术人员数	0.128	143	经济产出	0.184	137
研发经费	0.299	175	城镇居民人均可支配收入	0.196	184
地方财政科技投入占财政支出比重	0.099	63	地均GDP	0.030	88
地方财政教育投入占财政支出比重	0.498	190	第二产业劳动生产率	0.335	60
创新环境指数	0.220	158	第三产业劳动生产率	0.175	147
政策环境	0.486	19	结构优化	0.083	253
每万人吸引外商投资额	0.003	259	第三产业增加值占地区GDP比重	0.165	251
企业税收负担	0.969	5	高科技产品进出口总额占地区GDP比重	0.000	222
人文环境	0.076	264	绿色发展	0.843	44
每百人公共图书馆藏书拥有量	0.010	266	万元地区生产总值水耗	0.942	49
每百名学生拥有专任教师人数	0.141	249	万元地区生产总值能耗	0.985	11
生活环境	0.138	157	城市污水处理率	0.874	112
每千人口拥有医院床位数	0.249	111	生活垃圾无害化处理率	0.920	196
城市人均公园绿地面积	0.110	187	城市空气质量等级	0.493	4
每万人拥有公共汽车数	0.055	166	辐射引领	0.012	175
创新服务指数	0.117	126	全市在校普通高校学生数占全省比重	0.033	140
金融服务	0.169	80	全市科学技术从业人员数占全省比重	0.012	250
新三板挂牌企业数	0.000	164	国家技术转移示范机构数	0.017	55
年末金融机构贷款余额增长率	0.506	69	ESI学科进入全球前1%个数	0.000	63
创业板上市企业数	0.000	94	财富世界500强与中国500强企业数	0.000	105
科技条件	0.040	219			
每万人移动电话用户数	0.024	244			
每万人互联网宽带接入用户数	0.055	206			

附表1-110　运城市科技创新发展指数指标及排名表

科技创新发展指数0.245　　　　　　　　　　　　　综合排名110

指标	指数	排名	指标	指数	排名
创新资源指数	0.196	214	创新绩效指数	0.287	126
创新人才	0.082	256	科技成果	0.003	205
每万人在校大学生数	0.064	163	每万人SCI/SSCI/A&HCI论文产出数	0.004	186
城市化水平	0.088	253	每万人发明专利授权量	0.002	179
万名从业人口中科学技术人员数	0.093	202	经济产出	0.116	239
研发经费	0.367	72	城镇居民人均可支配收入	0.171	215
地方财政科技投入占财政支出比重	0.030	198	地均GDP	0.010	187
地方财政教育投入占财政支出比重	0.703	52	第二产业劳动生产率	0.168	180
创新环境指数	0.280	45	第三产业劳动生产率	0.114	224
政策环境	0.471	35	结构优化	0.193	95
每万人吸引外商投资额	0.001	272	第三产业增加值占地区GDP比重	0.386	85
企业税收负担	0.942	13	高科技产品进出口总额占地区GDP比重	0.000	232
人文环境	0.258	46	绿色发展	0.842	46
每百人公共图书馆藏书拥有量	0.025	184	万元地区生产总值水耗	0.892	121
每百名学生拥有专任教师人数	0.490	29	万元地区生产总值能耗	0.879	230
生活环境	0.168	113	城市污水处理率	0.985	14
每千人口拥有医院床位数	0.282	85	生活垃圾无害化处理率	0.960	161
城市人均公园绿地面积	0.090	215	城市空气质量等级	0.493	4
每万人拥有公共汽车数	0.133	43	辐射引领	0.021	115
创新服务指数	0.092	222	全市在校普通高校学生数占全省比重	0.056	84
金融服务	0.113	206	全市科学技术从业人员数占全省比重	0.050	109
新三板挂牌企业数	0.000	164	国家技术转移示范机构数	0.000	91
年末金融机构贷款余额增长率	0.338	180	ESI学科进入全球前1%个数	0.000	63
创业板上市企业数	0.000	94	财富世界500强与中国500强企业数	0.000	105
科技条件	0.060	159			
每万人移动电话用户数	0.043	156			
每万人互联网宽带接入用户数	0.078	150			

附表1-111　固原市科技创新发展指数指标及排名表

科技创新发展指数0.245　　　　　　　　　　　　　综合排名111

指标	指数	排名	指标	指数	排名
创新资源指数	0.222	149	创新绩效指数	0.291	114
创新人才	0.203	112	科技成果	0.002	227
每万人在校大学生数	0.034	226	每万人SCI/SSCI/A&HCI论文产出数	0.003	206
城市化水平	0.268	139	每万人发明专利授权量	0.000	240
万名从业人口中科学技术人员数	0.308	38	经济产出	0.147	183
研发经费	0.250	235	城镇居民人均可支配收入	0.109	255
地方财政科技投入占财政支出比重	0.011	269	地均GDP	0.002	276
地方财政教育投入占财政支出比重	0.489	203	第二产业劳动生产率	0.389	36
创新环境指数	0.182	237	第三产业劳动生产率	0.087	248
政策环境	0.371	185	结构优化	0.266	34
每万人吸引外商投资额	0.002	268	第三产业增加值占地区GDP比重	0.532	23
企业税收负担	0.741	134	高科技产品进出口总额占地区GDP比重	0.000	281
人文环境	0.156	150	绿色发展	0.793	145
每百人公共图书馆藏书拥有量	0.035	137	万元地区生产总值水耗	0.899	106
每百名学生拥有专任教师人数	0.278	136	万元地区生产总值能耗	0.913	181
生活环境	0.072	259	城市污水处理率	0.730	233
每千人口拥有医院床位数	0.120	250	生活垃圾无害化处理率	0.928	191
城市人均公园绿地面积	0.067	244	城市空气质量等级	0.493	4
每万人拥有公共汽车数	0.029	244	辐射引领	0.029	85
创新服务指数	0.192	21	全市在校普通高校学生数占全省比重	0.061	80
金融服务	0.307	7	全市科学技术从业人员数占全省比重	0.084	61
新三板挂牌企业数	0.000	164	国家技术转移示范机构数	0.000	91
年末金融机构贷款余额增长率	0.922	4	ESI学科进入全球前1%个数	0.000	63
创业板上市企业数	0.000	94	财富世界500强与中国500强企业数	0.000	105
科技条件	0.018	271			
每万人移动电话用户数	0.036	197			
每万人互联网宽带接入用户数	0.000	287			

附表1-112 广安市科技创新发展指数指标及排名表

科技创新发展指数0.245 综合排名112

指标	指数	排名	指标	指数	排名
创新资源指数	0.209	179	创新绩效指数	0.322	62
创新人才	0.115	206	科技成果	0.000	279
每万人在校大学生数	0.013	273	每万人SCI/SSCI/A&HCI论文产出数	0.000	277
城市化水平	0.233	162	每万人发明专利授权量	0.000	252
万名从业人口中科学技术人员数	0.100	193	经济产出	0.312	40
研发经费	0.350	106	城镇居民人均可支配收入	0.219	166
地方财政科技投入占财政支出比重	0.013	264	地均GDP	0.018	133
地方财政教育投入占财政支出比重	0.686	59	第二产业劳动生产率	0.831	3
创新环境指数	0.173	247	第三产业劳动生产率	0.180	144
政策环境	0.454	60	结构优化	0.093	238
每万人吸引外商投资额	0.004	254	第三产业增加值占地区GDP比重	0.186	237
企业税收负担	0.904	26	高科技产品进出口总额占地区GDP比重	0.001	205
人文环境	0.082	258	绿色发展	0.870	16
每百人公共图书馆藏书拥有量	0.033	140	万元地区生产总值水耗	0.930	61
每百名学生拥有专任教师人数	0.131	259	万元地区生产总值能耗	0.926	161
生活环境	0.047	278	城市污水处理率	1.000	1
每千人口拥有医院床位数	0.079	272	生活垃圾无害化处理率	1.000	1
城市人均公园绿地面积	0.063	249	城市空气质量等级	0.493	4
每万人拥有公共汽车数	0.000	287	辐射引领	0.002	278
创新服务指数	0.103	181	全市在校普通高校学生数占全省比重	0.006	262
金融服务	0.160	97	全市科学技术从业人员数占全省比重	0.005	274
新三板挂牌企业数	0.000	164	国家技术转移示范机构数	0.000	91
年末金融机构贷款余额增长率	0.481	83	ESI学科进入全球前1%个数	0.000	63
创业板上市企业数	0.000	94	财富世界500强与中国500强企业数	0.000	105
科技条件	0.017	275			
每万人移动电话用户数	0.011	271			
每万人互联网宽带接入用户数	0.023	268			

附表1-113　桂林市科技创新发展指数指标及排名表

科技创新发展指数0.245　　　　　　　　　　　综合排名113

指标	指数	排名	指标	指数	排名
创新资源指数	0.243	118	创新绩效指数	0.302	88
创新人才	0.202	114	科技成果	0.038	40
每万人在校大学生数	0.284	38	每万人SCI/SSCI/A&HCI论文产出数	0.059	39
城市化水平	0.104	243	每万人发明专利授权量	0.018	42
万名从业人口中科学技术人员数	0.218	62	经济产出	0.182	139
研发经费	0.305	162	城镇居民人均可支配收入	0.294	104
地方财政科技投入占财政支出比重	0.064	110	地均GDP	0.008	208
地方财政教育投入占财政支出比重	0.546	162	第二产业劳动生产率	0.278	84
创新环境指数	0.209	181	第三产业劳动生产率	0.149	181
政策环境	0.402	140	结构优化	0.132	187
每万人吸引外商投资额	0.012	211	第三产业增加值占地区GDP比重	0.261	184
企业税收负担	0.792	93	高科技产品进出口总额占地区GDP比重	0.003	118
人文环境	0.131	186	绿色发展	0.802	132
每百人公共图书馆藏书拥有量	0.101	39	万元地区生产总值水耗	0.767	246
每百名学生拥有专任教师人数	0.160	236	万元地区生产总值能耗	0.959	64
生活环境	0.133	167	城市污水处理率	0.827	169
每千人口拥有医院床位数	0.124	247	生活垃圾无害化处理率	0.966	155
城市人均公园绿地面积	0.177	91	城市空气质量等级	0.493	4
每万人拥有公共汽车数	0.099	86	辐射引领	0.071	39
创新服务指数	0.088	232	全市在校普通高校学生数占全省比重	0.237	32
金融服务	0.110	213	全市科学技术从业人员数占全省比重	0.091	58
新三板挂牌企业数	0.000	164	国家技术转移示范机构数	0.017	55
年末金融机构贷款余额增长率	0.329	189	ESI学科进入全球前1%个数	0.008	50
创业板上市企业数	0.000	94	财富世界500强与中国500强企业数	0.000	105
科技条件	0.055	170			
每万人移动电话用户数	0.036	201			
每万人互联网宽带接入用户数	0.075	155			

附表1-114　通辽市科技创新发展指数指标及排名表

科技创新发展指数0.244　　　　　　　　　　　　综合排名114

指标	指数	排名	指标	指数	排名
创新资源指数	0.188	231	创新绩效指数	0.305	85
创新人才	0.165	142	科技成果	0.004	164
每万人在校大学生数	0.111	103	每万人SCI/SSCI/A&HCI论文产出数	0.008	120
城市化水平	0.231	163	每万人发明专利授权量	0.000	250
万名从业人口中科学技术人员数	0.154	112	经济产出	0.312	39
研发经费	0.221	258	城镇居民人均可支配收入	0.191	190
地方财政科技投入占财政支出比重	0.018	243	地均GDP	0.003	259
地方财政教育投入占财政支出比重	0.424	246	第二产业劳动生产率	0.776	5
创新环境指数	0.245	98	第三产业劳动生产率	0.277	78
政策环境	0.422	105	结构优化	0.082	254
每万人吸引外商投资额	0.003	258	第三产业增加值占地区GDP比重	0.165	252
企业税收负担	0.842	59	高科技产品进出口总额占地区GDP比重	0.000	281
人文环境	0.230	63	绿色发展	0.773	179
每百人公共图书馆藏书拥有量	0.028	163	万元地区生产总值水耗	0.602	283
每百名学生拥有专任教师人数	0.432	46	万元地区生产总值能耗	0.900	202
生活环境	0.136	161	城市污水处理率	0.956	28
每千人口拥有医院床位数	0.203	165	生活垃圾无害化处理率	0.912	201
城市人均公园绿地面积	0.151	124	城市空气质量等级	0.493	4
每万人拥有公共汽车数	0.053	175	辐射引领	0.040	61
创新服务指数	0.084	243	全市在校普通高校学生数占全省比重	0.106	48
金融服务	0.076	264	全市科学技术从业人员数占全省比重	0.079	67
新三板挂牌企业数	0.000	164	国家技术转移示范机构数	0.017	55
年末金融机构贷款余额增长率	0.228	251	ESI学科进入全球前1%个数	0.000	63
创业板上市企业数	0.000	94	财富世界500强与中国500强企业数	0.000	105
科技条件	0.096	76			
每万人移动电话用户数	0.111	42			
每万人互联网宽带接入用户数	0.080	146			

附表1-115　佳木斯市科技创新发展指数指标及排名表

科技创新发展指数0.244　　　　　　　　　　　　综合排名115

指标	指数	排名	指标	指数	排名
创新资源指数	0.209	176	创新绩效指数	0.268	202
创新人才	0.200	115	科技成果	0.007	116
每万人在校大学生数	0.148	77	每万人SCI/SSCI/A&HCI论文产出数	0.014	93
城市化水平	0.293	126	每万人发明专利授权量	0.001	235
万名从业人口中科学技术人员数	0.159	104	经济产出	0.121	226
研发经费	0.223	257	城镇居民人均可支配收入	0.080	271
地方财政科技投入占财政支出比重	0.002	286	地均GDP	0.003	265
地方财政教育投入占财政支出比重	0.445	231	第二产业劳动生产率	0.184	164
创新环境指数	0.277	50	第三产业劳动生产率	0.220	116
政策环境	0.457	53	结构优化	0.215	64
每万人吸引外商投资额	0.040	132	第三产业增加值占地区GDP比重	0.428	54
企业税收负担	0.873	41	高科技产品进出口总额占地区GDP比重	0.002	146
人文环境	0.237	57	绿色发展	0.754	195
每百人公共图书馆藏书拥有量	0.015	236	万元地区生产总值水耗	0.813	216
每百名学生拥有专任教师人数	0.458	37	万元地区生产总值能耗	0.967	43
生活环境	0.184	89	城市污水处理率	0.574	261
每千人口拥有医院床位数	0.348	50	生活垃圾无害化处理率	0.921	195
城市人均公园绿地面积	0.153	121	城市空气质量等级	0.493	4
每万人拥有公共汽车数	0.053	177	辐射引领	0.023	102
创新服务指数	0.148	50	全市在校普通高校学生数占全省比重	0.059	81
金融服务	0.201	28	全市科学技术从业人员数占全省比重	0.023	208
新三板挂牌企业数	0.000	164	国家技术转移示范机构数	0.034	42
年末金融机构贷款余额增长率	0.604	22	ESI学科进入全球前1%个数	0.000	63
创业板上市企业数	0.000	94	财富世界500强与中国500强企业数	0.000	105
科技条件	0.069	133			
每万人移动电话用户数	0.060	98			
每万人互联网宽带接入用户数	0.077	151			

附表1-116　淮北市科技创新发展指数指标及排名表

科技创新发展指数0.244　　　　　　　　　　　　　　　综合排名116

指标	指数	排名	指标	指数	排名
创新资源指数	0.236	130	创新绩效指数	0.278	157
创新人才	0.214	104	科技成果	0.009	106
每万人在校大学生数	0.128	90	每万人SCI/SSCI/A&HCI论文产出数	0.014	92
城市化水平	0.467	66	每万人发明专利授权量	0.003	133
万名从业人口中科学技术人员数	0.048	257	经济产出	0.137	200
研发经费	0.269	211	城镇居民人均可支配收入	0.227	158
地方财政科技投入占财政支出比重	0.063	114	地均GDP	0.034	77
地方财政教育投入占财政支出比重	0.476	210	第二产业劳动生产率	0.102	244
创新环境指数	0.237	112	第三产业劳动生产率	0.186	136
政策环境	0.444	72	结构优化	0.080	258
每万人吸引外商投资额	0.106	64	第三产业增加值占地区GDP比重	0.158	256
企业税收负担	0.782	101	高科技产品进出口总额占地区GDP比重	0.001	171
人文环境	0.137	178	绿色发展	0.846	39
每百人公共图书馆藏书拥有量	0.038	124	万元地区生产总值水耗	0.914	79
每百名学生拥有专任教师人数	0.236	169	万元地区生产总值能耗	0.952	82
生活环境	0.166	115	城市污水处理率	0.874	113
每千人口拥有医院床位数	0.283	83	生活垃圾无害化处理率	1.000	1
城市人均公园绿地面积	0.167	103	城市空气质量等级	0.493	4
每万人拥有公共汽车数	0.049	189	辐射引领	0.009	211
创新服务指数	0.137	68	全市在校普通高校学生数占全省比重	0.031	153
金融服务	0.182	55	全市科学技术从业人员数占全省比重	0.016	235
新三板挂牌企业数	0.000	164	国家技术转移示范机构数	0.000	91
年末金融机构贷款余额增长率	0.547	45	ESI学科进入全球前1%个数	0.000	63
创业板上市企业数	0.000	94	财富世界500强与中国500强企业数	0.000	105
科技条件	0.069	128			
每万人移动电话用户数	0.042	162			
每万人互联网宽带接入用户数	0.097	111			

附表1-117　石嘴山市科技创新发展指数指标及排名表

科技创新发展指数0.243　　　　　　　　　　　　综合排名117

指标	指数	排名	指标	指数	排名
创新资源指数	0.264	93	创新绩效指数	0.278	155
创新人才	0.283	61	科技成果	0.002	232
每万人在校大学生数	0.081	137	每万人SCI/SSCI/A&HCI论文产出数	0.003	202
城市化水平	0.624	33	每万人发明专利授权量	0.000	255
万名从业人口中科学技术人员数	0.145	122	经济产出	0.202	110
研发经费	0.236	247	城镇居民人均可支配收入	0.220	165
地方财政科技投入占财政支出比重	0.033	193	地均GDP	0.011	182
地方财政教育投入占财政支出比重	0.438	238	第二产业劳动生产率	0.390	35
创新环境指数	0.259	69	第三产业劳动生产率	0.187	135
政策环境	0.379	171	结构优化	0.088	247
每万人吸引外商投资额	0.004	256	第三产业增加值占地区GDP比重	0.174	245
企业税收负担	0.755	125	高科技产品进出口总额占地区GDP比重	0.002	135
人文环境	0.167	140	绿色发展	0.777	168
每百人公共图书馆藏书拥有量	0.082	55	万元地区生产总值水耗	0.870	156
每百名学生拥有专任教师人数	0.252	158	万元地区生产总值能耗	0.573	284
生活环境	0.240	39	城市污水处理率	1.000	1
每千人口拥有医院床位数	0.349	48	生活垃圾无害化处理率	0.950	170
城市人均公园绿地面积	0.315	14	城市空气质量等级	0.493	4
每万人拥有公共汽车数	0.056	165	辐射引领	0.027	91
创新服务指数	0.074	263	全市在校普通高校学生数占全省比重	0.070	73
金融服务	0.070	272	全市科学技术从业人员数占全省比重	0.065	80
新三板挂牌企业数	0.003	103	国家技术转移示范机构数	0.000	91
年末金融机构贷款余额增长率	0.206	261	ESI学科进入全球前1%个数	0.000	63
创业板上市企业数	0.000	94	财富世界500强与中国500强企业数	0.000	105
科技条件	0.080	103			
每万人移动电话用户数	0.068	79			
每万人互联网宽带接入用户数	0.092	116			

附表1-118　抚顺市科技创新发展指数指标及排名表

科技创新发展指数0.243　　　　　　　　　　　　　　综合排名118

指标	指数	排名	指标	指数	排名
创新资源指数	0.246	113	创新绩效指数	0.283	143
创新人才	0.325	52	科技成果	0.019	66
每万人在校大学生数	0.163	72	每万人SCI/SSCI/A&HCI论文产出数	0.025	69
城市化水平	0.639	31	每万人发明专利授权量	0.013	60
万名从业人口中科学技术人员数	0.173	92	经济产出	0.184	136
研发经费	0.128	286	城镇居民人均可支配收入	0.235	148
地方财政科技投入占财政支出比重	0.051	144	地均GDP	0.014	155
地方财政教育投入占财政支出比重	0.205	285	第二产业劳动生产率	0.211	132
创新环境指数	0.238	109	第三产业劳动生产率	0.278	76
政策环境	0.314	239	结构优化	0.161	132
每万人吸引外商投资额	0.069	99	第三产业增加值占地区GDP比重	0.321	127
企业税收负担	0.559	233	高科技产品进出口总额占地区GDP比重	0.001	200
人文环境	0.274	35	绿色发展	0.784	158
每百人公共图书馆藏书拥有量	0.048	97	万元地区生产总值水耗	0.730	258
每百名学生拥有专任教师人数	0.500	26	万元地区生产总值能耗	0.889	218
生活环境	0.164	117	城市污水处理率	0.807	184
每千人口拥有医院床位数	0.273	88	生活垃圾无害化处理率	1.000	1
城市人均公园绿地面积	0.137	134	城市空气质量等级	0.493	4
每万人拥有公共汽车数	0.083	106	辐射引领	0.015	150
创新服务指数	0.102	184	全市在校普通高校学生数占全省比重	0.043	109
金融服务	0.114	204	全市科学技术从业人员数占全省比重	0.030	170
新三板挂牌企业数	0.000	164	国家技术转移示范机构数	0.000	91
年末金融机构贷款余额增长率	0.341	179	ESI学科进入全球前1%个数	0.000	63
创业板上市企业数	0.000	94	财富世界500强与中国500强企业数	0.000	105
科技条件	0.085	92			
每万人移动电话用户数	0.055	109			
每万人互联网宽带接入用户数	0.116	82			

附表1-119　湛江市科技创新发展指数指标及排名表

科技创新发展指数0.242　　　　　　　　　　　　　　　　综合排名119

指标	指数	排名	指标	指数	排名
创新资源指数	0.251	110	创新绩效指数	0.293	113
创新人才	0.123	195	科技成果	0.010	98
每万人在校大学生数	0.074	148	每万人SCI/SSCI/A&HCI论文产出数	0.018	81
城市化水平	0.192	177	每万人发明专利授权量	0.001	200
万名从业人口中科学技术人员数	0.104	183	经济产出	0.175	147
研发经费	0.443	16	城镇居民人均可支配收入	0.224	160
地方财政科技投入占财政支出比重	0.018	241	地均GDP	0.021	117
地方财政教育投入占财政支出比重	0.868	8	第二产业劳动生产率	0.236	119
创新环境指数	0.204	188	第三产业劳动生产率	0.220	115
政策环境	0.454	58	结构优化	0.186	100
每万人吸引外商投资额	0.009	225	第三产业增加值占地区GDP比重	0.372	94
企业税收负担	0.900	29	高科技产品进出口总额占地区GDP比重	0.001	207
人文环境	0.112	215	绿色发展	0.822	94
每百人公共图书馆藏书拥有量	0.015	241	万元地区生产总值水耗	0.889	127
每百名学生拥有专任教师人数	0.209	194	万元地区生产总值能耗	0.952	81
生活环境	0.099	232	城市污水处理率	0.775	205
每千人口拥有医院床位数	0.156	223	生活垃圾无害化处理率	1.000	1
城市人均公园绿地面积	0.097	209	城市空气质量等级	0.493	4
每万人拥有公共汽车数	0.046	197	辐射引领	0.013	165
创新服务指数	0.105	176	全市在校普通高校学生数占全省比重	0.042	111
金融服务	0.139	143	全市科学技术从业人员数占全省比重	0.015	236
新三板挂牌企业数	0.000	164	国家技术转移示范机构数	0.000	91
年末金融机构贷款余额增长率	0.402	135	ESI学科进入全球前1%个数	0.008	50
创业板上市企业数	0.016	49	财富世界500强与中国500强企业数	0.000	105
科技条件	0.055	174			
每万人移动电话用户数	0.053	118			
每万人互联网宽带接入用户数	0.057	199			

附表1-120 岳阳市科技创新发展指数指标及排名表

科技创新发展指数0.242　　　　　　　　　　　　综合排名120

指标	指数	排名	指标	指数	排名
创新资源指数	0.209	177	创新绩效指数	0.298	103
创新人才	0.165	143	科技成果	0.005	153
每万人在校大学生数	0.068	156	每万人SCI/SSCI/A&HCI论文产出数	0.007	133
城市化水平	0.152	203	每万人发明专利授权量	0.002	151
万名从业人口中科学技术人员数	0.274	47	经济产出	0.199	114
研发经费	0.276	199	城镇居民人均可支配收入	0.186	198
地方财政科技投入占财政支出比重	0.047	155	地均GDP	0.022	112
地方财政教育投入占财政支出比重	0.504	187	第二产业劳动生产率	0.347	51
创新环境指数	0.234	120	第三产业劳动生产率	0.241	100
政策环境	0.478	31	结构优化	0.134	180
每万人吸引外商投资额	0.025	162	第三产业增加值占地区GDP比重	0.268	175
企业税收负担	0.931	15	高科技产品进出口总额占地区GDP比重	0.001	187
人文环境	0.150	160	绿色发展	0.827	86
每百人公共图书馆藏书拥有量	0.018	222	万元地区生产总值水耗	0.844	186
每百名学生拥有专任教师人数	0.282	131	万元地区生产总值能耗	0.951	83
生活环境	0.127	176	城市污水处理率	0.849	140
每千人口拥有医院床位数	0.154	229	生活垃圾无害化处理率	1.000	1
城市人均公园绿地面积	0.132	143	城市空气质量等级	0.493	4
每万人拥有公共汽车数	0.097	91	辐射引领	0.029	82
创新服务指数	0.088	233	全市在校普通高校学生数占全省比重	0.043	110
金融服务	0.117	197	全市科学技术从业人员数占全省比重	0.104	54
新三板挂牌企业数	0.003	103	国家技术转移示范机构数	0.000	91
年末金融机构贷款余额增长率	0.332	185	ESI学科进入全球前1%个数	0.000	63
创业板上市企业数	0.016	49	财富世界500强与中国500强企业数	0.000	105
科技条件	0.044	208			
每万人移动电话用户数	0.033	207			
每万人互联网宽带接入用户数	0.054	209			

附表1-121　莱芜市科技创新发展指数指标及排名表

科技创新发展指数0.242　　　　　　　　　　　　　　综合排名121

指标	指数	排名	指标	指数	排名
创新资源指数	0.386	30	创新绩效指数	0.270	192
创新人才	0.352	45	科技成果	0.009	102
每万人在校大学生数	0.046	198	每万人SCI/SSCI/A&HCI论文产出数	0.008	121
城市化水平	1.000	1	每万人发明专利授权量	0.010	65
万名从业人口中科学技术人员数	0.010	284	经济产出	0.227	87
研发经费	0.438	17	城镇居民人均可支配收入	0.442	47
地方财政科技投入占财政支出比重	0.129	44	地均GDP	0.038	68
地方财政教育投入占财政支出比重	0.746	24	第二产业劳动生产率	0.135	212
创新环境指数	0.211	178	第三产业劳动生产率	0.292	68
政策环境	0.393	155	结构优化	0.157	138
每万人吸引外商投资额	0.020	178	第三产业增加值占地区GDP比重	0.313	134
企业税收负担	0.765	111	高科技产品进出口总额占地区GDP比重	0.001	206
人文环境	0.133	182	绿色发展	0.715	238
每百人公共图书馆藏书拥有量	0.036	134	万元地区生产总值水耗	0.953	32
每百名学生拥有专任教师人数	0.230	177	万元地区生产总值能耗	0.838	255
生活环境	0.141	153	城市污水处理率	0.786	201
每千人口拥有医院床位数	0.242	121	生活垃圾无害化处理率	1.000	1
城市人均公园绿地面积	0.132	142	城市空气质量等级	0.000	237
每万人拥有公共汽车数	0.050	184	辐射引领	0.008	226
创新服务指数	0.042	283	全市在校普通高校学生数占全省比重	0.004	277
金融服务	0.015	286	全市科学技术从业人员数占全省比重	0.001	285
新三板挂牌企业数	0.006	82	国家技术转移示范机构数	0.034	42
年末金融机构贷款余额增长率	0.040	286	ESI学科进入全球前1%个数	0.000	63
创业板上市企业数	0.000	94	财富世界500强与中国500强企业数	0.000	105
科技条件	0.083	97			
每万人移动电话用户数	0.066	80			
每万人互联网宽带接入用户数	0.099	107			

附表1-122　保定市科技创新发展指数指标及排名表

科技创新发展指数0.242　　　　　　　　　　　　　　　综合排名122

指标	指数	排名	指标	指数	排名
创新资源指数	0.254	103	创新绩效指数	0.282	147
创新人才	0.213	106	科技成果	0.015	76
每万人在校大学生数	0.107	107	每万人SCI/SSCI/A&HCI论文产出数	0.029	61
城市化水平	0.059	273	每万人发明专利授权量	0.002	164
万名从业人口中科学技术人员数	0.474	11	经济产出	0.099	255
研发经费	0.314	154	城镇居民人均可支配收入	0.143	227
地方财政科技投入占财政支出比重	0.017	246	地均GDP	0.017	138
地方财政教育投入占财政支出比重	0.611	109	第二产业劳动生产率	0.125	221
创新环境指数	0.220	157	第三产业劳动生产率	0.112	226
政策环境	0.421	109	结构优化	0.143	157
每万人吸引外商投资额	0.022	172	第三产业增加值占地区GDP比重	0.253	192
企业税收负担	0.820	74	高科技产品进出口总额占地区GDP比重	0.033	40
人文环境	0.098	239	绿色发展	0.775	171
每百人公共图书馆藏书拥有量	0.013	250	万元地区生产总值水耗	0.830	199
每百名学生拥有专任教师人数	0.183	214	万元地区生产总值能耗	0.840	253
生活环境	0.168	112	城市污水处理率	0.889	101
每千人口拥有医院床位数	0.126	245	生活垃圾无害化处理率	0.824	244
城市人均公园绿地面积	0.159	108	城市空气质量等级	0.493	4
每万人拥有公共汽车数	0.220	8	辐射引领	0.097	36
创新服务指数	0.114	139	全市在校普通高校学生数占全省比重	0.133	42
金融服务	0.147	120	全市科学技术从业人员数占全省比重	0.305	30
新三板挂牌企业数	0.014	45	国家技术转移示范机构数	0.017	55
年末金融机构贷款余额增长率	0.428	109	ESI学科进入全球前1%个数	0.016	35
创业板上市企业数	0.000	94	财富世界500强与中国500强企业数	0.013	43
科技条件	0.065	146			
每万人移动电话用户数	0.040	175			
每万人互联网宽带接入用户数	0.089	125			

附表1-123 阳泉市科技创新发展指数指标及排名表

科技创新发展指数0.241　　　　　　　　　　　　综合排名123

指标	指数	排名	指标	指数	排名
创新资源指数	0.294	71	创新绩效指数	0.261	219
创新人才	0.236	84	科技成果	0.002	224
每万人在校大学生数	0.082	132	每万人SCI/SSCI/A&HCI论文产出数	0.001	247
城市化水平	0.509	52	每万人发明专利授权量	0.002	154
万名从业人口中科学技术人员数	0.117	162	经济产出	0.124	221
研发经费	0.381	60	城镇居民人均可支配收入	0.252	136
地方财政科技投入占财政支出比重	0.040	175	地均GDP	0.016	140
地方财政教育投入占财政支出比重	0.722	41	第二产业劳动生产率	0.061	270
创新环境指数	0.246	91	第三产业劳动生产率	0.169	153
政策环境	0.413	122	结构优化	0.205	76
每万人吸引外商投资额	0.087	79	第三产业增加值占地区GDP比重	0.409	64
企业税收负担	0.739	137	高科技产品进出口总额占地区GDP比重	0.000	267
人文环境	0.182	124	绿色发展	0.743	208
每百人公共图书馆藏书拥有量	0.041	117	万元地区生产总值水耗	0.856	170
每百名学生拥有专任教师人数	0.323	108	万元地区生产总值能耗	0.812	265
生活环境	0.178	101	城市污水处理率	0.833	159
每千人口拥有医院床位数	0.295	75	生活垃圾无害化处理率	0.720	260
城市人均公园绿地面积	0.130	149	城市空气质量等级	0.493	4
每万人拥有公共汽车数	0.109	72	辐射引领	0.015	147
创新服务指数	0.111	153	全市在校普通高校学生数占全省比重	0.018	213
金融服务	0.110	214	全市科学技术从业人员数占全省比重	0.045	121
新三板挂牌企业数	0.000	164	国家技术转移示范机构数	0.000	91
年末金融机构贷款余额增长率	0.329	190	ESI学科进入全球前1%个数	0.000	63
创业板上市企业数	0.000	94	财富世界500强与中国500强企业数	0.013	43
科技条件	0.112	61			
每万人移动电话用户数	0.075	68			
每万人互联网宽带接入用户数	0.149	57			

附表1-124 咸阳市科技创新发展指数指标及排名表

科技创新发展指数0.241　　　　　　　　　　　　　综合排名124

指标	指数	排名	指标	指数	排名
创新资源指数	0.242	119	创新绩效指数	0.266	208
创新人才	0.160	151	科技成果	0.004	158
每万人在校大学生数	0.185	63	每万人SCI/SSCI/A&HCI论文产出数	0.009	115
城市化水平	0.132	220	每万人发明专利授权量	0.000	276
万名从业人口中科学技术人员数	0.162	101	经济产出	0.195	119
研发经费	0.366	75	城镇居民人均可支配收入	0.420	55
地方财政科技投入占财政支出比重	0.016	254	地均GDP	0.025	106
地方财政教育投入占财政支出比重	0.717	45	第二产业劳动生产率	0.224	126
创新环境指数	0.269	61	第三产业劳动生产率	0.110	227
政策环境	0.484	22	结构优化	0.052	277
每万人吸引外商投资额	0.008	230	第三产业增加值占地区GDP比重	0.104	277
企业税收负担	0.960	7	高科技产品进出口总额占地区GDP比重	0.001	211
人文环境	0.174	130	绿色发展	0.727	228
每百人公共图书馆藏书拥有量	0.019	218	万元地区生产总值水耗	0.838	193
每百名学生拥有专任教师人数	0.328	102	万元地区生产总值能耗	1.000	1
生活环境	0.189	81	城市污水处理率	0.833	159
每千人口拥有医院床位数	0.263	100	生活垃圾无害化处理率	0.964	158
城市人均公园绿地面积	0.235	35	城市空气质量等级	0.000	237
每万人拥有公共汽车数	0.068	135	辐射引领	0.053	48
创新服务指数	0.113	144	全市在校普通高校学生数占全省比重	0.115	44
金融服务	0.151	110	全市科学技术从业人员数占全省比重	0.047	113
新三板挂牌企业数	0.003	103	国家技术转移示范机构数	0.069	29
年末金融机构贷款余额增长率	0.449	96	ESI学科进入全球前1%个数	0.032	27
创业板上市企业数	0.000	94	财富世界500强与中国500强企业数	0.000	105
科技条件	0.056	169			
每万人移动电话用户数	0.046	147			
每万人互联网宽带接入用户数	0.066	174			

附表1-125　汕头市科技创新发展指数指标及排名表

科技创新发展指数 0.241　　　　　　　　　　　综合排名 125

指标	指数	排名	指标	指数	排名
创新资源指数	0.395	28	创新绩效指数	0.270	189
创新人才	0.352	44	科技成果	0.011	90
每万人在校大学生数	0.013	274	每万人 SCI/SSCI/A&HCI 论文产出数	0.016	86
城市化水平	0.985	15	每万人发明专利授权量	0.007	89
万名从业人口中科学技术人员数	0.059	245	经济产出	0.169	153
研发经费	0.459	15	城镇居民人均可支配收入	0.219	167
地方财政科技投入占财政支出比重	0.041	171	地均 GDP	0.103	19
地方财政教育投入占财政支出比重	0.877	6	第二产业劳动生产率	0.122	226
创新环境指数	0.154	268	第三产业劳动生产率	0.231	110
政策环境	0.389	158	结构优化	0.202	81
每万人吸引外商投资额	0.014	205	第三产业增加值占地区 GDP 比重	0.382	87
企业税收负担	0.765	112	高科技产品进出口总额占地区 GDP 比重	0.021	49
人文环境	0.058	276	绿色发展	0.747	200
每百人公共图书馆藏书拥有量	0.051	91	万元地区生产总值水耗	0.818	213
每百名学生拥有专任教师人数	0.065	281	万元地区生产总值能耗	0.904	197
生活环境	0.061	269	城市污水处理率	0.827	168
每千人口拥有医院床位数	0.075	274	生活垃圾无害化处理率	0.692	264
城市人均公园绿地面积	0.094	211	城市空气质量等级	0.493	4
每万人拥有公共汽车数	0.015	267	辐射引领	0.006	248
创新服务指数	0.103	182	全市在校普通高校学生数占全省比重	0.005	265
金融服务	0.109	215	全市科学技术从业人员数占全省比重	0.010	256
新三板挂牌企业数	0.017	41	国家技术转移示范机构数	0.000	91
年末金融机构贷款余额增长率	0.249	236	ESI 学科进入全球前 1% 个数	0.016	35
创业板上市企业数	0.063	22	财富世界 500 强与中国 500 强企业数	0.000	105
科技条件	0.093	82			
每万人移动电话用户数	0.079	63			
每万人互联网宽带接入用户数	0.107	97			

附表1-126 榆林市科技创新发展指数指标及排名表

科技创新发展指数0.241　　　　　　　　　　　　　综合排名126

指标	指数	排名	指标	指数	排名
创新资源指数	0.215	162	创新绩效指数	0.253	238
创新人才	0.102	225	科技成果	0.010	97
每万人在校大学生数	0.034	225	每万人SCI/SSCI/A&HCI论文产出数	0.001	251
城市化水平	0.105	242	每万人发明专利授权量	0.018	40
万名从业人口中科学技术人员数	0.166	99	经济产出	0.322	33
研发经费	0.386	52	城镇居民人均可支配收入	0.367	68
地方财政科技投入占财政支出比重	0.053	138	地均GDP	0.008	205
地方财政教育投入占财政支出比重	0.720	43	第二产业劳动生产率	0.666	9
创新环境指数	0.304	29	第三产业劳动生产率	0.248	96
政策环境	0.326	230	结构优化	0.068	267
每万人吸引外商投资额	0.008	231	第三产业增加值占地区GDP比重	0.136	266
企业税收负担	0.643	194	高科技产品进出口总额占地区GDP比重	0.000	273
人文环境	0.163	145	绿色发展	0.611	277
每百人公共图书馆藏书拥有量	0.030	155	万元地区生产总值水耗	0.981	8
每百名学生拥有专任教师人数	0.295	123	万元地区生产总值能耗	0.000	287
生活环境	0.384	5	城市污水处理率	0.669	244
每千人口拥有医院床位数	0.929	2	生活垃圾无害化处理率	0.910	205
城市人均公园绿地面积	0.176	92	城市空气质量等级	0.493	4
每万人拥有公共汽车数	0.047	190	辐射引领	0.010	192
创新服务指数	0.134	74	全市在校普通高校学生数占全省比重	0.016	221
金融服务	0.178	65	全市科学技术从业人员数占全省比重	0.036	145
新三板挂牌企业数	0.000	164	国家技术转移示范机构数	0.000	91
年末金融机构贷款余额增长率	0.533	56	ESI学科进入全球前1%个数	0.000	63
创业板上市企业数	0.000	94	财富世界500强与中国500强企业数	0.000	105
科技条件	0.068	136			
每万人移动电话用户数	0.073	72			
每万人互联网宽带接入用户数	0.063	185			

附表1-127　徐州市科技创新发展指数指标及排名表

科技创新发展指数0.241　　　　　　　　　　　　综合排名127

指标	指数	排名	指标	指数	排名
创新资源指数	0.254	102	创新绩效指数	0.290	116
创新人才	0.168	139	科技成果	0.023	60
每万人在校大学生数	0.106	109	每万人SCI/SSCI/A&HCI论文产出数	0.035	56
城市化水平	0.290	129	每万人发明专利授权量	0.012	62
万名从业人口中科学技术人员数	0.109	177	经济产出	0.236	79
研发经费	0.382	57	城镇居民人均可支配收入	0.269	126
地方财政科技投入占财政支出比重	0.122	47	地均GDP	0.052	46
地方财政教育投入占财政支出比重	0.643	86	第二产业劳动生产率	0.171	174
创新环境指数	0.198	202	第三产业劳动生产率	0.453	26
政策环境	0.345	217	结构优化	0.221	61
每万人吸引外商投资额	0.069	100	第三产业增加值占地区GDP比重	0.437	52
企业税收负担	0.621	206	高科技产品进出口总额占地区GDP比重	0.006	101
人文环境	0.152	157	绿色发展	0.715	239
每百人公共图书馆藏书拥有量	0.026	180	万元地区生产总值水耗	0.923	70
每百名学生拥有专任教师人数	0.277	137	万元地区生产总值能耗	0.940	122
生活环境	0.131	171	城市污水处理率	0.826	170
每千人口拥有医院床位数	0.212	158	生活垃圾无害化处理率	0.888	223
城市人均公园绿地面积	0.118	171	城市空气质量等级	0.000	237
每万人拥有公共汽车数	0.064	146	辐射引领	0.042	60
创新服务指数	0.109	160	全市在校普通高校学生数占全省比重	0.074	65
金融服务	0.151	109	全市科学技术从业人员数占全省比重	0.056	91
新三板挂牌企业数	0.003	103	国家技术转移示范机构数	0.052	33
年末金融机构贷款余额增长率	0.404	134	ESI学科进入全球前1%个数	0.016	35
创业板上市企业数	0.047	30	财富世界500强与中国500强企业数	0.013	43
科技条件	0.045	201			
每万人移动电话用户数	0.036	202			
每万人互联网宽带接入用户数	0.055	203			

附表1-128　鞍山市科技创新发展指数指标及排名表

科技创新发展指数0.241　　　　　　　　　　　　　　综合排名128

指标	指数	排名	指标	指数	排名
创新资源指数	0.261	98	创新绩效指数	0.271	183
创新人才	0.316	55	科技成果	0.013	85
每万人在校大学生数	0.082	131	每万人SCI/SSCI/A&HCI论文产出数	0.019	77
城市化水平	0.405	84	每万人发明专利授权量	0.007	86
万名从业人口中科学技术人员数	0.462	12	经济产出	0.215	99
研发经费	0.177	281	城镇居民人均可支配收入	0.362	70
地方财政科技投入占财政支出比重	0.060	121	地均GDP	0.032	83
地方财政教育投入占财政支出比重	0.294	280	第二产业劳动生产率	0.185	163
创新环境指数	0.261	63	第三产业劳动生产率	0.279	75
政策环境	0.387	163	结构优化	0.209	72
每万人吸引外商投资额	0.191	35	第三产业增加值占地区GDP比重	0.416	61
企业税收负担	0.583	220	高科技产品进出口总额占地区GDP比重	0.002	152
人文环境	0.219	82	绿色发展	0.671	265
每百人公共图书馆藏书拥有量	0.070	66	万元地区生产总值水耗	0.672	277
每百名学生拥有专任教师人数	0.368	74	万元地区生产总值能耗	0.851	247
生活环境	0.205	64	城市污水处理率	0.834	158
每千人口拥有医院床位数	0.320	64	生活垃圾无害化处理率	1.000	1
城市人均公园绿地面积	0.179	85	城市空气质量等级	0.000	237
每万人拥有公共汽车数	0.117	63	辐射引领	0.044	56
创新服务指数	0.082	251	全市在校普通高校学生数占全省比重	0.035	134
金融服务	0.078	260	全市科学技术从业人员数占全省比重	0.153	39
新三板挂牌企业数	0.008	58	国家技术转移示范机构数	0.017	55
年末金融机构贷款余额增长率	0.195	262	ESI学科进入全球前1%个数	0.000	63
创业板上市企业数	0.031	35	财富世界500强与中国500强企业数	0.013	43
科技条件	0.089	89			
每万人移动电话用户数	0.063	91			
每万人互联网宽带接入用户数	0.114	85			

附表1-129　本溪市科技创新发展指数指标及排名表

科技创新发展指数0.240　　　　　　　　　　　　综合排名129

指标	指数	排名	指标	指数	排名
创新资源指数	0.246	115	创新绩效指数	0.249	247
创新人才	0.270	65	科技成果	0.004	176
每万人在校大学生数	0.112	101	每万人SCI/SSCI/A&HCI论文产出数	0.005	165
城市化水平	0.594	39	每万人发明专利授权量	0.003	134
万名从业人口中科学技术人员数	0.104	184	经济产出	0.180	143
研发经费	0.210	266	城镇居民人均可支配收入	0.307	95
地方财政科技投入占财政支出比重	0.072	93	地均GDP	0.017	137
地方财政教育投入占财政支出比重	0.348	272	第二产业劳动生产率	0.191	154
创新环境指数	0.334	13	第三产业劳动生产率	0.203	128
政策环境	0.345	218	结构优化	0.172	115
每万人吸引外商投资额	0.166	43	第三产业增加值占地区GDP比重	0.344	111
企业税收负担	0.523	243	高科技产品进出口总额占地区GDP比重	0.001	184
人文环境	0.486	8	绿色发展	0.670	266
每百人公共图书馆藏书拥有量	0.071	64	万元地区生产总值水耗	0.616	282
每百名学生拥有专任教师人数	0.902	4	万元地区生产总值能耗	0.842	251
生活环境	0.226	49	城市污水处理率	0.892	100
每千人口拥有医院床位数	0.442	27	生活垃圾无害化处理率	1.000	107
城市人均公园绿地面积	0.146	126	城市空气质量等级	0.000	237
每万人拥有公共汽车数	0.089	99	辐射引领	0.013	172
创新服务指数	0.072	266	全市在校普通高校学生数占全省比重	0.021	193
金融服务	0.046	278	全市科学技术从业人员数占全省比重	0.019	220
新三板挂牌企业数	0.000	164	国家技术转移示范机构数	0.017	55
年末金融机构贷款余额增长率	0.139	273	ESI学科进入全球前1%个数	0.000	63
创业板上市企业数	0.000	94	财富世界500强与中国500强企业数	0.006	65
科技条件	0.111	63			
每万人移动电话用户数	0.075	69			
每万人互联网宽带接入用户数	0.147	58			

附表1-130 毕节市科技创新发展指数指标及排名表

科技创新发展指数0.240　　　　　　　　　　　　　　综合排名130

指标	指数	排名	指标	指数	排名
创新资源指数	0.302	67	创新绩效指数	0.294	109
创新人才	0.220	99	科技成果	0.000	280
每万人在校大学生数	0.011	279	每万人SCI/SSCI/A&HCI论文产出数	0.001	271
城市化水平	0.085	255	每万人发明专利授权量	0.000	271
万名从业人口中科学技术人员数	0.564	6	经济产出	0.161	175
研发经费	0.424	25	城镇居民人均可支配收入	0.144	226
地方财政科技投入占财政支出比重	0.024	219	地均GDP	0.005	231
地方财政教育投入占财政支出比重	0.824	13	第二产业劳动生产率	0.386	40
创新环境指数	0.139	281	第三产业劳动生产率	0.107	229
政策环境	0.325	231	结构优化	0.164	129
每万人吸引外商投资额	0.007	239	第三产业增加值占地区GDP比重	0.327	123
企业税收负担	0.643	192	高科技产品进出口总额占地区GDP比重	0.000	215
人文环境	0.049	280	绿色发展	0.809	121
每百人公共图书馆藏书拥有量	0.003	284	万元地区生产总值水耗	0.930	63
每百名学生拥有专任教师人数	0.094	274	万元地区生产总值能耗	0.939	125
生活环境	0.075	256	城市污水处理率	0.830	163
每千人口拥有医院床位数	0.166	209	生活垃圾无害化处理率	0.856	237
城市人均公园绿地面积	0.056	258	城市空气质量等级	0.493	4
每万人拥有公共汽车数	0.004	286	辐射引领	0.053	47
创新服务指数	0.129	92	全市在校普通高校学生数占全省比重	0.028	165
金融服务	0.146	121	全市科学技术从业人员数占全省比重	0.239	33
新三板挂牌企业数	0.000	164	国家技术转移示范机构数	0.000	91
年末金融机构贷款余额增长率	0.439	101	ESI学科进入全球前1%个数	0.000	63
创业板上市企业数	0.000	94	财富世界500强与中国500强企业数	0.000	105
科技条件	0.102	71			
每万人移动电话用户数	0.002	286			
每万人互联网宽带接入用户数	0.202	40			

附表1-131　大同市科技创新发展指数指标及排名表

科技创新发展指数0.239　　　　　　　　　　　　　　　综合排名131

指标	指数	排名	指标	指数	排名
创新资源指数	0.252	107	创新绩效指数	0.284	137
创新人才	0.228	93	科技成果	0.006	128
每万人在校大学生数	0.070	151	每万人SCI/SSCI/A&HCI论文产出数	0.007	139
城市化水平	0.499	53	每万人发明专利授权量	0.006	97
万名从业人口中科学技术人员数	0.115	166	经济产出	0.107	246
研发经费	0.289	186	城镇居民人均可支配收入	0.194	187
地方财政科技投入占财政支出比重	0.021	232	地均GDP	0.008	200
地方财政教育投入占财政支出比重	0.557	153	第二产业劳动生产率	0.075	261
创新环境指数	0.218	162	第三产业劳动生产率	0.151	177
政策环境	0.292	253	结构优化	0.259	39
每万人吸引外商投资额	0.023	169	第三产业增加值占地区GDP比重	0.517	26
企业税收负担	0.561	231	高科技产品进出口总额占地区GDP比重	0.001	193
人文环境	0.280	30	绿色发展	0.805	129
每百人公共图书馆藏书拥有量	0.015	239	万元地区生产总值水耗	0.902	100
每百名学生拥有专任教师人数	0.546	22	万元地区生产总值能耗	0.903	198
生活环境	0.128	174	城市污水处理率	0.807	184
每千人口拥有医院床位数	0.254	107	生活垃圾无害化处理率	0.920	196
城市人均公园绿地面积	0.086	217	城市空气质量等级	0.493	4
每万人拥有公共汽车数	0.044	202	辐射引领	0.024	99
创新服务指数	0.096	212	全市在校普通高校学生数占全省比重	0.039	117
金融服务	0.110	211	全市科学技术从业人员数占全省比重	0.070	75
新三板挂牌企业数	0.003	103	国家技术转移示范机构数	0.000	91
年末金融机构贷款余额增长率	0.312	198	ESI学科进入全球前1%个数	0.000	63
创业板上市企业数	0.016	49	财富世界500强与中国500强企业数	0.013	43
科技条件	0.074	114			
每万人移动电话用户数	0.062	93			
每万人互联网宽带接入用户数	0.086	132			

附表1-132 滨州市科技创新发展指数指标及排名表

科技创新发展指数0.239　　　　　　　　　　　　　　　　　综合排名132

指标	指数	排名	指标	指数	排名
创新资源指数	0.217	158	创新绩效指数	0.289	121
创新人才	0.125	189	科技成果	0.008	109
每万人在校大学生数	0.101	114	每万人SCI/SSCI/A&HCI论文产出数	0.016	88
城市化水平	0.237	161	每万人发明专利授权量	0.001	207
万名从业人口中科学技术人员数	0.037	273	经济产出	0.259	60
研发经费	0.355	95	城镇居民人均可支配收入	0.416	57
地方财政科技投入占财政支出比重	0.090	75	地均GDP	0.029	92
地方财政教育投入占财政支出比重	0.620	102	第二产业劳动生产率	0.167	182
创新环境指数	0.225	149	第三产业劳动生产率	0.425	29
政策环境	0.372	182	结构优化	0.181	106
每万人吸引外商投资额	0.042	127	第三产业增加值占地区GDP比重	0.355	103
企业税收负担	0.702	162	高科技产品进出口总额占地区GDP比重	0.007	88
人文环境	0.147	164	绿色发展	0.746	202
每百人公共图书馆藏书拥有量	0.029	161	万元地区生产总值水耗	0.901	101
每百名学生拥有专任教师人数	0.266	147	万元地区生产总值能耗	0.913	183
生活环境	0.178	102	城市污水处理率	0.914	72
每千人口拥有医院床位数	0.260	103	生活垃圾无害化处理率	1.000	1
城市人均公园绿地面积	0.213	48	城市空气质量等级	0.000	237
每万人拥有公共汽车数	0.061	153	辐射引领	0.011	184
创新服务指数	0.101	190	全市在校普通高校学生数占全省比重	0.025	176
金融服务	0.119	191	全市科学技术从业人员数占全省比重	0.013	246
新三板挂牌企业数	0.008	58	国家技术转移示范机构数	0.000	91
年末金融机构贷款余额增长率	0.348	175	ESI学科进入全球前1%个数	0.000	63
创业板上市企业数	0.000	94	财富世界500强与中国500强企业数	0.019	34
科技条件	0.073	117			
每万人移动电话用户数	0.062	92			
每万人互联网宽带接入用户数	0.084	134			

附表1-133　韶关市科技创新发展指数指标及排名表

科技创新发展指数0.239　　　　　　　　　　　综合排名133

指标	指数	排名	指标	指数	排名
创新资源指数	0.226	145	创新绩效指数	0.276	163
创新人才	0.142	169	科技成果	0.004	167
每万人在校大学生数	0.089	122	每万人SCI/SSCI/A&HCI论文产出数	0.007	136
城市化水平	0.245	153	每万人发明专利授权量	0.001	201
万名从业人口中科学技术人员数	0.092	205	经济产出	0.165	165
研发经费	0.351	101	城镇居民人均可支配收入	0.327	83
地方财政科技投入占财政支出比重	0.053	140	地均GDP	0.007	216
地方财政教育投入占财政支出比重	0.650	81	第二产业劳动生产率	0.102	243
创新环境指数	0.207	184	第三产业劳动生产率	0.224	112
政策环境	0.390	157	结构优化	0.237	51
每万人吸引外商投资额	0.024	164	第三产业增加值占地区GDP比重	0.465	43
企业税收负担	0.756	124	高科技产品进出口总额占地区GDP比重	0.010	78
人文环境	0.150	159	绿色发展	0.758	192
每百人公共图书馆藏书拥有量	0.040	120	万元地区生产总值水耗	0.822	207
每百名学生拥有专任教师人数	0.260	150	万元地区生产总值能耗	0.879	233
生活环境	0.123	184	城市污水处理率	0.744	223
每千人口拥有医院床位数	0.213	154	生活垃圾无害化处理率	0.850	240
城市人均公园绿地面积	0.105	197	城市空气质量等级	0.493	4
每万人拥有公共汽车数	0.049	188	辐射引领	0.007	235
创新服务指数	0.163	35	全市在校普通高校学生数占全省比重	0.020	198
金融服务	0.143	132	全市科学技术从业人员数占全省比重	0.009	260
新三板挂牌企业数	0.003	103	国家技术转移示范机构数	0.000	91
年末金融机构贷款余额增长率	0.425	115	ESI学科进入全球前1%个数	0.000	63
创业板上市企业数	0.000	94	财富世界500强与中国500强企业数	0.006	65
科技条件	0.194	27			
每万人移动电话用户数	0.047	142			
每万人互联网宽带接入用户数	0.341	15			

附表1-134 许昌市科技创新发展指数指标及排名表

科技创新发展指数0.239   综合排名134

指标	指数	排名	指标	指数	排名
创新资源指数	0.208	182	创新绩效指数	0.283	140
创新人才	0.068	269	科技成果	0.005	157
每万人在校大学生数	0.054	172	每万人SCI/SSCI/A&HCI论文产出数	0.007	138
城市化水平	0.037	280	每万人发明专利授权量	0.002	146
万名从业人口中科学技术人员数	0.114	168	经济产出	0.189	127
研发经费	0.418	28	城镇居民人均可支配收入	0.203	177
地方财政科技投入占财政支出比重	0.085	78	地均GDP	0.052	47
地方财政教育投入占财政支出比重	0.751	23	第二产业劳动生产率	0.256	102
创新环境指数	0.234	121	第三产业劳动生产率	0.247	98
政策环境	0.446	67	结构优化	0.092	240
每万人吸引外商投资额	0.050	110	第三产业增加值占地区GDP比重	0.183	238
企业税收负担	0.841	60	高科技产品进出口总额占地区GDP比重	0.001	185
人文环境	0.127	196	绿色发展	0.818	101
每百人公共图书馆藏书拥有量	0.015	234	万元地区生产总值水耗	0.790	233
每百名学生拥有专任教师人数	0.238	168	万元地区生产总值能耗	0.882	228
生活环境	0.164	118	城市污水处理率	0.961	25
每千人口拥有医院床位数	0.142	235	生活垃圾无害化处理率	0.964	157
城市人均公园绿地面积	0.180	82	城市空气质量等级	0.493	4
每万人拥有公共汽车数	0.171	23	辐射引领	0.010	198
创新服务指数	0.117	125	全市在校普通高校学生数占全省比重	0.020	203
金融服务	0.168	83	全市科学技术从业人员数占全省比重	0.030	169
新三板挂牌企业数	0.008	58	国家技术转移示范机构数	0.000	91
年末金融机构贷款余额增长率	0.494	72	ESI学科进入全球前1%个数	0.000	63
创业板上市企业数	0.000	94	财富世界500强与中国500强企业数	0.000	105
科技条件	0.042	216			
每万人移动电话用户数	0.028	230			
每万人互联网宽带接入用户数	0.055	203			

附表1-135　廊坊市科技创新发展指数指标及排名表

科技创新发展指数0.238　　　　　　　　　　　　　　　综合排名135

指标	指数	排名	指标	指数	排名
创新资源指数	0.238	125	创新绩效指数	0.288	124
创新人才	0.193	119	科技成果	0.010	94
每万人在校大学生数	0.158	73	每万人SCI/SSCI/A&HCI论文产出数	0.019	79
城市化水平	0.150	206	每万人发明专利授权量	0.001	185
万名从业人口中科学技术人员数	0.273	48	经济产出	0.246	72
研发经费	0.304	164	城镇居民人均可支配收入	0.375	67
地方财政科技投入占财政支出比重	0.040	174	地均GDP	0.042	59
地方财政教育投入占财政支出比重	0.569	141	第二产业劳动生产率	0.262	99
创新环境指数	0.191	218	第三产业劳动生产率	0.303	63
政策环境	0.283	257	结构优化	0.214	65
每万人吸引外商投资额	0.069	98	第三产业增加值占地区GDP比重	0.391	81
企业税收负担	0.497	253	高科技产品进出口总额占地区GDP比重	0.038	37
人文环境	0.186	121	绿色发展	0.708	247
每百人公共图书馆藏书拥有量	0.047	100	万元地区生产总值水耗	0.947	39
每百名学生拥有专任教师人数	0.325	104	万元地区生产总值能耗	0.892	214
生活环境	0.133	169	城市污水处理率	0.916	70
每千人口拥有医院床位数	0.200	171	生活垃圾无害化处理率	0.294	283
城市人均公园绿地面积	0.121	166	城市空气质量等级	0.493	4
每万人拥有公共汽车数	0.077	114	辐射引领	0.042	59
创新服务指数	0.125	103	全市在校普通高校学生数占全省比重	0.074	66
金融服务	0.139	144	全市科学技术从业人员数占全省比重	0.077	69
新三板挂牌企业数	0.006	82	国家技术转移示范机构数	0.034	42
年末金融机构贷款余额增长率	0.411	128	ESI学科进入全球前1%个数	0.000	63
创业板上市企业数	0.000	94	财富世界500强与中国500强企业数	0.026	27
科技条件	0.105	69			
每万人移动电话用户数	0.078	64			
每万人互联网宽带接入用户数	0.131	66			

附表1-136 防城港市科技创新发展指数指标及排名表

科技创新发展指数0.238　　　　　　　　　　　综合排名136

指标	指数	排名	指标	指数	排名
创新资源指数	0.233	134	创新绩效指数	0.297	105
创新人才	0.247	78	科技成果	0.001	254
每万人在校大学生数	0.027	241	每万人SCI/SSCI/A&HCI论文产出数	0.002	229
城市化水平	0.559	47	每万人发明专利授权量	0.000	276
万名从业人口中科学技术人员数	0.156	110	经济产出	0.371	17
研发经费	0.210	265	城镇居民人均可支配收入	0.290	107
地方财政科技投入占财政支出比重	0.064	112	地均GDP	0.011	176
地方财政教育投入占财政支出比重	0.357	270	第二产业劳动生产率	1.000	1
创新环境指数	0.164	259	第三产业劳动生产率	0.183	141
政策环境	0.372	181	结构优化	0.093	239
每万人吸引外商投资额	0.010	219	第三产业增加值占地区GDP比重	0.179	240
企业税收负担	0.734	139	高科技产品进出口总额占地区GDP比重	0.006	95
人文环境	0.070	267	绿色发展	0.731	224
每百人公共图书馆藏书拥有量	0.037	126	万元地区生产总值水耗	0.912	83
每百名学生拥有专任教师人数	0.104	269	万元地区生产总值能耗	0.909	186
生活环境	0.088	242	城市污水处理率	0.432	277
每千人口拥有医院床位数	0.188	183	生活垃圾无害化处理率	0.908	208
城市人均公园绿地面积	0.028	278	城市空气质量等级	0.493	4
每万人拥有公共汽车数	0.046	196	辐射引领	0.004	266
创新服务指数	0.134	77	全市在校普通高校学生数占全省比重	0.004	276
金融服务	0.175	71	全市科学技术从业人员数占全省比重	0.014	241
新三板挂牌企业数	0.000	164	国家技术转移示范机构数	0.000	91
年末金融机构贷款余额增长率	0.524	62	ESI学科进入全球前1%个数	0.000	63
创业板上市企业数	0.000	94	财富世界500强与中国500强企业数	0.000	105
科技条件	0.072	121			
每万人移动电话用户数	0.057	104			
每万人互联网宽带接入用户数	0.087	126			

附表1-137　临沂市科技创新发展指数指标及排名表

科技创新发展指数0.237　　　　　　　　　　　　　综合排名137

指标	指数	排名	指标	指数	排名
创新资源指数	0.234	133	创新绩效指数	0.285	131
创新人才	0.118	201	科技成果	0.003	189
每万人在校大学生数	0.046	200	每万人SCI/SSCI/A&HCI论文产出数	0.005	156
城市化水平	0.192	176	每万人发明专利授权量	0.001	195
万名从业人口中科学技术人员数	0.117	161	经济产出	0.230	83
研发经费	0.407	34	城镇居民人均可支配收入	0.479	41
地方财政科技投入占财政支出比重	0.042	169	地均GDP	0.026	104
地方财政教育投入占财政支出比重	0.771	19	第二产业劳动生产率	0.162	187
创新环境指数	0.210	179	第三产业劳动生产率	0.255	90
政策环境	0.395	149	结构优化	0.211	69
每万人吸引外商投资额	0.013	208	第三产业增加值占地区GDP比重	0.421	55
企业税收负担	0.777	106	高科技产品进出口总额占地区GDP比重	0.001	189
人文环境	0.112	216	绿色发展	0.733	222
每百人公共图书馆藏书拥有量	0.028	165	万元地区生产总值水耗	0.862	165
每百名学生拥有专任教师人数	0.195	205	万元地区生产总值能耗	0.886	223
生活环境	0.153	132	城市污水处理率	0.915	71
每千人口拥有医院床位数	0.200	170	生活垃圾无害化处理率	1.000	1
城市人均公园绿地面积	0.223	43	城市空气质量等级	0.000	237
每万人拥有公共汽车数	0.036	229	辐射引领	0.022	110
创新服务指数	0.108	162	全市在校普通高校学生数占全省比重	0.032	142
金融服务	0.145	126	全市科学技术从业人员数占全省比重	0.066	79
新三板挂牌企业数	0.006	82	国家技术转移示范机构数	0.000	91
年末金融机构贷款余额增长率	0.429	108	ESI学科进入全球前1%个数	0.000	63
创业板上市企业数	0.000	94	财富世界500强与中国500强企业数	0.013	43
科技条件	0.054	175			
每万人移动电话用户数	0.045	149			
每万人互联网宽带接入用户数	0.063	186			

附表1-138 潮州市科技创新发展指数指标及排名表

科技创新发展指数0.237 综合排名138

指标	指数	排名	指标	指数	排名
创新资源指数	0.304	63	创新绩效指数	0.281	149
创新人才	0.237	83	科技成果	0.005	154
每万人在校大学生数	0.050	187	每万人SCI/SSCI/A&HCI论文产出数	0.007	128
城市化水平	0.589	42	每万人发明专利授权量	0.002	161
万名从业人口中科学技术人员数	0.072	228	经济产出	0.164	166
研发经费	0.405	37	城镇居民人均可支配收入	0.138	233
地方财政科技投入占财政支出比重	0.018	242	地均GDP	0.033	78
地方财政教育投入占财政支出比重	0.792	16	第二产业劳动生产率	0.199	143
创新环境指数	0.176	245	第三产业劳动生产率	0.285	73
政策环境	0.465	42	结构优化	0.159	136
每万人吸引外商投资额	0.017	190	第三产业增加值占地区GDP比重	0.314	133
企业税收负担	0.913	22	高科技产品进出口总额占地区GDP比重	0.003	122
人文环境	0.094	242	绿色发展	0.813	115
每百人公共图书馆藏书拥有量	0.015	242	万元地区生产总值水耗	0.949	38
每百名学生拥有专任教师人数	0.173	222	万元地区生产总值能耗	0.897	205
生活环境	0.037	283	城市污水处理率	0.823	173
每千人口拥有医院床位数	0.044	284	生活垃圾无害化处理率	0.904	213
城市人均公园绿地面积	0.054	261	城市空气质量等级	0.493	4
每万人拥有公共汽车数	0.014	268	辐射引领	0.003	275
创新服务指数	0.097	205	全市在校普通高校学生数占全省比重	0.010	250
金融服务	0.115	199	全市科学技术从业人员数占全省比重	0.003	280
新三板挂牌企业数	0.000	164	国家技术转移示范机构数	0.000	91
年末金融机构贷款余额增长率	0.315	196	ESI学科进入全球前1%个数	0.000	63
创业板上市企业数	0.031	35	财富世界500强与中国500强企业数	0.000	105
科技条件	0.069	132			
每万人移动电话用户数	0.054	114			
每万人互联网宽带接入用户数	0.084	135			

附表1-139　邯郸市科技创新发展指数指标及排名表

科技创新发展指数0.237　　　　　　　　　　　　　　综合排名139

指标	指数	排名	指标	指数	排名
创新资源指数	0.219	155	创新绩效指数	0.283	141
创新人才	0.098	235	科技成果	0.005	152
每万人在校大学生数	0.044	202	每万人SCI/SSCI/A&HCI论文产出数	0.009	116
城市化水平	0.116	231	每万人发明专利授权量	0.001	221
万名从业人口中科学技术人员数	0.134	135	经济产出	0.147	182
研发经费	0.401	39	城镇居民人均可支配收入	0.174	210
地方财政科技投入占财政支出比重	0.074	90	地均GDP	0.031	86
地方财政教育投入占财政支出比重	0.728	40	第二产业劳动生产率	0.201	140
创新环境指数	0.237	114	第三产业劳动生产率	0.181	143
政策环境	0.441	80	结构优化	0.147	151
每万人吸引外商投资额	0.038	137	第三产业增加值占地区GDP比重	0.293	149
企业税收负担	0.844	57	高科技产品进出口总额占地区GDP比重	0.002	157
人文环境	0.084	255	绿色发展	0.810	119
每百人公共图书馆藏书拥有量	0.012	262	万元地区生产总值水耗	0.794	228
每百名学生拥有专任教师人数	0.156	239	万元地区生产总值能耗	0.797	271
生活环境	0.202	67	城市污水处理率	0.969	23
每千人口拥有医院床位数	0.171	203	生活垃圾无害化处理率	1.000	1
城市人均公园绿地面积	0.270	24	城市空气质量等级	0.493	4
每万人拥有公共汽车数	0.166	27	辐射引领	0.029	83
创新服务指数	0.090	228	全市在校普通高校学生数占全省比重	0.049	95
金融服务	0.121	186	全市科学技术从业人员数占全省比重	0.073	71
新三板挂牌企业数	0.000	164	国家技术转移示范机构数	0.017	55
年末金融机构贷款余额增长率	0.348	176	ESI学科进入全球前1%个数	0.000	63
创业板上市企业数	0.016	49	财富世界500强与中国500强企业数	0.006	65
科技条件	0.043	211			
每万人移动电话用户数	0.032	216			
每万人互联网宽带接入用户数	0.055	208			

附表1-140 赤峰市科技创新发展指数指标及排名表

科技创新发展指数 0.237　　　　　　　　　　　　综合排名 140

指标	指数	排名	指标	指数	排名
创新资源指数	0.222	150	创新绩效指数	0.265	212
创新人才	0.149	159	科技成果	0.002	217
每万人在校大学生数	0.032	230	每万人 SCI/SSCI/A&HCI 论文产出数	0.003	188
城市化水平	0.286	132	每万人发明专利授权量	0.001	229
万名从业人口中科学技术人员数	0.130	138	经济产出	0.196	117
研发经费	0.330	134	城镇居民人均可支配收入	0.185	200
地方财政科技投入占财政支出比重	0.017	249	地均 GDP	0.002	269
地方财政教育投入占财政支出比重	0.643	87	第二产业劳动生产率	0.387	39
创新环境指数	0.251	82	第三产业劳动生产率	0.209	123
政策环境	0.437	87	结构优化	0.142	160
每万人吸引外商投资额	0.002	265	第三产业增加值占地区 GDP 比重	0.283	154
企业税收负担	0.872	43	高科技产品进出口总额占地区 GDP 比重	0.000	270
人文环境	0.218	84	绿色发展	0.713	242
每百人公共图书馆藏书拥有量	0.036	132	万元地区生产总值水耗	0.852	175
每百名学生拥有专任教师人数	0.399	57	万元地区生产总值能耗	0.933	145
生活环境	0.149	142	城市污水处理率	0.850	138
每千人口拥有医院床位数	0.214	153	生活垃圾无害化处理率	0.928	190
城市人均公园绿地面积	0.191	68	城市空气质量等级	0.000	237
每万人拥有公共汽车数	0.042	207	辐射引领	0.026	93
创新服务指数	0.132	81	全市在校普通高校学生数占全省比重	0.047	101
金融服务	0.193	38	全市科学技术从业人员数占全省比重	0.085	60
新三板挂牌企业数	0.000	164	国家技术转移示范机构数	0.000	91
年末金融机构贷款余额增长率	0.579	32	ESI 学科进入全球前 1%个数	0.000	63
创业板上市企业数	0.000	94	财富世界 500 强与中国 500 强企业数	0.000	105
科技条件	0.042	215			
每万人移动电话用户数	0.040	176			
每万人互联网宽带接入用户数	0.043	230			

附表1-141　朔州市科技创新发展指数指标及排名表

科技创新发展指数0.237　　　　　　　　　　　　　　综合排名141

指标	指数	排名	指标	指数	排名
创新资源指数	0.207	186	创新绩效指数	0.308	78
创新人才	0.164	144	科技成果	0.002	213
每万人在校大学生数	0.039	214	每万人SCI/SSCI/A&HCI论文产出数	0.001	257
城市化水平	0.384	90	每万人发明专利授权量	0.004	116
万名从业人口中科学技术人员数	0.070	231	经济产出	0.225	88
研发经费	0.270	208	城镇居民人均可支配收入	0.277	119
地方财政科技投入占财政支出比重	0.026	211	地均GDP	0.011	177
地方财政教育投入占财政支出比重	0.515	177	第二产业劳动生产率	0.323	66
创新环境指数	0.196	209	第三产业劳动生产率	0.290	69
政策环境	0.357	204	结构优化	0.172	117
每万人吸引外商投资额	0.037	139	第三产业增加值占地区GDP比重	0.344	110
企业税收负担	0.677	176	高科技产品进出口总额占地区GDP比重	0.000	243
人文环境	0.187	120	绿色发展	0.854	26
每百人公共图书馆藏书拥有量	0.043	112	万元地区生产总值水耗	0.999	2
每百名学生拥有专任教师人数	0.330	99	万元地区生产总值能耗	0.899	204
生活环境	0.095	236	城市污水处理率	0.965	24
每千人口拥有医院床位数	0.175	200	生活垃圾无害化处理率	0.912	200
城市人均公园绿地面积	0.082	227	城市空气质量等级	0.493	4
每万人拥有公共汽车数	0.029	244	辐射引领	0.006	246
创新服务指数	0.065	276	全市在校普通高校学生数占全省比重	0.012	239
金融服务	0.065	273	全市科学技术从业人员数占全省比重	0.020	215
新三板挂牌企业数	0.000	164	国家技术转移示范机构数	0.000	91
年末金融机构贷款余额增长率	0.195	263	ESI学科进入全球前1%个数	0.000	63
创业板上市企业数	0.000	94	财富世界500强与中国500强企业数	0.000	105
科技条件	0.065	143			
每万人移动电话用户数	0.065	83			
每万人互联网宽带接入用户数	0.065	177			

附表1-142　襄阳市科技创新发展指数指标及排名表

科技创新发展指数0.236　　　　　　　　　　　　　　综合排名142

指标	指数	排名	指标	指数	排名
创新资源指数	0.268	86	创新绩效指数	0.269	199
创新人才	0.214	105	科技成果	0.003	199
每万人在校大学生数	0.070	152	每万人SCI/SSCI/A&HCI论文产出数	0.003	204
城市化水平	0.350	101	每万人发明专利授权量	0.003	143
万名从业人口中科学技术人员数	0.223	59	经济产出	0.112	241
研发经费	0.348	110	城镇居民人均可支配收入	0.127	242
地方财政科技投入占财政支出比重	0.202	19	地均GDP	0.019	120
地方财政教育投入占财政支出比重	0.494	195	第二产业劳动生产率	0.142	208
创新环境指数	0.205	187	第三产业劳动生产率	0.158	166
政策环境	0.379	172	结构优化	0.084	252
每万人吸引外商投资额	0.040	131	第三产业增加值占地区GDP比重	0.167	248
企业税收负担	0.718	154	高科技产品进出口总额占地区GDP比重	0.002	160
人文环境	0.170	135	绿色发展	0.806	126
每百人公共图书馆藏书拥有量	0.026	181	万元地区生产总值水耗	0.881	137
每百名学生拥有专任教师人数	0.315	112	万元地区生产总值能耗	0.978	18
生活环境	0.112	207	城市污水处理率	0.690	238
每千人口拥有医院床位数	0.258	105	生活垃圾无害化处理率	0.991	121
城市人均公园绿地面积	0.072	241	城市空气质量等级	0.493	4
每万人拥有公共汽车数	0.006	283	辐射引领	0.036	69
创新服务指数	0.132	82	全市在校普通高校学生数占全省比重	0.037	128
金融服务	0.197	33	全市科学技术从业人员数占全省比重	0.128	46
新三板挂牌企业数	0.008	58	国家技术转移示范机构数	0.017	55
年末金融机构贷款余额增长率	0.551	43	ESI学科进入全球前1%个数	0.000	63
创业板上市企业数	0.031	35	财富世界500强与中国500强企业数	0.000	105
科技条件	0.036	234			
每万人移动电话用户数	0.036	199			
每万人互联网宽带接入用户数	0.036	242			

附表1-143　郴州市科技创新发展指数指标及排名表

科技创新发展指数0.236　　　　　　　　　　　　综合排名143

指标	指数	排名	指标	指数	排名
创新资源指数	0.195	215	创新绩效指数	0.296	106
创新人才	0.111	216	科技成果	0.002	214
每万人在校大学生数	0.035	221	每万人SCI/SSCI/A&HCI论文产出数	0.003	195
城市化水平	0.123	225	每万人发明专利授权量	0.002	175
万名从业人口中科学技术人员数	0.176	87	经济产出	0.205	108
研发经费	0.321	144	城镇居民人均可支配收入	0.201	181
地方财政科技投入占财政支出比重	0.055	134	地均GDP	0.012	173
地方财政教育投入占财政支出比重	0.587	126	第二产业劳动生产率	0.401	33
创新环境指数	0.193	215	第三产业劳动生产率	0.206	126
政策环境	0.255	267	结构优化	0.123	202
每万人吸引外商投资额	0.096	70	第三产业增加值占地区GDP比重	0.239	202
企业税收负担	0.414	270	高科技产品进出口总额占地区GDP比重	0.006	89
人文环境	0.138	173	绿色发展	0.839	56
每百人公共图书馆藏书拥有量	0.018	221	万元地区生产总值水耗	0.862	167
每百名学生拥有专任教师人数	0.258	152	万元地区生产总值能耗	0.940	120
生活环境	0.187	83	城市污水处理率	0.901	87
每千人口拥有医院床位数	0.231	131	生活垃圾无害化处理率	1.000	1
城市人均公园绿地面积	0.100	200	城市空气质量等级	0.493	4
每万人拥有公共汽车数	0.231	4	辐射引领	0.014	161
创新服务指数	0.119	122	全市在校普通高校学生数占全省比重	0.021	190
金融服务	0.171	78	全市科学技术从业人员数占全省比重	0.047	114
新三板挂牌企业数	0.000	164	国家技术转移示范机构数	0.000	91
年末金融机构贷款余额增长率	0.514	67	ESI学科进入全球前1%个数	0.000	63
创业板上市企业数	0.000	94	财富世界500强与中国500强企业数	0.000	105
科技条件	0.039	220			
每万人移动电话用户数	0.032	214			
每万人互联网宽带接入用户数	0.047	227			

附表1-144 十堰市科技创新发展指数指标及排名表

科技创新发展指数0.236   综合排名144

指标	指数	排名	指标	指数	排名
创新资源指数	0.194	218	创新绩效指数	0.263	216
创新人才	0.160	150	科技成果	0.009	100
每万人在校大学生数	0.114	99	每万人SCI/SSCI/A&HCI论文产出数	0.014	95
城市化水平	0.305	121	每万人发明专利授权量	0.005	107
万名从业人口中科学技术人员数	0.062	241	经济产出	0.048	280
研发经费	0.244	241	城镇居民人均可支配收入	0.074	274
地方财政科技投入占财政支出比重	0.061	118	地均GDP	0.006	227
地方财政教育投入占财政支出比重	0.427	244	第二产业劳动生产率	0.068	268
创新环境指数	0.261	67	第三产业劳动生产率	0.044	274
政策环境	0.396	147	结构优化	0.145	154
每万人吸引外商投资额	0.022	174	第三产业增加值占地区GDP比重	0.289	150
企业税收负担	0.770	107	高科技产品进出口总额占地区GDP比重	0.001	212
人文环境	0.193	106	绿色发展	0.834	70
每百人公共图书馆藏书拥有量	0.031	148	万元地区生产总值水耗	0.840	191
每百名学生拥有专任教师人数	0.356	79	万元地区生产总值能耗	0.956	73
生活环境	0.216	57	城市污水处理率	0.882	105
每千人口拥有医院床位数	0.462	20	生活垃圾无害化处理率	1.000	1
城市人均公园绿地面积	0.083	223	城市空气质量等级	0.493	4
每万人拥有公共汽车数	0.102	82	辐射引领	0.013	173
创新服务指数	0.144	57	全市在校普通高校学生数占全省比重	0.035	136
金融服务	0.187	48	全市科学技术从业人员数占全省比重	0.028	182
新三板挂牌企业数	0.000	164	国家技术转移示范机构数	0.000	91
年末金融机构贷款余额增长率	0.546	47	ESI学科进入全球前1%个数	0.000	63
创业板上市企业数	0.016	49	财富世界500强与中国500强企业数	0.000	105
科技条件	0.080	105			
每万人移动电话用户数	0.048	137			
每万人互联网宽带接入用户数	0.111	89			

附表1-145　三门峡市科技创新发展指数指标及排名表

科技创新发展指数0.236　　　　　　　　　　　　　　综合排名145

指标	指数	排名	指标	指数	排名
创新资源指数	0.193	220	创新绩效指数	0.254	234
创新人才	0.068	270	科技成果	0.002	229
每万人在校大学生数	0.044	204	每万人SCI/SSCI/A&HCI论文产出数	0.002	232
城市化水平	0.088	254	每万人发明专利授权量	0.001	191
万名从业人口中科学技术人员数	0.073	226	经济产出	0.161	174
研发经费	0.380	63	城镇居民人均可支配收入	0.178	203
地方财政科技投入占财政支出比重	0.077	84	地均GDP	0.014	151
地方财政教育投入占财政支出比重	0.683	61	第二产业劳动生产率	0.282	80
创新环境指数	0.282	42	第三产业劳动生产率	0.169	152
政策环境	0.463	43	结构优化	0.075	262
每万人吸引外商投资额	0.177	37	第三产业增加值占地区GDP比重	0.150	262
企业税收负担	0.750	132	高科技产品进出口总额占地区GDP比重	0.000	228
人文环境	0.199	100	绿色发展	0.753	196
每百人公共图书馆藏书拥有量	0.060	76	万元地区生产总值水耗	0.903	99
每百名学生拥有专任教师人数	0.338	93	万元地区生产总值能耗	0.907	189
生活环境	0.216	55	城市污水处理率	1.000	1
每千人口拥有医院床位数	0.302	74	生活垃圾无害化处理率	0.953	167
城市人均公园绿地面积	0.264	26	城市空气质量等级	0.000	237
每万人拥有公共汽车数	0.082	108	辐射引领	0.004	265
创新服务指数	0.145	56	全市在校普通高校学生数占全省比重	0.007	256
金融服务	0.104	220	全市科学技术从业人员数占全省比重	0.012	251
新三板挂牌企业数	0.003	103	国家技术转移示范机构数	0.000	91
年末金融机构贷款余额增长率	0.310	199	ESI学科进入全球前1%个数	0.000	63
创业板上市企业数	0.000	94	财富世界500强与中国500强企业数	0.000	105
科技条件	0.207	25			
每万人移动电话用户数	0.051	123			
每万人互联网宽带接入用户数	0.362	14			

附表1-146 宜昌市科技创新发展指数指标及排名表

科技创新发展指数0.235　　　　　　　　　　　综合排名146

指标	指数	排名	指标	指数	排名
创新资源指数	0.216	160	创新绩效指数	0.286	129
创新人才	0.215	103	科技成果	0.014	83
每万人在校大学生数	0.118	96	每万人SCI/SSCI/A&HCI论文产出数	0.024	70
城市化水平	0.285	133	每万人发明专利授权量	0.003	142
万名从业人口中科学技术人员数	0.243	51	经济产出	0.133	206
研发经费	0.218	260	城镇居民人均可支配收入	0.178	204
地方财政科技投入占财政支出比重	0.067	105	地均GDP	0.018	130
地方财政教育投入占财政支出比重	0.369	266	第二产业劳动生产率	0.193	152
创新环境指数	0.245	97	第三产业劳动生产率	0.142	188
政策环境	0.354	208	结构优化	0.085	250
每万人吸引外商投资额	0.033	144	第三产业增加值占地区GDP比重	0.167	250
企业税收负担	0.674	178	高科技产品进出口总额占地区GDP比重	0.003	127
人文环境	0.219	81	绿色发展	0.841	50
每百人公共图书馆藏书拥有量	0.051	92	万元地区生产总值水耗	0.942	47
每百名学生拥有专任教师人数	0.388	65	万元地区生产总值能耗	0.960	63
生活环境	0.190	80	城市污水处理率	0.880	106
每千人口拥有医院床位数	0.338	55	生活垃圾无害化处理率	0.929	188
城市人均公园绿地面积	0.140	133	城市空气质量等级	0.493	4
每万人拥有公共汽车数	0.091	97	辐射引领	0.044	54
创新服务指数	0.055	279	全市在校普通高校学生数占全省比重	0.041	114
金融服务	0.036	281	全市科学技术从业人员数占全省比重	0.132	44
新三板挂牌企业数	0.006	82	国家技术转移示范机构数	0.034	42
年末金融机构贷款余额增长率	0.103	281	ESI学科进入全球前1%个数	0.000	63
创业板上市企业数	0.000	94	财富世界500强与中国500强企业数	0.013	43
科技条件	0.083	94			
每万人移动电话用户数	0.057	105			
每万人互联网宽带接入用户数	0.110	93			

附表1-147　锦州市科技创新发展指数指标及排名表

科技创新发展指数0.235　　　　　　　　　　　　　综合排名147

指标	指数	排名	指标	指数	排名
创新资源指数	0.231	138	创新绩效指数	0.271	186
创新人才	0.262	72	科技成果	0.031	48
每万人在校大学生数	0.226	47	每万人SCI/SSCI/A&HCI论文产出数	0.057	40
城市化水平	0.271	137	每万人发明专利授权量	0.005	100
万名从业人口中科学技术人员数	0.289	42	经济产出	0.195	118
研发经费	0.184	276	城镇居民人均可支配收入	0.319	88
地方财政科技投入占财政支出比重	0.048	154	地均GDP	0.017	139
地方财政教育投入占财政支出比重	0.319	274	第二产业劳动生产率	0.244	113
创新环境指数	0.230	137	第三产业劳动生产率	0.201	130
政策环境	0.381	169	结构优化	0.166	127
每万人吸引外商投资额	0.172	38	第三产业增加值占地区GDP比重	0.328	122
企业税收负担	0.589	217	高科技产品进出口总额占地区GDP比重	0.005	112
人文环境	0.195	104	绿色发展	0.709	245
每百人公共图书馆藏书拥有量	0.068	67	万元地区生产总值水耗	0.738	257
每百名学生拥有专任教师人数	0.323	106	万元地区生产总值能耗	0.933	147
生活环境	0.152	135	城市污水处理率	0.509	272
每千人口拥有医院床位数	0.212	159	生活垃圾无害化处理率	0.874	230
城市人均公园绿地面积	0.189	72	城市空气质量等级	0.493	4
每万人拥有公共汽车数	0.055	167	辐射引领	0.030	81
创新服务指数	0.116	130	全市在校普通高校学生数占全省比重	0.084	57
金融服务	0.138	147	全市科学技术从业人员数占全省比重	0.050	108
新三板挂牌企业数	0.000	164	国家技术转移示范机构数	0.000	91
年末金融机构贷款余额增长率	0.415	124	ESI学科进入全球前1%个数	0.016	35
创业板上市企业数	0.000	94	财富世界500强与中国500强企业数	0.000	105
科技条件	0.083	96			
每万人移动电话用户数	0.051	126			
每万人互联网宽带接入用户数	0.115	84			

附表1-148 南平市科技创新发展指数指标及排名表

科技创新发展指数0.235 综合排名148

指标	指数	排名	指标	指数	排名
创新资源指数	0.203	195	创新绩效指数	0.287	127
创新人才	0.120	198	科技成果	0.004	166
每万人在校大学生数	0.058	167	每万人SCI/SSCI/A&HCI论文产出数	0.002	236
城市化水平	0.115	233	每万人发明专利授权量	0.006	90
万名从业人口中科学技术人员数	0.187	80	经济产出	0.213	100
研发经费	0.326	139	城镇居民人均可支配收入	0.287	110
地方财政科技投入占财政支出比重	0.042	170	地均GDP	0.005	232
地方财政教育投入占财政支出比重	0.611	111	第二产业劳动生产率	0.385	42
创新环境指数	0.230	138	第三产业劳动生产率	0.174	149
政策环境	0.411	123	结构优化	0.122	203
每万人吸引外商投资额	0.016	195	第三产业增加值占地区GDP比重	0.242	200
企业税收负担	0.805	83	高科技产品进出口总额占地区GDP比重	0.002	147
人文环境	0.193	108	绿色发展	0.795	139
每百人公共图书馆藏书拥有量	0.064	70	万元地区生产总值水耗	0.916	76
每百名学生拥有专任教师人数	0.322	109	万元地区生产总值能耗	0.828	262
生活环境	0.133	166	城市污水处理率	0.807	184
每千人口拥有医院床位数	0.265	98	生活垃圾无害化处理率	0.933	185
城市人均公园绿地面积	0.078	232	城市空气质量等级	0.493	4
每万人拥有公共汽车数	0.057	163	辐射引领	0.016	136
创新服务指数	0.086	238	全市在校普通高校学生数占全省比重	0.031	150
金融服务	0.098	236	全市科学技术从业人员数占全省比重	0.050	107
新三板挂牌企业数	0.003	103	国家技术转移示范机构数	0.000	91
年末金融机构贷款余额增长率	0.259	228	ESI学科进入全球前1%个数	0.000	63
创业板上市企业数	0.031	35	财富世界500强与中国500强企业数	0.000	105
科技条件	0.068	134			
每万人移动电话用户数	0.037	192			
每万人互联网宽带接入用户数	0.100	103			

附表1-149　淮安市科技创新发展指数指标及排名表

科技创新发展指数0.234　　　　　　　　　　　　综合排名149

指标	指数	排名	指标	指数	排名
创新资源指数	0.263	95	创新绩效指数	0.287	125
创新人才	0.227	94	科技成果	0.002	221
每万人在校大学生数	0.095	120	每万人SCI/SSCI/A&HCI论文产出数	0.003	205
城市化水平	0.495	54	每万人发明专利授权量	0.001	197
万名从业人口中科学技术人员数	0.092	206	经济产出	0.180	142
研发经费	0.316	152	城镇居民人均可支配收入	0.248	137
地方财政科技投入占财政支出比重	0.113	53	地均GDP	0.030	89
地方财政教育投入占财政支出比重	0.519	170	第二产业劳动生产率	0.085	257
创新环境指数	0.173	250	第三产业劳动生产率	0.356	47
政策环境	0.261	266	结构优化	0.212	67
每万人吸引外商投资额	0.090	74	第三产业增加值占地区GDP比重	0.418	58
企业税收负担	0.431	269	高科技产品进出口总额占地区GDP比重	0.006	94
人文环境	0.182	125	绿色发展	0.791	147
每百人公共图书馆藏书拥有量	0.040	121	万元地区生产总值水耗	0.901	104
每百名学生拥有专任教师人数	0.323	107	万元地区生产总值能耗	0.948	96
生活环境	0.108	212	城市污水处理率	0.712	236
每千人口拥有医院床位数	0.200	172	生活垃圾无害化处理率	0.903	214
城市人均公园绿地面积	0.092	213	城市空气质量等级	0.493	4
每万人拥有公共汽车数	0.032	239	辐射引领	0.013	164
创新服务指数	0.102	188	全市在校普通高校学生数占全省比重	0.036	130
金融服务	0.141	137	全市科学技术从业人员数占全省比重	0.030	172
新三板挂牌企业数	0.008	58	国家技术转移示范机构数	0.000	91
年末金融机构贷款余额增长率	0.416	122	ESI学科进入全球前1%个数	0.000	63
创业板上市企业数	0.000	94	财富世界500强与中国500强企业数	0.000	105
科技条件	0.042	214			
每万人移动电话用户数	0.029	227			
每万人互联网宽带接入用户数	0.055	207			

附表1-150　肇庆市科技创新发展指数指标及排名表

科技创新发展指数0.234　　　　　　　　　　　综合排名150

指标	指数	排名	指标	指数	排名
创新资源指数	0.220	152	创新绩效指数	0.256	232
创新人才	0.093	242	科技成果	0.004	162
每万人在校大学生数	0.139	84	每万人SCI/SSCI/A&HCI论文产出数	0.005	163
城市化水平	0.077	259	每万人发明专利授权量	0.004	118
万名从业人口中科学技术人员数	0.064	239	经济产出	0.187	131
研发经费	0.410	29	城镇居民人均可支配收入	0.274	123
地方财政科技投入占财政支出比重	0.074	89	地均GDP	0.015	148
地方财政教育投入占财政支出比重	0.746	25	第二产业劳动生产率	0.212	131
创新环境指数	0.231	134	第三产业劳动生产率	0.247	97
政策环境	0.437	86	结构优化	0.143	156
每万人吸引外商投资额	0.130	50	第三产业增加值占地区GDP比重	0.266	178
企业税收负担	0.745	133	高科技产品进出口总额占地区GDP比重	0.020	53
人文环境	0.101	235	绿色发展	0.702	251
每百人公共图书馆藏书拥有量	0.048	96	万元地区生产总值水耗	0.444	286
每百名学生拥有专任教师人数	0.153	240	万元地区生产总值能耗	0.879	231
生活环境	0.180	97	城市污水处理率	0.718	235
每千人口拥有医院床位数	0.105	260	生活垃圾无害化处理率	0.978	145
城市人均公园绿地面积	0.336	11	城市空气质量等级	0.493	4
每万人拥有公共汽车数	0.098	89	辐射引领	0.010	200
创新服务指数	0.176	29	全市在校普通高校学生数占全省比重	0.042	112
金融服务	0.133	157	全市科学技术从业人员数占全省比重	0.008	268
新三板挂牌企业数	0.003	103	国家技术转移示范机构数	0.000	91
年末金融机构贷款余额增长率	0.366	159	ESI学科进入全球前1%个数	0.000	63
创业板上市企业数	0.031	35	财富世界500强与中国500强企业数	0.000	105
科技条件	0.240	17			
每万人移动电话用户数	0.041	169			
每万人互联网宽带接入用户数	0.438	11			

附表1-151　怀化市科技创新发展指数指标及排名表

科技创新发展指数0.234　　　　　　　　　　　　　综合排名151

指标	指数	排名	指标	指数	排名
创新资源指数	0.164	270	创新绩效指数	0.286	128
创新人才	0.078	263	科技成果	0.002	219
每万人在校大学生数	0.055	171	每万人SCI/SSCI/A&HCI论文产出数	0.003	190
城市化水平	0.025	282	每万人发明专利授权量	0.001	231
万名从业人口中科学技术人员数	0.156	109	经济产出	0.161	173
研发经费	0.292	181	城镇居民人均可支配收入	0.072	277
地方财政科技投入占财政支出比重	0.014	261	地均GDP	0.005	236
地方财政教育投入占财政支出比重	0.569	139	第二产业劳动生产率	0.431	26
创新环境指数	0.246	94	第三产业劳动生产率	0.137	200
政策环境	0.348	215	结构优化	0.190	99
每万人吸引外商投资额	0.009	224	第三产业增加值占地区GDP比重	0.380	89
企业税收负担	0.686	169	高科技产品进出口总额占地区GDP比重	0.000	278
人文环境	0.235	58	绿色发展	0.812	117
每百人公共图书馆藏书拥有量	0.028	171	万元地区生产总值水耗	0.780	236
每百名学生拥有专任教师人数	0.443	43	万元地区生产总值能耗	0.946	104
生活环境	0.185	87	城市污水处理率	0.844	144
每千人口拥有医院床位数	0.285	82	生活垃圾无害化处理率	1.000	106
城市人均公园绿地面积	0.152	123	城市空气质量等级	0.493	4
每万人拥有公共汽车数	0.118	59	辐射引领	0.013	166
创新服务指数	0.099	199	全市在校普通高校学生数占全省比重	0.032	144
金融服务	0.145	122	全市科学技术从业人员数占全省比重	0.033	159
新三板挂牌企业数	0.003	103	国家技术转移示范机构数	0.000	91
年末金融机构贷款余额增长率	0.433	105	ESI学科进入全球前1%个数	0.000	63
创业板上市企业数	0.000	94	财富世界500强与中国500强企业数	0.000	105
科技条件	0.030	251			
每万人移动电话用户数	0.027	238			
每万人互联网宽带接入用户数	0.033	250			

附表1-152　济宁市科技创新发展指数指标及排名表

科技创新发展指数0.234　　　　　　　　　　　　　综合排名152

指标	指数	排名	指标	指数	排名
创新资源指数	0.207	183	创新绩效指数	0.285	132
创新人才	0.080	260	科技成果	0.003	188
每万人在校大学生数	0.088	123	每万人SCI/SSCI/A&HCI论文产出数	0.005	153
城市化水平	0.091	252	每万人发明专利授权量	0.001	203
万名从业人口中科学技术人员数	0.060	242	经济产出	0.232	81
研发经费	0.399	44	城镇居民人均可支配收入	0.403	62
地方财政科技投入占财政支出比重	0.077	86	地均GDP	0.042	62
地方财政教育投入占财政支出比重	0.720	42	第二产业劳动生产率	0.169	178
创新环境指数	0.221	156	第三产业劳动生产率	0.313	57
政策环境	0.355	207	结构优化	0.171	118
每万人吸引外商投资额	0.044	121	第三产业增加值占地区GDP比重	0.341	115
企业税收负担	0.666	183	高科技产品进出口总额占地区GDP比重	0.002	138
人文环境	0.129	190	绿色发展	0.742	210
每百人公共图书馆藏书拥有量	0.016	229	万元地区生产总值水耗	0.850	178
每百名学生拥有专任教师人数	0.241	162	万元地区生产总值能耗	0.919	171
生活环境	0.193	77	城市污水处理率	0.938	51
每千人口拥有医院床位数	0.246	114	生活垃圾无害化处理率	1.000	1
城市人均公园绿地面积	0.234	36	城市空气质量等级	0.000	237
每万人拥有公共汽车数	0.098	88	辐射引领	0.028	87
创新服务指数	0.096	207	全市在校普通高校学生数占全省比重	0.047	100
金融服务	0.122	180	全市科学技术从业人员数占全省比重	0.035	150
新三板挂牌企业数	0.003	103	国家技术转移示范机构数	0.034	42
年末金融机构贷款余额增长率	0.364	161	ESI学科进入全球前1%个数	0.008	50
创业板上市企业数	0.000	94	财富世界500强与中国500强企业数	0.013	43
科技条件	0.056	166			
每万人移动电话用户数	0.047	144			
每万人互联网宽带接入用户数	0.066	176			

附表1-153　晋城市科技创新发展指数指标及排名表

科技创新发展指数0.234　　　　　　　　　　　　　综合排名153

指标	指数	排名	指标	指数	排名
创新资源指数	0.180	240	创新绩效指数	0.288	123
创新人才	0.068	271	科技成果	0.009	104
每万人在校大学生数	0.022	255	每万人SCI/SSCI/A&HCI论文产出数	0.002	218
城市化水平	0.126	224	每万人发明专利授权量	0.015	49
万名从业人口中科学技术人员数	0.055	250	经济产出	0.138	198
研发经费	0.347	111	城镇居民人均可支配收入	0.252	135
地方财政科技投入占财政支出比重	0.052	142	地均GDP	0.013	157
地方财政教育投入占财政支出比重	0.642	88	第二产业劳动生产率	0.112	238
创新环境指数	0.227	143	第三产业劳动生产率	0.175	148
政策环境	0.340	222	结构优化	0.167	124
每万人吸引外商投资额	0.055	106	第三产业增加值占地区GDP比重	0.297	145
企业税收负担	0.625	204	高科技产品进出口总额占地区GDP比重	0.038	36
人文环境	0.173	131	绿色发展	0.847	38
每百人公共图书馆藏书拥有量	0.014	243	万元地区生产总值水耗	0.872	153
每百名学生拥有专任教师人数	0.332	98	万元地区生产总值能耗	0.938	126
生活环境	0.189	82	城市污水处理率	0.932	60
每千人口拥有医院床位数	0.219	144	生活垃圾无害化处理率	1.000	1
城市人均公园绿地面积	0.221	44	城市空气质量等级	0.493	4
每万人拥有公共汽车数	0.125	51	辐射引领	0.009	206
创新服务指数	0.100	191	全市在校普通高校学生数占全省比重	0.008	254
金融服务	0.110	212	全市科学技术从业人员数占全省比重	0.033	161
新三板挂牌企业数	0.000	164	国家技术转移示范机构数	0.000	91
年末金融机构贷款余额增长率	0.329	188	ESI学科进入全球前1%个数	0.000	63
创业板上市企业数	0.000	94	财富世界500强与中国500强企业数	0.006	65
科技条件	0.086	90			
每万人移动电话用户数	0.064	87			
每万人互联网宽带接入用户数	0.108	95			

附表1-154　萍乡市科技创新发展指数指标及排名表

科技创新发展指数0.233　　　　　　　　　　　　　　综合排名154

指标	指数	排名	指标	指数	排名
创新资源指数	0.225	146	创新绩效指数	0.290	118
创新人才	0.190	122	科技成果	0.004	179
每万人在校大学生数	0.044	203	每万人SCI/SSCI/A&HCI论文产出数	0.004	175
城市化水平	0.419	80	每万人发明专利授权量	0.003	128
万名从业人口中科学技术人员数	0.106	180	经济产出	0.195	120
研发经费	0.279	197	城镇居民人均可支配收入	0.260	130
地方财政科技投入占财政支出比重	0.086	77	地均GDP	0.028	95
地方财政教育投入占财政支出比重	0.472	214	第二产业劳动生产率	0.229	121
创新环境指数	0.181	238	第三产业劳动生产率	0.261	86
政策环境	0.298	247	结构优化	0.125	199
每万人吸引外商投资额	0.060	103	第三产业增加值占地区GDP比重	0.250	197
企业税收负担	0.535	238	高科技产品进出口总额占地区GDP比重	0.001	181
人文环境	0.156	149	绿色发展	0.826	88
每百人公共图书馆藏书拥有量	0.048	95	万元地区生产总值水耗	0.950	37
每百名学生拥有专任教师人数	0.264	148	万元地区生产总值能耗	0.931	150
生活环境	0.119	195	城市污水处理率	0.772	207
每千人口拥有医院床位数	0.242	120	生活垃圾无害化处理率	0.986	134
城市人均公园绿地面积	0.073	236	城市空气质量等级	0.493	4
每万人拥有公共汽车数	0.042	208	辐射引领	0.010	197
创新服务指数	0.111	154	全市在校普通高校学生数占全省比重	0.012	237
金融服务	0.150	111	全市科学技术从业人员数占全省比重	0.038	140
新三板挂牌企业数	0.003	103	国家技术转移示范机构数	0.000	91
年末金融机构贷款余额增长率	0.448	98	ESI学科进入全球前1%个数	0.000	63
创业板上市企业数	0.000	94	财富世界500强与中国500强企业数	0.000	105
科技条件	0.051	181			
每万人移动电话用户数	0.036	200			
每万人互联网宽带接入用户数	0.067	168			

附表1-155　遂宁市科技创新发展指数指标及排名表

科技创新发展指数0.233　　　　　　　　　　　　　综合排名155

指标	指数	排名	指标	指数	排名
创新资源指数	0.202	199	创新绩效指数	0.268	200
创新人才	0.146	164	科技成果	0.001	245
每万人在校大学生数	0.028	237	每万人SCI/SSCI/A&HCI论文产出数	0.002	227
城市化水平	0.369	93	每万人发明专利授权量	0.000	245
万名从业人口中科学技术人员数	0.041	268	经济产出	0.133	205
研发经费	0.286	193	城镇居民人均可支配收入	0.172	213
地方财政科技投入占财政支出比重	0.017	245	地均GDP	0.019	127
地方财政教育投入占财政支出比重	0.554	157	第二产业劳动生产率	0.227	124
创新环境指数	0.239	107	第三产业劳动生产率	0.116	221
政策环境	0.459	48	结构优化	0.066	269
每万人吸引外商投资额	0.008	234	第三产业增加值占地区GDP比重	0.130	268
企业税收负担	0.910	24	高科技产品进出口总额占地区GDP比重	0.002	163
人文环境	0.218	83	绿色发展	0.829	79
每百人公共图书馆藏书拥有量	0.043	113	万元地区生产总值水耗	0.876	146
每百名学生拥有专任教师人数	0.394	60	万元地区生产总值能耗	0.964	52
生活环境	0.107	213	城市污水处理率	0.920	68
每千人口拥有医院床位数	0.245	115	生活垃圾无害化处理率	0.895	222
城市人均公园绿地面积	0.059	253	城市空气质量等级	0.493	4
每万人拥有公共汽车数	0.017	261	辐射引领	0.003	272
创新服务指数	0.128	95	全市在校普通高校学生数占全省比重	0.011	244
金融服务	0.189	45	全市科学技术从业人员数占全省比重	0.003	279
新三板挂牌企业数	0.000	164	国家技术转移示范机构数	0.000	91
年末金融机构贷款余额增长率	0.567	36	ESI学科进入全球前1%个数	0.000	63
创业板上市企业数	0.000	94	财富世界500强与中国500强企业数	0.000	105
科技条件	0.038	228			
每万人移动电话用户数	0.027	239			
每万人互联网宽带接入用户数	0.048	220			

附表1-156　阳江市科技创新发展指数指标及排名表

科技创新发展指数 0.233　　　　　　　　　　　　　综合排名 156

指标	指数	排名	指标	指数	排名
创新资源指数	0.200	203	创新绩效指数	0.276	161
创新人才	0.093	241	科技成果	0.001	269
每万人在校大学生数	0.023	250	每万人 SCI/SSCI/A&HCI 论文产出数	0.001	269
城市化水平	0.202	174	每万人发明专利授权量	0.001	217
万名从业人口中科学技术人员数	0.054	251	经济产出	0.179	144
研发经费	0.361	84	城镇居民人均可支配收入	0.194	186
地方财政科技投入占财政支出比重	0.039	177	地均 GDP	0.018	132
地方财政教育投入占财政支出比重	0.683	60	第二产业劳动生产率	0.253	105
创新环境指数	0.201	197	第三产业劳动生产率	0.250	93
政策环境	0.448	63	结构优化	0.138	171
每万人吸引外商投资额	0.017	189	第三产业增加值占地区 GDP 比重	0.270	170
企业税收负担	0.879	39	高科技产品进出口总额占地区 GDP 比重	0.006	92
人文环境	0.138	174	绿色发展	0.795	142
每百人公共图书馆藏书拥有量	0.023	192	万元地区生产总值水耗	0.760	250
每百名学生拥有专任教师人数	0.253	157	万元地区生产总值能耗	0.893	210
生活环境	0.077	254	城市污水处理率	0.828	166
每千人口拥有医院床位数	0.116	255	生活垃圾无害化处理率	1.000	1
城市人均公园绿地面积	0.091	214	城市空气质量等级	0.493	4
每万人拥有公共汽车数	0.023	251	辐射引领	0.002	284
创新服务指数	0.155	43	全市在校普通高校学生数占全省比重	0.005	270
金融服务	0.223	17	全市科学技术从业人员数占全省比重	0.003	282
新三板挂牌企业数	0.000	164	国家技术转移示范机构数	0.000	91
年末金融机构贷款余额增长率	0.668	12	ESI 学科进入全球前 1%个数	0.000	63
创业板上市企业数	0.000	94	财富世界 500 强与中国 500 强企业数	0.000	105
科技条件	0.053	177			
每万人移动电话用户数	0.041	168			
每万人互联网宽带接入用户数	0.064	182			

附表1-157　德阳市科技创新发展指数指标及排名表

科技创新发展指数0.233　　　　　　　　　　　　　综合排名157

指标	指数	排名	指标	指数	排名
创新资源指数	0.187	233	创新绩效指数	0.284	133
创新人才	0.129	182	科技成果	0.006	135
每万人在校大学生数	0.136	85	每万人SCI/SSCI/A&HCI论文产出数	0.007	132
城市化水平	0.134	218	每万人发明专利授权量	0.004	114
万名从业人口中科学技术人员数	0.116	165	经济产出	0.189	128
研发经费	0.274	203	城镇居民人均可支配收入	0.299	102
地方财政科技投入占财政支出比重	0.082	80	地均GDP	0.032	85
地方财政教育投入占财政支出比重	0.465	222	第二产业劳动生产率	0.258	101
创新环境指数	0.225	147	第三产业劳动生产率	0.166	157
政策环境	0.447	65	结构优化	0.070	265
每万人吸引外商投资额	0.022	173	第三产业增加值占地区GDP比重	0.127	269
企业税收负担	0.872	42	高科技产品进出口总额占地区GDP比重	0.013	69
人文环境	0.136	180	绿色发展	0.829	80
每百人公共图书馆藏书拥有量	0.038	125	万元地区生产总值水耗	0.874	149
每百名学生拥有专任教师人数	0.234	170	万元地区生产总值能耗	0.948	97
生活环境	0.137	160	城市污水处理率	0.832	162
每千人口拥有医院床位数	0.247	113	生活垃圾无害化处理率	1.000	1
城市人均公园绿地面积	0.117	174	城市空气质量等级	0.493	4
每万人拥有公共汽车数	0.047	191	辐射引领	0.014	160
创新服务指数	0.104	180	全市在校普通高校学生数占全省比重	0.050	90
金融服务	0.122	182	全市科学技术从业人员数占全省比重	0.019	219
新三板挂牌企业数	0.000	164	国家技术转移示范机构数	0.000	91
年末金融机构贷款余额增长率	0.351	173	ESI学科进入全球前1%个数	0.000	63
创业板上市企业数	0.016	49	财富世界500强与中国500强企业数	0.000	105
科技条件	0.077	111			
每万人移动电话用户数	0.050	128			
每万人互联网宽带接入用户数	0.103	99			

附表1-158　铜川市科技创新发展指数指标及排名表

科技创新发展指数0.233　　　　　　　　　　　　　　综合排名158

指标	指数	排名	指标	指数	排名
创新资源指数	0.352	39	创新绩效指数	0.242	260
创新人才	0.355	43	科技成果	0.001	266
每万人在校大学生数	0.021	256	每万人SCI/SSCI/A&HCI论文产出数	0.001	266
城市化水平	0.884	19	每万人发明专利授权量	0.001	212
万名从业人口中科学技术人员数	0.159	105	经济产出	0.133	204
研发经费	0.348	108	城镇居民人均可支配收入	0.292	105
地方财政科技投入占财政支出比重	0.022	231	地均GDP	0.010	191
地方财政教育投入占财政支出比重	0.674	70	第二产业劳动生产率	0.182	167
创新环境指数	0.238	111	第三产业劳动生产率	0.049	272
政策环境	0.401	142	结构优化	0.089	245
每万人吸引外商投资额	0.010	220	第三产业增加值占地区GDP比重	0.177	242
企业税收负担	0.792	94	高科技产品进出口总额占地区GDP比重	0.000	257
人文环境	0.207	97	绿色发展	0.726	229
每百人公共图书馆藏书拥有量	0.099	43	万元地区生产总值水耗	0.976	10
每百名学生拥有专任教师人数	0.315	113	万元地区生产总值能耗	0.896	207
生活环境	0.150	139	城市污水处理率	0.858	135
每千人口拥有医院床位数	0.327	59	生活垃圾无害化处理率	0.901	217
城市人均公园绿地面积	0.084	222	城市空气质量等级	0.000	237
每万人拥有公共汽车数	0.040	218	辐射引领	0.002	279
创新服务指数	0.074	262	全市在校普通高校学生数占全省比重	0.002	282
金融服务	0.071	269	全市科学技术从业人员数占全省比重	0.009	262
新三板挂牌企业数	0.000	164	国家技术转移示范机构数	0.000	91
年末金融机构贷款余额增长率	0.214	256	ESI学科进入全球前1%个数	0.000	63
创业板上市企业数	0.000	94	财富世界500强与中国500强企业数	0.000	105
科技条件	0.077	109			
每万人移动电话用户数	0.065	84			
每万人互联网宽带接入用户数	0.090	121			

附表1-159　来宾市科技创新发展指数指标及排名表

科技创新发展指数0.233　　　　　　　　　　　　　　　　综合排名159

指标	指数	排名	指标	指数	排名
创新资源指数	0.276	81	创新绩效指数	0.274	173
创新人才	0.218	101	科技成果	0.001	268
每万人在校大学生数	0.020	259	每万人SCI/SSCI/A&HCI论文产出数	0.000	282
城市化水平	0.408	83	每万人发明专利授权量	0.001	192
万名从业人口中科学技术人员数	0.226	55	经济产出	0.167	159
研发经费	0.363	81	城镇居民人均可支配收入	0.262	129
地方财政科技投入占财政支出比重	0.055	131	地均GDP	0.005	237
地方财政教育投入占财政支出比重	0.672	72	第二产业劳动生产率	0.260	100
创新环境指数	0.202	195	第三产业劳动生产率	0.142	189
政策环境	0.394	151	结构优化	0.126	198
每万人吸引外商投资额	0.002	270	第三产业增加值占地区GDP比重	0.251	195
企业税收负担	0.786	98	高科技产品进出口总额占地区GDP比重	0.000	275
人文环境	0.099	238	绿色发展	0.794	144
每百人公共图书馆藏书拥有量	0.027	176	万元地区生产总值水耗	0.914	81
每百名学生拥有专任教师人数	0.171	223	万元地区生产总值能耗	0.829	261
生活环境	0.142	150	城市污水处理率	0.767	212
每千人口拥有医院床位数	0.204	163	生活垃圾无害化处理率	0.967	154
城市人均公园绿地面积	0.194	63	城市空气质量等级	0.493	4
每万人拥有公共汽车数	0.029	246	辐射引领	0.008	229
创新服务指数	0.083	248	全市在校普通高校学生数占全省比重	0.009	252
金融服务	0.118	194	全市科学技术从业人员数占全省比重	0.029	179
新三板挂牌企业数	0.000	164	国家技术转移示范机构数	0.000	91
年末金融机构贷款余额增长率	0.355	168	ESI学科进入全球前1%个数	0.000	63
创业板上市企业数	0.000	94	财富世界500强与中国500强企业数	0.000	105
科技条件	0.031	246			
每万人移动电话用户数	0.027	235			
每万人互联网宽带接入用户数	0.035	246			

附表1-160 黄山市科技创新发展指数指标及排名表

科技创新发展指数0.232 综合排名160

指标	指数	排名	指标	指数	排名
创新资源指数	0.182	239	创新绩效指数	0.303	87
创新人才	0.173	135	科技成果	0.010	93
每万人在校大学生数	0.113	100	每万人SCI/SSCI/A&HCI论文产出数	0.011	102
城市化水平	0.263	144	每万人发明专利授权量	0.009	74
万名从业人口中科学技术人员数	0.144	123	经济产出	0.208	104
研发经费	0.194	272	城镇居民人均可支配收入	0.256	134
地方财政科技投入占财政支出比重	0.110	55	地均GDP	0.006	226
地方财政教育投入占财政支出比重	0.278	281	第二产业劳动生产率	0.385	43
创新环境指数	0.178	240	第三产业劳动生产率	0.184	138
政策环境	0.229	281	结构优化	0.203	78
每万人吸引外商投资额	0.079	90	第三产业增加值占地区GDP比重	0.400	69
企业税收负担	0.378	278	高科技产品进出口总额占地区GDP比重	0.005	102
人文环境	0.178	128	绿色发展	0.833	72
每百人公共图书馆藏书拥有量	0.056	86	万元地区生产总值水耗	0.816	214
每百名学生拥有专任教师人数	0.299	120	万元地区生产总值能耗	0.959	65
生活环境	0.145	146	城市污水处理率	0.899	91
每千人口拥有医院床位数	0.215	148	生活垃圾无害化处理率	1.000	1
城市人均公园绿地面积	0.173	98	城市空气质量等级	0.493	4
每万人拥有公共汽车数	0.046	195	辐射引领	0.007	241
创新服务指数	0.104	179	全市在校普通高校学生数占全省比重	0.019	209
金融服务	0.133	159	全市科学技术从业人员数占全省比重	0.015	237
新三板挂牌企业数	0.008	58	国家技术转移示范机构数	0.000	91
年末金融机构贷款余额增长率	0.391	143	ESI学科进入全球前1%个数	0.000	63
创业板上市企业数	0.000	94	财富世界500强与中国500强企业数	0.000	105
科技条件	0.061	156			
每万人移动电话用户数	0.035	203			
每万人互联网宽带接入用户数	0.087	129			

附表1-161 贺州市科技创新发展指数指标及排名表

科技创新发展指数0.232   综合排名161

指标	指数	排名	指标	指数	排名
创新资源指数	0.302	66	创新绩效指数	0.281	150
创新人才	0.266	70	科技成果	0.002	216
每万人在校大学生数	0.032	231	每万人SCI/SSCI/A&HCI论文产出数	0.003	203
城市化水平	0.492	55	每万人发明专利授权量	0.002	181
万名从业人口中科学技术人员数	0.274	46	经济产出	0.207	105
研发经费	0.355	94	城镇居民人均可支配收入	0.202	179
地方财政科技投入占财政支出比重	0.055	130	地均GDP	0.004	239
地方财政教育投入占财政支出比重	0.655	78	第二产业劳动生产率	0.518	12
创新环境指数	0.149	272	第三产业劳动生产率	0.105	232
政策环境	0.335	225	结构优化	0.134	182
每万人吸引外商投资额	0.019	184	第三产业增加值占地区GDP比重	0.267	176
企业税收负担	0.650	187	高科技产品进出口总额占地区GDP比重	0.000	247
人文环境	0.086	253	绿色发展	0.783	160
每百人公共图书馆藏书拥有量	0.022	199	万元地区生产总值水耗	0.894	116
每百名学生拥有专任教师人数	0.150	242	万元地区生产总值能耗	0.802	270
生活环境	0.068	263	城市污水处理率	0.747	221
每千人口拥有医院床位数	0.178	195	生活垃圾无害化处理率	0.980	140
城市人均公园绿地面积	0.021	283	城市空气质量等级	0.493	4
每万人拥有公共汽车数	0.005	284	辐射引领	0.008	230
创新服务指数	0.100	194	全市在校普通高校学生数占全省比重	0.013	233
金融服务	0.140	138	全市科学技术从业人员数占全省比重	0.025	198
新三板挂牌企业数	0.000	164	国家技术转移示范机构数	0.000	91
年末金融机构贷款余额增长率	0.421	117	ESI学科进入全球前1%个数	0.000	63
创业板上市企业数	0.000	94	财富世界500强与中国500强企业数	0.000	105
科技条件	0.039	221			
每万人移动电话用户数	0.028	229			
每万人互联网宽带接入用户数	0.050	216			

附表1-162 绥化市科技创新发展指数指标及排名表

科技创新发展指数0.232 综合排名162

指标	指数	排名	指标	指数	排名
创新资源指数	0.142	282	创新绩效指数	0.282	145
创新人才	0.080	261	科技成果	0.000	277
每万人在校大学生数	0.013	272	每万人SCI/SSCI/A&HCI论文产出数	0.001	267
城市化水平	0.105	240	每万人发明专利授权量	0.000	263
万名从业人口中科学技术人员数	0.121	153	经济产出	0.097	259
研发经费	0.236	248	城镇居民人均可支配收入	0.074	275
地方财政科技投入占财政支出比重	0.007	282	地均GDP	0.004	249
地方财政教育投入占财政支出比重	0.464	223	第二产业劳动生产率	0.188	158
创新环境指数	0.239	108	第三产业劳动生产率	0.122	215
政策环境	0.455	55	结构优化	0.117	209
每万人吸引外商投资额	0.017	191	第三产业增加值占地区GDP比重	0.234	207
企业税收负担	0.893	31	高科技产品进出口总额占地区GDP比重	0.000	280
人文环境	0.343	15	绿色发展	0.884	4
每百人公共图书馆藏书拥有量	0.019	217	万元地区生产总值水耗	0.957	26
每百名学生拥有专任教师人数	0.666	10	万元地区生产总值能耗	0.968	42
生活环境	0.027	287	城市污水处理率	1.000	1
每千人口拥有医院床位数	0.048	282	生活垃圾无害化处理率	1.000	1
城市人均公园绿地面积	0.022	282	城市空气质量等级	0.493	4
每万人拥有公共汽车数	0.010	276	辐射引领	0.008	219
创新服务指数	0.129	94	全市在校普通高校学生数占全省比重	0.013	230
金融服务	0.199	29	全市科学技术从业人员数占全省比重	0.029	176
新三板挂牌企业数	0.008	58	国家技术转移示范机构数	0.000	91
年末金融机构贷款余额增长率	0.588	28	ESI学科进入全球前1%个数	0.000	63
创业板上市企业数	0.000	94	财富世界500强与中国500强企业数	0.000	105
科技条件	0.023	261			
每万人移动电话用户数	0.013	268			
每万人互联网宽带接入用户数	0.034	249			

附表1-163　丹东市科技创新发展指数指标及排名表

科技创新发展指数0.232　　　　　　　　　　　　　　　综合排名163

指标	指数	排名	指标	指数	排名
创新资源指数	0.237	128	创新绩效指数	0.261	222
创新人才	0.250	75	科技成果	0.005	145
每万人在校大学生数	0.098	116	每万人SCI/SSCI/A&HCI论文产出数	0.006	147
城市化水平	0.293	127	每万人发明专利授权量	0.004	112
万名从业人口中科学技术人员数	0.359	27	经济产出	0.141	191
研发经费	0.217	262	城镇居民人均可支配收入	0.204	176
地方财政科技投入占财政支出比重	0.033	195	地均GDP	0.008	206
地方财政教育投入占财政支出比重	0.401	254	第二产业劳动生产率	0.191	153
创新环境指数	0.233	127	第三产业劳动生产率	0.159	165
政策环境	0.287	255	结构优化	0.190	98
每万人吸引外商投资额	0.127	52	第三产业增加值占地区GDP比重	0.364	97
企业税收负担	0.446	264	高科技产品进出口总额占地区GDP比重	0.017	59
人文环境	0.241	55	绿色发展	0.730	227
每百人公共图书馆藏书拥有量	0.061	74	万元地区生产总值水耗	0.723	262
每百名学生拥有专任教师人数	0.421	50	万元地区生产总值能耗	0.876	235
生活环境	0.191	78	城市污水处理率	0.558	264
每千人口拥有医院床位数	0.360	46	生活垃圾无害化处理率	1.000	1
城市人均公园绿地面积	0.131	145	城市空气质量等级	0.493	4
每万人拥有公共汽车数	0.082	107	辐射引领	0.017	130
创新服务指数	0.121	115	全市在校普通高校学生数占全省比重	0.029	158
金融服务	0.148	117	全市科学技术从业人员数占全省比重	0.058	89
新三板挂牌企业数	0.003	103	国家技术转移示范机构数	0.000	91
年末金融机构贷款余额增长率	0.426	113	ESI学科进入全球前1%个数	0.000	63
创业板上市企业数	0.016	49	财富世界500强与中国500强企业数	0.000	105
科技条件	0.081	102			
每万人移动电话用户数	0.055	111			
每万人互联网宽带接入用户数	0.106	98			

附表1-164　钦州市科技创新发展指数指标及排名表

科技创新发展指数0.231　　　　　　　　　　　　综合排名164

指标	指数	排名	指标	指数	排名
创新资源指数	0.268	85	创新绩效指数	0.276	167
创新人才	0.166	141	科技成果	0.002	223
每万人在校大学生数	0.034	228	每万人SCI/SSCI/A&HCI论文产出数	0.002	219
城市化水平	0.336	108	每万人发明专利授权量	0.001	187
万名从业人口中科学技术人员数	0.129	140	经济产出	0.166	161
研发经费	0.421	27	城镇居民人均可支配收入	0.267	128
地方财政科技投入占财政支出比重	0.048	152	地均GDP	0.008	202
地方财政教育投入占财政支出比重	0.794	15	第二产业劳动生产率	0.195	147
创新环境指数	0.215	170	第三产业劳动生产率	0.194	131
政策环境	0.443	78	结构优化	0.155	141
每万人吸引外商投资额	0.017	188	第三产业增加值占地区GDP比重	0.308	137
企业税收负担	0.868	46	高科技产品进出口总额占地区GDP比重	0.001	165
人文环境	0.225	67	绿色发展	0.787	153
每百人公共图书馆藏书拥有量	0.079	58	万元地区生产总值水耗	0.924	69
每百名学生拥有专任教师人数	0.372	72	万元地区生产总值能耗	0.936	133
生活环境	0.056	271	城市污水处理率	0.704	237
每千人口拥有医院床位数	0.132	241	生活垃圾无害化处理率	0.880	226
城市人均公园绿地面积	0.016	285	城市空气质量等级	0.493	4
每万人拥有公共汽车数	0.020	256	辐射引领	0.009	207
创新服务指数	0.058	277	全市在校普通高校学生数占全省比重	0.023	180
金融服务	0.085	254	全市科学技术从业人员数占全省比重	0.025	198
新三板挂牌企业数	0.000	164	国家技术转移示范机构数	0.000	91
年末金融机构贷款余额增长率	0.255	231	ESI学科进入全球前1%个数	0.000	63
创业板上市企业数	0.000	94	财富世界500强与中国500强企业数	0.000	105
科技条件	0.018	270			
每万人移动电话用户数	0.008	276			
每万人互联网宽带接入用户数	0.028	260			

附表1-165　四平市科技创新发展指数指标及排名表

科技创新发展指数0.231　　　　　　　　　　　　　　　综合排名165

指标	指数	排名	指标	指数	排名
创新资源指数	0.212	168	创新绩效指数	0.256	230
创新人才	0.162	147	科技成果	0.005	147
每万人在校大学生数	0.090	121	每万人SCI/SSCI/A&HCI论文产出数	0.005	160
城市化水平	0.137	215	每万人发明专利授权量	0.005	103
万名从业人口中科学技术人员数	0.258	50	经济产出	0.263	59
研发经费	0.288	189	城镇居民人均可支配收入	0.325	85
地方财政科技投入占财政支出比重	0.017	248	地均GDP	0.010	183
地方财政教育投入占财政支出比重	0.559	151	第二产业劳动生产率	0.576	10
创新环境指数	0.261	66	第三产业劳动生产率	0.141	191
政策环境	0.478	30	结构优化	0.086	249
每万人吸引外商投资额	0.039	135	第三产业增加值占地区GDP比重	0.170	247
企业税收负担	0.917	21	高科技产品进出口总额占地区GDP比重	0.001	164
人文环境	0.207	98	绿色发展	0.650	274
每百人公共图书馆藏书拥有量	0.016	233	万元地区生产总值水耗	0.716	266
每百名学生拥有专任教师人数	0.397	58	万元地区生产总值能耗	0.890	216
生活环境	0.152	133	城市污水处理率	0.835	156
每千人口拥有医院床位数	0.198	175	生活垃圾无害化处理率	0.315	282
城市人均公园绿地面积	0.208	50	城市空气质量等级	0.493	4
每万人拥有公共汽车数	0.052	180	辐射引领	0.026	92
创新服务指数	0.115	136	全市在校普通高校学生数占全省比重	0.062	77
金融服务	0.154	105	全市科学技术从业人员数占全省比重	0.069	77
新三板挂牌企业数	0.003	103	国家技术转移示范机构数	0.000	91
年末金融机构贷款余额增长率	0.459	92	ESI学科进入全球前1%个数	0.000	63
创业板上市企业数	0.000	94	财富世界500强与中国500强企业数	0.000	105
科技条件	0.055	171			
每万人移动电话用户数	0.049	134			
每万人互联网宽带接入用户数	0.062	191			

附表1-166 蚌埠市科技创新发展指数指标及排名表

科技创新发展指数0.230 综合排名166

指标	指数	排名	指标	指数	排名
创新资源指数	0.276	80	创新绩效指数	0.270	188
创新人才	0.223	96	科技成果	0.008	113
每万人在校大学生数	0.131	88	每万人SCI/SSCI/A&HCI论文产出数	0.016	87
城市化水平	0.257	147	每万人发明专利授权量	0.000	276
万名从业人口中科学技术人员数	0.282	43	经济产出	0.168	156
研发经费	0.356	90	城镇居民人均可支配收入	0.236	145
地方财政科技投入占财政支出比重	0.171	28	地均GDP	0.024	108
地方财政教育投入占财政支出比重	0.542	164	第二产业劳动生产率	0.247	111
创新环境指数	0.202	193	第三产业劳动生产率	0.166	158
政策环境	0.393	154	结构优化	0.112	217
每万人吸引外商投资额	0.142	46	第三产业增加值占地区GDP比重	0.221	217
企业税收负担	0.644	189	高科技产品进出口总额占地区GDP比重	0.004	117
人文环境	0.069	270	绿色发展	0.757	193
每百人公共图书馆藏书拥有量	0.027	175	万元地区生产总值水耗	0.680	275
每百名学生拥有专任教师人数	0.111	265	万元地区生产总值能耗	0.945	106
生活环境	0.164	119	城市污水处理率	0.911	75
每千人口拥有医院床位数	0.215	150	生活垃圾无害化处理率	0.758	257
城市人均公园绿地面积	0.158	111	城市空气质量等级	0.493	4
每万人拥有公共汽车数	0.119	57	辐射引领	0.033	74
创新服务指数	0.079	259	全市在校普通高校学生数占全省比重	0.054	85
金融服务	0.104	222	全市科学技术从业人员数占全省比重	0.072	74
新三板挂牌企业数	0.008	58	国家技术转移示范机构数	0.034	42
年末金融机构贷款余额增长率	0.302	206	ESI学科进入全球前1%个数	0.000	63
创业板上市企业数	0.000	94	财富世界500强与中国500强企业数	0.006	65
科技条件	0.043	212			
每万人移动电话用户数	0.028	231			
每万人互联网宽带接入用户数	0.059	195			

附表1-167　云浮市科技创新发展指数指标及排名表

科技创新发展指数0.230　　　　　　　　　　　　　综合排名167

指标	指数	排名	指标	指数	排名
创新资源指数	0.223	147	创新绩效指数	0.261	221
创新人才	0.039	283	科技成果	0.001	243
每万人在校大学生数	0.028	239	每万人SCI/SSCI/A&HCI论文产出数	0.000	281
城市化水平	0.062	271	每万人发明专利授权量	0.002	148
万名从业人口中科学技术人员数	0.027	278	经济产出	0.099	256
研发经费	0.500	4	城镇居民人均可支配收入	0.162	221
地方财政科技投入占财政支出比重	1.000	1	地均GDP	0.010	185
地方财政教育投入占财政支出比重	0.000	287	第二产业劳动生产率	0.114	234
创新环境指数	0.231	131	第三产业劳动生产率	0.108	228
政策环境	0.367	193	结构优化	0.133	185
每万人吸引外商投资额	0.015	200	第三产业增加值占地区GDP比重	0.258	187
企业税收负担	0.719	153	高科技产品进出口总额占地区GDP比重	0.008	84
人文环境	0.147	165	绿色发展	0.805	127
每百人公共图书馆藏书拥有量	0.028	167	万元地区生产总值水耗	0.984	5
每百名学生拥有专任教师人数	0.266	146	万元地区生产总值能耗	0.999	2
生活环境	0.196	71	城市污水处理率	0.645	249
每千人口拥有医院床位数	0.069	279	生活垃圾无害化处理率	0.905	211
城市人均公园绿地面积	0.468	6	城市空气质量等级	0.493	4
每万人拥有公共汽车数	0.052	179	辐射引领	0.001	285
创新服务指数	0.125	102	全市在校普通高校学生数占全省比重	0.006	264
金融服务	0.138	149	全市科学技术从业人员数占全省比重	0.001	286
新三板挂牌企业数	0.000	164	国家技术转移示范机构数	0.000	91
年末金融机构贷款余额增长率	0.414	126	ESI学科进入全球前1%个数	0.000	63
创业板上市企业数	0.000	94	财富世界500强与中国500强企业数	0.000	105
科技条件	0.107	68			
每万人移动电话用户数	0.006	284			
每万人互联网宽带接入用户数	0.208	37			

附表1-168 安庆市科技创新发展指数指标及排名表

科技创新发展指数0.230　　　　　　　　　　　　　综合排名168

指标	指数	排名	指标	指数	排名
创新资源指数	0.199	206	创新绩效指数	0.276	165
创新人才	0.092	244	科技成果	0.003	206
每万人在校大学生数	0.053	181	每万人SCI/SSCI/A&HCI论文产出数	0.003	208
城市化水平	0.073	262	每万人发明专利授权量	0.002	153
万名从业人口中科学技术人员数	0.151	117	经济产出	0.186	134
研发经费	0.359	87	城镇居民人均可支配收入	0.234	149
地方财政科技投入占财政支出比重	0.094	70	地均GDP	0.012	171
地方财政教育投入占财政支出比重	0.624	98	第二产业劳动生产率	0.334	61
创新环境指数	0.200	199	第三产业劳动生产率	0.162	160
政策环境	0.403	136	结构优化	0.119	206
每万人吸引外商投资额	0.018	186	第三产业增加值占地区GDP比重	0.236	204
企业税收负担	0.789	95	高科技产品进出口总额占地区GDP比重	0.001	170
人文环境	0.128	192	绿色发展	0.778	165
每百人公共图书馆藏书拥有量	0.017	228	万元地区生产总值水耗	0.719	263
每百名学生拥有专任教师人数	0.240	165	万元地区生产总值能耗	0.910	184
生活环境	0.111	208	城市污水处理率	0.820	179
每千人口拥有医院床位数	0.097	265	生活垃圾无害化处理率	0.948	174
城市人均公园绿地面积	0.169	102	城市空气质量等级	0.493	4
每万人拥有公共汽车数	0.068	134	辐射引领	0.018	124
创新服务指数	0.139	66	全市在校普通高校学生数占全省比重	0.037	124
金融服务	0.208	24	全市科学技术从业人员数占全省比重	0.053	100
新三板挂牌企业数	0.006	82	国家技术转移示范机构数	0.000	91
年末金融机构贷款余额增长率	0.603	23	ESI学科进入全球前1%个数	0.000	63
创业板上市企业数	0.016	49	财富世界500强与中国500强企业数	0.000	105
科技条件	0.035	238			
每万人移动电话用户数	0.029	228			
每万人互联网宽带接入用户数	0.041	233			

附表1-169　益阳市科技创新发展指数指标及排名表

科技创新发展指数0.230　　　　　　　　　　　综合排名169

指标	指数	排名	指标	指数	排名
创新资源指数	0.187	232	创新绩效指数	0.284	136
创新人才	0.130	181	科技成果	0.003	201
每万人在校大学生数	0.051	186	每万人SCI/SSCI/A&HCI论文产出数	0.004	181
城市化水平	0.246	152	每万人发明专利授权量	0.002	172
万名从业人口中科学技术人员数	0.092	203	经济产出	0.139	194
研发经费	0.273	205	城镇居民人均可支配收入	0.114	251
地方财政科技投入占财政支出比重	0.036	186	地均GDP	0.012	168
地方财政教育投入占财政支出比重	0.510	180	第二产业劳动生产率	0.238	115
创新环境指数	0.228	141	第三产业劳动生产率	0.192	132
政策环境	0.469	39	结构优化	0.153	142
每万人吸引外商投资额	0.018	185	第三产业增加值占地区GDP比重	0.305	139
企业税收负担	0.920	19	高科技产品进出口总额占地区GDP比重	0.001	180
人文环境	0.167	141	绿色发展	0.839	57
每百人公共图书馆藏书拥有量	0.019	216	万元地区生产总值水耗	0.907	90
每百名学生拥有专任教师人数	0.315	114	万元地区生产总值能耗	0.974	24
生活环境	0.109	211	城市污水处理率	0.910	77
每千人口拥有医院床位数	0.164	214	生活垃圾无害化处理率	0.910	205
城市人均公园绿地面积	0.109	191	城市空气质量等级	0.493	4
每万人拥有公共汽车数	0.054	171	辐射引领	0.010	203
创新服务指数	0.080	255	全市在校普通高校学生数占全省比重	0.028	163
金融服务	0.116	198	全市科学技术从业人员数占全省比重	0.021	214
新三板挂牌企业数	0.006	82	国家技术转移示范机构数	0.000	91
年末金融机构贷款余额增长率	0.326	193	ESI学科进入全球前1%个数	0.000	63
创业板上市企业数	0.016	49	财富世界500强与中国500强企业数	0.000	105
科技条件	0.028	255			
每万人移动电话用户数	0.016	262			
每万人互联网宽带接入用户数	0.039	235			

附表1-170　池州市科技创新发展指数指标及排名表

科技创新发展指数0.230　　　　　　　　　　　综合排名170

指标	指数	排名	指标	指数	排名
创新资源指数	0.231	136	创新绩效指数	0.299	100
创新人才	0.235	85	科技成果	0.005	141
每万人在校大学生数	0.104	112	每万人SCI/SSCI/A&HCI论文产出数	0.005	152
城市化水平	0.384	89	每万人发明专利授权量	0.005	105
万名从业人口中科学技术人员数	0.216	63	经济产出	0.203	109
研发经费	0.227	254	城镇居民人均可支配收入	0.260	131
地方财政科技投入占财政支出比重	0.053	139	地均GDP	0.007	212
地方财政教育投入占财政支出比重	0.400	255	第二产业劳动生产率	0.334	62
创新环境指数	0.146	274	第三产业劳动生产率	0.213	121
政策环境	0.234	278	结构优化	0.171	119
每万人吸引外商投资额	0.079	92	第三产业增加值占地区GDP比重	0.341	114
企业税收负担	0.389	275	高科技产品进出口总额占地区GDP比重	0.001	177
人文环境	0.140	171	绿色发展	0.835	65
每百人公共图书馆藏书拥有量	0.022	197	万元地区生产总值水耗	0.901	103
每百名学生拥有专任教师人数	0.257	154	万元地区生产总值能耗	0.879	232
生活环境	0.092	240	城市污水处理率	0.900	89
每千人口拥有医院床位数	0.132	242	生活垃圾无害化处理率	1.000	1
城市人均公园绿地面积	0.109	192	城市空气质量等级	0.493	4
每万人拥有公共汽车数	0.036	228	辐射引领	0.008	224
创新服务指数	0.096	208	全市在校普通高校学生数占全省比重	0.019	208
金融服务	0.129	171	全市科学技术从业人员数占全省比重	0.021	212
新三板挂牌企业数	0.000	164	国家技术转移示范机构数	0.000	91
年末金融机构贷款余额增长率	0.386	145	ESI学科进入全球前1%个数	0.000	63
创业板上市企业数	0.000	94	财富世界500强与中国500强企业数	0.000	105
科技条件	0.047	195			
每万人移动电话用户数	0.030	224			
每万人互联网宽带接入用户数	0.063	183			

附表1-171　双鸭山市科技创新发展指数指标及排名表

科技创新发展指数0.230　　　　　　　　　　　　综合排名171

指标	指数	排名	指标	指数	排名
创新资源指数	0.207	184	创新绩效指数	0.220	278
创新人才	0.153	157	科技成果	0.000	276
每万人在校大学生数	0.017	266	每万人SCI/SSCI/A&HCI论文产出数	0.001	265
城市化水平	0.318	118	每万人发明专利授权量	0.000	265
万名从业人口中科学技术人员数	0.124	148	经济产出	0.042	282
研发经费	0.289	188	城镇居民人均可支配收入	0.108	257
地方财政科技投入占财政支出比重	0.021	233	地均GDP	0.002	271
地方财政教育投入占财政支出比重	0.556	154	第二产业劳动生产率	0.033	281
创新环境指数	0.332	15	第三产业劳动生产率	0.027	282
政策环境	0.479	28	结构优化	0.140	168
每万人吸引外商投资额	0.008	228	第三产业增加值占地区GDP比重	0.277	163
企业税收负担	0.950	10	高科技产品进出口总额占地区GDP比重	0.002	142
人文环境	0.408	9	绿色发展	0.699	254
每百人公共图书馆藏书拥有量	0.058	81	万元地区生产总值水耗	0.774	243
每百名学生拥有专任教师人数	0.759	5	万元地区生产总值能耗	0.807	268
生活环境	0.182	92	城市污水处理率	0.421	278
每千人口拥有医院床位数	0.288	78	生活垃圾无害化处理率	1.000	1
城市人均公园绿地面积	0.193	64	城市空气质量等级	0.493	4
每万人拥有公共汽车数	0.065	141	辐射引领	0.005	259
创新服务指数	0.142	62	全市在校普通高校学生数占全省比重	0.005	273
金融服务	0.175	70	全市科学技术从业人员数占全省比重	0.019	222
新三板挂牌企业数	0.000	164	国家技术转移示范机构数	0.000	91
年末金融机构贷款余额增长率	0.524	61	ESI学科进入全球前1%个数	0.000	63
创业板上市企业数	0.000	94	财富世界500强与中国500强企业数	0.000	105
科技条件	0.092	85			
每万人移动电话用户数	0.084	61			
每万人互联网宽带接入用户数	0.100	105			

附表1-172 玉林市科技创新发展指数指标及排名表

科技创新发展指数0.229　　　　　　　　　　　　　综合排名172

指标	指数	排名	指标	指数	排名
创新资源指数	0.236	131	创新绩效指数	0.293	112
创新人才	0.107	222	科技成果	0.007	115
每万人在校大学生数	0.018	264	每万人SCI/SSCI/A&HCI论文产出数	0.003	207
城市化水平	0.153	201	每万人发明专利授权量	0.012	61
万名从业人口中科学技术人员数	0.150	118	经济产出	0.168	157
研发经费	0.430	22	城镇居民人均可支配收入	0.288	108
地方财政科技投入占财政支出比重	0.035	191	地均GDP	0.013	164
地方财政教育投入占财政支出比重	0.825	12	第二产业劳动生产率	0.209	133
创新环境指数	0.159	263	第三产业劳动生产率	0.163	159
政策环境	0.402	139	结构优化	0.152	143
每万人吸引外商投资额	0.002	264	第三产业增加值占地区GDP比重	0.302	142
企业税收负担	0.802	86	高科技产品进出口总额占地区GDP比重	0.002	150
人文环境	0.027	285	绿色发展	0.841	49
每百人公共图书馆藏书拥有量	0.014	247	万元地区生产总值水耗	0.811	219
每百名学生拥有专任教师人数	0.040	286	万元地区生产总值能耗	0.946	103
生活环境	0.085	249	城市污水处理率	0.954	32
每千人口拥有医院床位数	0.154	228	生活垃圾无害化处理率	1.000	1
城市人均公园绿地面积	0.083	225	城市空气质量等级	0.493	4
每万人拥有公共汽车数	0.017	263	辐射引领	0.016	137
创新服务指数	0.092	224	全市在校普通高校学生数占全省比重	0.022	183
金融服务	0.133	160	全市科学技术从业人员数占全省比重	0.052	101
新三板挂牌企业数	0.003	103	国家技术转移示范机构数	0.000	91
年末金融机构贷款余额增长率	0.396	138	ESI学科进入全球前1%个数	0.000	63
创业板上市企业数	0.000	94	财富世界500强与中国500强企业数	0.006	65
科技条件	0.029	252			
每万人移动电话用户数	0.022	248			
每万人互联网宽带接入用户数	0.037	241			

附表1-173　淮南市科技创新发展指数指标及排名表

科技创新发展指数0.229　　　　　　　　　　　综合排名173

指标	指数	排名	指标	指数	排名
创新资源指数	0.322	54	创新绩效指数	0.275	169
创新人才	0.371	40	科技成果	0.017	72
每万人在校大学生数	0.261	42	每万人SCI/SSCI/A&HCI论文产出数	0.028	64
城市化水平	0.731	23	每万人发明专利授权量	0.006	94
万名从业人口中科学技术人员数	0.122	151	经济产出	0.121	228
研发经费	0.247	238	城镇居民人均可支配收入	0.242	141
地方财政科技投入占财政支出比重	0.071	96	地均GDP	0.038	69
地方财政教育投入占财政支出比重	0.424	247	第二产业劳动生产率	0.091	254
创新环境指数	0.176	246	第三产业劳动生产率	0.113	225
政策环境	0.327	229	结构优化	0.122	204
每万人吸引外商投资额	0.035	142	第三产业增加值占地区GDP比重	0.241	201
企业税收负担	0.619	207	高科技产品进出口总额占地区GDP比重	0.003	130
人文环境	0.096	241	绿色发展	0.815	108
每百人公共图书馆藏书拥有量	0.012	258	万元地区生产总值水耗	0.852	176
每百名学生拥有专任教师人数	0.179	219	万元地区生产总值能耗	0.910	185
生活环境	0.128	175	城市污水处理率	0.845	142
每千人口拥有医院床位数	0.243	119	生活垃圾无害化处理率	0.976	146
城市人均公园绿地面积	0.099	202	城市空气质量等级	0.493	4
每万人拥有公共汽车数	0.041	213	辐射引领	0.022	107
创新服务指数	0.046	282	全市在校普通高校学生数占全省比重	0.070	71
金融服务	0.036	280	全市科学技术从业人员数占全省比重	0.042	126
新三板挂牌企业数	0.006	82	国家技术转移示范机构数	0.000	91
年末金融机构贷款余额增长率	0.103	280	ESI学科进入全球前1%个数	0.000	63
创业板上市企业数	0.000	94	财富世界500强与中国500强企业数	0.000	105
科技条件	0.060	158			
每万人移动电话用户数	0.032	215			
每万人互联网宽带接入用户数	0.089	124			

附表1-174 张家界市科技创新发展指数指标及排名表

科技创新发展指数0.229 综合排名174

指标	指数	排名	指标	指数	排名
创新资源指数	0.185	236	创新绩效指数	0.301	90
创新人才	0.150	158	科技成果	0.003	198
每万人在校大学生数	0.054	173	每万人SCI/SSCI/A&HCI论文产出数	0.005	155
城市化水平	0.307	120	每万人发明专利授权量	0.000	247
万名从业人口中科学技术人员数	0.090	210	经济产出	0.139	196
研发经费	0.238	245	城镇居民人均可支配收入	0.039	281
地方财政科技投入占财政支出比重	0.008	276	地均GDP	0.005	235
地方财政教育投入占财政支出比重	0.468	219	第二产业劳动生产率	0.207	134
创新环境指数	0.173	249	第三产业劳动生产率	0.304	61
政策环境	0.305	245	结构优化	0.381	13
每万人吸引外商投资额	0.022	171	第三产业增加值占地区GDP比重	0.762	7
企业税收负担	0.588	218	高科技产品进出口总额占地区GDP比重	0.000	264
人文环境	0.123	200	绿色发展	0.816	106
每百人公共图书馆藏书拥有量	0.008	276	万元地区生产总值水耗	0.870	155
每百名学生拥有专任教师人数	0.239	167	万元地区生产总值能耗	0.968	38
生活环境	0.118	196	城市污水处理率	0.748	220
每千人口拥有医院床位数	0.240	122	生活垃圾无害化处理率	1.000	1
城市人均公园绿地面积	0.049	263	城市空气质量等级	0.493	4
每万人拥有公共汽车数	0.064	143	辐射引领	0.003	271
创新服务指数	0.092	221	全市在校普通高校学生数占全省比重	0.010	245
金融服务	0.119	192	全市科学技术从业人员数占全省比重	0.005	275
新三板挂牌企业数	0.003	103	国家技术转移示范机构数	0.000	91
年末金融机构贷款余额增长率	0.353	171	ESI学科进入全球前1%个数	0.000	63
创业板上市企业数	0.000	94	财富世界500强与中国500强企业数	0.000	105
科技条件	0.052	180			
每万人移动电话用户数	0.030	226			
每万人互联网宽带接入用户数	0.074	157			

附表1-175　咸宁市科技创新发展指数指标及排名表

科技创新发展指数0.229　　　　　　　　　　　　　　　综合排名175

指标	指数	排名	指标	指数	排名
创新资源指数	0.191	222	创新绩效指数	0.276	162
创新人才	0.134	178	科技成果	0.006	127
每万人在校大学生数	0.108	106	每万人SCI/SSCI/A&HCI论文产出数	0.013	100
城市化水平	0.166	189	每万人发明专利授权量	0.000	276
万名从业人口中科学技术人员数	0.129	139	经济产出	0.129	212
研发经费	0.277	198	城镇居民人均可支配收入	0.103	262
地方财政科技投入占财政支出比重	0.060	120	地均GDP	0.012	172
地方财政教育投入占财政支出比重	0.493	197	第二产业劳动生产率	0.272	94
创新环境指数	0.190	221	第三产业劳动生产率	0.130	207
政策环境	0.383	166	结构优化	0.112	218
每万人吸引外商投资额	0.008	229	第三产业增加值占地区GDP比重	0.223	215
企业税收负担	0.758	122	高科技产品进出口总额占地区GDP比重	0.001	199
人文环境	0.113	212	绿色发展	0.834	71
每百人公共图书馆藏书拥有量	0.027	172	万元地区生产总值水耗	0.853	174
每百名学生拥有专任教师人数	0.198	203	万元地区生产总值能耗	0.940	121
生活环境	0.112	206	城市污水处理率	0.884	103
每千人口拥有医院床位数	0.165	212	生活垃圾无害化处理率	1.000	1
城市人均公园绿地面积	0.123	161	城市空气质量等级	0.493	4
每万人拥有公共汽车数	0.050	185	辐射引领	0.009	209
创新服务指数	0.151	47	全市在校普通高校学生数占全省比重	0.028	162
金融服务	0.208	23	全市科学技术从业人员数占全省比重	0.019	221
新三板挂牌企业数	0.000	164	国家技术转移示范机构数	0.000	91
年末金融机构贷款余额增长率	0.625	17	ESI学科进入全球前1%个数	0.000	63
创业板上市企业数	0.000	94	财富世界500强与中国500强企业数	0.000	105
科技条件	0.064	147			
每万人移动电话用户数	0.044	152			
每万人互联网宽带接入用户数	0.083	138			

附表1-176　新乡市科技创新发展指数指标及排名表

科技创新发展指数0.229　　　　　　　　　　　　　　　　综合排名176

指标	指数	排名	指标	指数	排名
创新资源指数	0.246	114	创新绩效指数	0.278	158
创新人才	0.147	163	科技成果	0.025	58
每万人在校大学生数	0.181	64	每万人SCI/SSCI/A&HCI论文产出数	0.046	50
城市化水平	0.132	221	每万人发明专利授权量	0.004	120
万名从业人口中科学技术人员数	0.128	144	经济产出	0.119	234
研发经费	0.395	45	城镇居民人均可支配收入	0.216	170
地方财政科技投入占财政支出比重	0.063	115	地均GDP	0.027	97
地方财政教育投入占财政支出比重	0.728	39	第二产业劳动生产率	0.094	251
创新环境指数	0.192	216	第三产业劳动生产率	0.140	196
政策环境	0.410	124	结构优化	0.102	231
每万人吸引外商投资额	0.058	104	第三产业增加值占地区GDP比重	0.203	229
企业税收负担	0.763	116	高科技产品进出口总额占地区GDP比重	0.001	190
人文环境	0.060	275	绿色发展	0.824	91
每百人公共图书馆藏书拥有量	0.015	237	万元地区生产总值水耗	0.880	139
每百名学生拥有专任教师人数	0.105	268	万元地区生产总值能耗	0.876	237
生活环境	0.135	162	城市污水处理率	0.871	119
每千人口拥有医院床位数	0.234	127	生活垃圾无害化处理率	1.000	1
城市人均公园绿地面积	0.099	203	城市空气质量等级	0.493	4
每万人拥有公共汽车数	0.072	126	辐射引领	0.030	79
创新服务指数	0.084	244	全市在校普通高校学生数占全省比重	0.081	59
金融服务	0.093	243	全市科学技术从业人员数占全省比重	0.056	92
新三板挂牌企业数	0.014	45	国家技术转移示范机构数	0.000	91
年末金融机构贷款余额增长率	0.266	224	ESI学科进入全球前1%个数	0.016	35
创业板上市企业数	0.000	94	财富世界500强与中国500强企业数	0.000	105
科技条件	0.070	127			
每万人移动电话用户数	0.053	115			
每万人互联网宽带接入用户数	0.086	131			

附表1-177 承德市科技创新发展指数指标及排名表

科技创新发展指数0.229 综合排名177

指标	指数	排名	指标	指数	排名
创新资源指数	0.207	187	创新绩效指数	0.271	180
创新人才	0.141	171	科技成果	0.005	140
每万人在校大学生数	0.084	127	每万人SCI/SSCI/A&HCI论文产出数	0.007	130
城市化水平	0.113	235	每万人发明专利授权量	0.003	130
万名从业人口中科学技术人员数	0.225	58	经济产出	0.163	171
研发经费	0.305	161	城镇居民人均可支配收入	0.121	247
地方财政科技投入占财政支出比重	0.025	213	地均GDP	0.004	250
地方财政教育投入占财政支出比重	0.586	128	第二产业劳动生产率	0.399	34
创新环境指数	0.240	105	第三产业劳动生产率	0.128	211
政策环境	0.366	195	结构优化	0.116	213
每万人吸引外商投资额	0.017	192	第三产业增加值占地区GDP比重	0.231	210
企业税收负担	0.715	158	高科技产品进出口总额占地区GDP比重	0.000	240
人文环境	0.138	175	绿色发展	0.783	159
每百人公共图书馆藏书拥有量	0.020	212	万元地区生产总值水耗	0.803	224
每百名学生拥有专任教师人数	0.255	156	万元地区生产总值能耗	0.836	256
生活环境	0.225	50	城市污水处理率	0.901	85
每千人口拥有医院床位数	0.221	141	生活垃圾无害化处理率	0.884	225
城市人均公园绿地面积	0.342	10	城市空气质量等级	0.493	4
每万人拥有公共汽车数	0.112	68	辐射引领	0.015	145
创新服务指数	0.079	260	全市在校普通高校学生数占全省比重	0.034	137
金融服务	0.098	235	全市科学技术从业人员数占全省比重	0.043	125
新三板挂牌企业数	0.003	103	国家技术转移示范机构数	0.000	91
年末金融机构贷款余额增长率	0.291	214	ESI学科进入全球前1%个数	0.000	63
创业板上市企业数	0.000	94	财富世界500强与中国500强企业数	0.000	105
科技条件	0.051	182			
每万人移动电话用户数	0.037	193			
每万人互联网宽带接入用户数	0.066	172			

附表1-178 商洛市科技创新发展指数指标及排名表

科技创新发展指数0.228 综合排名178

指标	指数	排名	指标	指数	排名
创新资源指数	0.244	117	创新绩效指数	0.274	171
创新人才	0.137	174	科技成果	0.002	222
每万人在校大学生数	0.053	176	每万人SCI/SSCI/A&HCI论文产出数	0.003	193
城市化水平	0.183	182	每万人发明专利授权量	0.001	225
万名从业人口中科学技术人员数	0.175	89	经济产出	0.106	250
研发经费	0.405	36	城镇居民人均可支配收入	0.221	163
地方财政科技投入占财政支出比重	0.015	260	地均GDP	0.003	255
地方财政教育投入占财政支出比重	0.795	14	第二产业劳动生产率	0.145	205
创新环境指数	0.201	196	第三产业劳动生产率	0.054	271
政策环境	0.455	57	结构优化	0.107	224
每万人吸引外商投资额	0.008	232	第三产业增加值占地区GDP比重	0.214	221
企业税收负担	0.901	27	高科技产品进出口总额占地区GDP比重	0.000	231
人文环境	0.128	193	绿色发展	0.853	29
每百人公共图书馆藏书拥有量	0.016	230	万元地区生产总值水耗	0.943	45
每百名学生拥有专任教师人数	0.240	164	万元地区生产总值能耗	0.986	9
生活环境	0.080	251	城市污水处理率	0.871	119
每千人口拥有医院床位数	0.187	184	生活垃圾无害化处理率	0.970	150
城市人均公园绿地面积	0.040	271	城市空气质量等级	0.493	4
每万人拥有公共汽车数	0.013	272	辐射引领	0.007	240
创新服务指数	0.085	241	全市在校普通高校学生数占全省比重	0.016	220
金融服务	0.121	185	全市科学技术从业人员数占全省比重	0.018	227
新三板挂牌企业数	0.000	164	国家技术转移示范机构数	0.000	91
年末金融机构贷款余额增长率	0.363	162	ESI学科进入全球前1%个数	0.000	63
创业板上市企业数	0.000	94	财富世界500强与中国500强企业数	0.000	105
科技条件	0.032	243			
每万人移动电话用户数	0.023	247			
每万人互联网宽带接入用户数	0.041	232			

附表1-179　宁德市科技创新发展指数指标及排名表

科技创新发展指数0.228　　　　　　　　　　综合排名179

指标	指数	排名	指标	指数	排名
创新资源指数	0.171	258	创新绩效指数	0.282	148
创新人才	0.065	273	科技成果	0.003	204
每万人在校大学生数	0.021	258	每万人SCI/SSCI/A&HCI论文产出数	0.003	211
城市化水平	0.092	250	每万人发明专利授权量	0.003	145
万名从业人口中科学技术人员数	0.081	221	经济产出	0.186	133
研发经费	0.331	131	城镇居民人均可支配收入	0.275	122
地方财政科技投入占财政支出比重	0.025	216	地均GDP	0.012	167
地方财政教育投入占财政支出比重	0.638	90	第二产业劳动生产率	0.270	98
创新环境指数	0.219	160	第三产业劳动生产率	0.188	134
政策环境	0.394	150	结构优化	0.101	232
每万人吸引外商投资额	0.021	175	第三产业增加值占地区GDP比重	0.200	230
企业税收负担	0.767	109	高科技产品进出口总额占地区GDP比重	0.001	176
人文环境	0.229	64	绿色发展	0.816	105
每百人公共图书馆藏书拥有量	0.033	142	万元地区生产总值水耗	0.924	68
每百名学生拥有专任教师人数	0.425	48	万元地区生产总值能耗	0.950	87
生活环境	0.096	235	城市污水处理率	0.786	200
每千人口拥有医院床位数	0.137	237	生活垃圾无害化处理率	0.925	192
城市人均公园绿地面积	0.116	178	城市空气质量等级	0.493	4
每万人拥有公共汽车数	0.034	234	辐射引领	0.008	221
创新服务指数	0.106	174	全市在校普通高校学生数占全省比重	0.013	232
金融服务	0.124	178	全市科学技术从业人员数占全省比重	0.028	180
新三板挂牌企业数	0.003	103	国家技术转移示范机构数	0.000	91
年末金融机构贷款余额增长率	0.370	156	ESI学科进入全球前1%个数	0.000	63
创业板上市企业数	0.000	94	财富世界500强与中国500强企业数	0.000	105
科技条件	0.079	107			
每万人移动电话用户数	0.044	154			
每万人互联网宽带接入用户数	0.114	86			

附表1-180　荆门市科技创新发展指数指标及排名表

科技创新发展指数0.228　　　　　　　　　　　　　　综合排名180

指标	指数	排名	指标	指数	排名
创新资源指数	0.173	257	创新绩效指数	0.264	213
创新人才	0.118	200	科技成果	0.002	218
每万人在校大学生数	0.053	179	每万人SCI/SSCI/A&HCI论文产出数	0.002	214
城市化水平	0.185	181	每万人发明专利授权量	0.002	180
万名从业人口中科学技术人员数	0.117	163	经济产出	0.117	238
研发经费	0.254	231	城镇居民人均可支配收入	0.143	228
地方财政科技投入占财政支出比重	0.070	100	地均GDP	0.013	161
地方财政教育投入占财政支出比重	0.439	237	第二产业劳动生产率	0.161	188
创新环境指数	0.257	74	第三产业劳动生产率	0.151	176
政策环境	0.462	44	结构优化	0.097	235
每万人吸引外商投资额	0.041	129	第三产业增加值占地区GDP比重	0.193	233
企业税收负担	0.883	35	高科技产品进出口总额占地区GDP比重	0.000	233
人文环境	0.216	85	绿色发展	0.808	124
每百人公共图书馆藏书拥有量	0.035	135	万元地区生产总值水耗	0.826	201
每百名学生拥有专任教师人数	0.396	59	万元地区生产总值能耗	0.915	176
生活环境	0.148	144	城市污水处理率	0.805	192
每千人口拥有医院床位数	0.261	102	生活垃圾无害化处理率	1.000	1
城市人均公园绿地面积	0.109	190	城市空气质量等级	0.493	4
每万人拥有公共汽车数	0.073	125	辐射引领	0.009	218
创新服务指数	0.116	128	全市在校普通高校学生数占全省比重	0.014	226
金融服务	0.162	95	全市科学技术从业人员数占全省比重	0.029	175
新三板挂牌企业数	0.000	164	国家技术转移示范机构数	0.000	91
年末金融机构贷款余额增长率	0.487	80	ESI学科进入全球前1%个数	0.000	63
创业板上市企业数	0.000	94	财富世界500强与中国500强企业数	0.000	105
科技条件	0.047	193			
每万人移动电话用户数	0.032	213			
每万人互联网宽带接入用户数	0.063	187			

附表1-181　宣城市科技创新发展指数指标及排名表

科技创新发展指数0.228　　　　　　　　　　　　　综合排名181

指标	指数	排名	指标	指数	排名
创新资源指数	0.194	217	创新绩效指数	0.295	107
创新人才	0.113	210	科技成果	0.001	260
每万人在校大学生数	0.015	268	每万人SCI/SSCI/A&HCI论文产出数	0.001	261
城市化水平	0.275	135	每万人发明专利授权量	0.001	204
万名从业人口中科学技术人员数	0.050	255	经济产出	0.231	82
研发经费	0.315	153	城镇居民人均可支配收入	0.236	146
地方财政科技投入占财政支出比重	0.161	29	地均GDP	0.009	199
地方财政教育投入占财政支出比重	0.470	216	第二产业劳动生产率	0.429	27
创新环境指数	0.153	270	第三产业劳动生产率	0.248	95
政策环境	0.250	270	结构优化	0.141	164
每万人吸引外商投资额	0.103	67	第三产业增加值占地区GDP比重	0.275	168
企业税收负担	0.397	274	高科技产品进出口总额占地区GDP比重	0.007	87
人文环境	0.154	153	绿色发展	0.815	110
每百人公共图书馆藏书拥有量	0.024	186	万元地区生产总值水耗	0.882	134
每百名学生拥有专任教师人数	0.283	130	万元地区生产总值能耗	0.929	154
生活环境	0.087	247	城市污水处理率	0.938	54
每千人口拥有医院床位数	0.152	230	生活垃圾无害化处理率	0.832	242
城市人均公园绿地面积	0.073	238	城市空气质量等级	0.493	4
每万人拥有公共汽车数	0.035	231	辐射引领	0.005	253
创新服务指数	0.129	91	全市在校普通高校学生数占全省比重	0.005	269
金融服务	0.181	59	全市科学技术从业人员数占全省比重	0.022	210
新三板挂牌企业数	0.008	58	国家技术转移示范机构数	0.000	91
年末金融机构贷款余额增长率	0.534	54	ESI学科进入全球前1%个数	0.000	63
创业板上市企业数	0.000	94	财富世界500强与中国500强企业数	0.000	105
科技条件	0.052	179			
每万人移动电话用户数	0.032	211			
每万人互联网宽带接入用户数	0.072	161			

附表1-182　聊城市科技创新发展指数指标及排名表

科技创新发展指数0.228　　　　　　　　　　　　综合排名182

指标	指数	排名	指标	指数	排名
创新资源指数	0.179	242	创新绩效指数	0.278	156
创新人才	0.085	253	科技成果	0.007	122
每万人在校大学生数	0.054	175	每万人SCI/SSCI/A&HCI论文产出数	0.013	98
城市化水平	0.155	198	每万人发明专利授权量	0.001	211
万名从业人口中科学技术人员数	0.047	260	经济产出	0.244	74
研发经费	0.319	148	城镇居民人均可支配收入	0.343	77
地方财政科技投入占财政支出比重	0.056	128	地均GDP	0.035	76
地方财政教育投入占财政支出比重	0.582	132	第二产业劳动生产率	0.345	53
创新环境指数	0.228	140	第三产业劳动生产率	0.252	92
政策环境	0.418	115	结构优化	0.141	165
每万人吸引外商投资额	0.007	236	第三产业增加值占地区GDP比重	0.280	158
企业税收负担	0.828	68	高科技产品进出口总额占地区GDP比重	0.001	178
人文环境	0.148	163	绿色发展	0.737	216
每百人公共图书馆藏书拥有量	0.056	87	万元地区生产总值水耗	0.851	177
每百名学生拥有专任教师人数	0.241	163	万元地区生产总值能耗	0.896	208
生活环境	0.156	130	城市污水处理率	0.938	53
每千人口拥有医院床位数	0.201	169	生活垃圾无害化处理率	1.000	1
城市人均公园绿地面积	0.130	147	城市空气质量等级	0.000	237
每万人拥有公共汽车数	0.136	40	辐射引领	0.010	199
创新服务指数	0.099	201	全市在校普通高校学生数占全省比重	0.021	192
金融服务	0.135	154	全市科学技术从业人员数占全省比重	0.014	240
新三板挂牌企业数	0.028	29	国家技术转移示范机构数	0.000	91
年末金融机构贷款余额增长率	0.362	163	ESI学科进入全球前1%个数	0.008	50
创业板上市企业数	0.016	49	财富世界500强与中国500强企业数	0.006	65
科技条件	0.043	209			
每万人移动电话用户数	0.034	206			
每万人互联网宽带接入用户数	0.053	212			

附表1-183　焦作市科技创新发展指数指标及排名表

科技创新发展指数0.228　　　　　　　　　　　　　综合排名183

指标	指数	排名	指标	指数	排名
创新资源指数	0.238	127	创新绩效指数	0.258	228
创新人才	0.162	146	科技成果	0.019	67
每万人在校大学生数	0.203	56	每万人SCI/SSCI/A&HCI论文产出数	0.035	55
城市化水平	0.230	164	每万人发明专利授权量	0.002	163
万名从业人口中科学技术人员数	0.054	252	经济产出	0.164	167
研发经费	0.351	102	城镇居民人均可支配收入	0.214	173
地方财政科技投入占财政支出比重	0.097	65	地均GDP	0.056	41
地方财政教育投入占财政支出比重	0.605	114	第二产业劳动生产率	0.205	136
创新环境指数	0.235	117	第三产业劳动生产率	0.178	146
政策环境	0.471	36	结构优化	0.095	236
每万人吸引外商投资额	0.083	87	第三产业增加值占地区GDP比重	0.189	235
企业税收负担	0.858	50	高科技产品进出口总额占地区GDP比重	0.000	219
人文环境	0.152	158	绿色发展	0.738	214
每百人公共图书馆藏书拥有量	0.025	183	万元地区生产总值水耗	0.780	238
每百名学生拥有专任教师人数	0.278	135	万元地区生产总值能耗	0.606	283
生活环境	0.134	164	城市污水处理率	0.839	150
每千人口拥有医院床位数	0.216	147	生活垃圾无害化处理率	0.974	148
城市人均公园绿地面积	0.122	162	城市空气质量等级	0.493	4
每万人拥有公共汽车数	0.063	147	辐射引领	0.014	155
创新服务指数	0.102	186	全市在校普通高校学生数占全省比重	0.053	87
金融服务	0.128	174	全市科学技术从业人员数占全省比重	0.018	225
新三板挂牌企业数	0.008	58	国家技术转移示范机构数	0.000	91
年末金融机构贷款余额增长率	0.359	166	ESI学科进入全球前1%个数	0.000	63
创业板上市企业数	0.016	49	财富世界500强与中国500强企业数	0.000	105
科技条件	0.063	148			
每万人移动电话用户数	0.048	140			
每万人互联网宽带接入用户数	0.079	149			

附表1-184 天水市科技创新发展指数指标及排名表

科技创新发展指数0.228 综合排名184

指标	指数	排名	指标	指数	排名
创新资源指数	0.312	59	创新绩效指数	0.246	251
创新人才	0.277	64	科技成果	0.006	132
每万人在校大学生数	0.082	130	每万人SCI/SSCI/A&HCI论文产出数	0.010	108
城市化水平	0.325	113	每万人发明专利授权量	0.002	167
万名从业人口中科学技术人员数	0.423	19	经济产出	0.057	276
研发经费	0.365	78	城镇居民人均可支配收入	0.049	280
地方财政科技投入占财政支出比重	0.023	224	地均GDP	0.004	243
地方财政教育投入占财政支出比重	0.707	50	第二产业劳动生产率	0.113	236
创新环境指数	0.191	219	第三产业劳动生产率	0.062	269
政策环境	0.418	114	结构优化	0.246	47
每万人吸引外商投资额	0.000	282	第三产业增加值占地区GDP比重	0.471	40
企业税收负担	0.836	65	高科技产品进出口总额占地区GDP比重	0.022	47
人文环境	0.153	155	绿色发展	0.700	253
每百人公共图书馆藏书拥有量	0.018	223	万元地区生产总值水耗	0.905	95
每百名学生拥有专任教师人数	0.288	128	万元地区生产总值能耗	0.938	128
生活环境	0.065	268	城市污水处理率	0.633	252
每千人口拥有医院床位数	0.113	258	生活垃圾无害化处理率	0.534	277
城市人均公园绿地面积	0.048	265	城市空气质量等级	0.493	4
每万人拥有公共汽车数	0.032	237	辐射引领	0.040	63
创新服务指数	0.130	87	全市在校普通高校学生数占全省比重	0.070	69
金融服务	0.186	51	全市科学技术从业人员数占全省比重	0.131	45
新三板挂牌企业数	0.000	164	国家技术转移示范机构数	0.000	91
年末金融机构贷款余额增长率	0.557	40	ESI学科进入全球前1%个数	0.000	63
创业板上市企业数	0.000	94	财富世界500强与中国500强企业数	0.000	105
科技条件	0.046	199			
每万人移动电话用户数	0.043	155			
每万人互联网宽带接入用户数	0.049	219			

附表1-185　随州市科技创新发展指数指标及排名表

科技创新发展指数0.227　　　　　　　　　　　　　综合排名185

指标	指数	排名	指标	指数	排名
创新资源指数	0.168	264	创新绩效指数	0.260	225
创新人才	0.086	251	科技成果	0.001	259
每万人在校大学生数	0.018	265	每万人SCI/SSCI/A&HCI论文产出数	0.001	260
城市化水平	0.153	200	每万人发明专利授权量	0.001	202
万名从业人口中科学技术人员数	0.087	214	经济产出	0.165	164
研发经费	0.291	184	城镇居民人均可支配收入	0.142	231
地方财政科技投入占财政支出比重	0.065	108	地均GDP	0.009	198
地方财政教育投入占财政支出比重	0.517	174	第二产业劳动生产率	0.276	89
创新环境指数	0.244	102	第三产业劳动生产率	0.235	105
政策环境	0.458	50	结构优化	0.129	191
每万人吸引外商投资额	0.016	193	第三产业增加值占地区GDP比重	0.237	203
企业税收负担	0.899	30	高科技产品进出口总额占地区GDP比重	0.021	50
人文环境	0.222	74	绿色发展	0.748	199
每百人公共图书馆藏书拥有量	0.093	48	万元地区生产总值水耗	0.890	124
每百名学生拥有专任教师人数	0.351	81	万元地区生产总值能耗	0.982	13
生活环境	0.116	201	城市污水处理率	0.871	119
每千人口拥有医院床位数	0.154	227	生活垃圾无害化处理率	0.998	111
城市人均公园绿地面积	0.127	154	城市空气质量等级	0.000	237
每万人拥有公共汽车数	0.066	140	辐射引领	0.002	277
创新服务指数	0.148	51	全市在校普通高校学生数占全省比重	0.004	275
金融服务	0.201	27	全市科学技术从业人员数占全省比重	0.007	270
新三板挂牌企业数	0.003	103	国家技术转移示范机构数	0.000	91
年末金融机构贷款余额增长率	0.601	24	ESI学科进入全球前1%个数	0.000	63
创业板上市企业数	0.000	94	财富世界500强与中国500强企业数	0.000	105
科技条件	0.068	137			
每万人移动电话用户数	0.062	94			
每万人互联网宽带接入用户数	0.074	156			

附表1-186　嘉峪关市科技创新发展指数指标及排名表

科技创新发展指数0.227　　　　　　　　　　　　　　　　综合排名186

指标	指数	排名	指标	指数	排名
创新资源指数	0.315	56	创新绩效指数	0.202	284
创新人才	0.365	41	科技成果	0.005	148
每万人在校大学生数	0.095	119	每万人SCI/SSCI/A&HCI论文产出数	0.008	118
城市化水平	1.000	1	每万人发明专利授权量	0.002	177
万名从业人口中科学技术人员数	0.000	287	经济产出	0.166	160
研发经费	0.239	244	城镇居民人均可支配收入	0.286	111
地方财政科技投入占财政支出比重	0.036	187	地均GDP	0.010	190
地方财政教育投入占财政支出比重	0.443	234	第二产业劳动生产率	0.197	146
创新环境指数	0.274	53	第三产业劳动生产率	0.172	151
政策环境	0.405	135	结构优化	0.082	256
每万人吸引外商投资额	0.000	283	第三产业增加值占地区GDP比重	0.151	261
企业税收负担	0.809	79	高科技产品进出口总额占地区GDP比重	0.013	71
人文环境	0.158	146	绿色发展	0.556	282
每百人公共图书馆藏书拥有量	0.103	37	万元地区生产总值水耗	0.832	196
每百名学生拥有专任教师人数	0.214	189	万元地区生产总值能耗	0.052	286
生活环境	0.264	24	城市污水处理率	0.897	94
每千人口拥有医院床位数	0.467	19	生活垃圾无害化处理率	1.000	1
城市人均公园绿地面积	0.271	23	城市空气质量等级	0.000	237
每万人拥有公共汽车数	0.053	173	辐射引领	0.004	263
创新服务指数	0.163	34	全市在校普通高校学生数占全省比重	0.005	268
金融服务	0.161	96	全市科学技术从业人员数占全省比重	0.008	264
新三板挂牌企业数	0.000	164	国家技术转移示范机构数	0.000	91
年末金融机构贷款余额增长率	0.482	82	ESI学科进入全球前1%个数	0.000	63
创业板上市企业数	0.000	94	财富世界500强与中国500强企业数	0.006	65
科技条件	0.167	36			
每万人移动电话用户数	0.143	25			
每万人互联网宽带接入用户数	0.192	41			

附表1-187　德州市科技创新发展指数指标及排名表

科技创新发展指数0.227　　　　　　　　　　　　　　综合排名187

指标	指数	排名	指标	指数	排名
创新资源指数	0.210	174	创新绩效指数	0.274	170
创新人才	0.122	196	科技成果	0.003	185
每万人在校大学生数	0.058	168	每万人SCI/SSCI/A&HCI论文产出数	0.005	157
城市化水平	0.168	188	每万人发明专利授权量	0.002	173
万名从业人口中科学技术人员数	0.140	128	经济产出	0.211	102
研发经费	0.341	120	城镇居民人均可支配收入	0.302	99
地方财政科技投入占财政支出比重	0.067	104	地均GDP	0.031	87
地方财政教育投入占财政支出比重	0.614	106	第二产业劳动生产率	0.277	88
创新环境指数	0.227	142	第三产业劳动生产率	0.232	108
政策环境	0.408	130	结构优化	0.169	123
每万人吸引外商投资额	0.011	214	第三产业增加值占地区GDP比重	0.335	118
企业税收负担	0.804	85	高科技产品进出口总额占地区GDP比重	0.002	136
人文环境	0.166	142	绿色发展	0.737	218
每百人公共图书馆藏书拥有量	0.021	208	万元地区生产总值水耗	0.865	162
每百名学生拥有专任教师人数	0.311	115	万元地区生产总值能耗	0.921	169
生活环境	0.148	143	城市污水处理率	0.925	65
每千人口拥有医院床位数	0.150	231	生活垃圾无害化处理率	0.972	149
城市人均公园绿地面积	0.263	28	城市空气质量等级	0.000	237
每万人拥有公共汽车数	0.032	237	辐射引领	0.014	152
创新服务指数	0.070	271	全市在校普通高校学生数占全省比重	0.021	188
金融服务	0.086	250	全市科学技术从业人员数占全省比重	0.044	123
新三板挂牌企业数	0.014	45	国家技术转移示范机构数	0.000	91
年末金融机构贷款余额增长率	0.229	250	ESI学科进入全球前1%个数	0.000	63
创业板上市企业数	0.016	49	财富世界500强与中国500强企业数	0.006	65
科技条件	0.046	198			
每万人移动电话用户数	0.045	150			
每万人互联网宽带接入用户数	0.048	224			

附表1-188　景德镇市科技创新发展指数指标及排名表

科技创新发展指数0.227　　　　　　　　　　　　　综合排名188

指标	指数	排名	指标	指数	排名
创新资源指数	0.191	224	创新绩效指数	0.283	142
创新人才	0.188	124	科技成果	0.015	77
每万人在校大学生数	0.124	93	每万人SCI/SSCI/A&HCI论文产出数	0.025	68
城市化水平	0.247	151	每万人发明专利授权量	0.005	109
万名从业人口中科学技术人员数	0.193	76	经济产出	0.173	149
研发经费	0.195	271	城镇居民人均可支配收入	0.276	121
地方财政科技投入占财政支出比重	0.030	199	地均GDP	0.017	135
地方财政教育投入占财政支出比重	0.359	269	第二产业劳动生产率	0.217	129
创新环境指数	0.197	206	第三产业劳动生产率	0.183	140
政策环境	0.280	258	结构优化	0.128	193
每万人吸引外商投资额	0.039	134	第三产业增加值占地区GDP比重	0.252	193
企业税收负担	0.521	244	高科技产品进出口总额占地区GDP比重	0.004	115
人文环境	0.137	177	绿色发展	0.799	134
每百人公共图书馆藏书拥有量	0.055	88	万元地区生产总值水耗	0.866	160
每百名学生拥有专任教师人数	0.219	184	万元地区生产总值能耗	0.973	26
生活环境	0.182	93	城市污水处理率	0.665	246
每千人口拥有医院床位数	0.215	149	生活垃圾无害化处理率	1.000	1
城市人均公园绿地面积	0.227	41	城市空气质量等级	0.493	4
每万人拥有公共汽车数	0.104	79	辐射引领	0.022	108
创新服务指数	0.102	185	全市在校普通高校学生数占全省比重	0.029	159
金融服务	0.129	170	全市科学技术从业人员数占全省比重	0.067	78
新三板挂牌企业数	0.000	164	国家技术转移示范机构数	0.017	55
年末金融机构贷款余额增长率	0.388	144	ESI学科进入全球前1%个数	0.000	63
创业板上市企业数	0.000	94	财富世界500强与中国500强企业数	0.000	105
科技条件	0.061	153			
每万人移动电话用户数	0.040	179			
每万人互联网宽带接入用户数	0.083	139			

附表1-189　中卫市科技创新发展指数指标及排名表

科技创新发展指数0.227　　　　　　　　　　　　　　　综合排名189

指标	指数	排名	指标	指数	排名
创新资源指数	0.241	120	创新绩效指数	0.260	223
创新人才	0.209	109	科技成果	0.018	68
每万人在校大学生数	0.170	71	每万人SCI/SSCI/A&HCI论文产出数	0.001	262
城市化水平	0.321	116	每万人发明专利授权量	0.036	22
万名从业人口中科学技术人员数	0.135	133	经济产出	0.200	112
研发经费	0.290	185	城镇居民人均可支配收入	0.142	230
地方财政科技投入占财政支出比重	0.055	133	地均GDP	0.002	274
地方财政教育投入占财政支出比重	0.526	168	第二产业劳动生产率	0.494	15
创新环境指数	0.199	200	第三产业劳动生产率	0.162	162
政策环境	0.405	134	结构优化	0.161	131
每万人吸引外商投资额	0.002	261	第三产业增加值占地区GDP比重	0.321	126
企业税收负担	0.807	81	高科技产品进出口总额占地区GDP比重	0.000	229
人文环境	0.131	184	绿色发展	0.698	256
每百人公共图书馆藏书拥有量	0.030	159	万元地区生产总值水耗	0.981	6
每百名学生拥有专任教师人数	0.232	173	万元地区生产总值能耗	0.090	285
生活环境	0.107	214	城市污水处理率	0.958	27
每千人口拥有医院床位数	0.120	251	生活垃圾无害化处理率	0.969	152
城市人均公园绿地面积	0.141	132	城市空气质量等级	0.493	4
每万人拥有公共汽车数	0.060	156	辐射引领	0.008	228
创新服务指数	0.129	93	全市在校普通高校学生数占全省比重	0.000	287
金融服务	0.189	44	全市科学技术从业人员数占全省比重	0.039	137
新三板挂牌企业数	0.003	103	国家技术转移示范机构数	0.000	91
年末金融机构贷款余额增长率	0.565	38	ESI学科进入全球前1%个数	0.000	63
创业板上市企业数	0.000	94	财富世界500强与中国500强企业数	0.000	105
科技条件	0.038	226			
每万人移动电话用户数	0.040	177			
每万人互联网宽带接入用户数	0.035	243			

附表1-190 枣庄市科技创新发展指数指标及排名表

科技创新发展指数0.226　　　　　　　　　　　　　综合排名190

指标	指数	排名	指标	指数	排名
创新资源指数	0.265	90	创新绩效指数	0.280	153
创新人才	0.231	91	科技成果	0.003	200
每万人在校大学生数	0.050	189	每万人SCI/SSCI/A&HCI论文产出数	0.004	171
城市化水平	0.554	49	每万人发明专利授权量	0.001	193
万名从业人口中科学技术人员数	0.089	212	经济产出	0.217	96
研发经费	0.316	151	城镇居民人均可支配收入	0.316	91
地方财政科技投入占财政支出比重	0.035	188	地均GDP	0.054	43
地方财政教育投入占财政支出比重	0.597	117	第二产业劳动生产率	0.188	159
创新环境指数	0.189	224	第三产业劳动生产率	0.310	59
政策环境	0.396	146	结构优化	0.159	135
每万人吸引外商投资额	0.011	216	第三产业增加值占地区GDP比重	0.317	131
企业税收负担	0.781	102	高科技产品进出口总额占地区GDP比重	0.002	148
人文环境	0.101	234	绿色发展	0.759	190
每百人公共图书馆藏书拥有量	0.030	155	万元地区生产总值水耗	0.911	84
每百名学生拥有专任教师人数	0.171	224	万元地区生产总值能耗	0.944	109
生活环境	0.110	209	城市污水处理率	0.941	47
每千人口拥有医院床位数	0.195	179	生活垃圾无害化处理率	1.000	1
城市人均公园绿地面积	0.085	218	城市空气质量等级	0.000	237
每万人拥有公共汽车数	0.049	187	辐射引领	0.011	188
创新服务指数	0.047	281	全市在校普通高校学生数占全省比重	0.013	236
金融服务	0.035	283	全市科学技术从业人员数占全省比重	0.025	193
新三板挂牌企业数	0.000	164	国家技术转移示范机构数	0.017	55
年末金融机构贷款余额增长率	0.106	278	ESI学科进入全球前1%个数	0.000	63
创业板上市企业数	0.000	94	财富世界500强与中国500强企业数	0.000	105
科技条件	0.065	141			
每万人移动电话用户数	0.041	174			
每万人互联网宽带接入用户数	0.090	122			

附表1-191　内江市科技创新发展指数指标及排名表

科技创新发展指数0.226　　　　　　　　　　　　　　综合排名191

指标	指数	排名	指标	指数	排名
创新资源指数	0.205	193	创新绩效指数	0.261	217
创新人才	0.127	186	科技成果	0.002	215
每万人在校大学生数	0.049	190	每万人SCI/SSCI/A&HCI论文产出数	0.004	173
城市化水平	0.301	123	每万人发明专利授权量	0.000	249
万名从业人口中科学技术人员数	0.031	275	经济产出	0.131	209
研发经费	0.321	145	城镇居民人均可支配收入	0.184	201
地方财政科技投入占财政支出比重	0.019	240	地均GDP	0.026	100
地方财政教育投入占财政支出比重	0.622	100	第二产业劳动生产率	0.198	144
创新环境指数	0.218	163	第三产业劳动生产率	0.115	223
政策环境	0.490	17	结构优化	0.026	285
每万人吸引外商投资额	0.007	238	第三产业增加值占地区GDP比重	0.051	285
企业税收负担	0.973	3	高科技产品进出口总额占地区GDP比重	0.001	202
人文环境	0.109	218	绿色发展	0.821	95
每百人公共图书馆藏书拥有量	0.008	272	万元地区生产总值水耗	0.920	73
每百名学生拥有专任教师人数	0.210	193	万元地区生产总值能耗	0.975	22
生活环境	0.109	210	城市污水处理率	0.837	153
每千人口拥有医院床位数	0.236	125	生活垃圾无害化处理率	0.879	229
城市人均公园绿地面积	0.053	262	城市空气质量等级	0.493	4
每万人拥有公共汽车数	0.038	223	辐射引领	0.005	258
创新服务指数	0.131	86	全市在校普通高校学生数占全省比重	0.020	200
金融服务	0.198	30	全市科学技术从业人员数占全省比重	0.004	276
新三板挂牌企业数	0.003	103	国家技术转移示范机构数	0.000	91
年末金融机构贷款余额增长率	0.592	26	ESI学科进入全球前1%个数	0.000	63
创业板上市企业数	0.000	94	财富世界500强与中国500强企业数	0.000	105
科技条件	0.030	249			
每万人移动电话用户数	0.019	257			
每万人互联网宽带接入用户数	0.040	234			

附表1-192 广元市科技创新发展指数指标及排名表

科技创新发展指数0.226 综合排名192

指标	指数	排名	指标	指数	排名
创新资源指数	0.198	209	创新绩效指数	0.267	203
创新人才	0.136	177	科技成果	0.003	183
每万人在校大学生数	0.037	219	每万人SCI/SSCI/A&HCI论文产出数	0.001	259
城市化水平	0.267	141	每万人发明专利授权量	0.006	93
万名从业人口中科学技术人员数	0.104	186	经济产出	0.123	224
研发经费	0.292	180	城镇居民人均可支配收入	0.107	259
地方财政科技投入占财政支出比重	0.024	217	地均GDP	0.004	247
地方财政教育投入占财政支出比重	0.560	150	第二产业劳动生产率	0.311	68
创新环境指数	0.220	159	第三产业劳动生产率	0.069	263
政策环境	0.420	110	结构优化	0.135	177
每万人吸引外商投资额	0.008	235	第三产业增加值占地区GDP比重	0.269	172
企业税收负担	0.832	67	高科技产品进出口总额占地区GDP比重	0.001	208
人文环境	0.157	148	绿色发展	0.805	128
每百人公共图书馆藏书拥有量	0.033	143	万元地区生产总值水耗	0.863	164
每百名学生拥有专任教师人数	0.282	132	万元地区生产总值能耗	0.861	243
生活环境	0.127	177	城市污水处理率	0.839	150
每千人口拥有医院床位数	0.278	87	生活垃圾无害化处理率	0.970	150
城市人均公园绿地面积	0.067	245	城市空气质量等级	0.493	4
每万人拥有公共汽车数	0.037	225	辐射引领	0.004	267
创新服务指数	0.113	143	全市在校普通高校学生数占全省比重	0.011	240
金融服务	0.158	101	全市科学技术从业人员数占全省比重	0.007	271
新三板挂牌企业数	0.000	164	国家技术转移示范机构数	0.000	91
年末金融机构贷款余额增长率	0.475	87	ESI学科进入全球前1%个数	0.000	63
创业板上市企业数	0.000	94	财富世界500强与中国500强企业数	0.000	105
科技条件	0.045	205			
每万人移动电话用户数	0.032	212			
每万人互联网宽带接入用户数	0.057	197			

附表1-193　盐城市科技创新发展指数指标及排名表

科技创新发展指数0.226　　　　　　　　　　　　　综合排名193

指标	指数	排名	指标	指数	排名
创新资源指数	0.205	189	创新绩效指数	0.276	164
创新人才	0.098	233	科技成果	0.007	120
每万人在校大学生数	0.053	180	每万人SCI/SSCI/A&HCI论文产出数	0.010	110
城市化水平	0.164	190	每万人发明专利授权量	0.004	113
万名从业人口中科学技术人员数	0.077	224	经济产出	0.222	92
研发经费	0.366	74	城镇居民人均可支配收入	0.280	116
地方财政科技投入占财政支出比重	0.184	24	地均GDP	0.028	93
地方财政教育投入占财政支出比重	0.549	160	第二产业劳动生产率	0.156	193
创新环境指数	0.196	208	第三产业劳动生产率	0.424	30
政策环境	0.294	250	结构优化	0.186	102
每万人吸引外商投资额	0.053	109	第三产业增加值占地区GDP比重	0.361	98
企业税收负担	0.535	239	高科技产品进出口总额占地区GDP比重	0.011	77
人文环境	0.209	93	绿色发展	0.722	233
每百人公共图书馆藏书拥有量	0.031	149	万元地区生产总值水耗	0.954	31
每百名学生拥有专任教师人数	0.388	66	万元地区生产总值能耗	0.972	28
生活环境	0.122	185	城市污水处理率	0.686	240
每千人口拥有医院床位数	0.197	177	生活垃圾无害化处理率	1.000	1
城市人均公园绿地面积	0.116	175	城市空气质量等级	0.000	237
每万人拥有公共汽车数	0.054	170	辐射引领	0.016	138
创新服务指数	0.106	173	全市在校普通高校学生数占全省比重	0.030	155
金融服务	0.147	119	全市科学技术从业人员数占全省比重	0.033	157
新三板挂牌企业数	0.006	82	国家技术转移示范机构数	0.017	55
年末金融机构贷款余额增长率	0.436	102	ESI学科进入全球前1%个数	0.000	63
创业板上市企业数	0.000	94	财富世界500强与中国500强企业数	0.000	105
科技条件	0.045	207			
每万人移动电话用户数	0.031	222			
每万人互联网宽带接入用户数	0.059	194			

附表1-194　邢台市科技创新发展指数指标及排名表

科技创新发展指数0.226　　　　　　　　　　综合排名194

指标	指数	排名	指标	指数	排名
创新资源指数	0.175	254	创新绩效指数	0.267	207
创新人才	0.077	264	科技成果	0.001	236
每万人在校大学生数	0.047	195	每万人SCI/SSCI/A&HCI论文产出数	0.002	226
城市化水平	0.069	266	每万人发明专利授权量	0.001	222
万名从业人口中科学技术人员数	0.116	164	经济产出	0.110	243
研发经费	0.320	146	城镇居民人均可支配收入	0.090	268
地方财政科技投入占财政支出比重	0.025	214	地均GDP	0.016	143
地方财政教育投入占财政支出比重	0.616	105	第二产业劳动生产率	0.205	137
创新环境指数	0.246	92	第三产业劳动生产率	0.127	212
政策环境	0.440	84	结构优化	0.141	162
每万人吸引外商投资额	0.027	157	第三产业增加值占地区GDP比重	0.280	159
企业税收负担	0.853	53	高科技产品进出口总额占地区GDP比重	0.003	132
人文环境	0.137	179	绿色发展	0.798	135
每百人公共图书馆藏书拥有量	0.014	248	万元地区生产总值水耗	0.786	235
每百名学生拥有专任教师人数	0.259	151	万元地区生产总值能耗	0.807	269
生活环境	0.191	79	城市污水处理率	0.914	73
每千人口拥有医院床位数	0.176	199	生活垃圾无害化处理率	0.990	122
城市人均公园绿地面积	0.172	100	城市空气质量等级	0.493	4
每万人拥有公共汽车数	0.224	6	辐射引领	0.018	128
创新服务指数	0.100	193	全市在校普通高校学生数占全省比重	0.039	119
金融服务	0.137	152	全市科学技术从业人员数占全省比重	0.036	146
新三板挂牌企业数	0.006	82	国家技术转移示范机构数	0.000	91
年末金融机构贷款余额增长率	0.406	131	ESI学科进入全球前1%个数	0.000	63
创业板上市企业数	0.000	94	财富世界500强与中国500强企业数	0.013	43
科技条件	0.045	206			
每万人移动电话用户数	0.025	243			
每万人互联网宽带接入用户数	0.065	178			

附表1-195　宿迁市科技创新发展指数指标及排名表

科技创新发展指数0.225　　　　　　　　　　　　　综合排名195

指标	指数	排名	指标	指数	排名
创新资源指数	0.234	132	创新绩效指数	0.269	195
创新人才	0.103	224	科技成果	0.001	262
每万人在校大学生数	0.023	254	每万人SCI/SSCI/A&HCI论文产出数	0.001	248
城市化水平	0.260	145	每万人发明专利授权量	0.000	246
万名从业人口中科学技术人员数	0.028	277	经济产出	0.154	180
研发经费	0.431	21	城镇居民人均可支配收入	0.111	254
地方财政科技投入占财政支出比重	0.131	42	地均GDP	0.028	94
地方财政教育投入占财政支出比重	0.730	37	第二产业劳动生产率	0.118	230
创新环境指数	0.162	261	第三产业劳动生产率	0.357	46
政策环境	0.292	252	结构优化	0.167	125
每万人吸引外商投资额	0.048	114	第三产业增加值占地区GDP比重	0.329	121
企业税收负担	0.536	237	高科技产品进出口总额占地区GDP比重	0.006	97
人文环境	0.143	167	绿色发展	0.773	177
每百人公共图书馆藏书拥有量	0.015	238	万元地区生产总值水耗	0.899	108
每百名学生拥有专任教师人数	0.271	142	万元地区生产总值能耗	0.902	199
生活环境	0.087	244	城市污水处理率	0.781	203
每千人口拥有医院床位数	0.148	233	生活垃圾无害化处理率	0.791	250
城市人均公园绿地面积	0.072	240	城市空气质量等级	0.493	4
每万人拥有公共汽车数	0.041	209	辐射引领	0.005	257
创新服务指数	0.146	54	全市在校普通高校学生数占全省比重	0.010	251
金融服务	0.219	20	全市科学技术从业人员数占全省比重	0.009	263
新三板挂牌企业数	0.008	58	国家技术转移示范机构数	0.000	91
年末金融机构贷款余额增长率	0.634	16	ESI学科进入全球前1%个数	0.000	63
创业板上市企业数	0.016	49	财富世界500强与中国500强企业数	0.006	65
科技条件	0.037	232			
每万人移动电话用户数	0.027	236			
每万人互联网宽带接入用户数	0.047	226			

附表1-196 普洱市科技创新发展指数指标及排名表

科技创新发展指数0.225 综合排名196

指标	指数	排名	指标	指数	排名
创新资源指数	0.169	263	创新绩效指数	0.280	151
创新人才	0.144	166	科技成果	0.002	234
每万人在校大学生数	0.029	234	每万人SCI/SSCI/A&HCI论文产出数	0.000	279
城市化水平	0.043	275	每万人发明专利授权量	0.003	144
万名从业人口中科学技术人员数	0.361	26	经济产出	0.072	272
研发经费	0.205	269	城镇居民人均可支配收入	0.122	245
地方财政科技投入占财政支出比重	0.019	239	地均GDP	0.001	281
地方财政教育投入占财政支出比重	0.390	260	第二产业劳动生产率	0.095	249
创新环境指数	0.189	223	第三产业劳动生产率	0.069	262
政策环境	0.313	240	结构优化	0.139	169
每万人吸引外商投资额	0.000	279	第三产业增加值占地区GDP比重	0.279	162
企业税收负担	0.627	203	高科技产品进出口总额占地区GDP比重	0.000	242
人文环境	0.163	144	绿色发展	0.877	7
每百人公共图书馆藏书拥有量	0.032	145	万元地区生产总值水耗	0.806	220
每百名学生拥有专任教师人数	0.293	124	万元地区生产总值能耗	0.935	136
生活环境	0.124	183	城市污水处理率	0.743	225
每千人口拥有医院床位数	0.160	218	生活垃圾无害化处理率	0.901	216
城市人均公园绿地面积	0.150	125	城市空气质量等级	1.000	1
每万人拥有公共汽车数	0.062	152	辐射引领	0.019	121
创新服务指数	0.131	85	全市在校普通高校学生数占全省比重	0.019	205
金融服务	0.193	37	全市科学技术从业人员数占全省比重	0.076	70
新三板挂牌企业数	0.000	164	国家技术转移示范机构数	0.000	91
年末金融机构贷款余额增长率	0.580	31	ESI学科进入全球前1%个数	0.000	63
创业板上市企业数	0.000	94	财富世界500强与中国500强企业数	0.000	105
科技条件	0.039	223			
每万人移动电话用户数	0.042	158			
每万人互联网宽带接入用户数	0.035	245			

附表1-197　曲靖市科技创新发展指数指标及排名表

科技创新发展指数0.225　　　　　　　　　　　　综合排名197

指标	指数	排名	指标	指数	排名
创新资源指数	0.182	238	创新绩效指数	0.290	117
创新人才	0.050	280	科技成果	0.001	247
每万人在校大学生数	0.029	235	每万人SCI/SSCI/A&HCI论文产出数	0.002	222
城市化水平	0.070	265	每万人发明专利授权量	0.000	259
万名从业人口中科学技术人员数	0.050	256	经济产出	0.140	192
研发经费	0.380	61	城镇居民人均可支配收入	0.285	114
地方财政科技投入占财政支出比重	0.022	227	地均GDP	0.007	221
地方财政教育投入占财政支出比重	0.738	28	第二产业劳动生产率	0.123	225
创新环境指数	0.190	222	第三产业劳动生产率	0.144	184
政策环境	0.391	156	结构优化	0.091	244
每万人吸引外商投资额	0.004	252	第三产业增加值占地区GDP比重	0.181	239
企业税收负担	0.778	104	高科技产品进出口总额占地区GDP比重	0.000	259
人文环境	0.123	199	绿色发展	0.877	8
每百人公共图书馆藏书拥有量	0.016	231	万元地区生产总值水耗	0.951	34
每百名学生拥有专任教师人数	0.231	174	万元地区生产总值能耗	0.939	123
生活环境	0.100	231	城市污水处理率	1.000	1
每千人口拥有医院床位数	0.118	254	生活垃圾无害化处理率	1.000	1
城市人均公园绿地面积	0.102	199	城市空气质量等级	0.493	4
每万人拥有公共汽车数	0.079	113	辐射引领	0.019	120
创新服务指数	0.083	250	全市在校普通高校学生数占全省比重	0.048	98
金融服务	0.118	195	全市科学技术从业人员数占全省比重	0.041	129
新三板挂牌企业数	0.000	164	国家技术转移示范机构数	0.000	91
年末金融机构贷款余额增长率	0.354	169	ESI学科进入全球前1%个数	0.000	63
创业板上市企业数	0.000	94	财富世界500强与中国500强企业数	0.006	65
科技条件	0.030	247			
每万人移动电话用户数	0.040	180			
每万人互联网宽带接入用户数	0.020	274			

附表1-198　九江市科技创新发展指数指标及排名表

科技创新发展指数0.225　　　　　　　　　　　　　　　　综合排名198

指标	指数	排名	指标	指数	排名
创新资源指数	0.205	192	创新绩效指数	0.280	152
创新人才	0.124	193	科技成果	0.004	163
每万人在校大学生数	0.129	89	每万人SCI/SSCI/A&HCI论文产出数	0.007	129
城市化水平	0.085	256	每万人发明专利授权量	0.001	208
万名从业人口中科学技术人员数	0.157	106	经济产出	0.169	155
研发经费	0.326	140	城镇居民人均可支配收入	0.228	156
地方财政科技投入占财政支出比重	0.053	137	地均GDP	0.011	179
地方财政教育投入占财政支出比重	0.599	116	第二产业劳动生产率	0.221	128
创新环境指数	0.182	236	第三产业劳动生产率	0.213	119
政策环境	0.293	251	结构优化	0.173	113
每万人吸引外商投资额	0.119	58	第三产业增加值占地区GDP比重	0.296	146
企业税收负担	0.466	258	高科技产品进出口总额占地区GDP比重	0.051	32
人文环境	0.102	229	绿色发展	0.760	189
每百人公共图书馆藏书拥有量	0.036	131	万元地区生产总值水耗	0.899	107
每百名学生拥有专任教师人数	0.169	226	万元地区生产总值能耗	0.964	53
生活环境	0.161	121	城市污水处理率	0.828	166
每千人口拥有医院床位数	0.157	219	生活垃圾无害化处理率	0.618	272
城市人均公园绿地面积	0.258	29	城市空气质量等级	0.493	4
每万人拥有公共汽车数	0.068	133	辐射引领	0.043	58
创新服务指数	0.104	178	全市在校普通高校学生数占全省比重	0.091	53
金融服务	0.140	141	全市科学技术从业人员数占全省比重	0.123	49
新三板挂牌企业数	0.000	164	国家技术转移示范机构数	0.000	91
年末金融机构贷款余额增长率	0.420	120	ESI学科进入全球前1%个数	0.000	63
创业板上市企业数	0.000	94	财富世界500强与中国500强企业数	0.000	105
科技条件	0.051	185			
每万人移动电话用户数	0.026	240			
每万人互联网宽带接入用户数	0.076	154			

附表1-199 白山市科技创新发展指数指标及排名表

科技创新发展指数0.224　　　　　　　　　　　　　综合排名199

指标	指数	排名	指标	指数	排名
创新资源指数	0.209	175	创新绩效指数	0.222	277
创新人才	0.178	132	科技成果	0.001	257
每万人在校大学生数	0.006	284	每万人SCI/SSCI/A&HCI论文产出数	0.000	273
城市化水平	0.426	76	每万人发明专利授权量	0.002	182
万名从业人口中科学技术人员数	0.101	191	经济产出	0.193	121
研发经费	0.257	225	城镇居民人均可支配收入	0.326	84
地方财政科技投入占财政支出比重	0.044	164	地均GDP	0.004	238
地方财政教育投入占财政支出比重	0.470	217	第二产业劳动生产率	0.297	76
创新环境指数	0.346	9	第三产业劳动生产率	0.146	183
政策环境	0.443	76	结构优化	0.106	227
每万人吸引外商投资额	0.079	89	第三产业增加值占地区GDP比重	0.211	222
企业税收负担	0.807	82	高科技产品进出口总额占地区GDP比重	0.000	252
人文环境	0.500	5	绿色发展	0.596	280
每百人公共图书馆藏书拥有量	0.057	82	万元地区生产总值水耗	0.860	168
每百名学生拥有专任教师人数	0.942	2	万元地区生产总值能耗	0.948	95
生活环境	0.180	98	城市污水处理率	0.624	253
每千人口拥有医院床位数	0.324	62	生活垃圾无害化处理率	0.055	286
城市人均公园绿地面积	0.155	117	城市空气质量等级	0.493	4
每万人拥有公共汽车数	0.061	154	辐射引领	0.005	255
创新服务指数	0.078	261	全市在校普通高校学生数占全省比重	0.002	283
金融服务	0.082	256	全市科学技术从业人员数占全省比重	0.025	197
新三板挂牌企业数	0.000	164	国家技术转移示范机构数	0.000	91
年末金融机构贷款余额增长率	0.247	237	ESI学科进入全球前1%个数	0.000	63
创业板上市企业数	0.000	94	财富世界500强与中国500强企业数	0.000	105
科技条件	0.072	120			
每万人移动电话用户数	0.051	121			
每万人互联网宽带接入用户数	0.093	115			

附表1-200 亳州市科技创新发展指数指标及排名表

科技创新发展指数0.224　　　　　　　　　　　　　　　　　综合排名200

指标	指数	排名	指标	指数	排名
创新资源指数	0.177	245	创新绩效指数	0.290	115
创新人才	0.118	202	科技成果	0.000	286
每万人在校大学生数	0.013	271	每万人SCI/SSCI/A&HCI论文产出数	0.000	284
城市化水平	0.226	166	每万人发明专利授权量	0.000	268
万名从业人口中科学技术人员数	0.114	167	经济产出	0.155	178
研发经费	0.266	216	城镇居民人均可支配收入	0.232	152
地方财政科技投入占财政支出比重	0.024	221	地均GDP	0.013	165
地方财政教育投入占财政支出比重	0.509	181	第二产业劳动生产率	0.253	104
创新环境指数	0.138	282	第三产业劳动生产率	0.121	216
政策环境	0.371	187	结构优化	0.161	130
每万人吸引外商投资额	0.040	133	第三产业增加值占地区GDP比重	0.323	125
企业税收负担	0.702	163	高科技产品进出口总额占地区GDP比重	0.000	227
人文环境	0.069	268	绿色发展	0.850	33
每百人公共图书馆藏书拥有量	0.013	255	万元地区生产总值水耗	0.904	96
每百名学生拥有专任教师人数	0.126	262	万元地区生产总值能耗	0.961	61
生活环境	0.029	286	城市污水处理率	0.929	63
每千人口拥有医院床位数	0.046	283	生活垃圾无害化处理率	0.962	160
城市人均公园绿地面积	0.029	277	城市空气质量等级	0.493	4
每万人拥有公共汽车数	0.011	274	辐射引领	0.007	233
创新服务指数	0.153	45	全市在校普通高校学生数占全省比重	0.011	243
金融服务	0.247	14	全市科学技术从业人员数占全省比重	0.026	192
新三板挂牌企业数	0.000	164	国家技术转移示范机构数	0.000	91
年末金融机构贷款余额增长率	0.742	9	ESI学科进入全球前1%个数	0.000	63
创业板上市企业数	0.000	94	财富世界500强与中国500强企业数	0.000	105
科技条件	0.012	282			
每万人移动电话用户数	0.008	277			
每万人互联网宽带接入用户数	0.017	279			

附表1-201　通化市科技创新发展指数指标及排名表

科技创新发展指数0.224　　　　　　　　　　　　　　综合排名201

指标	指数	排名	指标	指数	排名
创新资源指数	0.176	248	创新绩效指数	0.246	252
创新人才	0.112	214	科技成果	0.005	149
每万人在校大学生数	0.043	205	每万人SCI/SSCI/A&HCI论文产出数	0.005	162
城市化水平	0.159	193	每万人发明专利授权量	0.005	101
万名从业人口中科学技术人员数	0.133	136	经济产出	0.180	140
研发经费	0.272	206	城镇居民人均可支配收入	0.329	82
地方财政科技投入占财政支出比重	0.106	58	地均GDP	0.008	209
地方财政教育投入占财政支出比重	0.437	239	第二产业劳动生产率	0.152	196
创新环境指数	0.299	32	第三产业劳动生产率	0.232	107
政策环境	0.356	205	结构优化	0.160	134
每万人吸引外商投资额	0.015	197	第三产业增加值占地区GDP比重	0.318	129
企业税收负担	0.697	165	高科技产品进出口总额占地区GDP比重	0.001	192
人文环境	0.363	13	绿色发展	0.661	269
每百人公共图书馆藏书拥有量	0.028	162	万元地区生产总值水耗	0.776	240
每百名学生拥有专任教师人数	0.698	8	万元地区生产总值能耗	0.951	84
生活环境	0.217	54	城市污水处理率	0.871	125
每千人口拥有医院床位数	0.269	94	生活垃圾无害化处理率	0.213	284
城市人均公园绿地面积	0.291	16	城市空气质量等级	0.493	4
每万人拥有公共汽车数	0.091	96	辐射引领	0.014	151
创新服务指数	0.089	230	全市在校普通高校学生数占全省比重	0.021	195
金融服务	0.103	223	全市科学技术从业人员数占全省比重	0.051	105
新三板挂牌企业数	0.000	164	国家技术转移示范机构数	0.000	91
年末金融机构贷款余额增长率	0.294	213	ESI学科进入全球前1%个数	0.000	63
创业板上市企业数	0.016	49	财富世界500强与中国500强企业数	0.000	105
科技条件	0.067	138			
每万人移动电话用户数	0.048	136			
每万人互联网宽带接入用户数	0.086	130			

附表1-202 葫芦岛市科技创新发展指数指标及排名表

科技创新发展指数0.224 　　　　　　　　　　　　综合排名202

指标	指数	排名	指标	指数	排名
创新资源指数	0.210	173	创新绩效指数	0.272	177
创新人才	0.171	137	科技成果	0.007	124
每万人在校大学生数	0.023	252	每万人SCI/SSCI/A&HCI论文产出数	0.011	101
城市化水平	0.319	117	每万人发明专利授权量	0.002	170
万名从业人口中科学技术人员数	0.170	96	经济产出	0.143	187
研发经费	0.269	212	城镇居民人均可支配收入	0.318	89
地方财政科技投入占财政支出比重	0.060	122	地均GDP	0.008	203
地方财政教育投入占财政支出比重	0.478	208	第二产业劳动生产率	0.091	255
创新环境指数	0.217	164	第三产业劳动生产率	0.155	173
政策环境	0.296	248	结构优化	0.197	89
每万人吸引外商投资额	0.084	86	第三产业增加值占地区GDP比重	0.391	80
企业税收负担	0.509	250	高科技产品进出口总额占地区GDP比重	0.002	151
人文环境	0.233	61	绿色发展	0.777	169
每百人公共图书馆藏书拥有量	0.007	277	万元地区生产总值水耗	0.830	198
每百名学生拥有专任教师人数	0.460	36	万元地区生产总值能耗	0.808	267
生活环境	0.154	131	城市污水处理率	0.893	98
每千人口拥有医院床位数	0.290	76	生活垃圾无害化处理率	0.860	235
城市人均公园绿地面积	0.106	196	城市空气质量等级	0.493	4
每万人拥有公共汽车数	0.066	139	辐射引领	0.007	243
创新服务指数	0.073	265	全市在校普通高校学生数占全省比重	0.008	253
金融服务	0.078	262	全市科学技术从业人员数占全省比重	0.024	201
新三板挂牌企业数	0.003	103	国家技术转移示范机构数	0.000	91
年末金融机构贷款余额增长率	0.231	245	ESI学科进入全球前1%个数	0.000	63
创业板上市企业数	0.000	94	财富世界500强与中国500强企业数	0.000	105
科技条件	0.065	145			
每万人移动电话用户数	0.048	139			
每万人互联网宽带接入用户数	0.082	141			

附表1-203　眉山市科技创新发展指数指标及排名表

科技创新发展指数0.223　　　　　　　　　　　　　综合排名203

指标	指数	排名	指标	指数	排名
创新资源指数	0.185	235	创新绩效指数	0.264	214
创新人才	0.132	179	科技成果	0.004	165
每万人在校大学生数	0.052	185	每万人SCI/SSCI/A&HCI论文产出数	0.005	161
城市化水平	0.210	172	每万人发明专利授权量	0.003	126
万名从业人口中科学技术人员数	0.134	134	经济产出	0.175	148
研发经费	0.266	217	城镇居民人均可支配收入	0.209	175
地方财政科技投入占财政支出比重	0.013	263	地均GDP	0.016	144
地方财政教育投入占财政支出比重	0.518	171	第二产业劳动生产率	0.336	58
创新环境指数	0.212	176	第三产业劳动生产率	0.139	197
政策环境	0.372	184	结构优化	0.068	268
每万人吸引外商投资额	0.024	163	第三产业增加值占地区GDP比重	0.135	267
企业税收负担	0.719	152	高科技产品进出口总额占地区GDP比重	0.001	204
人文环境	0.225	68	绿色发展	0.775	173
每百人公共图书馆藏书拥有量	0.004	280	万元地区生产总值水耗	0.924	66
每百名学生拥有专任教师人数	0.445	41	万元地区生产总值能耗	0.956	76
生活环境	0.097	234	城市污水处理率	0.501	274
每千人口拥有医院床位数	0.210	161	生活垃圾无害化处理率	1.000	1
城市人均公园绿地面积	0.059	252	城市空气质量等级	0.493	4
每万人拥有公共汽车数	0.021	253	辐射引领	0.006	250
创新服务指数	0.132	83	全市在校普通高校学生数占全省比重	0.017	215
金融服务	0.189	46	全市科学技术从业人员数占全省比重	0.011	255
新三板挂牌企业数	0.000	164	国家技术转移示范机构数	0.000	91
年末金融机构贷款余额增长率	0.567	37	ESI学科进入全球前1%个数	0.000	63
创业板上市企业数	0.000	94	财富世界500强与中国500强企业数	0.000	105
科技条件	0.047	197			
每万人移动电话用户数	0.031	221			
每万人互联网宽带接入用户数	0.062	188			

附表1-204 滁州市科技创新发展指数指标及排名表

科技创新发展指数0.223 综合排名204

指标	指数	排名	指标	指数	排名
创新资源指数	0.190	227	创新绩效指数	0.280	154
创新人才	0.124	192	科技成果	0.003	190
每万人在校大学生数	0.082	133	每万人SCI/SSCI/A&HCI论文产出数	0.003	197
城市化水平	0.076	260	每万人发明专利授权量	0.003	129
万名从业人口中科学技术人员数	0.215	64	经济产出	0.211	101
研发经费	0.288	190	城镇居民人均可支配收入	0.231	153
地方财政科技投入占财政支出比重	0.077	83	地均GDP	0.011	181
地方财政教育投入占财政支出比重	0.498	189	第二产业劳动生产率	0.440	24
创新环境指数	0.168	256	第三产业劳动生产率	0.161	163
政策环境	0.333	226	结构优化	0.080	257
每万人吸引外商投资额	0.086	80	第三产业增加值占地区GDP比重	0.154	259
企业税收负担	0.580	222	高科技产品进出口总额占地区GDP比重	0.006	98
人文环境	0.088	248	绿色发展	0.787	154
每百人公共图书馆藏书拥有量	0.013	253	万元地区生产总值水耗	0.761	248
每百名学生拥有专任教师人数	0.163	232	万元地区生产总值能耗	0.934	142
生活环境	0.112	205	城市污水处理率	0.952	34
每千人口拥有医院床位数	0.121	249	生活垃圾无害化处理率	0.796	249
城市人均公园绿地面积	0.142	131	城市空气质量等级	0.493	4
每万人拥有公共汽车数	0.075	119	辐射引领	0.018	127
创新服务指数	0.130	88	全市在校普通高校学生数占全省比重	0.041	113
金融服务	0.186	49	全市科学技术从业人员数占全省比重	0.047	115
新三板挂牌企业数	0.008	58	国家技术转移示范机构数	0.000	91
年末金融机构贷款余额增长率	0.551	42	ESI学科进入全球前1%个数	0.000	63
创业板上市企业数	0.000	94	财富世界500强与中国500强企业数	0.000	105
科技条件	0.045	204			
每万人移动电话用户数	0.028	232			
每万人互联网宽带接入用户数	0.062	192			

附表1-205 濮阳市科技创新发展指数指标及排名表

科技创新发展指数0.223　　　　　　　　　　　　　综合排名205

指标	指数	排名	指标	指数	排名
创新资源指数	0.195	216	创新绩效指数	0.267	204
创新人才	0.059	277	科技成果	0.003	192
每万人在校大学生数	0.014	270	每万人SCI/SSCI/A&HCI论文产出数	0.004	166
城市化水平	0.122	227	每万人发明专利授权量	0.001	183
万名从业人口中科学技术人员数	0.042	266	经济产出	0.129	213
研发经费	0.399	43	城镇居民人均可支配收入	0.199	182
地方财政科技投入占财政支出比重	0.055	132	地均GDP	0.037	71
地方财政教育投入占财政支出比重	0.743	26	第二产业劳动生产率	0.124	224
创新环境指数	0.212	175	第三产业劳动生产率	0.157	171
政策环境	0.457	52	结构优化	0.087	248
每万人吸引外商投资额	0.049	113	第三产业增加值占地区GDP比重	0.171	246
企业税收负担	0.865	48	高科技产品进出口总额占地区GDP比重	0.002	134
人文环境	0.094	243	绿色发展	0.819	100
每百人公共图书馆藏书拥有量	0.009	269	万元地区生产总值水耗	0.844	185
每百名学生拥有专任教师人数	0.178	221	万元地区生产总值能耗	0.868	241
生活环境	0.127	178	城市污水处理率	0.901	86
每千人口拥有医院床位数	0.182	189	生活垃圾无害化处理率	0.990	123
城市人均公园绿地面积	0.144	129	城市空气质量等级	0.493	4
每万人拥有公共汽车数	0.057	164	辐射引领	0.003	270
创新服务指数	0.108	163	全市在校普通高校学生数占全省比重	0.005	274
金融服务	0.152	107	全市科学技术从业人员数占全省比重	0.012	252
新三板挂牌企业数	0.003	103	国家技术转移示范机构数	0.000	91
年末金融机构贷款余额增长率	0.453	94	ESI学科进入全球前1%个数	0.000	63
创业板上市企业数	0.000	94	财富世界500强与中国500强企业数	0.000	105
科技条件	0.043	213			
每万人移动电话用户数	0.038	187			
每万人互联网宽带接入用户数	0.048	221			

附表1-206 连云港市科技创新发展指数指标及排名表

科技创新发展指数0.223　　　　　　　　　　　　　　　综合排名206

指标	指数	排名	指标	指数	排名
创新资源指数	0.261	97	创新绩效指数	0.282	146
创新人才	0.205	110	科技成果	0.010	95
每万人在校大学生数	0.057	169	每万人SCI/SSCI/A&HCI论文产出数	0.015	91
城市化水平	0.386	88	每万人发明专利授权量	0.005	104
万名从业人口中科学技术人员数	0.173	93	经济产出	0.180	141
研发经费	0.344	114	城镇居民人均可支配收入	0.244	140
地方财政科技投入占财政支出比重	0.123	46	地均GDP	0.032	82
地方财政教育投入占财政支出比重	0.566	143	第二产业劳动生产率	0.183	166
创新环境指数	0.151	271	第三产业劳动生产率	0.262	85
政策环境	0.230	279	结构优化	0.191	97
每万人吸引外商投资额	0.077	96	第三产业增加值占地区GDP比重	0.372	93
企业税收负担	0.384	277	高科技产品进出口总额占地区GDP比重	0.010	79
人文环境	0.187	118	绿色发展	0.778	164
每百人公共图书馆藏书拥有量	0.046	109	万元地区生产总值水耗	0.913	82
每百名学生拥有专任教师人数	0.329	100	万元地区生产总值能耗	0.918	172
生活环境	0.074	258	城市污水处理率	0.615	254
每千人口拥有医院床位数	0.120	252	生活垃圾无害化处理率	0.952	168
城市人均公园绿地面积	0.073	239	城市空气质量等级	0.493	4
每万人拥有公共汽车数	0.030	242	辐射引领	0.013	174
创新服务指数	0.073	264	全市在校普通高校学生数占全省比重	0.021	197
金融服务	0.087	248	全市科学技术从业人员数占全省比重	0.036	149
新三板挂牌企业数	0.003	103	国家技术转移示范机构数	0.000	91
年末金融机构贷款余额增长率	0.258	229	ESI学科进入全球前1%个数	0.000	63
创业板上市企业数	0.000	94	财富世界500强与中国500强企业数	0.006	65
科技条件	0.052	178			
每万人移动电话用户数	0.032	217			
每万人互联网宽带接入用户数	0.073	159			

附表1-207　贵港市科技创新发展指数指标及排名表

科技创新发展指数0.223　　　　　　　　　　综合排名207

指标	指数	排名	指标	指数	排名
创新资源指数	0.339	47	创新绩效指数	0.253	235
创新人才	0.231	90	科技成果	0.000	275
每万人在校大学生数	0.225	49	每万人SCI/SSCI/A&HCI论文产出数	0.000	276
城市化水平	0.331	110	每万人发明专利授权量	0.000	241
万名从业人口中科学技术人员数	0.137	132	经济产出	0.178	146
研发经费	0.501	3	城镇居民人均可支配收入	0.192	189
地方财政科技投入占财政支出比重	0.028	204	地均GDP	0.009	196
地方财政教育投入占财政支出比重	0.974	2	第二产业劳动生产率	0.372	45
创新环境指数	0.154	267	第三产业劳动生产率	0.141	193
政策环境	0.468	40	结构优化	0.171	121
每万人吸引外商投资额	0.002	269	第三产业增加值占地区GDP比重	0.341	113
企业税收负担	0.933	14	高科技产品进出口总额占地区GDP比重	0.000	263
人文环境	0.027	284	绿色发展	0.695	259
每百人公共图书馆藏书拥有量	0.011	264	万元地区生产总值水耗	0.865	161
每百名学生拥有专任教师人数	0.043	285	万元地区生产总值能耗	0.886	222
生活环境	0.030	285	城市污水处理率	0.246	282
每千人口拥有医院床位数	0.055	281	生活垃圾无害化处理率	0.987	133
城市人均公园绿地面积	0.031	276	城市空气质量等级	0.493	4
每万人拥有公共汽车数	0.004	285	辐射引领	0.005	252
创新服务指数	0.093	219	全市在校普通高校学生数占全省比重	0.003	280
金融服务	0.145	124	全市科学技术从业人员数占全省比重	0.024	203
新三板挂牌企业数	0.000	164	国家技术转移示范机构数	0.000	91
年末金融机构贷款余额增长率	0.435	103	ESI学科进入全球前1%个数	0.000	63
创业板上市企业数	0.000	94	财富世界500强与中国500强企业数	0.000	105
科技条件	0.014	277			
每万人移动电话用户数	0.006	281			
每万人互联网宽带接入用户数	0.023	269			

附表1-208 清远市科技创新发展指数指标及排名表

科技创新发展指数0.223　　　　　　　　　　　　　综合排名208

指标	指数	排名	指标	指数	排名
创新资源指数	0.232	135	创新绩效指数	0.272	176
创新人才	0.128	183	科技成果	0.004	180
每万人在校大学生数	0.026	245	每万人SCI/SSCI/A&HCI论文产出数	0.002	228
城市化水平	0.294	125	每万人发明专利授权量	0.005	102
万名从业人口中科学技术人员数	0.065	238	经济产出	0.145	184
研发经费	0.389	50	城镇居民人均可支配收入	0.192	188
地方财政科技投入占财政支出比重	0.047	157	地均GDP	0.007	211
地方财政教育投入占财政支出比重	0.731	36	第二产业劳动生产率	0.136	211
创新环境指数	0.182	234	第三产业劳动生产率	0.245	99
政策环境	0.352	209	结构优化	0.219	62
每万人吸引外商投资额	0.023	166	第三产业增加值占地区GDP比重	0.419	57
企业税收负担	0.681	174	高科技产品进出口总额占地区GDP比重	0.018	54
人文环境	0.158	147	绿色发展	0.773	178
每百人公共图书馆藏书拥有量	0.020	210	万元地区生产总值水耗	0.893	119
每百名学生拥有专任教师人数	0.296	121	万元地区生产总值能耗	0.848	249
生活环境	0.085	248	城市污水处理率	0.839	149
每千人口拥有医院床位数	0.142	234	生活垃圾无害化处理率	0.791	250
城市人均公园绿地面积	0.075	234	城市空气质量等级	0.493	4
每万人拥有公共汽车数	0.039	220	辐射引领	0.003	273
创新服务指数	0.091	225	全市在校普通高校学生数占全省比重	0.008	255
金融服务	0.118	193	全市科学技术从业人员数占全省比重	0.005	273
新三板挂牌企业数	0.000	164	国家技术转移示范机构数	0.000	91
年末金融机构贷款余额增长率	0.355	167	ESI学科进入全球前1%个数	0.000	63
创业板上市企业数	0.000	94	财富世界500强与中国500强企业数	0.000	105
科技条件	0.050	187			
每万人移动电话用户数	0.045	151			
每万人互联网宽带接入用户数	0.056	202			

附表1-209　阜新市科技创新发展指数指标及排名表

科技创新发展指数0.222　　　　　　　　　　　　　综合排名209

指标	指数	排名	指标	指数	排名
创新资源指数	0.213	166	创新绩效指数	0.260	224
创新人才	0.237	82	科技成果	0.018	71
每万人在校大学生数	0.188	61	每万人SCI/SSCI/A&HCI论文产出数	0.028	63
城市化水平	0.375	92	每万人发明专利授权量	0.007	87
万名从业人口中科学技术人员数	0.148	119	经济产出	0.085	265
研发经费	0.178	279	城镇居民人均可支配收入	0.118	249
地方财政科技投入占财政支出比重	0.005	285	地均GDP	0.007	219
地方财政教育投入占财政支出比重	0.351	271	第二产业劳动生产率	0.113	235
创新环境指数	0.206	185	第三产业劳动生产率	0.103	235
政策环境	0.269	262	结构优化	0.136	174
每万人吸引外商投资额	0.055	105	第三产业增加值占地区GDP比重	0.272	169
企业税收负担	0.482	255	高科技产品进出口总额占地区GDP比重	0.001	203
人文环境	0.188	116	绿色发展	0.790	148
每百人公共图书馆藏书拥有量	0.021	205	万元地区生产总值水耗	0.739	256
每百名学生拥有专任教师人数	0.355	80	万元地区生产总值能耗	0.886	224
生活环境	0.177	104	城市污水处理率	0.839	150
每千人口拥有医院床位数	0.307	73	生活垃圾无害化处理率	0.996	115
城市人均公园绿地面积	0.181	79	城市空气质量等级	0.493	4
每万人拥有公共汽车数	0.044	206	辐射引领	0.016	139
创新服务指数	0.119	121	全市在校普通高校学生数占全省比重	0.044	104
金融服务	0.143	130	全市科学技术从业人员数占全省比重	0.017	230
新三板挂牌企业数	0.000	164	国家技术转移示范机构数	0.017	55
年末金融机构贷款余额增长率	0.430	107	ESI学科进入全球前1%个数	0.000	63
创业板上市企业数	0.000	94	财富世界500强与中国500强企业数	0.000	105
科技条件	0.082	98			
每万人移动电话用户数	0.052	120			
每万人互联网宽带接入用户数	0.112	88			

附表1-210 乐山市科技创新发展指数指标及排名表

科技创新发展指数0.222　　　　　　　　　　　　综合排名210

指标	指数	排名	指标	指数	排名
创新资源指数	0.226	142	创新绩效指数	0.265	210
创新人才	0.209	108	科技成果	0.004	168
每万人在校大学生数	0.109	105	每万人SCI/SSCI/A&HCI论文产出数	0.007	135
城市化水平	0.292	128	每万人发明专利授权量	0.001	205
万名从业人口中科学技术人员数	0.226	56	经济产出	0.186	135
研发经费	0.252	234	城镇居民人均可支配收入	0.234	150
地方财政科技投入占财政支出比重	0.034	192	地均GDP	0.011	175
地方财政教育投入占财政支出比重	0.469	218	第二产业劳动生产率	0.344	54
创新环境指数	0.197	207	第三产业劳动生产率	0.153	175
政策环境	0.410	125	结构优化	0.092	241
每万人吸引外商投资额	0.013	209	第三产业增加值占地区GDP比重	0.162	255
企业税收负担	0.808	80	高科技产品进出口总额占地区GDP比重	0.022	48
人文环境	0.099	237	绿色发展	0.755	194
每百人公共图书馆藏书拥有量	0.012	256	万元地区生产总值水耗	0.939	50
每百名学生拥有专任教师人数	0.186	211	万元地区生产总值能耗	0.876	236
生活环境	0.119	192	城市污水处理率	0.774	206
每千人口拥有医院床位数	0.266	97	生活垃圾无害化处理率	0.695	263
城市人均公园绿地面积	0.057	255	城市空气质量等级	0.493	4
每万人拥有公共汽车数	0.035	230	辐射引领	0.013	169
创新服务指数	0.100	192	全市在校普通高校学生数占全省比重	0.037	127
金融服务	0.129	169	全市科学技术从业人员数占全省比重	0.028	184
新三板挂牌企业数	0.006	82	国家技术转移示范机构数	0.000	91
年末金融机构贷款余额增长率	0.383	147	ESI学科进入全球前1%个数	0.000	63
创业板上市企业数	0.000	94	财富世界500强与中国500强企业数	0.000	105
科技条件	0.057	165			
每万人移动电话用户数	0.047	143			
每万人互联网宽带接入用户数	0.066	173			

附表1-211　张家口市科技创新发展指数指标及排名表

科技创新发展指数0.222　　　　　　　　　　　　　综合排名211

指标	指数	排名	指标	指数	排名
创新资源指数	0.190	226	创新绩效指数	0.270	193
创新人才	0.147	162	科技成果	0.004	161
每万人在校大学生数	0.078	142	每万人SCI/SSCI/A&HCI论文产出数	0.008	127
城市化水平	0.152	202	每万人发明专利授权量	0.001	214
万名从业人口中科学技术人员数	0.211	67	经济产出	0.131	208
研发经费	0.254	232	城镇居民人均可支配收入	0.137	235
地方财政科技投入占财政支出比重	0.015	259	地均GDP	0.004	244
地方财政教育投入占财政支出比重	0.493	198	第二产业劳动生产率	0.280	83
创新环境指数	0.231	129	第三产业劳动生产率	0.104	233
政策环境	0.331	227	结构优化	0.171	120
每万人吸引外商投资额	0.029	151	第三产业增加值占地区GDP比重	0.341	115
企业税收负担	0.633	198	高科技产品进出口总额占地区GDP比重	0.001	194
人文环境	0.214	86	绿色发展	0.777	167
每百人公共图书馆藏书拥有量	0.026	178	万元地区生产总值水耗	0.793	231
每百名学生拥有专任教师人数	0.401	55	万元地区生产总值能耗	0.830	260
生活环境	0.176	105	城市污水处理率	0.892	99
每千人口拥有医院床位数	0.196	178	生活垃圾无害化处理率	0.880	226
城市人均公园绿地面积	0.173	99	城市空气质量等级	0.493	4
每万人拥有公共汽车数	0.161	28	辐射引领	0.018	123
创新服务指数	0.070	272	全市在校普通高校学生数占全省比重	0.038	120
金融服务	0.084	255	全市科学技术从业人员数占全省比重	0.052	104
新三板挂牌企业数	0.000	164	国家技术转移示范机构数	0.000	91
年末金融机构贷款余额增长率	0.252	234	ESI学科进入全球前1%个数	0.000	63
创业板上市企业数	0.000	94	财富世界500强与中国500强企业数	0.000	105
科技条件	0.049	191			
每万人移动电话用户数	0.033	208			
每万人互联网宽带接入用户数	0.065	179			

附表1-212 吉安市科技创新发展指数指标及排名表

科技创新发展指数0.222　　　　　　　　　　　　综合排名212

指标	指数	排名	指标	指数	排名
创新资源指数	0.205	190	创新绩效指数	0.270	191
创新人才	0.074	266	科技成果	0.004	175
每万人在校大学生数	0.027	242	每万人SCI/SSCI/A&HCI论文产出数	0.002	241
城市化水平	0.067	268	每万人发明专利授权量	0.006	91
万名从业人口中科学技术人员数	0.128	141	经济产出	0.136	203
研发经费	0.402	38	城镇居民人均可支配收入	0.221	162
地方财政科技投入占财政支出比重	0.096	66	地均GDP	0.006	229
地方财政教育投入占财政支出比重	0.707	51	第二产业劳动生产率	0.190	155
创新环境指数	0.169	255	第三产业劳动生产率	0.125	214
政策环境	0.283	256	结构优化	0.116	212
每万人吸引外商投资额	0.068	101	第三产业增加值占地区GDP比重	0.219	218
企业税收负担	0.499	252	高科技产品进出口总额占地区GDP比重	0.012	72
人文环境	0.106	224	绿色发展	0.795	141
每百人公共图书馆藏书拥有量	0.047	104	万元地区生产总值水耗	0.794	229
每百名学生拥有专任教师人数	0.165	230	万元地区生产总值能耗	0.935	137
生活环境	0.134	165	城市污水处理率	0.822	176
每千人口拥有医院床位数	0.168	204	生活垃圾无害化处理率	0.931	187
城市人均公园绿地面积	0.193	65	城市空气质量等级	0.493	4
每万人拥有公共汽车数	0.041	214	辐射引领	0.020	116
创新服务指数	0.140	64	全市在校普通高校学生数占全省比重	0.021	196
金融服务	0.207	25	全市科学技术从业人员数占全省比重	0.081	62
新三板挂牌企业数	0.000	164	国家技术转移示范机构数	0.000	91
年末金融机构贷款余额增长率	0.622	19	ESI学科进入全球前1%个数	0.000	63
创业板上市企业数	0.000	94	财富世界500强与中国500强企业数	0.000	105
科技条件	0.038	225			
每万人移动电话用户数	0.020	256			
每万人互联网宽带接入用户数	0.057	198			

附表1-213　丽江市科技创新发展指数指标及排名表

科技创新发展指数0.222　　　　　　　　　　　　综合排名213

指标	指数	排名	指标	指数	排名
创新资源指数	0.211	171	创新绩效指数	0.271	181
创新人才	0.181	131	科技成果	0.004	172
每万人在校大学生数	0.156	74	每万人SCI/SSCI/A&HCI论文产出数	0.003	189
城市化水平	0.082	257	每万人发明专利授权量	0.005	110
万名从业人口中科学技术人员数	0.304	39	经济产出	0.121	227
研发经费	0.256	227	城镇居民人均可支配收入	0.188	196
地方财政科技投入占财政支出比重	0.023	223	地均GDP	0.001	279
地方财政教育投入占财政支出比重	0.489	202	第二产业劳动生产率	0.274	91
创新环境指数	0.182	235	第三产业劳动生产率	0.023	283
政策环境	0.060	286	结构优化	0.175	111
每万人吸引外商投资额	0.003	260	第三产业增加值占地区GDP比重	0.349	105
企业税收负担	0.116	283	高科技产品进出口总额占地区GDP比重	0.001	213
人文环境	0.208	95	绿色发展	0.791	146
每百人公共图书馆藏书拥有量	0.040	119	万元地区生产总值水耗	0.740	255
每百名学生拥有专任教师人数	0.375	71	万元地区生产总值能耗	0.928	156
生活环境	0.247	33	城市污水处理率	0.809	183
每千人口拥有医院床位数	0.162	216	生活垃圾无害化处理率	0.988	131
城市人均公园绿地面积	0.412	8	城市空气质量等级	0.493	4
每万人拥有公共汽车数	0.168	26	辐射引领	0.017	131
创新服务指数	0.109	159	全市在校普通高校学生数占全省比重	0.046	102
金融服务	0.148	116	全市科学技术从业人员数占全省比重	0.039	135
新三板挂牌企业数	0.000	164	国家技术转移示范机构数	0.000	91
年末金融机构贷款余额增长率	0.444	99	ESI学科进入全球前1%个数	0.000	63
创业板上市企业数	0.000	94	财富世界500强与中国500强企业数	0.000	105
科技条件	0.051	183			
每万人移动电话用户数	0.040	178			
每万人互联网宽带接入用户数	0.062	189			

附表1-214　金昌市科技创新发展指数指标及排名表

科技创新发展指数0.222　　　　　　　　　　综合排名214

指标	指数	排名	指标	指数	排名
创新资源指数	0.188	229	创新绩效指数	0.257	229
创新人才	0.195	117	科技成果	0.014	79
每万人在校大学生数	0.048	192	每万人SCI/SSCI/A&HCI论文产出数	0.005	154
城市化水平	0.469	65	每万人发明专利授权量	0.023	31
万名从业人口中科学技术人员数	0.068	234	经济产出	0.124	222
研发经费	0.177	280	城镇居民人均可支配收入	0.270	124
地方财政科技投入占财政支出比重	0.024	218	地均GDP	0.003	257
地方财政教育投入占财政支出比重	0.330	273	第二产业劳动生产率	0.075	262
创新环境指数	0.258	72	第三产业劳动生产率	0.150	180
政策环境	0.389	161	结构优化	0.064	270
每万人吸引外商投资额	0.000	283	第三产业增加值占地区GDP比重	0.127	270
企业税收负担	0.777	105	高科技产品进出口总额占地区GDP比重	0.001	167
人文环境	0.224	71	绿色发展	0.789	150
每百人公共图书馆藏书拥有量	0.110	34	万元地区生产总值水耗	0.855	171
每百名学生拥有专任教师人数	0.337	95	万元地区生产总值能耗	0.652	281
生活环境	0.194	74	城市污水处理率	0.947	38
每千人口拥有医院床位数	0.288	80	生活垃圾无害化处理率	1.000	1
城市人均公园绿地面积	0.230	39	城市空气质量等级	0.493	4
每万人拥有公共汽车数	0.064	145	辐射引领	0.003	269
创新服务指数	0.079	258	全市在校普通高校学生数占全省比重	0.005	266
金融服务	0.077	263	全市科学技术从业人员数占全省比重	0.012	254
新三板挂牌企业数	0.000	164	国家技术转移示范机构数	0.000	91
年末金融机构贷款余额增长率	0.231	247	ESI学科进入全球前1%个数	0.000	63
创业板上市企业数	0.000	94	财富世界500强与中国500强企业数	0.000	105
科技条件	0.083	95			
每万人移动电话用户数	0.064	88			
每万人互联网宽带接入用户数	0.103	100			

附表1-215　梅州市科技创新发展指数指标及排名表

科技创新发展指数0.222　　　　　　　　　　　　　　综合排名215

指标	指数	排名	指标	指数	排名
创新资源指数	0.196	213	创新绩效指数	0.274	174
创新人才	0.098	234	科技成果	0.002	225
每万人在校大学生数	0.034	224	每万人SCI/SSCI/A&HCI论文产出数	0.003	194
城市化水平	0.140	214	每万人发明专利授权量	0.001	238
万名从业人口中科学技术人员数	0.119	156	经济产出	0.106	249
研发经费	0.343	118	城镇居民人均可支配收入	0.172	213
地方财政科技投入占财政支出比重	0.020	237	地均GDP	0.007	223
地方财政教育投入占财政支出比重	0.666	74	第二产业劳动生产率	0.130	215
创新环境指数	0.193	214	第三产业劳动生产率	0.115	222
政策环境	0.313	241	结构优化	0.205	75
每万人吸引外商投资额	0.012	210	第三产业增加值占地区GDP比重	0.399	72
企业税收负担	0.614	209	高科技产品进出口总额占地区GDP比重	0.011	76
人文环境	0.266	40	绿色发展	0.814	114
每百人公共图书馆藏书拥有量	0.027	177	万元地区生产总值水耗	0.872	154
每百名学生拥有专任教师人数	0.505	25	万元地区生产总值能耗	0.933	146
生活环境	0.065	266	城市污水处理率	0.830	164
每千人口拥有医院床位数	0.064	280	生活垃圾无害化处理率	0.941	177
城市人均公园绿地面积	0.089	216	城市空气质量等级	0.493	4
每万人拥有公共汽车数	0.041	211	辐射引领	0.004	260
创新服务指数	0.100	195	全市在校普通高校学生数占全省比重	0.013	231
金融服务	0.139	142	全市科学技术从业人员数占全省比重	0.009	259
新三板挂牌企业数	0.003	103	国家技术转移示范机构数	0.000	91
年末金融机构贷款余额增长率	0.415	123	ESI学科进入全球前1%个数	0.000	63
创业板上市企业数	0.000	94	财富世界500强与中国500强企业数	0.000	105
科技条件	0.040	218			
每万人移动电话用户数	0.033	209			
每万人互联网宽带接入用户数	0.048	223			

附表1-216　漯河市科技创新发展指数指标及排名表

科技创新发展指数0.221　　　　　　　　　　　　　　　综合排名216

指标	指数	排名	指标	指数	排名
创新资源指数	0.246	112	创新绩效指数	0.267	206
创新人才	0.191	121	科技成果	0.003	197
每万人在校大学生数	0.076	146	每万人SCI/SSCI/A&HCI论文产出数	0.004	169
城市化水平	0.481	60	每万人发明专利授权量	0.001	189
万名从业人口中科学技术人员数	0.017	282	经济产出	0.119	236
研发经费	0.329	136	城镇居民人均可支配收入	0.186	199
地方财政科技投入占财政支出比重	0.033	194	地均GDP	0.043	57
地方财政教育投入占财政支出比重	0.626	96	第二产业劳动生产率	0.149	201
创新环境指数	0.214	171	第三产业劳动生产率	0.096	241
政策环境	0.461	46	结构优化	0.043	280
每万人吸引外商投资额	0.123	56	第三产业增加值占地区GDP比重	0.085	280
企业税收负担	0.799	89	高科技产品进出口总额占地区GDP比重	0.000	236
人文环境	0.109	219	绿色发展	0.841	47
每百人公共图书馆藏书拥有量	0.012	259	万元地区生产总值水耗	0.805	222
每百名学生拥有专任教师人数	0.205	199	万元地区生产总值能耗	0.956	75
生活环境	0.120	189	城市污水处理率	0.952	33
每千人口拥有医院床位数	0.212	157	生活垃圾无害化处理率	0.999	109
城市人均公园绿地面积	0.080	230	城市空气质量等级	0.493	4
每万人拥有公共汽车数	0.068	136	辐射引领	0.006	247
创新服务指数	0.039	285	全市在校普通高校学生数占全省比重	0.014	224
金融服务	0.035	282	全市科学技术从业人员数占全省比重	0.004	277
新三板挂牌企业数	0.000	164	国家技术转移示范机构数	0.000	91
年末金融机构贷款余额增长率	0.106	277	ESI学科进入全球前1%个数	0.000	63
创业板上市企业数	0.000	94	财富世界500强与中国500强企业数	0.013	43
科技条件	0.045	202			
每万人移动电话用户数	0.031	219			
每万人互联网宽带接入用户数	0.058	196			

附表1-217　铁岭市科技创新发展指数指标及排名表

科技创新发展指数0.220　　　　　　　　　　　　综合排名217

指标	指数	排名	指标	指数	排名
创新资源指数	0.165	268	创新绩效指数	0.271	184
创新人才	0.123	194	科技成果	0.001	256
每万人在校大学生数	0.043	210	每万人SCI/SSCI/A&HCI论文产出数	0.001	263
城市化水平	0.102	246	每万人发明专利授权量	0.001	190
万名从业人口中科学技术人员数	0.226	57	经济产出	0.117	237
研发经费	0.227	253	城镇居民人均可支配收入	0.167	217
地方财政科技投入占财政支出比重	0.059	124	地均GDP	0.008	207
地方财政教育投入占财政支出比重	0.394	258	第二产业劳动生产率	0.154	195
创新环境指数	0.240	106	第三产业劳动生产率	0.142	190
政策环境	0.310	243	结构优化	0.127	197
每万人吸引外商投资额	0.078	94	第三产业增加值占地区GDP比重	0.252	193
企业税收负担	0.543	236	高科技产品进出口总额占地区GDP比重	0.001	179
人文环境	0.305	19	绿色发展	0.820	96
每百人公共图书馆藏书拥有量	0.018	220	万元地区生产总值水耗	0.703	271
每百名学生拥有专任教师人数	0.591	14	万元地区生产总值能耗	0.907	191
生活环境	0.150	140	城市污水处理率	1.000	1
每千人口拥有医院床位数	0.179	192	生活垃圾无害化处理率	1.000	1
城市人均公园绿地面积	0.177	90	城市空气质量等级	0.493	4
每万人拥有公共汽车数	0.092	94	辐射引领	0.010	204
创新服务指数	0.067	274	全市在校普通高校学生数占全省比重	0.016	219
金融服务	0.078	261	全市科学技术从业人员数占全省比重	0.032	164
新三板挂牌企业数	0.000	164	国家技术转移示范机构数	0.000	91
年末金融机构贷款余额增长率	0.235	242	ESI学科进入全球前1%个数	0.000	63
创业板上市企业数	0.000	94	财富世界500强与中国500强企业数	0.000	105
科技条件	0.050	188			
每万人移动电话用户数	0.038	186			
每万人互联网宽带接入用户数	0.062	190			

附表1-218 信阳市科技创新发展指数指标及排名表

科技创新发展指数0.220 综合排名218

指标	指数	排名	指标	指数	排名
创新资源指数	0.231	137	创新绩效指数	0.267	205
创新人才	0.118	203	科技成果	0.004	178
每万人在校大学生数	0.068	157	每万人SCI/SSCI/A&HCI论文产出数	0.006	149
城市化水平	0.128	222	每万人发明专利授权量	0.002	165
万名从业人口中科学技术人员数	0.157	107	经济产出	0.080	266
研发经费	0.400	40	城镇居民人均可支配收入	0.121	246
地方财政科技投入占财政支出比重	0.022	228	地均GDP	0.011	178
地方财政教育投入占财政支出比重	0.779	17	第二产业劳动生产率	0.121	228
创新环境指数	0.186	227	第三产业劳动生产率	0.068	264
政策环境	0.482	24	结构优化	0.118	207
每万人吸引外商投资额	0.023	168	第三产业增加值占地区GDP比重	0.235	206
企业税收负担	0.942	12	高科技产品进出口总额占地区GDP比重	0.000	245
人文环境	0.107	223	绿色发展	0.828	84
每百人公共图书馆藏书拥有量	0.007	278	万元地区生产总值水耗	0.928	65
每百名学生拥有专任教师人数	0.206	198	万元地区生产总值能耗	0.922	168
生活环境	0.041	282	城市污水处理率	0.858	134
每千人口拥有医院床位数	0.042	285	生活垃圾无害化处理率	0.940	178
城市人均公园绿地面积	0.066	246	城市空气质量等级	0.493	4
每万人拥有公共汽车数	0.014	269	辐射引领	0.020	118
创新服务指数	0.090	227	全市在校普通高校学生数占全省比重	0.043	108
金融服务	0.144	129	全市科学技术从业人员数占全省比重	0.056	90
新三板挂牌企业数	0.003	103	国家技术转移示范机构数	0.000	91
年末金融机构贷款余额增长率	0.428	110	ESI学科进入全球前1%个数	0.000	63
创业板上市企业数	0.000	94	财富世界500强与中国500强企业数	0.000	105
科技条件	0.011	283			
每万人移动电话用户数	0.008	278			
每万人互联网宽带接入用户数	0.014	282			

附表1-219 黄石市科技创新发展指数指标及排名表

科技创新发展指数0.220 　　　　　　　　　　　　　　综合排名219

指标	指数	排名	指标	指数	排名
创新资源指数	0.209	178	创新绩效指数	0.245	255
创新人才	0.169	138	科技成果	0.009	107
每万人在校大学生数	0.111	104	每万人SCI/SSCI/A&HCI论文产出数	0.014	97
城市化水平	0.242	158	每万人发明专利授权量	0.004	119
万名从业人口中科学技术人员数	0.154	114	经济产出	0.154	179
研发经费	0.270	209	城镇居民人均可支配收入	0.191	191
地方财政科技投入占财政支出比重	0.051	146	地均GDP	0.033	79
地方财政教育投入占财政支出比重	0.489	204	第二产业劳动生产率	0.170	175
创新环境指数	0.253	78	第三产业劳动生产率	0.222	113
政策环境	0.423	104	结构优化	0.107	225
每万人吸引外商投资额	0.088	77	第三产业增加值占地区GDP比重	0.211	224
企业税收负担	0.758	121	高科技产品进出口总额占地区GDP比重	0.003	120
人文环境	0.192	110	绿色发展	0.698	255
每百人公共图书馆藏书拥有量	0.047	103	万元地区生产总值水耗	0.718	264
每百名学生拥有专任教师人数	0.338	94	万元地区生产总值能耗	0.893	211
生活环境	0.180	95	城市污水处理率	0.879	107
每千人口拥有医院床位数	0.257	106	生活垃圾无害化处理率	1.000	1
城市人均公园绿地面积	0.184	77	城市空气质量等级	0.000	237
每万人拥有公共汽车数	0.100	85	辐射引领	0.013	168
创新服务指数	0.098	202	全市在校普通高校学生数占全省比重	0.026	172
金融服务	0.114	202	全市科学技术从业人员数占全省比重	0.032	162
新三板挂牌企业数	0.003	103	国家技术转移示范机构数	0.000	91
年末金融机构贷款余额增长率	0.324	194	ESI学科进入全球前1%个数	0.000	63
创业板上市企业数	0.016	49	财富世界500强与中国500强企业数	0.006	65
科技条件	0.074	116			
每万人移动电话用户数	0.050	129			
每万人互联网宽带接入用户数	0.097	110			

附表1-220　资阳市科技创新发展指数指标及排名表

科技创新发展指数0.220　　　　　　　　　　　　　　综合排名220

指标	指数	排名	指标	指数	排名
创新资源指数	0.175	250	创新绩效指数	0.276	166
创新人才	0.081	258	科技成果	0.001	239
每万人在校大学生数	0.002	286	每万人SCI/SSCI/A&HCI论文产出数	0.001	258
城市化水平	0.178	185	每万人发明专利授权量	0.002	158
万名从业人口中科学技术人员数	0.064	240	经济产出	0.166	163
研发经费	0.317	150	城镇居民人均可支配收入	0.240	142
地方财政科技投入占财政支出比重	0.039	176	地均GDP	0.018	128
地方财政教育投入占财政支出比重	0.594	120	第二产业劳动生产率	0.278	85
创新环境指数	0.178	241	第三产业劳动生产率	0.127	213
政策环境	0.467	41	结构优化	0.035	282
每万人吸引外商投资额	0.009	226	第三产业增加值占地区GDP比重	0.069	282
企业税收负担	0.926	17	高科技产品进出口总额占地区GDP比重	0.000	260
人文环境	0.036	283	绿色发展	0.844	41
每百人公共图书馆藏书拥有量	0.021	206	万元地区生产总值水耗	0.964	18
每百名学生拥有专任教师人数	0.051	283	万元地区生产总值能耗	0.992	6
生活环境	0.079	252	城市污水处理率	0.862	132
每千人口拥有医院床位数	0.184	186	生活垃圾无害化处理率	0.910	204
城市人均公园绿地面积	0.036	273	城市空气质量等级	0.493	4
每万人拥有公共汽车数	0.018	260	辐射引领	0.002	281
创新服务指数	0.124	107	全市在校普通高校学生数占全省比重	0.002	284
金融服务	0.197	32	全市科学技术从业人员数占全省比重	0.008	266
新三板挂牌企业数	0.000	164	国家技术转移示范机构数	0.000	91
年末金融机构贷款余额增长率	0.592	25	ESI学科进入全球前1%个数	0.000	63
创业板上市企业数	0.000	94	财富世界500强与中国500强企业数	0.000	105
科技条件	0.014	279			
每万人移动电话用户数	0.009	275			
每万人互联网宽带接入用户数	0.018	276			

附表1-221　玉溪市科技创新发展指数指标及排名表

科技创新发展指数0.220　　　　　　　　　　　　　　综合排名221

指标	指数	排名	指标	指数	排名
创新资源指数	0.176	247	创新绩效指数	0.277	159
创新人才	0.113	211	科技成果	0.009	103
每万人在校大学生数	0.067	160	每万人SCI/SSCI/A&HCI论文产出数	0.011	106
城市化水平	0.144	211	每万人发明专利授权量	0.007	84
万名从业人口中科学技术人员数	0.128	145	经济产出	0.186	132
研发经费	0.272	207	城镇居民人均可支配收入	0.285	113
地方财政科技投入占财政支出比重	0.052	143	地均GDP	0.009	195
地方财政教育投入占财政支出比重	0.491	200	第二产业劳动生产率	0.294	78
创新环境指数	0.204	189	第三产业劳动生产率	0.157	170
政策环境	0.315	238	结构优化	0.088	246
每万人吸引外商投资额	0.013	207	第三产业增加值占地区GDP比重	0.176	244
企业税收负担	0.617	208	高科技产品进出口总额占地区GDP比重	0.001	195
人文环境	0.192	111	绿色发展	0.794	143
每百人公共图书馆藏书拥有量	0.060	77	万元地区生产总值水耗	0.989	4
每百名学生拥有专任教师人数	0.324	105	万元地区生产总值能耗	0.946	101
生活环境	0.137	158	城市污水处理率	0.746	222
每千人口拥有医院床位数	0.267	95	生活垃圾无害化处理率	0.799	248
城市人均公园绿地面积	0.098	204	城市空气质量等级	0.493	4
每万人拥有公共汽车数	0.047	193	辐射引领	0.016	132
创新服务指数	0.080	256	全市在校普通高校学生数占全省比重	0.036	131
金融服务	0.094	242	全市科学技术从业人员数占全省比重	0.046	117
新三板挂牌企业数	0.006	82	国家技术转移示范机构数	0.000	91
年末金融机构贷款余额增长率	0.277	219	ESI学科进入全球前1%个数	0.000	63
创业板上市企业数	0.000	94	财富世界500强与中国500强企业数	0.000	105
科技条件	0.060	161			
每万人移动电话用户数	0.051	122			
每万人互联网宽带接入用户数	0.068	165			

附表1-222　宜宾市科技创新发展指数指标及排名表

科技创新发展指数0.220　　　　　　　　　　　　　　　　综合排名222

指标	指数	排名	指标	指数	排名
创新资源指数	0.201	202	创新绩效指数	0.272	178
创新人才	0.099	230	科技成果	0.006	126
每万人在校大学生数	0.034	227	每万人SCI/SSCI/A&HCI论文产出数	0.004	179
城市化水平	0.190	180	每万人发明专利授权量	0.009	77
万名从业人口中科学技术人员数	0.071	229	经济产出	0.156	177
研发经费	0.354	97	城镇居民人均可支配收入	0.235	147
地方财政科技投入占财政支出比重	0.046	158	地均GDP	0.013	159
地方财政教育投入占财政支出比重	0.661	76	第二产业劳动生产率	0.255	103
创新环境指数	0.183	233	第三产业劳动生产率	0.120	217
政策环境	0.381	168	结构优化	0.055	276
每万人吸引外商投资额	0.004	253	第三产业增加值占地区GDP比重	0.111	275
企业税收负担	0.759	120	高科技产品进出口总额占地区GDP比重	0.000	224
人文环境	0.082	259	绿色发展	0.819	98
每百人公共图书馆藏书拥有量	0.019	219	万元地区生产总值水耗	0.905	94
每百名学生拥有专任教师人数	0.145	247	万元地区生产总值能耗	0.952	80
生活环境	0.117	198	城市污水处理率	0.759	214
每千人口拥有医院床位数	0.222	140	生活垃圾无害化处理率	0.989	129
城市人均公园绿地面积	0.075	233	城市空气质量等级	0.493	4
每万人拥有公共汽车数	0.055	169	辐射引领	0.009	217
创新服务指数	0.105	177	全市在校普通高校学生数占全省比重	0.018	210
金融服务	0.154	104	全市科学技术从业人员数占全省比重	0.012	249
新三板挂牌企业数	0.000	164	国家技术转移示范机构数	0.000	91
年末金融机构贷款余额增长率	0.463	91	ESI学科进入全球前1%个数	0.000	63
创业板上市企业数	0.000	94	财富世界500强与中国500强企业数	0.013	43
科技条件	0.030	248			
每万人移动电话用户数	0.028	234			
每万人互联网宽带接入用户数	0.032	252			

附表1-223　崇左市科技创新发展指数指标及排名表

科技创新发展指数0.220　　　　　　　　　　　　　　综合排名223

指标	指数	排名	指标	指数	排名
创新资源指数	0.252	106	创新绩效指数	0.263	215
创新人才	0.185	127	科技成果	0.001	272
每万人在校大学生数	0.125	92	每万人SCI/SSCI/A&HCI论文产出数	0.001	255
城市化水平	0.106	238	每万人发明专利授权量	0.000	264
万名从业人口中科学技术人员数	0.323	34	经济产出	0.206	106
研发经费	0.354	96	城镇居民人均可支配收入	0.190	193
地方财政科技投入占财政支出比重	0.045	163	地均GDP	0.004	240
地方财政教育投入占财政支出比重	0.663	75	第二产业劳动生产率	0.469	20
创新环境指数	0.165	258	第三产业劳动生产率	0.162	161
政策环境	0.381	170	结构优化	0.137	173
每万人吸引外商投资额	0.011	217	第三产业增加值占地区GDP比重	0.255	189
企业税收负担	0.751	131	高科技产品进出口总额占地区GDP比重	0.018	55
人文环境	0.116	208	绿色发展	0.709	246
每百人公共图书馆藏书拥有量	0.024	188	万元地区生产总值水耗	0.887	131
每百名学生拥有专任教师人数	0.208	195	万元地区生产总值能耗	0.939	124
生活环境	0.053	274	城市污水处理率	0.560	263
每千人口拥有医院床位数	0.089	267	生活垃圾无害化处理率	0.668	267
城市人均公园绿地面积	0.063	248	城市空气质量等级	0.493	4
每万人拥有公共汽车数	0.007	280	辐射引领	0.018	125
创新服务指数	0.108	164	全市在校普通高校学生数占全省比重	0.049	91
金融服务	0.165	89	全市科学技术从业人员数占全省比重	0.040	130
新三板挂牌企业数	0.000	164	国家技术转移示范机构数	0.000	91
年末金融机构贷款余额增长率	0.494	71	ESI学科进入全球前1%个数	0.000	63
创业板上市企业数	0.000	94	财富世界500强与中国500强企业数	0.000	105
科技条件	0.023	262			
每万人移动电话用户数	0.023	246			
每万人互联网宽带接入用户数	0.024	266			

附表1-224　南充市科技创新发展指数指标及排名表

科技创新发展指数0.219　　　　　　　　　　　　综合排名224

指标	指数	排名	指标	指数	排名
创新资源指数	0.197	211	创新绩效指数	0.251	241
创新人才	0.137	173	科技成果	0.005	156
每万人在校大学生数	0.073	149	每万人SCI/SSCI/A&HCI论文产出数	0.009	117
城市化水平	0.222	169	每万人发明专利授权量	0.001	230
万名从业人口中科学技术人员数	0.118	160	经济产出	0.098	257
研发经费	0.288	191	城镇居民人均可支配收入	0.123	244
地方财政科技投入占财政支出比重	0.010	270	地均GDP	0.014	153
地方财政教育投入占财政支出比重	0.565	144	第二产业劳动生产率	0.190	156
创新环境指数	0.207	183	第三产业劳动生产率	0.067	265
政策环境	0.443	74	结构优化	0.070	266
每万人吸引外商投资额	0.004	250	第三产业增加值占地区GDP比重	0.139	265
企业税收负担	0.882	36	高科技产品进出口总额占地区GDP比重	0.001	209
人文环境	0.142	168	绿色发展	0.779	161
每百人公共图书馆藏书拥有量	0.010	268	万元地区生产总值水耗	0.825	205
每百名学生拥有专任教师人数	0.275	139	万元地区生产总值能耗	0.964	51
生活环境	0.093	238	城市污水处理率	0.766	213
每千人口拥有医院床位数	0.165	211	生活垃圾无害化处理率	0.850	239
城市人均公园绿地面积	0.083	224	城市空气质量等级	0.493	4
每万人拥有公共汽车数	0.032	240	辐射引领	0.015	146
创新服务指数	0.142	61	全市在校普通高校学生数占全省比重	0.053	88
金融服务	0.222	18	全市科学技术从业人员数占全省比重	0.024	205
新三板挂牌企业数	0.000	164	国家技术转移示范机构数	0.000	91
年末金融机构贷款余额增长率	0.666	13	ESI学科进入全球前1%个数	0.000	63
创业板上市企业数	0.000	94	财富世界500强与中国500强企业数	0.000	105
科技条件	0.023	264			
每万人移动电话用户数	0.015	263			
每万人互联网宽带接入用户数	0.030	257			

附表1-225　长治市科技创新发展指数指标及排名表

科技创新发展指数0.219　　　　　　　　　　　　　　综合排名225

指标	指数	排名	指标	指数	排名
创新资源指数	0.178	243	创新绩效指数	0.269	194
创新人才	0.119	199	科技成果	0.004	171
每万人在校大学生数	0.096	117	每万人SCI/SSCI/A&HCI论文产出数	0.004	167
城市化水平	0.178	184	每万人发明专利授权量	0.004	123
万名从业人口中科学技术人员数	0.083	219	经济产出	0.138	199
研发经费	0.266	219	城镇居民人均可支配收入	0.238	144
地方财政科技投入占财政支出比重	0.022	226	地均GDP	0.012	174
地方财政教育投入占财政支出比重	0.509	182	第二产业劳动生产率	0.154	194
创新环境指数	0.216	166	第三产业劳动生产率	0.148	182
政策环境	0.309	244	结构优化	0.151	147
每万人吸引外商投资额	0.043	122	第三产业增加值占地区GDP比重	0.301	143
企业税收负担	0.576	227	高科技产品进出口总额占地区GDP比重	0.001	182
人文环境	0.208	94	绿色发展	0.773	176
每百人公共图书馆藏书拥有量	0.046	106	万元地区生产总值水耗	0.763	247
每百名学生拥有专任教师人数	0.370	73	万元地区生产总值能耗	0.904	196
生活环境	0.159	124	城市污水处理率	0.906	82
每千人口拥有医院床位数	0.238	124	生活垃圾无害化处理率	0.801	246
城市人均公园绿地面积	0.180	81	城市空气质量等级	0.493	4
每万人拥有公共汽车数	0.059	158	辐射引领	0.024	101
创新服务指数	0.081	253	全市在校普通高校学生数占全省比重	0.054	86
金融服务	0.086	251	全市科学技术从业人员数占全省比重	0.054	99
新三板挂牌企业数	0.000	164	国家技术转移示范机构数	0.000	91
年末金融机构贷款余额增长率	0.243	239	ESI学科进入全球前1%个数	0.000	63
创业板上市企业数	0.016	49	财富世界500强与中国500强企业数	0.013	43
科技条件	0.073	119			
每万人移动电话用户数	0.050	131			
每万人互联网宽带接入用户数	0.097	112			

附表1-226　朝阳市科技创新发展指数指标及排名表

科技创新发展指数0.219　　　　　　　　　　　　综合排名226

指标	指数	排名	指标	指数	排名
创新资源指数	0.157	276	创新绩效指数	0.266	209
创新人才	0.109	220	科技成果	0.005	139
每万人在校大学生数	0.011	278	每万人SCI/SSCI/A&HCI论文产出数	0.002	235
城市化水平	0.137	216	每万人发明专利授权量	0.009	76
万名从业人口中科学技术人员数	0.178	85	经济产出	0.097	258
研发经费	0.229	251	城镇居民人均可支配收入	0.113	253
地方财政科技投入占财政支出比重	0.030	200	地均GDP	0.006	228
地方财政教育投入占财政支出比重	0.429	242	第二产业劳动生产率	0.166	183
创新环境指数	0.224	151	第三产业劳动生产率	0.104	234
政策环境	0.304	246	结构优化	0.138	170
每万人吸引外商投资额	0.031	147	第三产业增加值占地区GDP比重	0.276	166
企业税收负担	0.576	226	高科技产品进出口总额占地区GDP比重	0.000	261
人文环境	0.284	28	绿色发展	0.814	113
每百人公共图书馆藏书拥有量	0.021	204	万元地区生产总值水耗	0.754	251
每百名学生拥有专任教师人数	0.547	21	万元地区生产总值能耗	0.889	217
生活环境	0.130	173	城市污水处理率	0.934	59
每千人口拥有医院床位数	0.214	151	生活垃圾无害化处理率	1.000	1
城市人均公园绿地面积	0.137	137	城市空气质量等级	0.493	4
每万人拥有公共汽车数	0.040	216	辐射引领	0.008	222
创新服务指数	0.102	187	全市在校普通高校学生数占全省比重	0.005	267
金融服务	0.136	153	全市科学技术从业人员数占全省比重	0.029	174
新三板挂牌企业数	0.000	164	国家技术转移示范机构数	0.000	91
年末金融机构贷款余额增长率	0.409	130	ESI学科进入全球前1%个数	0.000	63
创业板上市企业数	0.000	94	财富世界500强与中国500强企业数	0.006	65
科技条件	0.050	189			
每万人移动电话用户数	0.036	196			
每万人互联网宽带接入用户数	0.063	184			

附表1-227　庆阳市科技创新发展指数指标及排名表

科技创新发展指数0.218　　　　　　　　　　　　综合排名227

指标	指数	排名	指标	指数	排名
创新资源指数	0.171	259	创新绩效指数	0.240	263
创新人才	0.085	255	科技成果	0.009	101
每万人在校大学生数	0.048	193	每万人SCI/SSCI/A&HCI论文产出数	0.005	164
城市化水平	0.101	248	每万人发明专利授权量	0.014	55
万名从业人口中科学技术人员数	0.106	181	经济产出	0.121	229
研发经费	0.300	172	城镇居民人均可支配收入	0.109	256
地方财政科技投入占财政支出比重	0.038	178	地均GDP	0.003	264
地方财政教育投入占财政支出比重	0.563	146	第二产业劳动生产率	0.299	73
创新环境指数	0.203	191	第三产业劳动生产率	0.073	259
政策环境	0.321	237	结构优化	0.076	261
每百万人吸引外商投资额	0.000	283	第三产业增加值占地区GDP比重	0.152	260
企业税收负担	0.641	195	高科技产品进出口总额占地区GDP比重	0.000	279
人文环境	0.260	43	绿色发展	0.723	232
每百人公共图书馆藏书拥有量	0.022	198	万元地区生产总值水耗	0.971	13
每百名学生拥有专任教师人数	0.497	27	万元地区生产总值能耗	0.936	132
生活环境	0.087	246	城市污水处理率	0.466	275
每千人口拥有医院床位数	0.105	261	生活垃圾无害化处理率	0.750	258
城市人均公园绿地面积	0.044	269	城市空气质量等级	0.493	4
每万人拥有公共汽车数	0.111	70	辐射引领	0.012	182
创新服务指数	0.206	19	全市在校普通高校学生数占全省比重	0.030	157
金融服务	0.321	6	全市科学技术从业人员数占全省比重	0.028	183
新三板挂牌企业数	0.000	164	国家技术转移示范机构数	0.000	91
年末金融机构贷款余额增长率	0.964	3	ESI学科进入全球前1%个数	0.000	63
创业板上市企业数	0.000	94	财富世界500强与中国500强企业数	0.000	105
科技条件	0.034	239			
每万人移动电话用户数	0.047	146			
每万人互联网宽带接入用户数	0.021	273			

附表1-228　保山市科技创新发展指数指标及排名表

科技创新发展指数0.218　　　　　　　　　　综合排名228

指标	指数	排名	指标	指数	排名
创新资源指数	0.215	161	创新绩效指数	0.274	172
创新人才	0.161	149	科技成果	0.013	86
每万人在校大学生数	0.035	222	每万人SCI/SSCI/A&HCI论文产出数	0.009	113
城市化水平	0.325	114	每万人发明专利授权量	0.017	45
万名从业人口中科学技术人员数	0.125	147	经济产出	0.094	261
研发经费	0.296	177	城镇居民人均可支配收入	0.198	183
地方财政科技投入占财政支出比重	0.016	255	地均GDP	0.003	262
地方财政教育投入占财政支出比重	0.577	133	第二产业劳动生产率	0.084	258
创新环境指数	0.160	262	第三产业劳动生产率	0.091	242
政策环境	0.323	233	结构优化	0.152	145
每万人吸引外商投资额	0.019	182	第三产业增加值占地区GDP比重	0.303	141
企业税收负担	0.628	202	高科技产品进出口总额占地区GDP比重	0.001	188
人文环境	0.130	187	绿色发展	0.835	64
每百人公共图书馆藏书拥有量	0.030	154	万元地区生产总值水耗	0.907	91
每百名学生拥有专任教师人数	0.230	176	万元地区生产总值能耗	0.961	58
生活环境	0.072	260	城市污水处理率	0.826	170
每千人口拥有医院床位数	0.178	194	生活垃圾无害化处理率	0.988	130
城市人均公园绿地面积	0.019	284	城市空气质量等级	0.493	4
每万人拥有公共汽车数	0.018	259	辐射引领	0.010	193
创新服务指数	0.099	200	全市在校普通高校学生数占全省比重	0.023	179
金融服务	0.145	125	全市科学技术从业人员数占全省比重	0.029	173
新三板挂牌企业数	0.000	164	国家技术转移示范机构数	0.000	91
年末金融机构贷款余额增长率	0.435	104	ESI学科进入全球前1%个数	0.000	63
创业板上市企业数	0.000	94	财富世界500强与中国500强企业数	0.000	105
科技条件	0.030	250			
每万人移动电话用户数	0.035	204			
每万人互联网宽带接入用户数	0.025	263			

附表1-229 梧州市科技创新发展指数指标及排名表

科技创新发展指数0.218 　　　　　　　　　　　　　　综合排名229

指标	指数	排名	指标	指数	排名
创新资源指数	0.208	181	创新绩效指数	0.273	175
创新人才	0.112	213	科技成果	0.004	159
每万人在校大学生数	0.032	232	每万人SCI/SSCI/A&HCI论文产出数	0.003	212
城市化水平	0.151	205	每万人发明专利授权量	0.006	92
万名从业人口中科学技术人员数	0.153	115	经济产出	0.222	91
研发经费	0.353	99	城镇居民人均可支配收入	0.230	154
地方财政科技投入占财政支出比重	0.058	126	地均GDP	0.010	188
地方财政教育投入占财政支出比重	0.648	82	第二产业劳动生产率	0.481	17
创新环境指数	0.171	251	第三产业劳动生产率	0.168	155
政策环境	0.343	219	结构优化	0.074	264
每万人吸引外商投资额	0.001	271	第三产业增加值占地区GDP比重	0.143	264
企业税收负担	0.685	170	高科技产品进出口总额占地区GDP比重	0.006	100
人文环境	0.103	227	绿色发展	0.765	186
每百人公共图书馆藏书拥有量	0.028	170	万元地区生产总值水耗	0.867	159
每百名学生拥有专任教师人数	0.179	220	万元地区生产总值能耗	0.950	89
生活环境	0.102	226	城市污水处理率	0.614	255
每千人口拥有医院床位数	0.123	248	生活垃圾无害化处理率	0.900	218
城市人均公园绿地面积	0.108	193	城市空气质量等级	0.493	4
每万人拥有公共汽车数	0.075	118	辐射引领	0.009	208
创新服务指数	0.094	216	全市在校普通高校学生数占全省比重	0.018	212
金融服务	0.142	136	全市科学技术从业人员数占全省比重	0.029	177
新三板挂牌企业数	0.000	164	国家技术转移示范机构数	0.000	91
年末金融机构贷款余额增长率	0.425	116	ESI学科进入全球前1%个数	0.000	63
创业板上市企业数	0.000	94	财富世界500强与中国500强企业数	0.000	105
科技条件	0.022	265			
每万人移动电话用户数	0.007	279			
每万人互联网宽带接入用户数	0.037	240			

附表1-230 抚州市科技创新发展指数指标及排名表

科技创新发展指数0.217　　　　　　　　　　　　　　　综合排名230

指标	指数	排名	指标	指数	排名
创新资源指数	0.207	185	创新绩效指数	0.270	190
创新人才	0.112	215	科技成果	0.011	91
每万人在校大学生数	0.052	182	每万人SCI/SSCI/A&HCI论文产出数	0.006	146
城市化水平	0.242	157	每万人发明专利授权量	0.017	46
万名从业人口中科学技术人员数	0.040	270	经济产出	0.097	260
研发经费	0.350	105	城镇居民人均可支配收入	0.175	209
地方财政科技投入占财政支出比重	0.053	141	地均GDP	0.006	224
地方财政教育投入占财政支出比重	0.647	83	第二产业劳动生产率	0.105	242
创新环境指数	0.144	278	第三产业劳动生产率	0.101	236
政策环境	0.271	260	结构优化	0.103	229
每万人吸引外商投资额	0.027	158	第三产业增加值占地区GDP比重	0.204	227
企业税收负担	0.515	246	高科技产品进出口总额占地区GDP比重	0.001	196
人文环境	0.131	185	绿色发展	0.836	60
每百人公共图书馆藏书拥有量	0.028	163	万元地区生产总值水耗	0.820	209
每百名学生拥有专任教师人数	0.233	172	万元地区生产总值能耗	0.970	33
生活环境	0.069	261	城市污水处理率	0.899	90
每千人口拥有医院床位数	0.073	275	生活垃圾无害化处理率	1.000	1
城市人均公园绿地面积	0.113	181	城市空气质量等级	0.493	4
每万人拥有公共汽车数	0.020	255	辐射引领	0.013	163
创新服务指数	0.141	63	全市在校普通高校学生数占全省比重	0.031	149
金融服务	0.210	22	全市科学技术从业人员数占全省比重	0.035	151
新三板挂牌企业数	0.003	103	国家技术转移示范机构数	0.000	91
年末金融机构贷款余额增长率	0.613	20	ESI学科进入全球前1%个数	0.000	63
创业板上市企业数	0.016	49	财富世界500强与中国500强企业数	0.000	105
科技条件	0.037	233			
每万人移动电话用户数	0.017	260			
每万人互联网宽带接入用户数	0.056	200			

附表1-231　宿州市科技创新发展指数指标及排名表

科技创新发展指数0.217　　　　　　　　　　　综合排名231

指标	指数	排名	指标	指数	排名
创新资源指数	0.219	156	创新绩效指数	0.261	218
创新人才	0.157	153	科技成果	0.003	194
每万人在校大学生数	0.023	253	每万人SCI/SSCI/A&HCI论文产出数	0.006	150
城市化水平	0.255	149	每万人发明专利授权量	0.000	269
万名从业人口中科学技术人员数	0.194	74	经济产出	0.129	214
研发经费	0.310	158	城镇居民人均可支配收入	0.203	178
地方财政科技投入占财政支出比重	0.037	180	地均GDP	0.014	154
地方财政教育投入占财政支出比重	0.584	130	第二产业劳动生产率	0.162	186
创新环境指数	0.159	265	第三产业劳动生产率	0.135	202
政策环境	0.417	117	结构优化	0.134	183
每万人吸引外商投资额	0.039	136	第三产业增加值占地区GDP比重	0.267	177
企业税收负担	0.795	92	高科技产品进出口总额占地区GDP比重	0.000	248
人文环境	0.071	266	绿色发展	0.767	183
每百人公共图书馆藏书拥有量	0.003	285	万元地区生产总值水耗	0.909	88
每百名学生拥有专任教师人数	0.140	250	万元地区生产总值能耗	0.940	119
生活环境	0.045	280	城市污水处理率	0.819	180
每千人口拥有医院床位数	0.080	271	生活垃圾无害化处理率	0.676	265
城市人均公园绿地面积	0.045	267	城市空气质量等级	0.493	4
每万人拥有公共汽车数	0.011	275	辐射引领	0.016	140
创新服务指数	0.140	65	全市在校普通高校学生数占全省比重	0.018	214
金融服务	0.191	42	全市科学技术从业人员数占全省比重	0.061	83
新三板挂牌企业数	0.003	103	国家技术转移示范机构数	0.000	91
年末金融机构贷款余额增长率	0.570	35	ESI学科进入全球前1%个数	0.000	63
创业板上市企业数	0.000	94	财富世界500强与中国500强企业数	0.000	105
科技条件	0.062	151			
每万人移动电话用户数	0.037	188			
每万人互联网宽带接入用户数	0.087	127			

附表1-232　六安市科技创新发展指数指标及排名表

科技创新发展指数0.217　　　　　　　　　　　　　综合排名232

指标	指数	排名	指标	指数	排名
创新资源指数	0.198	208	创新绩效指数	0.285	130
创新人才	0.110	219	科技成果	0.001	273
每万人在校大学生数	0.044	201	每万人SCI/SSCI/A&HCI论文产出数	0.000	278
城市化水平	0.225	167	每万人发明专利授权量	0.001	232
万名从业人口中科学技术人员数	0.059	244	经济产出	0.197	116
研发经费	0.332	129	城镇居民人均可支配收入	0.189	194
地方财政科技投入占财政支出比重	0.041	172	地均GDP	0.007	218
地方财政教育投入占财政支出比重	0.623	99	第二产业劳动生产率	0.464	21
创新环境指数	0.144	277	第三产业劳动生产率	0.129	208
政策环境	0.348	213	结构优化	0.113	215
每万人吸引外商投资额	0.021	177	第三产业增加值占地区GDP比重	0.226	213
企业税收负担	0.675	177	高科技产品进出口总额占地区GDP比重	0.001	198
人文环境	0.083	257	绿色发展	0.809	123
每百人公共图书馆藏书拥有量	0.004	281	万元地区生产总值水耗	0.848	181
每百名学生拥有专任教师人数	0.163	233	万元地区生产总值能耗	0.977	19
生活环境	0.049	276	城市污水处理率	0.873	117
每千人口拥有医院床位数	0.072	277	生活垃圾无害化处理率	0.856	237
城市人均公园绿地面积	0.059	254	城市空气质量等级	0.493	4
每万人拥有公共汽车数	0.016	265	辐射引领	0.014	158
创新服务指数	0.093	218	全市在校普通高校学生数占全省比重	0.036	129
金融服务	0.149	113	全市科学技术从业人员数占全省比重	0.033	156
新三板挂牌企业数	0.003	103	国家技术转移示范机构数	0.000	91
年末金融机构贷款余额增长率	0.444	100	ESI学科进入全球前1%个数	0.000	63
创业板上市企业数	0.000	94	财富世界500强与中国500强企业数	0.000	105
科技条件	0.010	284			
每万人移动电话用户数	0.006	283			
每万人互联网宽带接入用户数	0.014	281			

附表1-233 伊春市科技创新发展指数指标及排名表

科技创新发展指数0.217 综合排名233

指标	指数	排名	指标	指数	排名
创新资源指数	0.193	219	创新绩效指数	0.234	269
创新人才	0.234	86	科技成果	0.008	112
每万人在校大学生数	0.006	285	每万人SCI/SSCI/A&HCI论文产出数	0.005	159
城市化水平	0.621	34	每万人发明专利授权量	0.011	64
万名从业人口中科学技术人员数	0.076	225	经济产出	0.030	284
研发经费	0.131	285	城镇居民人均可支配收入	0.000	287
地方财政科技投入占财政支出比重	0.013	267	地均GDP	0.001	284
地方财政教育投入占财政支出比重	0.250	283	第二产业劳动生产率	0.058	273
创新环境指数	0.315	26	第三产业劳动生产率	0.060	270
政策环境	0.431	92	结构优化	0.130	190
每万人吸引外商投资额	0.003	257	第三产业增加值占地区GDP比重	0.260	185
企业税收负担	0.859	49	高科技产品进出口总额占地区GDP比重	0.000	249
人文环境	0.492	7	绿色发展	0.761	188
每百人公共图书馆藏书拥有量	0.071	65	万元地区生产总值水耗	0.619	281
每百名学生拥有专任教师人数	0.913	3	万元地区生产总值能耗	0.886	225
生活环境	0.119	193	城市污水处理率	0.807	184
每千人口拥有医院床位数	0.311	71	生活垃圾无害化处理率	1.000	1
城市人均公园绿地面积	0.004	286	城市空气质量等级	0.493	4
每万人拥有公共汽车数	0.044	204	辐射引领	0.004	264
创新服务指数	0.039	284	全市在校普通高校学生数占全省比重	0.001	285
金融服务	0.025	285	全市科学技术从业人员数占全省比重	0.012	253
新三板挂牌企业数	0.000	164	国家技术转移示范机构数	0.000	91
年末金融机构贷款余额增长率	0.076	282	ESI学科进入全球前1%个数	0.000	63
创业板上市企业数	0.000	94	财富世界500强与中国500强企业数	0.006	65
科技条件	0.061	157			
每万人移动电话用户数	0.042	163			
每万人互联网宽带接入用户数	0.080	148			

附表1-234　临汾市科技创新发展指数指标及排名表

科技创新发展指数0.216　　　　　　　　　　　　　　　综合排名234

指标	指数	排名	指标	指数	排名
创新资源指数	0.162	274	创新绩效指数	0.269	196
创新人才	0.110	218	科技成果	0.004	181
每万人在校大学生数	0.082	134	每万人SCI/SSCI/A&HCI论文产出数	0.006	142
城市化水平	0.147	208	每万人发明专利授权量	0.001	210
万名从业人口中科学技术人员数	0.101	192	经济产出	0.144	185
研发经费	0.239	243	城镇居民人均可支配收入	0.210	174
地方财政科技投入占财政支出比重	0.017	247	地均GDP	0.007	217
地方财政教育投入占财政支出比重	0.462	224	第二产业劳动生产率	0.271	95
创新环境指数	0.212	173	第三产业劳动生产率	0.089	244
政策环境	0.311	242	结构优化	0.156	140
每万人吸引外商投资额	0.015	201	第三产业增加值占地区GDP比重	0.311	136
企业税收负担	0.607	212	高科技产品进出口总额占地区GDP比重	0.001	191
人文环境	0.262	41	绿色发展	0.766	185
每百人公共图书馆藏书拥有量	0.033	144	万元地区生产总值水耗	0.915	78
每百名学生拥有专任教师人数	0.491	28	万元地区生产总值能耗	0.882	227
生活环境	0.114	204	城市污水处理率	0.777	204
每千人口拥有医院床位数	0.198	176	生活垃圾无害化处理率	0.761	256
城市人均公园绿地面积	0.112	183	城市空气质量等级	0.493	4
每万人拥有公共汽车数	0.032	241	辐射引领	0.022	109
创新服务指数	0.089	229	全市在校普通高校学生数占全省比重	0.058	83
金融服务	0.101	229	全市科学技术从业人员数占全省比重	0.054	98
新三板挂牌企业数	0.000	164	国家技术转移示范机构数	0.000	91
年末金融机构贷款余额增长率	0.304	203	ESI学科进入全球前1%个数	0.000	63
创业板上市企业数	0.000	94	财富世界500强与中国500强企业数	0.000	105
科技条件	0.071	126			
每万人移动电话用户数	0.054	113			
每万人互联网宽带接入用户数	0.087	128			

附表1-235　定西市科技创新发展指数指标及排名表

科技创新发展指数0.216　　　　　　　　　　　综合排名235

指标	指数	排名	指标	指数	排名
创新资源指数	0.165	267	创新绩效指数	0.241	262
创新人才	0.076	265	科技成果	0.004	173
每万人在校大学生数	0.012	277	每万人SCI/SSCI/A&HCI论文产出数	0.006	140
城市化水平	0.111	236	每万人发明专利授权量	0.002	176
万名从业人口中科学技术人员数	0.106	179	经济产出	0.018	285
研发经费	0.297	176	城镇居民人均可支配收入	0.011	285
地方财政科技投入占财政支出比重	0.020	238	地均GDP	0.001	277
地方财政教育投入占财政支出比重	0.575	136	第二产业劳动生产率	0.024	285
创新环境指数	0.212	177	第三产业劳动生产率	0.035	277
政策环境	0.376	174	结构优化	0.263	37
每万人吸引外商投资额	0.000	275	第三产业增加值占地区GDP比重	0.526	24
企业税收负担	0.752	127	高科技产品进出口总额占地区GDP比重	0.000	281
人文环境	0.219	80	绿色发展	0.741	211
每百人公共图书馆藏书拥有量	0.021	207	万元地区生产总值水耗	0.917	75
每百名学生拥有专任教师人数	0.418	51	万元地区生产总值能耗	0.977	20
生活环境	0.097	233	城市污水处理率	0.685	241
每千人口拥有医院床位数	0.211	160	生活垃圾无害化处理率	0.633	271
城市人均公园绿地面积	0.061	250	城市空气质量等级	0.493	4
每万人拥有公共汽车数	0.019	257	辐射引领	0.007	237
创新服务指数	0.184	25	全市在校普通高校学生数占全省比重	0.010	249
金融服务	0.297	8	全市科学技术从业人员数占全省比重	0.025	194
新三板挂牌企业数	0.003	103	国家技术转移示范机构数	0.000	91
年末金融机构贷款余额增长率	0.887	5	ESI学科进入全球前1%个数	0.000	63
创业板上市企业数	0.000	94	财富世界500强与中国500强企业数	0.000	105
科技条件	0.015	276			
每万人移动电话用户数	0.025	241			
每万人互联网宽带接入用户数	0.005	284			

附表1-236　鹰潭市科技创新发展指数指标及排名表

科技创新发展指数0.216　　　　　　　　　　　　综合排名236

指标	指数	排名	指标	指数	排名
创新资源指数	0.162	273	创新绩效指数	0.284	134
创新人才	0.098	231	科技成果	0.001	252
每万人在校大学生数	0.036	220	每万人SCI/SSCI/A&HCI论文产出数	0.001	243
城市化水平	0.146	210	每万人发明专利授权量	0.001	237
万名从业人口中科学技术人员数	0.113	172	经济产出	0.179	145
研发经费	0.259	224	城镇居民人均可支配收入	0.215	171
地方财政科技投入占财政支出比重	0.091	74	地均GDP	0.021	116
地方财政教育投入占财政支出比重	0.427	243	第二产业劳动生产率	0.237	117
创新环境指数	0.170	253	第三产业劳动生产率	0.241	102
政策环境	0.266	263	结构优化	0.091	243
每万人吸引外商投资额	0.072	97	第三产业增加值占地区GDP比重	0.179	241
企业税收负担	0.460	260	高科技产品进出口总额占地区GDP比重	0.003	121
人文环境	0.113	213	绿色发展	0.834	67
每百人公共图书馆藏书拥有量	0.030	158	万元地区生产总值水耗	0.876	144
每百名学生拥有专任教师人数	0.196	204	万元地区生产总值能耗	0.976	21
生活环境	0.145	145	城市污水处理率	0.826	170
每千人口拥有医院床位数	0.166	208	生活垃圾无害化处理率	1.000	1
城市人均公园绿地面积	0.210	49	城市空气质量等级	0.493	4
每万人拥有公共汽车数	0.059	160	辐射引领	0.009	210
创新服务指数	0.086	237	全市在校普通高校学生数占全省比重	0.007	261
金融服务	0.107	217	全市科学技术从业人员数占全省比重	0.027	187
新三板挂牌企业数	0.000	164	国家技术转移示范机构数	0.000	91
年末金融机构贷款余额增长率	0.305	202	ESI学科进入全球前1%个数	0.000	63
创业板上市企业数	0.016	49	财富世界500强与中国500强企业数	0.013	43
科技条件	0.055	172			
每万人移动电话用户数	0.028	233			
每万人互联网宽带接入用户数	0.082	140			

附表1-237　攀枝花市科技创新发展指数指标及排名表

科技创新发展指数0.215　　　　　　　　　　　　　综合排名237

指标	指数	排名	指标	指数	排名
创新资源指数	0.327	51	创新绩效指数	0.190	285
创新人才	0.322	53	科技成果	0.020	63
每万人在校大学生数	0.208	53	每万人SCI/SSCI/A&HCI论文产出数	0.018	82
城市化水平	0.592	40	每万人发明专利授权量	0.023	32
万名从业人口中科学技术人员数	0.166	98	经济产出	0.168	158
研发经费	0.334	126	城镇居民人均可支配收入	0.305	96
地方财政科技投入占财政支出比重	0.075	87	地均GDP	0.014	152
地方财政教育投入占财政支出比重	0.593	121	第二产业劳动生产率	0.202	139
创新环境指数	0.278	48	第三产业劳动生产率	0.150	178
政策环境	0.403	137	结构优化	0.032	283
每万人吸引外商投资额	0.042	128	第三产业增加值占地区GDP比重	0.064	283
企业税收负担	0.765	113	高科技产品进出口总额占地区GDP比重	0.000	235
人文环境	0.176	129	绿色发展	0.520	285
每百人公共图书馆藏书拥有量	0.075	62	万元地区生产总值水耗	0.718	265
每百名学生拥有专任教师人数	0.276	138	万元地区生产总值能耗	0.839	254
生活环境	0.262	26	城市污水处理率	0.059	286
每千人口拥有医院床位数	0.533	12	生活垃圾无害化处理率	0.983	137
城市人均公园绿地面积	0.154	120	城市空气质量等级	0.000	237
每万人拥有公共汽车数	0.100	84	辐射引领	0.009	212
创新服务指数	0.107	167	全市在校普通高校学生数占全省比重	0.022	185
金融服务	0.106	218	全市科学技术从业人员数占全省比重	0.018	226
新三板挂牌企业数	0.000	164	国家技术转移示范机构数	0.000	91
年末金融机构贷款余额增长率	0.317	195	ESI学科进入全球前1%个数	0.000	63
创业板上市企业数	0.000	94	财富世界500强与中国500强企业数	0.006	65
科技条件	0.110	64			
每万人移动电话用户数	0.065	85			
每万人互联网宽带接入用户数	0.155	52			

附表1-238　衡阳市科技创新发展指数指标及排名表

科技创新发展指数0.215　　　　　　　　　　　　　　　综合排名238

指标	指数	排名	指标	指数	排名
创新资源指数	0.164	269	创新绩效指数	0.269	197
创新人才	0.107	221	科技成果	0.007	119
每万人在校大学生数	0.106	111	每万人SCI/SSCI/A&HCI论文产出数	0.014	94
城市化水平	0.074	261	每万人发明专利授权量	0.000	276
万名从业人口中科学技术人员数	0.143	125	经济产出	0.169	154
研发经费	0.249	236	城镇居民人均可支配收入	0.222	161
地方财政科技投入占财政支出比重	0.016	252	地均GDP	0.019	122
地方财政教育投入占财政支出比重	0.482	206	第二产业劳动生产率	0.227	123
创新环境指数	0.208	182	第三产业劳动生产率	0.207	125
政策环境	0.406	132	结构优化	0.167	126
每万人吸引外商投资额	0.048	116	第三产业增加值占地区GDP比重	0.318	130
企业税收负担	0.764	115	高科技产品进出口总额占地区GDP比重	0.015	64
人文环境	0.084	256	绿色发展	0.730	226
每百人公共图书馆藏书拥有量	0.020	214	万元地区生产总值水耗	0.638	279
每百名学生拥有专任教师人数	0.147	245	万元地区生产总值能耗	0.908	187
生活环境	0.159	123	城市污水处理率	0.643	250
每千人口拥有医院床位数	0.202	167	生活垃圾无害化处理率	0.968	153
城市人均公园绿地面积	0.157	112	城市空气质量等级	0.493	4
每万人拥有公共汽车数	0.119	58	辐射引领	0.033	75
创新服务指数	0.084	245	全市在校普通高校学生数占全省比重	0.092	50
金融服务	0.122	183	全市科学技术从业人员数占全省比重	0.062	81
新三板挂牌企业数	0.014	45	国家技术转移示范机构数	0.000	91
年末金融机构贷款余额增长率	0.352	172	ESI学科进入全球前1%个数	0.008	50
创业板上市企业数	0.000	94	财富世界500强与中国500强企业数	0.000	105
科技条件	0.027	257			
每万人移动电话用户数	0.015	264			
每万人互联网宽带接入用户数	0.038	237			

附表1-239　汕尾市科技创新发展指数指标及排名表

科技创新发展指数0.215　　　　　　　　　　　　　　综合排名239

指标	指数	排名	指标	指数	排名
创新资源指数	0.198	210	创新绩效指数	0.268	201
创新人才	0.041	282	科技成果	0.000	274
每万人在校大学生数	0.010	281	每万人SCI/SSCI/A&HCI论文产出数	0.000	285
城市化水平	0.104	244	每万人发明专利授权量	0.001	219
万名从业人口中科学技术人员数	0.010	285	经济产出	0.119	232
研发经费	0.432	20	城镇居民人均可支配收入	0.164	220
地方财政科技投入占财政支出比重	0.037	182	地均GDP	0.018	131
地方财政教育投入占财政支出比重	0.827	11	第二产业劳动生产率	0.093	252
创新环境指数	0.166	257	第三产业劳动生产率	0.203	129
政策环境	0.403	138	结构优化	0.222	60
每万人吸引外商投资额	0.019	181	第三产业增加值占地区GDP比重	0.317	131
企业税收负担	0.787	96	高科技产品进出口总额占地区GDP比重	0.128	15
人文环境	0.110	217	绿色发展	0.779	163
每百人公共图书馆藏书拥有量	0.003	283	万元地区生产总值水耗	0.825	204
每百名学生拥有专任教师人数	0.217	186	万元地区生产总值能耗	0.892	213
生活环境	0.046	279	城市污水处理率	0.805	193
每千人口拥有医院床位数	0.017	286	生活垃圾无害化处理率	0.879	228
城市人均公园绿地面积	0.080	231	城市空气质量等级	0.493	4
每万人拥有公共汽车数	0.041	214	辐射引领	0.001	287
创新服务指数	0.108	165	全市在校普通高校学生数占全省比重	0.003	279
金融服务	0.164	92	全市科学技术从业人员数占全省比重	0.000	287
新三板挂牌企业数	0.000	164	国家技术转移示范机构数	0.000	91
年末金融机构贷款余额增长率	0.493	74	ESI学科进入全球前1%个数	0.000	63
创业板上市企业数	0.000	94	财富世界500强与中国500强企业数	0.000	105
科技条件	0.023	263			
每万人移动电话用户数	0.015	265			
每万人互联网宽带接入用户数	0.030	256			

附表1-240 渭南市科技创新发展指数指标及排名表

科技创新发展指数0.214 综合排名240

指标	指数	排名	指标	指数	排名
创新资源指数	0.213	167	创新绩效指数	0.243	257
创新人才	0.111	217	科技成果	0.003	191
每万人在校大学生数	0.020	260	每万人SCI/SSCI/A&HCI论文产出数	0.004	174
城市化水平	0.119	228	每万人发明专利授权量	0.002	159
万名从业人口中科学技术人员数	0.196	72	经济产出	0.141	189
研发经费	0.365	79	城镇居民人均可支配收入	0.282	115
地方财政科技投入占财政支出比重	0.035	190	地均GDP	0.013	160
地方财政教育投入占财政支出比重	0.695	56	第二产业劳动生产率	0.197	145
创新环境指数	0.235	118	第三产业劳动生产率	0.073	260
政策环境	0.460	47	结构优化	0.112	219
每万人吸引外商投资额	0.001	274	第三产业增加值占地区GDP比重	0.222	216
企业税收负担	0.920	18	高科技产品进出口总额占地区GDP比重	0.001	169
人文环境	0.221	75	绿色发展	0.705	249
每百人公共图书馆藏书拥有量	0.012	260	万元地区生产总值水耗	0.699	272
每百名学生拥有专任教师人数	0.430	47	万元地区生产总值能耗	0.985	12
生活环境	0.093	239	城市污水处理率	0.939	50
每千人口拥有医院床位数	0.156	222	生活垃圾无害化处理率	0.902	215
城市人均公园绿地面积	0.092	212	城市空气质量等级	0.000	237
每万人拥有公共汽车数	0.030	242	辐射引领	0.012	176
创新服务指数	0.083	247	全市在校普通高校学生数占全省比重	0.014	227
金融服务	0.102	226	全市科学技术从业人员数占全省比重	0.048	111
新三板挂牌企业数	0.000	164	国家技术转移示范机构数	0.000	91
年末金融机构贷款余额增长率	0.307	201	ESI学科进入全球前1%个数	0.000	63
创业板上市企业数	0.000	94	财富世界500强与中国500强企业数	0.000	105
科技条件	0.055	173			
每万人移动电话用户数	0.044	153			
每万人互联网宽带接入用户数	0.066	175			

附表1-241　南阳市科技创新发展指数指标及排名表

科技创新发展指数0.214　　　　　　　　　　　　　综合排名241

指标	指数	排名	指标	指数	排名
创新资源指数	0.220	151	创新绩效指数	0.255	233
创新人才	0.114	209	科技成果	0.005	144
每万人在校大学生数	0.046	197	每万人SCI/SSCI/A&HCI论文产出数	0.005	158
城市化水平	0.116	232	每万人发明专利授权量	0.005	99
万名从业人口中科学技术人员数	0.179	82	经济产出	0.110	242
研发经费	0.380	62	城镇居民人均可支配收入	0.201	180
地方财政科技投入占财政支出比重	0.064	109	地均GDP	0.012	169
地方财政教育投入占财政支出比重	0.696	55	第二产业劳动生产率	0.126	220
创新环境指数	0.198	203	第三产业劳动生产率	0.099	237
政策环境	0.455	56	结构优化	0.140	167
每万人吸引外商投资额	0.023	170	第三产业增加值占地区GDP比重	0.279	161
企业税收负担	0.887	33	高科技产品进出口总额占地区GDP比重	0.002	155
人文环境	0.057	277	绿色发展	0.744	206
每百人公共图书馆藏书拥有量	0.009	271	万元地区生产总值水耗	0.842	188
每百名学生拥有专任教师人数	0.106	267	万元地区生产总值能耗	0.834	258
生活环境	0.120	190	城市污水处理率	0.789	198
每千人口拥有医院床位数	0.130	243	生活垃圾无害化处理率	0.762	255
城市人均公园绿地面积	0.207	51	城市空气质量等级	0.493	4
每万人拥有公共汽车数	0.023	252	辐射引领	0.027	90
创新服务指数	0.086	236	全市在校普通高校学生数占全省比重	0.040	116
金融服务	0.131	165	全市科学技术从业人员数占全省比重	0.096	57
新三板挂牌企业数	0.000	164	国家技术转移示范机构数	0.000	91
年末金融机构贷款余额增长率	0.393	142	ESI学科进入全球前1%个数	0.000	63
创业板上市企业数	0.000	94	财富世界500强与中国500强企业数	0.000	105
科技条件	0.020	268			
每万人移动电话用户数	0.018	259			
每万人互联网宽带接入用户数	0.021	271			

附表1-242　齐齐哈尔市科技创新发展指数指标及排名表

科技创新发展指数0.214　　　　　　　　　　　综合排名242

指标	指数	排名	指标	指数	排名
创新资源指数	0.189	228	创新绩效指数	0.239	266
创新人才	0.146	165	科技成果	0.006	137
每万人在校大学生数	0.078	141	每万人SCI/SSCI/A&HCI论文产出数	0.009	114
城市化水平	0.211	171	每万人发明专利授权量	0.002	156
万名从业人口中科学技术人员数	0.147	121	经济产出	0.104	251
研发经费	0.255	228	城镇居民人均可支配收入	0.118	248
地方财政科技投入占财政支出比重	0.013	265	地均GDP	0.003	258
地方财政教育投入占财政支出比重	0.497	192	第二产业劳动生产率	0.168	181
创新环境指数	0.233	128	第三产业劳动生产率	0.128	210
政策环境	0.378	173	结构优化	0.203	79
每万人吸引外商投资额	0.036	141	第三产业增加值占地区GDP比重	0.404	68
企业税收负担	0.720	151	高科技产品进出口总额占地区GDP比重	0.002	162
人文环境	0.239	56	绿色发展	0.668	267
每百人公共图书馆藏书拥有量	0.028	168	万元地区生产总值水耗	0.818	212
每百名学生拥有专任教师人数	0.451	38	万元地区生产总值能耗	0.915	178
生活环境	0.131	172	城市污水处理率	0.544	267
每千人口拥有医院床位数	0.213	155	生活垃圾无害化处理率	0.571	274
城市人均公园绿地面积	0.111	186	城市空气质量等级	0.493	4
每万人拥有公共汽车数	0.069	131	辐射引领	0.025	97
创新服务指数	0.124	105	全市在校普通高校学生数占全省比重	0.073	68
金融服务	0.178	64	全市科学技术从业人员数占全省比重	0.052	102
新三板挂牌企业数	0.000	164	国家技术转移示范机构数	0.000	91
年末金融机构贷款余额增长率	0.534	55	ESI学科进入全球前1%个数	0.000	63
创业板上市企业数	0.000	94	财富世界500强与中国500强企业数	0.000	105
科技条件	0.043	210			
每万人移动电话用户数	0.038	185			
每万人互联网宽带接入用户数	0.048	222			

附表1-243　柳州市科技创新发展指数指标及排名表

科技创新发展指数0.214　　　　　　　　　　　　　　　综合排名243

指标	指数	排名	指标	指数	排名
创新资源指数	0.265	91	创新绩效指数	0.226	275
创新人才	0.233	87	科技成果	0.014	84
每万人在校大学生数	0.146	78	每万人SCI/SSCI/A&HCI论文产出数	0.017	84
城市化水平	0.275	134	每万人发明专利授权量	0.010	66
万名从业人口中科学技术人员数	0.278	44	经济产出	0.171	151
研发经费	0.312	156	城镇居民人均可支配收入	0.288	109
地方财政科技投入占财政支出比重	0.071	98	地均GDP	0.014	150
地方财政教育投入占财政支出比重	0.554	156	第二产业劳动生产率	0.200	142
创新环境指数	0.230	135	第三产业劳动生产率	0.184	139
政策环境	0.425	102	结构优化	0.119	205
每万人吸引外商投资额	0.011	215	第三产业增加值占地区GDP比重	0.235	205
企业税收负担	0.839	62	高科技产品进出口总额占地区GDP比重	0.003	133
人文环境	0.048	281	绿色发展	0.563	281
每百人公共图书馆藏书拥有量	0.048	98	万元地区生产总值水耗	0.629	280
每百名学生拥有专任教师人数	0.049	284	万元地区生产总值能耗	0.962	57
生活环境	0.222	53	城市污水处理率	0.230	283
每千人口拥有医院床位数	0.317	67	生活垃圾无害化处理率	0.992	119
城市人均公园绿地面积	0.264	27	城市空气质量等级	0.000	237
每万人拥有公共汽车数	0.085	103	辐射引领	0.061	42
创新服务指数	0.096	206	全市在校普通高校学生数占全省比重	0.088	55
金融服务	0.100	231	全市科学技术从业人员数占全省比重	0.162	38
新三板挂牌企业数	0.008	58	国家技术转移示范机构数	0.034	42
年末金融机构贷款余额增长率	0.290	215	ESI学科进入全球前1%个数	0.000	63
创业板上市企业数	0.000	94	财富世界500强与中国500强企业数	0.019	34
科技条件	0.091	87			
每万人移动电话用户数	0.060	97			
每万人互联网宽带接入用户数	0.123	75			

附表1-244 巴中市科技创新发展指数指标及排名表

科技创新发展指数0.214 综合排名244

指标	指数	排名	指标	指数	排名
创新资源指数	0.197	212	创新绩效指数	0.250	243
创新人才	0.130	180	科技成果	0.000	284
每万人在校大学生数	0.000	287	每万人SCI/SSCI/A&HCI论文产出数	0.000	286
城市化水平	0.326	112	每万人发明专利授权量	0.000	256
万名从业人口中科学技术人员数	0.065	237	经济产出	0.045	281
研发经费	0.296	179	城镇居民人均可支配收入	0.114	250
地方财政科技投入占财政支出比重	0.008	280	地均GDP	0.004	242
地方财政教育投入占财政支出比重	0.584	129	第二产业劳动生产率	0.028	284
创新环境指数	0.171	252	第三产业劳动生产率	0.032	280
政策环境	0.383	165	结构优化	0.142	158
每万人吸引外商投资额	0.002	263	第三产业增加值占地区GDP比重	0.284	152
企业税收负担	0.764	114	高科技产品进出口总额占地区GDP比重	0.000	254
人文环境	0.119	206	绿色发展	0.804	131
每百人公共图书馆藏书拥有量	0.013	254	万元地区生产总值水耗	0.830	197
每百名学生拥有专任教师人数	0.224	181	万元地区生产总值能耗	0.949	91
生活环境	0.065	265	城市污水处理率	0.850	139
每千人口拥有医院床位数	0.157	221	生活垃圾无害化处理率	0.900	218
城市人均公园绿地面积	0.025	279	城市空气质量等级	0.493	4
每万人拥有公共汽车数	0.014	270	辐射引领	0.002	283
创新服务指数	0.161	38	全市在校普通高校学生数占全省比重	0.001	286
金融服务	0.254	12	全市科学技术从业人员数占全省比重	0.008	265
新三板挂牌企业数	0.000	164	国家技术转移示范机构数	0.000	91
年末金融机构贷款余额增长率	0.762	8	ESI学科进入全球前1%个数	0.000	63
创业板上市企业数	0.000	94	财富世界500强与中国500强企业数	0.000	105
科技条件	0.021	266			
每万人移动电话用户数	0.021	251			
每万人互联网宽带接入用户数	0.022	270			

附表1-245 鹤壁市科技创新发展指数指标及排名表

科技创新发展指数0.213 综合排名245

指标	指数	排名	指标	指数	排名
创新资源指数	0.238	123	创新绩效指数	0.242	261
创新人才	0.148	160	科技成果	0.003	195
每万人在校大学生数	0.053	177	每万人SCI/SSCI/A&HCI论文产出数	0.004	180
城市化水平	0.346	103	每万人发明专利授权量	0.002	168
万名从业人口中科学技术人员数	0.045	262	经济产出	0.120	231
研发经费	0.373	68	城镇居民人均可支配收入	0.188	197
地方财政科技投入占财政支出比重	0.045	162	地均GDP	0.039	66
地方财政教育投入占财政支出比重	0.700	54	第二产业劳动生产率	0.124	223
创新环境指数	0.215	169	第三产业劳动生产率	0.131	206
政策环境	0.477	32	结构优化	0.031	284
每万人吸引外商投资额	0.169	40	第三产业增加值占地区GDP比重	0.061	284
企业税收负担	0.785	100	高科技产品进出口总额占地区GDP比重	0.000	226
人文环境	0.060	274	绿色发展	0.758	191
每百人公共图书馆藏书拥有量	0.028	166	万元地区生产总值水耗	0.804	223
每百名学生拥有专任教师人数	0.093	275	万元地区生产总值能耗	0.887	221
生活环境	0.143	148	城市污水处理率	0.743	225
每千人口拥有医院床位数	0.223	139	生活垃圾无害化处理率	0.863	234
城市人均公园绿地面积	0.157	113	城市空气质量等级	0.493	4
每万人拥有公共汽车数	0.051	181	辐射引领	0.002	276
创新服务指数	0.082	252	全市在校普通高校学生数占全省比重	0.006	263
金融服务	0.086	249	全市科学技术从业人员数占全省比重	0.006	272
新三板挂牌企业数	0.003	103	国家技术转移示范机构数	0.000	91
年末金融机构贷款余额增长率	0.256	230	ESI学科进入全球前1%个数	0.000	63
创业板上市企业数	0.000	94	财富世界500强与中国500强企业数	0.000	105
科技条件	0.076	112			
每万人移动电话用户数	0.042	161			
每万人互联网宽带接入用户数	0.110	91			

附表1-246 黄冈市科技创新发展指数指标及排名表

科技创新发展指数0.212　　　　　　　　　　　综合排名246

指标	指数	排名	指标	指数	排名
创新资源指数	0.182	237	创新绩效指数	0.231	270
创新人才	0.046	281	科技成果	0.001	242
每万人在校大学生数	0.049	191	每万人SCI/SSCI/A&HCI论文产出数	0.002	217
城市化水平	0.005	286	每万人发明专利授权量	0.000	254
万名从业人口中科学技术人员数	0.084	215	经济产出	0.064	273
研发经费	0.386	54	城镇居民人均可支配收入	0.098	266
地方财政科技投入占财政支出比重	0.071	97	地均GDP	0.010	189
地方财政教育投入占财政支出比重	0.701	53	第二产业劳动生产率	0.040	280
创新环境指数	0.253	76	第三产业劳动生产率	0.106	230
政策环境	0.405	133	结构优化	0.135	178
每万人吸引外商投资额	0.005	246	第三产业增加值占地区GDP比重	0.268	173
企业税收负担	0.805	84	高科技产品进出口总额占地区GDP比重	0.001	172
人文环境	0.306	18	绿色发展	0.715	240
每百人公共图书馆藏书拥有量	0.019	215	万元地区生产总值水耗	0.724	261
每百名学生拥有专任教师人数	0.593	13	万元地区生产总值能耗	0.961	60
生活环境	0.117	199	城市污水处理率	0.807	184
每千人口拥有医院床位数	0.194	181	生活垃圾无害化处理率	0.588	273
城市人均公园绿地面积	0.120	167	城市空气质量等级	0.493	4
每万人拥有公共汽车数	0.037	227	辐射引领	0.013	167
创新服务指数	0.112	147	全市在校普通高校学生数占全省比重	0.032	143
金融服务	0.166	86	全市科学技术从业人员数占全省比重	0.032	162
新三板挂牌企业数	0.006	82	国家技术转移示范机构数	0.000	91
年末金融机构贷款余额增长率	0.491	76	ESI学科进入全球前1%个数	0.000	63
创业板上市企业数	0.000	94	财富世界500强与中国500强企业数	0.000	105
科技条件	0.032	242			
每万人移动电话用户数	0.017	261			
每万人互联网宽带接入用户数	0.047	228			

附表1-247 孝感市科技创新发展指数指标及排名表

科技创新发展指数0.212   综合排名247

指标	指数	排名	指标	指数	排名
创新资源指数	0.176	249	创新绩效指数	0.249	246
创新人才	0.089	250	科技成果	0.002	220
每万人在校大学生数	0.058	166	每万人SCI/SSCI/A&HCI论文产出数	0.003	191
城市化水平	0.142	213	每万人发明专利授权量	0.001	224
万名从业人口中科学技术人员数	0.065	236	经济产出	0.056	277
研发经费	0.307	160	城镇居民人均可支配收入	0.142	229
地方财政科技投入占财政支出比重	0.060	123	地均GDP	0.019	126
地方财政教育投入占财政支出比重	0.554	158	第二产业劳动生产率	0.032	282
创新环境指数	0.212	174	第三产业劳动生产率	0.032	279
政策环境	0.373	179	结构优化	0.109	223
每万人吸引外商投资额	0.025	160	第三产业增加值占地区GDP比重	0.216	220
企业税收负担	0.721	148	高科技产品进出口总额占地区GDP比重	0.001	175
人文环境	0.258	45	绿色发展	0.795	140
每百人公共图书馆藏书拥有量	0.011	265	万元地区生产总值水耗	0.793	230
每百名学生拥有专任教师人数	0.505	24	万元地区生产总值能耗	0.936	134
生活环境	0.075	257	城市污水处理率	0.754	219
每千人口拥有医院床位数	0.127	244	生活垃圾无害化处理率	1.000	1
城市人均公园绿地面积	0.049	264	城市空气质量等级	0.493	4
每万人拥有公共汽车数	0.047	191	辐射引领	0.013	162
创新服务指数	0.110	156	全市在校普通高校学生数占全省比重	0.027	166
金融服务	0.164	93	全市科学技术从业人员数占全省比重	0.039	136
新三板挂牌企业数	0.011	52	国家技术转移示范机构数	0.000	91
年末金融机构贷款余额增长率	0.465	88	ESI学科进入全球前1%个数	0.000	63
创业板上市企业数	0.016	49	财富世界500强与中国500强企业数	0.000	105
科技条件	0.029	254			
每万人移动电话用户数	0.020	253			
每万人互联网宽带接入用户数	0.038	238			

附表1-248　雅安市科技创新发展指数指标及排名表

科技创新发展指数0.211　　　　　　　　　　　　　　综合排名248

指标	指数	排名	指标	指数	排名
创新资源指数	0.159	275	创新绩效指数	0.239	265
创新人才	0.216	102	科技成果	0.014	80
每万人在校大学生数	0.226	48	每万人SCI/SSCI/A&HCI论文产出数	0.026	67
城市化水平	0.369	94	每万人发明专利授权量	0.003	137
万名从业人口中科学技术人员数	0.054	253	经济产出	0.187	130
研发经费	0.074	287	城镇居民人均可支配收入	0.220	164
地方财政科技投入占财政支出比重	0.046	161	地均GDP	0.003	253
地方财政教育投入占财政支出比重	0.102	286	第二产业劳动生产率	0.450	23
创新环境指数	0.242	103	第三产业劳动生产率	0.076	256
政策环境	0.426	100	结构优化	0.075	263
每万人吸引外商投资额	0.006	244	第三产业增加值占地区GDP比重	0.150	263
企业税收负担	0.846	55	高科技产品进出口总额占地区GDP比重	0.000	230
人文环境	0.184	123	绿色发展	0.665	268
每百人公共图书馆藏书拥有量	0.042	115	万元地区生产总值水耗	0.869	158
每百名学生拥有专任教师人数	0.327	103	万元地区生产总值能耗	0.876	234
生活环境	0.159	125	城市污水处理率	0.600	258
每千人口拥有医院床位数	0.419	33	生活垃圾无害化处理率	0.980	140
城市人均公园绿地面积	0.044	268	城市空气质量等级	0.000	237
每万人拥有公共汽车数	0.013	273	辐射引领	0.010	196
创新服务指数	0.119	120	全市在校普通高校学生数占全省比重	0.033	139
金融服务	0.151	108	全市科学技术从业人员数占全省比重	0.001	284
新三板挂牌企业数	0.003	103	国家技术转移示范机构数	0.000	91
年末金融机构贷款余额增长率	0.451	95	ESI学科进入全球前1%个数	0.016	35
创业板上市企业数	0.000	94	财富世界500强与中国500强企业数	0.000	105
科技条件	0.071	122			
每万人移动电话用户数	0.053	116			
每万人互联网宽带接入用户数	0.090	123			

附表1-249　衡水市科技创新发展指数指标及排名表

科技创新发展指数0.211　　　　　　　　　　　　综合排名249

指标	指数	排名	指标	指数	排名
创新资源指数	0.139	284	创新绩效指数	0.271	182
创新人才	0.070	268	科技成果	0.002	228
每万人在校大学生数	0.043	206	每万人SCI/SSCI/A&HCI论文产出数	0.002	215
城市化水平	0.073	263	每万人发明专利授权量	0.001	223
万名从业人口中科学技术人员数	0.094	201	经济产出	0.128	215
研发经费	0.242	242	城镇居民人均可支配收入	0.078	272
地方财政科技投入占财政支出比重	0.009	274	地均GDP	0.016	146
地方财政教育投入占财政支出比重	0.475	212	第二产业劳动生产率	0.288	79
创新环境指数	0.153	269	第三产业劳动生产率	0.132	205
政策环境	0.214	282	结构优化	0.158	137
每万人吸引外商投资额	0.020	179	第三产业增加值占地区GDP比重	0.307	138
企业税收负担	0.408	272	高科技产品进出口总额占地区GDP比重	0.010	80
人文环境	0.137	176	绿色发展	0.801	133
每百人公共图书馆藏书拥有量	0.008	275	万元地区生产总值水耗	0.921	72
每百名学生拥有专任教师人数	0.267	144	万元地区生产总值能耗	0.834	259
生活环境	0.122	186	城市污水处理率	0.758	215
每千人口拥有医院床位数	0.167	206	生活垃圾无害化处理率	1.000	1
城市人均公园绿地面积	0.119	170	城市空气质量等级	0.493	4
每万人拥有公共汽车数	0.081	110	辐射引领	0.008	225
创新服务指数	0.150	48	全市在校普通高校学生数占全省比重	0.021	194
金融服务	0.210	21	全市科学技术从业人员数占全省比重	0.018	223
新三板挂牌企业数	0.008	58	国家技术转移示范机构数	0.000	91
年末金融机构贷款余额增长率	0.623	18	ESI学科进入全球前1%个数	0.000	63
创业板上市企业数	0.000	94	财富世界500强与中国500强企业数	0.000	105
科技条件	0.059	163			
每万人移动电话用户数	0.037	190			
每万人互联网宽带接入用户数	0.082	143			

附表1-250 上饶市科技创新发展指数指标及排名表

科技创新发展指数0.210 综合排名250

指标	指数	排名	指标	指数	排名
创新资源指数	0.165	266	创新绩效指数	0.275	168
创新人才	0.014	287	科技成果	0.001	264
每万人在校大学生数	0.024	249	每万人SCI/SSCI/A&HCI论文产出数	0.001	244
城市化水平	0.006	285	每万人发明专利授权量	0.000	262
万名从业人口中科学技术人员数	0.011	283	经济产出	0.139	195
研发经费	0.392	48	城镇居民人均可支配收入	0.219	168
地方财政科技投入占财政支出比重	0.046	159	地均GDP	0.008	204
地方财政教育投入占财政支出比重	0.737	31	第二产业劳动生产率	0.194	151
创新环境指数	0.145	276	第三产业劳动生产率	0.135	201
政策环境	0.240	274	结构优化	0.149	149
每万人吸引外商投资额	0.046	118	第三产业增加值占地区GDP比重	0.279	160
企业税收负担	0.433	268	高科技产品进出口总额占地区GDP比重	0.018	56
人文环境	0.088	249	绿色发展	0.810	120
每百人公共图书馆藏书拥有量	0.017	224	万元地区生产总值水耗	0.714	268
每百名学生拥有专任教师人数	0.158	238	万元地区生产总值能耗	0.968	39
生活环境	0.120	191	城市污水处理率	0.875	110
每千人口拥有医院床位数	0.085	269	生活垃圾无害化处理率	1.000	1
城市人均公园绿地面积	0.221	45	城市空气质量等级	0.493	4
每万人拥有公共汽车数	0.054	171	辐射引领	0.011	189
创新服务指数	0.111	152	全市在校普通高校学生数占全省比重	0.027	170
金融服务	0.176	67	全市科学技术从业人员数占全省比重	0.021	213
新三板挂牌企业数	0.003	103	国家技术转移示范机构数	0.000	91
年末金融机构贷款余额增长率	0.526	59	ESI学科进入全球前1%个数	0.000	63
创业板上市企业数	0.000	94	财富世界500强与中国500强企业数	0.006	65
科技条件	0.012	281			
每万人移动电话用户数	0.006	280			
每万人互联网宽带接入用户数	0.019	275			

附表1-251　牡丹江市科技创新发展指数指标及排名表

科技创新发展指数0.210　　　　　　　　　　　综合排名251

指标	指数	排名	指标	指数	排名
创新资源指数	0.202	200	创新绩效指数	0.210	283
创新人才	0.187	125	科技成果	0.005	142
每万人在校大学生数	0.145	80	每万人SCI/SSCI/A&HCI论文产出数	0.009	112
城市化水平	0.303	122	每万人发明专利授权量	0.001	184
万名从业人口中科学技术人员数	0.113	171	经济产出	0.198	115
研发经费	0.224	256	城镇居民人均可支配收入	0.127	243
地方财政科技投入占财政支出比重	0.029	203	地均GDP	0.004	251
地方财政教育投入占财政支出比重	0.418	251	第二产业劳动生产率	0.338	57
创新环境指数	0.289	37	第三产业劳动生产率	0.323	54
政策环境	0.430	93	结构优化	0.234	54
每万人吸引外商投资额	0.079	91	第三产业增加值占地区GDP比重	0.463	46
企业税收负担	0.780	103	高科技产品进出口总额占地区GDP比重	0.005	113
人文环境	0.305	20	绿色发展	0.483	286
每百人公共图书馆藏书拥有量	0.037	128	万元地区生产总值水耗	0.000	287
每百名学生拥有专任教师人数	0.572	17	万元地区生产总值能耗	0.941	116
生活环境	0.184	90	城市污水处理率	0.000	287
每千人口拥有医院床位数	0.343	53	生活垃圾无害化处理率	0.980	140
城市人均公园绿地面积	0.129	150	城市空气质量等级	0.493	4
每万人拥有公共汽车数	0.081	111	辐射引领	0.018	126
创新服务指数	0.109	158	全市在校普通高校学生数占全省比重	0.064	76
金融服务	0.138	148	全市科学技术从业人员数占全省比重	0.025	196
新三板挂牌企业数	0.000	164	国家技术转移示范机构数	0.000	91
年末金融机构贷款余额增长率	0.415	125	ESI学科进入全球前1%个数	0.000	63
创业板上市企业数	0.000	94	财富世界500强与中国500强企业数	0.000	105
科技条件	0.066	140			
每万人移动电话用户数	0.055	110			
每万人互联网宽带接入用户数	0.077	152			

附表1-252 宜春市科技创新发展指数指标及排名表

科技创新发展指数0.210 综合排名252

指标	指数	排名	指标	指数	排名
创新资源指数	0.192	221	创新绩效指数	0.271	187
创新人才	0.079	262	科技成果	0.001	238
每万人在校大学生数	0.059	164	每万人SCI/SSCI/A&HCI论文产出数	0.001	270
城市化水平	0.149	207	每万人发明专利授权量	0.002	152
万名从业人口中科学技术人员数	0.029	276	经济产出	0.127	218
研发经费	0.361	83	城镇居民人均可支配收入	0.176	208
地方财政科技投入占财政支出比重	0.078	82	地均GDP	0.010	192
地方财政教育投入占财政支出比重	0.645	84	第二产业劳动生产率	0.181	168
创新环境指数	0.128	285	第三产业劳动生产率	0.141	195
政策环境	0.239	276	结构优化	0.100	233
每万人吸引外商投资额	0.042	123	第三产业增加值占地区GDP比重	0.196	232
企业税收负担	0.435	266	高科技产品进出口总额占地区GDP比重	0.005	106
人文环境	0.078	262	绿色发展	0.816	107
每百人公共图书馆藏书拥有量	0.023	190	万元地区生产总值水耗	0.748	253
每百名学生拥有专任教师人数	0.132	258	万元地区生产总值能耗	0.925	162
生活环境	0.088	241	城市污水处理率	0.912	74
每千人口拥有医院床位数	0.133	239	生活垃圾无害化处理率	1.000	1
城市人均公园绿地面积	0.110	188	城市空气质量等级	0.493	4
每万人拥有公共汽车数	0.021	253	辐射引领	0.016	135
创新服务指数	0.124	108	全市在校普通高校学生数占全省比重	0.049	94
金融服务	0.185	52	全市科学技术从业人员数占全省比重	0.033	160
新三板挂牌企业数	0.003	103	国家技术转移示范机构数	0.000	91
年末金融机构贷款余额增长率	0.536	51	ESI学科进入全球前1%个数	0.000	63
创业板上市企业数	0.016	49	财富世界500强与中国500强企业数	0.000	105
科技条件	0.032	241			
每万人移动电话用户数	0.018	258			
每万人互联网宽带接入用户数	0.046	229			

附表1-253　延安市科技创新发展指数指标及排名表

科技创新发展指数0.210　　　　　　　　　　　　综合排名253

指标	指数	排名	指标	指数	排名
创新资源指数	0.201	201	创新绩效指数	0.252	239
创新人才	0.128	185	科技成果	0.014	82
每万人在校大学生数	0.087	125	每万人SCI/SSCI/A&HCI论文产出数	0.007	137
城市化水平	0.157	195	每万人发明专利授权量	0.020	36
万名从业人口中科学技术人员数	0.139	129	经济产出	0.201	111
研发经费	0.310	159	城镇居民人均可支配收入	0.393	64
地方财政科技投入占财政支出比重	0.030	201	地均GDP	0.004	241
地方财政教育投入占财政支出比重	0.591	122	第二产业劳动生产率	0.344	55
创新环境指数	0.180	239	第三产业劳动生产率	0.063	268
政策环境	0.230	280	结构优化	0.018	286
每万人吸引外商投资额	0.002	267	第三产业增加值占地区GDP比重	0.037	286
企业税收负担	0.458	261	高科技产品进出口总额占地区GDP比重	0.000	256
人文环境	0.164	143	绿色发展	0.725	230
每百人公共图书馆藏书拥有量	0.047	102	万元地区生产总值水耗	0.933	58
每百名学生拥有专任教师人数	0.280	133	万元地区生产总值能耗	0.938	130
生活环境	0.158	126	城市污水处理率	0.871	119
每千人口拥有医院床位数	0.259	104	生活垃圾无害化处理率	0.885	224
城市人均公园绿地面积	0.118	173	城市空气质量等级	0.000	237
每万人拥有公共汽车数	0.099	87	辐射引领	0.010	202
创新服务指数	0.107	169	全市在校普通高校学生数占全省比重	0.024	177
金融服务	0.132	161	全市科学技术从业人员数占全省比重	0.024	202
新三板挂牌企业数	0.000	164	国家技术转移示范机构数	0.000	91
年末金融机构贷款余额增长率	0.396	139	ESI学科进入全球前1%个数	0.000	63
创业板上市企业数	0.000	94	财富世界500强与中国500强企业数	0.000	105
科技条件	0.069	131			
每万人移动电话用户数	0.075	70			
每万人互联网宽带接入用户数	0.064	180			

附表1-254　鸡西市科技创新发展指数指标及排名表

科技创新发展指数0.210　　　　　　　　　　　　综合排名254

指标	指数	排名	指标	指数	排名
创新资源指数	0.223	148	创新绩效指数	0.211	281
创新人才	0.171	136	科技成果	0.003	202
每万人在校大学生数	0.037	218	每万人SCI/SSCI/A&HCI论文产出数	0.002	224
城市化水平	0.433	74	每万人发明专利授权量	0.003	131
万名从业人口中科学技术人员数	0.044	263	经济产出	0.050	279
研发经费	0.300	173	城镇居民人均可支配收入	0.075	273
地方财政科技投入占财政支出比重	0.023	225	地均GDP	0.002	266
地方财政教育投入占财政支出比重	0.577	134	第二产业劳动生产率	0.046	276
创新环境指数	0.260	68	第三产业劳动生产率	0.076	255
政策环境	0.360	202	结构优化	0.141	163
每万人吸引外商投资额	0.023	167	第三产业增加值占地区GDP比重	0.277	163
企业税收负担	0.696	166	高科技产品进出口总额占地区GDP比重	0.005	107
人文环境	0.284	29	绿色发展	0.658	271
每百人公共图书馆藏书拥有量	0.015	235	万元地区生产总值水耗	0.836	194
每百名学生拥有专任教师人数	0.552	20	万元地区生产总值能耗	0.757	275
生活环境	0.178	100	城市污水处理率	0.356	279
每千人口拥有医院床位数	0.318	66	生活垃圾无害化处理率	0.850	240
城市人均公园绿地面积	0.130	148	城市空气质量等级	0.493	4
每万人拥有公共汽车数	0.087	102	辐射引领	0.004	261
创新服务指数	0.120	116	全市在校普通高校学生数占全省比重	0.012	238
金融服务	0.155	103	全市科学技术从业人员数占全省比重	0.009	261
新三板挂牌企业数	0.000	164	国家技术转移示范机构数	0.000	91
年末金融机构贷款余额增长率	0.465	89	ESI学科进入全球前1%个数	0.000	63
创业板上市企业数	0.000	94	财富世界500强与中国500强企业数	0.000	105
科技条件	0.068	135			
每万人移动电话用户数	0.059	99			
每万人互联网宽带接入用户数	0.077	153			

附表1-255　百色市科技创新发展指数指标及排名表

科技创新发展指数0.209　　　　　　　　　　　　　综合排名255

指标	指数	排名	指标	指数	排名
创新资源指数	0.188	230	创新绩效指数	0.272	179
创新人才	0.090	247	科技成果	0.002	212
每万人在校大学生数	0.052	183	每万人SCI/SSCI/A&HCI论文产出数	0.004	172
城市化水平	0.040	276	每万人发明专利授权量	0.001	233
万名从业人口中科学技术人员数	0.179	83	经济产出	0.193	123
研发经费	0.334	127	城镇居民人均可支配收入	0.195	185
地方财政科技投入占财政支出比重	0.054	136	地均GDP	0.003	263
地方财政教育投入占财政支出比重	0.613	107	第二产业劳动生产率	0.488	16
创新环境指数	0.164	260	第三产业劳动生产率	0.086	249
政策环境	0.367	194	结构优化	0.082	255
每万人吸引外商投资额	0.000	278	第三产业增加值占地区GDP比重	0.164	253
企业税收负担	0.733	140	高科技产品进出口总额占地区GDP比重	0.000	244
人文环境	0.049	279	绿色发展	0.775	172
每百人公共图书馆藏书拥有量	0.032	146	万元地区生产总值水耗	0.813	215
每百名学生拥有专任教师人数	0.067	280	万元地区生产总值能耗	0.770	274
生活环境	0.105	217	城市污水处理率	0.799	195
每千人口拥有医院床位数	0.154	226	生活垃圾无害化处理率	1.000	1
城市人均公园绿地面积	0.116	177	城市空气质量等级	0.493	4
每万人拥有公共汽车数	0.044	199	辐射引领	0.014	154
创新服务指数	0.072	267	全市在校普通高校学生数占全省比重	0.035	135
金融服务	0.103	225	全市科学技术从业人员数占全省比重	0.036	148
新三板挂牌企业数	0.000	164	国家技术转移示范机构数	0.000	91
年末金融机构贷款余额增长率	0.308	200	ESI学科进入全球前1%个数	0.000	63
创业板上市企业数	0.000	94	财富世界500强与中国500强企业数	0.000	105
科技条件	0.026	258			
每万人移动电话用户数	0.020	255			
每万人互联网宽带接入用户数	0.032	254			

附表1-256　达州市科技创新发展指数指标及排名表

科技创新发展指数0.209　　　　　　　　　　　　　　综合排名256

指标	指数	排名	指标	指数	排名
创新资源指数	0.210	172	创新绩效指数	0.243	259
创新人才	0.127	187	科技成果	0.001	253
每万人在校大学生数	0.024	248	每万人SCI/SSCI/A&HCI论文产出数	0.001	250
城市化水平	0.225	168	每万人发明专利授权量	0.001	220
万名从业人口中科学技术人员数	0.130	137	经济产出	0.127	219
研发经费	0.336	124	城镇居民人均可支配收入	0.114	252
地方财政科技投入占财政支出比重	0.018	244	地均GDP	0.010	193
地方财政教育投入占财政支出比重	0.655	79	第二产业劳动生产率	0.278	87
创新环境指数	0.183	232	第三产业劳动生产率	0.106	231
政策环境	0.442	79	结构优化	0.063	273
每万人吸引外商投资额	0.004	255	第三产业增加值占地区GDP比重	0.125	271
企业税收负担	0.880	38	高科技产品进出口总额占地区GDP比重	0.000	255
人文环境	0.106	225	绿色发展	0.741	212
每百人公共图书馆藏书拥有量	0.023	195	万元地区生产总值水耗	0.819	211
每百名学生拥有专任教师人数	0.189	208	万元地区生产总值能耗	0.902	200
生活环境	0.061	270	城市污水处理率	0.562	262
每千人口拥有医院床位数	0.119	253	生活垃圾无害化处理率	0.929	189
城市人均公园绿地面积	0.057	256	城市空气质量等级	0.493	4
每万人拥有公共汽车数	0.007	281	辐射引领	0.007	234
创新服务指数	0.120	118	全市在校普通高校学生数占全省比重	0.017	218
金融服务	0.186	50	全市科学技术从业人员数占全省比重	0.020	217
新三板挂牌企业数	0.000	164	国家技术转移示范机构数	0.000	91
年末金融机构贷款余额增长率	0.558	39	ESI学科进入全球前1%个数	0.000	63
创业板上市企业数	0.000	94	财富世界500强与中国500强企业数	0.000	105
科技条件	0.021	267			
每万人移动电话用户数	0.013	269			
每万人互联网宽带接入用户数	0.029	258			

附表1-257　河池市科技创新发展指数指标及排名表

科技创新发展指数0.208　　　　　　　　　　　　　　综合排名257

指标	指数	排名	指标	指数	排名
创新资源指数	0.198	207	创新绩效指数	0.258	227
创新人才	0.092	246	科技成果	0.001	237
每万人在校大学生数	0.028	240	每万人SCI/SSCI/A&HCI论文产出数	0.003	201
城市化水平	0.034	281	每万人发明专利授权量	0.000	275
万名从业人口中科学技术人员数	0.214	65	经济产出	0.107	247
研发经费	0.358	89	城镇居民人均可支配收入	0.137	234
地方财政科技投入占财政支出比重	0.035	189	地均GDP	0.002	272
地方财政教育投入占财政支出比重	0.681	64	第二产业劳动生产率	0.200	141
创新环境指数	0.187	225	第三产业劳动生产率	0.089	245
政策环境	0.458	49	结构优化	0.200	83
每万人吸引外商投资额	0.011	218	第三产业增加值占地区GDP比重	0.400	70
企业税收负担	0.905	25	高科技产品进出口总额占地区GDP比重	0.000	265
人文环境	0.081	261	绿色发展	0.751	198
每百人公共图书馆藏书拥有量	0.024	187	万元地区生产总值水耗	0.710	269
每百名学生拥有专任教师人数	0.138	255	万元地区生产总值能耗	0.994	4
生活环境	0.077	253	城市污水处理率	0.600	257
每千人口拥有医院床位数	0.133	240	生活垃圾无害化处理率	0.958	164
城市人均公园绿地面积	0.060	251	城市空气质量等级	0.493	4
每万人拥有公共汽车数	0.039	219	辐射引领	0.012	180
创新服务指数	0.069	273	全市在校普通高校学生数占全省比重	0.019	204
金融服务	0.101	230	全市科学技术从业人员数占全省比重	0.039	134
新三板挂牌企业数	0.000	164	国家技术转移示范机构数	0.000	91
年末金融机构贷款余额增长率	0.303	204	ESI学科进入全球前1%个数	0.000	63
创业板上市企业数	0.000	94	财富世界500强与中国500强企业数	0.000	105
科技条件	0.020	269			
每万人移动电话用户数	0.013	267			
每万人互联网宽带接入用户数	0.026	262			

附表1-258 安顺市科技创新发展指数指标及排名表

科技创新发展指数0.207 综合排名258

指标	指数	排名	指标	指数	排名
创新资源指数	0.229	141	创新绩效指数	0.253	237
创新人才	0.167	140	科技成果	0.002	230
每万人在校大学生数	0.035	223	每万人SCI/SSCI/A&HCI论文产出数	0.002	230
城市化水平	0.273	136	每万人发明专利授权量	0.001	194
万名从业人口中科学技术人员数	0.194	73	经济产出	0.104	252
研发经费	0.320	147	城镇居民人均可支配收入	0.129	241
地方财政科技投入占财政支出比重	0.027	207	地均GDP	0.007	222
地方财政教育投入占财政支出比重	0.613	108	第二产业劳动生产率	0.148	203
创新环境指数	0.132	284	第三产业劳动生产率	0.132	203
政策环境	0.264	265	结构优化	0.247	45
每万人吸引外商投资额	0.015	204	第三产业增加值占地区GDP比重	0.493	32
企业税收负担	0.513	247	高科技产品进出口总额占地区GDP比重	0.002	140
人文环境	0.101	230	绿色发展	0.713	241
每百人公共图书馆藏书拥有量	0.013	252	万元地区生产总值水耗	0.888	129
每百名学生拥有专任教师人数	0.190	206	万元地区生产总值能耗	0.812	266
生活环境	0.065	267	城市污水处理率	0.735	232
每千人口拥有医院床位数	0.125	246	生活垃圾无害化处理率	0.637	270
城市人均公园绿地面积	0.034	275	城市空气质量等级	0.493	4
每万人拥有公共汽车数	0.035	231	辐射引领	0.015	149
创新服务指数	0.127	99	全市在校普通高校学生数占全省比重	0.027	167
金融服务	0.195	34	全市科学技术从业人员数占全省比重	0.047	116
新三板挂牌企业数	0.003	103	国家技术转移示范机构数	0.000	91
年末金融机构贷款余额增长率	0.583	30	ESI学科进入全球前1%个数	0.000	63
创业板上市企业数	0.000	94	财富世界500强与中国500强企业数	0.000	105
科技条件	0.025	260			
每万人移动电话用户数	0.025	242			
每万人互联网宽带接入用户数	0.025	264			

附表1-259　菏泽市科技创新发展指数指标及排名表

科技创新发展指数0.207　　　　　　　　　　　　综合排名259

指标	指数	排名	指标	指数	排名
创新资源指数	0.187	234	创新绩效指数	0.261	220
创新人才	0.085	254	科技成果	0.001	255
每万人在校大学生数	0.028	236	每万人SCI/SSCI/A&HCI论文产出数	0.001	246
城市化水平	0.117	230	每万人发明专利授权量	0.001	236
万名从业人口中科学技术人员数	0.110	175	经济产出	0.184	138
研发经费	0.339	121	城镇居民人均可支配收入	0.188	195
地方财政科技投入占财政支出比重	0.050	147	地均GDP	0.022	111
地方财政教育投入占财政支出比重	0.629	94	第二产业劳动生产率	0.383	44
创新环境指数	0.170	254	第三产业劳动生产率	0.142	187
政策环境	0.385	164	结构优化	0.129	192
每万人吸引外商投资额	0.009	223	第三产业增加值占地区GDP比重	0.257	188
企业税收负担	0.761	118	高科技产品进出口总额占地区GDP比重	0.000	220
人文环境	0.088	250	绿色发展	0.731	223
每百人公共图书馆藏书拥有量	0.008	274	万元地区生产总值水耗	0.886	132
每百名学生拥有专任教师人数	0.167	227	万元地区生产总值能耗	0.867	242
生活环境	0.080	250	城市污水处理率	0.910	80
每千人口拥有医院床位数	0.140	236	生活垃圾无害化处理率	0.995	117
城市人均公园绿地面积	0.073	237	城市空气质量等级	0.000	237
每万人拥有公共汽车数	0.028	248	辐射引领	0.010	201
创新服务指数	0.086	240	全市在校普通高校学生数占全省比重	0.018	211
金融服务	0.121	187	全市科学技术从业人员数占全省比重	0.031	166
新三板挂牌企业数	0.003	103	国家技术转移示范机构数	0.000	91
年末金融机构贷款余额增长率	0.359	165	ESI学科进入全球前1%个数	0.000	63
创业板上市企业数	0.000	94	财富世界500强与中国500强企业数	0.000	105
科技条件	0.033	240			
每万人移动电话用户数	0.033	210			
每万人互联网宽带接入用户数	0.034	248			

附表1-260　河源市科技创新发展指数指标及排名表

科技创新发展指数0.207　　　　　　　　　　　综合排名260

指标	指数	排名	指标	指数	排名
创新资源指数	0.154	278	创新绩效指数	0.250	244
创新人才	0.038	284	科技成果	0.001	251
每万人在校大学生数	0.026	244	每万人SCI/SSCI/A&HCI论文产出数	0.001	264
城市化水平	0.038	279	每万人发明专利授权量	0.002	171
万名从业人口中科学技术人员数	0.051	254	经济产出	0.094	262
研发经费	0.328	138	城镇居民人均可支配收入	0.098	265
地方财政科技投入占财政支出比重	0.091	73	地均GDP	0.006	230
地方财政教育投入占财政支出比重	0.564	145	第二产业劳动生产率	0.122	227
创新环境指数	0.202	192	第三产业劳动生产率	0.150	179
政策环境	0.375	175	结构优化	0.227	58
每万人吸引外商投资额	0.026	159	第三产业增加值占地区GDP比重	0.374	92
企业税收负担	0.725	145	高科技产品进出口总额占地区GDP比重	0.079	23
人文环境	0.178	127	绿色发展	0.730	225
每百人公共图书馆藏书拥有量	0.012	257	万元地区生产总值水耗	0.707	270
每百名学生拥有专任教师人数	0.344	89	万元地区生产总值能耗	0.929	155
生活环境	0.103	224	城市污水处理率	0.601	256
每千人口拥有医院床位数	0.070	278	生活垃圾无害化处理率	0.920	196
城市人均公园绿地面积	0.179	86	城市空气质量等级	0.493	4
每万人拥有公共汽车数	0.060	155	辐射引领	0.002	280
创新服务指数	0.113	141	全市在校普通高校学生数占全省比重	0.007	257
金融服务	0.165	88	全市科学技术从业人员数占全省比重	0.003	281
新三板挂牌企业数	0.006	82	国家技术转移示范机构数	0.000	91
年末金融机构贷款余额增长率	0.489	78	ESI学科进入全球前1%个数	0.000	63
创业板上市企业数	0.000	94	财富世界500强与中国500强企业数	0.000	105
科技条件	0.035	235			
每万人移动电话用户数	0.021	250			
每万人互联网宽带接入用户数	0.050	218			

附表1-261　永州市科技创新发展指数指标及排名表

科技创新发展指数0.207　　　　　　　　　　　　　　　　综合排名261

指标	指数	排名	指标	指数	排名
创新资源指数	0.175	252	创新绩效指数	0.265	211
创新人才	0.089	249	科技成果	0.001	248
每万人在校大学生数	0.030	233	每万人SCI/SSCI/A&HCI论文产出数	0.002	233
城市化水平	0.142	212	每万人发明专利授权量	0.001	234
万名从业人口中科学技术人员数	0.095	199	经济产出	0.124	223
研发经费	0.303	167	城镇居民人均可支配收入	0.101	264
地方财政科技投入占财政支出比重	0.020	236	地均GDP	0.007	220
地方财政教育投入占财政支出比重	0.586	127	第二产业劳动生产率	0.233	120
创新环境指数	0.176	244	第三产业劳动生产率	0.154	174
政策环境	0.361	201	结构优化	0.179	107
每万人吸引外商投资额	0.050	111	第三产业增加值占地区GDP比重	0.358	100
企业税收负担	0.672	181	高科技产品进出口总额占地区GDP比重	0.000	239
人文环境	0.101	231	绿色发展	0.774	174
每百人公共图书馆藏书拥有量	0.020	213	万元地区生产总值水耗	0.730	259
每百名学生拥有专任教师人数	0.182	215	万元地区生产总值能耗	0.954	78
生活环境	0.102	227	城市污水处理率	0.784	202
每千人口拥有医院床位数	0.199	173	生活垃圾无害化处理率	0.912	203
城市人均公园绿地面积	0.056	257	城市空气质量等级	0.493	4
每万人拥有公共汽车数	0.050	185	辐射引领	0.009	213
创新服务指数	0.071	268	全市在校普通高校学生数占全省比重	0.022	184
金融服务	0.111	208	全市科学技术从业人员数占全省比重	0.024	204
新三板挂牌企业数	0.000	164	国家技术转移示范机构数	0.000	91
年末金融机构贷款余额增长率	0.332	186	ESI学科进入全球前1%个数	0.000	63
创业板上市企业数	0.000	94	财富世界500强与中国500强企业数	0.000	105
科技条件	0.013	280			
每万人移动电话用户数	0.005	285			
每万人互联网宽带接入用户数	0.021	272			

附表1-262　六盘水市科技创新发展指数指标及排名表

科技创新发展指数0.207　　　　　　　　　　　　　综合排名262

指标	指数	排名	指标	指数	排名
创新资源指数	0.175	251	创新绩效指数	0.269	198
创新人才	0.072	267	科技成果	0.001	263
每万人在校大学生数	0.023	251	每万人SCI/SSCI/A&HCI论文产出数	0.002	239
城市化水平	0.101	247	每万人发明专利授权量	0.000	270
万名从业人口中科学技术人员数	0.090	209	经济产出	0.160	176
研发经费	0.330	133	城镇居民人均可支配收入	0.136	236
地方财政科技投入占财政支出比重	0.022	230	地均GDP	0.013	162
地方财政教育投入占财政支出比重	0.638	91	第二产业劳动生产率	0.222	127
创新环境指数	0.146	275	第三产业劳动生产率	0.268	83
政策环境	0.247	271	结构优化	0.160	133
每万人吸引外商投资额	0.050	112	第三产业增加值占地区GDP比重	0.319	128
企业税收负担	0.444	265	高科技产品进出口总额占地区GDP比重	0.000	281
人文环境	0.108	221	绿色发展	0.764	187
每百人公共图书馆藏书拥有量	0.009	270	万元地区生产总值水耗	0.873	152
每百名学生拥有专任教师人数	0.207	196	万元地区生产总值能耗	0.895	209
生活环境	0.103	223	城市污水处理率	0.688	239
每千人口拥有医院床位数	0.203	166	生活垃圾无害化处理率	0.871	231
城市人均公园绿地面积	0.023	280	城市空气质量等级	0.493	4
每万人拥有公共汽车数	0.084	104	辐射引领	0.011	187
创新服务指数	0.100	197	全市在校普通高校学生数占全省比重	0.021	191
金融服务	0.143	131	全市科学技术从业人员数占全省比重	0.034	153
新三板挂牌企业数	0.003	103	国家技术转移示范机构数	0.000	91
年末金融机构贷款余额增长率	0.426	112	ESI学科进入全球前1%个数	0.000	63
创业板上市企业数	0.000	94	财富世界500强与中国500强企业数	0.000	105
科技条件	0.035	236			
每万人移动电话用户数	0.042	164			
每万人互联网宽带接入用户数	0.028	259			

附表1-263　揭阳市科技创新发展指数指标及排名表

科技创新发展指数0.206　　　　　　　　　　　　综合排名263

指标	指数	排名	指标	指数	排名
创新资源指数	0.251	111	创新绩效指数	0.229	273
创新人才	0.099	229	科技成果	0.000	278
每万人在校大学生数	0.012	276	每万人SCI/SSCI/A&HCI论文产出数	0.000	274
城市化水平	0.265	143	每万人发明专利授权量	0.000	251
万名从业人口中科学技术人员数	0.020	279	经济产出	0.170	152
研发经费	0.478	9	城镇居民人均可支配收入	0.180	202
地方财政科技投入占财政支出比重	0.008	277	地均GDP	0.042	60
地方财政教育投入占财政支出比重	0.949	3	第二产业劳动生产率	0.252	106
创新环境指数	0.173	248	第三产业劳动生产率	0.208	124
政策环境	0.486	20	结构优化	0.085	251
每万人吸引外商投资额	0.015	202	第三产业增加值占地区GDP比重	0.167	248
企业税收负担	0.958	9	高科技产品进出口总额占地区GDP比重	0.002	145
人文环境	0.056	278	绿色发展	0.651	273
每百人公共图书馆藏书拥有量	0.010	267	万元地区生产总值水耗	0.877	143
每百名学生拥有专任教师人数	0.101	271	万元地区生产总值能耗	0.968	40
生活环境	0.043	281	城市污水处理率	0.200	284
每千人口拥有医院床位数	0.000	287	生活垃圾无害化处理率	0.720	260
城市人均公园绿地面积	0.123	160	城市空气质量等级	0.493	4
每万人拥有公共汽车数	0.007	279	辐射引领	0.002	282
创新服务指数	0.128	98	全市在校普通高校学生数占全省比重	0.007	259
金融服务	0.180	60	全市科学技术从业人员数占全省比重	0.002	283
新三板挂牌企业数	0.003	103	国家技术转移示范机构数	0.000	91
年末金融机构贷款余额增长率	0.537	50	ESI学科进入全球前1%个数	0.000	63
创业板上市企业数	0.000	94	财富世界500强与中国500强企业数	0.000	105
科技条件	0.049	190			
每万人移动电话用户数	0.039	183			
每万人互联网宽带接入用户数	0.060	193			

附表1-264 驻马店市科技创新发展指数指标及排名表

科技创新发展指数0.206　　　　　　　　　　　　综合排名264

指标	指数	排名	指标	指数	排名
创新资源指数	0.179	241	创新绩效指数	0.252	240
创新人才	0.055	278	科技成果	0.001	267
每万人在校大学生数	0.027	243	每万人SCI/SSCI/A&HCI论文产出数	0.002	240
城市化水平	0.039	278	每万人发明专利授权量	0.000	276
万名从业人口中科学技术人员数	0.097	196	经济产出	0.073	270
研发经费	0.367	73	城镇居民人均可支配收入	0.130	240
地方财政科技投入占财政支出比重	0.043	166	地均GDP	0.014	156
地方财政教育投入占财政支出比重	0.690	57	第二产业劳动生产率	0.074	265
创新环境指数	0.193	213	第三产业劳动生产率	0.075	258
政策环境	0.457	51	结构优化	0.133	186
每万人吸引外商投资额	0.015	199	第三产业增加值占地区GDP比重	0.265	180
企业税收负担	0.900	28	高科技产品进出口总额占地区GDP比重	0.000	234
人文环境	0.087	252	绿色发展	0.784	157
每百人公共图书馆藏书拥有量	0.014	244	万元地区生产总值水耗	0.771	244
每百名学生拥有专任教师人数	0.160	235	万元地区生产总值能耗	0.840	252
生活环境	0.088	243	城市污水处理率	0.898	92
每千人口拥有医院床位数	0.115	256	生活垃圾无害化处理率	0.919	199
城市人均公园绿地面积	0.081	229	城市空气质量等级	0.493	4
每万人拥有公共汽车数	0.067	137	辐射引领	0.012	181
创新服务指数	0.086	239	全市在校普通高校学生数占全省比重	0.019	206
金融服务	0.132	162	全市科学技术从业人员数占全省比重	0.040	132
新三板挂牌企业数	0.000	164	国家技术转移示范机构数	0.000	91
年末金融机构贷款余额增长率	0.395	140	ESI学科进入全球前1%个数	0.000	63
创业板上市企业数	0.000	94	财富世界500强与中国500强企业数	0.000	105
科技条件	0.017	274			
每万人移动电话用户数	0.011	273			
每万人互联网宽带接入用户数	0.024	265			

附表1-265 忻州市科技创新发展指数指标及排名表

科技创新发展指数0.206　　　　　　　　　　　　综合排名265

指标	指数	排名	指标	指数	排名
创新资源指数	0.170	261	创新绩效指数	0.249	248
创新人才	0.095	238	科技成果	0.005	138
每万人在校大学生数	0.047	194	每万人SCI/SSCI/A&HCI论文产出数	0.003	198
城市化水平	0.137	217	每万人发明专利授权量	0.008	80
万名从业人口中科学技术人员数	0.102	190	经济产出	0.115	240
研发经费	0.281	196	城镇居民人均可支配收入	0.159	222
地方财政科技投入占财政支出比重	0.013	268	地均GDP	0.003	260
地方财政教育投入占财政支出比重	0.550	159	第二产业劳动生产率	0.236	118
创新环境指数	0.200	198	第三产业劳动生产率	0.063	267
政策环境	0.240	273	结构优化	0.200	82
每万人吸引外商投资额	0.006	243	第三产业增加值占地区GDP比重	0.398	73
企业税收负担	0.474	257	高科技产品进出口总额占地区GDP比重	0.002	139
人文环境	0.301	21	绿色发展	0.706	248
每百人公共图书馆藏书拥有量	0.031	152	万元地区生产总值水耗	0.767	245
每百名学生拥有专任教师人数	0.571	18	万元地区生产总值能耗	0.875	238
生活环境	0.107	215	城市污水处理率	0.936	56
每千人口拥有医院床位数	0.183	188	生活垃圾无害化处理率	0.461	279
城市人均公园绿地面积	0.122	164	城市空气质量等级	0.493	4
每万人拥有公共汽车数	0.015	266	辐射引领	0.016	141
创新服务指数	0.096	210	全市在校普通高校学生数占全省比重	0.025	175
金融服务	0.122	181	全市科学技术从业人员数占全省比重	0.036	147
新三板挂牌企业数	0.000	164	国家技术转移示范机构数	0.017	55
年末金融机构贷款余额增长率	0.367	157	ESI学科进入全球前1%个数	0.000	63
创业板上市企业数	0.000	94	财富世界500强与中国500强企业数	0.000	105
科技条件	0.056	168			
每万人移动电话用户数	0.048	135			
每万人互联网宽带接入用户数	0.064	181			

附表1-266 商丘市科技创新发展指数指标及排名表

科技创新发展指数 0.206 综合排名 266

指标	指数	排名	指标	指数	排名
创新资源指数	0.204	194	创新绩效指数	0.253	236
创新人才	0.086	252	科技成果	0.002	233
每万人在校大学生数	0.064	162	每万人SCI/SSCI/A&HCI论文产出数	0.003	200
城市化水平	0.151	204	每万人发明专利授权量	0.000	261
万名从业人口中科学技术人员数	0.043	265	经济产出	0.090	263
研发经费	0.381	58	城镇居民人均可支配收入	0.155	223
地方财政科技投入占财政支出比重	0.025	215	地均GDP	0.019	121
地方财政教育投入占财政支出比重	0.738	29	第二产业劳动生产率	0.099	247
创新环境指数	0.186	226	第三产业劳动生产率	0.087	246
政策环境	0.429	94	结构优化	0.128	194
每万人吸引外商投资额	0.014	206	第三产业增加值占地区GDP比重	0.255	190
企业税收负担	0.845	56	高科技产品进出口总额占地区GDP比重	0.000	250
人文环境	0.120	205	绿色发展	0.775	170
每百人公共图书馆藏书拥有量	0.006	279	万元地区生产总值水耗	0.880	138
每百名学生拥有专任教师人数	0.233	171	万元地区生产总值能耗	0.726	276
生活环境	0.069	262	城市污水处理率	0.872	118
每千人口拥有医院床位数	0.105	262	生活垃圾无害化处理率	0.905	210
城市人均公园绿地面积	0.042	270	城市空气质量等级	0.493	4
每万人拥有公共汽车数	0.058	161	辐射引领	0.012	177
创新服务指数	0.066	275	全市在校普通高校学生数占全省比重	0.044	106
金融服务	0.090	245	全市科学技术从业人员数占全省比重	0.018	224
新三板挂牌企业数	0.000	164	国家技术转移示范机构数	0.000	91
年末金融机构贷款余额增长率	0.270	220	ESI学科进入全球前1%个数	0.000	63
创业板上市企业数	0.000	94	财富世界500强与中国500强企业数	0.000	105
科技条件	0.029	253			
每万人移动电话用户数	0.027	237			
每万人互联网宽带接入用户数	0.032	255			

附表1-267　安阳市科技创新发展指数指标及排名表

科技创新发展指数0.206　　　　　　　　　　　　综合排名267

指标	指数	排名	指标	指数	排名
创新资源指数	0.220	153	创新绩效指数	0.248	250
创新人才	0.094	240	科技成果	0.010	96
每万人在校大学生数	0.087	126	每万人SCI/SSCI/A&HCI论文产出数	0.019	80
城市化水平	0.155	199	每万人发明专利授权量	0.000	243
万名从业人口中科学技术人员数	0.039	271	经济产出	0.148	181
研发经费	0.409	32	城镇居民人均可支配收入	0.245	139
地方财政科技投入占财政支出比重	0.080	81	地均GDP	0.030	90
地方财政教育投入占财政支出比重	0.737	30	第二产业劳动生产率	0.106	241
创新环境指数	0.195	210	第三产业劳动生产率	0.210	122
政策环境	0.443	75	结构优化	0.144	155
每万人吸引外商投资额	0.030	148	第三产业增加值占地区GDP比重	0.282	155
企业税收负担	0.856	51	高科技产品进出口总额占地区GDP比重	0.005	103
人文环境	0.081	260	绿色发展	0.702	252
每百人公共图书馆藏书拥有量	0.015	240	万元地区生产总值水耗	0.904	98
每百名学生拥有专任教师人数	0.148	244	万元地区生产总值能耗	0.636	282
生活环境	0.105	218	城市污水处理率	0.971	21
每千人口拥有医院床位数	0.179	193	生活垃圾无害化处理率	1.000	1
城市人均公园绿地面积	0.085	220	城市空气质量等级	0.000	237
每万人拥有公共汽车数	0.051	181	辐射引领	0.012	178
创新服务指数	0.053	280	全市在校普通高校学生数占全省比重	0.038	121
金融服务	0.047	276	全市科学技术从业人员数占全省比重	0.017	231
新三板挂牌企业数	0.003	103	国家技术转移示范机构数	0.000	91
年末金融机构贷款余额增长率	0.139	274	ESI学科进入全球前1%个数	0.000	63
创业板上市企业数	0.000	94	财富世界500强与中国500强企业数	0.006	65
科技条件	0.061	152			
每万人移动电话用户数	0.042	159			
每万人互联网宽带接入用户数	0.080	145			

附表1-268 娄底市科技创新发展指数指标及排名表

科技创新发展指数0.205　　　　　　　　　　　　综合排名268

指标	指数	排名	指标	指数	排名
创新资源指数	0.155	277	创新绩效指数	0.249	245
创新人才	0.066	272	科技成果	0.002	235
每万人在校大学生数	0.050	188	每万人SCI/SSCI/A&HCI论文产出数	0.003	199
城市化水平	0.063	270	每万人发明专利授权量	0.000	266
万名从业人口中科学技术人员数	0.084	216	经济产出	0.128	217
研发经费	0.289	187	城镇居民人均可支配收入	0.106	261
地方财政科技投入占财政支出比重	0.015	258	地均GDP	0.018	129
地方财政教育投入占财政支出比重	0.562	148	第二产业劳动生产率	0.229	122
创新环境指数	0.216	168	第三产业劳动生产率	0.157	168
政策环境	0.470	37	结构优化	0.106	226
每万人吸引外商投资额	0.028	153	第三产业增加值占地区GDP比重	0.211	223
企业税收负担	0.912	23	高科技产品进出口总额占地区GDP比重	0.001	201
人文环境	0.108	220	绿色发展	0.744	204
每百人公共图书馆藏书拥有量	0.017	226	万元地区生产总值水耗	0.841	190
每百名学生拥有专任教师人数	0.200	200	万元地区生产总值能耗	0.793	273
生活环境	0.117	197	城市污水处理率	0.594	259
每千人口拥有医院床位数	0.164	213	生活垃圾无害化处理率	1.000	1
城市人均公园绿地面积	0.135	139	城市空气质量等级	0.493	4
每万人拥有公共汽车数	0.053	173	辐射引领	0.009	214
创新服务指数	0.080	257	全市在校普通高校学生数占全省比重	0.025	174
金融服务	0.110	209	全市科学技术从业人员数占全省比重	0.020	216
新三板挂牌企业数	0.000	164	国家技术转移示范机构数	0.000	91
年末金融机构贷款余额增长率	0.331	187	ESI学科进入全球前1%个数	0.000	63
创业板上市企业数	0.000	94	财富世界500强与中国500强企业数	0.000	105
科技条件	0.035	237			
每万人移动电话用户数	0.020	254			
每万人互联网宽带接入用户数	0.050	217			

附表1-269　平顶山市科技创新发展指数指标及排名表

科技创新发展指数0.205　　　　　　　　　　　综合排名269

指标	指数	排名	指标	指数	排名
创新资源指数	0.206	188	创新绩效指数	0.240	264
创新人才	0.114	207	科技成果	0.004	160
每万人在校大学生数	0.080	138	每万人SCI/SSCI/A&HCI论文产出数	0.008	126
城市化水平	0.156	196	每万人发明专利授权量	0.001	206
万名从业人口中科学技术人员数	0.105	182	经济产出	0.130	211
研发经费	0.343	119	城镇居民人均可支配收入	0.228	157
地方财政科技投入占财政支出比重	0.050	148	地均GDP	0.026	103
地方财政教育投入占财政支出比重	0.636	93	第二产业劳动生产率	0.112	237
创新环境指数	0.197	205	第三产业劳动生产率	0.155	172
政策环境	0.372	180	结构优化	0.140	166
每万人吸引外商投资额	0.028	154	第三产业增加值占地区GDP比重	0.280	157
企业税收负担	0.717	156	高科技产品进出口总额占地区GDP比重	0.000	214
人文环境	0.104	226	绿色发展	0.684	261
每百人公共图书馆藏书拥有量	0.020	209	万元地区生产总值水耗	0.742	254
每百名学生拥有专任教师人数	0.187	210	万元地区生产总值能耗	0.835	257
生活环境	0.143	149	城市污水处理率	0.894	97
每千人口拥有医院床位数	0.239	123	生活垃圾无害化处理率	0.951	169
城市人均公园绿地面积	0.125	156	城市空气质量等级	0.000	237
每万人拥有公共汽车数	0.064	143	辐射引领	0.016	134
创新服务指数	0.087	234	全市在校普通高校学生数占全省比重	0.032	147
金融服务	0.115	200	全市科学技术从业人员数占全省比重	0.037	143
新三板挂牌企业数	0.000	164	国家技术转移示范机构数	0.000	91
年末金融机构贷款余额增长率	0.345	177	ESI学科进入全球前1%个数	0.000	63
创业板上市企业数	0.000	94	财富世界500强与中国500强企业数	0.013	43
科技条件	0.046	200			
每万人移动电话用户数	0.041	173			
每万人互联网宽带接入用户数	0.051	215			

附表1-270　临沧市科技创新发展指数指标及排名表

科技创新发展指数0.204　　　　　　　　　　　　　综合排名270

指标	指数	排名	指标	指数	排名
创新资源指数	0.146	280	创新绩效指数	0.244	256
创新人才	0.059	276	科技成果	0.003	196
每万人在校大学生数	0.016	267	每万人SCI/SSCI/A&HCI论文产出数	0.001	254
城市化水平	0.092	251	每万人发明专利授权量	0.005	111
万名从业人口中科学技术人员数	0.070	233	经济产出	0.078	267
研发经费	0.275	201	城镇居民人均可支配收入	0.102	263
地方财政科技投入占财政支出比重	0.009	275	地均GDP	0.002	270
地方财政教育投入占财政支出比重	0.542	163	第二产业劳动生产率	0.169	179
创新环境指数	0.198	201	第三产业劳动生产率	0.039	276
政策环境	0.364	198	结构优化	0.059	274
每万人吸引外商投资额	0.012	213	第三产业增加值占地区GDP比重	0.117	274
企业税收负担	0.716	157	高科技产品进出口总额占地区GDP比重	0.000	251
人文环境	0.200	99	绿色发展	0.788	152
每百人公共图书馆藏书拥有量	0.032	147	万元地区生产总值水耗	0.824	206
每百名学生拥有专任教师人数	0.368	75	万元地区生产总值能耗	0.945	107
生活环境	0.087	245	城市污水处理率	0.743	225
每千人口拥有医院床位数	0.165	210	生活垃圾无害化处理率	0.934	183
城市人均公园绿地面积	0.082	226	城市空气质量等级	0.493	4
每万人拥有公共汽车数	0.014	270	辐射引领	0.005	256
创新服务指数	0.126	100	全市在校普通高校学生数占全省比重	0.010	246
金融服务	0.192	40	全市科学技术从业人员数占全省比重	0.014	242
新三板挂牌企业数	0.000	164	国家技术转移示范机构数	0.000	91
年末金融机构贷款余额增长率	0.576	34	ESI学科进入全球前1%个数	0.000	63
创业板上市企业数	0.000	94	财富世界500强与中国500强企业数	0.000	105
科技条件	0.027	256			
每万人移动电话用户数	0.037	189			
每万人互联网宽带接入用户数	0.017	280			

附表1-271　吕梁市科技创新发展指数指标及排名表

科技创新发展指数0.204　　　　　　　　　　　　综合排名271

指标	指数	排名	指标	指数	排名
创新资源指数	0.150	279	创新绩效指数	0.251	242
创新人才	0.028	285	科技成果	0.000	285
每万人在校大学生数	0.043	208	每万人SCI/SSCI/A&HCI论文产出数	0.000	283
城市化水平	0.024	283	每万人发明专利授权量	0.000	273
万名从业人口中科学技术人员数	0.018	280	经济产出	0.109	244
研发经费	0.332	128	城镇居民人均可支配收入	0.153	224
地方财政科技投入占财政支出比重	0.022	229	地均GDP	0.006	225
地方财政教育投入占财政支出比重	0.642	89	第二产业劳动生产率	0.204	138
创新环境指数	0.177	242	第三产业劳动生产率	0.073	261
政策环境	0.240	272	结构优化	0.102	230
每万人吸引外商投资额	0.005	249	第三产业增加值占地区GDP比重	0.203	228
企业税收负担	0.475	256	高科技产品进出口总额占地区GDP比重	0.002	159
人文环境	0.224	70	绿色发展	0.766	184
每百人公共图书馆藏书拥有量	0.025	185	万元地区生产总值水耗	0.891	122
每百名学生拥有专任教师人数	0.424	49	万元地区生产总值能耗	0.889	219
生活环境	0.104	221	城市污水处理率	0.772	209
每千人口拥有医院床位数	0.093	266	生活垃圾无害化处理率	0.783	252
城市人均公园绿地面积	0.180	82	城市空气质量等级	0.493	4
每万人拥有公共汽车数	0.038	222	辐射引领	0.009	215
创新服务指数	0.126	101	全市在校普通高校学生数占全省比重	0.028	161
金融服务	0.172	77	全市科学技术从业人员数占全省比重	0.016	234
新三板挂牌企业数	0.000	164	国家技术转移示范机构数	0.000	91
年末金融机构贷款余额增长率	0.515	66	ESI学科进入全球前1%个数	0.000	63
创业板上市企业数	0.000	94	财富世界500强与中国500强企业数	0.000	105
科技条件	0.056	167			
每万人移动电话用户数	0.042	160			
每万人互联网宽带接入用户数	0.071	162			

附表1-272 开封市科技创新发展指数指标及排名表

科技创新发展指数0.203　　　　　　　　　　　　　综合排名272

指标	指数	排名	指标	指数	排名
创新资源指数	0.205	191	创新绩效指数	0.212	280
创新人才	0.126	188	科技成果	0.012	88
每万人在校大学生数	0.173	70	每万人SCI/SSCI/A&HCI论文产出数	0.023	71
城市化水平	0.115	234	每万人发明专利授权量	0.000	272
万名从业人口中科学技术人员数	0.090	207	经济产出	0.106	248
研发经费	0.323	143	城镇居民人均可支配收入	0.132	238
地方财政科技投入占财政支出比重	0.046	160	地均GDP	0.029	91
地方财政教育投入占财政支出比重	0.599	115	第二产业劳动生产率	0.119	229
创新环境指数	0.233	126	第三产业劳动生产率	0.144	185
政策环境	0.426	101	结构优化	0.136	176
每万人吸引外商投资额	0.038	138	第三产业增加值占地区GDP比重	0.270	170
企业税收负担	0.813	77	高科技产品进出口总额占地区GDP比重	0.002	161
人文环境	0.074	265	绿色发展	0.598	279
每百人公共图书馆藏书拥有量	0.011	263	万元地区生产总值水耗	0.846	182
每百名学生拥有专任教师人数	0.137	256	万元地区生产总值能耗	0.893	212
生活环境	0.210	60	城市污水处理率	0.720	234
每千人口拥有医院床位数	0.188	182	生活垃圾无害化处理率	0.532	278
城市人均公园绿地面积	0.112	182	城市空气质量等级	0.000	237
每万人拥有公共汽车数	0.329	2	辐射引领	0.022	112
创新服务指数	0.125	104	全市在校普通高校学生数占全省比重	0.068	74
金融服务	0.183	54	全市科学技术从业人员数占全省比重	0.026	190
新三板挂牌企业数	0.003	103	国家技术转移示范机构数	0.000	91
年末金融机构贷款余额增长率	0.530	57	ESI学科进入全球前1%个数	0.016	35
创业板上市企业数	0.016	49	财富世界500强与中国500强企业数	0.000	105
科技条件	0.038	229			
每万人移动电话用户数	0.024	245			
每万人互联网宽带接入用户数	0.051	214			

附表1-273　七台河市科技创新发展指数指标及排名表

科技创新发展指数0.202　　　　　　　　　　　　　综合排名273

指标	指数	排名	指标	指数	排名
创新资源指数	0.226	143	创新绩效指数	0.235	268
创新人才	0.238	81	科技成果	0.001	271
每万人在校大学生数	0.019	261	每万人SCI/SSCI/A&HCI论文产出数	0.000	280
城市化水平	0.592	41	每万人发明专利授权量	0.001	218
万名从业人口中科学技术人员数	0.104	185	经济产出	0.061	274
研发经费	0.208	267	城镇居民人均可支配收入	0.089	269
地方财政科技投入占财政支出比重	0.010	272	地均GDP	0.004	248
地方财政教育投入占财政支出比重	0.406	252	第二产业劳动生产率	0.009	286
创新环境指数	0.227	144	第三产业劳动生产率	0.141	194
政策环境	0.348	212	结构优化	0.215	63
每万人吸引外商投资额	0.005	245	第三产业增加值占地区GDP比重	0.429	53
企业税收负担	0.691	168	高科技产品进出口总额占地区GDP比重	0.001	174
人文环境	0.234	59	绿色发展	0.710	243
每百人公共图书馆藏书拥有量	0.024	189	万元地区生产总值水耗	0.714	267
每百名学生拥有专任教师人数	0.445	40	万元地区生产总值能耗	0.828	263
生活环境	0.141	154	城市污水处理率	0.517	271
每千人口拥有医院床位数	0.217	146	生活垃圾无害化处理率	1.000	1
城市人均公园绿地面积	0.125	157	城市空气质量等级	0.493	4
每万人拥有公共汽车数	0.081	109	辐射引领	0.003	274
创新服务指数	0.025	287	全市在校普通高校学生数占全省比重	0.003	278
金融服务	0.000	287	全市科学技术从业人员数占全省比重	0.010	257
新三板挂牌企业数	0.000	164	国家技术转移示范机构数	0.000	91
年末金融机构贷款余额增长率	0.000	287	ESI学科进入全球前1%个数	0.000	63
创业板上市企业数	0.000	94	财富世界500强与中国500强企业数	0.000	105
科技条件	0.063	149			
每万人移动电话用户数	0.059	102			
每万人互联网宽带接入用户数	0.067	167			

附表1-274 铜仁市科技创新发展指数指标及排名表

科技创新发展指数0.201　　　　　　　　　　　综合排名274

指标	指数	排名	指标	指数	排名
创新资源指数	0.220	154	创新绩效指数	0.243	258
创新人才	0.114	208	科技成果	0.001	258
每万人在校大学生数	0.043	209	每万人SCI/SSCI/A&HCI论文产出数	0.001	245
城市化水平	0.062	272	每万人发明专利授权量	0.000	242
万名从业人口中科学技术人员数	0.237	54	经济产出	0.108	245
研发经费	0.378	64	城镇居民人均可支配收入	0.017	283
地方财政科技投入占财政支出比重	0.026	209	地均GDP	0.004	246
地方财政教育投入占财政支出比重	0.730	38	第二产业劳动生产率	0.311	67
创新环境指数	0.155	266	第三产业劳动生产率	0.098	239
政策环境	0.369	190	结构优化	0.234	52
每万人吸引外商投资额	0.006	242	第三产业增加值占地区GDP比重	0.469	41
企业税收负担	0.732	141	高科技产品进出口总额占地区GDP比重	0.000	274
人文环境	0.090	245	绿色发展	0.673	264
每百人公共图书馆藏书拥有量	0.014	246	万元地区生产总值水耗	0.843	187
每百名学生拥有专任教师人数	0.167	228	万元地区生产总值能耗	0.794	272
生活环境	0.055	272	城市污水处理率	0.305	281
每千人口拥有医院床位数	0.099	264	生活垃圾无害化处理率	0.932	186
城市人均公园绿地面积	0.047	266	城市空气质量等级	0.493	4
每万人拥有公共汽车数	0.019	257	辐射引领	0.022	111
创新服务指数	0.097	203	全市在校普通高校学生数占全省比重	0.049	93
金融服务	0.153	106	全市科学技术从业人员数占全省比重	0.062	82
新三板挂牌企业数	0.000	164	国家技术转移示范机构数	0.000	91
年末金融机构贷款余额增长率	0.458	93	ESI学科进入全球前1%个数	0.000	63
创业板上市企业数	0.000	94	财富世界500强与中国500强企业数	0.000	105
科技条件	0.014	278			
每万人移动电话用户数	0.011	272			
每万人互联网宽带接入用户数	0.018	278			

附表1-275　吴忠市科技创新发展指数指标及排名表

科技创新发展指数0.201　　　　　　　　　　　　　　综合排名275

指标	指数	排名	指标	指数	排名
创新资源指数	0.163	271	创新绩效指数	0.249	249
创新人才	0.125	191	科技成果	0.008	111
每万人在校大学生数	0.019	263	每万人SCI/SSCI/A&HCI论文产出数	0.002	238
城市化水平	0.243	156	每万人发明专利授权量	0.014	53
万名从业人口中科学技术人员数	0.112	174	经济产出	0.130	210
研发经费	0.220	259	城镇居民人均可支配收入	0.135	237
地方财政科技投入占财政支出比重	0.020	235	地均GDP	0.002	267
地方财政教育投入占财政支出比重	0.419	250	第二产业劳动生产率	0.305	69
创新环境指数	0.191	217	第三产业劳动生产率	0.079	253
政策环境	0.323	235	结构优化	0.079	260
每万人吸引外商投资额	0.002	266	第三产业增加值占地区GDP比重	0.157	257
企业税收负担	0.643	191	高科技产品进出口总额占地区GDP比重	0.000	217
人文环境	0.122	202	绿色发展	0.738	215
每百人公共图书馆藏书拥有量	0.064	68	万元地区生产总值水耗	0.832	195
每百名学生拥有专任教师人数	0.179	218	万元地区生产总值能耗	0.854	244
生活环境	0.149	141	城市污水处理率	0.523	270
每千人口拥有医院床位数	0.182	190	生活垃圾无害化处理率	0.990	126
城市人均公园绿地面积	0.158	110	城市空气质量等级	0.493	4
每万人拥有公共汽车数	0.108	74	辐射引领	0.017	129
创新服务指数	0.083	249	全市在校普通高校学生数占全省比重	0.032	146
金融服务	0.114	203	全市科学技术从业人员数占全省比重	0.056	93
新三板挂牌企业数	0.008	58	国家技术转移示范机构数	0.000	91
年末金融机构贷款余额增长率	0.333	184	ESI学科进入全球前1%个数	0.000	63
创业板上市企业数	0.000	94	财富世界500强与中国500强企业数	0.000	105
科技条件	0.037	230			
每万人移动电话用户数	0.042	165			
每万人互联网宽带接入用户数	0.033	251			

附表1-276 邵阳市科技创新发展指数指标及排名表

科技创新发展指数0.201　　　　　　　　　　　　综合排名276

指标	指数	排名	指标	指数	排名
创新资源指数	0.141	283	创新绩效指数	0.246	253
创新人才	0.051	279	科技成果	0.001	244
每万人在校大学生数	0.026	246	每万人SCI/SSCI/A&HCI论文产出数	0.002	234
城市化水平	0.039	277	每万人发明专利授权量	0.001	227
万名从业人口中科学技术人员数	0.089	211	经济产出	0.087	264
研发经费	0.276	200	城镇居民人均可支配收入	0.073	276
地方财政科技投入占财政支出比重	0.010	271	地均GDP	0.007	215
地方财政教育投入占财政支出比重	0.541	165	第二产业劳动生产率	0.149	202
创新环境指数	0.190	220	第三产业劳动生产率	0.119	218
政策环境	0.415	120	结构优化	0.177	110
每万人吸引外商投资额	0.010	222	第三产业增加值占地区GDP比重	0.353	104
企业税收负担	0.821	73	高科技产品进出口总额占地区GDP比重	0.001	183
人文环境	0.061	273	绿色发展	0.734	221
每百人公共图书馆藏书拥有量	0.013	251	万元地区生产总值水耗	0.645	278
每百名学生拥有专任教师人数	0.108	266	万元地区生产总值能耗	0.950	88
生活环境	0.126	180	城市污水处理率	0.684	242
每千人口拥有医院床位数	0.181	191	生活垃圾无害化处理率	0.896	221
城市人均公园绿地面积	0.137	135	城市空气质量等级	0.493	4
每万人拥有公共汽车数	0.058	161	辐射引领	0.010	195
创新服务指数	0.115	133	全市在校普通高校学生数占全省比重	0.024	178
金融服务	0.179	63	全市科学技术从业人员数占全省比重	0.027	186
新三板挂牌企业数	0.003	103	国家技术转移示范机构数	0.000	91
年末金融机构贷款余额增长率	0.535	53	ESI学科进入全球前1%个数	0.000	63
创业板上市企业数	0.000	94	财富世界500强与中国500强企业数	0.000	105
科技条件	0.018	273			
每万人移动电话用户数	0.013	270			
每万人互联网宽带接入用户数	0.023	267			

附表1-277　阜阳市科技创新发展指数指标及排名表

科技创新发展指数0.200　　　　　　　　　　　　　　　　综合排名277

指标	指数	排名	指标	指数	排名
创新资源指数	0.178	244	创新绩效指数	0.258	226
创新人才	0.094	239	科技成果	0.002	210
每万人在校大学生数	0.025	247	每万人SCI/SSCI/A&HCI论文产出数	0.004	182
城市化水平	0.169	186	每万人发明专利授权量	0.001	199
万名从业人口中科学技术人员数	0.088	213	经济产出	0.144	186
研发经费	0.303	168	城镇居民人均可支配收入	0.178	205
地方财政科技投入占财政支出比重	0.016	251	地均GDP	0.015	149
地方财政教育投入占财政支出比重	0.590	123	第二产业劳动生产率	0.298	75
创新环境指数	0.127	286	第三产业劳动生产率	0.086	250
政策环境	0.339	223	结构优化	0.125	200
每万人吸引外商投资额	0.007	241	第三产业增加值占地区GDP比重	0.249	198
企业税收负担	0.672	180	高科技产品进出口总额占地区GDP比重	0.001	197
人文环境	0.026	286	绿色发展	0.752	197
每百人公共图书馆藏书拥有量	0.000	287	万元地区生产总值水耗	0.826	202
每百名学生拥有专任教师人数	0.051	282	万元地区生产总值能耗	0.940	118
生活环境	0.054	273	城市污水处理率	0.830	165
每千人口拥有医院床位数	0.078	273	生活垃圾无害化处理率	0.670	266
城市人均公园绿地面积	0.055	259	城市空气质量等级	0.493	4
每万人拥有公共汽车数	0.028	248	辐射引领	0.012	179
创新服务指数	0.113	142	全市在校普通高校学生数占全省比重	0.031	152
金融服务	0.182	56	全市科学技术从业人员数占全省比重	0.028	181
新三板挂牌企业数	0.003	103	国家技术转移示范机构数	0.000	91
年末金融机构贷款余额增长率	0.545	48	ESI学科进入全球前1%个数	0.000	63
创业板上市企业数	0.000	94	财富世界500强与中国500强企业数	0.000	105
科技条件	0.009	286			
每万人移动电话用户数	0.000	287			
每万人互联网宽带接入用户数	0.018	277			

附表1-278　黑河市科技创新发展指数指标及排名表

科技创新发展指数0.198　　　　　　　　　　　　综合排名278

指标	指数	排名	指标	指数	排名
创新资源指数	0.116	287	创新绩效指数	0.229	272
创新人才	0.063	275	科技成果	0.001	246
每万人在校大学生数	0.052	184	每万人SCI/SSCI/A&HCI论文产出数	0.002	221
城市化水平	0.082	258	每万人发明专利授权量	0.000	258
万名从业人口中科学技术人员数	0.055	249	经济产出	0.056	278
研发经费	0.195	270	城镇居民人均可支配收入	0.138	232
地方财政科技投入占财政支出比重	0.021	234	地均GDP	0.000	285
地方财政教育投入占财政支出比重	0.370	263	第二产业劳动生产率	0.057	274
创新环境指数	0.245	96	第三产业劳动生产率	0.029	281
政策环境	0.429	95	结构优化	0.141	161
每万人吸引外商投资额	0.032	145	第三产业增加值占地区GDP比重	0.276	165
企业税收负担	0.825	71	高科技产品进出口总额占地区GDP比重	0.006	93
人文环境	0.192	112	绿色发展	0.717	237
每百人公共图书馆藏书拥有量	0.016	232	万元地区生产总值水耗	0.752	252
每百名学生拥有专任教师人数	0.367	76	万元地区生产总值能耗	0.674	280
生活环境	0.158	127	城市污水处理率	0.668	245
每千人口拥有医院床位数	0.230	132	生活垃圾无害化处理率	1.000	1
城市人均公园绿地面积	0.198	59	城市空气质量等级	0.493	4
每万人拥有公共汽车数	0.047	193	辐射引领	0.006	249
创新服务指数	0.101	189	全市在校普通高校学生数占全省比重	0.015	222
金融服务	0.135	155	全市科学技术从业人员数占全省比重	0.016	233
新三板挂牌企业数	0.000	164	国家技术转移示范机构数	0.000	91
年末金融机构贷款余额增长率	0.404	133	ESI学科进入全球前1%个数	0.000	63
创业板上市企业数	0.000	94	财富世界500强与中国500强企业数	0.000	105
科技条件	0.051	186			
每万人移动电话用户数	0.030	223			
每万人互联网宽带接入用户数	0.072	160			

附表1-279 泸州市科技创新发展指数指标及排名表

科技创新发展指数0.198　　　　　　　　　　　　综合排名279

指标	指数	排名	指标	指数	排名
创新资源指数	0.214	163	创新绩效指数	0.231	271
创新人才	0.136	176	科技成果	0.006	129
每万人在校大学生数	0.069	153	每万人SCI/SSCI/A&HCI论文产出数	0.011	104
城市化水平	0.258	146	每万人发明专利授权量	0.001	186
万名从业人口中科学技术人员数	0.081	222	经济产出	0.137	201
研发经费	0.332	130	城镇居民人均可支配收入	0.239	143
地方财政科技投入占财政支出比重	0.037	181	地均GDP	0.012	166
地方财政教育投入占财政支出比重	0.626	95	第二产业劳动生产率	0.178	170
创新环境指数	0.147	273	第三产业劳动生产率	0.118	220
政策环境	0.323	234	结构优化	0.063	272
每万人吸引外商投资额	0.005	247	第三产业增加值占地区GDP比重	0.125	271
企业税收负担	0.641	196	高科技产品进出口总额占地区GDP比重	0.000	237
人文环境	0.010	287	绿色发展	0.683	262
每百人公共图书馆藏书拥有量	0.020	211	万元地区生产总值水耗	0.879	141
每百名学生拥有专任教师人数	0.000	287	万元地区生产总值能耗	0.948	94
生活环境	0.122	187	城市污水处理率	0.352	280
每千人口拥有医院床位数	0.199	174	生活垃圾无害化处理率	0.742	259
城市人均公园绿地面积	0.097	206	城市空气质量等级	0.493	4
每万人拥有公共汽车数	0.069	132	辐射引领	0.011	186
创新服务指数	0.134	76	全市在校普通高校学生数占全省比重	0.034	138
金融服务	0.195	35	全市科学技术从业人员数占全省比重	0.014	243
新三板挂牌企业数	0.000	164	国家技术转移示范机构数	0.000	91
年末金融机构贷款余额增长率	0.585	29	ESI学科进入全球前1%个数	0.008	50
创业板上市企业数	0.000	94	财富世界500强与中国500强企业数	0.000	105
科技条件	0.041	217			
每万人移动电话用户数	0.030	225			
每万人互联网宽带接入用户数	0.053	211			

附表1-280 赣州市科技创新发展指数指标及排名表

科技创新发展指数0.197 　　　　　　　　　　　　　综合排名280

指标	指数	排名	指标	指数	排名
创新资源指数	0.200	205	创新绩效指数	0.239	267
创新人才	0.098	232	科技成果	0.004	170
每万人在校大学生数	0.072	150	每万人SCI/SSCI/A&HCI论文产出数	0.008	123
城市化水平	0.118	229	每万人发明专利授权量	0.000	257
万名从业人口中科学技术人员数	0.103	189	经济产出	0.120	230
研发经费	0.352	100	城镇居民人均可支配收入	0.166	218
地方财政科技投入占财政支出比重	0.048	151	地均GDP	0.005	234
地方财政教育投入占财政支出比重	0.655	77	第二产业劳动生产率	0.173	173
创新环境指数	0.135	283	第三产业劳动生产率	0.137	199
政策环境	0.253	268	结构优化	0.174	112
每万人吸引外商投资额	0.055	107	第三产业增加值占地区GDP比重	0.329	119
企业税收负担	0.452	262	高科技产品进出口总额占地区GDP比重	0.018	57
人文环境	0.062	272	绿色发展	0.648	275
每百人公共图书馆藏书拥有量	0.030	153	万元地区生产总值水耗	0.790	232
每百名学生拥有专任教师人数	0.093	276	万元地区生产总值能耗	0.946	105
生活环境	0.105	216	城市污水处理率	0.460	276
每千人口拥有医院床位数	0.157	220	生活垃圾无害化处理率	0.550	276
城市人均公园绿地面积	0.121	165	城市空气质量等级	0.493	4
每万人拥有公共汽车数	0.037	226	辐射引领	0.044	55
创新服务指数	0.134	75	全市在校普通高校学生数占全省比重	0.095	49
金融服务	0.197	31	全市科学技术从业人员数占全省比重	0.107	51
新三板挂牌企业数	0.003	103	国家技术转移示范机构数	0.017	55
年末金融机构贷款余额增长率	0.590	27	ESI学科进入全球前1%个数	0.000	63
创业板上市企业数	0.000	94	财富世界500强与中国500强企业数	0.000	105
科技条件	0.038	224			
每万人移动电话用户数	0.022	249			
每万人互联网宽带接入用户数	0.055	205			

附表1-281　平凉市科技创新发展指数指标及排名表

科技创新发展指数0.197　　　　　　　　　　　　　　　　综合排名281

指标	指数	排名	指标	指数	排名
创新资源指数	0.214	165	创新绩效指数	0.224	276
创新人才	0.125	190	科技成果	0.001	249
每万人在校大学生数	0.019	262	每万人SCI/SSCI/A&HCI论文产出数	0.002	242
城市化水平	0.181	183	每万人发明专利授权量	0.001	213
万名从业人口中科学技术人员数	0.175	90	经济产出	0.037	283
研发经费	0.347	113	城镇居民人均可支配收入	0.063	279
地方财政科技投入占财政支出比重	0.013	266	地均GDP	0.004	252
地方财政教育投入占财政支出比重	0.681	66	第二产业劳动生产率	0.042	278
创新环境指数	0.219	161	第三产业劳动生产率	0.039	275
政策环境	0.393	153	结构优化	0.173	114
每万人吸引外商投资额	0.000	283	第三产业增加值占地区GDP比重	0.346	108
企业税收负担	0.787	97	高科技产品进出口总额占地区GDP比重	0.000	281
人文环境	0.186	122	绿色发展	0.696	258
每百人公共图书馆藏书拥有量	0.026	179	万元地区生产总值水耗	0.894	117
每百名学生拥有专任教师人数	0.345	88	万元地区生产总值能耗	0.935	138
生活环境	0.125	181	城市污水处理率	0.161	285
每千人口拥有医院床位数	0.270	92	生活垃圾无害化处理率	1.000	1
城市人均公园绿地面积	0.063	247	城市空气质量等级	0.493	4
每万人拥有公共汽车数	0.040	216	辐射引领	0.010	191
创新服务指数	0.055	278	全市在校普通高校学生数占全省比重	0.011	241
金融服务	0.071	270	全市科学技术从业人员数占全省比重	0.041	128
新三板挂牌企业数	0.000	164	国家技术转移示范机构数	0.000	91
年末金融机构贷款余额增长率	0.213	257	ESI学科进入全球前1%个数	0.000	63
创业板上市企业数	0.000	94	财富世界500强与中国500强企业数	0.000	105
科技条件	0.032	244			
每万人移动电话用户数	0.037	195			
每万人互联网宽带接入用户数	0.027	261			

附表1-282　白银市科技创新发展指数指标及排名表

科技创新发展指数0.195　　　　　　　　　　　　　　综合排名282

指标	指数	排名	指标	指数	排名
创新资源指数	0.202	196	创新绩效指数	0.186	286
创新人才	0.121	197	科技成果	0.001	250
每万人在校大学生数	0.010	280	每万人SCI/SSCI/A&HCI论文产出数	0.002	237
城市化水平	0.240	160	每万人发明专利授权量	0.001	226
万名从业人口中科学技术人员数	0.114	169	经济产出	0.072	271
研发经费	0.324	141	城镇居民人均可支配收入	0.093	267
地方财政科技投入占财政支出比重	0.028	206	地均GDP	0.002	268
地方财政教育投入占财政支出比重	0.619	103	第二产业劳动生产率	0.110	240
创新环境指数	0.259	71	第三产业劳动生产率	0.083	251
政策环境	0.427	98	结构优化	0.148	150
每万人吸引外商投资额	0.000	280	第三产业增加值占地区GDP比重	0.296	147
企业税收负担	0.853	52	高科技产品进出口总额占地区GDP比重	0.000	216
人文环境	0.299	23	绿色发展	0.547	284
每百人公共图书馆藏书拥有量	0.037	130	万元地区生产总值水耗	0.495	285
每百名学生拥有专任教师人数	0.562	19	万元地区生产总值能耗	0.692	278
生活环境	0.119	194	城市污水处理率	0.649	248
每千人口拥有医院床位数	0.184	185	生活垃圾无害化处理率	0.899	220
城市人均公园绿地面积	0.114	180	城市空气质量等级	0.000	237
每万人拥有公共汽车数	0.059	157	辐射引领	0.007	236
创新服务指数	0.128	96	全市在校普通高校学生数占全省比重	0.005	272
金融服务	0.182	57	全市科学技术从业人员数占全省比重	0.031	167
新三板挂牌企业数	0.000	164	国家技术转移示范机构数	0.000	91
年末金融机构贷款余额增长率	0.547	46	ESI学科进入全球前1%个数	0.000	63
创业板上市企业数	0.000	94	财富世界500强与中国500强企业数	0.000	105
科技条件	0.047	196			
每万人移动电话用户数	0.050	127			
每万人互联网宽带接入用户数	0.043	231			

附表1-283　荆州市科技创新发展指数指标及排名表

科技创新发展指数0.193　　　　　　　　　　　　　　　综合排名283

指标	指数	排名	指标	指数	排名
创新资源指数	0.190	225	创新绩效指数	0.210	282
创新人才	0.128	184	科技成果	0.006	134
每万人在校大学生数	0.135	87	每万人SCI/SSCI/A&HCI论文产出数	0.010	111
城市化水平	0.127	223	每万人发明专利授权量	0.002	169
万名从业人口中科学技术人员数	0.121	152	经济产出	0.100	254
研发经费	0.283	195	城镇居民人均可支配收入	0.107	260
地方财政科技投入占财政支出比重	0.061	117	地均GDP	0.013	163
地方财政教育投入占财政支出比重	0.505	183	第二产业劳动生产率	0.160	189
创新环境指数	0.202	194	第三产业劳动生产率	0.119	219
政策环境	0.426	99	结构优化	0.114	214
每万人吸引外商投资额	0.008	233	第三产业增加值占地区GDP比重	0.211	224
企业税收负担	0.844	58	高科技产品进出口总额占地区GDP比重	0.018	58
人文环境	0.126	198	绿色发展	0.603	278
每百人公共图书馆藏书拥有量	0.013	249	万元地区生产总值水耗	0.822	208
每百名学生拥有专任教师人数	0.239	166	万元地区生产总值能耗	0.923	167
生活环境	0.103	222	城市污水处理率	0.851	137
每千人口拥有医院床位数	0.150	232	生活垃圾无害化处理率	0.420	281
城市人均公园绿地面积	0.097	208	城市空气质量等级	0.000	237
每万人拥有公共汽车数	0.063	147	辐射引领	0.026	95
创新服务指数	0.120	117	全市在校普通高校学生数占全省比重	0.078	62
金融服务	0.170	79	全市科学技术从业人员数占全省比重	0.034	154
新三板挂牌企业数	0.003	103	国家技术转移示范机构数	0.017	55
年末金融机构贷款余额增长率	0.492	75	ESI学科进入全球前1%个数	0.000	63
创业板上市企业数	0.016	49	财富世界500强与中国500强企业数	0.000	105
科技条件	0.045	203			
每万人移动电话用户数	0.020	252			
每万人互联网宽带接入用户数	0.069	163			

附表1-284 周口市科技创新发展指数指标及排名表

科技创新发展指数0.192　　　　　　　　　　　　综合排名284

指标	指数	排名	指标	指数	排名
创新资源指数	0.173	255	创新绩效指数	0.246	254
创新人才	0.022	286	科技成果	0.001	265
每万人在校大学生数	0.021	257	每万人SCI/SSCI/A&HCI论文产出数	0.001	249
城市化水平	0.000	287	每万人发明专利授权量	0.000	253
万名从业人口中科学技术人员数	0.046	261	经济产出	0.074	269
研发经费	0.400	41	城镇居民人均可支配收入	0.086	270
地方财政科技投入占财政支出比重	0.028	205	地均GDP	0.020	119
地方财政教育投入占财政支出比重	0.772	18	第二产业劳动生产率	0.142	209
创新环境指数	0.183	230	第三产业劳动生产率	0.048	273
政策环境	0.473	33	结构优化	0.049	279
每万人吸引外商投资额	0.015	198	第三产业增加值占地区GDP比重	0.097	279
企业税收负担	0.931	16	高科技产品进出口总额占地区GDP比重	0.000	268
人文环境	0.069	269	绿色发展	0.797	136
每百人公共图书馆藏书拥有量	0.000	286	万元地区生产总值水耗	0.778	239
每百名学生拥有专任教师人数	0.138	253	万元地区生产总值能耗	0.929	153
生活环境	0.065	264	城市污水处理率	0.876	109
每千人口拥有医院床位数	0.073	276	生活垃圾无害化处理率	0.910	205
城市人均公园绿地面积	0.085	219	城市空气质量等级	0.493	4
每万人拥有公共汽车数	0.038	221	辐射引领	0.008	220
创新服务指数	0.033	286	全市在校普通高校学生数占全省比重	0.020	202
金融服务	0.048	275	全市科学技术从业人员数占全省比重	0.022	209
新三板挂牌企业数	0.000	164	国家技术转移示范机构数	0.000	91
年末金融机构贷款余额增长率	0.144	271	ESI学科进入全球前1%个数	0.000	63
创业板上市企业数	0.000	94	财富世界500强与中国500强企业数	0.000	105
科技条件	0.010	285			
每万人移动电话用户数	0.006	282			
每万人互联网宽带接入用户数	0.013	283			

附表1-285　鹤岗市科技创新发展指数指标及排名表

科技创新发展指数0.179　　　　　　　　　　　　　综合排名285

指标	指数	排名	指标	指数	排名
创新资源指数	0.230	139	创新绩效指数	0.142	287
创新人才	0.210	107	科技成果	0.001	261
每万人在校大学生数	0.013	275	每万人SCI/SSCI/A&HCI论文产出数	0.001	256
城市化水平	0.599	38	每万人发明专利授权量	0.001	215
万名从业人口中科学技术人员数	0.017	281	经济产出	0.010	287
研发经费	0.262	221	城镇居民人均可支配收入	0.020	282
地方财政科技投入占财政支出比重	0.026	212	地均GDP	0.002	273
地方财政教育投入占财政支出比重	0.498	191	第二产业劳动生产率	0.000	287
创新环境指数	0.315	25	第三产业劳动生产率	0.019	285
政策环境	0.419	111	结构优化	0.112	216
每万人吸引外商投资额	0.027	156	第三产业增加值占地区GDP比重	0.224	214
企业税收负担	0.811	78	高科技产品进出口总额占地区GDP比重	0.000	223
人文环境	0.340	16	绿色发展	0.457	287
每百人公共图书馆藏书拥有量	0.037	127	万元地区生产总值水耗	0.565	284
每百名学生拥有专任教师人数	0.643	11	万元地区生产总值能耗	0.725	277
生活环境	0.229	47	城市污水处理率	0.501	273
每千人口拥有医院床位数	0.438	28	生活垃圾无害化处理率	0.000	287
城市人均公园绿地面积	0.179	87	城市空气质量等级	0.493	4
每万人拥有公共汽车数	0.070	129	辐射引领	0.001	286
创新服务指数	0.071	270	全市在校普通高校学生数占全省比重	0.002	281
金融服务	0.071	271	全市科学技术从业人员数占全省比重	0.004	278
新三板挂牌企业数	0.000	164	国家技术转移示范机构数	0.000	91
年末金融机构贷款余额增长率	0.212	259	ESI学科进入全球前1%个数	0.000	63
创业板上市企业数	0.000	94	财富世界500强与中国500强企业数	0.000	105
科技条件	0.071	123			
每万人移动电话用户数	0.069	77			
每万人互联网宽带接入用户数	0.073	158			

附表1-286 昭通市科技创新发展指数指标及排名表

科技创新发展指数0.174　　　　　　　　　　　　　　综合排名286

指标	指数	排名	指标	指数	排名
创新资源指数	0.177	246	创新绩效指数	0.213	279
创新人才	0.101	227	科技成果	0.000	283
每万人在校大学生数	0.009	282	每万人SCI/SSCI/A&HCI论文产出数	0.000	275
城市化水平	0.103	245	每万人发明专利授权量	0.000	267
万名从业人口中科学技术人员数	0.191	77	经济产出	0.122	225
研发经费	0.291	183	城镇居民人均可支配收入	0.107	258
地方财政科技投入占财政支出比重	0.007	283	地均GDP	0.003	254
地方财政教育投入占财政支出比重	0.575	135	第二产业劳动生产率	0.357	48
创新环境指数	0.140	280	第三产业劳动生产率	0.019	284
政策环境	0.371	186	结构优化	0.094	237
每万人吸引外商投资额	0.001	273	第三产业增加值占地区GDP比重	0.189	236
企业税收负担	0.740	135	高科技产品进出口总额占地区GDP比重	0.000	266
人文环境	0.043	282	绿色发展	0.617	276
每百人公共图书馆藏书拥有量	0.008	273	万元地区生产总值水耗	0.945	42
每百名学生拥有专任教师人数	0.077	277	万元地区生产总值能耗	0.927	158
生活环境	0.051	275	城市污水处理率	0.555	265
每千人口拥有医院床位数	0.114	257	生活垃圾无害化处理率	0.656	269
城市人均公园绿地面积	0.022	281	城市空气质量等级	0.000	237
每万人拥有公共汽车数	0.017	261	辐射引领	0.014	156
创新服务指数	0.081	254	全市在校普通高校学生数占全省比重	0.015	223
金融服务	0.129	172	全市科学技术从业人员数占全省比重	0.055	94
新三板挂牌企业数	0.000	164	国家技术转移示范机构数	0.000	91
年末金融机构贷款余额增长率	0.386	146	ESI学科进入全球前1%个数	0.000	63
创业板上市企业数	0.000	94	财富世界500强与中国500强企业数	0.000	105
科技条件	0.008	287			
每万人移动电话用户数	0.013	266			
每万人互联网宽带接入用户数	0.004	286			

附表1-287　陇南市科技创新发展指数指标及排名表

科技创新发展指数0.173　　　　　　　　　　　　　　综合排名287

指标	指数	排名	指标	指数	排名
创新资源指数	0.168	265	创新绩效指数	0.226	274
创新人才	0.090	248	科技成果	0.001	270
每万人在校大学生数	0.015	269	每万人SCI/SSCI/A&HCI论文产出数	0.001	253
城市化水平	0.158	194	每万人发明专利授权量	0.000	260
万名从业人口中科学技术人员数	0.096	197	经济产出	0.018	286
研发经费	0.284	194	城镇居民人均可支配收入	0.006	286
地方财政科技投入占财政支出比重	0.010	273	地均GDP	0.001	282
地方财政教育投入占财政支出比重	0.559	152	第二产业劳动生产率	0.058	272
创新环境指数	0.082	287	第三产业劳动生产率	0.005	286
政策环境	0.021	287	结构优化	0.246	48
每万人吸引外商投资额	0.000	281	第三产业增加值占地区GDP比重	0.491	34
企业税收负担	0.043	284	高科技产品进出口总额占地区GDP比重	0.000	253
人文环境	0.221	78	绿色发展	0.695	260
每百人公共图书馆藏书拥有量	0.029	160	万元地区生产总值水耗	0.981	7
每百名学生拥有专任教师人数	0.412	52	万元地区生产总值能耗	0.965	50
生活环境	0.031	284	城市污水处理率	0.577	260
每千人口拥有医院床位数	0.085	268	生活垃圾无害化处理率	0.458	280
城市人均公园绿地面积	0.000	287	城市空气质量等级	0.493	4
每万人拥有公共汽车数	0.007	278	辐射引领	0.007	239
创新服务指数	0.110	155	全市在校普通高校学生数占全省比重	0.011	242
金融服务	0.172	76	全市科学技术从业人员数占全省比重	0.023	207
新三板挂牌企业数	0.000	164	国家技术转移示范机构数	0.000	91
年末金融机构贷款余额增长率	0.516	65	ESI学科进入全球前1%个数	0.000	63
创业板上市企业数	0.000	94	财富世界500强与中国500强企业数	0.000	105
科技条件	0.018	272			
每万人移动电话用户数	0.032	218			
每万人互联网宽带接入用户数	0.005	285			

附录2　中国城市科技创新发展指数指标解释及数据来源

1. 每万人在校大学生数量

年平均人口是指一年内各个时点人口的平均数。每万人在校大学生数是指该市年平均人口的每万名人口中，大学本科学历和研究生学历人口总数。

$$每万人在校大学生数 = \frac{大学本科人数 + 研究生人数}{年平均人口} \times 10\,000$$

资料来源：国家统计局，《中国城市统计年鉴2015》

2. 城市化水平

"全市"为城市的全部行政区域，包括城区、辖县、辖市；"市辖区"包括所有城区，不包括辖县和辖市。

$$城市化水平 = \frac{市辖区人口}{全市人口} \times 100\%$$

资料来源：国家统计局，《中国城市统计年鉴2015》

3. 万名从业人口中科学技术人员数

从业人员期末人数是指报告期末最后一日24时在各级国家机关、党政机关、社会团体及企业、事业单位工作，并取得工资或其他形式劳动报酬的人员数。

科学技术人员是指调查单位内部从事科学研究、技术服务和地质勘查三类活动的人员，包括直接参加上述三类项目活动的人员以及这三类项目的管理人员和直接服务人员。

$$万名从业人口中科学技术人员数$$
$$= \frac{科学技术人员}{(上年从业人员期末人数 + 当年从业人员期末人数)/2} \times 10\,000$$

资料来源：国家统计局，《中国城市统计年鉴2015》

4. 地方财政科技投入占地方财政支出比重

地方财政科学技术支出是指地方财政预算内安排的用于科学技术方面的支出，包括科学技术管理事务、基础研究、应用研究、技术研究与开发、科技条件与服务、社会科学、科学技术普及、科技交流与合作等。

地方公共财政支出包括一般公共服务、国防、公共安全、教育、科学技术、文化体育与传媒、社会保障就业、医疗卫生、环境保护、城乡社区事务、农林水事务、交通运输等方面的支出。

$$地方财政科技投入占地方财政支出比重 = \frac{地方财政科学技术支出}{地方公共财政支出} \times 100\%$$

资料来源：国家统计局，《中国城市统计年鉴2015》

5. 地方财政教育投入占地方财政支出比重

教育支出即公共财政预算支出中的教育支出项目，包括用于教育行政管理、学前教育、小学教育、初中教育、普通高中教育、普通高等教育、初等职业教育、中专教育、技校教育、职业高中教育、高等职业教育、广播电视教育、留学生教育、特殊教育、干部继续教育和教育机关服务等教育事务的支出。

$$地方财政教育投入占地方财政支出比重 = \frac{地方财政教育支出}{地方公共财政支出} \times 100\%$$

资料来源：国家统计局，《中国城市统计年鉴2015》

6. 每万人吸引外商投资额

当年实际使用外资金额是指批准的合同外资金额的实际执行数，外国投资者根据批准外商投资企业合同（章程）的规定实际缴付的资额和企业投资总额内外国投资者以自己的境外自有资金实际直接向企业提供的贷款。

$$每万人吸引外商投资额 = \frac{全市当年实际使用外商投资金额}{全市年平均人口} \times 10\,000$$

资料来源：国家统计局，《中国城市统计年鉴2015》

7. 企业税收负担

地方公共财政收入包括以下几点：①税收收入；②社会保险基金收入；③非税收入；④贷款转贷回收本金收入；⑤转移性收入。

$$企业税收负担 = \frac{地方公共财政收入}{地区GDP} \times 100\%$$

资料来源：国家统计局，《中国城市统计年鉴2015》

8. 每百人公共图书馆藏书拥有量

公共图书馆图书总藏量是指图书馆已编目的古籍、图书、期刊和报纸的合订本、小册子、手稿以及缩微制品、录像带、录音带、光盘等听视文献资料数量总和。

资料来源：国家统计局，《中国城市统计年鉴2015》

9. 每百名学生拥有专任教师人数

在校学生数是指学年开学后，在各类学校学习且具有学籍的学生总数，包括留级生，不包括复读生和补习生。

专任教师是指主要从事教育工作的人员，包括临时（一年以内）调去帮助做其他工作的教学人员，不包括调离教学岗位以及担任行政领导工作或其他工作的原教学人员，也不包括兼任教师和代课教师。

$$每百名学生拥有专任教师人数 = \frac{全市高校中职中学小学专任教师数}{全市高校中职中学小学在校学生数} \times 100$$

资料来源：国家统计局，《中国城市统计年鉴2015》

10. 每千人口拥有医院床位数

医院床位数是指报告期末医院、卫生院的固定实有床位数，包括正规床、简易床、监护床、正在消毒和修理的床位、因扩建或大修而停用的床位，不包括产科的新生儿床、病人家属的陪侍床、病人的观察床、接产室的待产床。

$$每千人口拥有医院床位数 = \frac{医院卫生院床位数}{年平均人口} \times 1\,000$$

资料来源：国家统计局，《中国城市统计年鉴2015》

11. 城市人均公园绿地面积

公园绿地面积是指开放的各级各类公园绿地。

$$城市人均公园绿地面积 = \frac{市辖区公园绿地面积}{市辖区年平均人口}$$

资料来源：国家统计局，《中国城市统计年鉴2015》

12. 每万人拥有公共汽车数

年末实有公共汽车运营车辆数是指城市公共交通企业可参加营运的全部车辆数，包括技术完好的、在修的、待修的、长期停驶的，以及拟报废尚未经上级主管部门批准报废的运营车辆数，不包括公交企业的油罐车、货车和其他专用车等非运营车，也不包括借入、租入的客运车辆。

资料来源：国家统计局，《中国城市统计年鉴2015》

13. 每万人移动电话用户数

移动电话用户是指在电信运营企业营业网点办理开户登记手续，通过移动电话交换机进入移动电话网，占用移动电话号码的各类电话用户。

$$每万人移动电话用户数 = \frac{移动电话年末用户数}{年平均人口} \times 10\,000$$

资料来源：国家统计局，《中国城市统计年鉴2015》

14. 每万人互联网宽带接入用户数

互联网宽带接入用户是指报告期末在电信企业登记注册，通过XDSL、FTTx＋LAN、WLAN等方式接入中国互联网的用户，主要包括XDSL用户、LAN专线用户、LAN终端用户及无线接入用户。

$$每万人互联网宽带接入用户数 = \frac{互联网宽带接入用户数}{年平均人口} \times 10\ 000$$

资料来源：国家统计局，《中国城市统计年鉴2015》

15. 新三板挂牌企业数

新三板市场原指中关村科技园区非上市股份有限公司进入代办股份系统进行转让试点。因挂牌企业均为高科技企业而不同于原转让系统内的退市企业及原STAQ、NET系统挂牌公司，故称为"新三板"。2013年12月31日起，股转系统面向全国接收企业挂牌申请。

资料来源：Wind数据库

16. 年末金融机构贷款余额增长率

年末金融机构各项贷款余额是指年终时银行或其他信用机构根据必须归还的原则，按一定利率，为企业、个人等提供资金贷款的总额。

$$年末金融机构贷款余额增长率 = \sqrt[4]{2014年数据 / 2010年数据} - 1$$

资料来源：国家统计局，《中国城市统计年鉴2015》

17. 创业板上市企业数

创业板，又称二板市场，专为暂时无法在主板上市的创业型企业、中小企业和高科技企业提供融资途径和成长空间的证券交易市场。中国创业板的市场代码以300开头。

资料来源：Wind数据库

18. 每万人 SCI/SSCI/A&HCI 论文数

SCI/SSCI/A&HCI论文是指发表在Web of Science三大引文库（SCI、SSCI和A&HCI）上的科学研究成果。

$$每万人SCI / SSCI / A \& HCI论文数 = \frac{Web\ of\ Science三大引文库论文数总和}{年平均人口} \times 10\ 000$$

资料来源：中国社会科学院城市与竞争力研究中心数据库

19. 每万人发明专利授权量

专利授权量是指经国内外知识产权行政部门授权且在有效期内的发明专利件数。

$$每万人发明专利授权量 = \frac{专利授权量}{年平均人口} \times 10\ 000$$

资料来源：中国社会科学院城市与竞争力研究中心数据库

20. 城镇居民人均可支配收入

城镇居民人均可支配收入是指反映居民家庭全部现金收入能用于安排家庭日常生活的那部分收入。它是家庭总收入扣除交纳的所得税、个人交纳的社会保障费以及调查户的记账补贴后的收入。

资料来源：《中国区域经济统计年鉴2014》

21. 地均 GDP

地区生产总值（GDP）是指按市场价格计算的一个地区所有常住单位在一定时期内生产活动的最终成果。

行政区域土地面积是指辖区内的全部陆地面积和水域面积，包括耕地、荒山、荒地、山林、草原、滩涂、道路和建筑物占地等陆地面积，以及河流、湖泊、水库等水域面积（数据来自国土资源部）。

$$地均GDP = \frac{全市地区生产总值}{全市行政区域土地面积}$$

资料来源：国家统计局，《中国城市统计年鉴2015》

22. 第二产业劳动生产率

第二产业是指采矿业（不含开采辅助活动），制造业（不含金属制品、机械和设备修理业），电力、热力、燃气及水生产和供应业，建筑业。

$$第二产业劳动生产率 = \frac{第二产业增加值}{第二产业就业人数}$$

资料来源：国家统计局，《中国城市统计年鉴2015》

23. 第三产业劳动生产率

第三产业即服务业，是指除第一产业、第二产业以外的其他行业。

$$第三产业劳动生产率 = \frac{第三产业增加值}{第三产业就业人数}$$

资料来源：国家统计局，《中国城市统计年鉴2015》

24. 第三产业增加值占地区 GDP 比重

第三产业即服务业，是指除第一产业、第二产业以外的其他行业。

$$第三产业增加值占地区GDP比重 = \frac{第三产业增加值}{地区GDP} \times 100\%$$

资料来源：国家统计局，《中国城市统计年鉴2015》

25. 高科技产品进出口总额占地区 GDP 比重

高科技产品进出口总额，原计量货币为美元，先按2014年人民币对美元平均汇率中间价6.142 8换算为人民币，再计算其占地区GDP比重。

$$高科技产品进出口总额占地区GDP比重 = \frac{高科技产品进出口总额}{地区GDP} \times 100\%$$

资料来源：中国社会科学院城市与竞争力研究中心数据库

26. 万元地区生产总值水耗

万元地区生产总值水耗是指一定时期内该地区每万元地区生产总值所消耗的水量，供水总量及地区生产总值均为市辖区数据。

$$万元地区生产总值水耗 = \frac{供水总量}{地区生产总值}$$

资料来源：国家统计局，《中国城市统计年鉴2015》

27. 万元地区生产总值能耗

万元地区生产总值能耗是指一定时期内该地区每万元地区生产总值所消耗的能源量，本报告以全社会用电量代表能耗，全社会用电量及地区生产总值均为市辖区数据。

$$万元地区生产总值能耗 = \frac{全社会用电量}{地区生产总值}$$

资料来源：国家统计局，《中国城市统计年鉴2015》

28. 城市污水处理率

城市污水处理率，即污水处理厂集中处理率，是指通过污水处理厂处理的污水量与污水排放总量的比率。

$$城市污水处理率 = \frac{污水处理量}{污水排放总量} \times 100\%$$

资料来源：国家统计局，《中国城市统计年鉴2015》

29. 生活垃圾无害化处理率

生活垃圾无害化处理率是指生活垃圾无害化处理量与生活垃圾产生量比率。在统计上，由于生活垃圾产生量不易取得，可用清运量代替。

$$生活垃圾无害化处理率 = \frac{生活垃圾无害化处理量}{生活垃圾产生量} \times 100\%$$

资料来源：国家统计局，《中国城市统计年鉴2015》

30. 城市空气质量等级

将城市空气质量划分为三个等级：一级标准，为保护自然生态和人群健康，在长期接触情况下，不发生任何危害影响的空气质量要求，取值为1。二级标准，为保护人群健康和城市、乡村的动、植物，在长期和短期接触情况下，不发生伤害的空气质量要求，取值为0.667。三级标准，为保护人群不发生急、慢性中毒和城市一般动、植物（敏感者除外）正常生长的空气质量要求，取值为0.333。

资料来源：中国社会科学院城市与竞争力研究中心数据库

31. 全市在校普通高校学生数占全省比重

普通高等学校是指通过国家普通高等教育招生考试、招收高级中等学校毕业生为主要培养对象，实施高等学历教育的全日制大学、独立设置的学院和高等专科学校、高等职业学校和其他机构。

$$全市在校普通高校学生数占全省比重 = \frac{全市在校普通高校学生数}{全省在校普通高校学生数} \times 100\%$$

资料来源：国家统计局，《中国城市统计年鉴2015》

32. 全市科学技术从业人员数占全省比重

$$全市科学技术从业人员数占全省比重 = \frac{全市科学技术从业人员数}{全省科学技术从业人员数} \times 100\%$$

资料来源：国家统计局，《中国城市统计年鉴2015》

33. 国家技术转移示范机构数

技术转移机构，是指为实现和加速技术转移过程提供各类服务的机构，包括技术经纪、技术集成与经营和技术投融资服务机构等，但单纯提供信息、法律、咨询、金融等服务的除外。国家技术转移示范机构是指为推进全国技术转移一体化建设，根据《国家技术转移促进行动实施方案》和《国家技术转移示范机构管理办法》，在经国务院有关部门、各省、自治区、直辖市、计划单列市科技厅（委、局）推荐和专家评议后，由科学技术部确定并实行动态管理的技术转移机构示范机构。

资料来源：科学技术部，《2015全国技术市场统计年度报告》

34. ESI 学科进入全球前 1%个数

汤森路透基本科学指标数据库是普遍用来评价高校、学术机构、国家或地区的国际学术水平及影响力的重要评价指标。ESI通过采用Web of Science数据库收录的引文数据，根据22个不同学科的被引频次，分别遴选出进入全球前1%的机构。

资料来源：汤森路透基本科学指标数据库

35. 财富世界 500 强与中国 500 强企业数

《财富》世界500强排行榜和中国500强排行榜，由《财富》杂志每年发布一次，所依据数据均为上市公司在各证券交易所正式披露信息。其中，《财富》中国500强排行榜覆盖范围包括在中国境内外上市的所有中国公司。

财富世界500强与中国500强企业数=世界500强企业个数+中国500强企业个数

资料来源：《财富》杂志世界500强、中国500强榜单

后 记

　　四十年前，在改革开放的前夜，我们所能想到的未来城市是什么样子？而今，即便是改革开放后出生的"80后""90后"，恐怕也会一次次感叹恍如隔世。从五色石补天到3D打印房屋，从偃师伶人到人工智能，上古神话的万物通灵已然隐现，五千年的科技发展却无尽头，工业经济、数字经济、智能经济，一个个神奇的时代已经或即将到来，人类缔造了城市而又不断为城市所惊奇。我们设想，有一天，以"发达"与否来界定城市的规则将消弭无形，取而代之的是以"创新"与否来区分。一个城市要在未来繁荣常青，唯有锻造"创新"灵魂。中国城市科技创新发展研究的初衷，正是希望在世界经济曲折复苏、中国经济转型升级的关键时期，通过评估研究来找出中国城市迈向创新驱动中的经验和不足，探讨使城市创新更有质量、更具竞争力的发展模式和路径，开启世界级创新城市的梦想之门。

　　本报告为首都科技发展战略研究院的年度重点研究报告。报告的研究依赖于首都科技发展战略研究院理事单位、承建单位以及专家委员会的大力支持，也是众多专家学者和课题组研究人员辛勤工作、共同努力的结晶。

　　感谢著名经济学家、国务院发展研究中心原副主任、首都科技发展战略研究院专家委员会主任卢中原研究员，首都科技发展战略研究院创始院长、著名经济学家李晓西教授，西华大学党委书记边慧敏教授，中国社会科学院城市与竞争力研究中心主任倪鹏飞研究员，中国社会科学院技术创新与战略管理研究中心主任金周英研究员，科学技术部中国科学技术发展战略研究院宋卫国研究员，中国科协发展研究中心何国祥研究员，以及国家统计局核算司资源环境核算处施发启处长等资深专家为中国的城市科技创新发展建言献策。专家们提出了许多宝贵建议，推动了报告的不断修改和完善。

　　感谢科学出版社对我们的大力支持。出版社高度重视本书的出版工作，责任编辑在本书的编辑、出版过程中，细致认真，辛勤付出，在此由衷致谢。

　　本报告意在通过城市科技创新发展研究，强化创新发展理念，推进城市创新发展实践，为中央和地方政府决策提供参考借鉴。同时，尽管课题组在研究过程中反复推敲改进，但仍难免有不足之处，请各位读者不吝赐教。

关成华

2017年5月